Tous les secrets du IIIe Reich

DES MÊMES AUTEURS

Ouvrages de François Kersaudy

Les Jeux de la guerre et du hasard, Paris, Hachette, 1977.

Churchill and De Gaulle, Londres, Collins, 1981.

De Gaulle et Churchill, Paris, Perrin, 2002 (traduction française par l'auteur).

La Guerre du fer, Paris, Tallandier, 1987 (réédition 2002 : *Churchill contre Hitler*).

Norway 1940, Londres, Collins, 1990 (traduction anglaise par l'auteur).

Vi Stoler på England 1939-1949, Oslo, Cappelen, 1991 (en norvégien seulement).

Winston Churchill, le pouvoir de l'imagination, Paris, Tallandier, 2000.

Churchill et Monaco, Paris, Éditions du Rocher, 2002.

Staline ; Roosevelt ; Churchill, Mémorial de Caen, coll. « 2 euros ».

MacArthur, Mémorial de Caen, coll. « 2 euros » (en anglais seulement).

De Gaulle et Roosevelt, le duel au sommet, Paris, Perrin, 2004.

L'Affaire Cicéron, Paris, Perrin, 2005.

Lord Mounbatten, l'étoffe des héros, Paris, Payot, 2006.

Winston Churchill, Paris, Tallandier, 2009 (édition revue et augmentée).

Le Monde selon Churchill, Paris, Tallandier, 2011.

Hitler, Paris, Perrin, 2011.

Staline, Paris, Perrin, 2012.

Les Secrets du IIIe Reich, Paris, Perrin, 2013.

Stalingrad, Paris, Perrin, 2013.

MacArthur, Paris, Perrin, 2014.

Les Derniers Secrets du IIIe Reich, Paris, Perrin, 2015.

Churchill, Paris, Perrin/Tallandier, 2016.

Ouvrages de Yannis Kadari

Patton, Paris, Perrin, 2011.

La 2nd US Armored Division: Hell on Wheels, Aix-en-Provence, Caraktère, 2014.

François Kersaudy
et Yannis Kadari

Tous les secrets du IIIe Reich

PERRIN
www.editions-perrin.fr

© Perrin, un département d'Édi8, 2017

12, avenue d'Italie
75013 Paris
Tél. : 01 44 16 09 00
Fax : 01 44 16 09 01
www.editions-perrin.fr

ISBN : 978-2-262-06821-9

LES SECRETS DU IIIᵉ REICH

À la mémoire de Felix Kersten,
qui a soustrait plus de cent mille victimes
– dont au moins soixante mille Juifs –
à l'enfer de ce régime délirant.

Introduction

Le but de cet ouvrage n'est pas de faire table rase de tout ce qui s'est écrit jusqu'à présent, ou d'apporter au lecteur des révélations aussi sensationnelles qu'invérifiables. Il est plutôt de revisiter certains épisodes mystérieux de l'évolution du IIIe Reich, en faisant à l'occasion de chaque récit la part de ce qui est avéré, de ce qui est douteux et de ce qui est purement fictif. Pourquoi Hitler a-t-il multiplié les efforts – et les cadavres – pour dissimuler ses origines ? Quel est le secret de l'envoûtement exercé sur les foules par cet artiste peintre au physique ingrat et au discours haineux ? Comment le régime national-socialiste a-t-il pu survivre pendant douze ans, alors que tous ses dirigeants ne cessaient de se combattre ? Que s'est-il vraiment produit durant la Nuit des longs couteaux ? Quelle est la vérité sur l'affaire Rudolf Hess, qui a donné lieu à tant de publications fantaisistes ? Quelle était la nature exacte des relations d'Hitler avec les femmes ? L'amiral Canaris était-il un traître ou un héros ? Qu'y a-t-il de vrai dans les informations contradictoires publiées sur la santé d'Hitler, au vu des notes prises par ses médecins ? Le pari que fait l'auteur est que sur tous ces sujets, les lecteurs trouveront la réalité plus passionnante que n'importe quelle fiction.

Une mode récente – naturellement importée des États-Unis – veut que tout nouvel ouvrage sur un sujet quelconque soit déclaré « définitif ». Par contraste, celui-ci est provisoire ; il tente de reconstituer ce que l'on peut raisonnablement admettre en 2015 sur certaines des affaires les plus controversées du IIIe Reich. Des publications ultérieures, l'ouverture d'archives encore fermées à la recherche, voire de nouveaux témoignages de lecteurs, permettront à l'avenir de compléter ces récits – ou de les invalider sur bien des points.

Enfin, la liste des mystères du IIIe Reich est loin de s'achever avec le présent ouvrage : il resterait à traiter des « armes miracles », des bien étranges relations d'Himmler avec l'occultisme, de l'opération *Pastorius* destinée à détruire l'ensemble de l'industrie américaine, des « conférences de situation » au cours desquelles le Führer élaborait sa stratégie, des mesures extrêmes prises par le régime pour tenter d'assurer le secret de l'Holocauste, du « réduit alpin » qui avait tant inquiété les états-majors alliés, et *last but not least*, des plans du Führer pour le futur ordonnancement du monde une fois tous ses ennemis anéantis…

F. K.

1

Le mystère des origines

« Les gens ne doivent pas savoir qui je
suis, ni de quelle famille je proviens. »

Adolf HITLER

Dans son célèbre ouvrage *Mein Kampf*, Adolf Hitler
parle beaucoup de lui-même – en fait, il ne fait pratiquement que cela –, mais les indications qu'il consent à donner
sur ses origines familiales sont rares et remarquablement
vagues : s'il y est bien question de son père, le lecteur
ne connaîtra ni le prénom ni le patronyme d'origine de
ce « fonctionnaire consciencieux » ; le nom de jeune fille
de sa mère, tout comme son prénom, n'est pas davantage
mentionné. Enfin, si le futur Führer a des frères et sœurs,
ils sont également condamnés à rester anonymes ; tout au
plus l'auteur laisse-t-il échapper au détour d'une phrase
un « nous, les enfants », qui laisse supposer que le futur
sauveur de l'Allemagne et fondateur du Reich millénaire
n'était pas un fils unique[1]... La vanité et l'égoïsme démesuré du personnage expliquent naturellement tout cela,
mais on peut également y voir dès le milieu des années
vingt une volonté de dissimulation forcenée, annonçant
prématurément l'extraordinaire monument de mensonges
et de faux-semblants que sera le IIIᵉ Reich.

Qu'y a-t-il de si inavouable dans le passé familial du
chef des nationaux-socialistes allemands ? Après tout,

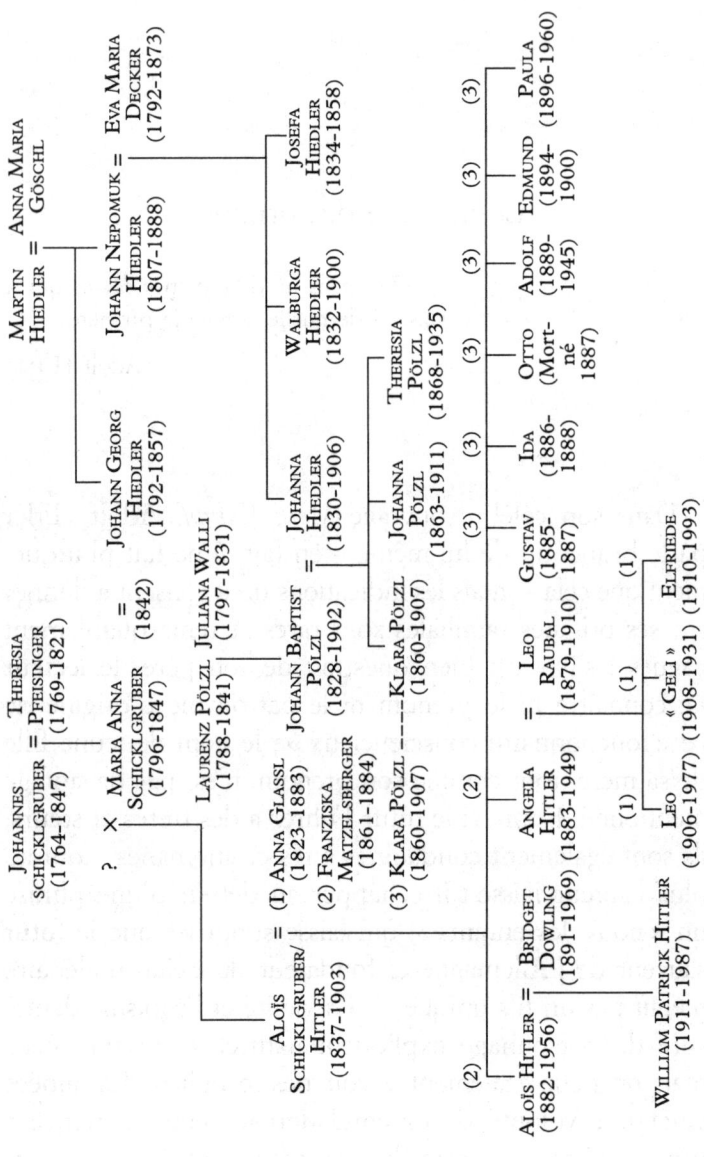

son arbre généalogique est disponible dans toutes les publications du parti : Adolf Hitler, né en 1889 dans le village autrichien de Braunau am Inn, fils d'Aloïs Hitler et Klara Pölzl ; petit-fils de Johann Georg Hiedler et Maria Anna Schicklgruber d'une part, de Johann Baptist Pölzl et Johanna Hiedler d'autre part. En réalité, pourtant, les choses sont loin d'être aussi simples : car malgré les apparences, Johann Georg Hiedler n'était probablement pas le père d'Aloïs, mais seulement son beau-père... Ainsi qu'en attestent les registres paroissiaux de l'époque, Aloïs était né en 1837 à Döllersheim de père inconnu, et sa mère Maria Anna Schicklgruber s'était mariée cinq ans plus tard avec Johann Georg Hiedler, un apprenti meunier errant qui de son vivant ne reconnaîtra jamais le jeune Aloïs. Ce dernier a d'ailleurs été élevé principalement à Spital par le fermier Johann Nepomuk Hiedler*, frère de Johann Georg, avant de partir pour Vienne à l'âge de treize ans, d'y faire son apprentissage, puis d'entrer à dix-neuf ans au service des douanes autrichiennes – où il a fait une belle carrière, compte tenu de ses humbles origines. Mais c'est à ce stade que les choses se compliquent : à l'automne de 1876, vingt-neuf ans après le décès de la mère Maria Anna et dix-neuf ans après celui du beau-père Johann Georg, le frère de ce dernier, Johann Nepomuk Hiedler, s'est présenté devant le pasteur de Döllersheim en compagnie de trois témoins, pour faire modifier l'acte de naissance d'Aloïs Schicklgruber, âgé de trente-neuf ans à l'époque.

Il s'agissait de rectifications substantielles : le nom de Schicklgruber était barré, de même que la mention « fils naturel », remplacée par « fils légitime ». À la rubrique « Père », restée vide depuis quatre décennies, le pasteur avait inscrit : « Georg Hitler, religion catholique, demeurant à Spital. » Enfin, à la rubrique « Observations », on

---

* Avec les trois filles de ce dernier, Johanna, Walburga et Josefa.

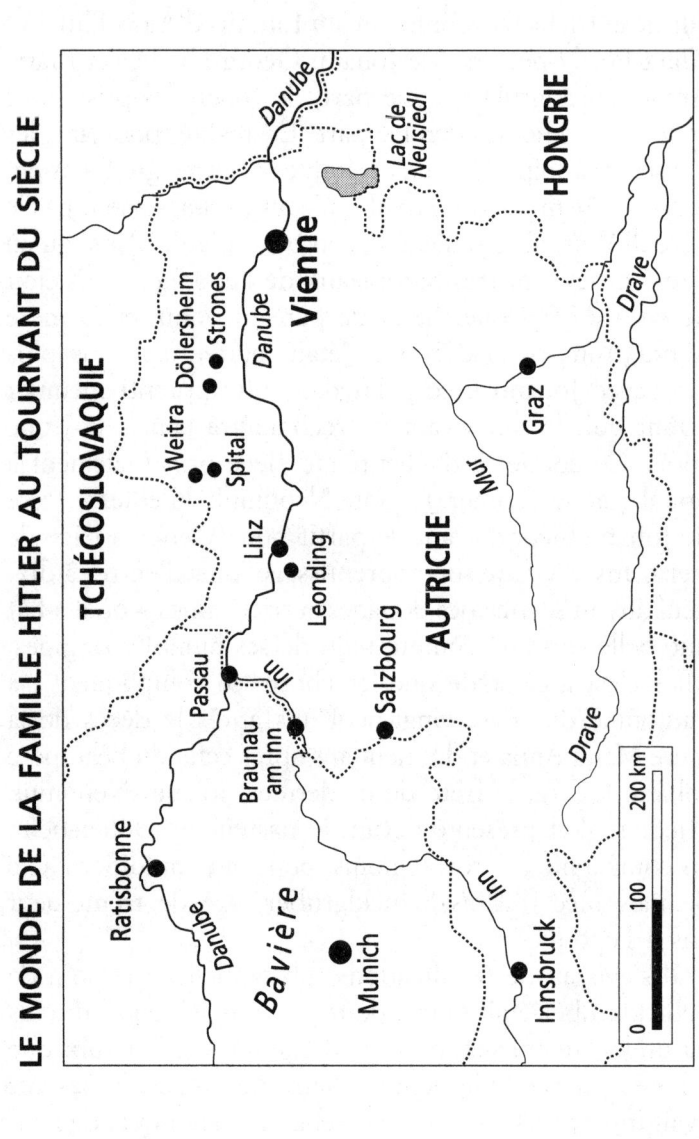

LE MONDE DE LA FAMILLE HITLER AU TOURNANT DU SIÈCLE

pouvait lire désormais : « L'homme inscrit comme père, Georg Hitler, qui est bien connu des témoins présents, s'est reconnu comme étant le père d'Aloïs, enfant d'Anna Schicklgruber, et a souhaité que son nom soit inscrit dans le présent registre de baptême, ce qui est confirmé par les témoins présents : Josef Romeder, Johann Breiteneder, Engelbert Paukh[2]. »

Voilà un document remarquable à tous égards : Maria Anna Schicklgruber était rebaptisée « Anna Schicklgruber », Johann Georg Hiedler devenait « Georg Hitler », censé en outre « demeurer à Spital », alors qu'il séjournait depuis dix-neuf ans au cimetière communal ! À la place de « est bien connu des témoins présents », il aurait donc fallu écrire « *était* bien connu des témoins présents » – si tant est qu'il l'ait été deux décennies plus tôt... Les omissions semblaient plus extraordinaires encore : il manquait la date des modifications, la signature du pasteur, et naturellement le paraphe de la mère, décédée en 1847, ainsi que celui du père, disparu en 1857 et qui n'avait jamais de son vivant reconnu – ou même élevé – le jeune Aloïs. Après ce travail de modification notariale que les Autrichiens qualifieraient sans doute de *Schlamperei**, on trouverait difficilement un acte de naissance plus illégal... Mais l'essentiel était acquis : parvenu à sa quarantième année, Aloïs Schicklgruber devenait un enfant légitime et abandonnait son patronyme typiquement paysan, pour se nommer désormais Aloïs Hitler**.

---

* Expression populaire d'origine austro-bavaroise, signifiant à peu près « négligence » ou « incurie ».

** Le pasteur avait transcrit « Hitler » au lieu de « Hiedler », sans doute en recopiant un document notarié établi la veille, dans lequel le nom était pareillement déformé. Depuis longtemps dans cette région de Basse-Autriche, les noms de Hiedler, Huedler, Hüttler, Hittler et Hitler étaient utilisés indifféremment. Quant aux raisons pour lesquelles le septuagénaire Johann Nepomuk Hiedler avait fait établir un tel faux en écriture, on ne peut que formuler des hypothèses : voulait-il épargner à Aloïs la honte d'être toute sa vie un enfant

Quant à savoir qui était son véritable père, cela restait naturellement un mystère complet.

Le fonctionnaire des douanes impériales Aloïs étant apparemment un beau parti dans cette région très pauvre de la Basse-Autriche, il s'était marié trois fois : en 1873 avec Anna Glassl*, décédée dix ans plus tard ; en 1883 avec sa maîtresse Franziska Matzelsberger, de vingt-quatre ans plus jeune que lui, et dont il eut deux enfants, Aloïs en 1882 et Angela l'année suivante ; enfin, en 1885, un an après le décès de Franziska, en troisièmes noces avec Klara Pölzl, de vingt-trois ans plus jeune que lui. Mais Klara n'était pas seulement l'ancienne servante de la famille, c'était aussi une petite-fille de Johann Nepomuk Hiedler**, et donc – au moins d'après l'acte de naissance retouché d'Aloïs Schicklgruber-Hitler – sa cousine au second degré. Aloïs a donc dû demander une dispense papale pour l'épouser, ce qu'il a obtenu assez facilement. De cette troisième union sont nés six enfants entre 1885 et 1896 : Gustav, Ida, Otto, Adolf, Edmund et Paula. Quatre sont morts en bas âge, et seuls ont survécu Paula et Adolf, pour le meilleur comme pour le pire...

Klara Hitler s'est occupée avec dévouement de tous les enfants survivants d'Aloïs, avec manifestement un faible pour Adolf. Son époux est décédé en janvier 1903, et elle-même est morte d'un cancer en décembre 1907. Aloïs junior, sans doute maltraité par son père, avait quitté le foyer familial reconstitué dès 1896, tenté sa chance à Vienne, été condamné à deux reprises pour vol en 1900 et 1902[3], et à l'époque du décès de sa belle-mère

---

naturel ? Tenait-il à en faire son héritier ? Était-il en fait son véritable père ? Toutes les suppositions sont permises.

* De quatorze ans plus âgée que lui, et qui s'en séparera dès 1880, du fait de l'adultère d'Aloïs avec la serveuse Franziska Matzelsberger, future deuxième épouse.

** Née en 1860, Klara était la fille aînée de Johanna Hiedler, la première fille de Johann Nepomuk.

Klara, il était serveur dans un restaurant de Paris ; deux ans plus tard, on le retrouve dans les mêmes fonctions à Londres, où il épouse en 1910 une Irlandaise, Bridget Dowling, qui lui donne l'année suivante un fils, Willliam Patrick Hitler. Angela, elle, a épousé en 1903 un fonctionnaire des contributions de Linz, Leo Raubal, dont elle a eu trois enfants : Leo en 1906, Angela (surnommée « Geli ») en 1908, et Elfriede deux ans plus tard. Après le décès de sa belle-mère Klara, Angela Raubal a également pris en charge sa jeune demi-sœur Paula, et a connu une existence difficile à Vienne après le décès de son époux en 1910. Quant à l'adolescent turbulent Adolf, il a rompu avec sa famille et mené une carrière de peintre dilettante dans la capitale à partir de 1908, quitté l'Autriche en 1913 pour échapper au service militaire, combattu courageusement dans l'armée bavaroise pendant la Grande Guerre, participé fougueusement à l'agitation antigouvernementale, antisocialiste, anticapitaliste et antisémite de l'après-guerre à la tête du NSDAP, pour mener ensuite le coup d'État manqué de 1923 à Munich. Son emprisonnement subséquent dans la forteresse de Landsberg lui a permis d'écrire *Mein Kampf* et d'y décrire son ascendance avec le flou artistique que l'on sait, de se faire connaître dans toute l'Allemagne et de relancer une carrière politique qui le mènera à la fin des années vingt jusqu'aux portes mêmes du pouvoir. L'histoire de cette ascension, grandement favorisée par la crise économique de 1929, est universellement connue, et certains épisodes en seront relatés dans d'autres chapitres. Mais seule nous importe ici la question des origines familiales, qui va revenir hanter Adolf Hitler deux ans avant qu'il ne devienne le maître de l'Allemagne...

C'est que dans l'intervalle, son demi-frère Aloïs a mené une carrière plus obscure, mais presque aussi mouvementée : il a tenté en vain de s'établir dans l'hôtellerie à Londres et Liverpool, perdu beaucoup d'argent au jeu, et enfin émigré à Munich après avoir abandonné outre-Manche son épouse Bridget et son fils William Patrick. Personne ne sait au juste ce qu'il a fait en Allemagne pendant la Grande Guerre – sa famille moins que toute autre –, mais trois choses au moins sont établies : il s'est lancé dans le commerce des lames de rasoir, il a continué à jouer au casino, et il a épousé une certaine Hedwig Heidemann. Dès lors, étant techniquement bigame, Aloïs a été condamné par le tribunal de Hambourg en 1923*, après quoi il a pu de nouveau vaquer à ses affaires obscures et peu rentables, s'occuper de sa seconde femme Hedwig et de leur fils Heinz**, et bien sûr négliger entièrement sa première femme Bridget et son fils William Patrick.

Mais en 1929, William Patrick Hitler est devenu un grand et beau garçon de dix-huit ans, déjà employé dans une société d'ingénierie londonienne. Bien entendu, il a commencé à s'intéresser à ce père toujours absent, ainsi qu'à cet oncle devenu mondialement célèbre à mesure que son parti multipliait les succès électoraux. En 1929 et 1930, le fils de Bridget Hitler a donc fait deux voyages en Allemagne, au cours desquels il a rencontré la seconde famille de son père, sa tante Angela Raubal et sa cousine Geli, ainsi que – très brièvement – son oncle le Führer. Entre-temps, la presse anglaise et américaine, ne disposant que d'un minimum absolu de renseignements sur ce chef de parti maladivement dissimulateur, en est réduite à des improvisations hasardeuses ; c'est pourquoi l'*Evening Standard,* l'*Evening News* et plusieurs

---

* À une peine plutôt légère : huit mois de prison avec sursis et 800 reichsmarks d'amende.

** Né en 1920, Heinz Hitler, le demi-neveu préféré du Führer, s'engagera dans la Wehrmacht, participera à l'opération *Barbarossa* en tant que sous-officier et sera capturé par les Soviétiques en janvier 1942. Envoyé à Moscou, il mourra le mois suivant dans la prison de Boutirki, sans doute sous la torture.

journaux américains du groupe Hearst ne sont que trop heureux d'apprendre qu'il existe à Londres des parents de l'« homme qui monte en Allemagne ». William Patrick se prête de bonne grâce à quelques interviews, au cours desquelles il ne dit rien de bien concret sur cet oncle – en fait ce demi-oncle – qu'il connaît moins encore que son père.

Pourtant, les journalistes anglo-saxons savent produire du sensationnel avec peu de choses, Adolf Hitler accorde à la presse étrangère une importance démesurée, et les agences de presse ont immédiatement cherché à le contacter pour obtenir de nouveaux renseignements. Le fils de Bridget Hitler se voit donc convoquer d'urgence à Berlin. Dès son arrivée, il se retrouve face à son père, à sa tante et à Adolf Hitler en personne, qui lui reproche d'emblée ses « confidences » aux journalistes. La suite, William Patrick la racontera neuf ans plus tard en ces termes : « [Hitler] gesticulait violemment des deux bras, ses cheveux pendant en désordre sur sa figure. "Ces gens m'ont posé des questions personnelles ! À moi ! Ma propre famille m'anéantit !" hurla-t-il. Avec quelle prudence n'ai-je pas toujours tenu écartées de la presse ma personne et mes affaires personnelles ! Les gens ne doivent pas savoir qui je suis […] ni de quelle famille je proviens. Même dans mon livre, je ne me suis pas permis un mot sur ces choses-là. Pas un mot ! Et maintenant, on découvre un neveu ! Un neveu ! On va faire des enquêtes ! On va envoyer des limiers sur la piste de notre passé…" » « Tout à coup, poursuit William Patrick visiblement stupéfait, il se mit à sangloter : oui, il se mit vraiment à sangloter. Il se laissa tomber dans un fauteuil. […] Ses mains étreignaient sa tête, ses poings tambourinaient contre ses tempes. Et il cria, d'une voix étouffée par les larmes : "Idiots ! Idiots ! Vous trouverez encore moyen de tout détruire ! […] Je ne pourrais supporter que tout cela soit étalé et débattu ouvertement en public. Ce jour-là, ce sera ma fin. Ce jour-là, je m'envoie une balle dans la tête !" Puis, il devint plus calme ; il vint à moi et se montra très aimable, et même presque affectueux. [...] Je devais retourner à Londres [...] et déclarer à la presse que j'avais été victime de malentendus et que je venais seulement de découvrir maintenant que je n'étais pas du tout le neveu d'Adolf Hitler. Ses yeux ne lâchaient pas les miens ; ils ne suppliaient pas, ils ordonnaient[4]. »

L'authenticité du récit, publié en 1939, ne fait aucun doute : ce n'est qu'après la guerre que l'on obtiendra d'autres descriptions en tous points concordantes des colères dévastatrices d'Hitler, de ses sanglots et de ses gesticulations ; en outre, seuls des familiers pouvaient savoir à l'époque que le Führer menaçait à l'occasion de se tirer une balle dans la tête*. Mais enfin, Hitler ne se met pas dans de tels états sans raisons sérieuses. Que veut-il dissimuler en l'occurrence ? Le fait d'avoir un neveu anglais n'a après tout rien de déshonorant** et la condamnation de son demi-frère Aloïs pour bigamie est de notoriété publique depuis six ans... Pourrait-il s'agir d'une histoire bien plus ancienne, celle du grand-père paternel inconnu et du père rendu légitime au moyen d'une attestation manifestement illégale ? Mais en quoi cette vieille affaire pourrait-elle lui porter préjudice du point de vue politique – le seul qui importe à ses yeux ?

Nous n'allons pas tarder à le savoir ; mais dans l'intervalle, William Patrick est rentré à Londres, où il a donné à la presse le démenti souhaité par Hitler. Voilà qui déclenche un nouveau torrent de publicité et, les exactions des SA en Allemagne ayant produit en Grande-Bretagne un effet désastreux, le patronyme Hitler acquiert une telle résonance que Bridget et William Patrick perdent simul-

---

* On sait qu'il finira par s'exécuter.
** D'autant que ce n'est qu'un demi-neveu, et qu'il est d'ascendance irlandaise.

tanément leur emploi. Affublés d'un pareil nom, la mère et le fils sont désormais condamnés au chômage, et leur situation ne risque pas de s'améliorer lorsque Adolf Hitler parvient finalement au pouvoir en janvier 1933. Mais un ami de la famille a demandé aux services juridiques de l'ambassade du Royaume-Uni à Vienne de se procurer une copie des actes de naissance d'Adolf, d'Aloïs et de leurs ascendants : s'il pouvait être officiellement établi que son père et Adolf n'étaient pas apparentés, l'ostracisme qui frappe William Patrick se dissiperait sans délai. Hélas ! L'ambassade ayant fait diligence, les attestations qu'il reçoit sont sans ambiguïté : Adolf et Aloïs sont bien demi-frères, William Patrick est effectivement un parent du Führer, et ce dernier a donc menti effrontément en lui affirmant le contraire. Sur quoi William Patrick, indigné, écrit une lettre à son oncle pour l'informer du fait qu'il est en possession de tous les documents permettant d'établir la vérité sur son ascendance[5]. A-t-il ajouté autre chose, qu'Adolf Hitler pourrait interpréter comme un chantage ? Nul ne le sait, mais cette lettre va immédiatement déclencher une tempête à la chancellerie du Reich.

Après la guerre, l'avocat d'Hitler, Hans Frank, rédigera dans sa prison de Nuremberg des Mémoires intitulés *Im Angesicht des Galgens* (« Face à la potence »). Dans ce livre au titre prémonitoire*, Frank se souvient d'avoir été convoqué par Hitler vers la fin de 1930 : « Me montrant une lettre qu'il avait devant lui, il me dit qu'il s'agissait d'une "écœurante histoire de chantage portant sur ses propres origines, de la part d'un de ses parents les moins recommandables". Si je ne me trompe, le parent en question était le fils de son demi-frère Aloïs Hitler. » Jusque-là, tout concorde, mais d'après Frank, ce jeune homme aurait expliqué à Hitler que la presse s'intéressait beaucoup à

---

* Hans Frank, ministre de la Justice du Reich, puis chef du Gouvernement général de Pologne, sera pendu le 16 octobre 1946.

un certain aspect de l'ascendance du Führer, « notamment au fait qu'il puisse avoir du sang juif dans les veines, ce qui rendrait difficilement justifiables ses prises de position antisémites ». Une tentative de chantage ? C'est ce que laisse entendre Frank lorsqu'il écrit : « [Hitler] me chargea d'enquêter discrètement sur la question. M'étant renseigné à toutes les sources, j'établis les faits suivants : le père d'Hitler était l'enfant naturel d'une cuisinière nommée Schicklgruber, originaire de Leonding près de Linz, et employée dans une famille de Graz. » Suivent des détails sur la légitimation tardive et passablement illégale d'Aloïs Hitler, que nous connaissons déjà. Mais Frank poursuit : « Le plus étrange dans celle affaire, c'est que la cuisinière Schicklgruber, grand-mère d'Adolf Hitler, était employée par une famille juive du nom de Frankenberger lorsqu'elle donna naissance à son enfant ; et M. Frankenberger a payé à la femme Schicklgruber, pour le compte de son fils âgé de dix-neuf ans environ à cette époque, […] une pension alimentaire depuis la naissance de l'enfant jusqu'à sa quatorzième année. Il y avait d'ailleurs un échange de lettres suivi entre ces Frankenberger et la grand-mère d'Hitler, d'où il ressortait que les correspondants reconnaissaient tacitement le fait que l'enfant de la femme Schicklgruber avait été conçu dans des circonstances qui rendaient la famille Frankenberger redevable d'une pension alimentaire[6]. » Cette correspondance aurait été détenue depuis des années par une parente de la demi-sœur d'Hitler, Angela Raubal – ce qui expliquerait comment le neveu (en fait, le demi-neveu) William Patrick aurait été mis au courant. On imagine sans peine la réaction d'Hitler. Selon Frank, il a immédiatement nié les faits : « Il savait que son père n'était pas issu d'un commerce entre la femme Schicklgruber et le Juif de Graz. Son père et sa grand-mère le lui avaient dit[7]. »

Si tout cela est exact, il est clair que le Führer a paniqué et improvisé sur-le-champ quelques mensonges pour se tirer d'affaire. D'abord, son père ne lui a sûrement pas dit qu'il n'était pas d'origine juive ; sous le coup de l'émotion, Hitler oublie ce qu'il a lui-même écrit dans *Mein Kampf* : du vivant de son père, il n'a pas même entendu prononcer le mot de juif[8] ! Quant à la grand-mère d'Hitler, elle ne peut pas le lui avoir dit non plus, parce qu'elle était déjà morte depuis quarante-deux ans lorsqu'il est venu au monde... Enfin, il est clair qu'Hitler ne savait rien auparavant de cette affaire de pension alimentaire versée par un Juif – autrement, il n'aurait sûrement pas chargé Frank de s'informer. Prétendre maintenant être au courant pour minimiser l'affaire, c'est mettre le doigt dans un redoutable engrenage. Par contre, si le Führer avait gardé son calme, il aurait demandé à voir cette correspondance – que Frank ne semblait pas avoir en sa possession ; il se serait également souvenu qu'Anna Maria Schicklgruber n'était pas originaire de Leonding, mais de Strones, près de Döllersheim ; il aurait même remarqué au passage que Frankenberger n'avait rien d'un nom juif. Mais nous savons que chez Hitler, l'émotionnel l'emporte souvent sur le rationnel : que cette prétendue ascendance juive soit authentique, ce serait gênant ; qu'elle soit démontrable et rendue publique, ce serait catastrophique...

Hitler a donc continué à suivre de près cette affaire potentiellement explosive. On ne connaîtra sans doute jamais le détail des mesures qu'il a ordonnées pour supprimer les traces de cette ascendance réelle ou imaginaire, mais tout ne passera pas inaperçu. Otto Dietrich, le *Reichpressechef*, pourra ainsi écrire qu'« il était absolument impossible de mentionner en présence d'Hitler le nom de son demi-frère Aloïs Hitler[9] »*, ce que confirmera la secrétaire Christa Schroeder, en ajoutant que les deux

---

* Aloïs Hitler n'en ouvrira pas moins sur la Wittenbergplatz à Berlin un restaurant fort populaire, qui bénéficiera de la clientèle de tous les hiérarques nazis.

sœurs Angela Raubal et Paula Hitler n'étaient elles-mêmes que très rarement évoquées – généralement sous la désignation peu flatteuse d'« oies stupides[10] ». Mais entre-temps, le premier fils de ce demi-frère a dû se résoudre à émigrer en Allemagne pour éviter de mourir de faim en Grande-Bretagne ; Hitler, après lui avoir écrit qu'il « ne pouvait aider tous ceux qui, par hasard, portaient son nom », a fini par lui obtenir un emploi à Berlin. Mais le neveu par qui le scandale risque d'arriver n'est ni un bourreau de travail ni un intellectuel ; en outre, son emploi est fort mal rémunéré, et il le fait savoir dans de longues lettres à son oncle – qui ne lui répond pas. La Gestapo l'espionne en permanence, et en juin 1934, lors de la Nuit des longs couteaux, il est arrêté par les SS et emmené au sinistre camp de Lichterfelde, où sont exécutés les SA et autres ennemis du régime. Sa dernière heure serait probablement arrivée, s'il n'avait été sauvé *in extremis* par un détail technique : ayant conservé sa nationalité, William Patrick est toujours sujet britannique... et le consul de Grande-Bretagne, alerté, exige sa libération[11] ! Dès lors, Hitler estime sans doute qu'une élimination aussi peu discrète poserait davantage de problèmes qu'elle n'en résoudrait, et le neveu encombrant recouvre la liberté.

À l'automne de 1938, un certain Hansjürgen Köhler quitte secrètement l'Allemagne pour passer en Suisse, et de là en Grande-Bretagne. Ce transfuge est un agent important de la Gestapo, et il a emporté avec lui deux carnets bourrés de notes – sur lesquels il s'appuiera un an plus tard pour écrire deux ouvrages remarquablement documentés, rendant compte de ses missions au service de Heydrich et d'Himmler. Or, l'une d'entre elles concerne une affaire qui nous est familière ; un jour de l'été de 1937, Köhler est convoqué dans le bureau de Heydrich, où il est présenté à von Papen, l'ancien vice-chancelier devenu en 1934 ambassadeur d'Allemagne en Autriche.

Après le départ de ce dernier, Heydrich met Köhler au courant : « Ce jésuite de Schuschnigg [le chancelier autrichien] veut faire chanter le Führer. Je ne l'en aurais jamais cru capable. Il a un dossier contenant des documents compromettants pour Hitler, et voilà qu'il menace de les publier dans un Livre blanc. » Köhler s'étant enquis de la teneur de ces documents, Heydrich se contente de répondre : « "Cet insolent de Schuschnigg est si sûr [...] de la valeur des éléments de son dossier qu'il en a envoyé une copie à Hitler en personne, par l'intermédiaire de Mussolini. Vous aurez pour tâche [...] de récupérer les originaux des documents contenus dans ce dossier... à n'importe quel prix." "Mais..." "Il n'y a pas de mais. Trois hommes sont déjà morts à cause de ce dossier. Peu importe s'il en meurt douze de plus... Il nous le faut." Il sortit un dossier bleu de son tiroir ; "Asseyez-vous dans mon bureau et parcourez-le, me dit-il. Ces copies sont toutes tapées à la machine, ce qui semble indiquer qu'elles n'ont pas été photographiées. C'est notre seul espoir, parce que sinon, il nous faudra détruire non seulement les originaux, mais encore les négatifs." Je m'assis et commençai à lire. Je précise que je n'ai jamais vu les originaux de ces documents, [...] et je n'ai pas la moindre preuve qu'ils aient été authentiques. Mais ils n'en ont pas moins provoqué un carnage sans précédent[12]. »

Köhler découvre dans le dossier trois séries de documents concernant Hitler. La première avait été réunie par le général von Schleicher, l'ancien chancelier qui avait tenté de s'opposer à la prise de pouvoir d'Hitler. Ces documents concernaient les états de service du Führer pendant la Grande Guerre, et démontraient qu'ils étaient un peu moins glorieux que le prétendait la propagande nazie*. Schleicher sera assassiné le 30 juin 1934, mais les

---

* Ces documents retracent parfaitement le parcours d'Hitler pendant la Grande Guerre, en établissant qu'il servait comme estafette

documents de sa collection ne seront pas retrouvés – et pour cause : se sentant menacé, il les avait envoyés au chancelier autrichien Dollfuss. Ce dernier, comprenant la valeur de telles pièces, avait entrepris de continuer la collection, d'où la deuxième série de documents contenue dans le dossier bleu. Dollfuss était parti d'une constatation simple : « Hitler, note Köhler, était déjà depuis longtemps le point de mire de l'intérêt mondial, et pourtant, on savait peu de choses sur lui. Le plus grand mystère entourait la vie privée du Führer, ses relations familiales et ses origines. Le chancelier Dollfuss [...] se mit donc à la tâche. En tant que dirigeant de l'Autriche, il ne lui était pas difficile de réunir des informations sur [...] la famille d'Adolf Hitler, qui était né en territoire autrichien. Grâce aux certificats de naissance, aux fiches de police, aux protocoles, etc., contenus dans le dossier, il était parvenu à reconstituer les diverses parties du puzzle. » Ce que Köhler peut y lire concernant les antécédents d'Hitler est exact, quoique lacunaire : il y a là l'histoire de la petite servante Schicklgruber, de son fils Aloïs qui a été légitimé sur le tard*, etc. Il y a des données précises sur les trois mariages successifs d'Aloïs, ainsi que sur les enfants issus de ces mariages**, avec les noms de ceux qui sont morts et de ceux qui ont survécu – dont bien

---

plutôt que comme combattant de choc, et qu'il n'avait pas été jugé souhaitable de lui donner de l'avancement au-delà du grade de caporal – toutes choses qui étaient confidentielles dans l'Allemagne de l'époque. Par contre, les indications concernant l'attribution de la croix de fer de 1ʳᵉ classe au caporal Hitler *après* la guerre seulement sont entièrement erronées.

* Il en ressort que Köhler n'a pas compris les véritables circonstances de cette légitimation. Mais on se souvient qu'il n'a eu que très peu de temps pour prendre connaissance de l'ensemble du dossier dans le bureau de Heydrich.

** Il est même fait état d'une petite Ida Schicklgruber, née du premier mariage d'Aloïs, morte dans l'enfance et enterrée auprès de sa mère. Son nom ne figure dans aucune généalogie publiée à ce jour.

sûr Adolf lui-même. Mais voici que Köhler tombe sur un document explosif, dont il précise une fois encore qu'il ne peut vérifier l'authenticité : « Où la petite servante [la grand-mère paternelle d'Hitler] avait-elle été employée ? Ce n'était pas bien difficile à établir. Depuis longtemps, la ville de Vienne avait institué un système d'enregistrement obligatoire. Les servantes comme les employeurs y étaient astreints sous peine de fortes amendes. Le chancelier Dollfuss put ainsi découvrir sa carte d'enregistrement. [...] Elle avait servi [...] chez les Rothschild... C'est donc probablement dans cette magnifique demeure qu'il fallait rechercher le grand-père inconnu d'Hitler[13]. » Sur ce dernier document, portant en marge un commentaire ironique de la main de Dollfuss, s'achevait le dossier constitué par le chancelier.

Reste la troisième série, celle constituée par Schuschnigg après l'assassinat de son prédécesseur en 1934. « Schuschnigg, écrit Köhler, avait poursuivi la tâche entamée par Schleicher et Dollfuss. Il savait parfaitement que ce dossier avait une importance considérable pour Hitler. N'avait-il pas déjà coûté la vie à deux politiciens éminents ? Et Schuschnigg voulait poursuivre ses investigations dans les voies les plus dangereuses. Sa collection se composait de deux parties : la première comprenait des documents visant à élucider les origines de Johanna Hitler*, la grand-mère [maternelle] du Führer, ainsi que diverses données concernant les circonstances de l'arrivée des Hitler en

---

* Johanna *Hiedler*, en réalité. Ces documents devaient apporter la preuve d'une ascendance tchèque, Hiedler étant sans doute dérivé de Hidlar ou Hidlartchek, un patronyme tchèque très banal. Du reste, Nepomuk, que nous connaissons déjà, est incontestablement un prénom tchèque. Tout cela était potentiellement compromettant pour un politicien exalté comme Hitler, qui lançait sans cesse de féroces diatribes contre le « sous-homme slave »... Au printemps de 1934, il s'était déjà quelque peu trahi en confiant à Hermann Rauschning : « Nous avons déjà beaucoup trop de sang slave dans les veines... »

Haute-Autriche. La seconde contenait des documents portant sur le mystérieux suicide de la nièce d'Hitler, Geli Raubal. Schuschnigg était parvenu à en découvrir davantage sur cette affaire que tout autre, même s'il n'avait pu en établir toutes les motivations et tous les détails*. » Et Köhler de conclure : « Je dois avouer que j'étais plutôt choqué lorsque je refermai ce dossier[14]. » On le serait à moins… d'autant que la mission de Hansjürgen Köhler consiste désormais à soustraire l'original du dossier au chancelier Schuschnigg.

Alors que l'agent de la Gestapo se met au travail avec l'aide de l'ambassadeur du Reich à Vienne Franz von Papen, on peut se poser quelques questions. Köhler a-t-il inventé toute cette histoire ? Difficile à croire : les renseignements très précis qu'il donne dès 1940 sur le IIIᵉ Reich, depuis les conditions de vie et de mort dans le camp de concentration de Buchenwald jusqu'aux sombres manigances de Goering – en passant par la composition des menus végétariens du Führer –, pourront être vérifiés après la guerre et se révéleront scrupuleusement exacts**. Pourquoi dès lors Köhler aurait-il menti dans cette affaire de dossier ? Mais tout cela ne prouve évidemment pas que les documents qu'il contient soient authentiques ; certains le sont manifestement ; d'autres sont plus douteux, même s'ils semblent confirmer sur certains points les propos de Hans Frank ou de William Patrick Hitler ; d'autres enfin les contredisent : que Maria Anna Schicklgruber ait servi à Vienne chez les Rothschild, c'est bien possible – et même

---

* Voir chapitre 5 : « L'homme à femmes ».

** Il en est de même des habitudes de lecture du Führer et du fait, connu seulement de ses proches à l'époque, qu'il avait une mauvaise vue et portait des lunettes. Bien entendu, Köhler se trompe à l'occasion : beaucoup de noms propres sont inexacts ou mal orthographiés, et l'influence qu'il prête à Rudolf Hess dans la hiérarchie nazie est considérablement exagérée. Même un agent de la Gestapo bien renseigné ne peut pas tout savoir…

certain, s'il y a des attestations officielles en ce sens. Mais voilà qui ne prouverait absolument rien concernant les origines du petit Aloïs, qui aurait aussi bien pu être le fils du chauffeur ou du cuisinier. Tout au plus cela permettrait-il d'établir que sa mère ne servait pas à Graz au même moment, faisant ainsi disparaître la famille Frankenberger et sa pension alimentaire...

Une seule chose est sûre : Hitler veut récupérer l'ensemble du dossier dans les plus brefs délais. Mais il devra patienter ; car si l'on en croit le récit de Köhler, il faudra de très longs mois à la Gestapo et au personnel de l'ambassade d'Allemagne à Vienne pour introduire des agents dans l'entourage de Schuschnigg*. Lorsqu'ils y parviendront enfin – à la veille même de l'Anschluss, alors que Schuschnigg est déjà parti pour Berchtesgaden –, Köhler lui-même se présentera dans le bureau du chancelier pour y collecter le dossier ; mais ce sera pour s'entendre dire que von Ketteler, l'assistant de l'ambassadeur d'Allemagne von Papen, en a pris livraison quelques heures auparavant... Ce dernier remet effectivement le dossier aux autorités allemandes, mais avec un retard de plus de deux heures ; et la Gestapo établit rapidement que ce délai a été mis à profit pour photographier l'ensemble du dossier – ce que l'infortuné von Ketteler paiera de sa vie[15]. Du roman-feuilleton que tout cela ? Peut-être... Mais von Ketteler a bel et bien été noyé dans une baignoire, et son corps a été retrouvé flottant dans le Danube quelques semaines après l'Anschluss[16] ; en outre, les explications de von Papen dans ses Mémoires sur ce décès sont pour le moins embrouillées – d'autant qu'il admet avoir chargé von Ketteler de mettre des documents en sûreté[17]. On peut d'ailleurs fort bien comprendre les motivations de von Papen ; n'ayant échappé que d'extrême justesse à

---

* Puissamment aidés en cela par le décès – accidentel cette fois – de l'épouse du chancelier Schuschnigg.

la liquidation par la Gestapo en juin 1934, privé de son poste diplomatique après l'Anschluss et obligé de rentrer en Allemagne, il pouvait aisément ressentir le besoin d'une « assurance vie », telle que s'en constituaient assidûment tous les dignitaires allemands dès cette époque*. Si tel était le cas, le calcul se révélera efficace : nommé ambassadeur du Reich à Ankara, Franz von Papen ne sera plus inquiété par la Gestapo et survivra à la guerre.

Les efforts d'Hitler pour couvrir toute trace de ses origines s'arrêteront-ils là ? Nullement. Dans l'Autriche incorporée au Reich après le printemps de 1938, il va remuer ciel et terre pour récupérer tous les documents le concernant. Dès son arrivée à Linz, il exige ainsi que lui soit personnellement remis son dossier militaire. Lorsque les services du gauleiter Eigruber s'avouent incapables de le localiser, Hitler entre dans une rage folle et charge sur-le-champ la Gestapo de le retrouver. Celle-ci commence naturellement par opérer plusieurs arrestations, et procède à de nombreux interrogatoires. Que redoute le Führer de ce dossier vieux d'un quart de siècle ? Il pourrait naturellement comporter des documents concernant les aspects obscurs de son ascendance, ainsi que ses années d'errance à Vienne, son séjour dans des institutions de charité financées par des Juifs, de même que sa comparution à Salzbourg devant le conseil de révision qui l'a réformé en février 1914 comme « inapte à porter les armes ». Rien de tout cela ne paraîtrait vraiment compromettant à un homme normal, mais Hitler est-il bien un homme normal ? En tout cas, parmi les personnes assidûment interrogées par la Gestapo se trouve un certain Franz Jetzinger, journaliste et député social-démocrate au parlement régional, qui a lu l'ensemble du dossier six ans plus tôt. Voici les premières questions qui lui sont posées : « Pourquoi avez-vous consulté ce dossier ?

---

* Voir chapitre 3 : « Une boîte de scorpions ».

Que contient le dossier ? Y a-t-il dedans quelque chose de compromettant pour Hitler ?.... » Et naturellement : « Où se trouve le dossier[18] ? »

L'erreur était sans doute de charger la Gestapo de l'enquête ; elle ne sait pas bien ce qu'elle cherche ni comment le trouver, ses méthodes sont inadaptées à la situation, et sa réputation l'a précédée : ceux qui parlent ne savent pas, ceux qui savent ne parlent pas... et les recherches resteront vaines. Au même moment, par contre, deux autres agents de la Gestapo ont rendu visite au curé de Braunau, lieu de naissance d'Hitler, et se sont fait remettre de force le dossier concernant la demande de dispense faite au pape par le père d'Hitler en 1885... Quelques semaines plus tard, le neveu William Patrick est convoqué à la chancellerie du Reich, où son oncle exige qu'il prenne immédiatement la nationalité allemande. Tiens donc ! Comprenant le danger, William Patrick Hitler quitte furtivement l'Allemagne en janvier 1939*.

Il est clair que le mystère de ses origines n'a cessé de tourmenter le Führer depuis lors. Les fréquentes références dans ses discours à l'« empoisonnement du sang », au fait que « nous souffrons tous de la malédiction d'un sang mêlé et corrompu », tout comme ce paragraphe III de la « loi pour la protection du sang » disposant expressément que « les Juifs ne peuvent employer des servantes de sang allemand âgées de moins de quarante-cinq ans** », montrent suffisamment à quel point il reste tourmenté par cette incertitude. Au chapitre 8 de son second ouvrage – qui ne sera pas publié de son vivant – Hitler évoque

---

* Il émigrera ensuite avec sa mère aux États-Unis, donnera des conférences sur son oncle, et s'engagera en 1944 dans la marine américaine – où il trouvera sans doute son nom difficile à porter. Après la guerre, il changera de nom, se mariera et aura un fils prénommé... Alexandre Adolf.

** Sa grand-mère était tombée enceinte à l'âge de quarante et un ans...

également le secrétaire d'État Erzberger, « fils illégitime d'une servante et d'un employeur juif[19] ». Or, le fait est que Matthias Erzberger n'était rien de tel. Une projection de la part du Führer ? À six reprises, il ordonnera des enquêtes de la Gestapo sur ses origines familiales, espérant toujours trouver une preuve incontestable de ses origines aryennes ; mais les documents ainsi collectés n'apporteront rien de déterminant dans un sens comme dans l'autre[20]*. À tout prendre, il est hautement improbable qu'Adolf Hitler ait été juif ; mais il est certain qu'il avait très peur de l'être – et plus peur encore que cela se sache !

Sans doute la grande tourmente de la guerre fera-t-elle oublier au Führer l'ensemble de cette ténébreuse affaire ? En aucune façon : dans ses Mémoires, l'architecte Albert Speer racontera l'incident suivant : « En allant de Budweis à Krems en 1942, je remarquai une large plaque apposée sur une maison dans le village de Spital, près de la frontière tchèque. Il y était inscrit : "Dans cette maison, le Führer a vécu pendant sa jeunesse." Je mentionnai la chose à Hitler. Il entra sur-le-champ dans une rage folle, fit venir Bormann à grands cris [...] et lui jeta hargneusement : "Combien de fois ai-je répété que ce village ne doit jamais être mentionné ? Et voilà que ce crétin de gauleiter y appose une

---

* C'est manifestement dans le cadre de ces recherches que la Gestapo découvre l'existence à Graz d'une branche de la famille Schicklgruber, les Veit, dont plusieurs membres sont faibles d'esprit. Le rapport établi par Himmler, non daté, estampillé *Geheime Reichssache !* (ultrasecret) et précautionneusement intitulé « Parenté alléguée du Führer », semble reposer exclusivement sur les commérages d'une grand-tante des enfants Veit, Frau Pracher. Comme bien des documents de la Gestapo, celui-ci contient une quantité d'erreurs stupéfiante : Adolf est devenu un fils *adoptif* d'Aloïs Hitler, sa mère est « née Schicklgruber » (manifestement une confusion avec sa grand-mère), et elle a déjà été mariée à un dénommé Singer avant d'épouser Aloïs Hitler ! Ce document, retrouvé après la guerre dans l'appartement munichois du Führer, donne une idée du sérieux de certaines enquêtes menées par les services d'Himmler...

plaque ! Faites-la enlever sur-le-champ." [...] Il semblait avoir quelque motif d'effacer cette partie de sa jeunesse[21]. »

De sa jeunesse, ou de celle de son père ? Aloïs Schickl-gruber avait passé l'essentiel de sa vie à Spital... Quant à Döllersheim et Strones, les villages d'origine de son père et de sa grand-mère, ils ont été transformés après l'Anschluss en terrains d'exercice pour l'artillerie lourde, de sorte qu'il n'en est resté que des ruines – et la pierre tombale de Maria Anna Schiklgruber a naturellement été pulvérisée comme tout le reste... À l'été de 1943, l'ancien député social-démocrate Franz Jetzinger reçoit à Linz la visite de l'*Oberführer* SS Langoth, qui lui confie dans son meilleur patois autrichien : « *Hitler gibt ka Ruh* ["Hitler ne se calme pas"]. Il exige toujours qu'on lui trouve le dossier. Alors voilà ce que nous avons décidé : puisque vous êtes le seul à le connaître, ce dossier [...], nous vous proposons un emploi à titre définitif à la bibliothèque de Linz. Votre tâche consistera à chercher le dossier[22]. » Six mois après Stalingrad ! En quoi tout cela peut-il encore préoccuper Hitler, à une époque où les armées soviétiques et anglo-américaines convergent déjà sur le Reich et ses satellites depuis tous les points cardinaux du globe ? Mais dans le cadre du présent ouvrage, la psychologie tourmentée du Führer ne constitue-t-elle pas le mystère fondateur du régime national-socialiste ? *Das ist die Frage* – telle est la question, sur laquelle nous aurons l'occasion de revenir plus d'une fois dans les chapitres ultérieurs.

2

L'éloquence conquérante

> « De tous les orateurs entre 1919 et
> 1933, [...] il n'y en avait pas un seul qui
> sût comme Hitler arracher et entraîner les
> masses par la parole. Seul et sans concur-
> rent, Hitler conquit le pouvoir par le Mot. »
>
> Baldur von SCHIRACH

Au commencement était le Verbe... Toute sa vie, Adolf
Hitler a régné principalement par la parole. La façon dont
il a réussi à s'imposer grâce à cette éloquence très particulière constitue un mystère fondamental du IIIe Reich,
qui mérite certainement d'être exploré.

L'enfance et l'adolescence du futur Führer entre
Passau et Linz sont assez connues, grâce à certains passages elliptiques de *Mein Kampf* et au témoignage de
quelques parents, professeurs, amis et condisciples. On
sait ainsi que ce garçon turbulent, renfermé et colérique
perd assez rapidement le goût des études, qu'il erre dans
les ruelles des faubourgs à toute heure du jour et de
la nuit, et qu'il se passionne pour l'opéra de Wagner
comme pour les monuments de la ville de Linz. Lors de
ses interminables jeux guerriers avec les enfants du voisinage, ce gringalet s'impose moins par la force physique
que par un haut degré d'exaltation discursive. C'est à la
fin de 1905 qu'il fait la connaissance de son premier et
sans doute unique ami, August « *Gustl* » Kubizek ; Adolf,

alors âgé de seize ans et demi, a déjà quitté l'école, il vit aux crochets de sa mère, dessine, écrit des poèmes, déclame en solitaire et continue à flâner en refaisant le monde. Kubizek, son aîné de neuf mois et son premier admirateur, écrira plus tard : « Adolf avait besoin de parler et il lui fallait quelqu'un pour l'écouter. [...] Ses propos faisaient souvent l'effet de décharges volcaniques, comme poussées hors de lui par quelque chose d'étranger, de tout à fait différent. Je n'avais jamais vu de telles extases que chez des acteurs de théâtre, [...] et je n'étais au début que l'auditeur déconcerté de ces éruptions, que la stupéfaction empêchait d'applaudir à la fin. [...] Ce n'était pas ce qu'il disait qui m'a d'abord attiré chez lui, mais plutôt la façon dont il le disait. C'était pour moi quelque chose de nouveau, de fantastique. Je n'aurais jamais pensé que quelqu'un pût obtenir de tels résultats avec de simples mots[1]. » C'est très bien vu, car si le verbiage du jeune Hitler est plutôt assommant, son étrange pouvoir d'attraction est déjà indéniable.

En septembre 1907, Hitler part pour Vienne, où il se présente au concours d'entrée de l'Académie des beaux-arts. Il est recalé, mais ne l'avoue pas à son camarade August Kubizek, qui le rejoint au printemps pour faire des études au conservatoire de musique. Gustl, qui va partager une chambre avec lui dans la Stumpergasse, note avec étonnement que l'« étudiant » Adolf ne fait rien de plus qu'à Linz : il se lève à midi, erre dans les rues de Vienne en contemplant les édifices, s'installe dans les cafés et lit les journaux, fréquente assidûment le Burgtheater et l'opéra, mais n'effectue pas le moindre travail rémunéré. Comme à Linz aussi, il se perd dans d'interminables harangues, qui finissent même par inquiéter son fidèle ami : « Au cours de ces premiers temps à Vienne, j'ai eu l'impression qu'Adolf était devenu déséquilibré. Il entrait en rage pour des peccadilles, [...] il en voulait au monde entier, ne voyait

partout qu'injustice, haine et inimitié. Rien ne trouvait
grâce à ses yeux. [...] Il déversait sa bile sur toute l'humanité, qui ne le comprenait pas, ne l'appréciait pas et
le persécutait[2]. »

Les observations de Kubizek s'arrêtent là, car à l'automne de 1908, Hitler disparaît brusquement. Il changera
plusieurs fois d'adresse, avant de se retrouver à l'asile
de nuit de Meidling, qui recueille tout ce que Vienne
compte de vagabonds et d'aliénés. Ce n'est qu'au début
de 1910 qu'il retrouve un logement plus décent dans le
Männerheim, le foyer pour hommes de la Meldemanns-
trasse*. Il va y subsister grâce à la vente d'aquarelles
qu'il peint dans le salon de lecture du foyer ; ce sont
généralement des reproductions de cartes postales, dont
la commercialisation est assurée au début par son « associé » Reinhold Hanisch, alias Fritz Walter, un manœuvre
d'occasion passablement alcoolique et souvent en délicatesse avec la loi. Ayant eu pendant huit mois l'occasion
d'observer son étrange compère, Hanisch en brossera un
tableau très ressemblant, notant lui aussi ses habitudes
bohèmes, ses accès de paresse, son caractère instable et sa
propension à discourir sans retenue dès que les pensionnaires abordent des questions « sensibles » comme l'art, la
politique, l'économie, la presse ou la religion : « Lorsqu'il
s'énervait, Hitler était incapable de se retenir ; il hurlait
et gesticulait[3]. » Les victimes de ses plus féroces diatribes
sont les sociaux-démocrates, les jésuites, les architectes
viennois et l'Empire austro-hongrois en général**. Là
encore, les auditeurs ne semblent pas vraiment prendre

---

* Sans doute grâce à une aide financière de sa tante Johanna.

** Par contre, Hanisch ne se souviendra pas de diatribes contre
les Juifs à cette époque, sans doute parce que les œuvres chari-
tables dont dépendait Hitler étaient financées par des Juifs, parce
que les meilleurs clients de ses aquarelles étaient également juifs,
et que certains de ses acolytes du moment, comme Neumann ou
Robinson, l'étaient aussi.

au sérieux ses diarrhées verbales* et en oublient très vite la teneur, mais ils paraissent impressionnés par l'énergie et la conviction qui les animent.

Hitler va demeurer trois ans et demi dans le *Männerheim*, avant de quitter Vienne pour Munich en mai 1913 – sans doute pour échapper à la conscription. Dans la capitale bavaroise, il peint la nuit, vit chichement en vendant ses aquarelles et s'installe des heures durant dans les cafés et les brasseries, où il s'absorbe dans la lecture des journaux et se répand en réquisitoires enflammés pour tenter de faire partager aux consommateurs ses détestations politiques ou artistiques du moment. Auprès des autorités de Munich, il s'est fait enregistrer comme « peintre en architecture apatride », sans que personne ne s'avise du fait qu'il n'est rien de tout cela.

Le 1ᵉʳ août 1914, l'Allemagne entre en guerre, et six jours plus tard, Hitler se porte volontaire pour rejoindre l'armée bavaroise. Durant les quatre années suivantes, il va servir comme estafette sur les divers champs de bataille du front occidental, depuis l'Yser jusqu'à l'Escaut. Sa bravoure, son zèle et son habileté y sont très appréciés, il est promu caporal et décoré de la croix de fer**. Ses camarades du 16ᵉ régiment d'infanterie de réserve, dit « régiment List », reconnaissent ses qualités autant qu'ils raillent ses excentricités : le caporal Hitler se porte volontaire pour partir en mission à la place des autres messagers, et il en a secouru plus d'un dans des situations difficiles ; mais l'homme est un solitaire, son sens de l'humour est limité, et il est abstinent à tous égards. Les soldats se souviendront bien d'avoir entendu « l'Autrichien » prononcer « des discours politiques[4] »,

---

* Hitler lui-même écrira dans *Mein Kampf* qu'il était considéré comme *ein Sonderling* – « un original » –, ce qui est sans doute une litote. Selon Franz Jetzinger, une expression autrichienne plus adéquate aurait été *ein Spintisierer* – « un homme qui bat la campagne ».
** De 2ᵉ classe en 1914, puis de 1ʳᵉ classe en 1918.

notamment contre les embusqués, les défaitistes et les sociaux-démocrates*, mais ils n'en ont gardé qu'un très vague souvenir, et son supérieur, le lieutenant Max Amann, pourra dire que « ce qu'[Hitler] exprimait à l'époque n'était rien d'autre que ce que l'on pouvait attendre du soldat ordinaire. [...] Il philosophait sur les questions politiques et sur sa vision du monde à la manière primitive des petites gens⁵ ».

La suite est connue : au quatrième été de la guerre, les Alliés passent à la contre-offensive, le front est crevé, les Allemands refluent vers le nord, et le 14 octobre 1918, sur les hauteurs de Wervik, Hitler est aveuglé lors d'un bombardement à l'ypérite. Alors qu'il est hospitalisé, les événements en Allemagne se précipitent : révoltes dans la flotte et les ports de la Baltique, qui s'étendent bientôt à toutes les grandes villes du pays au début de novembre ; fuite du roi Louis III de Bavière, abdication du Kaiser, proclamation de la république et signature de l'armistice le 11 novembre. Pour Hitler, qui n'a jamais admis la possibilité d'une défaite, c'est tout un monde qui s'écroule – d'autant qu'avec la défaite se profile la perspective de la démobilisation et du retour à une vie civile étriquée, sans la moindre espérance de carrière**.

Par des voies détournées, c'est l'aggravation de la situation en Allemagne qui va venir à son secours ; dans la plupart des villes allemandes, l'extrême gauche révolutionnaire a formé des conseils d'ouvriers et de soldats, sur le modèle bolchevique. À Munich, le 7 avril 1919, les communistes Ernst Toller, Eugen Leviné et Gustav

---

* Des diatribes contre les Juifs font leur apparition à partir de 1916, mais elles restent rares, d'autant qu'Hitler vante par ailleurs le courage au combat de certains de ses camarades juifs, et que c'est un Juif, le lieutenant Hugo Gutmann, qui l'a proposé pour la croix de fer de 1ʳᵉ classe.

** Hitler n'a jamais reçu la moindre formation et n'a exercé aucun métier durant les trente premières années de sa vie.

Landauer proclament la République des Conseils, qui fait régner la terreur dans la capitale bavaroise. Mais cet intermède sanglant sera presque aussi éphémère que l'insurrection spartakiste à Berlin : le 1er mai, le gouvernement socialiste de Johannes Hoffmann, réfugié à Bamberg, lance une armée de 50 000 soldats de la Reichswehr et des corps francs lourdement armés pour reprendre Munich. Ce sera chose faite en moins de deux jours, moyennant une impitoyable répression.

Dans *Mein Kampf*, le caporal Hitler en a écrit le moins possible sur son rôle lors de ces événements, et cela se comprend aisément : alors que son régiment s'est tenu en dehors des hostilités, lui-même, en tant que *V-Mann**, semble s'être mis discrètement au service de tous les maîtres du moment, afin de retarder indéfiniment sa démobilisation. La chute de la République des Conseils et le contrôle de Munich par les militaires vainqueurs vont lui en fournir l'occasion, car les généraux, frappés par la contagion des idées bolcheviques parmi leurs hommes, ont décidé d'organiser en Bavière une contre-propagande active et durable ; c'est ainsi qu'a été créée dès le mois de mai 1919 une « section d'information » pour éduquer les militaires dans un sens « nationaliste et antibolchevique ». Sous la direction du capitaine Karl Mayr, cette section entreprend donc de recruter des *Propagandaleute*, des agents de propagande chargés de porter la bonne parole parmi les troupes. Hitler se porte volontaire, et le capitaine Mayr donnera ainsi ses premières impressions du *V-Mann* autrichien : « Il ressemblait à un chien errant fatigué à la recherche d'un maître, [...] et prêt à suivre quiconque le traiterait

---

* *Vertrauensmann*, littéralement « homme de confiance », ainsi qu'Hitler est désigné dans les registres militaires de l'époque. Cette appellation élastique peut désigner à la fois un représentant, un intermédiaire, un agent… et surtout un indicateur. Hitler a manifestement rempli tous ces rôles, successivement ou simultanément.

avec bonté. [...] Le sort du peuple allemand lui était parfaitement indifférent[6]. » Il n'en est pas moins recruté et affecté aux premiers cours de formation pour « instructeurs antibolcheviques », dispensés à l'université de Munich entre le 5 et le 12 juin 1919.

« Ces cours, reconnaîtra Hitler, eurent pour moi de grandes conséquences. » On y parle de l'histoire allemande depuis la Réforme, des aspects politiques de la Grande Guerre, de la théorie et de la pratique du socialisme, des rapports entre politique extérieure et politique intérieure, et même d'économie – ce dernier cours étant enseigné par Gottfried Feder, un autodidacte exalté qui milite pour la « rupture de l'asservissement aux intérêts du capital » et contre la « haute finance internationale contrôlée par les Juifs ». Tout cela exerce une influence certaine sur Hitler : « Dans le cours de Feder, je pressentis un puissant mot d'ordre pour la lutte à venir. » Dans les autres cours aussi, du reste, car ce que recherche instinctivement Hitler, ce sont avant tout des slogans propres à galvaniser l'auditoire. Il y réussit manifestement, puisqu'un autre professeur, Karl Alexander von Müller*, se souviendra qu'au sortir d'une classe, il avait remarqué que « les hommes paraissaient hypnotisés par un des leurs qui les haranguait avec une passion croissante et une voix curieusement gutturale. J'avais l'étrange impression qu'il était à l'origine de leur excitation, et qu'en même temps, ils l'inspiraient à leur tour[7] ». De fait, cette mystérieuse interaction entre l'orateur et l'auditoire est déjà caractéristique du discours d'Hitler...

Le 20 août 1919, le capitaine Mayr l'envoie donc avec vingt-cinq autres propagandistes au camp militaire de Lechfeld, près d'Augsbourg ; leur mission est de haranguer des soldats récemment libérés de captivité à l'Est, que

---

* Qui enseigne l'« histoire politique de la guerre », d'après le programme de la formation.

l'on soupçonne d'avoir été « infectés par le bolchevisme ». Hitler, qui se décrit abusivement dans *Mein Kampf* comme « officier instructeur* », est là dans son élément. « Je me mis à l'œuvre avec le plus grand enthousiasme, car on m'offrait soudain l'occasion de parler devant un plus large auditoire[8]. » Ses discours seront naturellement des régurgitations des cours reçus à Munich : « Qui est responsable de la Grande Guerre ? » ; « La République des Conseils » ; « Socialisme et bolchevisme », « L'iniquité du traité de Versailles** » et « L'asservissement à la haute finance juive internationale ». Les autres instructeurs font les mêmes cours, mais ce sont ceux d'Hitler qui produisent le plus gros effet : il a un ton, une gestuelle, un langage, une énergie et une logique qui semblent captiver les soldats***. « Ce que j'avais toujours pressenti sans en avoir vraiment conscience se confirmait à présent : j'étais capable de "discourir" [...]. Rien ne pouvait me faire plus plaisir, car cela me permettait, avant même ma démobilisation, de servir utilement au sein d'une institution qui me tenait infiniment à cœur : l'armée[9]. » Certes, et comme l'espérait Hitler, son talent particulier va retarder l'échéance de sa démobilisation ; d'autant que dans l'armée bavaroise, qui vient d'être incorporée à la Reichswehr nationale, le

---

* Ce qui n'est guère crédible, un caporal n'étant pas un officier.

** Qui a été signé deux mois plus tôt, le 28 juin 1919. Il sépare l'Allemagne de la Prusse-Orientale par le corridor de Dantzig, lui impose l'occupation de la rive gauche du Rhin, la réduction de son armée à 100 000 hommes, la livraison d'énormes quantités de matériel, ainsi que des réparations qui seront fixées ultérieurement à 226 milliards de marks-or ; une clause morale comporte également la reconnaissance par l'Allemagne de sa responsabilité dans le déclenchement de la guerre.

*** L'un d'eux mentionnera les « conférences passionnées de Herr Hitler », un second déclarera qu'il « monopolise l'attention de ses auditeurs avec ses commentaires », et un troisième que « Herr Hitler est un orateur populaire-né, qui, par son style fanatique et populiste lors d'une réunion, oblige son auditoire à prendre en compte et à partager ses points de vue ».

capitaine Mayr dirige toujours la section d'information, et qu'il a d'autres missions à confier au caporal Hitler. Après tout, cet agent de propagande est resté un *V-Mann*, et Mayr doit maintenir sous surveillance une cinquantaine de petites organisations extrémistes ; le 12 septembre 1919, Hitler est donc chargé d'assister à une réunion du *Deutsche Arbeiterpartei* – le Parti des travailleurs allemands –, pour faire ensuite son rapport à la section d'information.

À la brasserie Sterneckerbräu, où se tient la réunion du DAP, Hitler découvre un rassemblement d'une vingtaine de membres « appartenant principalement aux couches inférieures de la société », et après deux heures passées à écouter les intervenants, il en retire « une impression ni bonne ni mauvaise »[10] : voilà un petit parti d'extrême droite protestataire et sans doute éphémère, comme il y en a tant d'autres à Munich en 1919. Mais pour finir, un homme se prononce en faveur du séparatisme bavarois, et Hitler le contredit impulsivement, avec une fougue et une habileté qui laissent les auditeurs pantois. À la fin de la séance, le chef du parti, Anton Drexler, manifestement subjugué, lui remet une brochure rédigée de sa main, intitulée *Mein politisches Erwachen* (« Mon éveil politique »), en l'invitant à se joindre au parti.

Hitler prétendra avoir beaucoup hésité, mais c'est en fait le capitaine Mayr lui-même qui ordonne à son agent d'adhérer au DAP pour aider à son développement, en lui donnant à cet effet 20 marks-or par semaine. Pour ce caporal toujours menacé par la démobilisation, c'est une aubaine ; il garde sa place au sein de l'armée, qui le paie de surcroît pour exercer ses talents d'orateur et d'agitateur au sein d'un petit parti nationaliste, populaire, antisocialiste et antisémite. Peu avant la fin de septembre 1919, Adolf Hitler rejoint donc les rangs du DAP, un parti qui, après moins d'un an d'existence, n'a que cinquante-cinq membres, trois douzaines d'auditeurs occasionnels, 7 marks et 50 pfennigs en caisse, pas de bureau, pas de programme, pas de téléphone, pas de machine à écrire et pas même un tampon...

Hitler va changer tout cela ; nommé au bureau politique, ce virtuose de la propagande prend la parole dès le 16 octobre à la Hofbräukeller, la grande brasserie de la Wienerstrasse. Cette fois, il ne s'agit plus de vociférer devant les quelques auditeurs distraits du *Männerheim* de Vienne, des cafés de Munich ou des tranchées de la Somme, ni même de haranguer l'audience captive du camp de Lechfeld : parmi les remugles de bonne bière et de mauvais cigares, les quelque cent vingt habitués de la brasserie présents ce jour-là sont fort peu commodes, surtout après boire... Pourtant, Hitler parvient d'emblée à électriser l'auditoire, et il est acclamé à l'issue de sa prestation. Après cela, la confiance venant, ce soldat inconnu repeint en agitateur public va parler devant des rassemblements de plus en plus nombreux : 400 personnes en novembre 1919 à l'Eberbräukeller, 2 000 en février 1920 à la Hofbräuhaus, plus de 6 000 au Circus Krone un an plus tard – tout cela avec une voix de baryton et sans haut-parleur. Ses thèmes sont immuables : nationalisme, antisémitisme, antisocialisme, antiparlementarisme, anticapitalisme, anticommunisme, dénonciation des « criminels de Novembre », du « diktat » de Versailles, des exploiteurs du peuple et des « traîtres judéo-marxistes » de Berlin, appel au patriotisme, à la fierté nationale et à la solidarité des anciens combattants, perspectives de revanche, de prospérité et de puissance... Les promesses sont démagogiques, les analyses simplistes, les accusations outrancières et les répétitions innombrables, mais elles n'en exercent pas moins un attrait certain sur des Munichois frappés de plein fouet par la défaite, la terreur rouge*, le chômage, la pénurie alimentaire, la dévaluation

---

* Propre à créer l'antisémitisme dans l'esprit populaire, en raison du nombre de chefs révolutionnaires allemands qui étaient juifs,

de la monnaie et la crise du logement. D'innombrables propagandistes d'extrême droite exploitent déjà ces mécontentements, mais Hitler, lui, est un *Sprachmensch*, un orateur virtuose qui fait appel à l'émotion plutôt qu'à l'intellect, en parlant un langage simple et en lançant des slogans réducteurs qui annihilent l'esprit critique et déchaînent les passions.

Bien des témoins de ses discours ont décrit l'effet hypnotique produit par ce mélange de conviction, de violence, d'ironie, d'exaltation, de haine, de logique, d'humour, d'indignation, de fantasmes et d'invectives que prononce avec une stupéfiante variété de mouvements et d'inflexions* cet homme au costume bleu bon marché, au physique insignifiant, à la moustache courte, à la mèche rebelle et aux yeux de fanatique. Pour l'avoir entendu parler une seule fois, des hommes de toutes conditions décident de le suivre et de le soutenir : l'aviateur vétéran Rudolf Hess, l'architecte balte Alfred Rosenberg, le fonctionnaire de police Wilhelm Frick, l'éditeur d'art germano-américain Ernst Hanfstaengl, l'étudiant nationaliste Hans Frank, l'ingénieur civil Kurt Daluege, l'ancien sergent du 16ᵉ régiment Max Amann, l'instituteur antisémite Julius Streicher, le socialiste et pamphlétaire exalté Hermann Esser, le maquignon, souteneur et videur de bar Christian Weber, le colonel de la Reichswehr Ritter von Epp, le photographe alcoolique Heinrich Hoffmann, l'ancien consul Max von Scheubner-Richter, le lutteur de foire et apprenti boucher Ulrich Graf, le comte nationaliste

---

comme Eisner, Hirsch, Cohn, Leviné, Toller, Axelrod, Mühsam, Wadler, Tucholski, Heilmann, Münzer, et bien sûr Rosa Luxemburg.

* Les talents d'imitateur d'Hitler sont remarquables, et contribuent largement au succès de ses discours. Les colères feintes et les accès de larmes donnent également à l'auditeur réceptif une grande impression de sincérité. Quant aux vociférations apparemment incontrôlées mais savamment étudiées, elles ne se généraliseront qu'après la prise de pouvoir.

Ernst von Reventlow, l'économiste anticapitaliste Gottfried Feder, le capitaine et intendant de division Ernst Roehm, le lieutenant de corps franc Gerhard Rossbach, l'horloger et repris de justice Emil Maurice, le chef de la police munichoise Ernst Poehner, le pharmacien socialisant Gregor Strasser, l'agronome éleveur de poulets Heinrich Himmler, le poète opiomane Dietrich Eckart* et l'homme d'affaires dilettante Kurt Lüdecke, qui résumera assez fidèlement la réaction générale en livrant ses premières impressions de l'orateur : « Un homme mince, pâle, avec des cheveux brun foncé peignés sur le côté, qui ne cessaient de retomber en mèches sur son front en sueur. Tour à tour menaçant et implorant, il avait l'air d'un fanatique. [...] Mes facultés critiques ont été balayées. Il tenait les masses, et moi avec elles, sous une influence hypnotique par la simple force de sa conviction. [...] J'ai ressenti une exaltation qui ne pouvait s'apparenter qu'à une conversion religieuse. » Et tout comme le professeur von Müller avant lui, Lüdecke note cet étrange phénomène d'interaction entre l'orateur et la foule : « Il me paraissait évident qu'Hitler intériorisait l'exaltation émotionnelle que lui renvoyaient ses milliers d'auditeurs. [...] Être placé entre sa voix et la réaction des masses revenait à se trouver au milieu d'un puissant champ magnétique. On pouvait être repoussé ou attiré, mais on était électrisé[11]. » Le pharmacien de Landshut Gregor Strasser confirmera qu'« il émanait de lui quelque chose, une suggestion, à laquelle il était difficile de se soustraire[12] ».

C'est sans doute l'étudiant et futur chef des Jeunesses hitlériennes Baldur von Schirach qui décrira le mieux le déroulement pratiquement immuable d'un discours

---

* Traducteur du *Peer Gynt* d'Ibsen, rédacteur en chef du journal satirique et antisémite *Auf Gut Deutsch*, il sera à maints égards le père spirituel d'Hitler, lui procurera d'énormes sommes d'argent et de précieuses relations.

d'Hitler : « Il commençait tout bas, sur un ton presque hésitant. Il créait ainsi un effet de surprise sur ceux qui l'entendaient pour la première fois et qui s'étaient attendus à une fanfare révolutionnaire, ce qui faisait régner le silence et forçait l'assemblée à l'écouter. [...] Son début calme faisait se dire à l'auditeur : cet homme pense, il réfléchit avant de parler. La longue première demi-heure, consacrée la plupart du temps à une récapitulation historique, ancrait en lui la certitude : cet homme connaît l'histoire ; ses idées ne datent pas d'aujourd'hui. Hitler avait une prédilection pour les mots d'origine étrangère, et ses auditeurs se disaient : cet homme est cultivé. Hitler s'échauffait, précipitait le *tempo* dès qu'il en venait aux questions actuelles. Il savait moduler sa voix selon qu'il accusait, injuriait ou ridiculisait des ennemis et des hommes d'État. Et les auditeurs se disaient : cet homme a raison. Après ce premier tiers du discours, au bout d'une demi-heure environ, il y avait la première vague d'applaudissements. Cela inspirait Hitler. Sa forme semblait en dépendre et se déchargeait en une cascade de phrases. Mais en réalité, il tenait fermement la bride. D'un geste de la main, il effaçait les applaudissements et reprenait tout bas, raccrochant le sujet là où il avait commencé. La même progression du *pianissimo* au *fortissimo* et au *furioso* se répétait dans le déroulement du discours. À chaque fois, il précipitait le *tempo*, à chaque fois il atteignait plus vite le prochain sommet, toujours plus haut, et au bout d'une heure et demie – c'était la durée habituelle des discours d'Hitler –, il avait amené les auditeurs si loin que chaque phrase leur arrachait des applaudissements[13]. »

L'éditeur et musicien Hanfstaengl, entendant lui aussi Hitler pour la première fois, le comparera à « un violoniste de talent » dont « la maîtrise de la voix, de la rhétorique et de la mise en scène n'a jamais été égalée. [...] Sa technique rappelait les attaques et les esquives d'un escrimeur, ou encore l'équilibre parfait d'un funambule. [...] Son premier secret résidait dans le choix des mots : il avait adopté le langage de camaraderie informelle des tranchées, et sans s'abaisser jusqu'à l'argot, il parvenait à parler comme un voisin de son auditeur. Lorsqu'il décrivait les difficultés de la ménagère qui n'avait pas assez d'argent pour acheter au *Viktualenmarkt* les produits alimentaires nécessaires à sa famille, il utilisait exactement les expressions qu'elle aurait employées elle-même pour décrire ses difficultés, si elle avait pu les formuler. Alors que d'autres orateurs au niveau national donnaient la pénible impression de prendre leurs auditeurs de haut, lui avait le don inappréciable d'exprimer exactement leurs pensées. [...] Je regardai les membres de l'assistance ; le brouhaha et le cliquetis des chopes avaient cessé, et ils buvaient chacune de ses paroles. À quelques mètres de moi, il y avait une jeune femme dont les yeux étaient rivés sur l'orateur. Comme saisie d'une extase mystique, elle ne s'appartenait plus et était entièrement sous l'emprise de la foi despotique d'Hitler en la grandeur future de l'Allemagne[14] ».

Mais Hitler lui-même ne s'élève-t-il pas au fil de son discours jusqu'à une sorte d'extase ? Hermann Rauschning affirmera en effet qu'il « se droguait avec la morphine de son propre verbiage[15] », et il faut reconnaître que le contraste est saisissant entre l'orateur en transe devant la foule et le personnage hésitant et insignifiant qu'il redevient une fois descendu de la tribune. Pour Hitler, du reste, même la prise de congé nécessite une technique particulière ; il s'agit de quitter les lieux sans délai, pendant que retentissent les premiers accents de l'hymne national : « La plupart des orateurs, dira-t-il, commettent la grossière erreur de rester à la traîne une fois leur discours terminé. Cela ne peut que décevoir, car les discussions et les objections peuvent ruiner entièrement des heures d'efforts oratoires[16]. » On voit que l'homme est déjà un professionnel qui ne laisse rien au hasard...

En tout cas, de telles performances permettent de multiplier sans cesse le nombre des adhérents : d'une cinquantaine de membres à la fin de 1919, ils sont 200 en janvier 1920, 2 000 en janvier 1921, 3 300 en août, 6 000 au début de 1922, 22 000 en février 1923 et 55 000 neuf mois plus tard... Cette augmentation exponentielle étant manifestement attribuable à l'orateur vedette Adolf Hitler, son influence à l'intérieur du parti s'en est trouvée considérablement renforcée : en juillet 1921, il a éclipsé Drexler pour devenir le seul chef du parti ; rebaptisé NSDAP*, celui-ci se fait connaître dans toute la Bavière par ses campagnes de distribution de tracts, son drapeau à croix gammée et son journal nouvellement acquis, le *Völkischer Beobachter*. Hitler, finalement démobilisé à l'été de 1922, conserve son prestige d'ancien combattant, de précieuses relations au sein de la Reichswehr et de nombreuses sympathies dans les milieux d'extrême droite. L'adulation des foules aidant, il a vu grandir démesurément ses ambitions politiques, et il commence à se faire appeler *Der Führer*, à l'imitation d'un Mussolini installé au pouvoir à Rome depuis la fin de 1922. Tout comme le Duce, du reste, Hitler dirige désormais son parti en autocrate.

C'est pourtant un autocrate désordonné : au désespoir des membres de son entourage immédiat – Rosenberg, Hess, Eckart, Hanfstaengl, Esser, Amann et Drexler –, le nouveau chef, qui a repris ses habitudes bohèmes, est allergique à tout travail de bureau, se lève à midi dans son minuscule meublé de la Thierschstrasse, est presque impossible à joindre dans l'après-midi, tient salon au café Neumaier après 17 heures, et remet sans cesse

---

* *Nationalsozialistische Deutsche Arbeiterpartei* : Parti national-socialiste des travailleurs allemands.

à plus tard les décisions essentielles, pour les prendre ensuite brusquement, instinctivement et sans grand souci des contingences comme des conséquences ; Hitler n'a pas de montre et n'en aura jamais[17], il est toujours en retard, honore rarement ses rendez-vous et ne consigne rien par écrit ; il écoute peu, méprise beaucoup, se sent mal à l'aise au sein de groupes qu'il ne contrôle pas[18], fuit les confrontations individuelles et déconcerte ses contradicteurs par de brusques accès de rage. Croyant pouvoir tout régler par des discours, il rejette sur ses subordonnés la responsabilité de ses propres erreurs, tout en comptant sur eux pour faire vivre au quotidien un parti chroniquement à court de ressources : « Bien des fois, se souviendra Kurt Lüdecke, alors que nous devions coller des affiches annonçant un rassemblement destiné à changer la face du monde, nous manquions d'argent pour payer la colle[19]. »

Mais les rassemblements se poursuivent dans les brasseries, et Hitler en reste la principale attraction. Ce n'est d'ailleurs pas sans risques, car il y a toujours des socialistes ou des communistes pour faire le coup de poing. Le parti a donc recruté une *Saalchutz** : 300 gros bras chargés d'assurer la sécurité des réunions, sous la direction du lieutenant Klintzch. En octobre 1922, ce service de protection très renforcé, rebaptisé *Sturmabteilung*** (SA), est repris en main par le capitaine Hermann Goering, un aviateur très décoré de la Grande Guerre tombé lui aussi sous le charme particulier d'Adolf Hitler ; la SA compte bientôt 5 000 hommes regroupés en unités paramilitaires, qui s'entraînent, défilent, intimident les opposants et se distinguent lors des batailles de rues avec les socialistes et les communistes. Le capitaine Ernst Roehm, devenu officier d'intendance dans la Reichswehr, pourra leur

---

* Protection de salle.
** Section d'assaut.

fournir au moment opportun les armes et les équipements nécessaires à des opérations plus ambitieuses. Or,
ce sont précisément celles auxquelles pense le maître du
NSDAP : à force de prononcer des discours belliqueux
et de passer en revue ses « troupes », ce caporal décoré
de la croix de fer voit grandir en lui la vocation d'un
dictateur politique doublé d'un grand chef militaire.
Délaissant des lectures plus légères, il se plonge dans
les écrits de Frédéric II, Napoléon et Clausewitz ; son
étonnante mémoire lui permet d'absorber énormément
d'informations, mais il n'en retient que ce qui correspond
à ses idées préconçues – qui vont rapidement se retrouver dans ses discours comme dans ses actions politiques.

Les deux se trouvent intimement liés durant les dix
années qui suivent, car Hitler pense pouvoir prendre le
pouvoir par la seule force de la parole – puissamment
soutenue par la mise en scène et l'intimidation. Sa première initiative en ce sens est le putsch du 8 novembre
1923 : depuis la salle enfumée d'une brasserie munichoise, avec quelques dizaines de SA derrière lui, Hitler
proclame dans un discours enflammé la déchéance du
gouvernement bavarois et la destitution du « gouvernement juif de Berlin ». Même en tenant compte des
conditions particulières de l'époque*, c'est miser excessivement sur la puissance du verbe, et la marche sur le
centre de Munich le lendemain se solde par un sanglant
échec, qui fait huit morts lorsque la police tire sur le
cortège devant la Feldherrnhalle. Mais lorsqu'il est jugé
trois mois plus tard pour haute trahison et soulèvement
armé, l'accusé Hitler se fait accusateur et transforme le
tribunal en tribune : « Je suis le seul responsable, mais

---

* Le triumvirat au pouvoir en Bavière, von Kahr, von Lossow et
von Seisser, a été pris en otage dans la brasserie, et Hitler s'est assuré
la complicité du général Ludendorff. En outre, les relations entre
Berlin et Munich étaient très tendues, et le triumvirat précité avait
des projets de sécession et de restauration monarchique.

je ne suis pas un criminel pour autant. [...] Il ne peut
y avoir de haute trahison contre les traîtres de 1918. Je
ne peux être accusé de haute trahison, car la trahison
n'aurait pas été liée aux événements du 8 novembre, mais
à toutes nos activités et à tout notre état d'esprit au cours
des mois précédents – et dans ce cas, je me demande
pourquoi ceux qui ont fait exactement comme moi ne
sont pas assis à mes côtés sur le banc des accusés. [...]
Vous pouvez nous prononcer mille fois coupables, mais
cela fera rire la déesse de l'éternel tribunal de l'histoire,
qui déchirera en mille morceaux le réquisitoire du procureur et la sentence de cette cour[20]. »

Ces interminables logorrhées, pouvant durer jusqu'à
quatre heures, ont sur les juges un effet à la fois sopo-
rifique et hypnotique. Le verdict prononcé le 1er avril
1924 sera de cinq années de forteresse, diminuées des
cinq mois déjà passés en prison et assorties d'une promesse tacite de libération anticipée*. Mais pour Hitler,
le principal est acquis : après une tentative de putsch qui
l'avait fait sombrer dans le ridicule, sa prestation devant
les juges l'a fait connaître bien au-delà de la Bavière ;
son emprisonnement en fera un martyr de surcroît...

Hitler entame sa captivité dans des conditions de
confort très acceptables : selon Lüdecke, la forteresse
de Landsberg ressemble davantage à un sanatorium qu'à
une prison, et si l'on en croit Hanfstaengl, il y a même
des sanatoriums plus austères[21]. Bien sûr, Hitler ne peut
plus haranguer les foules, mais il fera mieux encore :
sans doute encouragé par ses compagnons de captivité[22],
il dicte à son « secrétaire » Rudolf Hess un long texte
tenant à la fois du pamphlet, de l'autobiographie et du

---

* Ses principaux complices, Roehm, Wagner, Brückner, Pernet,
Weber, Frick et Kriebel, sont condamnés à la même peine, mais
Ludendorff est acquitté. La clémence des sentences s'explique par
le fait que les autorités bavaroises voulaient éviter que les projets
sécessionnistes du triumvirat soient révélés au grand jour.

programme politique. On y trouve une version très idéalisée de ses jeunes années, de ses faits de guerre et de son engagement politique, une vision hautement mégalomane de l'expansion du futur Reich allemand, ainsi que de longs développements sur les races, le marxisme, les Juifs, le parlementarisme, la monarchie et les « criminels de Novembre » – le tout voisinant avec des digressions incongrues sur le déclin du théâtre et les ravages de la syphilis... Mais ce qui passe bien dans les discours est assommant à lire : « Je ne suis pas un écrivain, avouera Hitler, les pensées me fuient lorsque j'écris[23]. » La syntaxe aussi : il faudra au moins cinq correcteurs pour remédier à son style d'écolier attardé*. Ce livre, que Max Amann finit par intituler *Mein Kampf*, se vendra beaucoup et se lira très peu durant la décennie suivante**.

Lorsque Hitler est libéré de Landsberg le 20 décembre 1924, il retrouve un NSDAP clandestin déchiré par d'incessantes querelles entre ses lieutenants : il y a au moins trois factions antagonistes***, et Roehm, tout en maintenant intacte la SA sous le nom de *Frontbann*, l'a quelque peu détachée du parti. En outre, les autorités ont enlevé à Hitler son arme la plus redoutable : il lui est interdit de parler en public dans l'ensemble du pays. Enfin, la situation économique et politique a commencé à s'améliorer, ce qui ne peut que gêner un parti national-socialiste qui ne prospère que sur le terreau de la ruine économique,

---

* Rudolf Hess, Ernst Hanfstaengl, Max Amann, le père Bernard Stempfle et l'imprimeur du parti Adolf Müller. Le Balte Rosenberg, qui a inspiré bien des développements sur la politique extérieure, ne pouvait guère contribuer à l'amélioration du texte, son allemand étant des plus déficients.

** Les hiérarques du parti, à commencer par Goering, se vanteront même de ne l'avoir jamais lu. Mais sa vente au cours des dix années suivantes fera d'Hitler un homme riche.

*** La première faction comprend Rosenberg, Ludendorff et Gregor Strasser ; la deuxième Esser et Streicher ; la troisième Anton Drexler et Gottfried Feder.

de la faiblesse gouvernementale et du mécontentement populaire.

En grande partie par la force du discours, mais aussi par l'intimidation et la corruption, Hitler parvient à rétablir son autorité sur le parti, en écartant les rivaux potentiels comme Feder et Exner, en isolant Gregor Strasser et en se subordonnant les « vétérans » Rosenberg, Esser, Hess, Streicher, Lüdecke et Goering*. Mieux encore, il va attirer à lui certains proches de Strasser, comme Himmler et Goebbels, et d'autres personnages aux relations utiles, comme Otto Dietrich, fils d'une grande famille industrielle de la Ruhr, et le prince August Wilhelm, deuxième fils du Kaiser. Il reprend également en main les SA, en remplaçant Roehm par le capitaine Franz Pfeffer von Salomon, et il prend la parole lors de réunions secrètes des sections régionales du parti en Allemagne du Sud, sous le pseudonyme de « Herr Wolf ». Parallèlement, il travaille à l'écriture du second tome de *Mein Kampf* et envoie les meilleurs orateurs du parti – Esser, Goebbels, Strasser et Goering – porter la bonne parole en Allemagne du Nord. Mais dans une nation qui retrouve progressivement sa prospérité et est présidée depuis 1925 par le prestigieux maréchal Hindenburg, le NSDAP a beaucoup perdu de son audience, à tel point qu'en 1927, le ministère de l'Intérieur le considère comme « numériquement insignifiant et hors d'état d'exercer une influence notable sur les masses comme sur l'évolution politique du pays ». Il est vrai qu'aux élections législatives de l'année suivante, ce parti de 100 000 membres ne recueille que 2,6 % des voix ; en outre, il est chroniquement à court de ressources.

Pourtant, le gouvernement de Berlin sous-estime nettement la menace : les SA se sont beaucoup développés

---

* Revenu en 1927 de Suède, où il s'était exilé après l'échec du putsch de Munich.

sous l'autorité du successeur de Roehm, et ils tiennent la rue contre les milices ouvrières, tout en participant à des défilés propres à séduire les jeunes et à intimider leurs aînés – notamment lors des rassemblements annuels du parti à Nuremberg ; à leurs effectifs sont venus s'ajouter ceux des SS : 200 hommes au départ, qui forment la garde personnelle du Führer. D'autre part, grâce aux relations de Goering et de Dietrich, le NSDAP va recevoir des subsides de certains magnats de la Ruhr, comme Emil Kirdorf et Fritz Thyssen. Enfin et surtout, l'interdiction faite à Hitler de s'exprimer en public est levée dès 1927 en Bavière et l'année suivante dans toute l'Allemagne, lui restituant ainsi son arme la plus dangereuse : la parole. La désunion des autres partis, les faiblesses de la Constitution de Weimar, et surtout la grande crise économique qui se profile vont donner à cette parole une portée démesurée. Entre septembre 1930 et novembre 1932, il y aura quatre campagnes électorales majeures, et l'orateur Hitler va y déployer une activité stupéfiante – dont le témoignage de ses collaborateurs donne un aperçu édifiant...

« L'équipe, se souviendra Ernst Hanfstaengl, était composée des aides de camp Brückner et Schaub, du garde du corps Sepp Dietrich, [...] d'Otto Dietrich, de Heinrich Hoffmann, du pilote Baur et de moi-même. Nous avons dû visiter chaque ville allemande plusieurs fois, [...] mais pour Hitler, cela aurait pu tout aussi bien être la brasserie Burgerbräu ou le Sportpalast. Où que nous allions, il créait une hystérie de masse entre quatre murs, le reste du temps étant passé en déplacements et en repos nocturne. Lorsqu'il ne faisait pas de discours, il s'enfermait dans un hôtel pour essayer de régler les querelles entre organisations locales du parti. [...] Pour le reste, c'était exactement comme si l'on accompagnait un musicien en tournée. Il faisait sa prestation, pliait bagage et partait pour la ville suivante. Dans l'intervalle, il n'y avait guère de temps pour autre chose que la récupération. Nous en étions réduits au rôle d'assistants du boxeur, qui lui passaient l'éponge entre les reprises, tandis qu'il reprenait son souffle et ses esprits[24]. »

Mais les discours d'Hitler n'ont rien d'improvisé, même s'ils sont souvent préparés au dernier moment : l'orateur vedette du parti peut passer de longues journées dans l'oisiveté la plus totale, comme un crocodile sommeillant dans la boue du Nil, essayer des phrases et des slogans au milieu du cercle étroit de ses acolytes[25], puis se mettre à marcher de long en large dans sa chambre pendant des heures[26], et enfin noter frénétiquement, comme en transe, des bribes de phrases sur une dizaine de petites feuilles – guère plus de quinze ou vingt mots par page, chacune suffisant à inspirer un quart d'heure de discours. Il peut compter sur sa mémoire infaillible, mais il répète sans fin les passages importants devant un miroir, et « se comporte comme un acteur anxieux avant son entrée en scène[27] ». L'organisation des réunions le préoccupe également au plus haut point : il ne se manifestera que s'il est sûr que la salle est comble. « Je ne peux pas me permettre de parler devant une salle à moitié pleine », confie-t-il à Baldur von Schirach, qui recevra des directives organisationnelles extrêmement précises : « Pas de pupitre d'orateur sur la scène, mais un podium assez bas au centre de la salle dans sa longueur, pour qu'il puisse faire face à l'assemblée dans toute sa largeur. Une petite table basse pour y poser ses notes. Dans tous ses discours, celles-ci se composaient de huit ou dix petites feuilles remplies de quelques mots clés sur lesquels il jetait un coup d'œil de temps en temps. Il lui fallait une bouteille d'eau minérale et un verre à portée de la main. Hitler tenait à ces dispositions. Il ne voulait pas avoir l'air d'un professeur faisant un cours ou d'un vulgaire orateur de fête. Il fallait que les gens voient qu'il improvisait. Et Hitler ne voulait pas seulement être entendu, mais aussi être vu. Le geste était pour lui un moyen d'expression aussi essentiel que le mot[28]. » De fait, le mouvement des mains et des bras joue un rôle majeur dans la prestation : poings serrés devant la poitrine, index menaçant ou pointé vers le ciel, mains jointes comme en prière, mouvements convulsifs des bras – et il gesticule à tel point que son costume bleu bon marché, trempé de sueur*, déteint invariablement sur ses sous-vêtements[29].

Mais il y a autre chose, que von Schirach mentionne comme en passant : « Hitler était très dépendant de la manière dont ses réunions étaient ouvertes. Il fallait que les mots d'introduction du présentateur de la réunion mettent la foule à son diapason[30]. » Tout est en effet dans le diapason, et c'est là qu'il faut rechercher le principal secret du discours hitlérien. Un témoin peu complaisant, Otto Strasser, en donnera la description suivante : « Adolf Hitler entre dans une salle. Il hume l'air... pendant quelques minutes il tâtonne, cherche, s'adapte. Brusquement il se lance : "L'individu a cessé de compter... L'Allemagne fut foulée aux pieds, l'union des Allemands, la subordination de chacun aux intérêts de la collectivité est indispensable. Je vous rendrai votre honneur, je ferai de l'Allemagne une invincible puissance..." Son discours part comme une flèche, il touche au vif la plaie de chacun, il libère le subconscient de la foule... il dit ce que le *cœur* des gens qui l'écoutent veut entendre. [...] Un somnambule, en vérité, un médium comme en engendrent les époques les plus troublées de l'évolution humaine. Que de fois on m'a demandé en quoi consistait l'extraor-

---

* Il estimera lui-même qu'il perdait toujours entre deux et trois kilos lors de ses prestations. Selon le professeur Johannes von Müllern-Schönhausen, c'est le « mage » Hanussen qui lui aurait enseigné l'art de se servir de ses mains. Mais Hitler n'apprenait de personne, et Hanussen était juif... Par contre, son photographe Hoffmann a conservé neuf photos indiquant qu'il étudiait soigneusement ses poses, ne conservant que les plus efficaces.

dinaire pouvoir de l'orateur Hitler. Je ne saurais l'expliquer autrement que par cette intuition miraculeuse, qui lui transmet l'infaillible diagnostic du mal dont souffre son auditoire[31]. » Cet « extraordinaire sismographe des âmes » fera exactement la même impression sur Hanfstaengl : « Le cerveau d'Hitler était une sorte de gelée primaire ou d'ectoplasme, qui vibrait en réaction à toutes les impulsions de son environnement. [...] Il avait ce don de caméléon consistant à refléter les aspirations des masses, et d'une façon ou d'une autre, leur message lui était transmis sur une fréquence qui n'était pas celle du discours, mais celle d'un autre type de vibration auquel il était réceptif. [...] Il projetait en quelque sorte des impulsions de sonar, et en peu de temps, il avait sur son écran mental une image bien distincte de la longueur d'onde, des aspirations et des émotions secrètes de son vis-à-vis. [...] Il avait les facultés d'un médium, qui absorbait et exprimait, par induction et par osmose, les craintes, les ambitions et les émotions de tout le peuple allemand[32]. »

Hermann Rauschning, le président du sénat de Dantzig, en aura la confirmation de la bouche même du Führer : « Il devinait avec une intuition infaillible, me dit-il, les sentiments de la foule, ce qu'on pouvait lui demander et ce qu'il était dangereux de lui dire*. C'était là, assurait-il, un don qu'on avait ou qu'on n'avait pas. Il l'avait de naissance, à un tel degré que personne ne pouvait lui en remontrer[33]. » Et c'est avec réticence que Rauschning en arrive aux mêmes conclusions que les témoins précédents : « On est obligé de penser aux médiums. La plupart du temps, ce sont des êtres ordinaires, insignifiants. Subitement, il leur tombe comme du ciel des pouvoirs qui les élèvent bien au-dessus de la commune mesure. Le médium

---

* Autre confidence d'Hitler : « Celui qui ne comprend pas le caractère intrinsèquement féminin des masses ne fera jamais un bon orateur. »

en est possédé. Délivré de son démon, il retombe dans la médiocrité. C'est ainsi que, incontestablement, certaines forces traversent Hitler, des forces quasi démoniaques, dont le personnage nommé Hitler n'est que le vêtement momentané. Cet assemblage du trivial et de l'extraordinaire, voilà l'insupportable dualité que l'on perçoit dès qu'on entre en contact avec lui. Cet être aurait pu être inventé par Dostoïevski. Telle est l'impression que donne, dans un bizarre dosage, l'union d'un désordre maladif et d'une trouble puissance. [...] J'ai souvent eu l'occasion de me scruter moi-même, tout à fait froidement, et j'avoue qu'en présence d'Hitler, je me suis senti sous une emprise que j'ai eu quelque peine à secouer ensuite[34]. » L'officier et historien Percy Ernst Schramm, qui a pu observer Hitler de près pendant des années, ne dira pas autre chose : « Il est presque impossible de faire comprendre l'impact de la personnalité d'Hitler à ceux qui n'y ont pas été exposés. Sa force était telle qu'elle semblait parfois s'apparenter aux radiations d'un champ magnétique. Leur intensité pouvait être si forte qu'elle en était presque physiquement perceptible[35]. » Et Hermann Rauschning d'en conclure : « C'est, malgré tout, un type d'homme très singulier. Rien ne sert de le considérer comme un pantin dont on peut se moquer en même temps que de soi-même. On approche davantage de la vérité en pensant au magnétisme du médecin célèbre, du grand charlatan[36]. »

Bien sûr, le charlatanisme est perceptible lorsqu'on se dégage de l'emprise du personnage, comme le montre bien Otto Strasser : « S'il essaye d'étayer ses discours de théories savantes, extraites d'œuvres incomplètement comprises, il ne se hausse guère au-dessus d'une pauvre médiocrité. [...] Il ne cherche pas à prouver ses assertions, il est fort surtout lorsqu'il parle de valeurs abstraites. Honneur, patrie, peuple, famille, fidélité prennent dans sa bouche une signification insoupçonnée. "Quand un peuple veut la liberté, les armes poussent dans sa main... Quand un peuple a perdu la foi dans la force de son glaive, il est voué à la plus lamentable destruction. " L'intellectuel [...] rougit de leur platitude, de leur grandiloquence vide[37]. » Et von Schirach, de même : « Je me suis souvent demandé comment il a été possible d'appâter un peuple civilisé avec une ration d'idées aussi maigres[38]. » Et pourtant, la magie diabolique d'Hitler opère aussi efficacement parmi les chefs de partis insatisfaits assemblés à Bamberg le 14 février 1926 que devant les capitaines d'industrie sceptiques réunis à l'*Industriklub* de Dusseldorf le 27 janvier 1932...

Il y a à cela plusieurs explications, au-delà de son extraordinaire pouvoir de suggestion et de perception des aspirations secrètes de l'auditoire : l'extrême vulnérabilité du peuple allemand au début des années trente, avec 4 millions de chômeurs qui deviendront bientôt 6 millions ; l'impuissance et la division consternantes des trente-deux partis politiques représentés au Reichstag ; la peur du communisme chez les petits bourgeois comme chez les grands entrepreneurs ; l'aspiration chez d'innombrables gens modestes à se dévouer et à se sacrifier pour une noble cause* ; un manque de compréhension évident et un revanchisme stérile de la part des anciens vainqueurs de la Grande Guerre ; une agitation sociale doublée d'une paralysie gouvernementale, que le Führer est prompt à exploiter ; la mise en scène grandiose des discours et l'intimidation que font régner les 400 000 SA, qui tiennent la rue et encadrent les grandes manifestations nationales-socialistes ; l'omniprésence d'Hitler, qui utilise la voiture, le train et l'avion pour mener dans tout le pays une campagne « à l'américaine** », relayée par quelques

---

* Un facteur que seuls les communistes avaient su exploiter jusqu'alors.

** Du 3 au 24 avril 1932, Hitler, qui a peur de l'avion, atterrira dans 65 villes allemandes ; du 13 octobre au 15 novembre 1932, dans 61 autres. Ceci n'inclut pas les villes rejointes par la route...

autres tribuns de talent comme Esser, Goebbels, Goering et Gregor Strasser ; l'amplification du son par les nouveaux microphones, dont les réverbérations métalliques impressionnent fortement l'auditoire et donnent à l'agitateur une sensation de puissance démesurément accrue ; enfin et surtout, il y a tous les éléments qui constituent la toile de fond des discours de l'« orateur maniaque de Braunau* » : la logique apparente, la franchise contrefaite, la modération calculée, la conviction évidente, le don inné de simplification et la faculté de tout promettre à tous sans rien révéler de ses véritables desseins**.

C'est tout cela qui explique sa percée vertigineuse lors des consultations électorales du début des années trente : en septembre 1930, le NSDAP recueille 6,4 millions de voix et 107 sièges au Reichstag ; aux élections présidentielles de mars 1932, 11,4 millions d'électeurs votent pour le nouveau citoyen allemand Hitler***, et ce chiffre s'élève à 13 millions au second tour****. Lors des nouvelles élections législatives de juillet 1932, le NSDAP obtient près de 14 millions de voix et devient le premier parti au Reichstag, avec 230 sièges ; le nouveau scrutin de novembre 1932 lui fait certes perdre 2 millions de voix et 34 sièges, mais il n'en reste pas moins le premier parti du Reichstag, dont le président n'est autre que Hermann Goering. Ce sont les approches discrètes de ce dernier auprès de l'entou-

---

* L'expression est d'Otto Strasser.

** Il laisse entendre par exemple qu'il ne serait pas opposé à la restauration de la monarchie, et qu'il envisage seulement d'écarter les Juifs de la justice et de la politique. « Hitler, se souviendra Hanfstaengl, semblait sentir d'instinct ce qu'il fallait passer sous silence pour égarer l'auditoire quant à ses véritables intentions. »

*** Hitler, qui est légalement apatride depuis 1925, vient d'être nommé fonctionnaire par l'administration nationale-socialiste du Land de Brunswick, ce qui lui confère automatiquement la nationalité allemande.

**** Mais Hindenburg en obtient 19,5 millions, ce qui est plus que suffisant pour être élu.

rage du président, et surtout les répercussions dans le pays des discours intransigeants d'Hitler, qui contraignent en définitive le vieux maréchal Hindenburg à céder : le « caporal bohémien » est appelé à la chancellerie, et le vice-chancelier von Papen, comme les ministres qui lui sont adjoints, seront bien trop faibles pour contrôler l'engrenage fatal qui va désormais s'enclencher.

Devenu chancelier, Adolf Hitler continuera d'administrer par les mêmes procédés de logorrhées verbales et d'intimidation permanente qui lui avaient permis de gagner la course au pouvoir. Ces expédients se révéleront très insuffisants pour gérer correctement le pays*, mais ils parviendront à impressionner tous les dirigeants européens jusqu'en août 1939**. Une fois la guerre déclarée, les masses et les forces armées allemandes resteront galvanisées par la rhétorique démoniaque du Führer, mais les principales puissances étrangères y étant devenues insensibles, le Reich millénaire courra inexorablement à sa perte.

---

* En matière économique, Hitler se prévaudra souvent des méthodes de séduction et d'intimidation verbales utilisées durant la « lutte pour le pouvoir ». Ainsi, il racontera à Rauschning (et à beaucoup d'autres) que lorsqu'il réclamait de l'argent au trésorier du parti Schwarz, celui-ci lui répondait régulièrement : « M. Hitler, la caisse est vide. » Alors Hitler frappait du poing sur la table et disait : « Schwarz, j'ai besoin de mille marks pour demain matin », et, ô prodige, le lendemain, les mille marks étaient là ! Au grand désespoir de ministres comme Hjalmar Schacht, Hitler pensera pouvoir ériger de telles pratiques en méthode de gestion économique au niveau national... Il tentera également de les transposer à la diplomatie et à la stratégie, avec quelques succès initiaux – généralement dus à la sidération de l'interlocuteur ou de l'adversaire.

** Les techniques employées par Hitler dans ses entretiens individuels, allant du discours raisonnable aux accès de fureur débridée en passant par toutes les nuances intermédiaires, seront évoquées ultérieurement. On notera en tout cas qu'il s'est dépeint lui-même comme « le plus grand acteur d'Europe » – titre qu'il est difficile de lui contester.

3

Une boîte de scorpions

> « Le quartier général était un ramassis
> de petits Hitlers qui s'inclinaient devant
> le grand Hitler, mais avaient tendance à
> s'ignorer ou à se suspecter mutuellement.
> Comment il a été possible de progresser
> avec une pareille équipe, voilà qui restera
> l'un des mystères de l'histoire du nazisme. »
>
> Kurt LÜDECKE

> « Un des cancers les plus virulents du
> IIIᵉ Reich, c'est que ses principaux diri-
> geants étaient à couteaux tirés. J'avais sou-
> vent l'impression qu'il se dépensait plus
> d'énergie dans la guerre entre ministères
> que dans le combat contre l'ennemi exté-
> rieur. »
>
> Reinhard SPITZY

Lorsque Adolf Hitler s'installe au pouvoir, beaucoup de ses anciens compagnons de lutte manquent à l'appel : Scheubner-Richter et Dietrich Eckart sont décédés* ; le capitaine Mayr et Otto Strasser ont choisi l'exil dans leur propre intérêt ; Gregor Strasser, le prince August Wilhelm, Ludendorff, Drexler, Pfeffer von Salomon,

---

* Le premier lors de la fusillade du 8 novembre 1923 à Munich, le second peu après sa libération de la forteresse de Landsberg.

von Epp, Weber, Rossbach, Kriebel, Reventlow, Graf*, Esser, Klintzch, Feder et Wagener** se voient discrètement écartés des sphères dirigeantes et confinés dans des fonctions subalternes. En apparence, les principales personnalités du gouvernement d'Hitler sont désormais le vice-chancelier von Papen, les ministres de la Guerre von Blomberg, de l'Économie Hugenberg, des Affaires étrangères von Neurath et de l'Intérieur Frick, ainsi bien sûr que le commissaire à l'Aviation et ministre sans portefeuille Hermann Goering***. Mais en réalité, les quatre premiers sont hautement vulnérables ou ont un pouvoir purement cosmétique, tandis que les hommes forts qui attendent en coulisse vont bientôt s'imposer dans l'ombre du Führer : le virtuose de la propagande Josef Goebbels, le « chef suprême » des SA Ernst Roehm, l'idéologue en titre Alfred Rosenberg, le chef de la chancellerie du parti et représentant d'Hitler Rudolf Hess, le second de Hess et secrétaire officieux d'Hitler Martin Bormann, le chef des SS Heinrich Himmler, le « conseiller diplomatique » Joachim von Ribbentrop, le président de la Reichsbank Hjalmar Schacht, le *Reichpressechef* Otto Dietrich, le patron des éditions Eher Max Amann****, le chef des

---

* On se souvient que Kriebel faisait partie des conjurés de novembre 1923, tout comme le capitaine Rossbach. Le comte von Reventlow, chef du puissant *Deutsche Völkisch Freiheits Partei*, s'était rallié au NSDAP en 1927, lui fournissant ainsi un appoint essentiel en Allemagne du Nord. Ulrich Graf, lui, avait été sérieusement blessé en faisant un rempart de son corps à Hitler devant la Feldherrnhalle ; mais la reconnaissance ne fait pas partie des vertus nationales-socialistes...

** « Conseiller économique » d'Hitler en 1932, l'ancien officier d'état-major Otto Wagener sera commissaire du Reich à l'Économie pendant moins de quatre mois en 1933, emprisonné en 1934, et reversé dans l'armée l'année suivante.

*** Et ministre de l'Intérieur de Prusse, ce qui est sa seule base de puissance effective à l'époque.

**** Qui a publié *Mein Kampf* et dirige le journal nazi *Völkischer Beobachter*.

Jeunesses hitlériennes Baldur von Schirach, l'architecte Albert Speer, le ministre de la Justice de Bavière Franz Gürtner, le gauleiter de Franconie Julius Streicher et le maître du Front du travail Robert Ley. La plupart d'entre eux vont rapidement devenir ministres du Reich, mais c'est sans véritable importance : dans le nouveau régime d'Adolf Hitler, les clés du pouvoir sont à rechercher ailleurs qu'au gouvernement...

L'aspect monolithique du IIIᵉ Reich ne doit pas faire illusion : son fonctionnement durant plus d'une décennie – particulièrement après le décès du président Hindenburg en août 1934 – constitue sans doute un cas unique dans l'histoire du monde : on y trouve une série de fiefs concurrents organisés verticalement, dans un invraisemblable enchevêtrement administratif : c'est ainsi que les relations extérieures sont traitées par Constantin von Neurath en tant que ministre des Affaires étrangères, mais également par le « plénipotentiaire pour les Affaires de désarmement » Joachim von Ribbentrop (qui ne tardera pas à supplanter le premier dans ses fonctions), par le chef de l'Office de politique extérieure Alfred Rosenberg, par le dirigeant de l'*Auslandsorganisation* (Organisation extérieure) du parti nazi Ernst Bohle, par le responsable du Mouvement mondial pour l'antisémitisme Julius Streicher, par les « Organisations étrangères » du Front du travail de Robert Ley, par le *Reichskolonialführer* Ritter von Epp*, et même par la *Volksdeutsche Mittelstelle* du général SS Werner Lorenz, responsable des communautés allemandes à l'étranger.... De même, la presse et la propagande sont en principe le domaine exclusif de Joseph Goebbels, mais il y a parallèlement le « chef de presse du Reich » Max

---

* Qui a constitué une école à Ladeburg près de Berlin, destinée à former des administrateurs pour prendre en charge les anciennes colonies allemandes dès qu'elles seront récupérées. Ses déclarations peu discrètes à ce sujet sont violemment dénoncées par Ribbentrop, Goebbels et Rosenberg.

Amann, le « chef de presse du gouvernement » Otto Dietrich, le « responsable de la presse étrangère » Ernst Hanfstaengl, le « secrétaire d'État à la Presse » Walther Funk,
sans compter bien sûr les services de presse du ministère
de l'Intérieur de Frick et du parti national-socialiste de
Hess, le département « propagande/désinformation » de
la SS, et la section d'information du ministre des Affaires
étrangères, qui dispute âprement à Goebbels le monopole
de la propagande à l'étranger[1]. La police à l'intérieur du
Reich dépend en principe du ministre de l'Intérieur Frick,
mais elle est bientôt éclipsée par la Gestapo d'Himmler,
la *Landespolizei* de Goering, et même la *Geheime Feldpolizei* sous l'autorité de la Wehrmacht*. Il y a certes un
ministre du Travail en la personne de Franz Seldte, mais
il est doublé par le chef du Front du travail Ley, par le
directeur des grands travaux Todt, par le chef des services de construction de la SS Kammler, par l'entreprenant
maître du Fonds industriel Bormann, puis par le ministre
de l'Armement Speer et par le commissaire général à la
main-d'œuvre Sauckel, sans oublier les gauleiters, qui
sont tout-puissants dans leurs régions et s'y font bâtir des
édifices somptueux. Le ministère de la Guerre a bien le
contrôle de l'armée de terre, mais il doit compter avec
la concurrence croissante des 2 millions de SA dirigés
par Roehm, puis avec celle des divisions de la Waffen
SS de Heinrich Himmler, et enfin avec les « régiments
de l'air » de Hermann Goering ; d'ailleurs, le ministère
de la Guerre disparaîtra en 1938 pour être remplacé par
l'*Oberkommando der Wehrmacht* – lui-même doublé par
l'*Oberkommando des Heeres***. Le renseignement est bien

---

* Au moins jusqu'en 1942. Elle sera ensuite absorbée par les
services de sécurité de la SS.
** Respectivement Haut Commandement des forces armées (OKW)
et Haut Commandement de l'armée de terre (OKH). Le premier ne
sera qu'une courroie de transmission des ordres d'Hitler, le second
tentera tant bien que mal d'organiser les divisions de la Wehrmacht,

le domaine de l'Abwehr du capitaine de corvette Konrad Patzig, mais il y a parallèlement le *Sicherheitsdienst* (SD) de la SS dirigé par Reinhard Heydrich, les services de renseignements du Haut Commandement de l'armée de terre (*Fremde Heere Ost* et *West*), ceux du ministère des Affaires étrangères de von Neurath, de la Kriegsmarine de Raeder, de l'Office de politique extérieure de Rosenberg, des Minorités allemandes de Bormann, ainsi naturellement que le *Forschungsamt*, ce redoutable bureau des écoutes dirigé par Hermann Goering*, et le *Verbindungsstab* de Rudolf Hess, un « service de liaison » chargé entre autres d'espionner tous les services d'espionnage ! Le chef des Jeunesses hitlériennes est bien Baldur von Schirach, mais le ministre de l'Intérieur Frick, le *Reichssportführer* von Tschammer und Osten, le représentant de la Reichswehr Rommel, le ministre de la Propagande Goebbels, le *Reichsführer* SS Himmler, le ministre des Cultes Rust et l'*Oberste SA Führer* Roehm manifestent tous pour la jeunesse allemande un intérêt envahissant**. Quant à l'économie du Reich, elle reste le théâtre d'affrontements permanents entre le ministre des Finances Schwerin von Krosigk, le président de la Reichsbank Schacht, le ministre de l'Économie Schmitt, le ministre de l'Agriculture Darré et l'inamovible commissaire au plan quadriennal Goering ! À quoi il faut ajouter que la Justice, l'Éducation, la Culture, les Communications, l'Agriculture, la Santé et la recherche nucléaire*** sont tout

---

et sera responsable du front de l'Est à partir de 1941. Là encore, il y aura des chevauchements d'attributions et d'incessantes rivalités.

* Il intercepte toutes les communications téléphoniques et télégraphiques à l'intérieur du Reich, à commencer par celles des ambassades – et des autres dignitaires du Reich...

** Et particulièrement préoccupant dans le cas d'Ernst Roehm, dont les orientations homosexuelles sont de notoriété publique.

*** La recherche nucléaire est fractionnée entre *cinq* administrations rivales : l'*Institut für Physik* du Kaiser Wilhelm Institut (avec les deux équipes concurrentes de Werner Heisenberg et Kurt Diebner), le *Heereswaffenamt* (bureau des armes auxiliaires), la SS d'Himmler,

aussi morcelées en une multitude de satrapies rivales[2], et que la chancellerie du Reich, dirigée par Philipp Bouhler, peut intervenir à tout moment dans chacun des domaines précités, sa mission consistant à mettre en œuvre les politiques officielles ou secrètes du Führer – qui ne sont pas toujours clairement énoncées par ailleurs* !

Au milieu de cet effarant chevauchement de compétences, tous les responsables coopèrent rarement, s'observent jalousement et se querellent incessamment pour préserver ou élargir leurs domaines et leurs prérogatives**. Il n'y a pas de gouvernement collégial, et le Conseil des ministres ne se réunira plus après 1937, mais de toute façon, il ne s'agit pas seulement de discordes professionnelles ; entre ces dirigeants arrivistes et sans scrupules, il y a d'innombrables rancunes mortelles, dont certaines sont éminemment personnelles et peuvent remonter aux premières années du parti. Ainsi, l'idéologue fumeux Alfred Rosenberg, rédacteur en chef du *Völkischer Beobachter* qui brigue par ailleurs le ministère des Affaires étrangères, concentre sur sa personne les haines conjointes ou séparées de Goebbels, Goering, Hanfstaengl, Amann, Esser, Himmler, Ribbentrop, Ley et Bormann. Gregor Strasser, de loin le meilleur administrateur du parti, est tombé en disgrâce depuis sa querelle avec Hitler à la fin de 1932, et s'il a démissionné de toutes ses fonctions, il reste craint et détesté par tous les autres caciques en raison

---

les services du *Reichsmarschall* Goering et même le ministère des Postes de Wilhelm Ohnesorge. Les résultats seront à la mesure de l'éparpillement.

* Ceci étant dû aux habitudes désordonnées d'Hitler, qui répugne à tout travail de bureau et peut donner, sous le coup d'inspirations soudaines, des instructions vagues ou contradictoires ; celles-ci sont ensuite diversement interprétées, ce qui ne fait qu'ajouter à la confusion ambiante.

** Bien entendu, comme dans toute organisation mafieuse, il peut y avoir des alliances de circonstance entre plusieurs satrapes pour en abattre d'autres. Voir chapitre 4 : « La Nuit des longs couteaux ».

de son orientation socialisante et d'une forte popularité auprès des militants de base. Heinrich Himmler, lui, a dû intriguer ferme et batailler pendant des mois pour se rendre maître de la Gestapo de Goering, ce qui a naturellement créé entre ces deux piliers du régime une détestation inextinguible mêlée de crainte réciproque ; mais Goering ne peut davantage supporter Hess, qu'il qualifie de *Piesel* – une sorte de goujat –, et il jalouse férocement son propre secrétaire d'État à l'Air Erhard Milch, coupable d'être bien plus compétent que lui[3]. Himmler déteste Goebbels et Strasser*, hait tous les généraux en bloc, et redoute à juste titre les ambitions de son propre subordonné Heydrich, le chef des services de sécurité SS dont les deux subordonnés, « Gestapo » Müller et Walter Schellenberg, s'assassineraient volontiers s'ils en avaient l'occasion. Goebbels ne peut souffrir Goering, au point de quitter ostensiblement les réceptions à l'entrée du ventripotent ministre de l'Aviation – qui à son tour fait constamment espionner et écouter Goebbels par son *Forschungsamt*[4]. Le commmissaire du Reich à la Justice Hans Frank – qui double naturellement le ministre de la Justice Gürtner – reconnaîtra qu'il faisait l'objet de la « plus profonde détestation » de Bormann, ce qui devait lui réserver d'« effarants tracas[5] », tandis que le président de la Reichsbank Hjalmar Schacht dira de Robert Ley : « Cet alcoolique notoire et dépravé sexuel [...] fut l'un de mes ennemis les plus acharnés au sein du parti[6]. » Le nouveau ministre des Affaires étrangères von Ribbentrop, un faux noble parvenu** dont la suffisance n'a d'égale que l'incompétence, s'est attiré d'emblée la malveillance active

---

* Dont il était le secrétaire entre 1924 et 1927. Gregor Strasser lui avait dit à l'époque : « Tu resteras infantile toute ta vie », et plus prémonitoirement encore : « Tu as l'âme et la sensibilité d'un boucher. » Malheureusement pour Strasser, Himmler avait aussi de la mémoire.

** Cet ancien représentant en vins et spiritueux, qui a acheté sa particule, doit son ascension vertigineuse à une servilité totale à

de Goebbels, d'Himmler, de Heydrich, de Schacht et de Goering, mais aussi le mépris de son propre secrétaire d'État von Weizsäcker et de la majorité du personnel de la Wilhelmstrasse... Le responsable de la presse étrangère Ernst Hanfstaengl est en conflit permanent avec Rosenberg, Lüdecke, Goebbels et Goering. Le chef des Jeunesses hitlériennes Baldur von Schirach est méprisé par Hanfstaengl, jalousé par Ley, haï par Bormann et calomnié sans relâche par Goebbels, depuis qu'il a dénoncé la Nuit de cristal comme « un crime contre la civilisation[7] ». L'amiral Raeder, chef de la Kriegsmarine, se heurte à l'hostilité d'Himmler et de Goebbels, au rejet des chefs de l'armée de terre, à l'antipathie viscérale de Rosenberg et à la haine tenace de Heydrich*, tandis que lui-même refuse d'adresser la parole à son subordonné Dönitz, en attendant de poursuivre de sa vindicte le nouveau chef de l'Abwehr Canaris. En tant que proche ami d'Hitler et photographe de cour, le *Reichbilderstatter*** Heinrich Hoffmann s'attire la malveillance active de Bormann, de Goebbels et de Ribbentrop, alors que la position du *Stellvertreter**** Rudolf Hess est sournoisement minée par ses subordonnés Bohle et Bormann, et publiquement ridiculisée par Goering et Goebbels. Mais le summum est sans doute atteint dans le cas de Roehm, ce lansquenet à l'ancienne dont les états de service au bénéfice du parti, les ambitions politiques, les tendances homosexuelles notoires et l'autorité résultant de son contrôle sur 2,5 millions de SA font converger sur lui les foudres de Goering, de

---

l'égard d'Hitler, et surtout à l'ambition de son épouse, héritière des champagnes Henkell.

* Ancien officier de marine, Heydrich en avait été expulsé par décision d'un jury d'honneur présidé par Raeder.

** Photographe officiel du Reich, qui fera fortune en s'assurant le monopole de la vente des photos d'Hitler.

*** Représentant (du Führer) pour les affaires du parti, et son successeur présumé à l'époque.

Goebbels, de Hess, de von Papen, d'Himmler, de Strasser, de Frick, de von Blomberg et du président Hindenburg*. *Mutatis mutandis*, on obtiendrait à peu près les mêmes résultats en examinant les relations entre d'autres dignitaires du régime tels que Streicher, Funk, Darré, Dietrich, Keitel et von Neurath. Au niveau régional, les gauleiters, dont beaucoup sont d'anciens gibiers de potence ou des désaxés notoires**, se trouvent en conflit de compétence et d'intérêts permanent avec les Kreisleiters et les Oberpräsidenten, dont le casier judiciaire est parfois tout aussi chargé que le leur. Pour couronner le tout, si ces gauleiters sont sous l'autorité de Bormann en tant que fonctionnaires du parti, ils sont simultanément sous celle du ministère de l'Intérieur en tant que commissaires à la Défense. Or, à partir d'août 1943, le ministre de l'Intérieur ne sera plus le faible Frick, mais Himmler – l'un des pires ennemis de Martin Bormann. Et ce n'est pas tout : l'adjoint du chef de la chancellerie du Reich Philipp Bouhler est un certain Albert Bormann – qui est à couteaux tirés avec son frère*** !

« Le IIIᵉ Reich, écrira l'historien Alan Bullock, était un empire de gangsters. Le comportement de ses dirigeants fait continuellement penser à celui d'acteurs jouant dans un film de troisième catégorie[8]. » Voilà qui est difficilement contestable, mais de quel arsenal disposent donc ces truands de haut vol pour vider leurs sinistres querelles ? La première arme, qui est la plus innocente en apparence mais non la moins efficace en réalité, n'est autre que la rumeur et l'insinuation ; les orfèvres en la matière sont Heydrich, Streicher, Bormann et Goebbels, et leurs cibles... tous les autres : le bruit court donc « dans les

---

* Ces deux derniers redoutant à juste titre de voir Roehm étendre son autorité à l'armée. (Voir chapitre suivant).

** Certains, comme Streicher en Franconie ou Karpenstein en Poméranie, cumulant les deux distinctions.

*** Raison principale pour laquelle Hitler le maintiendra à son poste.

milieux autorisés » que Goering est impuissant et que sa fille n'est pas de lui* ; que Schacht est en contact permanent avec la juiverie internationale ; que Hess est connu dans les cercles interlopes sous le sobriquet de *Fräulein Anna* ; que Speer tient en privé des propos défaitistes ; que Rosenberg est à moitié juif[9], etc. Connaissant la susceptibilité d'Hitler à tout ce qui s'écrit dans la presse internationale, Goebbels lui présente systématiquement des articles de journaux suédois dénonçant les exactions du régime nazi, afin d'affaiblir son rival Goering, qui est chargé des relations avec la Suède ; usant d'un stratagème analogue, Rosenberg fait traduire et remettre à Hitler des articles de presse anglais ou américains fort peu élogieux, écrits par des journalistes comme Dorothy Thompson ou Herbert Lochner – qui avaient justement été présentés au Führer par Ernst Hanfstaengl, l'ennemi juré du Reichsleiter Rosenberg[10].

La deuxième arme est le harcèlement et l'intimidation : chacun des caciques du régime fait espionner son rival, secrètement ou ostensiblement, en introduisant auprès de lui des agents doubles ou triples ; il s'évertue aussi à faire échouer ses projets ou à ternir son image : Hess fait systématiquement publier dans les journaux des clichés montrant Goering sous son jour le plus grotesque ; le 10 mai 1934, Goebbels sabote la visite de Rosenberg à Londres en organisant des autodafés de livres « hérétiques » dans les trente universités d'Allemagne ; il interdit aussi la sortie d'un film dans lequel Hanfstaengl a investi de grosses sommes d'argent, après quoi il l'accuse d'avoir dilapidé les fonds du ministère de la Culture ; Goering va plus loin en faisant emprisonner Kurt Lüdecke, un protégé de Rosenberg, et Himmler menace Schacht de l'accuser publiquement d'avoir émis des billets contrefaits – en lui

---

* Il y a – comme souvent – un fond de réalité : la fille de Goering a été conçue par insémination artificielle.

précisant qu'il n'aura aucun mal à en produire la preuve sur demande*.

La troisième arme, aussi défensive qu'offensive, est détenue par la plupart des dignitaires du régime : ce sont les dossiers compromettants, qui fonctionnent à la fois comme assurances vie et armes de dissuasion massive – à condition d'être maniés avec précaution et de rester hors d'atteinte des adversaires, naturellement... On se souvient des précautions prises à cet égard par l'ambassadeur von Papen dans l'affaire du dossier d'Hitler. Or, de nombreux témoignages montrent bien qu'il s'agit là d'une pratique généralisée, ainsi que l'expliquera très clairement en 1939 l'ancien président du sénat de Dantzig Hermann Rauschning : « Dès cette époque, [...] il courait déjà des bruits parfaitement fondés sur les précautions prises par les membres dirigeants du parti. Chacun d'eux, sans exception, faisait continuellement passer de l'argent à l'étranger, de façon à se constituer une grosse réserve pour toutes les éventualités. À côté de l'argent, il y avait le plus souvent, dans un coffre-fort ou chez quelque notaire, un dossier bourré de documents accablants, dont la publication aurait été terrible pour nombre de personnalités importantes du national-socialisme. Ces dossiers étaient expressément établis comme une protection pour les dépositaires contre l'hostilité d'autres chefs du parti ou l'intervention des autorités. On voit donc que les méthodes employées étaient exactement celles des gangsters. Un gauleiter [...] m'a avoué sans ambages qu'il avait dû lui-même se protéger en usant de ces méthodes. Il n'avait pas le choix. S'il avait agi autrement, il n'aurait pas seulement perdu sa situation : il aurait été promptement assassiné. Il me conseilla, en

---

* Le mot « produire » étant à prendre dans les deux sens, car les SS se feront une spécialité de la fabrication de fausses devises, notamment lors de l'opération *Bernhard*.

toute amitié et très vivement, de me procurer des documents chargeant mes adversaires[11]. » Bien des historiens mettent en doute – probablement à tort – l'ensemble des écrits de Hermann Rauschning*, mais en l'occurrence, ses propos sont amplement confirmés dès 1940 par un expert en la matière, le gestapiste repenti Hansjürgen Köhler : ayant évoqué le cas du cousin de Robert Ley, August Riekel, un ancien professeur social-démocrate en délicatesse avec les autorités nazies, Köhler poursuit : « Riekel avait été assez malin pour déposer à l'étranger des documents qui devaient être publiés au cas où il lui arriverait quelque chose au sein du IIIe Reich. Cela a toujours été une précaution courante chez les politiciens nazis. Le secrétaire d'État Meissner a des dossiers bien en sécurité à New York, et Manfred von Killinger** a échappé au peloton d'exécution en menaçant de faire publier certains documents à Londres[12]. » C'est exact, et Kurt Lüdecke aura recours au même procédé, tout comme son vieil ennemi Hanfstaengl trois ans plus tard. Gregor Strasser, lui, dédaignera de le faire, ce qu'il paiera de sa vie...

---

* Les observations de Hermann Rauschning et ses comptes rendus des confidences d'Hitler, publiés à l'Ouest dès 1939, correspondent de façon si frappante à tout ce que l'on apprendra après la guerre – aveux des dignitaires nazis et propos de table du Führer compris –, qu'il paraît bien téméraire de récuser en bloc ce témoignage prophétique à bien des égards. Il est intéressant de noter que la plupart des autres réfugiés ayant dénoncé en toute connaissance de cause le régime d'Hitler (et de Staline) durant les années trente ont été accueillis avec la même incrédulité condescendante. Le plus extraordinaire est que beaucoup le sont encore !

** Otto Meissner était chef de la chancellerie présidentielle sous Hindenburg, et il le restera sous le régime hitlérien. Manfred von Killinger, un sinistre gredin, antisémite pathologique et membre de l'Organisation Consul, a trempé dans plusieurs assassinats politiques au cours des années vingt ; député du NSDAP et officier supérieur des SA, il a effectivement échappé de justesse à l'exécution en 1934, lors de la Nuit des longs couteaux.

Il reste à savoir ce que contiennent ces dossiers si explosifs pour les hiérarques nazis. Parmi quelques autres, le chef de l'espionnage SS Walter Schellenberg, le médecin d'Himmler Felix Kersten et l'agent de la Gestapo Hansjürgen Köhler ont eu accès à l'une de ces collections – la mieux tenue en l'occurrence, puisqu'il s'agit de celle du très méticuleux Heinrich Himmler. Reinhard Heydrich a confié pour quelques heures à son subordonné les clés du coffre où le *Reichsführer* entrepose ses documents secrets, et Köhler se souviendra : « Ce même soir, j'ai pu fouiller pour la seule et unique fois de ma vie parmi ces documents dont l'existence avait tant troublé les nuits de ceux qu'ils visaient. [...] Avant tout, il y avait Goering. Son dossier contenait des reproductions photographiques d'attestations de plusieurs médecins, datant de l'époque où il était morphinomane*. Puis il y avait cette inscription laconique, de la main d'Himmler : "Soutenu par Heinkel et BMW durant les années 1926-1928, en échange de promesses de grosses commandes. Cas flagrant de corruption." Les documents sur Goebbels étaient beaucoup plus détaillés ; il y avait des coupures du *Nationalsozialistischen Führerbriefen*, publié par Gregor Strasser et Goebbels en 1925, et contenant de nombreuses attaques contre Hitler. Certains des commentaires étaient de la main d'Himmler : "A vainement tenté sa chance auprès d'éditeurs juifs. Bolchevik à l'origine. Scandales révoltants impliquant des actrices de cinéma**. A déclaré une fois que son pied-bot était une 'blessure de guerre' que lui avaient infligée les Belges en Rhénanie. Traité publiquement de menteur par Mossakowski – une insulte réitérée quatorze fois dans

---

* C'est exact. Plusieurs de ces certificats ont été établis à l'asile d'aliénés de Langbro, près de Stockholm, où Goering était en cure de sevrage entre 1925 et 1926.

** Certaines avaient défrayé la chronique, notamment sa liaison avec l'actrice tchèque Lída Baarová.

divers journaux, mais ignorée par Goebbels." Sous le
nom de Hess, un étrange commentaire : "Auteur d'une
grande partie de *Mein Kampf*. Peut-être qu'Hitler n'ai-
mera pas qu'on lui rappelle cela un jour*." Le dossier
de Rosenberg n'était pas précisément flatteur : "Depuis
combien de temps ce fanfaron émigré est-il antibolche-
vik et nazi ? A joué un rôle douteux durant la Grande
Guerre. Citoyen russe. [...] Parfois noir, parfois blanc.
Nombreuses relations juives. [...] Quelqu'un a-t-il déjà vu
Rosenberg combattre ?" Plusieurs noms étaient mentionnés face à celui de Streicher, manifestement en relation
avec quelques scandales ayant éclaboussé le gauleiter
de Franconie et éditeur du *Stürmer ;* deux ou trois de
ces noms étaient suivis de la brève mention : "Suicide."
Autres inscriptions : "Se vante d'avoir continuellement
donné de l'argent au Führer dans les premiers temps
du parti, tout comme on donne un pourboire à un serviteur", et "Son exclusion du parti demandée par..."
Suivait une liste de noms, parmi lesquels Frick, Hess
et Goering. Remarque finale : "Fait chanter non seulement les Juifs, mais aussi les Aryens lorsqu'il en a
l'occasion." Le dossier de Walther Funk était amusant
à lire : "Antisémite de fraîche date. Ancien journaliste de
Bourse et partenaire assidu de financiers juifs. Aimerait
succéder à Goebbels, mais tout aussi disposé à prendre
le poste de Schacht. [...] Aurait du mal à expliquer
franchement ses sources de revenus[13]." » Les noms se
succèdent *ad nauseam* : Frick a été un embusqué pendant
la Grande Guerre ; le gauleiter Albert Forster, arrivé à
Dantzig pauvre comme Job en 1930, s'est retrouvé riche

---

* Bien entendu, tous ces dossiers contiennent également beaucoup
de faits invérifiables, de ragots et d'inepties ; ainsi, Hess n'est *pas* l'auteur d'une grande partie de *Mein Kampf* : il s'est contenté d'écrire ce
qui lui était dicté. Nous avons déjà pu évaluer la fiabilité des rapports
de la Gestapo (chapitre 1 : « Le mystère des origines »), et nous en
aurons encore l'occasion dans le chapitre 9 : « La santé d'Hitler ».

comme Crésus en 1936 ; Josef Bürckel* a été emprisonné plusieurs fois pour escroquerie et extorsions (avec tous les procès-verbaux judiciaires annexés). « Pas un seul qui ne fût compromis, note Köhler, même Hitler ; oui, même Hitler[14]. »

De tout cela, Köhler tire une conclusion fort pertinente : « Ce qu'Himmler savait sur Goebbels, Streicher, Goering, Bürckel et tous les chefs grands et petits, n'était au fond rien de plus que ce qu'ils savaient les uns sur les autres. Goebbels n'aurait eu aucun mal à produire contre Himmler autant d'éléments incriminants qu'Himmler en détenait contre lui[15]. » Rien n'est plus vrai, et c'est également le cas de Frick au ministère de l'Intérieur, de Bormann à la chancellerie du parti, de von Weizsäcker à la Wilhelmstrasse, et surtout de Goering, qui a récupéré les archives de la police de Prusse et dont le service des écoutes constitue une mine de renseignements inépuisable sur les méfaits de ses *Parteigenossen*** ; il connaît ainsi dans leurs moindres détails les rapines, les crimes et les pratiques homosexuelles de Roehm et de ses acolytes, de même que les détournements de fonds et les multiples infidélités du premier satyre de Berlin Josef Goebbels ; il sait aussi que le zélé secrétaire et homme à tout faire du Führer, Martin Bormann, a été condamné en 1924 à un an de prison pour avoir participé à un crime politique dans le Mecklembourg, et que son « Fonds Adolf Hitler » n'est qu'une vaste officine d'extorsion au détriment des grands industriels, qui lui sert à corrompre tous les dignitaires du Reich ; que l'antisémite maladif Rosenberg a une maîtresse juive ; que Rudolf Hess se fait soigner depuis des années pour son impuissance ;

---

* À l'époque gauleiter de la Sarre, cet ancien instituteur peu recommandable sera nommé *Reichstatthalter* (gouverneur) de Vienne en 1939.

** Camarades du parti.

que Lüdecke est un ancien gigolo devenu maître chanteur ; que Ribbentrop s'est rendu coupable de désertion à la fin de la Grande Guerre, et que non seulement il a acheté sa particule, mais encore il a oublié de la payer... Goering peut également établir que le chef du Front du travail Robert Ley est un alcoolique incurable[*] qui s'est colossalement enrichi en pillant les caisses des anciens syndicats, et qu'il organise régulièrement des orgies « prolétariennes », à l'issue desquelles certaines ouvrières se suicident. Du reste, une pièce tout aussi incriminante pour le féroce et bégayant chef de l'*Arbeitsfront* est également en possession de Rudolf Hess, autre compilateur assidu de documents sensibles : elle prouve que pour obtenir son certificat d'aryanité, Ley a fait retirer la lettre *v* de son patronyme ; c'est qu'il se nomme en réalité Levy[16]... Sous le régime hitlérien, un tel accident de naissance peut naturellement se révéler mortel ; c'est sans doute pourquoi Martin Bormann a soigneusement rangé dans ses propres dossiers les résultats d'une recherche généalogique prouvant de façon irréfutable que la grand-mère paternelle de Heydrich était juive[17]. Mais bien entendu, l'*Obergruppenführer* Heydrich lui-même possède des dossiers incriminants sur tout le monde – à commencer par son supérieur Himmler. C'est d'ailleurs pourquoi, lorsque Heydrich sera finalement abattu à Prague en mai 1942, Himmler se précipitera au chevet du mourant – pour récupérer les clés de son coffre ! Tout bien considéré, il y a certainement des marigots d'alligators plus pacifiques...

L'échelon suprême dans l'escalade de la terreur, ce sont les « accidents » : Goering en a ordonné un pour

---

[*] C'est exact ; d'où cette conversation mémorable entre Himmler et son médecin Kersten : *Himmler :* « Ley a promis au Führer de ne plus boire. » *Kersten :* « Il devait être ivre lorsqu'il a fait cette promesse ! »

Gregor Strasser en 1933*, Heydrich en a prévu un autre pour Otto Strasser la même année, tandis que le chef SA Stennes, le protégé de Rosenberg Lüdecke, le masseur d'Himmler Felix Kersten et le ministre de l'Armement Albert Speer[18] ont eux-mêmes échappé de justesse à de malheureux hasards soigneusement planifiés**. Encore ne s'agit-il là que des échecs ; les réussites, bien plus nombreuses, passent généralement inaperçues : le mage Hanussen, sans doute coupable d'un excès de clair-voyance***, a été arrêté par des auxiliaires de police le 25 mars 1933, et son cadavre très abîmé a été découvert en lisière de forêt deux semaines plus tard[19] ; Josef Ehrenstrasser, le vigoureux maître-nageur qui avait sauvé le chômeur Adolf Hitler de la noyade dans le Danube près de Greifenstein en 1911, est décédé d'un arrêt du cœur peu après avoir été retrouvé par la Gestapo[20] ; Georg Bell, le journaliste du *Gerade Weg* qui avait écrit plusieurs articles sur la vie dissolue d'Ernst Roehm, est mort criblé de balles dans son chalet du Tyrol le 3 avril 1933[21] ; le grand philosophe juif Theodor Lessing a été assassiné à Marienbad le 31 août, et ainsi de suite *ad nauseam*. Mais pour les exécutions « officielles » de personnages plus en vue, il faut la permission expresse du Führer, et elle n'est pas toujours facile à obtenir.

Adolf Hitler, vers qui tout remonte toujours dans ce véritable Enfer de Dante, est parfaitement au courant des invraisemblables chevauchements de compétences au niveau de sa haute administration, ainsi que des féroces

---

* « Accident de chasse ou de la circulation », avait précisé Goering, qui dirigeait encore la Gestapo à l'époque.

** Felix Kersten devait tomber dans une embuscade organisée par le chef SS Kaltenbrunner, mais son adjoint Schellenberg avait fait avorter l'opération *in extremis*. Dans le cas de Speer, il s'agissait de profiter d'une hospitalisation pour le faire opérer par un médecin d'Himmler – avec des résultats prévisibles.

*** Il avait prédit entre autres l'incendie du Reichstag.

inimitiés entre ses principaux paladins. Mieux encore, il en est le premier artisan et le principal bénéficiaire ; c'est que sa préoccupation première étant de se maintenir au pouvoir, il lui faut un système qui neutralise les concurrents potentiels et décourage d'avance toute opposition concertée à son autorité. Dans ces conditions, quelle situation plus favorable que celle décrite par son aide de camp Fritz Wiedemann ? « L'unité tant vantée au niveau de la couche dirigeante n'existait que dans la tête des camarades du parti les plus candides. En réalité, les chefs étaient tous jaloux les uns des autres, et chacun d'eux briguait assidûment la faveur du Führer[22]. » *Divide et impera* : voilà pourquoi le Conseil des ministres ne se réunira plus après 1937, et la magnifique salle du Conseil dans la nouvelle chancellerie de la Vossstrasse ne sera jamais occupée* : « C'était un cercle trop large pour lui, dira Hermann Goering avec une certaine candeur ; et peut-être y discutait-on trop de ses projets. » Certes... Hitler seul sait où il veut aller, et ses subordonnés ne doivent apprendre que ce qui est indispensable à l'accomplissement de leurs missions. Que plusieurs féodaux se battent au sein d'un même fief, voilà qui n'a que des avantages : ils s'espionneront mutuellement, informeront séparément Hitler, ne s'entendront jamais entre eux, et le Führer restera jusqu'à la fin l'arbitre suprême...

Pour tous ces petits chefs, la priorité absolue reste donc l'accès au grand chef, sur qui repose en dernier ressort leur autorité, leur prospérité et leur pérennité. Mais précisément, après la prise du pouvoir, cet accès est strictement limité par la « garde rapprochée » du Führer, composée d'anciens acolytes bavarois faisant fonction d'aides de camp, de chauffeurs, de secrétaires et de gardes du corps : Schaub, Brückner, Schreck, Hoff-

---

* Même si certains ministres prieront Albert Speer de s'y laisser photographier au moins une fois.

mann* et Sepp Dietrich – un groupe immuable que Hanfstaengl a baptisé avec mépris *die Chauffeureska*[23]. Seuls Goebbels, Goering, Himmler, Ribbentrop et Speer ont librement accès au bureau d'Hitler – pour un temps ; les autres devront patienter de quelques heures à plusieurs mois, et le ministre de l'Agriculture Darré attendra deux ans, tandis que le ministre des Finances Schwerin von Krosigk ne sera plus reçu du tout après 1942. Mais de toute façon, l'accès ne suffit pas : encore faut-il être entendu, et c'est une tout autre histoire...

« Inutile d'essayer de dire quoi que ce soit à Hitler, il sait déjà tout ! », constatera tristement Ernst Roehm quelques mois avant sa disparition[24]. Le Führer aurait certainement confirmé ces propos, et il est vrai que chez ce singulier autodidacte, la boulimie de lecture s'accompagne d'une mémoire stupéfiante ; ses connaissances techniques, artistiques et architecturales surprennent toujours les spécialistes, qu'il prend plaisir à confondre en leur citant de mémoire des faits ou des rapports depuis longtemps oubliés, ainsi que des données extrêmement précises sur les types d'armement, les calibres de canons, la vélocité des projectiles et les performances de tous les véhicules blindés en service dans les armées allemandes et étrangères. Cet Autrichien qui déteste l'eau salée, a le mal de mer et ne sait pas nager n'en est pas moins un expert en matière d'armement naval, ainsi que le confirmera son aide de camp Wiedemann : « Je l'ai entendu maintes fois s'entretenir avec l'amiral Raeder de navires de guerre, de blindages et de calibre des canons, et prétendre que tel ou tel cuirassé britannique était armé de canons d'un certain calibre. Raeder le contredisait en avançant d'autres données. On se faisait alors apporter le *Handbuch der*

---

* Heinrich Hoffmann, son photographe personnel. Rudolf Hess faisait également partie de ce groupe, avant de se voir confier la direction du parti.

*Kriegsflotten** et il s'avérait presque toujours qu'Hitler avait raison[25]. »

Il y a pourtant trois failles dans ce bel ordonnancement : d'une part, même une parfaite mémorisation de données encyclopédiques ne peut convertir un caporal en génie stratégique ; d'autre part, l'accumulation de connaissances glanées au hasard de lectures disparates ne confère aucune expertise en matière historique, politique, économique ou diplomatique** ; enfin, en dehors du domaine strictement technique, les sources d'information du Führer sont très peu fiables : il lit avec assiduité une presse allemande qui ne fait que lui renvoyer sa propre propagande, ou bien des extraits de la presse étrangère que ses subordonnés ont spécialement sélectionnés pour conforter ses préjugés. Beaucoup de ceux-ci, notamment concernant les autres pays, datent du début du siècle et n'ont été que peu modifiés par des rumeurs, des lectures superficielles ou des films populaires. Ainsi, concernant les États-Unis, Hitler peut dire à son entourage : « Qu'est-ce que l'Amérique, sinon des millionnaires, des reines de beauté, des disques stupides et Hollywood[26] ? » Il voit aussi une Angleterre proche de celle de Dickens, qui est au bord de la révolution et où le roi exerce une influence prépondérante sur son gouvernement. Du reste, il croit encore – avec près d'un demi-siècle de retard – à la probabilité d'un conflit anglo-américain, dont le Reich pourrait profiter[27]. Quant au Japon, quoi qu'en disent ses diplomates, il le considère toujours comme le glorieux pays du Bushido, des victoires de 1904 et des thèses géopolitiques mal digérées du professeur Haushofer. À l'évidence, le Führer n'est guère soucieux d'actualiser ses connaissances : les professionnels compétents, quel que soit leur domaine, sont

---

* L'« Annuaire des flottes de guerre ».
** D'autant que, comme il le reconnaîtra lui-même, Hitler ne lit pas pour s'instruire, mais pour confirmer ses intuitions...

tenus à distance, et à son aide de camp qui lui propose de recevoir le consul général Kriebel, tout juste rentré de Shanghai, Hitler répond : « Inutile... Il était là-bas et il juge mal la situation ; moi, je n'y étais pas et je la juge correctement[28]. » Et à son responsable de la presse étrangère, qui est à moitié américain et diplômé d'Harvard, le Führer autodidacte, sédentaire et unilingue répond : « De là où je suis, je comprends bien mieux l'Amérique que vous n'avez jamais pu le faire[29]. » Roehm avait raison : Hitler sait déjà tout et ne se fie qu'à son intuition. De plus, celle-ci étant fortement colorée par ce que les Anglais appellent *wishful thinking**, les réalités doivent se plier à ses désirs – et les hommes aussi, naturellement...

On comprend mieux dès lors les difficultés qu'éprouvent les interlocuteurs d'Hitler lorsqu'ils entrent enfin dans son bureau de la chancellerie ou du Berghof**. En vérité, chaque visiteur y trouve un Führer différent, car l'homme a de remarquables facultés d'adaptation, comme l'expliquera le secrétaire d'État von Weizsäcker : « C'est seulement à la longue que j'ai pris conscience de ses extraordinaires talents d'acteur. Excitation, indignation, sympathie, émotion, franchise, compassion, respect – il savait tout contrefaire[30]. » Hermann Rauschning l'avait déjà constaté dix ans plus tôt : « Le Führer est un comédien, qui parle toujours devant la rampe[31]. » Avec les diplomates et hommes d'État étrangers, il se montre le plus souvent calme et raisonnable, et il consent parfois à écouter. Mais ses ministres et ses

---

* Le fait de prendre ses désirs pour des réalités. De fait, lorsque son aide de camp lui indique que les chiffres de la production agricole ou du budget des chemins de fer qui lui ont été soumis sont parfaitement fictifs, Hitler s'en désintéresse et change de sujet. « À l'évidence, écrira Wiedemann, il voyait les éléments du monde tels qu'il voulait les voir. En politique intérieure, mais malheureusement aussi en politique extérieure. »

** La « Cour montagnarde », résidence du Führer sur l'Obersalzberg.

généraux, eux, n'ont le temps de prononcer que quelques phrases – dans le meilleur des cas. « Ses constantes interruptions, dira Heinrich Himmler, ont pour effet de vous faire perdre le fil de vos pensées, de sorte que vous finissez par écouter les vues du Führer sur la question, au lieu de présenter votre propre argumentation[32]. » En fait, il y a rarement plus d'une interruption, car Hitler se lance ensuite dans un monologue qui peut durer plusieurs heures, avec quelques constantes récurrentes : l'histoire de l'Allemagne depuis le grand Frédéric, celle du parti national-socialiste depuis ses débuts, les méfaits des Juifs, les crimes des bolcheviks, la décadence de la République de Weimar, la pusillanimité des généraux allemands – le tout appuyé par un déluge de chiffres invérifiables et de récriminations interminables. Les civils sont bombardés de considérations stratégiques et techniques, les militaires accablés d'arguments politiques et diplomatiques. « J'ai remarqué, écrira l'interprète Paul Schmidt, qu'Hitler fondait son argumentation sur quelques prémisses fallacieuses reflétant son habitude de prendre ses désirs pour des réalités ; sur ces bases, il érigeait une structure parfaitement logique – et tout à fait convaincante pour ceux qui n'auraient pas perçu la fausseté des prémisses initiales[33]. »

Ils en ont rarement l'occasion, car leur attention est rapidement monopolisée par le ton et la gestuelle de l'« homme à l'éloquence d'un haut-parleur[34] ». Sa voix se fait progressivement plus rauque, ses yeux deviennent exorbités, sa nuque s'empourpre, il commence à s'agiter, arpente la pièce comme un fauve en cage, entre en transe, s'intoxique avec ses propres paroles et retrouve bientôt le ton du tribun qui envoûtait les foules des brasseries de Munich. En cas de besoin, toutes les manifestations de la rage la plus intense peuvent apparaître à l'improviste, ainsi qu'en témoignera Hermann Rauschning : « Ce fut la première fois, mais non la dernière, que j'entendis Hitler pousser des vociférations et des hurlements ; je le vis perdre tout contrôle de lui-même. Il criait à perdre la voix, il trépignait et frappait du poing sur la table et contre les murs. Sa bouche écumait ; il haletait comme une femme hystérique et éructait des exclamations entre-coupées ; "Je ne veux pas !…. F…z le camp ! Traîtres !" Ses cheveux étaient en désordre, son visage contracté, ses yeux hagards et sa face cramoisie. Sur le moment, j'eus peur qu'il ne tombât victime d'une attaque. Brusquement tous ces symptômes disparurent. Il arpenta la pièce, toussa pour s'éclaircir la voix, se lissa les cheveux, puis regarda autour de lui d'un air timide et méfiant, en jetant sur nous des regards scrutateurs. J'eus l'impression qu'il cherchait à savoir si l'un de nous riait[35]. » Durant les douze années suivantes, d'innombrables témoins décriront en termes pratiquement identiques ces rages brutales, qui laissent souvent l'interlocuteur paralysé par la gêne et par la crainte* – d'autant qu'elles s'accompagnent souvent de menaces qu'il serait dangereux de prendre à la légère. Et le *Pressechef* Otto Dietrich de conclure : « Il parlait si abondamment et avec tant de véhémence que l'entrevue se terminait avant que le visiteur ait eu l'occasion de répondre – à supposer qu'il en ait encore envie. […] Les auditeurs en ressortaient dans un état de narcose intellectuelle[36]. »

Tel est donc le premier secret de l'influence qu'exerce Hitler sur ses subordonnés. Le maréchal Goering lui-même l'a d'ailleurs confié à Hjalmar Schacht : « Vous savez, Herr Schacht, je me promets toujours de dire à

---

* « Ses accès de colère, écrira Rauschning, effrayaient son entourage au point qu'on faisait n'importe quoi pour ne pas s'y exposer. » Par contre, personne ne confirmera la rumeur selon laquelle il se roulait par terre et mordait le tapis. Il s'agissait manifestement d'une interprétation un peu trop littérale du surnom que lui avaient donné certains militaires : *Der Teppichfresser* – « le bouffeur de tapis ». Beaucoup ont toutefois signalé ses fréquentes crises de larmes en réaction à des contrariétés soudaines.

Hitler exactement ce que je pense, mais quand j'entre dans son bureau, mon cœur descend invariablement dans mes bottes[37]. » Ribbentrop, Himmler, Frick, Keitel, Frank, Ley, Hess et bien d'autres auraient pu en dire tout autant*, et l'aide de camp naval d'Hitler, Karl Jesko von Puttkamer, le confirmera à l'auteur : « Combien de fois n'ai-je pas vu des hommes courageux entrer ici comme des furies et en ressortir comme des moutons**[38] ! » Mais précisément, les acolytes d'Hitler sont loin d'être des hommes courageux, ils sont prêts à toutes les bassesses pour éviter d'encourir les foudres du maître***, ils se détestent mortellement entre eux, et la plupart sont affectés de tares physiques ou psychologiques qui les rendent hautement vulnérables à l'autorité impérieuse du Führer : Goebbels est un nain affligé d'un pied-bot, Ley un ivrogne bègue et brutal, Funk un homosexuel alcoolique****, Amann un manchot minuscule, Hoffmann un bossu syphilitique, Esser un pervers polymorphe déjà condamné pour viol de mineure, Ribbentrop un arriviste

---

* Mais certains Allemands comme Otto Strasser, Konrad Heiden ou l'amiral Canaris demeurent imperméables à cette influence paralysante. Parmi les étrangers, Mussolini et Quisling y sont très vulnérables, tandis que d'autres comme Antonescu, Mannerheim, Franco, Molotov ou Matsuoka s'y montrent largement réfractaires.

** De fait, le général Guderian lui-même succombera à ce traitement de choc le 18 décembre 1941. Venu demander au Führer la permission de retirer ses deux armées derrière la ligne de l'Oka après l'échec de l'offensive contre Moscou, il repartira sans avoir pu faire valoir ses arguments. Mais un général comme Ludwig Beck va pousser le courage jusqu'à donner sa démission en 1938.

*** L'interprète Paul Schmidt écrira ainsi que « si Hitler n'était pas satisfait de lui, Ribbentrop en tombait malade et s'alitait comme une femme hystérique ». Il aurait pu dire exactement la même chose de Goering, de Goebbels, d'Himmler, de Ley, de Hess ou de Keitel.

**** L'homosexualité n'étant pas précisément un titre de gloire dans l'Europe de l'époque. (Elle était même spécifiquement réprimée en Allemagne, aux termes de l'article 175 du Code pénal.)

inculte et parfaitement inapte à exercer ses hautes fonctions, Goering un morphinomane obèse dont le courage
physique n'a d'égal que la lâcheté morale, Himmler un
fonctionnaire souffreteux très complexé par son instruction limitée et son physique insignifiant, Streicher un
pédophile sadique doublé d'un escroc notoire, tandis
que l'idéologue du Reich Alfred Rosenberg est désespérément velléitaire, le *Parteiminister* Hess présente des
faiblesses psychiques et se réfugie dans le mysticisme, le
chef suprême des SA Roehm est largement discrédité par
ses propos immodérés et ses débordements homosexuels,
son successeur Lutze est borgne et confit dans l'alcool,
et ainsi de suite *ad infinitum*. À cela s'ajoute qu'ils sont
presque tous corrompus jusqu'à la moelle*...

Voilà qui les rend hautement vulnérables aux yeux d'un
maître qui n'ignore rien de leurs turpitudes, mais s'abs-
tient de les sanctionner : plus ils sont compromis, plus ils
se montreront soumis aux volontés du Führer. En outre,
Hitler se refuse à arbitrer leurs querelles – préférant même
les entretenir au besoin –, et il ne s'interpose que si elles
menacent de discréditer le parti ou d'exposer au grand jour
ses coupables secrets : ainsi, lorsque Goering fait emprisonner Lüdecke en mai 1934, le Führer ordonne sa libération, mais il le fait embastiller à nouveau lorsque Lüdecke
s'apprête à porter plainte en justice pour emprisonnement
arbitraire[39]. Hitler intervient également pour interdire le
divorce du couple Goebbels, car la révélation publique des
vingt-sept dernières infidélités du conjoint – et surtout des
chantages et malversations dont il a usé pour parvenir à ses
fins – ne manquerait pas d'éclabousser le parti tout entier.
Streicher lui-même n'est jamais inquiété en dépit de ses
publications pornographiques et de ses multiples détournements de fonds, mais Hitler le démet de ses fonctions

---

* À l'exception notable de Hess, de Speer, du trésorier Schwarz
et... d'Himmler !

de gauleiter lorsqu'il s'en prend publiquement à Goering. Parallèlement, Hitler veille à ce qu'aucun de ses vassaux ne cumule assez de responsabilités pour constituer une menace à sa toute-puissance, il les reçoit de préférence séparément, leur interdit de se réunir et n'écoute que les conseils de ceux dont les vues confortent ses desseins et ses méthodes*.

Le résultat de tout cela, c'est que les dignitaires du IIIᵉ Reich, depuis les ministres jusqu'aux gauleiters en passant par la plupart des chefs militaires**, se retrouvent entièrement soumis à l'autorité despotique du Führer. Ce qui est plus grave encore pour l'avenir, c'est qu'ils rivalisent de servilité pour conserver les faveurs du maître, ne lui transmettent que des nouvelles agréables et des rapports optimistes***, imitent ses manies, répètent religieusement ses paroles et rivalisent de zèle dans l'exécution de leurs tâches. Peu à peu, les hommes compétents, efficaces et modérés vont s'exiler ou démissionner : l'aide de camp principal Wiedemann, unique organisateur honnête dans le secrétariat du Führer ; le responsable de la presse étrangère Hanfstaengl, dernier maillon ténu qui reliait encore la chancellerie du Reich aux États-Unis ; le général Ludwig Beck, tête pensante et conscience de l'état-major allemand ; le ministre Hjalmar Schacht, banquier de réputation internationale et seul économiste digne de ce nom dans l'histoire du IIIᵉ Reich...

---

* Goering, Ribbentrop et Himmler se font même informer au préalable de ce que le Führer veut entendre, avant de venir à la chancellerie pour donner un avis parfaitement concordant...

** Ces derniers étant également inféodés, car ils ont prêté serment à Hitler – et celui-ci leur attribue à l'occasion de confortables dotations.

*** La peur abjecte de passer pour « pessimiste » ou « défaitiste » en faisant état d'événements défavorables conduit à des dissimulations et à des falsifications flagrantes. Himmler l'avouera même partiellement à Felix Kersten en janvier 1941 : « Lorsque je fais un rapport au Führer, je souligne plus que je ne devrais ce que je sais qu'il veut entendre [...]. Pourtant, ces choses-là ne devraient jamais se faire, car elles ruinent la valeur objective de n'importe quel rapport. » Certes...

Ainsi, bien avant le déclenchement de la guerre, Hitler se retrouve isolé, avec des subordonnés serviles, inaptes, corrompus, déséquilibrés ou fanatiques – certains cumulant même toutes ces distinctions à la fois. Six d'entre eux contribueront à entraîner l'Allemagne sur une pente fatale : le ministre des Affaires étrangères von Ribbentrop, dont la stupidité et la haine de l'Angleterre seront pour une bonne part à l'origine de la Seconde Guerre mondiale ; le ministre de l'Air Hermann Goering, également responsable du plan quadriennal et maître suprême de l'économie du Reich, qui se vantera de ne pouvoir lire ni les graphiques ni les statistiques ; le ministre de la Propagande Josef Goebbels, « nain venimeux » dont les discours enflammés et l'antisémitisme pathologique annoncent au monde les abominations à venir ; le Reichsleiter Martin Bormann qui, sous les apparences de la servilité la plus absolue, forge autour d'Hitler un véritable cercle de fer ; le futur maréchal Keitel, dit *Lakeitel**, un instrument docile et borné au service d'une politique d'expansion militaire délirante ; enfin le *Reichsführer* Heinrich Himmler, bureaucrate glacé de l'Ordre noir, qui mettra en œuvre méthodiquement et sans états d'âme le pire holocauste de l'histoire du monde. Mais naturellement, ces hommes-là ne sont que les courroies de transmission les plus visibles des desseins implacables du « sultan à la cour duquel personne n'ose plus dire un mot[40] ».

---

* *Lakei* signifie « laquais ».

4

La Nuit des longs couteaux

> « Mes hommes ne sont pas des anges.
> Ce sont des lansquenets. Qu'ils vivent donc
> comme des lansquenets. [...] J'ai besoin
> d'hommes à poigne, et qui ne méditent
> pas sur les principes avant d'assommer
> quelqu'un. »
>
> Adolf HITLER

Au cours de l'année 1933, on assiste à un déman-
tèlement progressif mais implacable de l'ensemble des
institutions politiques de la République de Weimar :
incendie du Reichstag le 27 février 1933 ; ordonnance
« pour la protection du peuple et de l'État » qui permet de suspendre la liberté de presse et de réunion,
d'abolir le secret postal, téléphonique et télégraphique,
et surtout d'arrêter 5 000 « traîtres marxistes » ; engagement de 50 000 SA et SS comme policiers auxiliaires ;
élections du 5 mars, qui donnent la majorité absolue au
parti national-socialiste – une fois invalidés les 81 sièges
du parti communiste ; vote de l'*Ermächtigungsgesetz*, la
« loi d'habilitation », qui confère au gouvernement le
droit d'édicter toutes mesures pendant quatre ans sans
en référer au Reichstag... Dès lors, la prise de contrôle
s'accélère : les membres du NSDAP ont un accès pri-
vilégié à la fonction publique, les autorités des *Länder*
sont invitées à harmoniser leur législation avec celle du

Reich, la première campagne de boycott des magasins juifs débute en avril, Goebbels devient ministre de la Propagande et Goering ministre de l'Air, la Gestapo est créée en mai et les premiers camps de concentration s'ouvrent peu après. Ainsi, avant même la fin de 1933, le chancelier Hitler a épuré son gouvernement, balayé ses adversaires politiques, jugulé les libertés, laminé l'opposition, étouffé les *Länder*, éliminé les syndicats, mis au pas les Églises, bâillonné le Reichstag, instauré un État policier et largement imposé son autorité.

Pourtant, malgré les apparences, le nouveau régime reste vulnérable ; c'est qu'au-dessus du chancelier, il y a le président Hindenburg, fort de son prestige et du soutien inconditionnel de l'armée. Cette Reichswehr, commandée par le ministre de la Guerre von Blomberg, Hitler ne la contrôle pas, et il n'a guère plus d'autorité sur le ministère des Affaires étrangères de von Neurath ou sur la grande industrie, très proche de son vice-chancelier von Papen. En réalité, ces trois institutions sont restées monarchistes dans l'âme et viscéralement attachées à l'ordre ancien – tout comme le président Hindenburg lui-même. Du vivant de ce dernier, Hitler ne peut rien y changer ; mais lorsque le héros de Tannenberg aura quitté la scène, le Führer compte bien imposer son autorité absolue au peuple allemand. Pour cela, il a ses vieux acolytes, son parti... et ses SA.

On se souvient qu'après le départ d'Ernst Roehm*, Hitler avait confié la direction de ses quelque 25 000 SA au capitaine Pfeffer von Salomon, un ancien des *Freikorps*. Mais dès mars 1930, les SA, pour la plupart ouvriers, artisans ou chômeurs ne touchant aucune solde pour leur engagement au service du NSDAP, se sont révoltés contre les dirigeants du parti, dont le train de vie

---

* Roehm s'était exilé à La Paz, où il était devenu instructeur de l'armée bolivienne.

leur paraissait tout sauf prolétaire*. Hitler a réussi à les apaiser, mais ayant dès lors perdu confiance en Pfeffer von Salomon, il rappelle Roehm de son exil bolivien, et celui-ci prend ses fonctions au début de 1931. Ernst Roehm est resté un organisateur hors pair, et le moment lui est favorable, car la crise économique provoque un afflux considérable de volontaires dans les rangs de la SA – dont les manifestations de masse, les intimidations et la propagande ont beaucoup facilité la prise de pouvoir d'Hitler. Ces solides gaillards au coup de poing facile et à la conscience élastique sont 1,5 million au début de 1933, et 3 millions un an plus tard. En s'empressant de revêtir l'uniforme brun, tous espèrent trouver rapidement une fonction privilégiée sous le nouveau régime.

À côté des 100 000 hommes de la Reichswehr autorisés par le traité de Versailles, les SA représentent certes une force considérable, mais leur condition reste précaire et leur rôle incertain. Les responsables politiques du parti ont accaparé les sinécures grassement payées, tandis que les lieutenants de Roehm – Heines, Ernst, von Heydebreck, Schmid, Hayn, Schneidhuber et von Krausser (qui ont tous de lourds casiers judiciaires) – sont devenus pour la plupart préfets de police ou députés. Dès lors, ils se sont considérablement enrichis en « réquisitionnant » les biens des Juifs, des communistes et des socialistes, ainsi qu'en extorquant des sommes considérables aux bourgeois et aux industriels. Mais que faire de toute la piétaille des Chemises brunes désœuvrées, turbulentes, et qui s'estiment frustrées des fruits de la victoire ? Au cours des premiers mois de la prise de pouvoir, le ministre de l'Intérieur de Prusse Hermann Goering a certes conféré à 50 000 d'entre

---

* Notamment contre Goebbels, qui avait détourné des sommes considérables pour se faire construire une luxueuse résidence et entretenir ses maîtresses. Mais Goering le dépassait encore en faste, et tous les dirigeants du parti – à commencer par Hitler – se déplaçaient en cortèges de puissantes Mercedes.

eux des pouvoirs de « police auxiliaire » dont ils ont largement abusé en rançonnant la population, en occupant des banques et des compagnies d'assurances, en rossant des bourgeois, des Juifs, des diplomates étrangers et des officiers de la Reichswehr, et surtout en torturant affreusement les opposants potentiels dans les *wilde Lager*, les « camps sauvages », ou dans les *Bunkers* – généralement des caves d'immeubles ou des usines désaffectées*. Quant à tous les autres fantassins des *Sturmabteilungen* dont les services ne sont plus requis en dehors des jours de parades, ils attendent toujours cette « seconde révolution » contre les possédants promise par leur chef Roehm, qui devrait enfin leur conférer prospérité et respectabilité.

Le « chef d'état-major » Ernst Roehm, nommé ministre sans portefeuille au début de 1934, n'a pas été le dernier à s'enrichir ; il s'est installé dans un hôtel particulier de la Standartenstrasse, qu'un visiteur médusé décrira en ces termes : « Décor opulent, tapisseries des Gobelins, toiles de maîtres, magnifiques miroirs en cristal, moquettes épaisses et meubles d'époque reluisants... Le tout ressemblait à un bordel pour millionnaires[1] » – un bordel strictement masculin, bien entendu. Il y tient même des banquets pour le corps diplomatique, qui sont plus somptueux que ceux du ministère des Affaires étrangères[2]. Dès lors, que demander de plus ? L'essentiel ! C'est que Ernst Roehm, l'ancien officier de corps franc, ex-capitaine de la Reichswehr et « roi de la mitrailleuse », qui avait si puissamment aidé le caporal Adolf Hitler à maintes reprises**, est resté un lansquenet dans l'âme. Au fond, il préfère les cours de caserne aux

---

* Les excès ont été tels que Goering a dû leur retirer en juillet les fonctions de policiers auxiliaires.

** En armant ses SA, en participant au putsch de novembre 1923, en maintenant la cohésion des formations SA pendant l'emprisonnement d'Hitler, en reprenant en main ces mêmes SA à la demande d'Hitler au début de 1931, et en servant d'intermédiaire lors des négociations avec von Schleicher et von Papen l'année suivante.

lambris des ministères, les défilés militaires aux soirées à l'Opéra et les beuveries de corps de garde aux dîners de gala. C'est pourquoi il a désormais une grande ambition, qu'il estime amplement justifiée par les services rendus depuis douze ans : devenir ministre de la Guerre et chef suprême des forces armées du Reich, avec tous ses acolytes pour généraux. Moyennant quoi il pourra constituer une véritable armée révolutionnaire de plusieurs millions d'hommes, distribuer des grades et des soldes à tous ses SA devenus militaires de carrière, incorporer les meilleurs officiers de la Reichswehr et renvoyer les autres dans leurs foyers, récupérer tout l'armement lourd qui fait défaut à ses miliciens, et pour finir, mener à bien sa « seconde révolution » véritablement socialiste, en se débarrassant de tous ses ennemis au sein de la hiérarchie nazie – à commencer par Himmler, Heydrich, Blomberg et Goering. Quant à Hitler, le vieil ami et compagnon de lutte, on le gardera comme figure de proue, en quelque sorte...

À Lüdecke, Roehm confie : « Je ne veux pas être à la merci de Goering et de Blomberg. Les effectifs de mes SA ne cessent d'augmenter. [...] Hitler sait que je ne laisserai jamais s'éteindre la flamme de notre révolution. Bien sûr, il est confronté à un dilemme, et comme d'habitude, il hésite à trancher nettement. [...] Il veut nous utiliser comme moyen de pression sur la Reichswehr et les gros capitalistes, ici et à l'étranger. Mais s'il croit qu'il peut me manipuler indéfiniment pour servir ses intérêts, et un beau jour me jeter à la poubelle, il se trompe. Les SA peuvent aussi servir à contenir Hitler lui-même[3]. » À Hermann Rauschning, il déclare de même : « Adolf est ignoble. Il nous trahit tous. Il ne fréquente plus que les réactionnaires. Il méprise ses anciens camarades. [...] Ce que je veux, Adolf le sait parfaitement, je le lui ai assez souvent répété. Je ne veux pas un replâtrage de la vieille armée impériale. Faisons-nous ou non une révolution ? [...] Les généraux sont de vieilles badernes, assez de leur routine, qu'on les mette au rancart. Adolf a été à mon école. C'est de moi qu'il tient tout ce qu'il sait des questions militaires. La guerre n'est pas seulement du maniement d'armes. Mais Adolf est et reste un civil, un barbouilleur, un rêveur, un petit bourgeois qui veut qu'on lui fiche sa paix viennoise. Ce qui lui plaît, c'est de s'asseoir et de trôner comme le bon Dieu sur sa montagne de l'Obersalzberg ! Et pendant ce temps, nous nous tournons les pouces, alors que les doigts nous démangent. Croyez-vous que je me contenterai d'être le berger qui traîne un troupeau de vétérans médaillés ? Non, non. Je suis le Scharnhorst de la nouvelle armée. […] Il est impossible de greffer sur du bois mort. L'occasion est unique de construire quelque chose d'inouï, quelque chose qui fera sortir le monde de ses gonds. Mais Hitler me promène par le bout du nez. Il préfère ne rien brusquer, ne rien risquer. Ça, c'est de l'Adolf tout pur. Il veut hériter d'une armée toute prête. Il la fera rafistoler par les "hommes du métier". Rien qu'en entendant ce mot, je vois rouge. Il dit qu'il veut faire une armée nationale-socialiste et il commence par en charger les généraux prussiens. Je les mets tous dans le même sac, eux et Adolf[4] ! »

On le voit, Ernst Roehm est tout sauf discret, surtout après boire… Ses ambitions, il les proclame non seulement lors d'entretiens privés, mais encore dans une note adressée le 1ᵉʳ février 1934 au général von Blomberg, exigeant une fusion des SS, des SA et de la Reichswehr sous sa direction*. En outre, il couvre très officiellement les crimes, les rapines et les orgies de ses subordonnés, il promet l'enfer à Goering, Heydrich et Himmler, ne comprend toujours pas qu'il convient de se méfier du téléphone, et compte fermement sur la fidélité comme sur la reconnaissance d'Adolf Hitler – autant d'erreurs potentiellement fatales…

---

* Un document que von Blomberg fera immédiatement transmettre à la chancellerie. Selon Otto Strasser, Roehm aurait même présenté son projet en Conseil des ministres…

Voilà en tout cas qui crée une émotion certaine à tous les niveaux du régime. Le peuple, depuis le petit bourgeois jusqu'à l'ouvrier d'usine, est effaré par les débordements criminels et délictuels des SA, mais naturellement, il n'a pas voix au chapitre. Par contre, d'autres éléments de la société ont les moyens de se faire entendre : les représentants de la grande industrie qui soutiennent Hugenberg, et sans le concours desquels la survie d'un gouvernement en pleine crise économique serait compromise à très court terme ; le président Hindenburg, que la Constitution autoriserait à destituer son chancelier en cas de péril pour la nation ; la Reichswehr elle-même, dont les chefs von Blomberg et von Reichenau sont bien décidés à faire échouer les projets d'« armée du peuple » de Roehm – par la force au besoin ; le ministère des Affaires étrangères, seul capable de rassurer la France et la Grande-Bretagne, que tous ces bruits de bottes pourraient pousser à intervenir prématurément pour mettre fin aux violations du traité de Versailles ; le clergé catholique et protestant, ainsi que les Junkers, ces grands propriétaires terriens ultraconservateurs dont le vice-chancelier von Papen est le premier représentant au sein du gouvernement ; enfin, les principaux satrapes du régime Goebbels, Himmler et Goering, dont le ministère de la Propagande, la SS* et la *Landespolizei* sont des forces avec lesquelles il faut compter. Goering dispose en outre de l'arme redoutable du *Forschungsamt*, qui lui permet de connaître en permanence les projets et les manigances de ces dirigeants SA auxquels les hauts grades, les pouvoirs exorbitants, les fortunes acquises et les vapeurs d'alcool confèrent une trompeuse sensation de sécurité.

Adolf Hitler n'ignore rien de tout cela, et il en mesure parfaitement les conséquences : que la droite conserva-trice des Junkers, des monarchistes, de l'armée, de la

---

* À ce stade, les SS sont moins de 300 000, et ils restent subordon-nés à la SA de Roehm – ce que leur chef Himmler supporte très mal.

grosse industrie, des Affaires étrangères, de l'Église et de la vice-chancellerie fassent alliance – avec la bénédiction du président Hindenburg –, et les SA seront balayés, en même temps que l'ensemble du régime national-socialiste*. D'ailleurs, Hitler aura besoin de soldats de métier pour mettre en œuvre ses plans futurs : « La sélection de ces troupes de métier ne peut pas être basée sur l'idéologie révolutionnaire ou sur l'affiliation au parti. [...] Puis-je sérieusement croire que les hommes des SA, qui ne sont même pas passés devant les conseils de révision, sont capables de fournir le matériel d'une élite militaire[5] ? » En raison de ces deux considérations essentielles, le Führer doit résister aux pressions de Roehm, d'autant qu'après le décès du président Hindenburg, il ne pourra s'arroger le pouvoir absolu qu'avec le soutien de la Reichswehr.

La cause paraît donc entendue, mais les choses sont beaucoup moins simples en réalité. Aussi curieux que cela puisse paraître chez un homme pour qui l'amitié, la fidélité et la reconnaissance sont des mots vides de sens, Adolf Hitler semble s'être attaché au vieux baroudeur bavarois cousu de cicatrices**, qui reste un des très rares compagnons admis à le tutoyer. Son homosexualité ? Hitler n'en a cure*** : « *Ach*, dit-il à Lüdecke, pourquoi me mêlerais-je de la vie privée de mes lieutenants ? Tout ce qui m'intéresse, ce sont les services qu'ils peuvent rendre à la cause. [...] Et même en dehors des hauts faits de Roehm, je sais que je peux compter entièrement sur

---

* La supériorité numérique des SA ne doit pas faire illusion : une fraction seulement de ses membres est entraînée au combat, et la Reichswehr seule possède un armement lourd, qui serait décisif en cas de confrontation.

** L'adjectif « vieux » est tout relatif, car Roehm n'a que quarante-six ans. Mais son embonpoint et ses cicatrices de guerre – notamment la partie supérieure du nez emportée par un éclat d'obus – le font apparaître bien plus âgé.

*** Quoi qu'aient pu écrire des générations de psychiatres amateurs, Hitler n'était pas homosexuel.

lui[6]. » Effectivement, Hitler lui adresse une lettre ouverte particulièrement chaleureuse, publiée dans le *Völkischer Beobachter* du 2 janvier 1934 : « À la fin de cette première année de la révolution nationale-socialiste, je dois te remercier, mon cher Ernst Roehm, pour les services inoubliables que tu as rendus au mouvement national-socialiste et au peuple allemand, et t'assurer que je suis extrêmement reconnaissant au destin de m'avoir permis de compter des hommes comme toi parmi mes amis et camarades de combat. En gage d'amitié véritable et de reconnaissante considération. Ton Adolf Hitler[7]. »

À cela s'ajoute que certaines des ambitions de Roehm trouvent chez Hitler un certain écho ; ainsi, cette nazification d'une Reichswehr réactionnaire par l'introduction massive d'hommes de confiance au sein du corps des officiers, le Führer y songe lui-même depuis des années, pour un avenir plus lointain : « Je ne renoncerai jamais, confie-t-il au président Rauschning, à incorporer l'armée dans l'État national-socialiste, comme son plus fort appui à côté du parti[8]. » En outre, Roehm n'est pas le seul tenant de la faction du NSDAP à prendre au sérieux la partie « socialiste » du national-socialisme : il y a aussi Gregor Strasser, Walther Darré, Alfred Rosenberg, Robert Ley et même – en paroles du moins – Josef Goebbels. Quant à la terreur que font régner les SA dans le pays, Hitler refuse tout net de la condamner : de son propre aveu, il a besoin d'« hommes à poigne, et qui ne méditent pas sur les principes avant d'assommer quelqu'un[9] ». Après tout, que serait devenu son parti sans la force d'intimidation des SA ? D'ailleurs, ceux-ci ne lui servent-ils pas aussi de protection contre un éventuel coup de force de la « réaction », qu'il soupçonne von Papen et certains généraux de vouloir mener ?

On voit donc que le Führer est pris en tenaille entre des aspirations contradictoires : à court terme, il doit naturellement privilégier ses relations avec l'ensemble des forces « réactionnaires », car c'est la condition même de la survie du régime ; à plus long terme, il voudrait se débarrasser de tous ces chefs militaires, diplomates, Junkers, industriels et ecclésiastiques encombrants, pour les remplacer par des hommes du parti entièrement soumis à son autorité. Le long terme s'opposant au court terme, Hitler, ferme et résolu en apparence mais timoré et indécis en réalité, va chercher pendant plusieurs mois à ménager les deux camps. À droite, il rencontre plusieurs fois von Blomberg, pour l'assurer de son intention de mater les SA et leur chef ; à gauche, il envoie Goebbels en émissaire pour rencontrer secrètement Roehm et lui promettre une extension de ses pouvoirs, en échange d'une certaine modération dans ses discours et dans l'action de ses hommes. Enfin, il organise le 28 février au ministère de la Guerre une « réunion de réconciliation » entre Reichswehr, SS et SA, au cours de laquelle il répartit les rôles : le politique aux SA et le militaire à la Reichswehr, qui doit être le « seul bras armé de la nation » en prévision des grandes campagnes à venir*. La réconciliation semble donc scellée, mais lors du banquet qui suit le départ d'Hitler, Roehm, sans doute pris de boisson, exprime franchement ses arrière-pensées : « Ce qu'a dit ce caporal ridicule ne nous concerne pas. Je n'ai pas la moindre intention de respecter cet accord. Hitler ne connaît pas la loyauté et doit au moins prendre un congé. [...] Si on ne peut pas faire l'affaire avec lui, on la fera sans lui[10]. » Un de ses propres officiers, l'*Obergruppenführer*** borgne Viktor Lutze, s'empresse d'aller à Berchtesgaden rapporter ces propos à Hitler, qui répond sombrement : « Il faut laisser mûrir les choses[11]. »

À Berlin, pendant ce temps, certains s'emploient à accélérer la maturation. Heydrich, un habitué, constitue d'épais dossiers sur Roehm et ses lieutenants, dans lesquels il mêle

---

* Il dévoile déjà une partie de ses projets pour l'avenir, en indiquant que « des frappes brèves et décisives à l'Ouest, puis à l'Est, pourraient se révéler nécessaires ».

** Général de corps d'armée.

comme toujours le vrai, le demi-vrai et le faux intégral ; ainsi, il fait circuler une liste d'hommes à abattre, prétendument obtenue au quartier général des SA : von Blomberg et Hitler y figurent naturellement en bonne place... Himmler, qui a mis la main en avril sur la Gestapo de Prusse, fait également travailler ses espions à plein régime. Le *Minister-präsident* et général de fraîche date Hermann Goering, lui, a son service des écoutes, qui lui apporte chaque matin le compte rendu des propos éthyliques délirants des dirigeants SA ; or, ceux-ci parlent très librement de leur détestation pour Goering et Himmler, ainsi que de leur mépris pour Hitler. Entre mars et juin 1934, les renseignements ainsi recueillis vont s'empiler sur le bureau du Führer avec une déconcertante régularité. Les crimes, les viols, les tortures, les rapines, les enlèvements et les extorsions perpétrés par les hommes de Roehm font partie du lot quotidien, et n'intéressent Hitler que dans la mesure où ils créent un sourd mécontentement dans le pays ; leurs commentaires désobligeants à l'endroit du « petit caporal de la dernière guerre » l'agacent autant que leurs rodomontades sur la nécessité d'une « seconde révolution véritablement socialiste » ; leurs imprudentes déclarations concernant une prochaine prise en main de la Reichswehr par les 3 millions d'hommes de la SA le gênent davantage, et les dernières informations selon lesquelles les SA accumulent dans leurs casernes des armes en provenance de l'étranger l'indisposent tout autant, sans encore le décider à agir : s'il frappe à gauche, il se rend vulnérable à droite, et vice versa...

Au début de juin, Baldur von Schirach déjeune avec Roehm, qui s'apprête à partir en cure à Bad Wiessee, près de Munich, pour y soigner ses rhumatismes. Comme toujours après un repas bien arrosé, le vieux soudard est en veine de confidences : « Ce qu'il nous faut, c'est une armée populaire. Mais ces crétins de la Bendlerstrasse* ne

---

* Le siège du ministère de la Guerre.

veulent pas le comprendre, et pour Adolf, la Reichswehr est maintenant l'enfant chéri. [...] Je suis fidèle à Adolf. S'il me dit maintenant que je suis une charge pour lui, je retourne en Bolivie. Je ne pourrai jamais entreprendre quoi que ce soit contre lui. [...] Le principal est que nous tenions. Tout s'est arrangé entre nous. Je m'entendrai toujours avec Adolf. C'est mon ami et je l'aime bien[12]. »

Pendant les semaines qui suivent, Hitler, toujours hésitant, multiplie les déplacements et les consultations ; il convoque même Gregor Strasser, qu'il a refusé de voir depuis dix-huit mois, et lui propose le ministère de l'Économie – ce que Strasser n'accepterait que moyennant le départ de Goering et de Goebbels[13]. Le 14 juin, le Führer va rencontrer Mussolini à Venise – une visite décevante, au cours de laquelle Mussolini lui conseille de se débarrasser de ses « radicaux ». Après cela, Hitler reprend ses déplacements incessants dans le pays et tient plusieurs conciliabules avec Goering, Himmler et Goebbels ; le 21 juin, il se rend également à Neudeck, où von Blomberg lui fait clairement comprendre qu'il ne peut espérer obtenir le soutien de l'armée qu'au prix de l'élimination des SA en tant que force politique – ce que le vieux maréchal Hindenburg lui confirme aussitôt : au cas où il serait incapable de mater ses trublions, l'état d'exception serait proclamé et l'armée s'en chargerait elle-même. Il y a là de quoi faire réfléchir le Führer, qui reste pourtant indécis durant les jours qui suivent. Pendant ce temps, Goebbels rencontre discrètement Roehm dans une salle privée de la brasserie munichoise Bratwurstglöckl ; il lui laisse entendre que le Führer pourrait bientôt frapper les « réactionnaires », et sans doute le croit-il lui-même...

C'est une double information en provenance de la Gestapo et du *Forschungsamt* qui va faire avancer les choses : d'après les rapports d'agents et les enregistrements téléphoniques, Roehm aurait mobilisé ses effectifs autour de Berlin en prévision d'un coup d'État imminent,

et il se serait même entendu avec le général von Schleicher et Gregor Strasser pour former un nouveau gouvernement après sa prise de pouvoir. Afin d'ajouter à la
vraisemblance, Goering et Himmler fournissent même un
luxe de détails : von Schleicher deviendrait chancelier,
Strasser ministre de l'Économie, Roehm ministre de la
Défense, Theodor Croneiss* remplacerait Goering au
ministère de l'Air, et le prince August Wilhelm, affublé du titre de régent, servirait de caution auprès des
monarchistes ; enfin, les conspirateurs se seraient assuré
le concours de la France pour faire réussir leur projet.

Ce rapport, également communiqué aux services de renseignements de la Reichswehr, mêle habilement le vrai et le
faux : en réalité, il n'existe aucune collusion entre Roehm,
Strasser et von Schleicher, qui n'ont pas les mêmes buts
et ne se font aucune confiance ; l'implication de la France
dans le complot est purement imaginaire, et destinée à
criminaliser davantage les conjurés aux yeux du Führer ;
enfin, si Roehm a bien quelques velléités révolutionnaires
et n'en fait pas mystère, l'annonce de leur mise à exécution
dans un proche avenir est nettement fantaisiste : les SA ont
été mis en congé pour tout le mois de juillet ; leur chef à
Berlin, Karl Ernst, s'apprête à partir en voyage de noces, et
Roehm lui-même est en cure à Bad Wiessee. Rien de tout
cela ne laisse présager un coup d'État imminent, mais la
désinformation est aux mains de spécialistes, et Hitler y est
très vulnérable. Le 25 juin, Rudolf Hess, manifestement en
service commandé, prononce à la radio un discours menaçant : « Malheur à celui qui croit servir la révolution par
la rébellion. [...] Malheur à celui qui piétine les projets du
Führer dans l'espoir d'obtenir des résultats plus rapides[14]. »
Mais Roehm ne prend pas au sérieux Rudolf Hess...

Un nouveau document, aussi faux que le premier,
est transmis à la chancellerie le 26 juin : c'est un ordre

---

* Vice-président de la société Messerschmitt et officier SA.

d'attaque contre la Reichswehr, censé émaner de Roehm lui-même[15]. Dès le lendemain, le *Gruppenführer* SS Joseph « Sepp » Dietrich rend visite au général von Reichenau, auquel il demande des mitraillettes et des fusils, ainsi que des moyens de transport « à destination de l'Allemagne du Sud » pour sept cents hommes de sa *Leibstandarte Adolf Hitler**. Entre-temps, au siège de la Gestapo dans la Prinz Albrechtstrasse, plusieurs agents ont travaillé sans relâche à établir des fiches individuelles comportant les noms et les adresses précises de tous les officiers supérieurs SA et d'autres « ennemis du Führer[16] ». Pendant ce temps, Himmler et Heydrich ont établi autour de Roehm un étroit cordon de surveillance.

Le 28 juin, Hitler et Goering sont à Essen pour assister au mariage du gauleiter Terboven, lorsque le secrétaire d'État Koerner leur apporte des informations de Berlin selon lesquelles les SA s'apprêteraient à s'emparer de la capitale ; en outre, ils s'en seraient pris à un diplomate étranger, ce qui leur était expressément interdit. Hitler, furieux, rentre à son hôtel et convoque l'*Obergruppenführer* SA Victor Lutze, qui notera la suite dans son journal : « Dans la chambre d'hôtel, le téléphone fonctionnait presque sans interruption. Le Führer était absorbé dans ses pensées, mais il semblait évident qu'il serait désormais obligé de passer à l'action[17]. » De fait, Hitler hurle à ses compagnons : « J'en ai assez ; je vais faire un exemple ! » ; Goering reçoit l'ordre de rentrer à Berlin et de se préparer à passer à l'action dès qu'il recevra le mot de code *Kolibri*. Après quoi le Führer téléphone à Roehm, le prend rudement à partie au sujet de l'affaire du diplomate molesté, puis lui annonce qu'il se rendra personnellement à Bad Wiessee pour s'adresser à tous les chefs SA le surlendemain à 11 heures[18]. Goebbels, qui était discrètement en sympathie avec Roehm, s'empresse de changer de camp ; Goering, lui,

---

* Garde du corps personnelle d'Adolf Hitler.

regagne Berlin, où il met en alerte sa police personnelle et la *Leibstandarte* SS, s'adjuge les pleins pouvoirs en Prusse et envoie des instructions secrètes au commandant SS de Silésie : au signal, il devra arrêter les principaux dirigeants SA de sa région et faire occuper leur QG.

Hitler, en proie à une grande agitation, ne tient plus en place. Dans la journée du 29 juin, il visite un camp de travail en Westphalie, puis se rend à l'hôtel Dreesen de Bad Godesberg, où il est rejoint dans la soirée par le secrétaire Paul Koerner, qui lui apporte les derniers renseignements recueillis par Himmler et Goering ; ils indiquent que Karl Ernst, le commandant des SA de Berlin, n'ira pas à Bad Wiessee, mais fera occuper les principaux bâtiments publics de la capitale dès le lendemain[19]. « C'est un putsch ! » hurle le Führer, qui ne prend même pas le temps de vérifier ; en outre, il apprend quelques minutes plus tard que 3 000 SA passablement éméchés manifestent bruyamment dans les rues de Munich. Hitler reste silencieux durant le dîner, et vers 21 h 30, son pilote Hans Baur le voit pleurer[20]. Mais cet étrange velléitaire a l'habitude de s'arracher à la léthargie et à l'irrésolution en passant de l'excitation à la transe, puis de la transe à la rage, pour enfin prendre des décisions brusquées*. Ce sera encore le cas cette fois-ci : ayant ordonné à Sepp Dietrich de le rejoindre immédiatement à Munich avec ses hommes de la *Leibstandarte*, il embarque dans un Junkers 52 peu après 2 heures du matin, avec Lutze, Goebbels, Brückner, Schaub et Otto Dietrich. À Munich, les SS ont déjà entrepris de cerner les baraquements des SA, tandis que les hommes de la Reichswehr restent consignés dans

---

* Malgré tout, il entre dans la décision d'Hitler une bonne part de calcul rationnel : ses informateurs lui ont fait savoir que le président Hindenburg, gravement malade, n'avait plus que quelques mois à vivre. Pour pouvoir prendre sa place, Hitler doit absolument avoir le soutien de l'armée, et nous connaissons déjà les conditions posées par von Blomberg au nom de la Reichswehr...

leurs casernes. Cette journée du 30 juin 1934 qui commence à peine restera dans l'histoire sous un nom qui fait encore frémir : la Nuit des longs couteaux*.

À 4 heures du matin, le Ju 52 se pose sur le terrain d'aviation d'Oberwiesenfeld, près de Munich. Dans le petit matin gris, au milieu des rafales de vent et de pluie, le comité d'accueil du parti et de l'armée voit débarquer un Hitler très pâle dans son manteau de cuir noir, qui regarde fixement devant lui et marmonne : « C'est le jour le plus sombre de ma vie, mais je vais aller à Bad Wiessee et sévir durement[21]. » Pendant dix minutes, il fait les cent pas sur le tarmac en compagnie du gauleiter Wagner**, en frappant spasmodiquement sa tige de botte avec son fouet. Au moment où il prend place dans la voiture de Wagner, son pilote médusé l'entend hurler : « Je vais régler son compte à ce porc[22] ! » Conduit à vive allure vers Munich, il bondit hors de la voiture devant le ministère de l'Intérieur de Bavière et y pénètre à grandes enjambées, suivi de Wagner et d'une petite escorte. Les deux chefs SA de Munich, l'*Obergruppenführer* Schneidhuber et le *Gruppenführer* Schmidt, sont rudement bousculés par un Hitler quasiment hystérique, qui arrache leurs insignes de grade en hurlant : « Vous êtes en état d'arrestation et vous serez fusillés[23] ! » Vers 6 heures du matin, le Führer, toujours hors de lui, sort du bâtiment et s'engouffre dans sa voiture. Les renforts SS de Sepp Dietrich n'étant pas encore arrivés***,

---

* Ce sont les SA eux-mêmes qui évoquaient à la fin de 1933 une seconde révolution, en prévision de laquelle ils « aiguisaient leurs longs couteaux ».

** Wagner était également ministre de l'Intérieur de Bavière.

*** Les témoignages sur la présence de Sepp Dietrich et de ses hommes au matin du 30 juin sont contradictoires. Selon son biographe Charles Messenger, Sepp Dietrich et sa *Leibstandarte* n'ont pu arriver à temps pour accompagner Hitler à Bad Wiessee, en raison de l'état des routes et de la vétusté des véhicules fournis par l'armée (C. Messenger, *Hitler's Gladiator*, Brassey's, Londres, 1988, p. 59). Voir également I. Kershaw, *Hitler,* vol. I, Penguin, Londres, p. 514. Wilhelm Brückner confirmera en 1949 qu'il n'y avait pas de

il n'a que ses neuf gardes du corps pour l'accompagner en plus de Goebbels, Lutze, Brückner et Dietrich, mais il ordonne à son chauffeur Kempka de se diriger sans retard vers Bad Wiessee.

Les quelque soixante kilomètres séparant Munich de Bad Wiessee sont parcourus à vive allure, et peu après 6 h 30, la Mercedes d'Hitler et les deux voitures d'escorte s'arrêtent devant la pension Hanselbauer, où Roehm et ses lieutenants se sont installés. L'endroit n'est pas gardé et Hitler pénètre en premier dans le hall, qui est désert*. Pendant que ses hommes investissent les étages, Hitler frappe à la porte de la chambre n° 7. « Qui est là ? », demande Roehm d'une voix endormie. « C'est moi, Hitler, ouvre vite. » « Déjà ! Je t'attendais à midi[24]... » Lorsque la porte s'ouvre, Hitler entre en trombe, le pistolet à la main, pour annoncer à son vieux camarade éberlué : « Ernst, tu es en état d'arrestation ! » Suivent un chapelet d'accusations, un ordre de s'habiller immédiatement, et avant même que Roehm ait eu le temps de protester, Hitler est déjà dans le couloir. Il tambourine à la porte de la chambre d'en face, occupée par le *Gruppenführer* Heines et son chauffeur, qui est aussi son amant. Heines, que l'irruption d'Hitler, de Lutze et d'un policier en civil a tiré brutalement de son sommeil, refuse d'abord de s'habiller, mais Hitler lui donne le choix entre obtempérer et être abattu sur-le-champ. En moins de vingt minutes, Roehm, Heines, Bergmann, Uhl**, le comte Spreti, deux

SS pour participer à l'expédition, mais seulement les « deux groupes d'accompagnement habituels, dans deux voitures ». Par contre, il est pratiquement certain que des agents de la Gestapo étaient déjà à Wiessee depuis la veille au soir, et avaient neutralisé les gardes du corps de Roehm pendant la nuit.

* Visconti n'ayant pas encore pris les choses en main, il n'y avait pas eu d'orgie à la pension cette nuit-là.

** Le *Standartenführer* (colonel) Julius Uhl, chef de la garde personnelle de Roehm. Dans le document incriminant fabriqué par Heydrich, il était l'homme désigné pour abattre Hitler.

aides de camp, quatre jeunes gens au rôle peu équivoque et dix gardes du corps au sommeil trop lourd se retrouvent enfermés dans la buanderie du sous-sol.

Les choses menacent de se gâter lorsqu'un camion rempli de quarante hommes armés appartenant à la *Stabswache* – la garde d'état-major de Roehm – s'arrête devant la pension ; une confrontation menace, mais Hitler leur intime l'ordre de rentrer à Munich, et ils s'exécutent. Après quoi le Führer fait monter Roehm dans une voiture et les autres prisonniers dans un autobus réquisitionné, et tous reprennent la route de Munich en passant par la rive sud du Tegernsee[25]*. En chemin, on arrête plusieurs voitures d'officiers SA en route pour Wiessee ; ils sont interrogés et invités fermement à se joindre au convoi. Vers 9 h 30, celui-ci parvient à la Maison brune, gardée par les SS – qui ont arrêté entre-temps plusieurs officiers SA dans leurs casernes, et en ont cueilli beaucoup d'autres à leur descente du train. Hitler ordonne à Goebbels de téléphoner à Goering le mot de code *Kolibri*.

Depuis son palais de la Leipziger Platz, Goering, qui attendait en compagnie d'Himmler et du général von Reichenau, donne aussitôt le feu vert à l'exécution du plan établi de longue date. Partis des casernes de l'école des cadets de Lichterfelde, les camions chargés de commandos de la *Landespolizei*, précédés de pelotons motocyclistes, pénètrent dans Berlin par des routes détournées et viennent cerner le quartier général des SA dans la Wilhelmstrasse. Quelques instants plus tôt, Franz von Papen, en délicatesse avec les nazis depuis son discours de Marburg**, avait été convoqué d'urgence à la résidence de Goering.

---

* Il s'agit d'une précaution de la part d'Hitler, pour le cas où les gardes du corps de Roehm se raviseraient et tenteraient de les intercepter sur le chemin de Munich. C'est effectivement ce qu'ils vont faire, mais ils attendront en vain sur la rive nord.

** Dans ce discours, prononcé le 17 juin, von Papen avait dénoncé sans équivoque les abus du régime hitlérien.

Ayant traversé les jardins du ministère de l'Air, le vice-chancelier est stupéfait d'y découvrir un palais transformé en forteresse : « Tout le secteur grouillait de gardes SS armés de mitraillettes. Goering était dans son bureau avec Himmler. Il me dit qu'Hitler avait été obligé de prendre l'avion pour Munich, afin de mater une révolte dirigée par Roehm, tandis que lui-même avait reçu les pleins pouvoirs pour faire face à l'insurrection dans la capitale. J'ai immédiatement protesté, et j'ai fait remarquer qu'en l'absence du chancelier, de tels pouvoirs ne pouvaient que m'être conférés en ma qualité de vice-chancelier. Goering m'a répondu qu'il n'en était pas question. [...] J'ai dit alors qu'il était essentiel d'informer le président, de déclarer l'état d'urgence et de faire intervenir la Reichswehr pour qu'elle rétablisse l'ordre. Mais là encore, Goering a refusé : il était inutile de déranger Hindenburg, puisqu'il contrôlait parfaitement la situation avec l'aide des SS. Nous avons commencé à nous échauffer, mais Goering a mis un terme à la conversation en m'invitant à rentrer chez moi et à ne plus en sortir sans le prévenir – ma propre sécurité en dépendait. J'ai répondu que je m'occuperais moi-même de ma sécurité, et que je refusais de me soumettre à ce qui revenait à une arrestation[26]. »

Pendant cette conversation, l'assistant de von Papen, le comte von Tschirschky, entend Himmler dire à voix basse au téléphone : « Vous pouvez y aller maintenant ! » Il comprendra peu après : von Papen a été attiré hors de la vice-chancellerie pour que les sbires de Goering et d'Himmler puissent l'investir en toute tranquillité – ce qu'ils vont faire sur l'heure, en abattant au passage le chef du service de presse Herbert von Bose et en arrêtant tous les secrétaires. Pendant ce temps, au palais de Goering, l'entretien s'achève, et von Papen écrira : « Pour finir, Goering, qui recevait un flot de messages, m'a plus ou moins mis à la porte. [...] Nous sommes repartis en voiture vers la vice-chancellerie de la Vossstrasse, afin que je puisse y prendre mes dossiers. J'ai trouvé le bâtiment occupé par les gens d'Himmler, et un garde armé d'une mitraillette m'a empêché d'entrer. L'un des employés a réussi à me chuchoter que Bose avait été abattu, après quoi nous avons été séparés et j'ai reçu l'ordre de retourner à ma voiture. Nous étions cernés par des hommes de la SS et des membres de la police secrète de Goering, qui essayaient tous d'arrêter Tschirschky. La tension est montée à tel point qu'ils ont failli se tirer dessus. C'était une bonne indication de la confusion qui régnait. Il y avait manifestement deux groupes à l'œuvre, l'un commandé par Goering, l'autre par Himmler[27]. »

C'est parfaitement exact : les deux complices agissent de concert, mais comme leurs intérêts diffèrent, ils n'ont pas toujours les mêmes comptes à régler. Du reste, von Papen a toutes raisons de s'en féliciter ; rentré à son domicile, il n'échappera aux agents d'Himmler chargés de l'exécuter que grâce aux hommes de Goering chargés de le protéger. C'est que Hermann Goering, plus réfléchi que le chef de la Gestapo, considère l'assassinat comme un art à pratiquer avec discernement : en l'occurrence, Hindenburg ne pardonnerait jamais aux nazis le meurtre de son favori Franz von Papen. Or, le vieux maréchal est toujours commandant suprême des armées du Reich… Entre-temps, les commandos de la *Landespolizei* ont occupé le quartier général des SA et désarmé tous ses occupants. Goering, délaissant un instant son bureau, est venu se rendre compte sur place, pour désigner les personnes à fusiller et interroger les autres : « J'ai demandé à ce capitaine des SA : "Avez-vous des armes ?" "Mais non, *Herr Polizeichef*, m'a répondu ce saligaud, aucune, sauf ce pistolet pour lequel vous m'avez donné une autorisation…" J'ai alors trouvé dans la cave un arsenal plus important que tout l'armement des forces de police prussiennes ! Je vous le dis, ils auraient pu faire un sacré feu d'artifice ! Dans un tel cas, il n'y avait qu'une chose à faire : exécuter[28] ! »

On exécutera donc beaucoup ce jour-là, en Prusse, en Poméranie, en Silésie et partout ailleurs : l'ancien chancelier von Schleicher, que les hommes de Goering sont venus arrêter, mais que ceux d'Himmler venaient d'abattre* ; le général von Bredow, ami et successeur de Schleicher au bureau politique du ministère de la Guerre ; Edgar Jung, secrétaire de von Papen et véritable auteur du discours de Marburg ; l'*Oberregierungsrat* von Bose, chef du service de presse du vice-chancelier ; le *Doktor* Voss, avocat de Gregor Strasser ; Erich Klausener, directeur de l'Action catholique... Et bien sûr tous les collaborateurs de Roehm, d'Ernst et de Heines : Gehrt, Sander, Beulwitz, Mohrenschild, Ramshorn, von Detten, Kirschbaum, « Mademoiselle Schmid** » et des dizaines d'autres, qui sont amenés au camp de Lichterfelde, puis enfermés dans la cave à charbon de l'école des cadets. L'un des rares rescapés de cet enfer racontera la suite : « Quatre noms étaient appelés à intervalles d'environ quinze minutes ; ces quatre hommes n'avaient plus que quelques minutes à vivre. Les prisonniers n'étaient pas vraiment démoralisés. La plupart se rendaient compte que c'étaient leurs dernières heures. Il faudra vingt-quatre heures pour exécuter les 150 hommes. [...] Il ne leur venait même pas à l'esprit qu'ils allaient être fusillés sur ordre d'Hitler ; au contraire, ils pensaient que leur chef suprême était emprisonné comme eux, peut-être déjà mort, victime des "réactionnaires". [...] Par un soupirail de la cave, ceux qui restaient pouvaient voir leurs camarades menés jusqu'à un mur de l'autre côté de la cour. [...] Les victimes étaient mises en rang devant le mur. Un SS ouvrait leur chemise et traçait un cercle au charbon autour de leur sein gauche : c'était la cible. À cinq ou six mètres de là se tenaient huit SS armés de fusils. Puis l'ordre résonnait : "Par ordre du Führer. *Heil*

---

* Ainsi que son épouse, pour faire bonne mesure.
** L'aide de camp de Heines.

Hitler ! En joue ! Feu !" [...] Tirées à courte distance, les balles arrachaient la chair des victimes. À l'endroit où elles sortaient du corps sous l'épaule gauche, il y avait un trou béant, [...] et depuis leur cave, les prisonniers pouvaient voir des morceaux de chair collés au mur, et parmi ceux-ci, on distinguait nettement les fragments de cœur, qui étaient plus sombres. Le mur n'était pas nettoyé entre les exécutions, de sorte qu'il a été bientôt entièrement couvert de sang et de restes d'organes humains[29]. »

Au ministère de l'Intérieur, comme partout ailleurs, personne ne se sent véritablement à l'abri – pas même le général Daluege, chef du département de la police au ministère de l'Intérieur et commandant de la police prussienne ! Son subordonné Hans Bernd Gisevius décrira parfaitement l'ambiance en cette fin de matinée terrifiante : « Que se passe-t-il réellement ? Il semble que l'on soit encore à la poursuite de Gregor Strasser, d'après ce que révèle un dramatique appel au secours lancé à Daluege par un ancien camarade du Parti. Curieux, tout de même, ce putsch qui fait collaborer Roehm, Schleicher et Strasser*. Et voici qu'arrivent en masse les radiotélégrammes de la police. Tous les grands chefs des SA ont été arrêtés ou doivent l'être. Les traîtres ont dû être extraordinairement nombreux. Mais combien sont-ils au juste ? Qui sont les chasseurs, qui sont les chassés ? Nous décidons de nous informer quelque peu. Je propose donc d'aller au palais de Goering où j'espère rencontrer Nebe**, pour qu'il me dise ce qui se passe. Je suis également motivé par l'impression qu'il vaut mieux être là-bas qu'à mon bureau, ou même chez moi. [...] Je préfère donc rester à proximité de Daluege, escomptant que c'est dans la gueule du

---

* Gisevius sait manifestement que les trois hommes ne se supportent pas.
** Chef de la police criminelle et ancien supérieur de Gisevius à la Gestapo.

loup, c'est-à-dire au palais de Goering, que j'ai le moins de chances d'être recherché. Nous faisons ensemble les deux ou trois cents mètres qui séparent le ministère de la Leipziger Platz, sans rien voir de particulier. [...] Les gens circulent très paisiblement. Tout au plus remarquons-nous que les uniformes SA ont disparu de la circulation. Ce n'est qu'en arrivant à la Leipziger Platz que de graves événements s'annoncent. On y voit de très nombreux hommes de la *Landespolizei* et des attroupements, car il se passe manifestement quelque chose. Nous franchissons à présent le petit passage qui donne accès au palais de Goering. Ce bâtiment n'est pas visible de l'extérieur, grâce au Ciel, car à peine avons-nous franchi le tournant que de tous les toits, de tous les balcons, de toutes les embrasures, des mitrailleuses sont braquées sur nous. La cour grouille de policiers. [...] Pendant que je me glisse derrière Daluege à travers les barrages et que nous montons les quelques marches qui conduisent au grand hall de réception, une angoisse soudaine me prend à la gorge. Je respire une atmosphère de haine, de nervosité, de tension, de guerre civile, et surtout de sang, de beaucoup de sang. Sur tous les visages, de celui des sentinelles à celui du dernier planton, on lit qu'il se passe quelque chose de terrifiant. Des aides de camp vont et viennent nerveusement. Des messagers, portant de gros dossiers secrets, courent avec des airs importants. Anxieux, les gens qui attendent s'interrogent les uns les autres. Pas un mot plus fort que l'autre ; on se chuchote à l'oreille. Par bonheur, je découvre tout de suite Nebe. [...] Il feint l'indifférence ; en un pareil moment et au milieu d'un tel entourage, il ne faut surtout pas paraître ému, et encore moins horrifié. Prudemment, nous nous retirons dans le coin le plus proche. À deux pas de nous, un *Gruppenführer* SA est effondré sur une chaise, tremblant du menton et claquant des dents. Nebe m'explique qu'il a dû l'arrêter il y a quelques instants. Le malheureux a été convoqué par téléphone ; à peine arrivé, Goering l'a reçu en le traitant de cochon d'homosexuel, et lui a annoncé qu'il serait fusillé sans délai. Un peu plus loin, un autre misérable est accroupi : c'est l'*Obergruppenführer* SA Kasche, pris dans la rue et amené ici par précaution. Il a tout l'air de compter les secondes qui lui restent encore à vivre. [...] Nebe me fait savoir que les choses empirent depuis ce matin. À Lichterfelde, on fusille sans arrêt. Il me murmure une grande quantité de noms que je n'ai jamais entendus. Je retiens seulement ceux des *Gruppenführer* SA von Detten et von Falkenhausen, celui de Ramshorn, qui est préfet de police à Gleiwitz, puis celui de Schragmuller, préfet de police de Magdebourg, ceux du *Standartenführer* Beiding et de l'avocat Voss. [...] Nous sommes tout près du cabinet de travail de Goering, où le comité exécutif délibère. À tout instant accourent des messagers de la Gestapo qui apportent de petites fiches blanches. Par l'entrebâillement de la porte, on aperçoit Goering, Himmler, Heydrich et le petit Pilli Koerner. L'entretien a l'air des plus animés. Par moments, on perçoit un mot comme "Ouste !", ou "Ahah !", ou "Fusiller !", ou simplement un rire brutal. En tout cas, ils semblent être de fort bonne humeur[30]. »

C'est à ce même spectacle qu'assiste depuis l'antichambre le général Erhard Milch, sous-secrétaire d'État au ministère de l'Air, qui a été convoqué au palais de Goering en fin de matinée : « Himmler lisait lentement une liste de noms. Pour chacun, Goering et von Reichenau faisaient oui ou non de la tête. Si tous étaient d'accord, Himmler dictait le nom à Koerner, en ajoutant sèchement : "Confirmation !" [...] De temps en temps, Paul Koerner sortait avec la liste des noms qui s'allongeait à vue d'œil, et la remettait à d'autres qui communiquaient leurs instructions par téléphone à des hommes de confiance sur le terrain. À l'évidence, ce n'était pas une promotion qui attendait les hommes portés sur la liste[31]. »

La suite est racontée par Gisevius, qui s'est attardé sur les lieux : « Tout à coup retentissent des éclats de voix. Le major de police Jakobi se précipite hors de la salle, le shako sur la tête, la jugulaire au menton, et derrière lui tonne Goering : "Tirez dans le tas... Prenez toute une compagnie avec vous, tirez dedans... tirez immédiatement... vous n'avez qu'à tirer... tirez !" On ne saurait comment évoquer après coup toute la rage brutale, toute la haine vindicative, et en même temps toute la peur, la lâche peur, qui s'expriment dans cette scène. On le devine : quelqu'un s'est échappé, qui ne doit pas survivre, sans la mort de qui la journée serait vaine. Nous supposons tout d'abord qu'il doit s'agir de Roehm ou de Karl Ernst. Mais Goering continue à hurler. De nouveau, il arpente sa cage somptueuse, et à plusieurs reprises, nous l'entendons crier d'une voix rauque ce même refrain : "C'est justement ce Paul... c'est justement ce Paul... ce Paul..." Nous savons, l'un des aides de camp nous le confirme, qu'il s'agit de Gregor Strasser et de Paul Schulz. Il paraît que l'arrestation de Strasser n'a pu se faire, parce que les travailleurs de son exploitation le protégeaient. [...] C'est à cela que se rapportait le farouche : "Tirez dans le tas." Quant à "Paul", c'était l'ami de Strasser, le lieutenant Paul Schulz*[32]. »

Mais Goering a un dernier compte à régler avec un prisonnier qui vient de lui être amené : c'est le prince August Wilhelm, dit « Auwi », qui avait voulu faire preuve de zèle national-socialiste en entrant dans la SA, et figurait encore récemment en bonne place dans les plans de réorganisation gouvernementale prétendument établis par Roehm. « Où as-tu parlé à Karl Ernst pour la dernière fois ? » lui demande Goering. « Au téléphone », répond le prince. « De quoi avez-vous parlé ? » « Ernst voulait seulement prendre congé de moi avant de partir pour l'étranger. » « Heureusement pour toi que tu as

---

* Le lieutenant Schulz sera arrêté, abattu de six balles dans le ventre... et survivra.

dit la vérité », répond Goering sèchement, en lui faisant entendre l'enregistrement de la conversation. « Je suis heureux que tu aies décidé d'aller en Suisse pour quelques jours ! », dit ensuite Goering au prince, qui le regarde avec ahurissement. « Je ne t'ai jamais dit que tu avais la tête la plus stupide du monde ? Fous le camp et ferme-la[33] ! », ajoute aimablement Goering en le congédiant. Le prince ressort donc libre de l'antre de la Leipziger Platz, mais ce n'est pas son innocence qui l'a sauvé ; Goering s'est simplement rendu à l'évidence : on ne fusille pas un Hohenzollern, si stupide soit-il...

En milieu d'après-midi, le grand ordonnateur des purges se rend au ministère de la Propagande, afin d'y faire une déclaration à la presse. Gisevius est dans l'assistance et décrit la scène : « Une tension effroyable règne dans la salle. [...] Goering arrive. Il est en grand uniforme. Il ne marche pas, il parade et monte majestueusement à la tribune. Après une longue pause, d'un grand effet, il se penche un peu en avant et appuie la main sur le menton. [...] Il parle sur un ton lugubre, d'une voix sourde, comme un professionnel des oraisons funèbres. La déclaration est un peu confuse : putsch de Roehm, dépravation homosexuelle, troubles dans le pays, réaction, haute trahison, deuxième révolution, châtiment sévère, clémence du Führer. Schleicher conspirait avec une puissance étrangère. "Au moment de son arrestation, il a tenté de lancer une attaque éclair" ; malheureusement, "ce geste lui a coûté la vie". Il n'est pas question de Strasser, ni de l'incident qui s'est produit dans l'antichambre de von Papen. Voici le tour de Roehm, et c'est très net : "Lui non plus ne compte plus parmi les vivants." [...] Le Führer, qui a dirigé aujourd'hui à Wiessee un "court procès", lui a donné "il y a quelques jours" l'ordre de "frapper à son signal". Et plus loin, cette phrase lourde de sens : "J'ai élargi ma mission", ce qui veut dire que Goering ne s'est pas contenté de tirer sur le commandement putschiste des SA, mais également, de sa propre initiative, dans le cercle des "éternels mécontents d'hier"[34].»

Au nombre de ceux-ci, il y a bien sûr Gregor Strasser, qui est finalement arrêté par la Gestapo en début d'après-midi, amené au QG de la Prinz Albrechtstrasse et enfermé au sous-sol, dans la cellule 16. Il y passera douze longues heures, jusqu'à ce que trois hommes entrent et tirent presque à bout portant ; criblé de balles, Strasser vit encore, et Heydrich, arrivé peu après, ordonne de « laisser ce porc se vider de son sang[35] ».

Goering a mentionné que le Führer dirigeait à Wiessee « un court procès ». L'adjectif est exact, mais le substantif ne l'est pas, car la séance n'a rien de judiciaire : au cours de cet après-midi sanglant, Hitler, enfermé dans la « salle des Sénateurs » de la Maison brune avec Goebbels, Hess, Amann, Buch, Lutze et Sepp Dietrich, ne décolère pas : en éructant, il dénonce la « pire trahison de l'histoire du monde ». « Roehm, hurle-t-il, a reçu 12 millions de marks des Français pour faire arrêter et exécuter son Führer, et livrer l'Allemagne à ses ennemis. [...] Je les ferai tous fusiller. » Rudolf Hess, manifestement gagné par l'ambiance, se propose d'exécuter Roehm de sa propre main*[36].

Les SA capturés sont toujours regroupés au sous-sol, mais leurs principaux chefs ont déjà été transférés à la prison de Stadelheim. Roehm lui-même est isolé, et le gauleiter Wagner s'efforce en vain de le faire avouer : « Si j'ai quelque chose à avouer, braille Roehm, ce ne sera qu'au Führer. Je n'ai pas préparé de putsch. Je veux parler à Adolf. Il a été trompé par mes ennemis. J'exige qu'il m'entende ! » Mais à l'évidence, Hitler n'y tient pas, et Roehm

---

* Considérant l'état d'excitation de Hess à ce moment, les déclarations ultérieures de son aide de camp Leitgen selon lesquelles il se serait « battu opiniâtrement pendant une heure » pour sauver de nombreux chefs SA peuvent être sérieusement mises en doute – d'autant que Leitgen n'était pas à Munich au moment des faits.

se remet à vociférer : « Je veux voir Goebbels et lui cracher au visage – ce sale traître*[37] ! » Pendant ce temps, Hitler étudie les longues listes de SA capturés, et il marque d'une croix les noms de six hommes à exécuter sur-le-champ : Hayn, Heydebreck, Heines, Schneidhuber, Schmid et le comte von Spreti. Vers 17 heures, le *Gruppenführer* Sepp Dietrich** se rend à Stadelheim sans enthousiasme, car les condamnés sont pour la plupart d'anciens camarades de combat ; mais un vieux soldat se doit d'obéir, et les six hommes sont dûment menés devant le peloton d'exécution. Comme à Lichterfelde, l'ordre retentit : « Par ordre du Führer. *Heil Hitler !* En joue ! Feu ! » Dietrich, écœuré, quitte les lieux avant la dernière salve.

C'est dans cette cour de Stadelheim que bien d'autres officiers SA vont tomber criblés de balles, avant même d'avoir compris ce qui leur arrivait ; dans la frénésie, on fusille même trois agents de la Gestapo infiltrés dans la SA, qui ne se sont pas identifiés à temps. Les tueries se poursuivent également autour de Munich, ce qui permet de solder au passage quelques vieux comptes – et d'autres plus récents : l'ancien ministre-président von Kahr, qui avait fait échouer le putsch de Munich en 1923, est retrouvé découpé en morceaux dans un marécage de Dachau ; Fritz Gerlich, directeur du journal catholique *Die Gerade Weg*, qui dénonçait depuis dix ans les exactions des nazis, est torturé à mort en prison ; le père Stempfle, ce vieux camarade du parti qui savait beaucoup de choses et parlait trop***, est rappelé à Dieu

---

* Propos révélateur, qui confirme que Goebbels lui avait fait récemment certaines promesses – avant de changer de camp.

** Il semblerait que lui et ses troupes ne soient arrivés à Bad Wiessee qu'à 11 heures, alors que le convoi d'Hitler était déjà reparti avec ses prisonniers. Dietrich avait alors reçu l'ordre de retourner à Munich avec sa *Leibstandarte*.

*** Notamment au sujet du manuscrit initial parfaitement illisible de *Mein Kampf*, et des relations d'Hitler avec sa nièce, Geli Raubal.

prématurément – tout comme le critique musical Wilhelm Schmid, qui tombera victime d'une homonymie* ; le propriétaire, le sommelier et le maître d'hôtel de la brasserie Bratwurstglöckl, où Goebbels avait rencontré Roehm deux semaines plus tôt, sont froidement abattus : pour gommer les faits embarrassants, il suffit d'effacer les témoins encombrants... Mais curieusement, Ernst Roehm, l'homme qui aurait dû les précéder tous dans la tombe, est encore vivant au soir du 30 juin : Hitler refuse d'ordonner son exécution, et il s'en explique à Max Amann : « Après tout, Ernst était à mes côtés autrefois devant le tribunal**[38]. » Sur le champ d'aviation d'Oberwiesenfeld, quelques minutes avant de décoller pour Berlin, il confie également au général von Epp : « J'ai gracié Roehm, en considération des services rendus[39]. » Qui comprendra jamais la psychologie tourmentée d'Adolf Hitler ?

À Berlin, depuis son poste au ministère de l'Intérieur, Hans Bernd Gisevius essaie toujours de suivre la spirale infernale des événements : « Dans l'intervalle, les radiogrammes se sont accumulés. La plupart sont déjà périmés, d'autres sont incompréhensibles, seuls quelques-uns apportent du nouveau. Une douzaine de ces télégrammes concerne Karl Ernst ; l'oiseau s'est donc envolé. Je présume que c'est là le fameux numéro deux dont on s'inquiète si rageusement, car il devrait être fusillé depuis longtemps. Brusquement nous parvient la nouvelle que le Führer a décollé de Munich il y a une heure ; il va bientôt atterrir à Tempelhof. Voilà une arrivée à ne pas manquer. Tout l'aérodrome est occupé par des SS lourdement

---

(Voir chapitre 5 : « L'homme à femmes ».) Le père Stempfle sera retrouvé dans la forêt près de Harlaching, avec la nuque brisée et trois balles dans le cœur.

* Les SS l'avaient confondu avec Ludwig Schmitt, un ancien partisan d'Otto Strasser.

** En 1924, lors du procès des participants au putsch manqué de Munich.

armés. Il y a en outre plusieurs compagnies d'aviateurs. [...] Nebe est venu aussi. Il a appris dans l'intervalle que Gregor Strasser était mort, prétendument suicidé. Nous en sommes outrés. [...] Tandis que Nebe et moi, un peu à l'écart, faisons les cent pas sur l'aérodrome, nous voyons atterrir un petit Junkers. Trois SS en sautent, suivis de Karl Ernst, menottes aux mains. Ils ont donc fini par l'avoir ! Le gaillard semble être de très bonne humeur. Il passe en sautillant de l'avion à l'auto et sourit à la ronde, comme s'il voulait montrer qu'il ne prend pas son arrestation au sérieux. Bon, le sourire s'effacera vite : on le conduit en toute hâte à Lichterfelde[40]. »

Enfin, l'avion de Munich est annoncé : « Nous le voyons paraître, poursuit Gisevius ; un point sombre qui grossit à vue d'œil dans le ciel du soir. L'horizon a pris une symbolique couleur de sang, cette fois sans intervention d'Hitler. Tout le monde est ému, la tête agitée de mille questions au sujet de l'homme dans l'avion. Le gros appareil se pose rapidement, roule avec un fort grondement, puis s'arrête, et lorsque les hélices s'immobilisent, nous retenons notre souffle. Que va-t-il se passer ? Comment va-t-il arriver ? Des commandements retentissent ; la compagnie d'honneur présente les armes. Goering, Himmler, Koerner, Frick, Daluege et une vingtaine d'officiers de police s'avancent vers l'avion. Voici que la porte s'ouvre, et Adolf Hitler descend en premier. [...] Tout est sombre sur sa personne : chemise brune, cravate noire, manteau de cuir brun foncé, hautes bottes d'ordonnance noires. Il est tête nue, le visage blanc comme un linge, mal rasé, les traits à la fois creusés et bouffis, les yeux éteints au regard fixe, mal dissimulés sous des mèches pendantes. [...] On se salue dans les formes. Hitler tend la main en silence à ceux qui l'entourent. Nebe et moi, qui observons la scène à quelque distance, ne percevons dans le silence de mort que des claquements de talons. Pendant ce temps, les derniers passagers descendent de l'avion : Brückner, Schaub, Sepp Dietrich et les autres.

Ils paraissent graves, en tout cas accablés. Pour finir, une figure diabolique et grimaçante fait son apparition : c'est Goebbels. Lentement, cérémonieusement, Hitler passe en revue la compagnie d'honneur. Il avance péniblement, à pas lourds, de flaque en flaque. On a l'impression qu'il va s'y enfoncer d'un moment à l'autre[41]. »

Gisevius est trop loin pour entendre leurs paroles, mais il voit le groupe poursuivre son chemin : « En se dirigeant vers la file des voitures éloignées de quelques centaines de mètres, Hitler s'arrête avec Goering et Himmler. [...] Il leur demande un rapport, bien qu'il soit certainement resté toute la journée en contact avec eux par téléphone. Le prédécesseur de Roehm, von Pfeffer, flairant l'aubaine, tente de s'approcher, mais Himmler l'éloigne d'un geste menaçant de la main. Alors, Himmler tire de sa manche une longue liste chiffonnée. Hitler la lit, tandis que les deux hommes ne cessent de lui parler à l'oreille. On voit Hitler suivre sa lecture du doigt, s'arrêter de temps à autre un peu plus longuement sur un nom. Les chuchotements deviennent alors plus animés. Soudain, il rejette la tête en arrière, d'un geste de si profonde émotion, pour ne pas dire de révolte, que tous les assistants le remarquent. Nebe et moi échangeons un regard appuyé – nous avons eu la même pensée : ils ont dû l'informer du "suicide" de Strasser. Finalement, le cortège se remet en route. Hitler, Goering et Himmler marchent en tête. L'allure d'Hitler est toujours traînante. [...] Le reste du cortège suit à distance respectueuse, dans le plus profond silence. [...] Le blasphème atteint son point culminant lorsque brusquement, du haut d'un hangar d'aviation, un cri part d'un groupe d'ouvriers : "Bravo Adolf !"[42]. »

Le lendemain, les acclamations seront plus discrètes, mais non moins enthousiastes : l'homme de la rue est rassuré d'avoir été épargné par toute cette agitation martiale, et soulagé de voir disparaître la clique bruyante et malfaisante des compagnons d'Ernst Roehm ; des autres victimes, il ne sait rien encore. Les chefs militaires, eux, se réjouissent de l'élimination de leurs plus dangereux concurrents, et ils le font savoir par la voix du ministre de la Guerre von Blomberg ; sans doute leur déplaît-il que les généraux von Schleicher et von Bredow aient été engloutis dans la tourmente, mais si le salut de l'armée est à ce prix... Le président Hindenburg lui-même est pleinement satisfait de cette mise au pas des pires trublions du parti ; quant au reste, il n'en a manifestement pas été informé par son entourage, qui l'isole presque complètement du monde extérieur. Ainsi s'expliquent les chaleureux télégrammes de félicitations qu'il va adresser à Hitler et à Goering.

Mais en ce radieux dimanche du 1ᵉʳ juillet 1934, alors que les bourreaux poursuivent leur triste besogne, Himmler et Goering sont loin d'être satisfaits ; car sans l'élimination physique de Roehm, rien n'est encore gagné. Or, le Führer a bien dit la veille au soir qu'il avait décidé d'épargner son vieux compagnon. Mais que Roehm survive, qu'il se réconcilie avec Hitler, que celui-ci lui confie de nouvelles fonctions, et les deux principaux comploteurs de la Nuit des longs couteaux seront plus menacés que jamais ! Il ne saurait donc en être question. C'est pourquoi, lors de la garden-party donnée à la chancellerie ce dimanche-là, les deux compères font le siège d'Hitler pour le persuader d'« achever le travail ». Lorsque le ministre de l'Agriculture Walther Darré les rejoint en début d'après-midi, ils sont toujours à l'œuvre. Mais vers 14 heures, Hitler cède, et les ordres sont transmis au ministère de l'Intérieur à Munich : Roehm doit être abattu, mais il faut lui offrir au préalable une chance de se suicider. Le commandant du camp de Dachau, Theodor Eicke, se rend à la prison de Stadelheim en compagnie de deux officiers SS ; peu avant 15 heures, ils entrent dans la cellule de Roehm et posent sur la table un pistolet avec une seule balle, ainsi qu'un exemplaire du *Völkischer Beobachter* annonçant le « putsch de

Roehm » et la répression qui a suivi. Le prisonnier, en sueur, torse nu, épuisé mais toujours indigné, dédaigne cet ultime privilège* ; au bout d'une dizaine de minutes, les SS ouvrent la porte de la cellule, constatent qu'il n'a pas bougé et l'abattent de deux balles dans la poitrine. Avant de recevoir le coup de grâce, le vieux spadassin murmure : « *Mein Führer, Mein Führer*[43]... »

Au soir du 1er juillet, alors que le rythme des tueries ralentit, des instructions très strictes sont données pour que les documents relatifs à toute cette affaire soient immédiatement détruits. Combien de victimes a-t-on dénombrées durant cette sanglante fin de semaine ? Officiellement, 77 à 84, dont une cinquantaine de SA ; officieusement, 150 à 200 pour les seules villes de Berlin et Munich, et probablement trois fois plus si l'on compte les « accidents », les « erreurs », les « arrêts cardiaques » et les « morts en détention » dans l'ensemble du pays ; en outre, certains jeunes SS ayant participé aux exécutions sont si traumatisés qu'ils se suicident, tandis que d'autres, trop bavards, sont aidés à le faire[44]. Le discours d'Hitler au Reichstag le 13 juillet ne sera qu'une longue justification de son action et de la terreur qui a suivi, avec une indignation remarquablement simulée lorsqu'il évoquera les mœurs de Roehm et de ses lieutenants. Pourtant, un auditeur attentif comme Albert Speer remarquera que « son sentiment de culpabilité transparaissait nettement à travers ses protestations d'innocence[45] ».

De fait, le flot de paroles masque mal le conflit intérieur, ainsi qu'en témoigne Hermann Rauschning : « Il était encore loin, du moins dans la période qui suivit le 30 juin, de faire figure de vainqueur. [...] Il avait le

---

* Malgré tout, c'est bien d'un privilège qu'il s'agit : Hitler a souvent affirmé qu'il considérerait son propre suicide d'une balle dans la tête comme une libération, et il a été plusieurs fois sur le point de s'exécuter.

visage boursouflé, les traits tirés. Son regard était terne. [...] J'avais l'impression que le dégoût, la lassitude et le mépris lui remontaient aux lèvres, et que ses pensées étaient loin de nos affaires. [...] On m'avait dit qu'il ne dormait plus que quelques heures depuis le massacre du 30 juin, qu'il errait la nuit d'une chambre à l'autre, que les somnifères étaient sans effet ou qu'il refusait d'en prendre, par crainte d'être empoisonné. Au petit jour, il tombait comme terrassé sur son lit et s'éveillait bientôt dans une crise de larmes. Il avait eu des vomissements à plusieurs reprises[46]. »

Hitler a-t-il conscience d'avoir été manœuvré ? Serait-il accessible au remords ? Aurait-il conservé quelque trace de sentiment humain envers Roehm et Strasser, ces deux compagnons des premiers jours qui l'avaient si puissamment épaulé pendant quinze ans*? On ne peut le nier catégoriquement, car chaque homme reste un mystère – surtout le plus malfaisant. Mais en réalité, la dépression résulte sans doute du contrecoup de l'action, et sûrement de la crainte d'être devenu plus vulnérable à droite après avoir frappé à gauche. Devant Rauschning, en effet, Hitler poursuit ainsi son monologue : « "Ces bandits entassent sous mes pas les obstacles, cinq minutes avant la mort du vieux maréchal, au moment même où tout dépend de savoir qui sera président du Reich, moi ou quelqu'un de la camarilla réactionnaire. Pour leur seule bêtise, ces gens mériteraient d'être fusillés. Ne leur ai-je pas répété que seule l'union compacte et serrée de notre parti peut assurer le succès de notre assaut ? Le poteau d'exécution pour qui se permet de danser hors du rang ? N'ai-je pas adjuré dix fois, cent fois, ces gens de m'écouter ? Et c'est maintenant, à l'heure la plus dangereuse, que je me laisserais dire par les réactionnaires que je ne sais pas faire régner l'ordre

---

* Hitler était également le parrain des jumeaux de Gregor Strasser – même si cela n'avait sans doute aucune signification pour lui.

et la discipline dans ma propre maison ? Que mon parti est un foyer de révolte, pire que le communisme ? Que la situation est plus grave qu'au temps de Brüning et de Papen ? Je me laisserais poser un ultimatum par ces lâches et ces misérables, moi, moi ?" Il hurlait à tue-tête. "Mais ils se trompent, reprit-il sur un ton plus calme. Ils croient que je suis au bout du rouleau. Ils ne me connaissent pas. Parce que je viens d'en bas, parce que je suis sorti de la 'lie du peuple', comme ils disent, parce que je manque d'éducation, parce que j'ai des manières et des méthodes qui choquent leurs cervelles d'oiseaux. Ah ! si j'étais des leurs, je serais un grand homme dès aujourd'hui. [...] L'insubordination de mes SA m'a déjà coûté de nombreux atouts. Mais j'en ai encore d'autres en main. [...] Le plan de ces beaux messieurs ne réussira pas. Ils ne pourront pas, pour la succession du Vieux, passer par-dessus ma tête. Qu'ils essaient de désigner un chef provisoire de l'État, de jeter dans mes jambes un de leurs hommes de paille ! [...] Ce que j'ai perdu dans la purge des SA, je le regagne en me débarrassant des conspirateurs féodaux et des aventuriers professionnels, des Schleicher et consorts. J'ai supprimé les meneurs, même les meneurs éventuels qui guettaient dans l'ombre. Les réactionnaires ont voulu me séparer du parti pour s'emparer de moi comme d'un instrument docile. Eh bien, me voilà donc, Messieurs Papen et Hugenberg, je suis prêt pour le round suivant."

C'est ainsi, conclura Rauschning, qu'Hitler s'encourageait lui-même. L'audience était terminée. Il me donna l'impression d'un homme qui venait de se faire une piqûre de morphine[47]. » De la morphine ? De l'adrénaline plutôt ! Dopé par cette transe, le Führer se prépare à gagner de nouvelles altitudes, toujours plus vertigineuses... Car depuis le 30 juin 1934, les dés sont jetés : la SA ne sera jamais un État dans l'État, l'armée reconnaissante va se soumettre inconditionnellement, et personne ne remettra plus en question l'autorité du Führer...

5

L'homme à femmes

> « Je trouverais irresponsable de fon-
> der une famille, alors que je n'aurais pas
> assez de temps à consacrer à ma femme.
> En outre, je ne veux pas d'enfants : les
> descendants de génies ont une vie difficile,
> car [...] on ne leur pardonne pas d'être
> des gens ordinaires. D'ailleurs, la plupart
> deviennent des crétins. »
>
> Adolf HITLER

Au cœur du IIIᵉ Reich, il y a un homme qui est seul à connaître ses ultimes desseins, ne consulte personne et n'accepte de dire aux gens que « ce qu'ils doivent savoir, au moment où ils doivent le savoir ». Hitler s'est vu attribuer d'innombrables maîtresses, mais ce personnage maladivement secret n'étant pas un homme ordinaire, ses relations avec le beau sexe ne le sont pas davantage. Quiconque tente de séparer les affabulations des faits avérés doit donc s'attendre à découvrir un paysage pour le moins tourmenté.

À un historien qui lui demandait si les mauvais résultats de l'écolier Adolf Hitler pouvaient « avoir un rapport avec les filles », son camarade de classe Josef Keplinger avait répondu catégoriquement : « Non, c'est exclu. Adolf ne s'intéressait jamais aux filles[1]. » Il est vrai que, même après avoir quitté l'école à l'âge de seize ans, Hitler, que ce soit par mépris, par timidité ou par simple manque d'intérêt, semble avoir évité soigneusement la compagnie des jeunes filles de Linz. Tout au plus éprouve-t-il un amour platonique et fantasmatique pour une certaine Stefanie, qu'il regarde passer sans jamais oser l'approcher*, mais à qui il écrira une lettre – sans doute anonyme – pour lui faire savoir qu'il va étudier à l'Académie des beaux-arts de Vienne, qu'elle doit l'attendre et qu'il reviendra l'épouser[2].

Les renseignements sur ses fréquentations durant les années d'errance à Vienne sont parcellaires et parfois contradictoires : l'« artiste peintre » Hitler, qui hante les asiles de nuit et le *Männerheim*, s'intéresse bien davantage à sa survie matérielle, à l'architecture et à l'opéra qu'aux jeunes beautés de la capitale autrichienne. Son ami d'enfance August Kubizek se souviendra qu'au printemps de 1908, lorsqu'ils allaient ensemble au théâtre, « les fauteuils des premiers rangs étaient toujours attribués aux jeunes filles, par courtoisie. Mais Adolf ne leur prêtait aucune attention. Il venait au théâtre, disait-il, pour en profiter. Ces femelles ne comprenaient rien à l'art, elles voulaient seulement flirter. Nous allions donc dans la fosse d'orchestre, où les femmes n'étaient pas admises[3] ».

Pourtant, dès cette époque, le jeune artiste peintre mélomane et misogyne ne semble pas laisser les femmes indifférentes, peut-être en raison de ses yeux d'un bleu presque translucide – très semblables à ceux de sa mère. Kubizek se souviendra que les Viennoises se retournaient sur son passage, et qu'un jour à l'Opéra, lorsqu'un planton lui avait transmis un billet doux, Adolf s'était contenté de grommeler : « Encore un[4]... » Mais dès cette époque, le contact physique avec les jeunes filles semble lui répugner, et il avoue souvent à son ami qu'il ne veut pas avoir de relations sexuelles avec elles, « par peur de l'infection[5] ». De fait, il gardera une crainte permanente de la syphilis – à

---

* Cette dernière confirmera en 1949 n'avoir pas même soupçonné l'existence du jeune Adolf.

laquelle il va même consacrer une large place dans *Mein Kampf*[6] ! –, mais son obsession de la propreté, les souvenirs de la brutalité de son père et son propre tempérament enfiévré, auxquels peut s'ajouter une tare physiologique réelle ou imaginaire*, semblent se liguer pour lui faire fuir toute relation intime avec la gent féminine. Par contre, ses rares compagnons de l'époque se souviendront qu'il était à la fois attiré et repoussé par les lieux de débauche, et que les spectacles, tableaux et ouvrages à caractère pornographique exerçaient sur lui une intense fascination[7].

Dès cette époque, tout cela se dissimule sous d'interminables discours moralisateurs, et si Hitler confiera plus tard à sa secrétaire Christa Schroeder qu'il avait eu à Vienne une maîtresse nommée Emilie[8], il est permis de supposer que cette relation s'apparentait à celle qu'il avait fantasmée avec Stefanie. Rétrospectivement, du reste, on se demandera sans doute ce que le Führer entendait par « maîtresse ». À cet égard, le dernier mot appartient à son unique ami Kubizek : « Je crois pouvoir dire avec certitude qu'à Linz comme à Vienne, ce qui a manqué à Adolf, c'est une rencontre réelle avec une femme[9]. » Voilà qui ne semble pas évoluer après son arrivée à Munich, et la Grande Guerre n'y change rien non plus : durant ses quatre années passées au front entre 1914 et 1918, le caporal Hitler refuse catégoriquement toute relation avec des femmes belges ou françaises, ce que ses camarades de combat mettront avec indulgence et hilarité sur le compte de son intransigeance

---

* Contrairement à de nombreuses rumeurs ayant circulé sur ce sujet, Hitler avait bien ses deux testicules, ainsi que l'établira le docteur von Hasselbach, un des très rares médecins à l'avoir entièrement ausculté en 1944. Les allégations du Soviétique Lev Bezymenski sur une prétendue autopsie d'Hitler ayant révélé son monorchisme ne sont pas à prendre au sérieux : on ne retrouvera du Führer en mai 1945 que l'os du maxillaire inférieur et une prothèse dentaire, le reste ayant été réduit en cendres par une crémation de trois heures avec deux cents litres d'essence.

patriotique[10]. Il en résulte en tout cas que les élucubrations complaisamment colportées par l'historien allemand Werner Maser au sujet de Jean-Marie Loret, le « fils français d'Adolf Hitler[11] », sont entièrement dénuées de fondement.

Pourtant, lors de l'expansion inexorable de son parti après la guerre, l'orateur prodige de Braunau va montrer un degré surprenant d'empathie à l'égard des aspirations féminines. Il est vrai que les femmes assistent nombreuses à ses discours publics, et elles sont bien souvent les premières à se pâmer, comme le relèvera d'emblée Ernst Hanfstaengl : « [Hitler] avait aussi le bon sens, ou le réflexe instinctif, d'en appeler aux femmes qui l'écoutaient – un facteur politique nouveau dans les années vingt. [...] C'étaient bien souvent d'elles que venaient les premiers applaudissements, et après cela, la glace était rompue[12]. » Ce que confirmera Lüdecke, en ajoutant cette précision perfide : « Franchement, je ne pouvais manquer de noter que certaines de ces femelles dévouées étaient des hystériques qui recherchaient une extase émotionnelle en s'abandonnant à l'orateur*[13]. »

Mais les « femelles » en question ne forment qu'une petite partie de l'auditoire, et certaines des premières converties ont largement dépassé l'âge de l'effervescence juvénile. On trouve d'ailleurs parmi elles ses premières bienfaitrices : Carola Hofmann, une veuve de soixante et un ans qui lui offre l'hospitalité, lui lave son linge, le gave de pâtisseries et l'encourage à se vêtir correctement ; Elsa Bruckmann, cinquante-neuf ans, épouse de l'éditeur Hugo Bruckmann, qui l'introduit auprès de riches industriels, lui rend fréquemment visite dans sa prison de Landsberg, paye son loyer et écoute religieusement ses discours ; la plantureuse Helene Bechstein, quarante-huit ans, épouse

---

* Les nazis exploiteront ensuite systématiquement cette tendance, en plaçant au premier rang des « tricoteuses » chargées de déclencher l'enthousiasme – et d'empêcher d'éventuels opposants de s'asseoir trop près de l'orateur.

du célèbre fabricant de pianos Edwin Bechstein, qui tient un salon mondain à Berlin, finance le parti d'Hitler, lui donne de nombreux bijoux à mettre en gage, lui rend également visite à la prison de Landsberg – en se faisant passer pour sa mère adoptive –, et s'efforce même de lui faire épouser sa fille Lottie* ; Winnifred Wagner, belle-fille de Richard Wagner, qui l'accueille dans sa maison de Bayreuth et le traite comme un membre de la famille ; la quinquagénaire mondaine Viktoria von Dirksen, femme de diplomate et nazie convaincue, qui lui ouvre les portes de la haute société berlinoise...

Toutes ces femmes ont plusieurs choses en commun : elles ont un âge respectable**, demeurent fascinées par l'éloquence publique et la réserve privée d'Hitler, le couvrent de cadeaux et d'argent, ne s'intéressent guère à ses idées politiques*** et lui portent un amour aussi maternel que platonique. Hitler appelle Carola Hofmann *Mutti*****, tandis que Frau Bechstein, appuyant la tête d'Adolf contre son opulente poitrine, lui caresse tendrement les cheveux en murmurant « *Mein Wölfchen*****[14] ». Quant à Elsa Bruckmann, elle couve tellement son protégé qu'elle n'invite plus jamais celles qui lui ont parlé trop longuement lors des réceptions[15] ! Toutes ces maîtresses femmes, qu'Hitler appellera ses « amies maternelles[16] », ont été baptisées moins respectueusement par son service d'ordre l'« escadron des bas à varices »...

Aux yeux de telles femmes, en tout cas, ce jeune Autrichien tour à tour timide et survolté représente le fils, le

---

* Qui n'est pas précisément une beauté, mais a suffisamment de présence d'esprit pour refuser.

** À l'exception de Winnifred Wagner, qui a vingt-sept ans et un époux résolument homosexuel.

*** Exceptée Viktoria von Dirksen, à qui l'entourage d'Hitler reprochera plutôt de s'y intéresser un peu trop.

**** « Maman ».

***** « Mon petit loup ».

gendre ou le mari idéal : il fait preuve d'une galanterie toute viennoise – baisemain, compliments et bouquets de fleurs inclus –, il ne boit pas, ne fume pas et semble indemne de toute contagion marxiste*. Les aspects plus sombres du personnage leur échappent manifestement, à moins qu'elles refusent d'en tenir compte. Étant libre de telles inhibitions, nous tenterons d'y voir plus clair. D'une part, l'entourage d'Hitler fait état très tôt d'un comportement étrange : invité chez un de ses acolytes, il profite de son absence momentanée pour se mettre à genoux devant sa conjointe et lui faire une déclaration passionnée, tout en se proclamant indigne d'elle. Parmi les dames ainsi « honorées », on trouve la femme d'un ancien pilote de course, Elizabeth Büchner, ainsi que l'épouse de Hermann Esser et celle d'Ernst Hanfstaengl, qui décrira ainsi le processus : « Alors que j'étais sorti pour appeler un taxi, il s'est mis à genoux devant ma femme, lui a avoué sa flamme, lui a dit qu'il était bien dommage qu'il ne l'ait pas rencontrée lorsqu'elle était encore libre, et s'est déclaré son esclave. Hélène l'a persuadé de se relever et, lorsqu'il est parti, elle m'a demandé ce qu'elle devait faire. Comme je savais qu'il avait déjà joué cette scène avec plusieurs autres femmes, je lui ai dit de l'ignorer et de traiter tout cela comme une aberration de la solitude[17]. » Hitler ne pourra s'empêcher de récidiver dans d'autres foyers, ce qui entraînera quelques complications avec des maris moins compréhensifs**.

Jusqu'en 1925, rien n'indique qu'Adolf Hitler ait eu avec le sexe faible des relations approchant la normale. Lors d'une réception à la veille du jour de l'an 1924, une jolie femme parvient à l'entraîner sous le gui pour l'embrasser. Le photographe Hoffmann interloqué racontera la

---

* La terreur du « rouge » est encore très présente dans la bourgeoisie et la haute société allemandes pendant toutes les années vingt.

** À commencer par Hermann Esser. La brouille qui en résulte explique qu'il n'aura jamais accès à des postes de responsabilité après la prise du pouvoir.

suite : « Je n'oublierai jamais l'expression d'étonnement et d'horreur qui s'est reflétée sur le visage d'Hitler ! [...] Il était déconcerté et désemparé comme un enfant, et il se mordait les lèvres pour tenter de maîtriser sa colère. Dès lors, l'atmosphère [...] est devenue presque glaciale[18]. » Mais à partir de 1925, le Führer de trente-sept ans semble tout de même s'intéresser aux demoiselles – ou plutôt aux adolescentes, qu'il considère comme « modelables comme de la cire[19] ». La première à bénéficier de ses attentions se nomme Ada Klein : à l'été de 1925, il l'invite dans le chalet *Wachenfeld* sur l'Obersalzberg, la couvre de compliments, lui donne des petits noms affectueux, lui précise qu'il « ne peut pas se marier »... et en reste là[20]. L'année suivante, il s'intéresse à une petite vendeuse d'à peine seize ans, Maria Reiter, qu'il appelle « *Mein Kind** », promène en Mercedes, tient par la main, emmène au cimetière et consent à embrasser – en lui soufflant qu'il « pourrait l'écraser sur-le-champ ». Mais après ces préliminaires... encourageants, il s'interrompt, lui avoue que sa « mission » l'empêche de fonder une famille, et repart pour Munich[21] ! La « relation » va durer un an, sans que l'on sache vraiment comment elle a évolué – sans doute aussi curieusement qu'elle a commencé, puisque Maria Reiter tentera peu après de mettre fin à ses jours.

Un an plus tard, Hitler s'intéresse à Henriette, dite « Henny », la fille du photographe Heinrich Hoffmann. Elle n'a pas encore dix-sept ans, et Otto Strasser, qui l'a visiblement bien connue, la décrira comme « une adolescente d'une rare beauté, une blonde, transparente, au corps d'éphèbe ». La suite est édifiante : « Hitler l'attira dans son intimité. Les petites filles sont rarement discrètes, et Mlle Hoffmann bavarda, tant et si bien que son père s'en vint un jour demander des explications au séducteur de Munich. [...] J'étais au courant des impossibilités d'Adolf ;

---

* « Mon enfant ».

j'avais, comme tous les initiés, entendu parler des exigences extravagantes auxquelles s'était prêtée Mlle Hoffmann[22]. » S'agissant des « impossibilités d'Adolf », on comprend aisément qu'il doit s'agir d'impuissance, ce dont nous trouverons bientôt d'amples confirmations. Mais qu'en est-il des « exigences extravagantes » ? Par décence, et sans doute par crainte de n'être pas cru, Otto Strasser n'en dit pas davantage, et l'agent de la Gestapo Hansjürgen Köhler n'est guère plus explicite lorsqu'il confirme qu'Hitler est affligé d'une « disposition sexuelle extrêmement malheureuse, qui pourrait passer pour une sorte de perversion, et qui exclut toute relation normale avec les femmes, [...] mais qu'il est impossible d'exposer en détail[23] ». Pour l'heure, nous ne serons donc pas plus avancés, mais dans l'intervalle, Hitler a jeté son dévolu sur une quatrième jeune fille, qui n'est autre que sa propre nièce...

On se souvient que la demi-sœur d'Hitler, Angela Raubal, devenue veuve en 1910, avait dû aller à Vienne pour y trouver un emploi et élever ses trois enfants, Leo, Angela et Elfriede. Or, lorsqu'en 1927, Hitler loue le chalet *Haus Wachenfeld* sur l'Obersalzberg, il fait venir sa demi-sœur pour tenir la maison. Celle-ci arrive donc en Bavière accompagnée de ses deux filles, dont l'aînée, Angela Maria, dite « Geli », âgée de dix-neuf ans, s'inscrit à la faculté de médecine de Munich. Elle n'y reste pas plus d'un semestre, et va ensuite prendre des cours de chant au studio Streck, dans la Gedonstrasse. L'endroit étant proche de l'appartement de neuf pièces qu'Hitler loue en 1929 sur la Prinzregentenplatz, elle emménage chez son oncle en novembre de cette même année. La suite est connue : Hitler s'attache à sa nièce*, lui achète de coûteux habits, se montre partout avec elle, semble jouir de son rôle de Pygmalion et fait pour la première fois à ses compagnons l'effet d'un amoureux transi.

---

* Sa demi-nièce, en réalité.

Personne ne paraît y trouver à redire, pas même la mère de Geli, mais il y a tout de même trois problèmes : la jeune nièce, qui a vingt ans de moins que son *Onkel Alf*, est éprise de liberté*, mais l'oncle amoureux est maladivement jaloux, il lui interdit de sortir seule et semble cette fois encore avoir quelques exigences particulières. Geli confie seulement à une amie : « C'est un monstre. Tu ne croirais jamais ce qu'il me fait faire[24]. » Elle s'en ouvre également à Otto Strasser, qui pourra écrire : « Sincèrement, j'avais cru alors que la fille du photographe était hystérique et mentait à plaisir. Mais Geli, dans l'ignorance complète de l'autre aventure de son oncle, me confirmait point par point ce que l'imagination d'un homme sain a de la peine à croire. […] Avec colère, dégoût, horreur, elle me conta les étranges propositions que lui faisait son oncle[25]. »

Konrad Heiden, à la fois témoin et historien de cette époque, nous fournira le chaînon manquant : « Au début de 1929, Hitler avait écrit à la jeune fille une lettre conçue en termes non équivoques. Dans cette lettre, l'oncle et amant se dévoilait entièrement ; il exprimait des sentiments qui ne pouvaient émaner que d'un homme aux penchants masochistes et coprophiles. […] Hitler avait laissé traîner la lettre, et elle était tombée aux mains du fils de sa logeuse, un certain docteur Rudolph. […] La lettre ne pouvait que compromettre Hitler et le rendre ridicule aux yeux du public[26]. » On ne saurait mieux dire, et en avril 1929, grâce à l'entremise du père Stempfle**, le trésorier du NSDAP Franz Xaver Schwarz parvient à racheter la missive – aux frais du parti, naturellement. Mais Schwarz n'est pas au bout de ses peines, ainsi que le relatera Ernst Hanfstaengl :

---

  * Et semble avoir eu plusieurs liaisons, dont une avec le chauffeur d'Hitler Emil Maurice – ce qui entraînera le renvoi et la disgrâce de ce dernier.

  ** On connaît le sort réservé au père Bernhard Stempfle cinq ans plus tard, et le fait qu'il ait pu lire cette lettre n'est peut-être pas étranger à sa disparition.

« Si je me souviens bien, c'était au tout début de 1930 [...].
Schwarz paraissait plutôt déprimé, et il me raconta ce qui
le tracassait. Il venait d'acheter le silence de quelqu'un qui
avait tenté de faire chanter Hitler, mais le pire de l'histoire,
c'était l'origine du chantage : d'une façon ou d'une autre,
cet homme était entré en possession d'un carton de dessins
pornographiques réalisés par Hitler. [...] Peut-être avait-il
été volé dans la voiture d'Hitler. Il s'agissait d'esquisses
intimes et dépravées de Geli Raubal, n'omettant aucun
détail anatomique – le genre de choses que seul un voyeur
pervers aurait pu coucher sur le papier. [...] Schwarz les
avait rachetées. "Juste Ciel, lui dis-je, pourquoi ne déchires-
tu pas ces ordures ?" "Non, répondit Schwarz, Hitler veut
les récupérer. Il m'a dit de les mettre dans le coffre-fort
de la Maison brune[27]." »

On commence donc à mieux cerner la question. Quant
à la fin de l'idylle, elle sera soudaine et tragique : au soir
du 18 septembre 1931, à la suite d'une violente querelle
avec son oncle*, Geli Raubal se tire une balle dans la
poitrine. Lorsque Hitler, alerté le lendemain matin, rentre
de Nuremberg, il est déjà trop tard : sa nièce est morte.
Hitler est atterré, et il ne s'en consolera jamais vraiment :
pour autant qu'on puisse en juger, il ne semble avoir eu
d'attachement véritable que pour sa mère et sa nièce**.
En attendant, grâce à l'aide de Goering, Strasser et Hess,
ainsi qu'à la complicité du ministre de la Justice bavarois Gürtner, le scandale est étouffé et les perspectives
politiques du Führer n'en sont pas affectées.

---

* La cause immédiate paraît avoir été le refus d'Hitler de la laisser
partir pour Vienne. D'après certains membres de la famille, elle y
aurait eu un amant, mais l'affaire est restée mystérieuse – tout comme
les circonstances du suicide lui-même.
** Sur l'insistance d'Hitler, les chambres de Geli dans l'appartement de la Prinzregentenplatz et dans le chalet de l'Obersalzberg
seront conservées en l'état, avec tous ses objets personnels, et le
Führer viendra s'y recueillir chaque année.

Pour diverses raisons, dont beaucoup tiennent à son emprisonnement en 1924 et à la propagande effrénée de son parti depuis 1925, Hitler est immensément populaire auprès des femmes allemandes bien avant la prise du pouvoir. Ses chauffeurs, son photographe, son responsable de presse, son ordonnance, ses secrétaires, son pilote et bien d'autres encore témoigneront unanimement du fait que le Führer faisait l'objet d'une sorte de culte très comparable à celui que connaîtront des décennies plus tard certaines vedettes de la chanson[28]. Magie du verbe ? Puissance de la publicité ? Besoin de rêver et d'idolâtrer ? Vulnérabilité aux mises en scène organisées par le parti et les SA ? Toujours est-il que lors des déplacements d'Hitler, d'innombrables jeunes filles surexcitées – et d'autres moins jeunes mais tout aussi passionnées – lui offrent des bouquets, s'efforcent de le toucher, lui remettent des billets enflammés, et vont jusqu'à se jeter sous les roues de sa voiture...

Voilà pourquoi, dès le printemps de 1929, la jeune Munichoise Eva Braun, dix-sept ans à peine et employée depuis peu au studio de photographie Hoffmann, considère avec quelque admiration l'étrange client de son patron : ce quadragénaire au fort accent autrichien ne paie pas vraiment de mine avec son manteau de cuir noir, son teint blafard, sa courte moustache plutôt ridicule et le fouet dont il ne se sépare jamais*, mais il semble n'avoir aucun problème d'argent**, roule en Mercedes à turbocompresseur, se fait accompagner de deux imposants gardes du corps en uniforme, et figure bien souvent à la une des journaux locaux... Comme toutes les jeunes filles de son âge, Eva se désintéresse complètement de la

---

* Trois de ses « amies maternelles » lui en ont offert un, et son préféré semble avoir été le modèle en cuir d'hippopotame ; jusqu'en 1940, il ne s'en séparera pratiquement jamais. (Son père en avait toujours eu un, et n'hésitait pas à s'en servir.)

** Les droits d'auteur de *Mein Kampf* lui rapportent chaque année des centaines de milliers de marks, et il est millionnaire après 1931.

politique, mais elle se passionne pour tout ce qui est à la mode ; or, dans la capitale bavaroise comme partout ailleurs, le nazisme et son chef représentent tout ce qui est nouveau, jeune, fort, dynamique et porteur d'avenir. Tout juste sortie de l'école catholique, sans expérience de la vie ni prétentions intellectuelles, cette jeune fille blonde, rêveuse et naïve est séduite par la galanterie toute viennoise de ce *Herr Wolf* au regard bleu magnétique, que son patron lui présente comme le futur sauveur de l'Allemagne. Il est vrai que le père d'Eva, Fritz Braun, l'a prévenue qu'il s'agissait d'un démagogue et d'un arriviste de la pire espèce, mais quelle jeune fille de dix-sept ans ne s'est jamais opposée à son père ? Bref, Eva Braun va progressivement tomber amoureuse, sans oser l'avouer à sa famille. Mais Hitler étant à l'époque entièrement absorbé par les échéances électorales et par son attirance pour sa nièce, il ne montre guère d'empressement à combler ses désirs – ce qui ne fait naturellement que les exacerber...

Il est peu probable qu'Eva Braun ait soupçonné l'existence de Geli avant le 18 septembre 1931, Hitler étant aussi peu communicatif sur ses affaires sentimentales que sur ses projets politiques. Mais après le suicide de la nièce idolâtrée, Eva croit son heure arrivée. De fait, après une assez longue période de deuil, Hitler se montre plus attentionné – toutes choses étant relatives par ailleurs : il lui offre des fleurs, mais ne cesse de répéter que sa seule épouse est l'Allemagne, et que la conquête du pouvoir est son unique horizon. Pourtant, Eva semble avoir pris exemple sur Geli pour retenir l'attention du bien-aimé trop souvent absent : sa coiffure, ses vêtements, sa démarche même, sont calqués sur ceux de la nièce tels qu'ils lui ont été rapportés[29]. Mais le 1er novembre 1932, la frustration aidant, Eva Braun pousse un peu trop loin l'imitation, en se tirant une balle dans la poitrine avec le pistolet de son père.

C'est le docteur Plate, beau-frère de Heinrich Hoffmann, qui opère Eva Braun. Hitler, alerté, se précipite

chez Hoffmann pour prendre des nouvelles et s'exclame :
« Comment a-t-elle pu faire une chose aussi absurde ? Il
n'y avait pourtant rien entre elle et moi[30] ! » En fait, la
blessure d'Eva n'étant que superficielle, sa convalescence
sera assez rapide et son but parfaitement atteint : politiquement, Hitler ne peut se permettre deux suicides dans son
entourage en moins de quinze mois, et il dit à Hoffmann :
« Désormais, il faut que je m'occupe d'elle. Cela ne doit
pas se reproduire[31]. » Il s'efforce bien de tenir parole, mais
lorsque surviennent les événements de janvier 1933 qui le
portent au pouvoir, le nouveau chancelier va résider le plus
souvent à Berlin, et ne faire à Munich que quelques visites
rapides, généralement à l'improviste. Entre l'incendie du
Reichstag et la Nuit des longs couteaux – en passant par
son voyage en Italie –, Hitler ne peut guère consacrer de
temps à Eva, et il néglige même de lui écrire ou de lui
téléphoner. À cela s'ajoute que le Führer ne semble toujours
pas être devenu un amant au sens habituel du terme : les
membres de son proche entourage, à commencer par la
secrétaire Christa Schroeder, le photogaphe et confident
Heinrich Hoffmann, l'attaché de presse Ernst Hanfstaengl,
l'ordonnance et factotum Julius Schaub et la logeuse Frau
Winter certifieront qu'il s'agissait d'une relation toute platonique[32]*. En outre, une inscription dans le journal d'Eva
Braun le 11 mars 1935 – « Je ne lui sers qu'à des fins
particulières**[33] » – laisse penser que la perversion d'Hitler

---

* Et le garde du corps Rochus Misch, resté au service du Führer
jusqu'en 1945 : « Je n'ai jamais observé la moindre manifestation
d'intimité entre Hitler et Eva. Mes camarades non plus. » (Misch,
Rochus, *Der Letzte Zeuge*, *op. cit.*, p. 110).

** « *Er braucht mich nur zu bestimmten Zwecken.* » On pourrait
interpréter cela comme signifiant qu'Hitler se sert d'elle comme d'un
faire-valoir en société, mais comme il évite justement de se montrer
en sa compagnie, ce n'est pas l'hypothèse la plus vraisemblable. (Il
s'agit naturellement du fragment de journal authentifié par sa sœur
Ilse Braun. Par contre, le *Journal intime d'Eva Braun*, présenté par
Douglas L. Hewlett, Editions du cheval ailé, Paris, 1948, est un faux

ne l'a pas quitté non plus. Deux mois et demi plus tard, en tout cas, la maîtresse délaissée avale vingt comprimés de somnifère pour sa seconde tentative de suicide.

Elle échoue de nouveau – ce qui était sans doute le but recherché –, mais l'effet produit dépassera cette fois toute espérance : Hitler va lui acheter une coquette petite maison dans la Wasserburgstrasse et mettre une Mercedes à sa disposition : elle n'aura plus besoin de travailler chez Hoffmann, et il ne se passera pratiquement plus un soir sans qu'il lui donne signe de vie. Mieux encore, il va lui faire aménager une chambre à côté de la sienne dans sa retraite sur l'Obersalzberg, l'ancienne *Haus Wachenfeld* bientôt transformée en Berghof à la suite de travaux pharaoniques. La demi-sœur Angela tente bien dès 1936 de pousser son frère à se séparer de la *blöde Kuh** qu'elle déteste cordialement, mais mal lui en prend, car Adolf la chasse séance tenante** ! Dès lors, Eva Braun s'installe presque à demeure au Berghof, avec ou sans Hitler. Mais celui-ci, qu'elle appelle bizarrement *Der Chef* ou *Mein Führer*[34], revient toujours se reposer dans son chalet alpin – où sa jeune compagne fait désormais figure de maîtresse de maison.

Adolf paraît satisfait de cet arrangement, et Eva a toutes raisons de l'être aussi : le Berghof est confortable, il y a une armée de serviteurs, de régisseurs et de cuisinières, les restrictions qui touchent le peuple allemand s'arrêtent au pied de la montagne, et Eva peut recevoir dignement ses amies comme ses deux sœurs***. Ainsi que le dira un membre

---

grossier, qui n'est malheureusement pas signalé comme tel dans les bibliothèques.)

* Qualificatif pratiquement intraduisible en français, mais littéralement : « vache idiote ».

** Angela Raubal va ensuite faire une cure à Bad Nauheim, où elle rencontre et épouse le professeur Martin Hammitzsch. Elle ne reverra son demi-frère que très rarement, et son époux mourra sur le front de l'Est en 1942.

*** Ilse, l'aînée, et Gretl, la cadette.

du personnel, Rochus Misch : « Elle était très joyeuse – en l'absence d'Hitler s'entend[35]. » Il y a tout de même quelques inconvénients, dont le principal est sans doute que ce couple est singulièrement mal assorti : Adolf est végétarien, ne fume pas, ne boit pas, ne fait pas de sport, méprise la danse, n'aime que les films de cow-boys ou de gangsters, déteste les femmes maquillées, ne lit que des ouvrages d'architecture ou de technique d'armement, n'apprécie que la musique d'opéra, s'habille n'importe comment et sort le moins possible de son repaire, sauf pour discourir et intriguer ; Eva, elle, ne dédaigne pas l'alcool, fume beaucoup, change de robes jusqu'à sept fois par jour, se maquille avec enthousiasme, se désintéresse résolument de la politique comme de l'architecture, ne lit que des magazines de mode et de cinéma, adore la danse, le ski, la natation, la photographie, la musique de jazz, les films romantiques, les fêtes, les voyages et tous les plaisirs de son âge. Ils aiment certes tous deux les chiens, mais pas les mêmes – et leurs chiens respectifs s'agressent impitoyablement*.

Les querelles avec les autres femmes de dignitaires sont à peine moins féroces : Magda Goebbels, Emmy Goering et Annelies von Ribbentrop ont le plus grand mépris pour la jeune Eva Braun, de sorte que le Führer finit par les écarter du Berghof**. Malgré tout, la maîtresse officieuse devra se contenter d'une existence très discrète dans l'ombre du Führer sur l'Obersalzberg, à Munich et lors de ses rares passages à Berlin – où elle logera à l'hôtel jusqu'en 1939. Comme le dira l'architecte Albert Speer : « Elle était bien consciente de sa position ambiguë à la cour d'Hitler[36]. »

---

* Les deux fox-terriers d'Eva, Negus et Stasi, haïssent Blondi, la chienne berger allemand d'Hitler.

** En revanche, elle s'entend bien avec les épouses de Speer, de Bormann, d'Esser et de Hess. Ses relations avec Bormann sont tendues, mais l'un comme l'autre s'abstiennent de déclencher les hostilités, de peur de s'attirer les foudres d'Hitler. Himmler est pour Eva un objet de répulsion, de sorte qu'Hitler évite de l'inviter au Berghof.

Il est vrai qu'officiellement, elle n'est qu'une secrétaire du Führer parmi d'autres, et pratiquement personne en Allemagne n'a entendu parler d'elle*. Hitler lui témoigne une affection superficielle et condescendante, accompagnée de certains propos de table aussi peu flatteurs que celui-ci : « Un homme hautement intelligent doit se choisir une femme primitive et stupide. Imaginez ce qui se passerait si en plus de tout, j'avais une femme qui me gênait dans mon travail[37]. » En outre, ce galant compagnon lui interdit toute apparition lors des réceptions publiques, et ne lui autorise les voyages que lorsqu'elle est dûment accompagnée. Un jour de grande déprime, elle avouera à l'épouse de Hermann Esser : « Je ne suis qu'une prisonnière** », et elle ajoutera cette confidence discrète mais révélatrice : « *Als Mann habe ich von ihm überhaupt nichts*[38] » – « De l'homme, je ne reçois absolument rien. »

Il est vrai que les deux « amants » occupent au Berghof des chambres séparées, et lorsqu'en 1942, le docteur Felix Kersten posera à Himmler la question des relations d'Hitler avec Eva Braun, le *Reichsführer* lui répondra sans hésiter : « Une amitié absolument platonique. » Et Kersten d'ajouter : « Après cela, il me donna quelques détails au sujet de cette étrange amitié. » Sans s'étendre sur ces détails, le bon docteur note la conclusion d'Himmler : « Eva Braun est un être pathétique et sexuellement frustré[39]. » Un dossier que lui donne à lire Himmler peut évidemment l'expliquer : « Il ressortait [...] de ses antécédents médicaux qu'Hitler souffrait d'impuissance depuis

---

* Il est intéressant de noter que le fonctionnaire de la Gestapo Hansjürgen Köhler, pourtant de service au Berghof à l'époque, ne semble pas conscient du rôle joué par Eva Braun dans l'entourage du Führer. Il en est de même pour Otto Wagener, qui ne voit en elle qu'une « petite assistante sans importance ».

** Au cameraman Walter Frenz, elle avait confié de même : « Je ne suis qu'une prisonnière dans une cage dorée » – mot pour mot ce qu'avait dit Geli Raubal cinq ans plus tôt !

des années, et se trouvait hors d'état d'avoir des relations sexuelles avec les femmes[40]. »

La liaison entre Eva et Adolf reste effectivement bien étrange, d'autant que ce dernier lui a dit : « Si tu devais un jour tomber amoureuse d'un autre homme, fais-le-moi savoir et je te rendrai ta liberté[41]. » Pourtant, Eva Braun n'y tient pas, et son intimité très limitée avec l'homme le plus célèbre d'Allemagne paraît lui suffire amplement.

Malgré tout, cette intimité ne semble pas exclusive, et c'est probablement ce qui chagrine le plus la très tolérante mais très jalouse Eva Braun. Alors qu'elle doit rester dans l'anonymat avec les quatre secrétaires d'Hitler, Goebbels proclame dans un discours officiel que « le Führer n'a pas de vie privée, car il se consacre entièrement au bien de son pays ». Mais ce même Führer s'affiche dans les réceptions officielles avec la « première dame » Emmy Goering*, ainsi qu'avec nombre de vedettes du cinéma, du théâtre, du ballet et de l'Opéra : Margarete « Gretl » Slezak, Manon Erfuhr, Doris Kreysler, Marlene Dietrich, Renate Müller, Magda Schneider**, Olga Tscheschova, Irma Beilke, Käthe Dorsch, Konstanze Nettesheim, Carola Höhn, Anny Ondra, Henny Porten, Dorothea Wieck, Hilde Körber, Jenny Jugo, les sœurs Höpfner et bien d'autres, qui trouvent dans une proximité affichée avec le maître du Reich l'occasion unique de promouvoir leur carrière. De fait, tout cela n'échappe pas aux photographes de presse, et les « amies » d'Eva Braun lui montrent perfidement tous les clichés qui lui auraient échappé.

Au vu de ces mondanités, Eva Braun peut imaginer certaines idylles torrides avec des créatures de rêve. Pourtant, la réalité est nettement plus prosaïque : s'il est vrai

---

* Ce rôle était dévolu en principe à Magda Goebbels, mais elle était trop maladive et trop souvent enceinte pour l'exercer pleinement.

** Magdalena Schneider, la mère de Romy Schneider, débutait alors sur la scène en jouant des rôles de soubrettes.

qu'Hitler est un admirateur galant qui invite ces dames à sa table avec une timidité de premier communiant, se confond en compliments et leur offre bouquets et cadeaux, son admiration est « purement esthétique[42] », et ses amourettes restent exclusivement déclamatoires. Hermann Rauschning, le président du sénat de Dantzig, devait écrire : « Je me rappelle un propos du gauleiter "Bubi" Forster, l'ami intime d'Hitler : "Ah ! Si seulement Hitler pouvait savoir combien il est agréable d'avoir dans les bras une belle fille toute fraîche ! Ce pauvre Hitler[43] !" » Mais à l'évidence, ce n'est pas au niveau des bras que se situe le problème, ainsi qu'en témoignera Ernst Hanfstaengl – entre beaucoup d'autres : « Il ne fait aucun doute qu'Hitler s'intéressait aux jolies femmes, et deux ou trois d'entre elles sont censées avoir bénéficié de ses faveurs particulières. Mais j'ai pu constater qu'aucune de celles-ci ne faisait davantage que hausser les épaules, soupirer et lever les yeux au ciel pour indiquer jusqu'où la relation avait été poussée. Il les appelait "sa princesse" ou "sa petite comtesse" et n'était pas avare de déclarations passionnées ; il ne reculait nullement devant les préliminaires, mais lorsqu'il s'agissait de conclure, ou [...] lorsqu'il était parvenu à éveiller l'intérêt de la femme et à obtenir son consentement à la perspective d'une consommation, il ne pouvait rien y faire[44]. » Ce que confirmera délicatement Baldur von Schirach en écrivant : « Il y avait dans les rapports d'Hitler avec les femmes à la fois une forte tension érotique et une inhibition sexuelle*[45]. » Du reste, l'intéressé lui-même l'avait pratiquement avoué à Otto Wagener en 1932 : « J'ai surmonté le besoin de posséder physiquement une femme[46]. »

Cette propension à présenter ses insuffisances en termes héroïques apparaît comme une constante chez Hitler, et de fait, certaines soupirantes en puissance comme Leni Riefen-

---

* Schirach précisera à cette occasion qu'Hitler n'était « pas en état » de rendre heureuse la femme qu'il aimait.

stahl, Gretl Slezak, Magda Goebbels, Inga Ley, Sigrid von Laffert, Unity Mitford et Martha Dodd* se sont heurtées à un mur lorsqu'elles ont entrepris d'achever la conquête du nouveau maître de l'Allemagne[47]. « C'était un admirateur plutôt qu'un amant ; pas un Don Juan, mais plutôt une bizarre espèce de moine[48] », constate le *Reichpressechef* Otto Dietrich. On oubliera sans doute le moine, mais ce rappel de l'étrangeté du personnage n'est pas inopportun ; nous savons en effet que l'impuissance n'est qu'un aspect du problème d'Hitler, ainsi que l'illustrera très clairement le collègue de Dietrich, Ernst Hanfstaengl : « À l'hôtel Kaiserhof, [...] Hitler jetait aux passantes un regard qui aurait été lubrique s'il avait été soutenu par quelque capacité à le traduire en actes. [...] D'un seul coup, il a repris son rôle tragique à la *Tannhäuser* : *"Mein lieber Hanfstaengl, j'ai cessé d'avoir une vie privée"*, a-t-il dit. De fait, rien n'indiquait que ses goûts soient devenus moins bizarres. C'est vers cette époque**, ou peut-être un peu plus tard, que les initiés du parti commençaient à parler de deux petites ballerines [...] qui sortaient parfois au petit matin de la chancellerie du Reich par une grille latérale. Elles étaient sœurs et ne se quittaient jamais, et les histoires qui circulaient sur leur compte ne semblaient pas indiquer qu'Hitler était devenu plus normal – bien au contraire. Plus tard, à peu près au moment de ma fuite***, Hitler avait pris goût au spectacle des danseuses de cabaret et des acrobates du music-hall La Scala****, et moins elles étaient vêtues, plus il

---

* La fille de l'ambassadeur des États-Unis William Dodd, qui a eu également des relations très agitées avec plusieurs dignitaires nazis. Unity Mitford, sœur de Diana et belle-sœur du leader fasciste anglais Oswald Mosley, était devenue une nazie convaincue et avait entrepris de payer de sa personne pour amener une entente entre la Grande-Bretagne et l'Allemagne. Eva Braun en était très jalouse – bien à tort, en l'occurrence.

** Le printemps de 1934.

*** Février 1937.

**** Ou du Metropol, comme en témoignera Albert Speer.

appréciait. Je devais rencontrer l'une d'elles durant mon exil à Londres, [...] et elle me confia en grimaçant : "Vous savez, votre monsieur Hitler n'est qu'un vieux voyeur[49]." »

Hanfstaengl pouvait difficilement l'ignorer, mais ce n'est là qu'un autre aspect anodin du problème. Les indices d'une perversion plus accentuée referont bientôt surface, même s'ils paraissent toujours aussi délicats à décrire : Hansjürgen Köhler, l'agent de Heydrich dont la tâche consistait à surveiller les gardes du corps d'Hitler, s'y essaiera à nouveau pendant son exil : « Il faut souligner que le Führer n'a rien d'un homosexuel. [...] Son anomalie sexuelle est de nature tout à fait différente. Il ne m'appartient pas de donner les détails de cette perversion plutôt rare, car en le faisant, je ne ferais que choquer le lecteur. [...] Ce sera à la profession médicale de se pencher plus tard sur le sujet[50]. » Mais pour l'heure, tout cela est dûment enregistré dans les redoutables dossiers du *Sicherheitsdienst* – comme en témoignera plus tard le général SS Walter Schellenberg : « Heydrich était informé des plus infimes détails de la vie privée d'Hitler. Il voyait tous les diagnostics établis par ses médecins, et savait tout de ses étranges penchants anormaux et pathologiques. J'ai moi-même vu quelques-uns de ces rapports lorsqu'ils ont été transférés au bureau d'Himmler*. [...] Ils montraient qu'Hitler avait cessé de penser en termes de cohabitation normale avec une femme[51]. »

Ce que peut être une cohabitation « anormale » est tragiquement illustré par la mésaventure de l'actrice Renate Müller, qui se confiera à son impresario Zeisler au lendemain d'une soirée passée à la chancellerie : « Elle était sûre qu'il allait lui faire l'amour ; ils s'étaient déshabillés et s'apprêtaient apparemment à gagner le lit, lorsque Hitler s'est laissé tomber au sol et l'a priée de lui donner

---

* Après la mort de Heydrich. Voir chapitre 3 : « Une boîte de scorpions ».

des coups de pied. Elle a refusé, mais il l'a suppliée, s'est déclaré indigne d'elle, s'est couvert d'opprobre et s'est mis à ramper de façon abjecte. La scène étant devenue intolérable, elle a fini par accéder à ses désirs et lui a donné un coup de pied. Cela l'a beaucoup excité, et il l'a suppliée de continuer, en répétant sans cesse qu'il n'en méritait pas tant et qu'il n'était pas digne d'être dans la même pièce qu'elle*[52]. » Il est inutile de poursuivre, le reste n'étant guère plus supportable – et de fait, Renate Müller se suicidera peu après, le 7 octobre 1937.

Tout cela paraît difficile à admettre, mais on se souviendra que le comportement franchement pathologique d'Hitler a déjà été signalé en termes analogues par Strasser, Rauschning, Hanfstaengl, von Schirach, Köhler, Heiden, Forster, Kersten et Schellenberg. Il est également indéniable que les tentatives de suicide se sont enchaînées chez neuf femmes ayant bénéficié des... attentions du Führer : Geli et Eva, bien sûr, mais aussi Maria Reiter, Suzi Liptauer, Martha Dodd, Unity Miford, Renate Müller, Gretl Slezak et Inga Ley[53]. Le cas d'Unity Mitford est certes particulier : elle s'est tiré une balle dans la tête le jour de la déclaration de guerre de sa patrie à l'Allemagne**. Mais il reste que neuf suicides – dont quatre réussis – chez les compagnes du Führer, c'est tout de même beaucoup***... D'autant que nous ne sommes encore qu'en septembre 1939, au moment où se déclenche la Seconde Guerre mondiale.

---

* Ce qui coïncide de façon frappante avec cette observation d'Ernst Hanfstaengl : « Impuissant mais doté d'une réserve considérable d'énergie nerveuse, Hitler devait soulager cette tension d'une façon ou d'une autre. Il était tour à tour sadique et masochiste. » (E. Hanfstaengl, *Hitler*, Arcade, New York, 1974, p. 124).

** Dans le cas d'Inga Ley, n'importe quelle compagne du très désaxé Robert Ley se serait sans doute suicidée. Mais celle-ci avait également fréquenté Hitler...

*** « Je ne porte pas chance aux femmes », dira Hitler à Heinrich Hoffmann – sans doute la litote de la décennie.

6

L'affaire Rudolf Hess

> « Rudolf Hess était un intellectuel et un artiste, un officier et un poète, beau garçon exalté et fidèle. Il se prit pour Hitler d'une admiration sentimentale qui ne devait jamais se démentir. Les mauvaises langues l'appelaient "Mademoiselle Hess", en raison de sa passion pour Adolf. Je crois personnellement que cet amour était absolument pur. »
>
> Otto Strasser

En dehors du décès de Napoléon, des méfaits de Jack l'Éventreur, de l'assassinat du président Kennedy et du 11 septembre 2001, aucune affaire n'a fait couler autant d'encre depuis un demi-siècle que l'envol de Rudolf Hess pour l'Écosse au soir du 10 mai 1941. Toutes les hypothèses sur cet événement rocambolesque ont été avancées, démontrées, démenties, modifiées, enjolivées, abandonnées et réintroduites sous diverses variantes, au milieu d'un aveuglant brouillard de révisionnisme*, de

---

* Au sens américain du terme, qui signifie faire table rase de toutes les connaissances acquises sur la question, pour introduire une théorie entièrement nouvelle. Ceci satisfait l'esprit pionnier des Américains, pour qui le nouveau est forcément meilleur. Après quelques années, la nouvelle théorie est généralement abandonnée au profit d'une autre, ce qui a l'avantage de faire vendre chaque fois beaucoup de papier.

conspirationnisme et de mercantilisme dans la plus pure tradition éditoriale anglo-saxonne*. Pourtant, en naviguant prudemment parmi les épais nuages de la fiction, il reste possible d'approcher au plus près la réalité des faits.

Rudolf Hess, déjà maintes fois croisé au cours des chapitres précédents, est né à Alexandrie en avril 1896, d'une mère suisse et d'un père bavarois devenu négociant dans l'import-export. Il passe en Égypte ses quatorze premières années – de son propre aveu les plus heureuses –, puis est envoyé en Allemagne et en Suisse pour y faire des études commerciales. Le jeune Rudolf est bien plus intéressé par les mathématiques et la technique que par le commerce[1], mais la Grande Guerre survient sur ces entrefaites et l'étudiant de dix-huit ans se porte immédiatement volontaire. D'abord enrôlé dans le 7ᵉ régiment d'artillerie bavarois, il est blessé à Douaumont en 1916 ; combattant ensuite sur le front roumain à l'été de 1917, il reçoit deux nouvelles blessures, dont une au poumon qui manque de l'emporter. Sans attendre la fin de sa convalescence, Hess s'engage dans l'aviation en mars 1918, mais il n'est affecté à une escadrille combattante qu'en octobre, un mois avant l'armistice.

Ce lieutenant de vingt-deux ans, idéaliste, patriote, remarquablement courageux et férocement antibolchevique, rejoint après la fin des hostilités le corps franc du colonel von Epp qui investit Munich le 2 mai 1919 pour renverser le pouvoir rouge de la *Räterepublik***. Une fois démobilisé, il s'inscrit à l'université de Munich pour y étudier l'économie et devient rapidement un disciple du

---

* La tâche est rendue plus complexe par le fait que plusieurs dossiers relatifs à cette affaire en Grande-Bretagne restent fermés jusqu'en 2017 – ce qui alimente naturellement les théories conspirationnistes.

** La République des Conseils, sous l'autorité despotique d'Ernst Toller, Eugen Leviné et Gustav Landauer. À cette époque, Hess est également membre de la *Thule Gesellschaft*, une société secrète nationaliste, antimarxiste et antisémite.

général Karl Haushofer, spécialiste de l'Extrême-Orient et l'un des pionniers de la géopolitique. Mais Hess, obnubilé comme beaucoup d'autres par la légende du coup de poignard dans le dos, est attiré par les nombreuses associations de vétérans et d'étudiants nationalistes de Munich, où il rencontre le poète Dietrich Eckart et le capitaine Ernst Roehm*. Tout comme eux, il est fasciné par les premiers discours d'un obscur caporal nommé Adolf Hitler, et il devient le seizième membre du NSDAP en juin 1920.

Rudolf Hess n'est pas un homme qui s'engage à moitié : délaissant quelque peu ses cours à l'université, il assiste à toutes les réunions du parti, devient membre du service d'ordre des SA, colle des affiches et distribue des tracts, avec l'aide d'une jeune étudiante nommée Ilse Pröhl qui deviendra sa femme. Toutefois, elle devra toujours le partager, car le jeune Rudolf Hess est définitivement tombé sous l'influence de l'agitateur autrichien qui veut effacer l'humiliation du traité de Versailles et rétablir la grandeur de l'Allemagne. C'est pourquoi on retrouve Hess aux côtés d'Hitler et de Goering dans la Bürgerbräukeller lors de la célèbre nuit du 8 novembre 1923 ; il y joue même un rôle essentiel, en arrêtant plusieurs ministres du gouvernement bavarois qu'il retient en otages, pendant que les autres conjurés entreprennent d'occuper les principaux points stratégiques de la ville. Mais on sait que l'entreprise échouera le lendemain devant la Feldherrnhalle, et Hess va devoir se réfugier en Autriche. Pourtant, ne pouvant rester longtemps séparé d'Hitler, il se constitue prisonnier en avril 1924, et une condamnation à dix-huit mois de détention lui permet d'aller rejoindre son idole à la forteresse de Landsberg.

Dans cette prison plutôt confortable, qu'Adolf Hitler appellera « mon université aux frais de l'État[2] », Hess

---

* À cette époque officier à l'état-major de Ritter von Epp, devenu général.

s'estime comblé de pouvoir partager le quotidien de l'homme qu'il s'est choisi pour maître. Avec tout l'enthousiasme de la jeunesse, il l'admire sans le moindre esprit critique et lui sert d'auditeur complaisant, d'assistant, de porte-parole, de secrétaire et de rédacteur. À ce titre, il va dactylographier lui-même (avec deux doigts) le manuscrit de *Mein Kampf* – et sans doute en inspirer la partie géopolitique, telle qu'il l'a comprise des enseignements du professeur Haushofer*. Pendant les huit mois que Hess et Hitler passent ensemble, il se crée entre eux une intimité certaine, que Hess va pousser jusqu'à la vénération**. Malgré tout, comme les autres détenus de Landsberg, il avouera plus tard n'avoir jamais compris les véritables ressorts de l'homme secret et solitaire auquel il a définitivement associé son destin[3].

Lorsque Hess est libéré au début de janvier 1925 – deux semaines seulement après Hitler –, il est résolu à poursuivre son association avec celui qu'il n'est pas loin de considérer comme le Messie. Le professeur Haushofer, qui a introduit le jeune étudiant dans sa famille, lui fait miroiter une brillante carrière universitaire, mais Rudolf Hess étant déjà un homme sous influence, il préfère devenir le secrétaire particulier d'Hitler, qui entreprend de reconstituer son parti. Il ne pourrait guère trouver de collaborateur plus zélé : Hess l'aide à terminer *Mein Kampf*, filtre soigneusement ses visiteurs et participe à

---

* Hitler lui-même n'en a retenu que ce qui coïncidait avec ses propres préjugés, notamment la théorie du *Lebensraum* (« espace vital »). Karl Haushofer déclarera plus tard qu'aucun des deux n'avait vraiment compris ce qu'était la géopolitique. De Rudolf Hess, le professeur Haushofer dira que « c'était un étudiant très attentif », mais que « sa force résidait moins dans son intelligence que dans son enthousiasme ».

** « [Hitler] est un homme d'une rare décence, plein de bonté, religieux et bon catholique. Il n'a qu'un but : le bien de son pays, et il se sacrifie pour cela avec une complète abnégation. » Il serait difficile d'aller plus loin dans la candeur.

créer au sein du parti l'image d'un dirigeant infaillible – qu'il va faire appeler « *Der Führer* », à l'imitation du *Duce* Mussolini. Durant ces premières années de la reconquête, il sert également de porte-parole, d'intermédiaire, de propagandiste, de garde du corps et d'interlocuteur passif, sur qui Hitler peut tester ses idées et ses effets oratoires. La passion de l'aviation ne l'ayant pas quitté, il emprunte 12 000 reichsmarks en 1930 pour acheter un petit avion* sur lequel il peint une svastika et la bannière du *Völkischer Beobachter* ; aux commandes de l'engin, il va survoler à basse altitude pendant des heures les rassemblements du *Reichsbanner* socialiste, pour y semer un maximum de perturbation[4]. C'est également par son intermédiaire qu'Adolf Hitler rencontre l'industriel Emil Kirdorf, puis Fritz Thyssen, et dès lors, le parti va disposer de ressources démesurément accrues, au moment précis où la crise économique et les échéances électorales lui donnent une occasion unique d'accéder au pouvoir. Enfin, Hess est l'homme de confiance par excellence : lors du suicide de Geli Raubal, il est présent pour soutenir le moral de l'oncle désespéré** et pour égarer au mieux les enquêteurs ; lors de la démission de Gregor Strasser en novembre 1932, Rudolf Hess reprend ses fonctions d'organisateur, avec le titre de « directeur de la Commission politique centrale ». Dans la Maison brune nouvellement acquise à Munich, il dispose désormais d'un spacieux bureau jouxtant celui d'Hitler***.

À la veille de la prise du pouvoir, cet homme de trente-six ans a fière allure : grand, mince, bien bâti, l'expression résolue du vétéran endurci, avec une petite lueur de fanatisme au fond de ses yeux gris-bleu, que surmonte

---

* À un constructeur encore obscur nommé Willi Messerschmitt.

** Avec Goering et Gregor Strasser, il fait sans doute partie de ceux qui l'ont empêché de se suicider à l'époque.

*** Ce qui n'a qu'une signification purement symbolique, Hitler n'utilisant pratiquement jamais son bureau.

une ligne continue de sourcils très épais. La chroniqueuse Bella Fromm lui trouve certes « un aspect quelque peu efféminé⁵ », mais les femmes mesurant 1,77 mètre, avec un menton carré, un nez de boxeur et des sourcils broussailleux sont plutôt rares à l'époque, et Bella Fromm n'est pas exactement une observatrice objective.

Au soir du 30 janvier 1933, alors que d'interminables cortèges défilent à la lueur des flambeaux devant la chancellerie du Reich, on peut voir à la fenêtre du premier étage la silhouette de Rudolf Hess, légèrement en retrait derrière Hitler et Goering. S'il n'apparaît pas dans le nouveau gouvernement, le secrétaire particulier du Führer et directeur de la Commission politique centrale se voit confier un poste stratégique : le *Verbindungsstab*, un organisme de liaison entre le parti et le gouvernement, dont la tâche essentielle est de faire pénétrer le parti nazi à tous les niveaux de l'administration régionale et nationale. Mais comme tous les autres dignitaires nazis, Hess va s'empresser d'élargir considérablement son fief : représentation des gauleiters, nomination des fonctionnaires, propagande du parti, renseignement en Allemagne et à l'étranger, relations avec les *Volksdeutsche** , supervision des universités, recherche généalogique, évaluation de la « santé héréditaire du peuple** », coordination des législations provinciales, censure des publications nationales, ainsi que la réception des plaintes émanant de citoyens spoliés par les SA, les gauleiters ou les profiteurs en tout genre. L'*Auslandsorganisation* de Bohle*** , la *Dienststelle* de Ribbentrop, la Commission de politique économique de Köhler, le service technique du NSDAP de Todt, l'Office de construction de Speer, le Bureau des finances

---

* Citoyens étrangers d'origine ethnique allemande.

** Qui organise et supervise les stérilisations de masse, puis l'euthanasie – ce que Hess ne peut ignorer.

*** Dont l'adjoint n'est autre qu'Alfred Hess, le frère de Rudolf.

et de la politique fiscale de Reinhardt, la section des affaires politico-culturelles de Bouhler, le service de renseignements de Pfeffer von Salomon, la Commission de contrôle du parti pour la protection des écrits nationaux-socialistes (PPK*) de Hederich, et même l'Office des questions aériennes de l'aviateur Croneiss lui sont tous initialement subordonnés ! Le 21 avril 1933, le chef de cet organisme tentaculaire installé à la Maison brune de Munich et dans un palais de la Wilhelmstrasse de Berlin est très officiellement nommé *Vertreter des Führers* – représentant du Führer –, habilité à le représenter pour toutes les affaires concernant le parti. Voilà qui en fait pratiquement le numéro deux du régime, avec bientôt les titres supplémentaires de Reichsleiter, ministre sans portefeuille, député au Reichstag et *Obergruppenführer* SS...

Il y a pourtant bien des failles derrière ces glorieuses apparences, ainsi que l'expliquera le ministre des Finances Lutz Schwerin von Krosigk : « En tant qu'unique ascète au sein des cercles dirigeants, [Hess] entretenait le culte de la modestie. [...] Se considérant comme le héraut du Führer, il se sentait obligé de s'effacer entièrement derrière lui. C'est ainsi que lors des manifestations du parti, il se présentait en simple chemise brune, sans insignes de grade ni décorations, et n'en était que plus remarquable à côté d'hommes comme Goering, au ramage bigarré d'oiseaux de paradis. En faisant de Hess son représentant personnel, Hitler avait distingué son plus fidèle paladin, [...] un homme à la vie personnelle irréprochable, auquel les intrigues étaient aussi étrangères que la vanité. Mais en le nommant à une fonction consistant à rassembler et à discipliner ses partisans, il créait davantage un vide qu'un centre de gravité. Avec Hess, pas de révoltes ni de combats, pas de jalousies mesquines ni de divisions, mais

---

* *Parteiamtliche Prüfungskommission zum Schutze des NS-Schrifttums.*

pas davantage de stimulation ou de discipline, là où elles se seraient pourtant imposées. Plus il se voyait conférer de responsabilités par Hitler, plus les frottements dans la machinerie de l'État se faisaient sentir. Hess était bien conscient des responsabilités qui lui incombaient, mais il n'avait ni les capacités ni l'énergie qu'exigeait sa fonction. C'est ainsi que tous les projets passant par ses services s'y enlisaient, et ce n'était pas chose facile que de les débloquer*. Sa réserve le rendait dépendant de membres plus assurés de son service, parmi lesquels Bormann ne tarda pas à jouer un rôle croissant[6]. »

De fait, le secrétaire Martin Bormann, ancien fermier râblé au cou de taureau, est un personnage grossier, inculte, intrigant et arriviste, auquel Hess laisse une liberté d'action pratiquement illimitée – ce qu'il aura bientôt l'occasion de regretter. Mais là ne s'arrêtent pas les faiblesses du premier représentant d'Hitler, et l'on retrouve souvent les mêmes expressions dans les jugements portés par son entourage ou ses relations passagères : « Bienveillant, mais faible et rêveur, sans la moindre personnalité[7] », dira Hans Frank ; « Le plus grand idéaliste d'Allemagne, de nature très modérée, [...], il se montrait rarement en public[8] », selon le gauleiter Ernst Bohle ; et à en croire sa secrétaire, Hildegard Fath, « il était *trop* bon, et il s'imaginait que tout le monde était aussi droit et honnête que lui[9] ». D'après son aide de camp Leitgen, il était « très instable, nerveux, sensible et pensif ; prudent et besogneux, [...] c'était un ardent idéaliste qui évitait les réalités[10] ». Baldur von Schirach le considérait seulement comme « lourd et distrait[11] », Ernst Hanfstaengl comme « un introverti maussade, jaloux et soupçonneux vis-à-vis de ceux qui

---

* En fait, il finit généralement, après une longue étude, par transmettre les dossiers à d'autres instances – qui ne sont pas nécessairement les plus compétentes. Ayant tendance à tout promettre à chacun, il finit par ne rien faire, de peur de déplaire à tous.

approchaient Hitler de trop près[12] », mais pour Albert Speer, il était surtout « trop sensible, trop réceptif, trop instable, sans aucune des qualités nécessaires pour s'affirmer au milieu d'un marécage d'intrigues et de luttes pour le pouvoir[13] » ; le secrétaire parlementaire au ministère de la Santé britannique Geoffrey Shakespeare, qui le rencontrait fréquemment dans un sanatorium bavarois, en fera la description suivante : « Personnage aimable et non dénué de charme, un courage superbe [...]. Il est entièrement dévoué à Hitler, qui est son Dieu. Pas de grandes capacités intellectuelles, une étrange veine de mysticisme, [...] avec une physionomie et un regard me paraissant être ceux d'un déséquilibré[14]. » « Il était difficile de savoir, ajoutera le secrétaire d'État von Weizsäcker, si son regard rêveur reflétait de la compréhension, de l'opposition ou bien un vide complet[15]. » Et le ministre Schwerin von Krosigk de préciser : « Lorsqu'on s'adressait à lui, il donnait souvent l'impression de descendre d'une autre planète et de ne reprendre pied sur terre qu'avec difficulté. Hess vivait en partie dans l'irréel, il croyait à l'interprétation des rêves, aux prophéties et à l'astrologie, [...] et en était influencé[16]. » Le professeur von Müllern-Schönhausen pourra même écrire que Hess « n'aurait nullement été surpris de voir Lohengrin ou l'archange Gabriel lui apparaître, porteurs d'un message de la part du Maître de l'au-delà[17] ».

Les avis sont donc remarquablement concordants, mais ils omettent un autre aspect essentiel du personnage : l'ascétique, mystique, incorruptible et besogneux Rudolf Hess, qui se veut l'« interprète d'Hitler[18] » et gère tant bien que mal son empire protéiforme*, a en outre de gros problèmes de santé, auxquels ses cinq blessures de guerre et son surmenage ne sont sans doute pas

---

* Comme la plupart des hauts dignitaires nazis, Hess est plus doué pour agrandir son empire que pour l'administrer.

étrangers. Ses douleurs paraissent se concentrer autour
de la vésicule biliaire, et la médecine traditionnelle ne
pouvant lui apporter aucun soulagement, il se tourne
vers des diététiciens, des physiothérapeutes, des homéo-
pathes, des guérisseurs, des magnétiseurs, des hypnoti-
seurs, des chiropracteurs, des naturopathes, des sourciers,
des iridologues, des astrologues, des cosmobiologistes et
autres practiciens plus exotiques encore. En fait, plus
ils s'éloignent du domaine scientifique, plus ils trouvent
auprès de Hess une oreille attentive*.

Si tout cela n'a pas empêché Hitler de choisir un tel
personnage comme représentant personnel et successeur
présomptif, c'est qu'il tient compte avant tout de la fidélité à sa personne, et à cet égard, Rudolf Hess est sans
égal. Du reste, si réservé et maladif soit-il, l'ancien pilote
de la Grande Guerre est capable d'exploits surprenants :
en 1934, il se classe bon premier dans le raid aérien
autour du Zugspitze, aux commandes d'un Messerschmitt
Bf 109. Même revenu sur terre, il peut faire preuve d'initiatives foudroyantes lorsque son sens moral est heurté
par quelque malhonnêteté ou injustice majeure. Ainsi, il
n'hésite pas à user de son influence pour protéger de
la Gestapo la famille de son ancien maître Haushofer,
dont l'épouse est à moitié juive ; il intervient pour faire
réprimer les excès des SA, parfois avec succès ; il fait
émigrer en Angleterre l'ancien chancelier Brüning, deux
semaines seulement avant la Nuit des longs couteaux qui
lui aurait été fatale ; il soutient les démarches de l'amiral
Raeder en faveur d'officiers de marine dont l'ascendance
n'est pas purement aryenne ; il reçoit *ex officio* les plaintes
des humbles victimes de l'arbitraire des « petits Hitlers »

---

* Son médecin le trouvera un jour allongé sous un gros aimant
suspendu au plafond, avec douze autres aimants sous le lit, « pour
évacuer les mauvaises substances et lui donner des forces ». En fait,
il a un ulcère duodénal, qu'il gardera pendant trente-cinq ans…

du parti, et s'efforce d'y faire droit ou de les soumettre à la chancellerie*. L'aide de camp du Führer Fritz Wiedemann, manifestement étonné de trouver parmi les dirigeants nazis « un homme intègre », se souviendra que « lorsque Hess a appris qu'à Munich, les marchands de lait et de pain purement aryens ne voulaient plus vendre d'aliments aux Juifs, il est intervenu pour y mettre un terme[19] ». Enfin et surtout, il y a cette directive n° 174/38 émanant du cabinet de Hess et adressée à tous les gauleiters le 10 novembre 1938, lors de la Nuit de cristal : « Pour action immédiate : sur ordre spécifique émis au plus haut niveau, il ne doit y avoir absolument aucun attentat par le feu contre les commerces juifs et assimilés, quelles que soient les circonstances[20]. »

Pourtant, comme tous les autres dignitaires du régime, Hess n'est généralement que la voix de son maître : le 8 juillet 1934, dans un discours prononcé à Königsberg, il justifie les massacres de la Nuit des longs couteaux, car « pour le peuple allemand, la question était d'être ou de ne pas être », et l'on avait dû « procéder à une décimation sans se poser un instant la question de savoir si chaque homme était individuellement coupable ou non »[21]. Ses interventions publiques pour condamner les Juifs et les bolcheviks ne se comptent plus, et dès l'année suivante, il appose sa signature aux lois de Nuremberg. Enfin, aucun des débordements ultérieurs du régime, depuis les emprisonnements arbitraires jusqu'à l'invasion de la Tchécoslovaquie, ne provoquera la moindre objection de sa part, tant il redoute de susciter le déplaisir de son seigneur et maître.

C'est malgré tout ce qui va se produire, lentement mais inexorablement ; d'une part, la réserve, l'effacement, l'incorruptibilité et le train de vie résolument modeste de Rudolf Hess ne correspondent pas à l'image que se

---

* D'où le surnom de « Mur des Lamentations » qu'il s'est lui-même attribué.

fait Hitler de l'homme national-socialiste dur, arriviste, agressif et sans scrupules, sur le modèle de Goering, Ley, Bormann ou Ribbentrop ; d'autre part, le Führer est ainsi fait qu'il déteste les « défaitistes » porteurs de mauvaises nouvelles ou de problèmes délicats à résoudre : « Goering, déclare-t-il, a une façon stimulante de présenter les choses. Avec Hess, toute conversation devient une épreuve insupportable ; il vient toujours me soumettre des questions désagréables et ne me lâche plus[22]. » À cela s'ajoute que ces « questions désagréables » concernent les affaires du parti, dont Hitler se désintéresse rapidement après son arrivée au pouvoir : « Il se disait trop absorbé par les affaires d'État pour leur consacrer plus de temps[23] », se souviendra son *Reichpressechef* Otto Dietrich. Il y a aussi des raisons apparemment plus triviales à l'ostracisme dont souffre Hess, mais elles ont pour Hitler une importance démesurée : d'une part, le Führer affiche un mépris certain pour l'astrologie et l'occultisme qui rythment le quotidien de Hess[24] ; d'autre part il est scandalisé par son manque de goût en matière d'architecture, ainsi qu'en témoignera Albert Speer : « Lors d'une visite au QG berlinois de Hess, [...] Hitler avait vu un escalier peint en rouge vif et un ameublement nettement plus simple et austère que le style de paquebot transatlantique qu'il affectionnait, tout comme les autres dirigeants du Reich. De retour à la chancellerie, il avait vivement critiqué le manque de goût de son représentant : "Hess n'a aucun sens artistique. Je ne lui laisserai jamais construire quelque chose de nouveau. [...] Il n'y connaît rien du tout." Une telle critique à l'égard du jugement esthétique de quelqu'un pouvait parfois signifier la fin d'une carrière, et dans le cas de Rudolf Hess, c'est bien ainsi que tout l'entourage l'avait interprété. Mais Hitler lui-même ne l'a guère fait sentir à Hess ; seule l'attitude désormais réservée des courtisans à son égard pouvait lui faire comprendre que sa cote à la cour venait de baisser considérablement[25]. » De fait, Hitler avait déclaré peu de temps auparavant devant sa secrétaire Christa Schroeder : « J'espère seulement qu'il ne me succédera jamais, car je ne sais pas si je le regretterais davantage pour Hess ou pour le parti[26]. »

On ignore si de bonnes âmes ont répété ces paroles à l'intéressé, mais ayant rapidement perçu sa perte d'influence à la chancellerie et l'inexorable déclin de ses capacités d'action dans le pays, il s'en est ouvert à son médecin dès 1937 : « Il était préoccupé, dira le docteur Ludwig Schmitt, par le fait que Bormann et Ley sapaient sa position auprès d'Hitler ; il m'a laissé entendre que ses deux puissants subordonnés détournaient les fonds issus des ventes de *Mein Kampf* et les dividendes de la Volkswagen – mais il était hors d'état d'agir contre l'un et l'autre*[27]. » Se voulant à la fois conscience du parti et premier paladin du Führer, Rudolf Hess souffre autant de son impuissance face au comportement délictueux des gauleiters** que de sa brutale perte de prestige aux yeux d'Hitler. Tout cela n'est nullement compensé par l'attribution officielle à Hess des titres de « membre du cabinet secret » en 1938 et « membre du Conseil des ministres pour la Défense du Reich » un an plus tard : dans l'Allemagne d'Hitler, un ministre, avec ou sans portefeuille, n'a guère de pouvoirs, et les divers cabinets et Conseils – secrets ou non – ne se réunissent pratiquement jamais.

Dès lors, le fidèle adjoint du Führer ne peut qu'attendre dans l'ombre l'occasion de se mettre en valeur aux yeux de son Führer. Il lui est impossible de faire concurrence à Goering, Himmler ou Goebbels, la nature

---

* Devant ce médecin, Hess exprimera également des remords d'avoir demandé l'exécution de Roehm en 1934.

** Malgré tous ses efforts, il n'obtient pas même la destitution du gauleiter Streicher, dont les exactions sont pourtant considérées comme excessives même par la hiérarchie nazie. Seul Goering aura l'autorité suffisante pour provoquer sa chute en 1940.

l'ayant privé à la fois de la forfanterie rubiconde, de la cruauté méthodique et de l'éloquence diabolique de ces trois sinistres personnages. Toutefois, il reste la politique étrangère, devenue au début de 1938 le fief de Joachim von Ribbentrop, l'ancien représentant en champagne et ambassadeur à Londres ; il est aussi inculte que vaniteux, et beaucoup le considèrent comme bien trop stupide pour représenter dignement le Reich face au vaste monde...

Rudolf Hess est naturellement de ceux-là. Mais ce qui le heurte avant tout, c'est moins l'incompétence manifeste du personnage que son anglophobie pathologique, qui menace de précipiter l'Allemagne dans une nouvelle conflagration mondiale. En tant qu'ancien *Auslandsdeutscher** né à Alexandrie, Hess connaît-il beaucoup mieux que ses comparses la Grande-Bretagne et son Empire ? Nullement : il parle mal l'anglais, ne sait pas grand-chose des Britanniques et ignore tout de leurs institutions. Mais entre 1924 et 1932, il a été le plus proche compagnon d'Hitler, dont il connaît mieux que quiconque les convictions et les préjugés. Parmi ceux-ci, il y a bien sûr l'antibolchevisme fanatique, l'antisémitisme pathologique et les folles ambitions de conquête d'un espace vital à l'Est**. Mais parce que Hess a participé si étroitement à la rédaction de ses livres et entendu pendant tant d'années les monologues d'Hitler, il ne peut ignorer que le Führer est également un anglophile aussi frustré qu'impénitent. N'écrivait-il pas déjà dans *Mein Kampf* : « L'Angleterre et l'Italie sont les deux seuls États en Europe avec lesquels il est possible et souhaitable de forger une étroite relation[28] » ? En 1925, il confiait à Lüdecke : « Je pense que pour l'avenir lointain, nos projets mondiaux nécessitent la participation de l'Angleterre,

---

* Allemand de l'étranger.
** En partie dérivées d'une interprétation très personnelle des théories géopolitiques du professeur Haushofer.

davantage que celle de n'importe quel autre pays[29]. » Et l'année suivante, devant ses plus proches collaborateurs : « Je ne souhaite pas que la couronne de l'Empire britannique perde une seule de ses perles. Ce serait une catastrophe pour l'humanité[30]. » Dans la suite de *Mein Kampf*, dictée en 1928*, on peut également lire : « Il n'y a aucune raison pour que se perpétue l'animosité anglaise envers l'Allemagne. [...] Si l'Allemagne mène à bien une réorientation politique fondamentale qui n'entre plus en conflit avec les intérêts maritimes et commerciaux fondamentaux de l'Angleterre, mais se limite plutôt à des buts continentaux, alors il n'y aura plus de raisons logiques à l'hostilité de l'Angleterre[31]. »

Une fois parvenu au pouvoir, Hitler ne dit pas autre chose ; en 1934, il confie à Hermann Rauschning : « L'Angleterre a besoin d'une Allemagne forte. [...] Je ferai tout ce qu'il faudra pour empêcher une coalition anglo-française. Si je réussis à mettre de mon côté l'Angleterre et l'Italie, la première partie de notre plan de conquête sera beaucoup plus facile à réaliser[32]. » Et l'année suivante, après la conclusion de l'accord naval anglo-allemand, Hitler déclare à l'historien britannique Arnold Toynbee : « L'Angleterre est à mes yeux une puissance mondiale parfaitement reconnue, et même réellement admirée. [...] Grâce à l'accord naval, j'ai renoncé pour toujours, au nom du peuple allemand, à toute prétention du Reich à rivaliser sur mer avec l'Angleterre. Mais en échange, celle-ci doit m'aider en Europe. [...] L'Angleterre doit reconnaître le droit de l'Allemagne à régler ses affaires vitales légitimes en Europe[33]. »

Il reste naturellement à en convaincre la perfide Albion elle-même ; c'est pourquoi d'innombrables personnalités britanniques sont invitées à Berlin, Nuremberg, Munich et Carinhall au cours des années qui suivent : Leo Amery, lord

---

* Et qui ne sera publiée que trente ans plus tard, en 1958.

Londonderry, Lloyd George, lord Halifax, Tom Jones*, Samuel Hoare, John Simon, lord Beaverbrook, Harold Balfour, Anthony Eden, lord Rothermere, le duc de Windsor et bien d'autres encore. Tous entendent le même « disque de phonographe », selon l'expression de l'interprète Paul Schmidt, et certains y prêtent une oreille complaisante. Parallèlement, on invite des officiers supérieurs britanniques pour leur faire entendre le même refrain, et les impressionner en leur montrant les progrès du réarmement allemand. Les confidences faites à ces militaires par le secrétaire d'État à l'Air Milch, le maréchal Goering et le général von Reichenau sont parfois étourdissantes : Milch répond à toutes les questions des aviateurs britanniques avec une franchise désarmante, au motif que « nous avons un ennemi commun, le bolchevisme[34] ». Goering déclare à l'ancien attaché de l'Air Malcolm Christie qu'il « espère que la Grande-Bretagne laissera à l'Allemagne les mains libres à l'Est pour régler la question russe et trouver de l'"espace vital"[35] ». Quant à von Reichenau, il expose au major Winterbotham, du MI6, les détails de la future *Blitzkrieg*, ainsi qu'un plan d'attaque en trident contre l'URSS qui se révélera extraordinairement similaire au déroulement de *Barbarossa* sept ans plus tard[36] ! Du reste, le major Winterbotham est également reçu à la chancellerie par le Führer en personne – une entrevue mémorable, qu'il décrira en ces termes : « La voix d'Hitler s'est durcie lorsqu'il a déclaré : "Si nous ne détruisons pas les communistes, ce sont eux qui nous détruiront." [...] Lorsque je lui ai dit que la question du communisme lui tenait manifestement très à cœur, il s'est levé et je n'ai pu m'empêcher de remarquer que ses yeux, déjà exorbités, paraissaient sortir encore un peu plus de leurs orbites. Il semblait être devenu quelqu'un d'autre. J'ai vu sa petite moustache se hérisser et sa nuque devenir écarlate. Après

---

* Le secrétaire particulier du Premier ministre Stanley Baldwin.

quoi il s'est mis à lancer en rafales des phrases courtes et saccadées, en hurlant comme s'il se trouvait devant un vaste auditoire, et pendant trois minutes entières, il a déversé toute sa bile contre le communisme. Je n'avais jamais vu une prestation aussi extraordinaire. [...] Tout cela m'a semblé si risible que je me suis surpris à sourire. Le regard d'Hitler s'est abaissé vers moi, et d'un seul coup, il est redevenu parfaitement normal, ses yeux ont cessé de saillir, il m'a souri à son tour et a repris d'une voix tout à fait normale : "Voilà ce que je pense des Russes et de ce qu'il faut leur faire*." Et il a ajouté, en posant un doigt sur son nez : "S'il vous plaît, dites à vos politiciens anglais de ne pas y fourrer leur nez – pour une fois !"[37]. »

On voit donc qu'il ne s'agit pas vraiment d'une anglophilie sentimentale, mais bien de l'aspiration véhémente à une alliance militaire, ou du moins à une neutralité bienveillante de la part des Britanniques. Le partage lui paraît équitable : la vaste mer pour le Royaume-Uni et son Empire, la terre ferme en Europe centrale et en Russie pour le grand Reich allemand. Rudolf Hess semble trouver naturelle cette approche férocement conquérante, pourtant digne d'un autre âge ; c'est qu'à ses yeux, Hitler est infaillible, et lui-même est resté fanatiquement anti-bolchevique. Malgré tout, huit années de déclarations anglophiles de la part de son maître ne peuvent manquer de laisser des traces... En outre, il y a au sein du Reich des personnalités qui ont une conception moins expansionniste des relations anglo-allemandes : on en trouve au ministère des Affaires étrangères, à la chancellerie, au ministère de la Guerre, à l'Amirauté, au ministère de l'Air, à l'Abwehr, au ministère des Finances, et même dans la

---

* On remarquera que cette relation correspond de façon frappante à celle faite par Hermann Rauschning d'une de ses propres entrevues avec Hitler à la même époque. (Voir chapitre 3 : « Une boîte de scorpions ».) Tous deux ont manifestement eu affaire au même personnage.

SS de Heinrich Himmler ! Plus près de Rudolf Hess, il y a Albrecht, le fils de son mentor Karl Haushofer ; c'est un brillant universitaire, spécialiste du monde anglo-saxon et de l'Extrême-Orient, qui enseigne la géographie et la géopolitique à l'École supérieure d'études politiques de Berlin, écrit des articles dans le *Zeitschrift für Geopolitik* édité par son père, et s'est acquitté de missions diplomatiques en Chine, au Japon et en Grande-Bretagne pour le compte de la *Dienststelle* de Ribbentrop*. Or, Albrecht Haushofer, resté le protégé de Rudolf Hess** et un de ses agents de renseignements, est loin d'être un nazi convaincu ; plus encore, il est très proche dès 1934 de l'opposition secrète à Hitler***.

Lors des Jeux olympiques de 1936 à Berlin, Albrecht Haushofer rencontre parmi les membres de la délégation britannique un certain Douglas, marquis de Clydesdale et futur duc d'Hamilton ; ancien étudiant d'Oxford, champion d'Écosse de boxe poids moyen, député de la circonscription écossaise d'East Renfrew, le « marquis volant » est surtout un aviateur passionné – le premier à avoir survolé l'Everest –, et il est commandant d'escadre de réserve dans la RAF. Albrecht Haushofer, avec qui il sympathise aussitôt, le présente à Goering, qui charge Milch de lui faire visiter quelques installations de la Luftwaffe et de répondre à toutes ses questions. Mais même après les Jeux olympiques, l'anglophile Haushofer et le germanophile Clydesdale poursuivent leurs relations et se lient d'amitié ; durant l'année 1937, ils se rendent

---

* L'organisme qui doublait le ministère des Affaires étrangères jusqu'au début de 1938.

** Une protection toujours indispensable, du fait de ses ascendances juives.

*** Comprenant entre autres à l'époque le ministre des Finances de Prusse Popitz, le chef d'état-major Beck, le diplomate von Hassel et l'ancien fonctionnaire de la Gestapo Gisevius. Mais cette opposition est loin d'être structurée.

mutuellement visite, Albrecht séjournant au domicile de l'aviateur écossais à Dungavel House, au sud de Glasgow. Douglas n'ignore pas qu'Albrecht est un agent de Hess, et Albrecht doit se douter que son ami le « marquis volant » travaille à l'occasion pour les services de renseignements de l'aviation britannique. Mais au fond, ils poursuivent tous deux le même but, qui est très différent de celui des nazis : une entente anglo-allemande conduisant à la paix plutôt qu'à la guerre...

Du fait de leur passion commune pour les exploits aériens, le marquis de Clydesdale et le représentant du Führer Rudolf Hess auraient pu sympathiser lors des Jeux olympiques, mais sans doute à cause de la réserve quasiment maladive de Hess, il n'y a pas eu de véritable rencontre entre les deux hommes : « Il est inexact, affirmera Hess trente-cinq ans plus tard, de dire que je connaissais le duc d'Hamilton. Je ne l'avais jamais rencontré, je n'avais jamais dîné avec lui. Si nous nous sommes trouvés dans la même salle pendant les Jeux olympiques de Berlin, nous ne nous sommes jamais parlé[38]. » Dès lors, Hess ne connaît vraiment le futur duc d'Hamilton que par les rapports que lui fait son agent Albrecht Haushofer. Encore ces rapports seront-ils quelque peu édulcorés, car Albrecht n'ignore pas que le chef du parti et *Stellvertreter* Hess reste d'une loyauté aveugle à l'égard d'Hitler. Malgré cela, Hess est de plus en plus ostracisé dans l'entourage du Führer, et les grandes réunions stratégiques au cours desquelles Hitler commence à dévoiler ses projets se tiennent en son absence – à commencer par celle du 5 novembre 1937, qui marque un tournant décisif dans la stratégie du Führer : il y annonce entre autres sa « décision irrévocable de résoudre le problème de l'espace vital allemand au plus tard entre 1943 et 1945 », en précisant que la première tâche consistera à « faire tomber simultanément la Tchécoslovaquie et l'Autriche ». Toutefois, il reste convaincu que « les difficultés de l'Empire britannique et la perspective d'être à nouveau entraîné dans une guerre européenne prolongée contribueront de façon décisive à empêcher l'Angleterre de participer à une guerre contre l'Allemagne[39] ».

On sait que le Führer va choisir d'accélérer la cadence. En 1938, les coups de force se succèdent : Anschluss, puis occupation des Sudètes après la sinistre comédie de Munich, qui renforce Hitler dans ses convictions : ni les Britanniques ni les Français ne risqueront une guerre pour contrecarrer ses projets. L'entrée à Prague de la Wehrmacht en mai 1939, sans la moindre réaction militaire de la part de Londres ou de Paris, achève de convaincre Hitler qu'il a « affaire à des nullités », et qu'il peut sans risques passer à l'étape suivante : l'attaque de la Pologne. Ribbentrop, son expert en politique étrangère, certifie que les Britanniques ne déclareront jamais une guerre pour la Pologne, et Hitler a la faiblesse de le croire – principalement parce que cela coïncide avec ses propres préjugés. C'est au milieu du mois d'août que le major von Lossberg, de l'OKW, se rend pour la première fois dans la demeure d'Hitler à Munich, en compagnie du général Keitel. Le Führer leur parle de la Pologne, « dont l'attitude se raidit de plus en plus, et qui multiplie les empiètements contre les Allemands, ce qui est uniquement dû au soutien accordé aux Polonais par l'Angleterre ». À ce stade, note von Lossberg, Hitler a commencé à s'énerver : « Il s'est mis à gesticuler, en frappant du poing sur la table et en s'écriant : "En tant que Führer du Grand Reich allemand, je ne suis pas disposé à tolérer longtemps de tels procédés. [...]. J'ai rencontré à Munich Chamberlain, l'homme au parapluie, ainsi que Herr Daladier. Ils ne pourront pas m'empêcher de régler la question polonaise. Les commères des salons de thé londoniens et parisiens vont devoir se tenir tranquilles cette fois encore. [...] S'il y a une guerre, elle restera limitée à la Pologne. Ce plan *Weiss* ne débouchera jamais, jamais, jamais sur une guerre mondiale[40]." »

D'autres en sont beaucoup moins convaincus : avec ou sans l'assentiment du Führer, le maréchal Goering, l'amiral Canaris, le secrétaire d'État von Weizsäcker et les frères Kordt tentent séparément d'interrompre la course à l'abîme*. Mais à l'insu de tous les autres – et très probablement de Rudolf Hess lui-même –, il y a un cinquième personnage qui tente d'avertir les Britanniques avant qu'il ne soit trop tard : c'est Albrecht Haushofer. Le 16 juillet 1939, il a écrit à son ami Douglas, marquis de Clydesdale, une lettre assez explicite pour le prévenir que « le grand homme du régime n'est pas près de ralentir », et qu'« il n'y a pas encore d'échéance ferme pour le déclenchement de l'explosion proprement dite, mais la date fatidique peut survenir n'importe quand après le milieu du mois d'août. Pour le moment, ils veulent éviter la "grande guerre", mais l'homme de qui tout dépend espère toujours pouvoir s'en tirer avec une "guerre localisée"** »[41]. Comme une telle lettre n'aurait pas échappé à la censure allemande – avec pour son auteur des conséquences prévisibles –, Albrecht Haushofer la poste à l'occasion d'une croisière le long des côtes norvégiennes.

Tout cela sera en vain : du côté britannique, le gouvernement ne veut pas d'un second Munich, et Winston Churchill lui-même, à qui Clydesdale montre la lettre, répond qu'il est déjà trop tard, car « la guerre va éclater très bientôt[42] ». Comme toujours, l'instinct de Churchill

---

* Les frères Kordt par des avertissements donnés au Foreign Office sur les intentions d'Hitler, Goering par l'intermédiaire de l'homme d'affaires suédois Birger Dahlerus, et Canaris par ses contacts avec le général Roatta, attaché militaire italien à Berlin (voir chapitre 7 : « Canaris et la guerre des services secrets »).

** Haushofer ajoute quelques propositions de compromis, portant notamment sur le corridor polonais et la possibilité d'« importantes modifications territoriales accompagnées d'échanges de populations ».

ne le trompe pas : ayant assuré ses arrières en concluant un pacte avec Staline, Hitler attaque la Pologne le 1ᵉʳ septembre. Tout comme Goering, qui a tenté jusqu'au dernier moment de prévenir la catastrophe*, Hess se résigne : à ses yeux, le Führer reste infaillible, même si, contrairement à ses prévisions, Londres et Paris déclarent la guerre à l'Allemagne le 3 septembre 1939.

Le grand conflit qui s'annonce va achever de repousser dans l'ombre le fidèle paladin du Führer ; c'est que le rôle de son parti devient insignifiant dès lors que l'on ne discute plus à la chancellerie que de stratégie, d'avions, de bombes, de sous-marins, de chars et de matières premières. Du reste, le maréchal Hermann Goering vient d'être désigné très officiellement comme successeur d'Adolf Hitler : Rudolf Hess n'est donc plus que le numéro trois du régime... Pour lui, le plus important reste de se distinguer aux yeux de son Führer, mais encore faut-il en trouver le moyen : ce ne sera pas sur les champs de bataille, car Hitler, connaissant sa réputation de casse-cou, lui a interdit de voler, et Hess a promis de s'en abstenir pendant une année entière ; la diplomatie secrète paraît exclue elle aussi, car les interlocuteurs britanniques de ses agents** semblent prendre la guerre au sérieux, même si leurs autorités demeurent l'arme au pied. À l'automne de 1939, Hess ne paraît pas davantage au ministère des Affaires étrangères qu'à la chancellerie, au Berghof ou à l'état-major de la Wehrmacht ; en fait, son rôle se résume à la gestion d'un parti fractionné et à la tenue de discours publics que sa réserve naturelle lui

---

* En proposant même d'aller personnellement à Londres avec son avion pour sauver la paix *in extremis*. Hitler a refusé, mais l'initiative de Goering n'a probablement pas échappé à Hess.

** Outre Albrecht Haushofer, il y a le docteur Franz Gerle, un vieil ami de Hess qui pratique également à Londres et a des contacts dans les cercles germanophiles très proches du pouvoir. Les services de Hess ont également un agent dans l'ambassade des États-Unis à Londres.

fait haïr* ; en réaction, il se réfugie de plus en plus dans l'occultisme et les médecines parallèles, ce qui lui vaut les sarcasmes redoublés d'Hitler[43]. Alfred Rosenberg, pourtant assez indolent lui-même, estime à l'époque que « les services de Hess font peu de travail fructueux », et que leur chef est « certes décent, mais malade et irrésolu »[44].

L'éternelle lutte sournoise contre Ley, Goering, Goebbels, Himmler et Bormann monopolise sans doute une grande partie de son énergie, d'autant que de nombreux éléments de son fief prétendent également mener une existence indépendante**. Toutefois, le service de renseignements de son *Verbindungsstab* lui est resté fidèle, et il recueille très tôt des informations sur les nouveaux projets guerriers du Führer, de sorte que Hess sait avant bien d'autres dignitaires qu'au printemps, la Wehrmacht va envahir la Norvège, le Danemark, la Belgique, les Pays-Bas et la France***. Mais c'est là une piètre consolation pour celui qui se veut avant tout un homme d'action. Le sous-secrétaire d'État américain Sumner Welles, venu en mission de paix à Berlin au début de mars, rencontre effectivement un Hess très déprimé, qu'il trouve « d'une intelligence des plus limitées », et faisant preuve vis-à-vis d'Hitler « d'une vénération canine »[45]. Bien sûr, tout comme Ribbentrop et Goering, Hess a dû lui répéter servilement les propos d'Hitler.

---

* Son épouse Ilse dira qu'il « suait sang et eau avant de prononcer un discours ».

** Notamment l'*Auslandsorganisation*, le bureau de Speer et l'organisation Todt. Ce NSDAP théoriquement géré par Hess et fractionné en d'innombrables organisations compte 28 millions de membres, 3,5 millions de fonctionnaires et 300 000 dignitaires (Reichsleiters, gauleiters, Kreisleiters, Ortsgruppenleiters…)

*** Le *Verbindungsstab* lui a également fourni des renseignements précis sur les liquidations de Juifs, d'ecclésiastiques et d'intellectuels polonais dans le Warthegau et le Gouvernement général, mais rien n'indique que Hess en ait été particulièrement troublé – sans doute parce qu'il a appris que le processus se déroulait en exécution des ordres du Führer.

Au début de juin 1940, l'attaque à l'Ouest va fournir à Hess une occasion de s'approcher du front. Se rendant au QG d'Hitler près de la frontière belge, il fait quelques confidences à son thérapeute Felix Kersten, qui notera dans son journal : « [Hess] m'a assuré qu'il n'avait qu'un désir : mourir en héros aux commandes d'un appareil. Mais le Führer l'avait interdit de vol, de sorte qu'il était condamné à rester derrière un bureau. [...] Il ne pouvait supporter cette existence et était fermement résolu à mettre sa vie en jeu pour accomplir un grand exploit au service de l'Allemagne. » Et lorsque les deux hommes traversent des contrées touchées par les récents combats, Kersten rapporte que « Hess m'a dit avec les larmes aux yeux qu'il était horrible de voir des régions autrefois florissantes ainsi dévastées. La guerre ne devrait pas se prolonger ; le monde devait finir par reconnaître que l'Allemagne était invincible. Lui, Hess, devrait tendre la main pour amener une réconciliation entre l'Allemagne et les autres nations[46] ».

Hess est ensuite accueilli par Hans Baur, le pilote d'Hitler, qui l'accompagne jusqu'au QG du Führer. La rencontre entre le vassal et le suzerain a lieu dans la petite école de Brûly-de-Pesche, dont Hess ressort très abattu : « Il voulait avoir la permission de faire une tournée du front, rapportera Baur, mais Hitler a refusé, en déclarant qu'il fallait absolument qu'en son absence, il y ait en Allemagne quelqu'un sur qui il puisse compter. Hess ne devait donc pas prendre de risques au front et rentrer immédiatement à Munich. Le lendemain matin, lorsque je l'ai conduit à l'aéroport, Hess, manifestement déprimé, s'est ouvert à moi : "Vous voyez où j'en suis, Baur. J'aimerais mieux commander une compagnie au front qu'être ministre du Reich au pays. En temps de guerre, la place d'un homme valide est au front, pas coincé derrière un bureau à des centaines de kilomètres à l'arrière. Quand je pense à mes fonctions actuelles : écouter et arbitrer les conflits incessants à l'intérieur du parti[47]..." »

On peut naturellement compatir, tout en observant que Hess veut à la fois mettre fin aux dévastations et aller se battre sur le front, tout comme il veut simultanément l'entente entre les nations et la victoire de l'Allemagne. Mais le *Stellvertreter* Hess reste un monument de contradictions, dont la logique échappe souvent à son entourage : l'homme est à la fois sensible et implacable, féroce et larmoyant, pacifiste et belliqueux, exalté et calculateur, modeste et vaniteux, candide et rusé, timide et fanatique, souffreteux et téméraire... Hitler sait tout cela, mais il apprécie par-dessus tout sa fidélité « canine », et il va lui permettre d'assister à la cérémonie d'armistice en forêt de Compiègne le 22 juin. Hess en reviendra enchanté, et Felix Kersten, qui le soignera à Bad Godesberg deux jours plus tard, pourra noter ses confidences dans son journal : « "Nous ferons la paix avec l'Angleterre comme nous l'avons faite avec la France. Il y a quelques semaines encore, le Führer a parlé de la grande valeur de l'Empire britannique pour l'ordre mondial." L'Allemagne et la France devaient se joindre à l'Angleterre contre le bolchevisme, ennemi de l'Europe. C'est pourquoi le Führer avait permis à l'armée anglaise de s'échapper à Dunkerque*. Il ne voulait pas compromettre la possibilité d'une entente. Les Anglais devaient le comprendre et saisir leur chance[48]. »

Si les Anglais ont du mal à le comprendre, c'est que les initiatives du Führer ne sont pas exactement pacifiques : dès le début de juillet, un bombardement de basse intensité se poursuit contre les côtes anglaises et la navigation alliée dans la Manche ; le « discours de paix » d'Hitler au Reichstag le 19 juillet n'est qu'un rameau d'olivier flétri

---

* C'est une rumeur infondée. Le Führer n'a rien permis du tout, et il a été surpris par les conséquences imprévues de son *Haltbefehl* – qui laissait à la Luftwaffe la mission d'empêcher le rembarquement britannique.

tendu au bout d'un sabre d'abordage*, et il est rejeté par Londres trois jours plus tard ; le bombardement massif des objectifs stratégiques en Grande-Bretagne au mois d'août achève de compromettre les chances de paix, si tant est qu'elles aient jamais existé. Le projet de débarquement en Angleterre paraît chimérique, ce dont les hauts responsables de la Wehrmacht et de la Kriegsmarine sont parfaitement conscients dès le mois d'août ; au début de septembre, la Luftwaffe commence à bombarder les villes anglaises, faisant des milliers de victimes civiles ; enfin et surtout, le service de renseignements du *Verbindungsstab* a appris au plus tard à la fin de juillet que le Führer comptait attaquer l'URSS au printemps de 1941. Les visiteurs étrangers, depuis Geoffrey Shakespeare jusqu'à Sumner Welles, semblent avoir beaucoup sous-estimé l'intelligence de Rudolf Hess, qui est sans doute plus développée que celle de son Führer : il comprend d'emblée que ce qui se dessine est une guerre simultanée contre le bolchevisme tant haï et contre l'Empire britannique tant admiré. D'ailleurs, dès 1920, le professeur Karl Haushofer ne condamnait-il pas devant ses étudiants la perspective d'une guerre sur deux fronts ? Si irrésolu soit-il en apparence, le *Stellvertreter* d'Hitler décide de passer à l'action sans retard : le 8 septembre 1940, il va rencontrer Albrecht Haushofer à Bad Gallspach, près de Linz.

Ce qui s'est dit à cette occasion, le jeune professeur Haushofer l'a consigné dans un mémorandum écrit une semaine plus tard. Hess lui a confié d'emblée : « Si la guerre continue, la race blanche ira au suicide. [...] Le Führer n'a jamais eu l'intention de détruire l'Em-

---

* « Je considère comme de mon devoir d'en appeler à la justice et au bon sens. Je crois pouvoir lancer cet appel parce que je ne suis pas le vaincu qui quémande des faveurs, mais le vainqueur qui parle au nom de la raison. Je ne vois pas pourquoi cette guerre devrait se prolonger. » Rarement offre de paix aura été formulée avec tant d'arrogance.

pire britannique. N'y a-t-il pas quelque personnalité en Grande-Bretagne qui soit disposée à négocier la paix ? » La réponse de Haushofer n'est guère encourageante : les responsables britanniques considèrent tous un traité signé avec Hitler comme un simple chiffon de papier, et « dans l'ensemble du monde anglo-saxon, le Führer est considéré comme l'envoyé du diable sur terre ». Hess ne peut évidemment concevoir une telle chose, et il demande : « Pensez-vous que nos approches ont été mal orientées, que notre langage n'a pas été le bon ? » Haushofer répond qu'évidemment, l'action de von Ribbentrop a été néfaste, mais qu'il s'agit davantage de principes fondamentaux que de personnalités. Pourtant, Hess persistant à demander des noms de Britanniques pouvant servir d'intermédiaires pour amorcer les pourparlers, Haushofer cite quelques anciens partisans de l'apaisement*, puis il mentionne avec réticence son jeune ami le marquis de Clydesdale, devenu depuis peu duc d'Hamilton. Mais il ajoute aussitôt qu'une prise de contact serait difficile – et très probablement inutile[49].

Ce n'est pas l'avis de Rudolf Hess, qui écrit deux jours plus tard au père d'Albrecht, pour proposer que lui ou son fils écrivent au duc d'Hamilton ; les Haushofer sont en mesure de le faire par l'intermédiaire d'une vieille amie de la famille, Mary Roberts, qui dispose d'une boîte postale à Lisbonne. Ils n'en attendent absolument rien, d'autant qu'ils savent que Hess ne conçoit de négociations qu'une fois Churchill renversé par une opposition aux contours mal définis. Mais le représentant du Führer reste leur protecteur, et il n'est pas question de lui refuser ce service. Dans une lettre du 23 septembre 1940, libellée en termes très prudents pour ne compromettre personne, Albrecht Haushofer propose au duc d'Hamil-

---

* Les ambassadeurs à Budapest, Washington et Madrid – O'Malley, lord Lothian et sir Samuel Hoare.

ton une rencontre à Lisbonne, « pour lui communiquer quelque chose qui justifie son déplacement[50] ». Il ajoute quelques détails permettant de se faire connaître du seul duc d'Hamilton, laisse une adresse à Lisbonne pour la réponse, met seulement un B devant la date et un A en guise de signature. La lettre part immédiatement pour Lisbonne, par le canal de l'*Auslandsorganisation* de Bohle – dont on sait que l'adjoint n'est autre que le frère de Rudolf Hess. Mais le vieux professeur Karl Haushofer y voit « une tentative noble, quoique d'une candeur enfantine et digne de l'attitude d'un archange ingénu au milieu de la conjuration des agents de Lucifer[51] ».

Pourtant, l'archange en question, si ingénu soit-il, envisage déjà de déployer ses ailes : d'après ses deux secrétaires, Ingeborg Sperr et Hildegard Fath, c'est « vers la fin de l'été 1940 » qu'elles ont été priées de transmettre régulièrement à leur chef les bulletins météorologiques concernant la Manche, la mer du Nord et les îles Britanniques[52]. Au début d'octobre, Rudolf Hess demande au *Generalluftzeugmeister* Ernst Udet* de mettre à sa disposition un chasseur bimoteur Messerschmitt 110, pour lui permettre de faire « des vols d'agrément » à partir de l'aérodrome berlinois de Tempelhof. Hess racontera lui-même la suite : « Ce brave homme exigeait au préalable une autorisation du Führer, dont l'interdiction de vol à mon endroit venait tout juste d'expirer. J'aurais aussi bien pu aller me constituer prisonnier[53] ! » Une réflexion intéressante, qui montre qu'Adolf Hitler n'a pas la moindre idée des intentions de son *Stellvertreter*, et que ce dernier sait parfaitement quel sort lui serait réservé s'il devait en être autrement...

Nullement découragé, Hess se tourne vers le constructeur Willi Messerschmitt, une vieille connaissance dont

---

* Directeur des constructions aériennes. Ernst Udet est un ancien as de la chasse, que le maréchal Goering a nommé à ce poste élevé – pour lequel il n'a pas la moindre disposition.

le directeur technique, Theodor Croneiss, a en outre servi sous ses ordres en tant qu'expert des questions aériennes*. Tout comme Udet, Messerschmitt commence par refuser, mais lorsque le représentant du Führer – qui est aussi un pilote émérite – insiste lourdement, il est bien difficile de lui tenir tête ; Hess reçoit donc la permission d'emprunter un Messerschmitt 110 sorti des chaînes de montage, afin d'effectuer des « vols d'essai » depuis le terrain d'aviation d'Augsbourg. Il est plus que délicat de piloter seul le chasseur lourd Messerschmitt Bf 110 *Zerstörer*, conçu pour un équipage de deux hommes, mais Hess est un aviateur virtuose, qui s'adapte très vite aux particularités de l'appareil – tout en le faisant modifier pour ses propres besoins ! À la suite de chaque vol, il signale en effet au constructeur un défaut ou une insuffisance : « Après un atterrissage, dira Willi Messerschmitt, Hess me disait par exemple : "Ce chasseur est excellent, mais il n'est utilisable que pour des vols courts. Je parie qu'il perdra toute sa maniabilité si vous montez des réservoirs supplémentaires sous les ailes." Peu après, il a utilisé le même stratagème pour faire monter une radio de bord plus puissante[54]. »

Il demandera bien d'autres modifications, et les obtiendra. C'est ainsi qu'au début de janvier 1941, après une vingtaine de vols, Hess dispose d'un appareil parfaitement adapté à son projet ; oubliant ses maux divers et ses responsabilités dans le parti, il ne vit plus que pour son entreprise, ainsi qu'il l'avouera lui-même : « Le but que je m'étais fixé m'obnubilait comme une idée fixe. Je ne voyais et n'entendais le reste qu'à moitié, comme à travers un nuage. [...] Je ne vivais plus que dans un monde d'instruments de bord, de compresseurs à pistons, de réservoirs largables, de pompes à huile supplémentaires, de circuits de refroidissement, de systèmes de guidage

---

* Voir chapitre 6 : « L'affaire Rudolph Hess ».

par ondes radio, de reliefs des montagnes écossaises et je ne sais plus quoi encore[55]... »

Les montagnes écossaises : tel est bien l'objectif de Rudolf Hess, car l'ancien pilote de compétition, frustré d'avoir été mis sur la touche, est décidé à rallier les îles Britanniques pour négocier personnellement la paix avec le duc d'Hamilton ; c'est que celui-ci est censé avoir accès au roi et faire partie de ces cercles germanophiles opposés au Premier ministre Churchill. Il est vrai que le duc d'Hamilton n'a pas répondu à la lettre du 23 septembre, mais cela ne rend que plus nécessaire une entrevue en tête à tête. Or, Hess a au *Verbindungsstab* un service de renseignements performant, et son obligé Albrecht Haushofer a séjourné plusieurs fois dans la propriété du duc. Il sait donc que celle-ci est située à Dungavel, non loin de Glasgow, et qu'elle est pourvue d'une piste d'atterrissage. Quoi de plus favorable aux projets d'une colombe de la paix ?

À partir de la mi-janvier 1941, Hess maîtrise de mieux en mieux son appareil, et il a obtenu en outre de Hans Baur, le pilote personnel d'Hitler, l'indispensable carte des zones de survol interdites*[56]. Mais alors que le ciel semble se dégager devant l'émissaire de la paix autodésigné, le lecteur lui-même va entrer dans une zone de turbulences. C'est que bien des choses deviennent mystérieuses dans cette affaire : d'une part, le gauleiter Bohle, chef de l'*Auslandsorganisation* du NSDAP – nominalement sous

---

* Baur, qui avait naguère formé Rudolf Hess à la navigation aux instruments, a demandé la permission au secrétaire d'État Milch ; ce dernier, connaissant bien les rapports de forces à l'intérieur du Reich, n'a pas osé refuser la carte au représentant du Führer. Assez curieusement, le pilote Hans Baur écrit constamment dans ses Mémoires que Hess vole sur Messerschmitt 210, ce qui est impossible : ce modèle n'entrera en service qu'à la fin de 1942, et avec les prototypes très peu fiables existant en 1941, Hess n'aurait jamais pu rallier les îles Britanniques – ni même effectuer plusieurs dizaines de vols d'entraînement sans problèmes majeurs. Enfin, toutes les photos de l'appareil, avant et après le vol, montrent bien qu'il s'agit d'un Messerschmitt 110.

l'autorité de Hess –, se souviendra d'avoir été convoqué vers le 9 octobre 1940 au QG berlinois de Hess, dans la Wilhelmstrasse ; ayant soigneusement fermé la porte de son bureau, Hess lui a dit ceci : « Herr Bohle, je vous ai fait venir pour vous demander si vous accepteriez que je vous confie une mission très secrète. Ce que je vais vous dire à présent, vous ne devrez le répéter à personne, pas même à mon propre entourage, pas même à mon frère. » Sur quoi Hess lui tend le début d'un projet de lettre au duc d'Hamilton, et lui demande de le traduire en anglais. « Hess me dit ensuite, poursuit Bohle, qu'il me rappellerait lorsqu'il aurait écrit d'autres parties de la lettre […], ce qui s'est produit une semaine plus tard, puis à intervalles irréguliers jusqu'au début de janvier 1941. » D'après les souvenirs de Bohle, Hess y aurait fait quelques propositions pour mettre fin à la guerre, puis aurait fait état de la possibilité d'une rencontre en Suisse[57].

Si les souvenirs de Bohle sont exacts, plusieurs questions se posent : pourquoi écrire personnellement à Hamilton, alors que la dernière lettre de Haushofer n'a pas reçu de réponse ? Pourquoi vouloir rencontrer le duc en Suisse, alors que Hess s'apprête manifestement à gagner l'Écosse ? Pourquoi tant d'appels aux compétences de Bohle, sinon pour traduire plusieurs lettres plutôt qu'une ? Et s'il y en a eu plusieurs, est-ce parce qu'il a déjà reçu des réponses ? Enfin, pourquoi n'est-il pas resté la moindre trace de ces lettres, en traduction ou en version originale ? On voit que tout cela n'est pas simple, mais la suite est plus complexe encore : entre février et avril 1941, Albrecht Haushofer va rencontrer quelques intermédiaires britanniques et neutres à Madrid et à Berne*. L'a-t-il fait à la demande de Hess, voire avec l'assentiment d'Hitler ? A-t-il profité de ces mis-

_____

* En l'occurrence, le président de la Croix-Rouge internationale Carl Jacob Burckhardt et l'ambassadeur de Grande-Bretagne à

sions confidentielles mais quasi officielles pour exposer à ses interlocuteurs les vues du mouvement de résistance allemand, ainsi que l'affirme l'ambassadeur Ulrich von Hassel[58] ? Dans ce cas, bien sûr, il n'en aura rien dit à Hess, qui n'agit que pour le bien de son Führer – même à l'insu de ce dernier...

Mais les choses se compliquent encore, car sans que personne le sache en Allemagne, les services secrets britanniques ont mis sur pied depuis l'automne de 1940 un vaste programme d'intoxication en direction des autorités allemandes : sous la direction du MI5, un service connu (de très peu de gens) sous le nom de « B1a » gère plusieurs agents allemands retournés pour faire parvenir en Allemagne, par divers canaux, des éléments de désinformation ayant une haute valeur stratégique ou politique ; parmi ceux-ci, il y a des renseignements démesurément amplifiés sur les capacités de défense de la Grande-Bretagne en cas d'invasion, ainsi que des informations concernant un fort mouvement d'opposition qui n'attendrait que le bon moment pour renverser Churchill, en le remplaçant par des germanophiles comme Halifax, Lloyd George ou Butler – tout cela avec la complicité de certains lords influents et du roi en personne*. Dans quelle mesure Hess a-t-il été influencé par cette campagne, activement conduite par des diplomates britanniques dans les pays neutres et par les émetteurs d'agents doubles soigneusement encadrés[59] ? Le service B1a du MI5 lui aurait-il répondu à la place du duc d'Hamilton, pour achever de le convaincre qu'il existait bien un « parti de la paix » en Grande-Bretagne**? Ceci a

---

Madrid, sir Samuel Hoare – ce dernier par l'intermédiaire d'un agent et ancien élève de Haushofer, Herbert Stahmer.

* Les services secrets jouent ainsi sur l'ignorance complète des institutions britanniques qui prévaut chez la plupart des dirigeants nazis – ainsi que sur leur tendance à prendre leurs désirs pour des réalités.

** Il est significatif que la lettre de Haushofer en date du 23 septembre 1940, retenue par la censure, n'a été montrée au duc d'Hamil-

donné lieu à d'innombrables ouvrages pseudo-historiques à base de théorie du complot, mais en vérité aucun document actuellement disponible ne permet de l'établir*.

Autre mystère : pourquoi Hess a-t-il attendu près de quatre mois supplémentaires, alors qu'il semblait être déjà prêt à la mi-janvier 1941 ? Lui-même dira qu'il a fait deux ou trois tentatives depuis janvier 1941, mais a dû rebrousser chemin à chaque fois en raison des mauvaises conditions atmosphériques ; sans doute aussi a-t-il jugé l'équipement de son avion insuffisant, particulièrement en ce qui concerne le système de navigation ; il peut aussi avoir attendu des victoires allemandes pour négocier en position de force, et c'est en avril-mai que la Wehrmacht a triomphé en Yougoslavie comme en Grèce. Enfin, il y a un élément qui paraît trivial, mais ne peut être sous-estimé dans le cas particulier de Rudolf Hess : c'est l'astrologie ; en décembre 1940, il avait obtenu une étude précise de l'astrologue suisse Grete Sutter, puis en mars 1941 de sa collègue Maria Nagengast, de Munich, qui indiquait le 10 mai 1941 comme étant la date la plus favorable. Or, c'est justement la date que son chef de la section scientifique et « conseiller en astrologie » Ernst Schulte-Strathaus lui avait indiquée en janvier, au

---

ton par les agents du MI5 qu'en mars 1941. Il avait été brièvement envisagé de l'envoyer à Lisbonne comme la lettre le demandait, mais devant le peu d'enthousiasme du duc et les hésitations des services secrets eux-mêmes, le projet a été abandonné vers la fin du mois d'avril.

* Malgré ce que prétendront quelques best-sellers romancés, les services secrets britanniques ne paraissent pas avoir vu l'intérêt d'attirer Rudolf Hess en Grande-Bretagne – ni même y avoir pensé. Martin Allen a cru pouvoir affirmer le contraire en 2003 dans son livre *The Hitler/Hess Deception*, mais on se souviendra que cet auteur a été entendu par Scotland Yard après avoir glissé dans les Archives nationales vingt-neuf faux documents destinés à conforter ses thèses (*Guardian*, 5 mai 2008, *Smithsonian.com*, 18 novembre 2008). Ceci explique sans doute que son ouvrage ait été traduit en plusieurs langues – le faux, même avéré, conservant une grande valeur commerciale...

motif que « six planètes seraient alignées sous le signe du Bélier, en période de pleine lune[60] »*.

Bien entendu, Hess n'a soufflé mot à personne de ses projets, mais son aide de camp Pintsch en a eu vent dès le mois de janvier, et il s'est confié à Max Hofweber, un vieux camarade d'escadrille de Hess pendant la Grande Guerre. Ce dernier, horrifié, s'en est ouvert à Karl Haushofer** qui, pour dissimuler ses sources et tenter de faire parler Hess, lui a confié qu'il l'avait vu en rêve errer dans des châteaux anglais pour faire la paix entre deux grandes nations. Si Hess n'a pas mordu à l'hameçon, il a pris le rêve de son vieux maître très au sérieux, et s'est trouvé encouragé dans son entreprise[61]. À quelques autres, Hess n'a fait que suggérer une action d'éclat, sans donner la moindre précision. Ainsi, le physiothérapeute Felix Kersten notera : « [Hess] m'a dit qu'il lui fallait concentrer toutes ses facultés et s'endurcir, car il aurait besoin de toutes ses forces pour l'action qui allait assurer le salut de l'Allemagne. Lorsque je lui ai demandé ce qu'il entendait par "salut", Hess a répondu qu'il ne pouvait m'en dire davantage, mais qu'il se préparait pour une action d'importance historique[62]. » Au ministre des Finances Schwerin von Krosigk, il confie de même, quelques semaines seulement avant la date fatidique, qu'« il doit y avoir un moyen de mettre fin à cette folie », et qu'il s'agit d'« ouvrir les yeux des Britanniques sur l'ensemble des conceptions d'Hitler et sur le danger bolchevique »[63]. Mais comment il compte réellement s'y prendre, il ne l'a confié qu'à son aide de camp Pintsch : « Il allait voler jusqu'en Écosse, atterrir à Dungavel, montrer au duc d'Hamilton la carte de visite

---

* Tout ceci permettra aux complotistes d'écrire de nouveaux livres à sensation, pour tenter de prouver que certains astrologues avaient été achetés par les services secrets britanniques… Le délire est apparemment sans fin.

** Dont il avait également été l'officier d'ordonnance au début de la Grande Guerre.

de Haushofer, et demander à voir le roi, court-circuitant ainsi les bellicistes de Downing Street. C'est ainsi qu'il mettrait fin à la guerre[64]. »

Une telle naïveté peut laisser pantois, mais nous savons que Hess est un rêveur, et l'ignorance complète du système constitutionnel anglais est très répandue dans les cercles dirigeants allemands – jusqu'au Führer lui-même, qui surestime considérablement le rôle du monarque*. Mais au début de mai, les dés sont jetés, et Hess fait ses derniers préparatifs : le 4 mai, à l'issue d'un discours triomphal d'Hitler annonçant la fin victorieuse des opérations dans les Balkans, Hess a un court entretien avec son Führer, au cours duquel il lui demande s'il s'en tient toujours au programme qu'il a exposé dans *Mein Kampf*. Hitler, qui est pressé et ne comprend visiblement pas de quoi il s'agit, le lui confirme brièvement avant de s'éclipser ; les deux hommes ne se reverront plus jamais.

Les dernières initiatives de Hess sont celles d'un homme qui prend congé : il passe davantage de temps avec son jeune fils Wolf-Rüdiger âgé de trois ans et demi, il écrit au ministre de l'Agriculture Darré pour annuler un rendez-vous, laisse une note pour Albrecht Haushofer lui expliquant qu'il n'a pas trouvé d'autre solution que de « trancher le nœud gordien », et téléphone à Gerhard Klopfer, sous-secrétaire d'État aux Affaires juridiques dans ses services de Berlin, pour lui poser une simple question : « Quel est le rôle du roi d'Angleterre[65] ? » Il n'est jamais trop tard pour s'instruire, mais la réponse n'a pas dû décourager Rudolf Hess, puisqu'il poursuit ses préparatifs à la veille même du jour fatidique... En disant à sa femme Ilse qu'il sera de retour le dimanche 11 mai, ou au plus tard le lundi 12 au soir, Hess pense

---

* Au moment de la remilitarisation de la Rhénanie, le Führer pensait que les Anglais n'avaient pas réagi parce que le roi les en avait empêchés.

sans doute ce qu'il dit, puisqu'il écrira beaucoup plus tard qu'il comptait s'annoncer « comme un parlementaire – certes un parlementaire autodésigné – et être traité comme tel ». Dans le cas contraire, il pensait n'être retenu que sept jours, « jusqu'à une négociation officielle*[66] ».

C'est donc le samedi 10 mai, vers 17 heures, que Hess arrive à l'aéroport d'Augsbourg-Haunstetten. Il a revêtu un uniforme de capitaine et une combinaison d'aviateur, et il n'a pour tout bagage qu'un coffret de médicaments divers, des cartes de son parcours, l'appareil photographique de son épouse, les cartes de visite de Karl et Albrecht Haushofer, et peut-être une lettre à l'intention du duc d'Hamilton**. Au moment de prendre congé de son aide de camp Pintsch, il lui remet une enveloppe et un paquet, tous deux adressés au Führer. Le Me 110, peint en camouflage vert et gris, décolle à 17 h 45 et suit le Rhin en direction du Zuidersee, aux Pays-Bas occupés. Après cela, il met le cap au nord-ouest, en suivant les faisceaux directionnels de l'émetteur danois de Kalundborg. La suite ne peut être mieux racontée que par Hess lui-même*** : « La solitude au-dessus de la mer du Nord était grandiose [...], le ciel était dégagé – malheureusement bien trop dégagé –, car il n'y avait absolument rien de semblable à la "couche de nuages dense à 500 mètres d'altitude" annoncée [...], sur laquelle j'avais compté pour me dissimuler en cas de besoin. J'ai pensé un instant à rebrousser chemin, mais après cela je me suis dit : un atterrissage

---

* Il est difficile de comprendre comment Hess se représente cette « négociation officielle » s'il n'est pas considéré comme un parlementaire, mais il faut se souvenir qu'il pense rencontrer une faction hostile à Churchill, soutenue par le roi en personne. Du reste, l'un des éléments de la négociation qu'il présentera aux Britanniques sera... le renvoi de Churchill.

** Sans doute la lettre traduite par Bohle, qui ne sera jamais retrouvée – mais fait peut-être partie des documents conservés dans les archives britanniques et inaccessibles à la recherche jusqu'en 2017.

*** Dans une lettre à son épouse, écrite à l'été de 1947.

dans l'obscurité, cela ne marchera pas, et même si je m'en tirais, l'avion serait endommagé, peut-être irréparable, le secret serait éventé, l'information "remonterait", et c'en serait fini pour toujours. Alors, je me suis dit : "Il faut tenir, coûte que coûte !"[67]. »

Ce passage est intéressant à double titre : il indique que Hess n'a aucune intention d'atterrir dans l'obscurité, que sa mission est ignorée « en haut lieu », et qu'il est absolument impératif qu'elle le reste. Mais Hess poursuit : « J'ai eu ensuite la chance de trouver au-dessus de l'Angleterre une couche de brume [...] dans laquelle je me suis enfoncé à plein gaz en remontant la côte à quelques milliers de mètres d'altitude. [...] C'est ainsi que j'ai traversé la côte orientale de l'Écosse vers 22 heures après le coucher du soleil, un peu au sud de Holy Island[68]. » Après cela, Hess va voler à près de 750 km/h au ras des arbres, afin d'échapper aux radars, et vers 22 h 40 il est déjà au-dessus de Dunga-vel, la résidence du duc d'Hamilton. Il va poursuivre sa route vers l'est pendant douze minutes, puis revenir sur l'objectif, qui est atteint peu avant 23 heures. Les récits indiquant qu'il aurait cherché à atterrir près de la pro-priété paraissent invraisemblables : le terrain d'aviation du château de Dungavel est petit, légèrement en pente, sans éclairage et parfaitement inapproprié à l'atterrissage d'un chasseur lourd comme le Me 110. Rudolf Hess, en pilote expérimenté qui par ailleurs ne veut pas atterrir de nuit, doit en être conscient plus que tout autre. Il est vrai que la solution qu'il choisit est à peine moins dangereuse : il grimpe à 2 000 mètres et s'apprête à sauter en parachute, ce qu'il n'a jamais fait et ne sait pas faire : « Je m'étais enquis de tout auprès de mes braves gars de chez Messerschmitt, mais pas de la façon de s'éjecter. Je croyais que c'était simple[69]. » C'est tout sauf simple, et il s'en faudra de très peu qu'il y laisse la vie. Mais la fortune souriant aux audacieux – même inconscients* –, le parachute s'ouvre et l'émissaire de paix autoproclamé touche le sol écossais sans douceur vers 23 h 15. Au même moment, à six cents kilomètres plus au sud, 520 bombardiers allemands dévastent la ville de Londres...

C'est quelques heures seulement après la fin du périple de Rudolf Hess que débute l'affaire qui va susciter tant de polémiques pendant sept décennies : s'appuyant sur les témoignages des aides de camp de Hess, de l'officier de liaison du maréchal Goering Karl Bodenschatz et du valet d'Hitler Heinz Linge, d'innombrables scénarios vont être élaborés pour tenter d'établir que le Führer a lui-même envoyé Hess négocier la paix avec les Britanniques – pour ensuite le dissimuler avec un talent consommé à son entourage comme au monde entier**. Afin de pouvoir en juger, il faut suivre le déroulement des événements au Berghof après 18 heures au soir du 10 mai 1941. Comme on pouvait s'y attendre, le départ de Hess est passé inaperçu, et si le paquet confié à Pintsch avant l'envol a bien été remis au Führer ce soir-là, Hitler ne l'a pas ouvert : les affaires du parti l'intéressent toujours aussi peu et les documents transmis par Hess l'ennuient profondément. C'est donc seulement le lendemain matin, peu après 11 heures, que la quiétude dominicale de l'Obersalzberg va se trouver profondément troublée.

---

* À tous les sens du terme. Plaqué à son siège par la pression de l'air, Hess tente de s'éjecter en mettant l'appareil sur le dos, perd connaissance, parvient à quitter l'avion, se fracture la cheville droite contre la queue de l'appareil, ouvre son parachute et perd à nouveau connaissance. Il reviendra à lui une fois parvenu au sol et sera capturé peu après.

** Parmi les ouvrages les plus connus à cet égard : James Leasor, *Rudolf Hess, the Uninvited Envoy*, 1962 ; Wulf Schwarzwäller, *Rudolf Hess, der Stellvertreter*, 1987 ; John Costello, *Ten Days that Saved the West*, 1991 ; Peter Padfield, *Flight for the Führer*, 1991 ; Martin Allen, *The Hitler/Hess Deception*, 2003, etc.

Le premier témoin en est l'architecte Albert Speer, qui est venu montrer à Hitler ses nouveaux plans de construction pour Berlin : « Leitgen et Pintsch, deux aides de camp de Hess, attendaient dans l'antichambre du Berghof, pâles et agités*. Ils m'ont demandé si j'accepterais de les laisser voir Hitler en premier, car ils devaient lui remettre une lettre personnelle de Hess. À ce moment, Hitler est descendu, et l'un des aides de camp a été appelé au salon[70]. » Le général d'aviation Bodenschatz est présent lorsque Pintsch remet le « pli urgent » à Hitler : « Le Führer a ouvert l'enveloppe, [...] il était debout devant une chaise, et après avoir lu la troisième ou la quatrième phrase, il s'est laissé tomber sur la chaise** en disant : *Um Gottes willen ! Um Gottes willen*** !* Il s'est envolé là-bas[71] !" » Le responsable de la presse Otto Dietrich assiste à la scène : « Alors qu'Hitler lisait la lettre, il a été saisi d'une terrible agitation [...] dont personne autour de lui ne comprenait la cause[72]. » Depuis l'antichambre, Albert Speer commence à percevoir cette agitation : « Alors que je recommençais à feuilleter mes esquisses, j'ai soudain entendu un cri inarticulé, presque animal. Puis Hitler a rugi : "Bormann, tout de suite ! Où est Bormann ?" Bormann a reçu l'ordre de contacter Goering, Ribbentrop, Goebbels et Himmler au plus tôt[73]. » L'aide de camp pour l'armée de terre, Gerhard Engel, assiste manifestement à la même scène : « Je peux seulement lire sur l'enveloppe : "À donner au Führer, si..." En lisant, Hitler devient pâle comme un mort, et il ordonne d'une voix courroucée : "Appelez immédiatement le *Reichsmarschall* !" [...] Je parviens à le joindre alors qu'il arrive à proximité de Nuremberg. Le Führer

---

* Le souvenir de Speer est imprécis sur ce point : seul Pintsch semble avoir été présent à ce moment.

** La première phrase pouvait déjà suffire : « *Mein Führer*, lorsque vous lirez cette lettre, je serai en Angleterre. »

*** « Pour l'amour de Dieu ! »

ne lui dit que quelques mots : "Goering, arrivez tout de suite. Il s'est passé quelque chose d'effarant[74] !" »

Engel n'en saura pas plus ce matin-là, mais l'aide de camp pour la Luftwaffe, Nicolaus von Below, en entend déjà davantage : « Ayant lu la lettre, Hitler a demandé à Pintsch s'il en connaissait le contenu, à quoi ce dernier a répondu par l'affirmative. Sur ce, Pintsch et l'autre aide de camp, Leitgen, ont été arrêtés sur-le-champ et envoyés dans un camp de concentration ; ils avaient désobéi à l'ordre d'Hitler de surveiller étroitement Hess. Goering, Ribbentrop et Bormann ont été convoqués immédiatement, et Goering est arrivé, accompagné d'Udet. Au cours d'une longue conversation, Hitler a exprimé à plusieurs reprises l'espoir que Hess serait abattu. Il était furieux que Hess ait pu faire des préparatifs de départ minutieux en dépit de l'interdiction de voler qu'Hitler lui avait signifiée personnellement[75]. » Ce que confirme l'interprète Paul Schmidt : « Hitler était horrifié, comme si une bombe avait touché le Berghof. Peu avant notre départ, je l'ai moi-même entendu dire d'une voix effarée : "J'espère qu'il est tombé en mer[76]." » Le général Jodl, de l'OKW, dira plus tard : « De toute ma vie, je n'ai jamais vu un homme entrer dans une telle rage. [...] Il était littéralement fou à lier[77]. » Et comme toujours chez Hitler, les accès de fureur sont suivis d'une période d'abattement : « Pendant un temps, observera le général SS Walter Schellenberg, Hitler a été si consterné qu'il était à peine capable de réagir[78] » – sans pour autant arrêter de pérorer, puisque le diplomate Walther Hewel l'entend dire : « Si un sous-officier fait cela, on le fusille impitoyablement. Mais que Hess fasse une chose pareille, c'est tout bonnement incompréhensible ; c'est à devenir fou[79] ! »

À mesure que passent les heures, Otto Dietrich en apprend davantage : « Au cours de la journée, les grandes lignes de ce qui s'était passé ont progressivement émergé de la salle de conférences. Dans sa lettre à Hitler, Hess avait exposé ses intentions et expliqué ses motivations. [...] La plus grande partie de cette lettre – ce qui m'a surpris – était consacrée à une description précise des aspects techniques du vol, qu'il avait déjà tenté une fois en vain. Hess soulignait qu'il n'avait pas agi par lâcheté ou par faiblesse, et que son geste ne devait pas être interprété comme une fuite, puisqu'il fallait plus de courage pour se lancer dans une telle entreprise que pour rester en Allemagne. C'est seulement à la suite de ces préliminaires que Hess en est venu à l'aspect politique de son plan. Son but, disait-il, était d'établir un contact entre l'Angleterre et l'Allemagne en instaurant sur place une liaison personnelle avec certains responsables distingués de sa connaissance. [...] Il fallait faire une tentative sérieuse pour mettre fin à la guerre au moyen de négociations ; il soulignait que lors d'une conversation récente avec Hitler, il s'était convaincu, en posant une question directe, qu'au fond de son cœur, Hitler désirait toujours parvenir à une entente anglo-allemande. Il n'avait pas soufflé mot à Hitler de son intention de s'envoler pour l'Angleterre, car il savait que le Führer l'aurait interdit[80]. » La dernière phrase, dont se souviendra Ilse Hess, était la suivante : « Et, *mein Führer*, si mon entreprise – qui, je dois l'avouer, à peu de chances de succès – devait échouer, si le sort devait m'être contraire, cela n'aurait pour vous ou pour l'Allemagne aucune conséquence négative : vous pourrez à tout moment me désavouer, en me déclarant fou*[81]. »

Albert Speer, lui, n'a pas lu la lettre, mais il va saisir suffisamment de bribes pour comprendre l'étendue du désastre : « De nombreuses heures se sont écoulées avant que nous n'apprenions ce qui s'était produit. [...] En apparence, Hitler a bientôt paru retrouver son calme. Mais ce qui le gênait, c'était que Churchill pourrait se servir

---

* L'épouse de Hess a détruit sa copie de la lettre en 1945, mais elle en a retenu par cœur la phrase finale.

de l'incident pour faire croire aux Alliés de l'Allemagne qu'Hitler faisait des approches en vue de négocier une paix : "Qui me croira, lorsque je dirai que Hess n'est pas allé là-bas en mon nom, que tout cela n'est pas une quelconque intrigue menée derrière le dos de mes alliés*? Le Japon pourrait même changer de politique à cause de cela." [...] Udet lui a dit que Hess allait forcément échouer, ne serait-ce que pour des raisons de navigation. [...] Pendant un instant, Hitler a repris espoir. [...] Mais au bout de quelques heures, il a recommencé à s'inquiéter, et pour devancer les Anglais il a décidé d'annoncer à la radio que Hess était devenu fou[82]. » Devant son aide de camp personnel Julius Schaub, Hitler continue à s'enfiévrer : « Imaginez cela : Churchill tient Hess en son pouvoir. Quelle folie ! Une folie politique ! [...] Churchill dira que Hess lui a fait une proposition de paix. [...] Attendez, on donnera à Hess un quelconque médicament et on lui fera prononcer un discours à la radio. Je ne pourrai guère démentir, car ce sera bien la voix de Hess[83]. »

Tout à son excitation, Hitler a fait reporter son rendez-vous avec l'ingénieur Todt, mais il ne va pas jusqu'à annuler l'entretien prévu avec l'amiral Darlan – sans doute en raison de l'importance des questions à traiter**, et certainement pour ne pas donner l'impression qu'il se passe quelque chose d'anormal. C'est malgré tout avec quatre heures de retard que la délégation française est accueillie au Berghof peu après 16 heures, et le secrétaire d'État Jacques Benoist-Méchin, quelque peu surpris par l'agitation ambiante, racontera lui-même la suite : « L'ambassadeur

---

* De fait, Ribbentrop est immédiatement envoyé à Rome pour expliquer tant bien que mal l'initiative de Hess et rassurer Mussolini sur les intentions allemandes.

** La révolte antibritannique de Rachid Ali en Irak est une aubaine pour l'Allemagne, mais elle ne peut être soutenue que si les Français de Syrie coopèrent – notamment en ouvrant leurs aéroports à la Luftwaffe.

Abetz me présenta au chancelier. [...] Comme il venait de remporter une série de victoires en Grèce, je pensais le trouver satisfait et rayonnant. Contrairement à mon attente, son visage était empreint d'une profonde tristesse. Je me rappelai l'avoir déjà vu ainsi sur une photographie. Mais où ? Je consultai rapidement ma mémoire et pus identifier mon souvenir. C'était un instantané pris au balcon de la chancellerie le 1er juillet 1934, au lendemain de l'exécution de Roehm. Pourquoi avait-il aujourd'hui cette même expression tragique[84] ? » Benoist-Méchin ne peut le savoir, mais il remarque que lors des négociations qui s'ensuivent, le Führer semble avoir d'autres préoccupations. À l'issue des pourparlers, qui ont porté principalement sur la Syrie et l'Irak, la délégation sort du bureau, mais Benoist-Méchin est resté en arrière pour remettre ses cartes dans sa serviette : « Ce travail irritant avait accaparé toute mon attention. Lorsque je levai les yeux, quelle ne fut pas ma surprise d'apercevoir le chancelier debout à côté de moi. Le front barré par sa mèche légendaire, son visage avait une expression encore plus triste qu'à notre arrivée, et il me sembla que ses yeux étaient remplis de larmes[85]. »

Serait-ce le regret d'avoir perdu un nouveau compagnon des temps héroïques, ce cher *Rudi* qui avait partagé sa solitude à Landsberg dix-sept ans plus tôt ? C'est peu probable : le Führer n'est pas sentimental à ce point, et on se souvient de cette phrase prononcée quelques heures plus tôt : « J'espère qu'il est tombé en mer*. » Pourtant, c'est précisément cela qui le préoccupe après le départ de la délégation française, ainsi que le notera le major Engel dès le lendemain : « Toute la nuit, il s'est demandé s'il arriverait à destination ou pas. Oui, en

---

* Hitler n'ignore certainement pas qu'une chute en mer du Nord sans secours immédiat équivaut à une mort certaine. Malgré tout, rien n'est simple chez cet esprit tourmenté : on sait depuis les meurtres de Roehm et de Strasser qu'Hitler est capable de regretter amèrement des hommes qu'il a fait mettre à mort.

théorie, disent les experts, mais les chances sont de 50-50. Le Führer décide de faire un communiqué et explique le vol par des désordres psychiques. Il a dit mot pour mot : "Hess a toujours eu des idées folles. Mais les choses se sont aggravées lorsqu'il est tombé de plus en plus sous l'influence de Haushofer[86]." »

Dès le lendemain 12 mai au matin, alors qu'il n'y a toujours aucune nouvelle de Hess, la radio allemande diffuse le message suivant : « Les autorités du parti communiquent : Rudolf Hess, auquel le Führer avait expressément interdit de piloter un avion, car il était atteint d'une maladie qui n'avait fait que s'aggraver avec les années, a enfreint cet ordre. Ayant réussi à se procurer un avion, Hess a entrepris, le samedi 10 mai à 18 heures environ, à partir d'Augsbourg, un vol dont il n'est pas revenu. La lettre qu'il a laissée révèle malheureusement des symptômes de troubles mentaux, qui justifient la crainte qu'il ait été victime d'hallucinations. Le Führer a immédiatement ordonné l'arrestation des aides de camp de Hess, qui étaient seuls au courant de ses vols. Malgré l'interdiction du Führer, ils n'avaient ni empêché son départ ni signalé la chose sans tarder. Dans ces conditions, le mouvement national-socialiste se voit contraint de supposer que le membre du parti Hess s'est écrasé avec son avion ou a péri dans un accident similaire[87]. »

Voilà qui n'est pas très glorieux, et bien des auditeurs se demandent s'il est bien normal que le premier représentant du Führer présente des symptômes de troubles mentaux. Mais la confusion atteint son comble lorsque dans la nuit du 12 au 13 mai, un bref communiqué de la BBC annonce que Hess a bien atterri en Écosse, non loin de Dungavel House, la demeure du duc d'Hamilton. La nouvelle de la survie de son vieux compagnon plonge à nouveau le Führer dans une profonde prostration : à l'énorme perte de prestige auprès de ses alliés s'ajoute la peur panique que Hess fasse aux Anglais des révélations au sujet de l'attaque contre l'URSS, qui n'est plus éloignée que de six semaines... Comme toujours, il cherche des boucs émissaires, et il n'a aucun mal à en trouver : « Le Führer, note Engel, s'en prend à la famille Haushofer. Ce professeur enjuivé a sur la conscience l'initiative de Hess[88]. » Devant Otto Dietrich, il désigne les autres responsables : « Hitler s'était déjà déclaré convaincu que Hess n'avait pas voulu trahir, mais que ses obsessions avaient été renforcées par sa fréquentation de devins et autres charlatans qui donnaient dans le surnaturel[89]. »

C'est à peu près ce qu'il va expliquer dans l'après-midi du 13 mai aux gauleiters et aux Reichsleiters réunis d'urgence sur l'Obersalzberg. Tous sont frappés par l'air hagard du Führer ; Goebbels le trouve « très choqué et terriblement amer[90] », Baldur von Schirach constate que « ses yeux étaient rouges ; il parlait d'une voix faible et tremblante d'émotion[91] » et Hans Frank notera : « J'ai été horrifié par sa mine dévastée. [...] Je ne l'avais vu qu'une seule fois dans cet état, c'était lors du décès de sa nièce. [...] Il a parlé d'une voix très faible, indistincte, déprimée, après que Bormann nous eut lu les lettres de Hess, qui déclarait entreprendre son vol pour tenter une toute dernière fois de conclure la paix avec l'Angleterre. [...] Hitler a qualifié ce vol de véritable coup de folie. "Hess est avant tout un déserteur, et si jamais je l'attrape, il paiera cher cette abjecte trahison. Du reste, il me semble que cet acte a été inspiré au plus haut point par les fantasmagories astrologiques dont s'entourait Hess. Il est donc temps de balayer radicalement ce fatras nocif de divination aberrante*[92]." »

Aussitôt dit, aussitôt fait : tous les astrologues, devins, mages, spirites, anthroposophes, magnétiseurs et thérapeutes de divers acabits aux quatre coins du Reich vont

---

* À aucun moment de ce discours il ne mentionnera la prochaine attaque contre l'URSS.

recevoir la visite des hommes de la Gestapo[93], et si les ordres d'Hitler ne seront qu'imparfaitement suivis, c'est qu'Himmler lui-même est très dépendant des astrologues et de la médecine parallèle*. Mais le proche entourage de Hess ne jouira pas de cette protection : ses secrétaires, son chauffeur, son domestique et ses aides de camp sont arrêtés et disparaissent pour de longs mois dans des camps de concentration ; son frère Heinz est exclu du parti et chassé de l'*Auslandsorganisation* ; Carl et Albrecht Haushofer sont arrêtés, interrogés, puis isolés et interdits de publication. Par contre, Willi Messerschmitt et toute son équipe, qui ont tout de même fourni à Hess les moyens de son escapade, seront laissés en paix, à la fois parce qu'ils bénéficient de la protection du maréchal Goering et parce qu'ils restent indispensables à l'effort de guerre. Si le gauleiter Bohle, qui admet lors de son interrogatoire avoir traduit des lettres pour Hess, est lui aussi laissé en liberté, c'est probablement grâce à son « assurance vie » – les fameux documents compromettants entreposés à l'étranger. Bormann, dont l'ascension sera météorique après le départ de son chef, voudra s'en prendre à la femme de Hess en faisant confisquer sa résidence de Harlaching, mais Hitler l'ayant apparemment rappelé à l'ordre, il n'en fera rien**. Pour finir, le Führer dira sombrement à son aide de camp Engel : « Le mieux serait de ne plus parler de cette affaire[94]. »

C'est plus facile à dire qu'à faire, car ce Hess mis au secret par les Anglais est à la fois un affront personnel, un embarras diplomatique, un désastre politique et une bombe

---

* C'est ainsi que le masseur Felix Kersten, arrêté et interrogé par Heydrich, sera libéré presque immédiatement sur l'ordre d'Himmler.

** Vraisemblablement parce que le fait de persécuter la famille de Hess pourrait amener ce dernier à collaborer avec les Britanniques, ou à faire des déclarations embarrassantes en guise de représailles. Mais selon Nerin Gun, c'est Eva Braun qui serait intervenue en faveur d'Ilse Hess et de son fils. (N. Gun, *Eva Braun-Hitler, Leben und Schicksal*, Blick & Bild, Baden, 1968, p. 110.)

à retardement militaire*. Mais si le Führer ne veut plus en entendre parler, il ne cessera d'y revenir de lui-même, en disant par exemple à Goering : « Il a dû devenir fou, sinon il ne m'aurait jamais fait une chose pareille. Il m'a poignardé dans le dos. Il n'aurait pas fait cela s'il avait été normal[95]. » Un an plus tard, le 20 avril 1942, Hitler n'a toujours pas digéré l'affront ; au QG de Rastenburg, en Prusse-Orientale, l'ancien *Stellvertreter* figure à l'occasion dans ses interminables monologues, et le sténographe de service note : « Le chef se déclare encore aujourd'hui mécontent de n'avoir pas été informé à l'époque des vols d'essai de Hess. Il considère comme exclu un retour de Hess en Allemagne, car il n'y aurait alors pour lui que deux possibilités : "l'asile de fous ou le peloton d'exécution"[96]. » L'aide de camp naval d'Hitler, Karl Jesco von Puttkamer, précisera à l'auteur en 1974 : « Il est certain que le Führer est resté très affecté par cette histoire – davantage peut-être que par n'importe quelle défaite militaire**. [...] Pendant tout le reste de la guerre, il était considéré comme inconvenant de prononcer le nom de Hess en sa présence. Lui-même y revenait parfois, mais c'était un peu... étrange*** : dans ses propos, il y avait toujours une colère sourde, parfois de la nostalgie et même de la compassion, mais surtout de l'incompréhension – un peu comme s'il avait été trahi par sa chienne Blondi, vous voyez ? [...] Oui, après, il voulait le faire pendre, mais ça ne signifie rien : la dernière année, il voulait faire pendre à peu près tout le monde[97] ! »

---

* L'affolement provoqué à tous les niveaux de la hiérarchie britannique par l'arrivée de l'« émissaire », ainsi que les discussions animées sur la meilleure façon de l'exploiter, suffisent déjà à penser qu'elle était totalement imprévue. Les ouvrages faisant état d'un complot de la perfide Albion pour attirer Hess en Grande-Bretagne (il en paraît pratiquement tous les ans) reposent sur des bases bien fragiles, du fait de l'absence totale de documentation fiable.

** Après ces mots, l'amiral avait ajouté : « Mais ce n'est là qu'une impression personnelle. »

*** « *Etwas... sonderlich.* »

Certes… À cet égard, le dernier mot appartient sans doute au ministre Albert Speer, qui a longuement côtoyé Rudolf Hess en captivité après la guerre : « Dans la prison de Spandau, Hess m'a assuré le plus sérieusement du monde que l'idée lui était venue lors d'un rêve inspiré par des forces surnaturelles. Il a ajouté qu'il n'avait eu aucune intention de s'opposer à Hitler ou de le mettre dans l'embarras. Si je ne me trompe, Hitler n'a jamais digéré cette "déloyauté" de la part de son adjoint. Peu après la tentative d'assassinat du 20 juillet 1944, il a mentionné […] que parmi les conditions qu'il poserait lors de négociations de paix, il y aurait l'extradition du "traître" : Hess devrait être pendu. Lorsque plus tard j'en ai fait part à Hess, il m'a répondu : "Nous nous serions réconciliés, j'en suis certain*. Et vous ne croyez pas qu'en 1945, lorsque tout s'écroulait, il a dû parfois penser : 'En définitive, c'est Hess qui avait raison'[98] ?" »

On ne le saura jamais, bien sûr, mais tout cela ne suffit-il pas à dissiper l'essentiel du mystère de l'affaire Hess ? L'ancien général SS Walter Schellenberg, chargé à l'époque d'enquêter sur le départ de Rudolf Hess, écrira peu avant sa mort : « En me basant sur mes connaissances de l'affaire Hess et sur les investigations menées par l'Abwehr, je puis affirmer catégoriquement qu'il est parfaitement impossible qu'Hitler ait ordonné à Hess d'aller en Grande-Bretagne faire une dernière proposition de paix. Je mentionne cela, parce que les journalistes, avec leur imagination fertile, ne cessent de soulever la question[99]. » Les historiens aussi, du reste, mais il est vrai que les innombrables livres prétendant qu'Hitler a envoyé Hess négocier avec les Britanniques à la veille de *Barbarossa* ne reposent finalement que sur cinq témoignages très fra-

---

* Compte tenu de la mentalité très perturbée d'Hitler, ce n'est pas entièrement exclu – mais il aurait été bien dangereux pour Hess de mettre cette hypothèse à l'épreuve.

giles : ceux du général Bodenschatz, du valet Linge, du gauleiter Bohle et des deux aides de camp de Hess. Or, Bodenschatz a entièrement changé sa version des faits lorsqu'il s'est cru seul avec d'autres prisonniers*, Bohle s'est borné à déclarer qu'il « ne pouvait guère imaginer que Hess tenterait une opération de cette ampleur sans consulter Hitler[100] » – ce qui revient à dire que lui-même en était réduit aux conjectures ; Linge n'a fait qu'interpréter le comportement d'Hitler, tout en reconnaissant qu'il « n'avait pas osé demander au Führer s'il avait été informé à l'avance du vol de Hess[101] » ; Leitgen a prétendu entendre quelques bribes d'une conversation privée entre Hitler et Hess le 4 mai au beau milieu du jardin de la chancellerie, dans des conditions parfaitement invraisemblables[102]. Enfin, ce que Pintsch a rédigé durant sa longue captivité en URSS[103] ressemble furieusement à un procès-verbal d'interrogatoire dicté par le KGB – terminologie soviétique comprise**.

Au vu de ce qui précède – et toute théorie du complot mise à part –, il semble évident que Rudolf Hess

---

* Il l'était – mais la salle de réunion des généraux internés était truffée de micros.

** Un échantillon : « Les faits que je rapporte confirment que l'Angleterre, en encourageant l'agression d'Hitler contre la Russie soviétique, agissait conformément à son ancien principe d'utiliser des mains étrangères pour tirer les marrons du feu. » Pintsch déclare également avoir décidé de faire des révélations circonstanciées « au moment où les cercles réactionnaires en Angleterre et en Amérique s'efforcent de déclencher une guerre ». Les historiens qui prennent tout cela au sérieux ne se rendent pas bien compte du fait qu'en période de guerre froide, l'histoire était pour Staline une arme de propagande comme une autre – et que les prisonniers allemands constituaient d'utiles vecteurs à cet égard. À noter qu'une fois libéré par les Soviétiques, Pintsch est revenu lui aussi sur ses premières révélations, puisqu'il a déclaré à un journaliste en 1963 qu'au retour d'un premier départ avorté en janvier 1941, Hess lui avait confié : « Le Führer ne sait pas que j'ai fait une tentative ce soir. » (*Der Spiegel*, 23 octobre 1963.)

a agi de sa propre initiative*. Dix éléments au moins nous contraignent à l'admettre : au printemps de 1941, Hitler ne voit aucune raison de négocier avec la Grande-Bretagne, car il pense pouvoir liquider l'URSS en trois mois au maximum – pour se retourner ensuite contre une Angleterre « privée de sa base arrière sur le continent » ; dès lors, toute négociation de paix avec Londres en mai 1941 semble parfaitement incompatible avec les plans du Führer, surtout si l'on considère les possibles malentendus avec les alliés du Reich, auxquels Hitler pense presque aussitôt. Il y a ensuite le choix de l'émissaire : Hitler a déjà refusé à plusieurs reprises au maréchal Goering la permission de se rendre à Londres ; pourquoi dès lors y envoyer Rudolf Hess, dignitaire relégué à une fonction marginale, pilote téméraire interdit de vol, personnalité considérée comme faible, influençable et mystique, homme d'appareil sans la moindre expérience diplomatique – mais initié aux plans d'attaque ultrasecrets contre l'URSS ? Il aurait été difficile d'imaginer un plus mauvais choix. En outre, lorsqu'on envoie un émissaire, secret ou non, il est d'usage de lui donner un minimum d'accréditation. Qu'emporte Rudolf Hess dans sa mission de paix ? Les cartes de visite de Karl et Albrecht Haushofer ! Par ailleurs, si l'on veut négocier avec un minimum de succès, il faut apporter de nouvelles propositions ; or, ce que Rudolf Hess va soumettre aux Britanniques, ce sont les anciennes conditions déjà refusées par Londres en octobre 1939 et juillet 1940, agrémentées de quelques considérations sentimentales sur l'amour du Führer pour les Anglais et leur empire – et de l'exigence d'une démission de Churchill ! Qu'aurait pu attendre Hitler d'une démarche aussi candide**?

---

* Tout en restant persuadé d'agir « dans l'esprit du Führer ».

** À cette époque, Hitler lui-même ne semble plus entretenir d'illusions quant à la possibilité d'un renversement de Churchill par une

Il y a aussi les circonstances des préparatifs : pourquoi Hess aurait-il eu recours à tant de stratagèmes pour déguiser ses vols d'entraînement, s'il s'apprêtait à remplir une mission au service d'Hitler ? On se souvient de sa réflexion lorsque Udet lui a demandé d'obtenir une autorisation du Führer pour pouvoir procéder à des vols d'entraînement : « J'aurais pu aussi bien me constituer prisonnier ! » Par ailleurs, le choix de l'avion comme celui de l'objectif auraient paru totalement incongrus en haut lieu : si Hitler avait réellement voulu envoyer un émissaire, il aurait fait mettre à sa disposition un appareil plus adapté – sans doute un bombardier moyen Ju 88 ou He 111, avec un équipage adéquat –, et il aurait exigé des possibilités d'atterrissage nettement moins hasardeuses. Les circonstances du vol sont moins propices encore à une négociation de paix : la même nuit du 10 mai, 520 bombardiers dévastent la ville de Londres ! Même un Führer toujours partisan de négocier en position de force n'aurait pas cumulé la même nuit les bombes et le rameau d'olivier*.

Il faut également considérer la réaction immédiate d'Hitler à cette mission de paix : à peine plus de douze heures après avoir appris le départ de Hess – et avant même de savoir s'il est parvenu à destination –, le Führer fait annoncer publiquement que son *Stellvertreter* a perdu l'esprit ; si Hitler avait envisagé un seul instant une négo-

---

quelconque faction britannique favorable à la paix. Vingt-six ans après la guerre, Hess lui-même avouera au directeur américain de la prison de Spandau : « Je n'aurais jamais dû insister pour qu'ils changent leur gouvernement. C'était idiot de ma part. Bien sûr qu'ils n'allaient pas changer de gouvernement simplement parce que je l'exigeais ! »

* Pendant la guerre, Goebbels et Bormann, les deux hommes les plus proches du Führer, n'ont pas même envisagé la possibilité qu'Hitler ait pu ordonner la mission de Hess. Lors de leurs dépositions et de leurs écrits d'après-guerre, Ribbentrop, Keitel, Schaub, Frank, Speer, Schacht, von Krosigk, Weizsäcker, Baur, Kempka, Misch, Jodl, Schellenberg et Goering ont eux aussi exclu catégoriquement une telle hypothèse – Goering et Jodl la trouvant même parfaitement grotesque.

ciation secrète, on aurait pu attendre mieux en guise de lettre d'accréditation ! Il y a encore son attitude devant tout l'entourage : il est vrai que notre homme est un excellent comédien, mais une réaction aussi violente et un abattement aussi prolongé sont absolument sans équivalent dans le comportement d'Hitler pendant toute la guerre. Enfin, et peut-être surtout, il faut prendre en compte les déclarations de Rudolf Hess lui-même, depuis son atterrissage le 10 mai 1941 jusqu'à son décès le 17 août 1987 : s'il avait voulu amener les Britanniques à négocier avec lui durant la guerre, il aurait été dans son intérêt de dire qu'il était venu avec l'accord du Führer*. Or, il ne cessera d'affirmer le contraire : à ses premiers interrogateurs britanniques qui lui demandent s'il est envoyé par Hitler, Hess répond : « Le Führer ne sait rien de ma mission[104]. » Et à Nuremberg comme à Spandau, s'il simulera parfois la folie durant ses trente-deux ans de captivité, il ne variera *jamais* dans ses propos sur l'origine de sa « mission de paix ». En 1970, peu avant de se murer presque entièrement dans le silence, Rudolf Hess le réaffirmera à Eugene Bird, le directeur américain de la prison de Spandau : « Il n'était pas question que j'en parle à Hitler. S'il avait connu mes intentions, il m'aurait fait arrêter**[105]. » Dont acte...

---

* Les tribulations de Hess après son atterrissage sur le sol britannique sortent du cadre de ce chapitre, et sont par ailleurs bien connues. Arrêté dès son arrivée, il découvrira avec stupéfaction l'absence de tout parti de la paix en Grande-Bretagne, le manque total d'intérêt de ses interlocuteurs pour une quelconque négociation, et leur décision de lui accorder un statut de prisonnier de guerre plutôt que d'émissaire diplomatique. Hess restera donc interné jusqu'à la fin de la guerre, avant d'être livré au tribunal international de Nuremberg.

** Et une ultime fois en septembre 1971, au même interlocuteur : « Laissez-moi vous dire : Hitler ne savait pas que j'avais prévu de m'envoler personnellement pour l'Angleterre. Mais moi, je savais que ce que j'avais à déclarer là-bas aurait son approbation. » Hess en restera persuadé jusqu'à sa mort, et il ne regrettera jamais sa « mission humanitaire ».

7

Canaris
et la guerre des services secrets

> « Canaris fut le chef le plus difficile
> que j'aie connu en trente ans de service.
> Se contredisant toujours dans ses ordres,
> injuste, lunatique, impénétrable, il possé-
> dait pourtant des qualités intellectuelles
> et surtout morales qui le plaçaient bien
> au-dessus des militaires ordinaires ou des
> marionnettes qu'étaient pour la plupart ses
> collègues ou ses supérieurs. [...] Il ne me
> faisait jamais l'effet d'un militaire allemand,
> mais plutôt d'un cosmopolite en uniforme
> d'amiral. [...] Connaissant ses plans secrets,
> je sais qu'il a joué un double jeu, et que,
> dans le contexte de l'époque, il était obligé
> de le faire. [...] Canaris haïssait la violence,
> et par conséquent la guerre ; c'est aussi
> pourquoi il abhorrait Hitler et son régime. »
>
> Général Erwin LAHOUSEN
> VON VIVREMONT

Durant sept décennies, historiens et journalistes ont écrit
tout et son contraire sur le personnage énigmatique de
l'amiral Canaris : depuis le traître au service des Alliés
jusqu'à la taupe d'Hitler au sein de la résistance allemande*,

---

* La thèse d'un amiral Canaris au service de la Gestapo n'est
pas exactement nouvelle : elle a été introduite il y a quarante-sept

aucun rôle ne semble lui avoir été épargné – excepté celui d'agent de Staline, qui fera sans doute l'objet de best-sellers à venir. Mais en explorant sans préjugés le monde crépusculaire des services secrets du IIIᵉ Reich, on admettra sans doute qu'un jugement plus sobre devrait prévaloir.

Nous savons que la prise de pouvoir d'Hitler a vu se développer en Allemagne une multitude de services de renseignements férocement concurrents. Pourtant, deux d'entre eux se distinguent par leur puissance et leur influence : l'Abwehr, service de contre-espionnage qui dépend du ministère de la Guerre*, et le *Sicherheitsdienst* (SD), service de renseignements et de sécurité de la SS. Le premier, héritier de l'*Abteilung III b* du célèbre colonel Walter Nicolaï**, a pour principale mission depuis 1933 de camoufler l'immense entreprise de réarmement allemand aux yeux des militaires étrangers, et sa direction a été confiée à un officier de marine, le capitaine Patzig. Le second est d'origine bien plus récente, puisqu'il est une des émanations de l'empire policier SS patiemment élaboré depuis six ans par l'ancien éleveur de poulets et chef de la garde personnelle du Führer Heinrich Himmler*** ; à la fin de 1931, celui-ci avait confié la direction de son nouveau service de ren-

---

ans par les Soviétiques Melnikov et Tchornaïa dans leur ouvrage *Dvoulikii Admiral* (Izdat. Pol. Lit., Moscou, 1965). Toutefois, il s'agissait si manifestement d'un montage de propagande dans le cadre de la guerre froide qu'aucun historien occidental ne l'avait pris au sérieux.

* Le titre d'Abwehr (contre-espionnage) est destiné à rassurer les vainqueurs de l'Allemagne, qui pourraient s'alarmer de la reconstitution d'un véritable service de renseignements.

** Qui s'était illustré à de nombreuses reprises durant la Grande Guerre.

*** En 1929, Himmler ne commandait que les 300 hommes de la garde personnelle d'Hitler (*Schutzstaffel*). En 1934, ayant pris le contrôle des polices de province, il se fait céder la Gestapo de Prusse par Goering et commande déjà à 300 000 hommes.

seignements à un ancien officier de marine de vingt-sept ans, Reinhard Heydrich*. L'expansion vertigineuse de la SS après l'élimination de Roehm s'accompagne d'un développement tout aussi considérable du SD de Heydrich, reconnu officiellement dès l'été de 1934 comme « service de renseignements du parti », avec une section *Inland* intérieure et une section *Ausland* extérieure, qui entretiennent déjà des milliers d'agents et d'indicateurs en Allemagne comme à l'étranger.

On pourrait penser que l'Abwehr, service de contre-espionnage militaire, et le SD, service de renseignements civil, n'ont aucune raison d'entrer en conflit, puisqu'ils opèrent dans des domaines très différents. Mais ce serait mal connaître l'ambition effrénée de l'*Oberführer* Reinhard Heydrich : véritable tête pensante du tandem policier qu'il forme avec Himmler, ce colosse de 1,90 mètre, athlète complet et violoniste de grand talent, est aussi un être rusé, calculateur, mégalomane, paranoïaque et foncièrement amoral. À ses yeux, le pouvoir doit être sans limites, et toute concurrence n'existe que pour être détruite. C'est pourquoi il intrigue ferme contre l'Abwehr, qui non seulement éclipse ses propres services à l'étranger, mais encore observe ses sinistres manœuvres en Allemagne – ce qui aboutit souvent à les faire avorter. Dès lors, Heydrich va s'efforcer de discréditer le chef de l'Abwehr ; ce faisant, il écartera un dangereux concurrent et augmentera considérablement sa puissance. De fait, dans les derniers jours de 1934, le capitaine de vaisseau Patzig, pris dans un réseau d'intrigues soigneusement tissé par les services de la SS et privé du soutien du ministre de la Guerre von Blomberg**, décide de démissionner. Mais les meilleurs plans ont une faille, car avant son

---

* Heydrich avait été exclu de la marine en 1931 par un jury d'honneur, à la suite d'une affaire de mœurs.
** Surnommé *Der Gummilöwe* : « le lion de caoutchouc ».

départ, Patzig a recommandé pour lui succéder un autre officier de marine nommé Wilhelm Canaris.

Au premier abord, le personnage n'a rien d'impressionnant : à quarante-huit ans, ce petit homme de 1,60 mètre a déjà la chevelure blanche d'un sexagénaire, le regard bleu rêveur d'un philosophe, un train de vie des plus modestes, de vagues nostalgies monarchistes, de profondes convictions religieuses teintées de mysticisme, un amour immodéré des chiens et des chevaux, une grande réserve naturelle et des ambitions restreintes à une fin de carrière paisible en tant que commandant de la forteresse de Swinemünde. Pourtant, il accepte de relever le défi, et au capitaine Patzig qui le met en garde contre les machinations des hommes du SD, Canaris répond tranquillement : « J'arrive bien disposé envers ces jeunes nouveaux[1] ! »

Le passé du capitaine de vaisseau Canaris explique sans doute cette surprenante expression de confiance. En sortant de l'école de marine de Kiel en 1907, il a servi à bord du croiseur *Bremen* le long des côtes de l'Amérique centrale, après quoi il a navigué en mer du Nord et en Méditerranée orientale, avant d'être affecté au *Dresden*, qui stationne dans l'Atlantique-Sud au début de la Grande Guerre. C'est à bord de ce croiseur que l'enseigne de vaisseau Canaris participe à deux des trois principales batailles navales de la guerre : la victoire de Coronel et la défaite des Falklands. Seul rescapé de ce désastre à la mi-décembre 1914, le *Dresden* échappe à la Royal Navy en se dissimulant dans les fjords de la Terre de Feu, mais il doit finalement se saborder lorsqu'il est bombardé par le croiseur *Glasgow* dans un fjord chilien le 9 mars 1915. L'équipage allemand est interné, mais Canaris parvient à s'échapper ; il traverse les Andes à pied et à cheval, pour atteindre enfin Buenos Aires en décembre 1915. Muni d'un faux passeport au nom du Chilien Reed Rosas, il parvient à regagner l'Europe à bord d'un vapeur néerlandais[2].

C'est sans doute cet exploit, joint à son excellente connaissance de l'espagnol, qui incite ses supérieurs à lui faire suivre une formation au service de renseignements du colonel Nicolaï. En novembre 1916, toujours sous son identité chilienne, il gagne Madrid, où il va travailler pendant un an pour les services de l'attaché naval allemand. Ses deux principales missions : la surveillance des flottes alliées le long des côtes de la péninsule Ibérique, et le ravitaillement des sous-marins allemands dans les principaux ports espagnols*. Dans ce pays neutre où se côtoient les agents de tous les pays belligérants, Canaris va approfondir sa connaissance du monde des services secrets et lier de solides amitiés avec des personnalités espagnoles promises à un bel avenir. Pourtant, l'officier de marine aventureux brûle de reprendre sa place au combat, et après quelques tentatives infructueuses, il parvient à regagner l'Allemagne, où il demande à suivre une formation de commandant de sous-marin. C'est à l'été de 1918 que le lieutenant de vaisseau Canaris entame ses premières missions, depuis la base autrichienne de Cattaro, sur l'Adriatique**. Il y remporte quelques succès contre la navigation ennemie, mais apprend surtout à respecter l'imposante puissance de la Royal Navy. En octobre, l'interruption du ravitaillement et la désagrégation de l'Empire austro-hongrois l'obligent à regagner l'Allemagne avec le reste de la flottille[3].

Lorsque les onze sous-marins rallient le port de Kiel au matin du 8 novembre 1918, ils y voient flotter partout le drapeau rouge, et la mutinerie s'est déjà étendue aux principales villes allemandes. Le lendemain, l'empereur Guillaume II s'enfuit aux Pays-Bas, et le 11 novembre, l'armistice est signé. Pour l'Allemagne, c'est le début d'une

---

* Au risque de décevoir les romantiques, on précisera que Canaris n'a *pas* fréquenté Mata-Hari durant son séjour en Espagne.

** Ce port sur la côte dalmate a été renommé Kotor après 1918.

période de désordre qui voit s'affronter socialistes, spartakistes, corps francs, communistes, anarchistes, milices patriotiques et divers éléments de l'armée régulière. Lors de la reprise en main par le social-démocrate Gustav Noske, Canaris entre à l'état-major de la brigade de marine Löwenfeld ; mais toutes les versions selon lesquelles il aurait participé à l'assassinat des chefs spartakistes Karl Liebknecht et Rosa Luxemburg le 16 janvier 1919 se heurtent à une évidence insurmontable : Canaris est à cette date en mission dans le sud de l'Allemagne*. Par contre, il participe bien au putsch de Kapp à Berlin en mars 1920, ce qui lui vaudra quelques jours de prison après l'échec du soulèvement. Mais le gouvernement du chancelier Scheidemann jouant l'apaisement, Canaris, comme ses camarades officiers, est remis à la disposition de la marine.

Il va s'y consacrer à la reconstruction de la flotte allemande. D'abord officier d'état-major à la direction des bases de la Baltique, il est nommé en 1922 commandant en second du croiseur école *Berlin* ; c'est même à cette occasion qu'il rencontre le cadet Reinhard Heydrich, dont les talents de violoniste sont très appréciés par sa famille**. En 1924, le capitaine de corvette Canaris est envoyé en mission au Japon, sans doute pour y superviser la construction de sous-marins sur le modèle allemand. Durant les quatre années qui suivent, on le retrouve à la direction des affaires navales du ministère de la Reichswehr, et en juin 1928, il est nommé commandant en second du cuirassé *Schlesien*. Deux ans plus

---

* Mais il a siégé comme assesseur au conseil de guerre chargé de juger les cinq assassins, ce qui a permis à certains de le rendre responsable de l'acquittement de quatre d'entre eux. Il sera même accusé d'avoir aidé le cinquième à s'évader de prison, jusqu'à ce qu'une enquête établisse qu'il n'était pas à Berlin au moment de cette évasion. Mais les légendes ont la vie dure...

** L'épouse de Canaris, Erika, étant pianiste, Heydrich participe dès cette époque à des concerts dans la maison familiale.

tard, il devient chef d'état-major des bases de la mer du Nord, avec le grade de capitaine de frégate. Mais alors qu'au début de 1933, Hitler se hisse au pouvoir, Canaris est à nouveau à bord du *Schlesien*, cette fois en tant que commandant ; il a quarante-six ans, et sa prochaine affectation en tant que commandant de la place forte de Swinemünde aurait sans doute été la dernière, s'il n'avait été orienté à la fin de 1934 vers les services de renseignements militaires du *Tirpitzufer**, dans les conditions que l'on connaît.

L'amiral Raeder, commandant en chef de la marine, ne supporte pas Canaris**, mais la perspective de voir la direction de l'Abwehr passer aux mains de l'armée de terre lui étant plus insupportable encore, il finit par capituler. Du reste, on trouverait difficilement un officier plus qualifié : Canaris a été initié aux techniques du renseignement par le célèbre colonel Nicolaï, il parle couramment quatre langues étrangères*** – une grande rareté dans l'Allemagne de l'époque –, il a déjà d'innombrables relations en Espagne, en Amérique du Sud, au Japon et en Finlande, et si l'on en croit le général Gehlen**** : « Canaris se distinguait de beaucoup d'autres officiers de la marine et de l'armée, dont les regards ne portaient pas plus loin que la mer du Nord, la Baltique et les frontières allemandes, par une aptitude à penser en termes de relations mondiales[4]. » Il passe également pour être un ardent nationaliste, un anticommuniste de tou-

---

* Le quai Tirpitz (n° 74), quartier général de l'Abwehr, à proximité immédiate du ministère de la Guerre.
** Raeder a manifestement ajouté foi aux innombrables rumeurs courant sur le compte de Canaris, notamment celles concernant sa participation à l'assassinat des chefs spartakistes.
*** L'anglais, le français, l'espagnol et l'italien – avec une aptitude certaine à en apprendre bien d'autres.
**** Devenu pendant la Seconde Guerre mondiale chef du *Fremde Heere Ost*, la section de renseignements du Haut Commandement de l'armée de terre (OKH).

jours et un sympathisant du national-socialisme. Surtout
– et cela a sans doute été l'argument décisif aux yeux
de l'amiral Raeder comme du général von Blomberg –,
il est le plus à même de s'entendre avec l'ancien cadet
de marine Reinhard Heydrich, devenu le tout-puissant
maître du *Sicherheitsdienst*...

Pour les autorités allemandes, le choix de Canaris
se révèle bientôt extrêmement judicieux. En moins de
cinq ans, le contre-amiral fraîchement promu réorganise
et renforce considérablement l'Abwehr, qui va compter cinq sections : *Amt I*, espionnage ; *Amt II*, sabotage
et infiltration ; *Amt III*, contre-espionnage ; *Amt Ausland*, relations avec le ministère de la Guerre et celui
des Affaires étrangères ; *Amt Z*, administration centrale
– avec à leur tête respectivement le colonel Pieckenbrock,
le major Groscurth, le major Bamler, le contre-amiral
Bürkner et le colonel Oster. Canaris voyage sans cesse
pour nouer des relations personnelles avec les dirigeants
et les chefs des services de renseignements étrangers,
entre autres le maréchal finlandais Mannerheim, l'ambassadeur japonais Oshima, les militaires italiens Roatta et
Amé, le régent hongrois Horthy, les chefs successifs des
services de renseignements de l'état-major suédois Jung
et Adlercreutz, le roi de Bulgarie Boris III, les notabilités
espagnoles Franco, Jordana, Campos et Vigón, le grand
mufti de Jérusalem, le nationaliste indien Chandra Bose
et bien d'autres encore. La multiplication vertigineuse
des réseaux de l'Abwehr dans l'ancien Empire austro-
hongrois et la péninsule Ibérique, en Scandinavie, aux
États-Unis et en Amérique latine, souvent sous couvert
d'activités commerciales, témoigne d'un professionnalisme
certain – dont l'intervention dans la guerre d'Espagne dès
1936 montrera très vite l'incontestable valeur*.

---

* C'est grâce à l'entremise de Canaris, inquiet de l'influence dominante des communistes dans le camp républicain, qu'Adolf Hitler

Comme tous les officiers du IIIe Reich qui ont prêté serment à Hitler, Canaris n'est pas avare de déclarations à la gloire du régime, empreintes au début d'une sincère conviction : la restauration de la puissance militaire de l'Allemagne lui apparaît comme une noble cause, et la fin des désordres comme l'élimination de la menace communiste recueillent son entière adhésion. Au grand soulagement du ministre de la Guerre von Blomberg et de son chef de cabinet von Reichenau, les conflits avec la SS se sont rapidement apaisés : Canaris a renoué ses relations personnelles avec Heydrich, qui participe à nouveau aux concerts dominicaux dans la maison de l'amiral* et chevauche régulièrement à ses côtés dans le Tiergarten, en évoquant les questions de service ; c'est en partie grâce à cela que tous deux parviennent à un accord sur la délimitation des compétences de leurs organisations respectives**, et même à une collaboration entre leurs services[5]. Enfin et surtout, l'amiral Canaris a un admirateur très haut placé en la personne du Führer lui-même : grand lecteur de romans d'espionnage et anglophile impénitent, Hitler a un respect sans bornes pour l'*Intelligence Service* britannique ; s'il s'en exagère quelque peu l'efficacité et l'ubiquité, il veut à tout prix

---

accepte de fournir une aide décisive au général Franco – ce que les Affaires étrangères et le ministère de l'Air avaient préalablement refusé. Canaris connaît personnellement depuis la Grande Guerre la plupart des hauts responsables du camp nationaliste, à commencer par Franco lui-même.

* Coïncidence ou non, les deux familles deviennent voisines en 1936, lorsque les Heydrich s'installent à leur tour dans le quartier de Zehlendorf, près du Schlachtensee.

** Les célèbres « dix commandements », qui donnent notamment à l'Abwehr le monopole du renseignement militaire et au SD celui du renseignement politique, même à l'étranger. Le contre-espionnage dans l'armée reste également réservé à l'Abwehr, mais elle est dépendante de la Gestapo pour toute mesure de nature policière, notamment les arrestations.

avoir un service de renseignements bâti sur le même modèle, et ce petit amiral expérimenté, polyglotte et cosmopolite, lui paraît être l'homme idéal pour le diriger*. Du reste, Canaris possède un autre don inappréciable : il sait écouter, parle peu, et sa voix très douce calme comme par magie les accès de rage d'Hitler[6].

Si les choses ne tardent pas à se gâter, c'est que les principes moraux et religieux de l'amiral se trouvent brutalement confrontés à l'univers de gangstérisme débridé que ses fonctions lui font progressivement découvrir. Il y a bien sûr l'extraordinaire degré de corruption et de dépravation des caciques du parti, ainsi que l'effarante gabegie de la gestion économique de Goering, maître suprême du plan quadriennal. Mais ce qui heurte le plus Wilhelm Canaris, c'est l'arbitraire, la violence et la terreur que font régner les sbires de la SS, de la Gestapo et du *Sicherheitsdienst*. Il n'a que très rarement rencontré leur chef suprême, Heinrich Himmler, qu'il considère comme lâche, falot et borné. Mais en son subordonné immédiat Reinhard Heydrich, Canaris voit désormais bien autre chose que le jeune cadet obséquieux qui lui rendait visite treize ans plus tôt : c'est à présent un personnage glacé, arriviste et sans le moindre scrupule, qui lui inspire une crainte et une répulsion instinctives. Dès leur premier rendez-vous de travail, l'amiral note dans son journal : « Il sera difficile de coopérer franchement et en confiance avec ce fanatique brutal[7]. » C'est presque une litote ; du reste, Heydrich lui-même prévient d'emblée ses subordonnés que Canaris est « un vieux renard, dont il faut absolument se méfier[8] ». À l'évidence, les deux hommes ont parfaitement pris la mesure l'un de l'autre. Derrière une façade de cordialité apparente, Heydrich guette le

---

* Les rumeurs au sujet des crimes imaginaires de Canaris lors de la lutte contre les spartakistes n'ont pu que renforcer la sympathie du Führer à son égard.

moment d'éliminer son concurrent, mais pour l'heure, il doit s'en abstenir : Canaris dispose d'un dossier fourni sur le chef du SD, comprenant entre autres les preuves de ses origines juives[9], et il n'a sûrement pas manqué d'en faire informer l'intéressé...

Pour la première fois, Heydrich se trouve donc confronté à un adversaire à sa mesure, bénéficiant en outre de la faveur du Führer. Canaris, lui, voit en Heydrich l'incarnation du mal absolu, qu'il se doit pourtant de côtoyer presque quotidiennement dans l'intérêt du service. Mais c'est précisément ainsi qu'il découvre que l'âme damnée du *Reichsführer* Himmler est à l'origine de la plupart des machinations qui se trament depuis 1937 dans les sinistres dédales de l'empire SS : la fabrication de faux documents destinés à incriminer le maréchal soviétique Toukhatchevski, victime des grandes purges que Staline conduit dans l'Armée rouge* ; les scandales qui permettent de limoger le ministre de la Guerre von Blomberg, puis le commandant en chef de l'armée von Fritsch** ; enfin, l'agitation entretenue parmi les Allemands des Sudètes, avec Konrad Henlein pour homme

---

* Heydrich avait fait parvenir aux Soviétiques par l'intermédiaire de Prague des documents censés prouver la participation de Toukhatchevski à un complot allemand contre Staline. Après l'exécution du maréchal, Heydrich s'en était même vanté auprès de Canaris, qui avait été très choqué par le procédé. En fait, ces documents n'avaient même pas été utilisés au procès : Toukhatchevski, comme tous les autres accusés, était condamné d'avance.

** Le maréchal von Blomberg avait épousé en secondes noces une jeune Allemande du nom d'Erna Grühn, Hitler et Goering étant témoins à leur mariage. Peu après, la Gestapo découvre « par hasard » le passé douteux de la mariée, et Hitler, donnant tous les signes extérieurs de la plus grande indignation, exige la démission de von Blomberg. Von Fritsch, lui, avait été accusé d'homosexualité par un témoin « préparé » dans les services de Heydrich. Un conseil de guerre a permis de faire la lumière sur la machination, mais Hitler, qui connaissait sans doute la vérité depuis le début, a maintenu sa décision de limoger von Fritsch.

de paille et le *Brigadeführer** SS Karl Hermann Frank pour véritable organisateur.

Canaris est profondément dégoûté par toutes ces affaires, dont le commanditaire et principal bénéficiaire ne peut être que le Führer lui-même : en se débarrassant coup sur coup du ministre de la Guerre et du commandant en chef de l'armée au début de 1938, il réorganise toute la structure de commandement et assoit son pouvoir absolu sur la Wehrmacht : le ministère de la Guerre est supprimé et remplacé par un *Oberkommando der Wehrmacht*, dirigé en principe par le général Keitel, mais en réalité aux ordres directs d'Adolf Hitler ; de même, le commandement de l'armée de terre est désormais confié au général von Brauchitsch, dont l'indépendance d'esprit n'est pas la qualité dominante ; en outre, le renvoi simultané du ministre des Affaires étrangères von Neurath, remplacé par le très servile von Ribbentrop, doit également entraîner un changement radical dans la politique étrangère du Reich – et les premiers désordres organisés dans les Sudètes montrent clairement le caractère résolument conquérant que doit revêtir cette nouvelle politique. D'ailleurs, Canaris a été rapidement mis au courant de la réunion secrète tenue à la chancellerie le 5 novembre 1937 ; Hitler y informait ses généraux de sa décision irrévocable de « résoudre le problème de l'espace vital allemand au plus tard entre 1943 et 1945 » – voire avant cette échéance, si les circonstances devaient s'y prêter. Un mois plus tard, l'amiral Canaris rencontre son prédécesseur Patzig, qui écrira : « Dès le début de notre conversation, il m'a dit que c'étaient tous des criminels, de haut en bas, et qu'ils menaient le pays à sa perte. » Patzig lui conseille d'en tirer les conclusions et de démissionner, mais Canaris répond : « Si je pars, Heydrich me remplacera, et tout sera perdu[10]. »

---

* Général de brigade.

Les crimes de la Gestapo, les persécutions religieuses, les basses intrigues contre le Haut Commandement et la révélation des ambitions guerrières d'Hitler ont dissipé bien des illusions, et les instructions données par Canaris à ses officiers se divisent désormais en ordres ouverts, comme « limitation des activités de l'Abwehr à ses tâches militaires sans aucune intervention dans le domaine politique », et en directives confidentielles, comme « formation d'une organisation secrète à l'intérieur de l'Abwehr II, afin de consolider les forces antinazies et de les préparer à tous actes illégaux qui pourraient être perpétrés à l'avenir contre le système » ; « débarrasser systématiquement l'Abwehr des nazis fanatiques et des espions du SD » ; « protection de toutes les personnalités menacées par la Gestapo, le SD, le NSDAP et le ministère des Affaires étrangères » ; « attitude passive lors des actions de sabotage de l'Abwehr II, sous le couvert d'une apparence de très grande activité » ; et enfin, un peu plus tard : « non-exécution de tous ordres relatifs à des enlèvements, assassinats ou empoisonnements »[11].

Rarement service secret aura fonctionné de façon aussi schizophrène... Mais dès lors, les hommes qui ont décidé de résister à la dérive du régime vont trouver au sein de l'Abwehr une solide couverture. S'y agrégeront progressivement le conseiller au ministère de la Justice Hans von Dohnanyi, l'avocat Joseph Müller, l'ancien fonctionnaire du ministère de l'Intérieur Hans Bernd Gisevius, le pasteur Dietrich Bonhoeffer, le maire de Leipzig Carl Goerdeler, l'avocat Helmuth von Moltke*, le lieutenant Franz Liedig, l'ancien secrétaire de Ribbentrop Reinhard Spitzy, le major Otto Wagner, le baron von Guttenberg, l'ambassadeur Otto Kiep et bien d'autres, avec pour meneur le

---

* Inspirateur du *Kreisau Kreis* (« Cercle de Kreisau »), principal foyer civil de conspiration antihitlérienne.

commandant de la section Z, Hans Oster. Les autres chefs de section de l'Abwehr, Pieckenbrock, Groscurth et Bürkner, moins engagés dans l'opposition active, n'en sont pas moins des antinazis confirmés, et ils sont rejoints après l'Anschluss par le colonel autrichien Erwin Lahousen, un autre ennemi implacable d'Hitler, qui prendra la tête de la section II au début de 1939. Par contre, le colonel Bamler, chef de la section III, qui entretient des relations un peu trop étroites avec la Gestapo et le SD, est encouragé à démissionner* et remplacé par un autre opposant à Hitler, le colonel von Bentivegni. C'est que le chef ne cesse de répéter sa règle impérative : « Pas de nazis chez nous[12] ! »

Sous l'œil bienveillant de Canaris, le colonel Oster entretient également des relations étroites avec des opposants au régime dans bien d'autres milieux : au ministère des Affaires étrangères, avec le secrétaire d'État von Weizsäcker**, les ambassadeurs von Hassel et von der Schulenburg, les secrétaires d'ambassade Kordt, von Haeften et von Trott zu Solz ; à la Reichsbank, avec le ministre Hjalmar Schacht ; au ministère des Finances de Prusse, avec le ministre Johannes Popitz ; à la Justice, avec le juge Sack ; au ministère de l'Économie du Reich, avec Herbert Goering*** ; à l'OKW, avec le général von Viehbahn ; à la direction de l'armée de terre, avec les généraux Halder, Witzleben, Thomas, von Stülpnagel, Fellgiebel, et surtout avec l'ancien chef d'état-major Lud-

---

* Il serait plus juste de dire qu'il n'a pas été dissuadé lorsqu'il s'est porté volontaire pour aller au front en 1939.

** Ce dernier, ancien officier de marine, est un ami personnel de Canaris. Son fils, Carl Friedrich von Weizsäcker, est un physicien nucléaire que l'Abwehr protégera de la curiosité des hommes de la Gestapo, lorsqu'il fera preuve d'un zèle très modéré dans ses recherches sur la bombe atomique.

*** Le cousin de Hermann, dont la belle-sœur Ilse est également très proche des milieux de l'opposition.

wig Beck*, chef incontesté de l'opposition militaire à Hitler. La liste s'étend même au général SS Arthur Nebe, directeur de la police criminelle du Reich, ainsi qu'au comte Helldorf, *Gruppenführer* SA et préfet de police de Berlin ! Conjointement ou séparément, tous ces hommes tentent de prévenir le désastre qui s'annonce.

Leur première initiative, réunissant principalement Oster, Dohnanyi, Nebe, Sack, Gisevius et Beck, a été de réunir des preuves pour faire innocenter et réhabiliter le général von Fritsch. Lorsque se profile la menace contre la Tchécoslovaquie, Oster et von Weizsäcker délèguent Erich et Theo Kordt à Londres, afin de tenter d'obtenir du gouvernement britannique un message suffisamment ferme pour dissuader Hitler de toute initiative brusquée. Plus remarquable encore, il y a les préparatifs d'un putsch contre Hitler et les SS, à déclencher en septembre 1938, dès qu'Hitler attaquera la Tchécoslovaquie ; les généraux Beck, Halder, Olbricht et Witzleben, le colonel Oster, le secrétaire d'État von Weizsäcker et le comte Helldorf sont au centre de ce complot, que seule l'arrivée inattendue de Neville Chamberlain et les accords de Munich feront avorter. Mais toutes ces actions se font sous la protection discrète de l'amiral Canaris, qui prend également quelques initiatives personnelles : lors de la crise tchèque, il communique à Hitler des rapports inquiétants sur les renforts militaires dépêchés par l'armée française le long de la frontière allemande, et il fera de même pour dissuader Hitler de s'en prendre à la Pologne en août 1939.

Mais ce mois-là, Canaris s'engage encore davantage, à l'insu même de ses plus proches collaborateurs : le 16 août 1939, le chargé d'affaires de l'ambassade d'Italie à Berlin, Magistrati, communique au ministre

---

* Qui a démissionné à l'été de 1938, pour être remplacé comme chef d'état-major par le général Halder.

des Affaires étrangères Ciano le message suivant, qu'il tient de son attaché militaire, le général Roatta : « Hier soir, la personne mentionnée dans mes derniers rapports m'a confié ce qui suit : le Führer n'a pas seulement l'intention d'annexer Dantzig, mais bien d'en finir avec la Pologne (*"Er will nicht Danzig, aber Polen"*). Les opérations commenceront dans un délai d'environ deux semaines... Nous savons (je rapporte toujours les paroles de la personne en question) que le gouvernement italien est en désaccord avec les intentions du gouvernement allemand, ou du moins qu'il ne juge pas opportun actuellement le déclenchement d'un conflit européen. Toutefois, cette simple divergence d'opinions [...] n'amènerait pas le Führer à revenir sur sa décision. En revanche, Hitler renoncerait peut-être, si le gouvernement italien lui communiquait explicitement qu'il ne fera pas cause commune avec lui... » Et le chargé d'affaires Magistrati ajoute à la communication de l'attaché militaire : « La personne avec qui le général Roatta a eu cet entretien est [...] l'amiral Canaris, chef des services de renseignements au ministère de la Guerre du Reich*[13]. »

On sait que l'abstention italienne qui en résulte ne retardera que de quelques jours le déclenchement de la guerre contre la Pologne et le début de la Seconde Guerre mondiale. Lorsqu'elle éclate finalement le 1ᵉʳ septembre, l'amiral confie à Gisevius avec des larmes dans les yeux : « C'est la fin de l'Allemagne[14] ! » Quel que soit le nombre de victoires initiales, Canaris considère

---

* Le fait de mentionner le nom de l'amiral Canaris dans la dépêche est contraire à toutes les pratiques diplomatiques, et d'autant plus inepte que le service des écoutes allemand connaît parfaitement le code italien. La chance de l'amiral Canaris est que le *Forschungsamt* qui décrypte le message est sous les ordres du maréchal Goering – complice servile d'Hitler, mais opposant résolu à la guerre contre la Pologne.

que la guerre est perdue d'avance, parce que « Hitler n'a jamais examiné le globe[15] ». Mais peu d'Allemands voient aussi loin ; la victoire éclair contre les Polonais va encore rehausser le prestige d'Hitler et décupler son assurance – à tel point qu'il fait connaître son intention de « mettre l'Angleterre à genoux » et de « détruire la France » dès la fin du mois d'octobre ! Les conjurés tentent de mettre à profit la consternation de tous les responsables militaires pour réintroduire leur projet de coup d'État, mais ils se heurtent aux hésitations des uns, aux indiscrétions des autres, et surtout à la pusillanimité du général von Brauchitsch, qui seul aurait pu mettre en mouvement des troupes pour neutraliser les SS et investir la chancellerie. Lors des reports successifs du plan d'attaque à l'Ouest, ainsi que peu avant le déclenchement de l'invasion de la Norvège au début d'avril 1940, les services de Canaris, en conjonction avec certains militaires de l'OKW et quelques diplomates de l'*Auswärtiges Amt*, magnifient les contre-mesures alliées pour dissuader Hitler de prendre l'offensive. C'est naturellement en vain, mais au sein de l'Abwehr, le colonel Oster va plus loin, en avertissant les pays menacés par l'intermédiaire du Vatican ou des attachés militaires neutres en poste à Berlin. Ce sera le cas pour la Norvège, la Belgique, les Pays-Bas et la France, mais aussi pour la Grèce et la Yougoslavie.

Si l'attention s'est focalisée sur le colonel Oster, cela ne signifie pas qu'il soit le seul à agir. Le colonel Erwin Lahousen, chef de l'Abwehr II et autre collaborateur très proche de l'amiral Canaris, transmet aux services de renseignements français des informations très précises sur les projets d'offensive d'Hitler entre 1938 et 1942. C'est ainsi que le SR du colonel Rivet est notifié très à l'avance des plans d'invasion des Sudètes, de la Bohème, de la Pologne, de la Norvège, de la France, de la Yougoslavie, de la Crète et de l'URSS. L'intermédiaire est une jeune Française nommée Madeleine Bihet-Richou, que le colonel Lahousen a connue à Vienne avant l'Anschluss, et qui a ensuite été en poste à Berlin et à Budapest[16].

L'amiral a certes soutenu activement les plans de coup d'État, mais dès octobre 1939 il ne croit plus guère en leurs chances d'aboutir*. Désabusé et fataliste, il déclare devant Reinhard Spitzy et quelques autres : « Mes chers amis, ce que vous faites ne vous servira pas à grand-chose. On ne triche pas avec le sens de l'histoire. De trop grands crimes ont été commis, qui appellent vengeance à grands cris. Si vous croyez échapper au destin justicier en menant un putsch au moment opportun, vous vous trompez. L'Allemagne devra s'enfoncer profondément dans l'abîme et expier lourdement avant de pouvoir renaître. Mais ne vous occupez pas de moi, poursuivez donc. Seulement, je crois que vous ne réussirez pas[17]. » L'activisme de Canaris ne ralentit pas pour autant : en octobre, il soustrait des Polonais catholiques et juifs – et même un rabbin** – aux griffes de la Gestapo, pour les faire conduire en Suisse ou en Roumanie ; dès cette époque, du reste, l'amiral va personnellement rendre visite aux généraux pour leur montrer les preuves des crimes commis par les SS en Pologne contre les intellectuels, le clergé, la noblesse et les Juifs. Il en fait même

---

* Et en homme profondément religieux, il s'oppose encore à l'idée d'assassiner Hitler, qu'il préférerait voir arrêter et juger – ou encore faire déclarer fou par un collège de psychiatres.

** Joseph Isaak Schneersohn, grand rabbin et lettré de réputation mondiale. C'est *une* des raisons pour lesquelles le rabbin Binyamin Lipshitz a demandé récemment en Israël l'inscription de Canaris sur la liste des « Justes parmi les nations ». (AFP, 5 août 2009.) Pour l'heure, cette inscription a été refusée, au motif que l'amiral avait « exercé de hautes fonctions dans l'appareil militaire nazi ». Il est vrai qu'un cuisinier, un laboureur ou un garçon coiffeur auraient été plus éligibles selon ce critère ; malheureusement, leurs fonctions subalternes ne leur donnaient pas l'occasion de sauver des centaines de Juifs… Il fallait pour cela exercer un minimum de responsabilités officielles.

parvenir des copies à l'étranger[18], et il vient protester en personne devant son propre chef, le général Keitel : « Un jour, le monde tiendra la Wehrmacht pour responsable de ces mesures, qui sont exécutées devant elle[19]. » Bien entendu, Keitel ne veut rien entendre et se retranche derrière un ordre du Führer. Canaris, scandalisé, confie au vice-amiral Bürckner : « Une guerre conduite au mépris de toute éthique ne peut être gagnée. Il y a aussi une justice divine sur terre[20]. »

Si l'amiral a lui-même amplifié les capacités militaires alliées dans ses rapports adressés à Hitler, le fait d'informer l'étranger des dates d'attaque lui pose un problème de conscience aigu : c'est en effet mettre en péril des vies de soldats allemands, et franchir la limite étroite qui sépare le *Hochverrat* du *Landesverrat* – la haute trahison de la trahison du pays ; mais si les avertissements amenaient la nation visée à prendre des mesures de défense ostensibles, Hitler pourrait être dissuadé de déclencher l'agression... Ce sera le cas pour la Suisse au début de 1940, lorsque le gouvernement helvétique, prévenu à temps des intentions d'Hitler par l'agent Josef Müller, fera procéder à une mobilisation partielle – aussitôt rapportée au Führer par Canaris, qui y ajoutera des photos aériennes du redoutable « réduit alpin » helvétique[21]. En outre, certains de ses agents, comme Paul Thümmel à Prague et Theodor Steltzer à Oslo, vont coopérer directement avec la résistance dans les pays occupés[22]*. Enfin, Canaris est nécessairement au courant des renseignements

---

* Oskar Schindler lui-même était un agent de l'Abwehr depuis 1936 dans les Sudètes, puis en Pologne après octobre 1939. Une récente biographie par David Crowe (Westview, N.Y., 2004, p. 16-24 et 79-86) indique que l'action de sauvetage de Schindler et ses contacts avec l'Agence juive de Budapest ont bénéficié de la couverture de l'Abwehr de Canaris et de celle du bureau des Armements du général Thomas – l'amiral et le général étant en contact étroit dans la résistance contre Hitler.

que Oster et Lahousen communiquent aux Alliés, et il les encourage au besoin. C'est ainsi qu'en février 1942, alors que l'amiral veut faire échouer certains projets criminels du Führer en informant les victimes potentielles*, il dit à Lahousen : « *Der Lange,* vous avez l'air soucieux. Vous devriez aller faire un tour à Budapest pour vous changer les idées[23]. » C'est en effet dans la capitale hongroise que réside à l'époque Madeleine Bihet-Richou, l'agent de liaison de Lahousen avec le SR français...

Mais le déchirement est d'autant plus douloureux que le chef de l'Abwehr est chargé de recueillir des renseignements détaillés sur les plans et l'ordre de bataille ennemis, et de mettre en œuvre les opérations de camouflage, d'intoxication, de subversion et de sabotage qui accompagnent toutes les offensives de la Wehrmacht ; ce sont ses services qui fournissent les uniformes polonais et néerlandais requis par la SS et l'OKW pour introduire leurs agents en pays ennemi, et c'est son régiment Brandenburg d'« opérations spéciales » qui accomplit les tâches préliminaires de neutralisation et de destruction en territoire polonais, norvégien, belge, néerlandais, français... et plus tard soviétique ; enfin, la *Geheime Feldpolizei,* sous l'autorité de l'Abwehr, doit souvent prêter assistance aux SS dans leurs exactions en pays conquis[24]. C'est que, comme toutes les autres parties de la Wehrmacht, l'Abwehr a une obligation de résultats, et faute de succès aux moments décisifs, son chef serait immédiatement limogé – pour être remplacé par Heydrich ou par Himmler. Si l'on considère en outre que Canaris déteste la bureaucratie, qu'il est constamment en déplacement, qu'il est sujet à de longues périodes de dépression, qu'il doit couvrir des comploteurs imprudents comme Goerdeler ou Dohnanyi, qu'il est surveillé en permanence par

---

* Il s'agit en l'occurrence du projet d'assassinat du général Giraud. Voir *supra,* p. 227.

les agents du RSHA de Heydrich*, que les opposants déterminés à Hitler sont loin d'être majoritaires au sein de l'Abwehr**, et que malgré tout cela, « les innombrables actions visant à sauver de la mort des Juifs, des chrétiens ou des citoyens de pays ennemis font partie du service courant[25] », force est d'admettre que le dilemme de Hamlet n'est qu'une simple bluette, comparé au cas de conscience qui hantera pendant six longues années le petit amiral échoué sur les quais du *Tirpitzufer*...

C'est d'autant plus vrai qu'il est également chargé par Hitler de missions diplomatiques que Ribbentrop ne peut pas ou ne doit pas assumer. Tel est le cas dès septembre 1939, lorsqu'il se rend personnellement à Budapest pour dissuader les dirigeants hongrois d'attaquer la Roumanie ; à l'été de 1940, il est envoyé en Espagne pour persuader Franco de s'allier à l'Allemagne contre l'Angleterre, et de participer à la prise de Gibraltar ; quelques mois plus tard, il doit également contacter les Grecs à l'insu des Italiens pour leur proposer un accord qui dispenserait l'Allemagne d'intervenir dans le conflit italo-grec. Dans le deuxième cas, du reste, il semble avoir très efficacement dissuadé son ami le général Franco d'entrer en guerre contre la Grande-Bretagne[26], ainsi qu'Hitler l'apprendra à ses dépens lors de l'entrevue d'Hendaye en octobre 1940***.

Le double jeu va se poursuivre également dans une autre direction ; par des voies détournées, Canaris va faire contacter les Alliés, « pour prouver au monde qu'il

---

* *Reichssicherheitshauptamt,* ou Office principal de sécurité du Reich, qui regroupe depuis 1939 la Gestapo (*Amt IV*), la Kripo (police criminelle, *Amt V*), le SD *Inland* (contre-espionnage, *Amt III*) et le SD *Ausland* (*Amt VI*).

** Beaucoup d'officiers ne prennent pas position et se bornent à remplir leurs tâches ; quelques-uns travaillent discrètement pour le compte de Heydrich.

*** Canaris avait conseillé à ses amis espagnols d'exiger en échange de leur entrée en guerre des matières premières et des pièces d'artillerie lourde que les Allemands étaient hors d'état de fournir.

existe encore une Allemagne honorable[27] », mais aussi
pour obtenir d'eux une garantie : au cas où l'opposition
parviendrait à renverser Hitler, elle doit être assurée que
les puissances occidentales n'en profiteraient pas pour
imposer à l'Allemagne « un nouveau Compiègne » et
une occupation, qui discréditeraient définitivement les
conjurés aux yeux de leurs compatriotes[28]. L'ensemble
de ses initiatives en ce sens ne sera sans doute pas
connu de sitôt, car le journal de l'amiral a disparu* et
les archives britanniques sur la question restent fermées.
Mais il est clairement établi que la première entreprise
date d'octobre 1939, lorsque l'avocat catholique Josef
Müller est envoyé au Vatican pour tenter de prendre
contact avec l'Occident, par l'intermédiaire du pape et
de son entourage. L'objet de sa mission est de s'enquérir
des conditions de paix posées par Londres, et lorsque le
contact est établi, Müller apprend sans surprise que le
Foreign Office exige en priorité la destitution d'Hitler
et le retour de l'Allemagne aux frontières de 1937**[29]. Le
rapport qu'il établit à son retour en Allemagne, sous le
nom de *X-Bericht*, doit servir à convaincre les généraux
hésitants – à commencer par Halder et Brauchitsch – de
passer à l'action sans retard. Tous les contacts suivants
ont le même objet : s'assurer que les Alliés ne mettront
pas à profit les désordres résultant d'un putsch éventuel pour porter un coup fatal à l'Allemagne. Mais les
choses se compliqueront singulièrement pour les négo-

---

* Les nazis ont détruit l'original au début de 1945, mais Canaris
en a peut-être emporté une copie en Espagne, dans des valises de
cuir noir qui n'ont pas réapparu. Par contre, les quarante extraits
de ce journal publiés par Klaus Benzing dans son livre *Der Admiral*
sont aussi faux que la qualité d'ancien membre de l'Abwehr dont se
prévaut cet auteur. Sur les épisodes édifiants de cette supercherie,
voir *Der Spiegel*, 15/1975, p. 70-78.

** Lors de nouvelles visites au Vatican, Müller fera avertir Bruxelles,
La Haye et Paris des dates successives de l'attaque à l'Ouest.

ciateurs secrets une fois la guerre déclenchée à l'Ouest en mai 1940, et davantage encore après l'été de 1941, car il leur faudra aussi obtenir la garantie qu'une paix avec les alliés occidentaux ne les laissera pas désarmés face à un retour offensif des Soviétiques*.

Les contacts secrets avec des agents britanniques ou américains vont donc se poursuivre dans toutes les capitales neutres : Stockholm, Berne, Madrid, Lisbonne, Ankara, ainsi que dans d'autres « plaques tournantes de l'espionnage » comme Genève, Zurich et Istanbul. Il y aura de nombreux émissaires, tous munis de passeports établis par l'Abwehr**, et donc agissant sous le contrôle de cette dernière : Hans Bernd Gisevius, Josef Müller, Edgar Klaus, Albrecht Haushofer, Carl Goerdeler, Adam von Trott zu Solz, Helmuth von Moltke, Otto John, Ulrich von Hassel et Theodor Strünck***. Mais l'amiral Canaris semble avoir également pris les choses en main, même s'il est difficile de savoir à combien de reprises. La première occasion est incertaine, mais difficile à rejeter entièrement : à la veille du nouvel an de 1943, moins de deux mois après le débarquement allié en Algérie et au Maroc, l'amiral Canaris est à Algésiras, et le chef du MI6 britannique, sir Stewart Menzies, se trouve au même moment à Gibraltar. Or, Menzies ne quitte pratiquement jamais

---

* Malgré son antibolchevisme de toujours, Canaris a vu d'un très mauvais œil les préparatifs d'invasion de l'URSS, et il a lancé cet avertissement prophétique : « Les armées allemandes seront saignées à blanc sur les plaines glacées de la Russie, et il n'en restera plus rien. »

** En principe, le ministère des Affaires étrangères a le monopole de la délivrance des passeports, qui est très exceptionnelle en temps de guerre. Mais l'Abwehr a fait reconnaître par Hitler son droit d'en émettre pour ses propres agents.

*** Auxquels il faudrait ajouter Peter Kleist et le prince von Hohenlohe, même si le premier est plutôt engagé dans des négociations secrètes avec les Soviétiques à Stockholm, et le second, en relations avec Goering et Himmler autant qu'avec l'Abwehr, est un négociateur « autonome ».

Londres, il s'intéresse énormément à l'amiral Canaris*[30], et les raisons de sa présence à Gibraltar n'ont jamais été établies ; Canaris, lui, n'avait guère d'autres raisons de se trouver à Algésiras que de préparer la dinde du nouvel an pour ses agents, ce qui paraît bien mince pour justifier un tel déplacement – même de la part d'un cuisinier enthousiaste. Mais c'est la coïncidence qui retient l'attention : Gibraltar est à trente minutes d'Algésiras par la route, et plus près encore par la mer. Les deux chefs des renseignements, se trouvant si près l'un de l'autre au même moment et sans mission définie, ne se seraient-ils pas rencontrés ? S'il n'en reste que des rumeurs et des suppositions, c'est sans doute parce qu'aucun des deux interlocuteurs n'avait intérêt à ébruiter une telle rencontre**.

La deuxième entrevue est mieux documentée, mais aussi plus délicate : lors de la conférence de Casablanca à la mi-janvier 1943, le président Roosevelt a exigé de l'Axe une « capitulation sans conditions » – déclaration irréfléchie et parfaitement catastrophique pour l'opposition allemande à Hitler. À la fin de janvier, peu avant la reddition de Stalingrad, Canaris rencontre en Turquie un ami personnel de Roosevelt, l'ancien gouverneur, capitaine de frégate et attaché naval George H. Earle. Ce que Canaris propose, c'est une autre solution que la capitu-

---

* Menzies avait même déclaré à l'agent yougoslave Duško Popov au début de 1941 que « Churchill avait eu une conversation officieuse avec Canaris en 1938 », et que lui, Menzies, « pourrait vouloir reprendre la conversation entamée par Churchill ». (Il n'a pu s'agir que d'une conversation indirecte, sans doute par l'intermédiaire de Kordt ou de von Trott.) Menzies semble avoir éprouvé pour Canaris la même admiration que Canaris pour Churchill. Du reste, les deux chefs des renseignements ennemis partageaient un anticommunisme sans compromis.

** Canaris pour des raisons évidentes, et Menzies parce que le MI6 dépendait du Foreign Office, opposé à toute négociation avec des représentants de l'opposition allemande.

lation sans conditions, sous la forme par exemple d'un armistice à l'Ouest et d'une poursuite de la lutte contre le bolchevisme à l'Est[31]. Earle promet de transmettre cette offre au président, mais Roosevelt ne peut ni revenir sur ses paroles ni se dissocier à ce stade de son allié Staline. Que ce dernier ait lui-même fait depuis trois mois des propositions de paix séparée aux Allemands ne change rien à l'affaire – bien au contraire*.

La troisième entrevue, qui se déroule à Santander au milieu de l'été de 1943, réunit Menzies, Canaris et le chef de l'OSS américain, William « *Wild Bill* » Donovan. Le plan de paix de l'amiral est pratiquement inchangé : armistice à l'Ouest, élimination ou livraison d'Hitler aux Alliés, poursuite de la guerre à l'Est. Selon l'officier de l'Abwehr Justus von Einem, qui assiste aux pourparlers, les interlocuteurs de Canaris ne soulèvent aucune objection[32]. Mais chez les Alliés, ce ne sont pas les chefs des services de renseignements qui définissent la haute stratégie, et ils sont presque aussitôt désavoués par leurs supérieurs respectifs** – qui leur ordonnent d'interrompre tous les contacts. Canaris, de plus en plus résigné, confie à son adjoint : « Vous savez, mon cher Lahousen, ceux qui étudieront l'histoire après cette guerre n'auront pas à se demander, comme après la précédente, qui était responsable de l'avoir déclenchée. Mais il en va différemment si l'on se pose la question de savoir qui est responsable de l'avoir prolongée. Je pense que l'adversaire nous a privés de la dernière arme

---

* Pour les alliés occidentaux, rien ne serait pire à ce stade qu'un accord entre Hitler et Staline, qui libérerait la Wehrmacht pour le front de l'Ouest. Or, la nouvelle de négociations allemandes avec les alliés occidentaux serait de nature à forcer la main de Staline.

** Parce que ceux-ci ne prennent pas au sérieux l'opposition allemande à Hitler, et parce que leur opinion publique n'est absolument pas prête à un changement d'alliance aussi radical : la victoire contre l'Allemagne reste une priorité politique et stratégique absolue, et la guerre froide est encore éloignée de quatre longues années.

dont nous disposions pour y mettre fin. "Capitulation sans conditions" ? Non, nos généraux n'avaleront jamais cela. À présent, je ne vois plus aucune solution[33]. »

Il est vrai que de leur côté, les conspirateurs n'ont guère progressé dans leur tentative de mettre fin au régime d'Hitler : « Tant que nos généraux ne se décideront pas à passer à l'action, constate tristement Canaris, les Anglais resteront fidèles à leur attitude : *wait and see*[34]. » Avec toujours chez l'amiral ce fatalisme obsédant et curieusement prophétique : « Le destin ne se laisse pas infléchir par de petites astuces ou de petits putschs[35]. » Pourtant, tandis que les civils Goerdeler, Popitz et Dohnanyi se perdent en querelles internes[36], et que les généraux Beck, Halder et Brauchitsch se montrent plus hésitants que jamais, d'autres officiers ne supportent plus l'attente : ce sont principalement des membres du groupe d'armées Centre sur le front de l'Est, qui ont pu évaluer depuis 1941 l'inanité de la stratégie d'Hitler et la barbarie des *Einsatzgruppen* d'Himmler. Leur chef a été recruté par Goerdeler : c'est le général Henning von Tresckow, 1A (premier officier d'état-major opérations) du maréchal von Kluge, commandant le groupe d'armées Centre ; il est secondé par son aide de camp Fabian von Schlabrendorff, par Philipp von Boeselager, l'aide de camp du maréchal von Kluge, et par le colonel Rudolf-Christoph von Gersdorff, 1C (officier d'état-major renseignements), qui assure la liaison avec les opposants berlinois Oster, Beck, Goerdeler, Dohnanyi et Olbricht. Les officiers conspirateurs stationnés à Smolensk ont quatre choses en commun : ils appartiennent à la vieille noblesse prussienne, ils sont profondément religieux, ils condamnent formellement la guerre menée contre le peuple russe, et ils ont été témoins des exécutions massives de Juifs par les *Einsatzgruppen* SS. Tous en sont donc arrivés à la même conclusion : il faut débarrasser l'Allemagne du régime nazi, en éliminant le tyran.

Plus jeunes et plus hardis que les conjurés de la première heure, ils projettent de mettre à profit une visite d'Hitler à Smolensk pour l'éliminer : ayant renoncé à l'abattre froidement sur place, ils ont décidé de faire exploser son avion lors du voyage de retour ; à cet effet, ils se sont procuré auprès de l'Abwehr II des explosifs d'origine anglaise – les plus sûrs et les plus silencieux. Quel est le rôle de l'amiral Canaris dans l'affaire ? Selon Karl-Heinz Abshagen, « il était plus qu'à moitié informé, mais il ne voulait pas en savoir davantage[37] ». C'est qu'il reste mal à l'aise devant la perspective d'une élimination physique, et ne croit toujours pas aux chances de réussite d'un attentat. Mais il reste tout disposé à couvrir les comploteurs, après leur avoir donné les moyens d'agir. Lors d'une visite d'inspection à Smolensk le 7 mars 1943 en compagnie de Lahousen et Dohnanyi, son avion transportait d'ailleurs un stock d'explosifs et de détonateurs devant être livrés à l'antenne locale de l'Abwehr II[38] – sans que ce soit nécessairement en rapport avec le projet d'attentat*.

Le 13 mars 1943, Hitler atterrit à Smolensk avec une suite nombreuse, et il déjeune en compagnie des officiers supérieurs du groupe d'armées Centre. C'est lors de son départ que von Schlabrendorff confie au colonel Heinz Brandt, qui voyage avec Hitler, un paquet de deux bouteilles de cognac destinées à son ami le général Helmuth Stieff. Il s'agit en réalité de mines « clam** » récupérées

---

* À la fois parce que l'Abwehr II recevait régulièrement des explosifs perfectionnés nécessaires à ses opérations, parce que les quantités transportées étaient disproportionnées par rapport aux quelque deux kilos nécessaires à un attentat, parce que ce transport était ouvertement consigné dans le journal officiel de l'Abwehr... et parce qu'à ce stade, les conjurés de Smolensk disposaient déjà de tout le matériel nécessaire. Le général Lahousen écrira lui-même après la guerre que le matériel utilisé pour la bombe ne provenait pas des stocks livrés par ses soins le 7 mars. (IFZ, ZS 658, « *Zur Vorgeschichte des 20. Juli 44* », p. 10.)
** C'est la version terrestre des « limpets », mines sous-marines munies de puissants aimants et conçues pour adhérer aux coques

et munies de crayons d'allumage à retardement, que Schlabrendorff a amorcés au tout dernier moment[39]. Le voyage de retour vers Rastenburg doit durer deux heures, et von Tresckow, prévoyant que le Focke-Wulf Condor d'Hitler explosera aux environs de Minsk, prévient les opposants de Berlin pour que le coup d'État soit déclenché immédiatement après la nouvelle de l'« accident ». Pourtant, le détonateur de l'engin bricolé à Smolensk n'allume pas la charge lorsqu'il est frappé par le percuteur et Hitler atterrit sain et sauf à Rastenburg. Un auteur au moins tirera des conclusions radicales de ce dysfonctionnement*, somme toute banal au vu du caractère improvisé de l'engin, de l'absence d'artificiers professionnels parmi les conjurés et des conditions de stockage du colis dans la soute**. Tresckow, Schlabrendorff et Gersdorff ne renonceront pas pour autant à éliminer Hitler, mais le hasard, la malchance et une sorte de sixième sens d'Hitler se ligueront pour faire échouer leurs projets[40].

Toutes ces initiatives semblent passer inaperçues de la Gestapo, mais c'est à cette époque que l'Abwehr et son chef se trouvent directement menacés. La mort de Heydrich, exécuté par des agents du SOE à Prague en mai 1942, a fait disparaître leur pire ennemi, mais Himmler l'a remplacé au début de 1943 par le policier autrichien Ernst Kaltenbrunner – un fanatique brutal, bien moins intelligent que Heydrich mais tout aussi implacable. Si Canaris bénéficie toujours de la protection de

---

des navires. Les « clams », plus petites, servaient entre autres à faire sauter les blindés.

* Dans son ouvrage *Canaris, le maître espion de Hitler*, Éric Kerjean a utilisé cet incident pour faire de Canaris un traître nazi ayant saboté la tentative d'attentat – en remerciement de quoi le Führer reconnaissant l'aurait ensuite fait pendre... *Kommentar überflüssig* (*No comment*).

** Schlabrendorff en sera quitte pour aller à Rastenburg le lendemain, afin de récupérer et de désamorcer l'engin.

l'OKW, il a perdu en grande partie la faveur d'Hitler, qu'il ne rencontre plus qu'épisodiquement – et jamais en tête à tête. Le Führer lui reproche de soumettre constamment des rapports « défaitistes » – que le servile Keitel nomme les « fables de l'amiral[41] » – et de ne pas l'avoir informé à temps des projets ennemis, notamment du plan *Torch* de débarquement en Afrique du Nord. C'est parfaitement injuste*[42], mais on sait qu'Hitler a toujours besoin de boucs émissaires pour justifier ses échecs. Enfin, le Führer n'a pas manqué de noter que les ordres donnés à l'Abwehr d'assassiner Weygand, Giraud et Churchill n'ont jamais été exécutés** – tout comme les projets de sabotage des vols Lisbonne-New York et Londres-Stockholm[43]. Encore ne saura-t-il jamais qu'à la fin de juillet 1943, Canaris fait également échouer l'ordre d'enlèvement par les SS du pape et du roi d'Italie, en prévenant à temps son homologue et ami le général Amé[44].

Canaris, Oster et Lahousen ont suivi – et fait discrètement connaître à l'étranger – l'action criminelle des *Ein-*

---

* En réalité, l'Abwehr avait été dûment informée du plan *Torch*, grâce à quelques agents de Canaris recrutés parmi les nationalistes arabes très hostiles aux puissances coloniales. Parmi ceux-ci, des hommes nommés Sadate, Bourguiba, et... le futur Mohammed V ! Mais l'Abwehr n'ayant pas de section propre d'évaluation des renseignements, elle doit se contenter de les transmettre à l'OKW, qui lui-même ne soumet à Hitler que les informations « positives » et conformes à ses prévisions. Or, le Führer prévoyait plutôt un débarquement en Sardaigne, dans les Balkans ou à Tripoli...

** Témoignage de Reinhard Gehlen, l'ancien chef du service de renseignements de l'OKH pour le front de l'Est : « Avec toutes les marques de l'indignation, Canaris a mentionné qu'Hitler l'avait chargé de faire assassiner Churchill. Il s'y était refusé, tout comme il avait ignoré quelque temps auparavant l'ordre de "liquider" le général Giraud en fuite. [...] Ses profondes convictions religieuses lui interdisaient même d'envisager de telles possibilités. » (Reinhard Gehlen, *Der Dienst*, Hase, Mayence, 1971, p. 47.) Témoignage concordant du général Lahousen dans IMT, vol. 2, pp. 450, 463 et 474, 30 novembre 1945.

zatsgruppen SS dans les territoires occupés de l'Ukraine, de la Biélorussie et des pays Baltes ; par Nebe et leurs autres contacts à l'intérieur de la SS, ils ont été informés dès mars 1942 de l'opération ultrasecrète *Reinhard*, visant à appliquer les décisions de la conférence de Wannsee sur la Solution finale : dans les camps d'extermination de Belzec, Sobibor et Treblinka, les chambres à gaz font disparaître en vingt mois 1,5 million de Juifs polonais, allemands, autrichiens, tchèques, slovaques, français et néerlandais, ainsi que des prisonniers de guerre soviétiques, des gitans et des membres de l'élite intellectuelle et politique polonaise ; parallèlement, le camp de travail d'Auschwitz-Birkenau assume la même fonction d'extermination dès l'été de 1942, et elle va se développer sans cesse par la suite*. Les chiffres de victimes qui parviennent aux dirigeants de l'Abwehr amplifient chaque jour à leurs yeux le caractère criminel du régime[45], et jusqu'à la fin de 1942, Canaris continue à soustraire de petits groupes de Juifs à l'Holocauste ; l'une de ses dernières initiatives en ce sens est l'*Unternehmung 7* d'août et septembre 1942, par laquelle l'amiral fait passer en Suisse quinze Juifs, nommés « agents de l'Abwehr » pour la circonstance**[46]. Mais au début de 1943, l'ostracisme croissant qui frappe Canaris en haut lieu et la surveillance accrue de la Gestapo limitent d'autant ses possibilités d'action. En outre, on oublie trop souvent de prendre en compte les limites de la résistance humaine : l'amiral est

---

* Plus d'un million de Juifs y seront gazés jusqu'à la fin de 1944. Majdanek et Chelmno avaient aussi une fonction prioritaire d'extermination.

** Opération exécutée par Hans von Dohnanyi, mais un ancien de l'Abwehr dira à l'auteur : « Toute initiative personnelle était exclue, d'autant qu'il avait fallu obtenir l'accord du RSHA [...]. Et notez qu'aucun de nous n'aurait survécu plus de trois mois sans la protection de l'Amiral, surtout pas Hans et Carl [Goerdeler], qui étaient diablement imprudents (*verflixt unvorsichtig*). »

usé par sept années d'efforts, de double jeu, de vaines tentatives, d'inquiétudes constantes, de harcèlement permanent, de cas de conscience dévorants et de longues périodes de découragement face au constat de sa propre impuissance. Ainsi que l'observera le général Lahousen : « Tel Ahasvérus se fuyant lui-même et les autres, Canaris courait de ville en ville, semant partout l'inquiétude et le désordre. Certains de ses collaborateurs les mieux initiés devaient toujours intervenir pour remettre de l'ordre dans les choses que Canaris avait entièrement démantibulées, comme un grand enfant le ferait avec son jouet. Ils y étaient contraints, afin de ne pas mettre en danger leur chef et eux-mêmes[47]. » Mais il faut aussi reconnaître que l'Abwehr, si efficace soit-elle à certains égards, présente également quelques faiblesses inquiétantes – notamment au niveau de la sécurité et du recrutement : au siège du *Tirpitzufer*, on conserve bien trop de documents compromettants sur certaines activités conspiratrices du passé et sur les crimes du régime hitlérien ; sur le terrain, beaucoup d'agents en poste dans la péninsule Ibérique ont été retournés par les Alliés, et c'est également le cas de tous ceux que l'Abwehr croit avoir conservés en Grande-Bretagne depuis le printemps de 1941[48] ; dans d'autres pays, comme en Allemagne même, certaines recrues sont fatalement corrompues et se livrent à diverses transactions financières illégales.

C'est précisément cette faille dans la cuirasse que le RSHA a entrepris d'exploiter. Depuis le 10 janvier 1943, il interroge dans son QG de la Prinz Albrechtstrasse le major Wilhelm Schmidhuber, du bureau Abwehr de Munich*, arrêté deux mois plus tôt pour trafic de devises. Or, cet homme peu scrupuleux qui sait beaucoup de choses se révèle très vite dangereusement bavard : il

---

* Officier de l'air, il appartient à la sous-section de la Luftwaffe au sein de l'Abwehr I.

parle des contacts de l'avocat Josef Müller avec les Britanniques par l'intermédiaire du Vatican en 1940, mais aussi des pratiques de l'Abwehr consistant à envoyer des Juifs en Suisse sous prétexte d'en faire des agents, et enfin des projets séditieux de Beck, Dohnanyi, Goerdeler et autres[49]. Pour des raisons mystérieuses qui ne vont pas tarder à s'éclaircir, l'affaire traîne en longueur jusqu'au 5 avril 1943 ; mais ce jour-là, l'*Oberstkriegsgerichtrat* Manfred Roeder*, accompagné du *Kriminalsekretär* et sous-lieutenant SS Sonderegger, se présente dans les bureaux de l'Abwehr pour arrêter von Dohnanyi et perquisitionner son bureau. Or, Canaris a déjà commis une erreur fatale en n'obligeant pas ses subordonnés à se débarrasser de leurs documents compromettants ; à présent, il en commet une seconde : au lieu de protester contre l'intrusion et de renvoyer les deux hommes pour gagner du temps, l'amiral assiste sans mot dire à la perquisition. Le résultat est prévisible : les dossiers contenus dans le coffre-fort de Dohnanyi** vont conduire à son arrestation, mais aussi à celles de son épouse, du pasteur Bonhoeffer et de Josef Müller, ainsi qu'à la démission forcée du général Oster***, versé dans la réserve de la Wehrmacht et pratiquement en résidence surveillée[50].

Qu'en est-il de l'amiral Canaris ? Les déclarations de Schmidhuber ne peuvent que l'incriminer, et au début de février 1943, l'enquêteur Sonderegger a conclu son rapport à la Gestapo en se déclarant d'avis que Cana-

---

* « Conseiller de la cour martiale », avec rang de colonel.

** Le général Oster et von Dohnanyi n'ont pas fait disparaître les documents en leur possession – sans doute sur injonction du général Beck, qui songe toujours à conserver des preuves pour un éventuel procès contre Hitler.

*** Durant la perquisition, celui-ci a tenté de faire disparaître quelques pièces du dossier, mais il a été vu par Sonderegger et obligé de les restituer. Dès lors, il a été ajouté à la liste des suspects et mis en résidence surveillée.

ris se trouvait au cœur de la conjuration. Mais le rapport lui a été retourné avec cette note écrite de la main du *Reichsführer* Himmler en personne : « Faites-moi le plaisir de laisser Canaris tranquille[51] ! » Interloqué, Sonderegger s'est renseigné auprès de ses collègues, et a appris qu'à trois reprises au moins dans le passé, Himmler est intervenu pour faire cesser les poursuites impliquant l'Abwehr de Canaris[52]. Pour les hommes du SD, et notamment le colonel Schellenberg, chef de l'*Amt VI Ausland* du RSHA qui ambitionne d'incorporer l'Abwehr à ses propres services, la chose est incompréhensible. Du reste, quelques semaines seulement avant la perquisition du 5 avril, Himmler avait tenu à avertir personnellement Canaris, ainsi que le rapportera le général Olbricht : « Himmler lui avait dit sans détour qu'il savait parfaitement que des cercles influents au sein de l'armée élaboraient des plans de rébellion, [...] mais qu'il ne laisserait pas faire et saurait intervenir à temps. Il n'avait attendu que pour découvrir qui était derrière tout cela[53]. » Et lorsqu'en avril, Roeder présente à Himmler un rapport circonstancié sur les agissements de l'amiral, le *Reichsführer* déclare au maréchal Keitel « qu'il a refusé de lire le rapport et qu'il ne voit pas l'intérêt de persister à poursuivre l'amiral[54] ».

Pourtant, à l'été de 1943, Schellenberg pense tenir une preuve décisive contre Canaris : après la chute de Mussolini le 25 juillet, le gouvernement Badoglio s'est déclaré résolu à poursuivre la guerre aux côtés de l'Axe, tout en négociant secrètement avec les Alliés. Méfiant, Hitler a envoyé le chef de l'Abwehr se renseigner sur place, mais lors d'une rencontre le 3 août à Venise avec le général Amé, chef des services secrets italiens et ami de longue date, Canaris apprend la vérité et encourage même son homologue à rejoindre les Alliés ; il lui dit également : « Suivez mon conseil : faites entrer le moins possible de troupes allemandes en Italie, sinon vous vous en repentirez[55]. » Après quoi il envoie à l'OKW un rapport rassurant : l'Italie restera fidèle à l'Axe quoi qu'il arrive.

Malheureusement, l'un des deux chauffeurs du général Amé est trop bavard, et le SD découvre les intentions italiennes, ainsi que le double jeu de l'amiral Canaris. Schellenberg racontera lui-même la suite : « Six jours plus tard, j'étais déjà en mesure de présenter à Himmler un dossier sur les manœuvres séditieuses de l'amiral. [...] Himmler a tapoté nerveusement ses dents avec l'ongle de son pouce, puis il m'a dit : "Laissez-moi le dossier ; je le porterai à la connaissance d'Hitler lorsque l'occasion s'en présentera." Je lui en ai reparlé au moins trois fois, [...] mais Himmler n'a jamais trouvé le courage d'en assumer les conséquences. Il est vrai qu'il m'avait toujours jusque-là présenté l'amiral comme un chef du renseignement avisé, dont j'avais encore beaucoup à apprendre. Pour l'heure, il m'a déclaré que les fautes de l'amiral et son attitude vis-à-vis du régime étaient une autre affaire, dont je n'avais pas à m'occuper[56]. »

On croit rêver : le féroce Himmler, engagé dans une lutte à mort contre tous les autres satrapes du Reich – et tout particulièrement contre ceux qui lui font concurrence –, s'érige continuellement en protecteur de celui qui n'a cessé depuis sept ans de dénoncer les exactions des SS et de la Gestapo ? Quelles peuvent être les motivations du maître de l'Ordre noir, et pourquoi cette étrange retenue face à l'amiral, de la part d'un homme qui fait trembler tout le monde en Allemagne ? La première hypothèse a été évoquée par Schellenberg lui-même : « Comme Heydrich, il semblait avoir quelques inhibitions face à l'amiral. Je suis certain qu'à un moment ou à un autre, Canaris avait dû apprendre quelque chose d'incriminant contre Himmler, car sinon, il n'y a pas d'explication à la réaction d'Himmler face au dossier que je lui avais soumis[57]. »

En réalité, il y a bien d'autres explications, qui n'excluent d'ailleurs pas la première. D'une part, lorsque Himmler présente Canaris comme « un chef du renseignement avisé », dont Schellenberg « a encore beaucoup à apprendre », ce n'est que l'expression d'un constat réaliste : les responsables du SD et leurs agents ne sont encore que des amateurs en matière de renseignement étranger, surtout dans le domaine militaire. Himmler lui-même, qui n'a jamais voyagé, ne connaît aucune langue étrangère et n'a d'officier que l'uniforme, admire et envie cet amiral cosmopolite, qui semble posséder toutes les qualités du maître espion popularisé par les romans anglo-saxons. D'ailleurs, Hitler ne lui a-t-il pas dit que Canaris seul pouvait monter un service d'espionnage en tous points digne du MI6 britannique – une référence en la matière ? De plus, Himmler ne sait pas au juste où en sont les relations entre Hitler et son ancien protégé Canaris ; s'attaquer à un homme qui aurait encore les faveurs du maître suprême serait pour ce *Reichsführer* pusillanime la pire des imprudences*. Il faudrait pour cela un dossier en acier trempé, et encore celui-ci pourrait-il se révéler insuffisant devant Hitler, qui ne croit jamais que ce qu'il veut croire et peut se montrer féroce envers les porteurs de mauvaises nouvelles. Et puis, ayant en sa possession quelques éléments assez inquiétants du dossier médical d'Hitler**, Himmler sait que le Führer n'est pas éternel, et que ses SS pourraient un jour être amenés à prendre le pouvoir ; dans un tel cas, il lui faudrait des alliés pour triompher de ses pires ennemis que sont Goering, Ribbentrop, Bormann et la plupart des maréchaux. Or, tout comme Canaris a des complicités

---

* Canaris lui a arraché de nombreux prisonniers, sans que l'on en connaisse la contrepartie.
** Voir chapitre 9 : « La santé d'Hitler ».

au sein du RSHA, Himmler a des contacts au sein de l'Abwehr*. Enfin, il y a une autre hypothèse, tout aussi machiavélique : que les dissidents fassent leur putsch, abattent Hitler, et lui, Himmler, prendra le pouvoir, « pour venger le Führer »...

Mais il y a un dernier aspect de l'affaire, qui n'est pas le moins important : depuis l'été de 1942 au moins, Himmler lui-même songe à négocier avec les Alliés ! Il y a été fortement encouragé dès le mois d'août par Schellenberg, qui a compris depuis la fin de 1941 que la guerre ne pouvait plus être gagnée[58]. Dès lors, c'est avec son aval que l'avocat berlinois Carl Langbehn, le prince Hohenlohe, l'ancien secrétaire de Ribbentrop Reinhard Spitzy et le masseur Felix Kersten négocient en secret avec des envoyés britanniques et américains, en Suisse, en Espagne, au Portugal et en Suède[59]. Les résultats ne sont guère encourageants – surtout lorsque les émissaires révèlent l'identité de leurs mentors –, et ils deviennent même dérisoires après la déclaration de Roosevelt sur la « capitulation sans conditions[60] »**. Pourtant, ces pourparlers se poursuivent activement jusqu'à l'automne de 1943***, et le plus extraordinaire est que la plupart des intermédiaires choisis par Schellenberg travaillent parallèlement pour les services de Canaris, avec la même mission et souvent les mêmes interlocuteurs ! Canaris le sait parfaitement ; Himmler, lui, préfère ne rien savoir, et il tremble périodiquement à l'idée que Ribbentrop

---

* En outre, certains opposants comme von Dohnanyi, Langbehn ou Popitz ont cru longtemps pouvoir compter sur Himmler pour renverser Hitler. (Peter Hoffmann, *Widerstand, Staatsstreich, Attentat*, Ullstein, Berlin, 1970, pp. 349 et 350.)

** Exactement comme ceux de l'Abwehr après janvier 1943.

*** Langbehn, revenu de Suisse, tentera même de persuader Himmler de renverser Hitler comme préalable à toute négociation. Même après son arrestation en septembre 1943, l'avocat bénéficiera pendant près d'un an de la protection d'Himmler.

ou Bormann pourraient avoir vent de ses initiatives et le dénoncer au Führer*.

Dès lors, en tout cas, on comprend mieux l'apparente sollicitude d'Himmler vis-à-vis de Canaris : une enquête qui dévoilerait les activités séditieuses de l'amiral ne manquerait pas de mettre au jour ses propres intrigues en direction de l'étranger. Mais pour peu que le pot aux roses soit découvert par d'autres services de renseignements, comme ceux de Goering ou de Bormann, le *Reichsführer* a une excuse toute trouvée pour justifier son inaction aux yeux d'Hitler : « Il n'avait attendu que pour découvrir qui était derrière tout cela[61]. »

Encore n'est-ce pas tout, car dans cette boîte de scorpions qu'est le IIIᵉ Reich, les choses sont plus nébuleuses encore : d'une part, Walter Schellenberg fait l'objet d'intrigues continuelles venues de son propre camp ; Kaltenbrunner, le successeur de Heydrich à la tête du RSHA, ainsi que le chef de l'*Amt IV*, « Gestapo » Müller, rêvent d'éliminer ce jeune ambitieux qui jouit d'un accès direct à Himmler et exerce sur lui une grande influence. Tous deux le font donc surveiller étroitement, de même que ses agents à l'étranger, et Schellenberg pourrait se retrouver – au mieux – dans un camp de concentration s'il cessait de jouir de la confiance du *Reichsführer* Himmler. D'autre part, si les relations personnelles et officielles entre Schellenberg et Canaris sont apparemment empreintes d'une grande cordialité**, il règne entre

---

* En fait, l'une des premières mesures que Schellenberg a proposées à Himmler était d'obtenir d'Hitler le départ de Ribbentrop, ce qui aurait constitué un signe de bonne volonté vis-à-vis des Alliés. Mais Himmler, bien que possédant un dossier fort compromettant sur Ribbentrop, n'osera jamais le soumettre au Führer.

** Les deux hommes chevauchent de concert tous les matins dans le Tiergarten, et Canaris traite paternellement ce jeune Walter Schellenberg qui semble avoir servi jusqu'en mai 1942 d'« amortisseur » entre lui et Heydrich.

les deux hommes une méfiance certaine – d'ailleurs parfaitement justifiée, car Schellenberg aspire toujours à devenir le chef suprême de l'ensemble des services de renseignements du Reich*.

C'était déjà le cas de Heydrich, mais Hitler, fidèle à son principe de diviser pour régner, refusait d'augmenter à ce point la puissance de l'empire SS. S'il change d'avis au début de 1944, c'est d'abord en raison de la détérioration continuelle de la situation militaire sur le front de l'Est, dont l'amiral Canaris se sent obligé de faire état lors des conférences de situation. Or, Hitler déteste les porteurs de mauvaises nouvelles, et son entourage le sait bien, qui ne manque jamais de modifier les rapports militaires pour dissimuler les événements défavorables. L'amiral, qui refuse de s'abaisser à ce jeu de dupes, est taxé de « pessimisme » par le Führer, ce qui constitue déjà une marque de défaveur certaine**. Mais il y a bientôt beaucoup plus grave : au début de février 1944, le docteur Erich Vermehren, fonctionnaire subalterne de l'Abwehr à Istanbul, s'envole pour l'Angleterre avec son épouse, la comtesse von Plettenberg. C'est une catastrophe pour tout le réseau de renseignements allemand en Turquie, et Hitler en rend immédiatement l'amiral responsable[62]. Cette fois, les ponts sont coupés, et comme à son habitude, Hitler prend une décision brusquée sous l'empire de la colère : le 18 février, il signe un décret instituant un service de renseignements unifié sous la responsabilité d'Himmler – Kaltenbrunner en assurant la direction effective. Le colonel Hansen devient chef des *Amt I* et *II*

---

* Himmler doute qu'il en ait les capacités, mais comme tous les satrapes du régime, il verrait d'un bon œil cet agrandissement substantiel de son empire.

** À ce stade, Canaris a perdu ses plus proches adjoints : Pieckenbrock, Lahousen et Groscurth sont partis combattre sur le front de l'Est, remplacés par les colonels Hansen et Freytag von Loringhoven, ainsi que par le général von Bentivegni.

sous l'étroit contrôle de la SS, la section centrale du général Oster est dissoute, et le contre-espionnage de l'*Amt III* passe sous le contrôle de Schellenberg. Canaris, lui, est limogé et mis en résidence surveillée au château de Lauenstein, en Franconie. Il écoute, observe et se désole de son impuissance ; les défaites allemandes qui se succèdent accéléreront certes la chute d'Hitler, mais elles augmenteront aussi la menace d'une ruine complète et d'une soviétisation de l'Allemagne...

La destitution de l'amiral, c'est le triomphe des SS, mais il sera de courte durée : la reprise en main provoque une désintégration accélérée des réseaux de l'Abwehr à l'étranger, particulièrement en France, en Espagne, au Portugal et en Suède, car beaucoup de ses agents refusent de travailler pour Himmler ; et ainsi qu'il était prévisible, les hommes du RSHA, sans expérience du renseignement militaire, se trouvent hors d'état d'assumer leurs fonctions. La désorganisation qui en résulte n'est pas étrangère au succès du débarquement de Normandie[63], qui prend le renseignement allemand presque entièrement par surprise en juin 1944*.

Est-ce parce que le Führer a pu mesurer à cette occasion les dangers de l'amateurisme, ou parce qu'il a gardé une certaine admiration pour les capacités de l'amiral ? Toujours est-il qu'à la fin du mois de juin, Canaris est nommé chef d'un service auxiliaire de l'OKW, l'« état-major spécial pour la guerre commerciale et économique ». C'est une fonction insignifiante, car à ce stade, l'Allemagne n'a plus les moyens de mener une guerre économique**. L'amiral s'y morfond et contemple avec fatalisme l'évolution d'événements qu'il n'avait cessé

---

* Personne ne peut dire si les choses auraient été différentes avec une Abwehr demeurée intacte au printemps de 1944. Les opérations *Fortitude* d'intoxication alliées étaient sans doute suffisamment perfectionnées pour tromper aussi les vieux limiers de l'Abwehr.

** C'est elle qui la subit depuis cinq ans, avec des effets catastrophiques.

de prédire : « Canaris était sans protection, se souviendra son aide de camp, le lieutenant-colonel Willy Jenke ; il craignait pour sa vie, mais il ne voulait pas bouger. Nous l'avons adjuré de fuir en Espagne avec son épouse et sa famille. Là-bas, le général Franco aurait pourvu à sa sécurité*. Le renseignement militaire aurait pu mettre un avion à sa disposition, mais il refusait de partir[64]. »

Se sachant surveillé, l'amiral a interrompu toute relation avec les cercles de la résistance, et il voit plutôt d'un mauvais œil le regain d'activisme des comploteurs menés par le comte von Stauffenberg, qui manquent singulièrement de discrétion et ont pris des contacts avec le mouvement communiste clandestin – ce qui paraît aussi immoral que dangereux à cet antibolchevique de toujours. En outre, son Abwehr démantelée ne peut plus fournir aux conjurés toute la protection et les réseaux de communication nécessaires pour mener un putsch réussi. Malgré tout, bien des participants à ce nouveau complot, comme von Tresckow, Olbricht, Fromm et Nebe, sont de vieux amis de l'amiral, qui ne peut se désintéresser entièrement de leur entreprise.

La suite est connue de tous : immédiatement après l'échec de l'attentat du 20 juillet 1944, Himmler, qui a beaucoup à faire oublier, déclare à son masseur Kersten : « Le Führer est vivant, il est invulnérable. [...] Ma place est maintenant à ses côtés, et je me montrerai impitoyable dans l'exécution de ses ordres[65]. » Le *Reichsführer* réprime donc férocement les conjurés et fait disparaître à la fois les documents compromettants et les hommes compromis – à commencer par l'avocat Langbehn. Le 23 juillet, « Gestapo » Müller se sent suffisamment couvert pour faire arrêter sans délai le petit amiral, qui est emmené sous escorte à

---

* De fait, Franco, qui sait ce qu'il doit à l'amiral, accueillera sa famille en Espagne après la guerre et lui fera verser une pension.

l'école de la police des douanes de Fürstenberg, dans le Mecklembourg. Bien sûr, il n'y a pas la moindre preuve de sa participation à l'attentat, mais les hommes de Kaltenbrunner ne s'embarrassent pas d'arguties juridiques, et en septembre, la découverte au QG de Zossen des archives secrètes de l'Abwehr achève de démontrer l'implication de Canaris et d'Oster dans la résistance au régime*[66]. Après cela, ils seront soumis à des interrogatoires incessants dans les sinistres souterrains de la Prinz Albrechtstrasse, en même temps que d'autres hommes clés de la conspiration comme Popitz, Strünck, Müller, le juge Sack et les généraux Thomas et Halder. Au début d'octobre 1944, Josef Müller rencontre devant la salle d'eau un amiral très amaigri, menotté et traînant des pieds : « Il n'avait pas perdu sa contenance, se souviendra Müller, mais il paraissait déprimé par le traitement indigne qu'Hitler réservait même aux officiers supérieurs. [...] Dès le premier jour, il m'a chuchoté : "Ici, c'est l'enfer**[67] !" »

Si tous ces résistants ne sont pas liquidés sur-le-champ comme les conjurés du 20 juillet, c'est manifestement parce que le Führer a donné l'ordre de rechercher les moindres ramifications du complot ; or, les prisonniers parlent peu, leurs interrogateurs sont souvent maladroits, et les raids alliés sur Berlin interrompent sans cesse les séances de torture et les comparutions en justice. Le 3 février 1945, ces bombardements mettent

---

 * On y découvre entre autres des notes sur les préparatifs du coup d'État de 1938, rédigées en partie par Oster ; des comptes rendus de négociations menées au Vatican, en Suisse et en Suède ; une liste des membres d'un futur cabinet à constituer après la chute d'Hitler ; et enfin vingt pages du journal de l'amiral Canaris datant de 1939, avec des passages hautement compromettants sur ses contacts avec les résistants et ses visites aux divers commandants des fronts pour les persuader d'entrer dans la conspiration.
 ** Il ne reçoit qu'un tiers de la ration alimentaire des prisonniers et souffre cruellement du froid.

même une fin définitive à la carrière de Roland Freisler, le sanguinaire président du Tribunal du peuple, et en détruisant une partie des locaux de la Prinz Albrecht-strasse, ils obligent les SS à l'évacuer.

C'est ainsi que le 7 février 1945, Canaris et cinq de ses coïnculpés* sont transférés au camp de Flossen-bürg, dans le Haut-Palatinat, près de la frontière tchèque. Alors que les alliés occidentaux et les Soviétiques convergent depuis l'ouest, le sud et l'est sur une Allemagne dévastée, les prisonniers sont enfermés dans les cellules de ciment du « bunker », les mains attachées et les fers aux pieds. Kaltenbrunner supervise de loin leur détention, mais Himmler, lui, a bien d'autres préoccupations : s'étant essayé comme chef militaire sur la Vistule, il a échoué piteusement, et depuis lors, il cherche à sortir du bourbier en négociant avec les Suédois par l'intermédiaire de Schellenberg et de Kersten[68].

Pendant ce temps, à Flossenbürg, les pressions sur les prisonniers redoublent d'intensité, sous la direction du féroce *Kriminalrat* Stawitski. Tout indique que l'amiral se défend pied à pied, inventant chaque fois de nouvelles versions de ses activités pour gagner du temps et dérouter ses tortionnaires. Au début d'avril, alors que les Américains ont franchi le Rhin et que les Soviétiques s'apprêtent à traverser l'Oder, les interrogatoires des SS traînent en longueur, et ils auraient peut-être continué jusqu'à l'arrivée des Alliés, si le hasard des combats n'était venu tout remettre en question : alors que les restes de la Wehrmacht s'apprêtent à livrer l'ultime bataille pour Berlin, l'un des jusqu'au-boutistes, le général Walter Buhle, se retranche à Maybach II, la partie du camp de Zossen anciennement occupée par l'Abwehr. Le 4 avril,

---

* Oster, Thomas, Strünck, Schacht et l'ancien chancelier autrichien Schuschnigg. Ils seront bientôt rejoints par Müller et Sack.

alors que le général en explore les souterrains pour consolider sa défense, il découvre un coffre-fort bien dissimulé contenant les volumes I à V du journal de l'amiral Canaris, ainsi que six cahiers de « rapports de voyages ». C'était évidemment une terrible imprudence de la part de l'amiral, mais tout comme Dohnanyi et le général Beck, il voulait certainement être en mesure de justifier devant le peuple allemand une éventuelle arrestation d'Hitler. En tout cas, le général Buhle transmet le tout à Kaltenbrunner, qui le soumet aussitôt à Hitler. La réaction du Führer est prévisible : après un violent accès de colère, il ordonne l'« anéantissement immédiat des conjurés[69] ».

Il n'est pas question d'une cour martiale pour prononcer la sentence : un *SS Feldgericht* – « tribunal de campagne SS » – fera l'affaire. Il est présidé par le *Doktor* Otto Thorbeck, avec pour procureur le redoutable Walter Huppenkothen ; bien entendu, il n'y a pas d'avocat. Lors d'un procès expéditif, Canaris cherche encore à gagner du temps, et si l'on en croit le procureur improvisé, il aurait même déclaré s'être mêlé aux conjurés pour mieux les infiltrer[*70]. Mais la confrontation avec Oster, torturé comme lui, fait ressortir l'inanité de tout système de défense dans une procédure dont l'issue est décidée d'avance. Canaris baisse les bras, et le même soir, la sentence est sans appel : *Tod durch den Strang* – « mort par pendaison ».

Elle est exécutée au petit matin du 9 avril dans la cour du camp, où le petit amiral est appelé en premier, bientôt suivi par Oster, Gehre, Sack et Bonhoeffer ; tous sont pendus entièrement nus, avec de minces cordes à piano

---

* Il se trouvera quelques auteurs plus ou moins candides pour prendre au pied de la lettre cette déclaration – rapportée en outre par une source hautement suspecte –, et bâtir autour d'elle des scénarios surréalistes.

pour faire durer le supplice. Six heures plus tôt, Wilhelm Canaris avait laissé son dernier message au monde,
en tapant contre la cloison à l'adresse de son voisin de
cellule, le capitaine danois Hans Mathiesen Lunding :
« Mon heure est venue, mais je ne suis pas un traître.
J'ai fait mon devoir d'Allemand. Si vous survivez, faites
mes adieux à ma femme*[71]. » Le tyran dont Canaris avait
cherché si longtemps à débarrasser sa patrie ne lui survivra que trois semaines.

Aux indignés – professionnels ou amateurs – qui juge-
raient l'amiral sans comprendre le milieu dans lequel il
évoluait, le physicien nucléaire et Prix Nobel Werner
Heisenberg** a laissé ces quelques lignes hautement péda-
gogiques : « Dans une dictature, il ne peut y avoir de
résistance active que de la part de ceux qui semblent
être partisans du système. Celui qui prend publiquement
position contre le régime se prive du même coup de toute
possibilité de résistance efficace[72]. » C'est ce que l'amiral
avait compris depuis le début, ainsi que le reconnaîtra
avec admiration l'ancien fonctionnaire du ministère de
l'Intérieur et vice-consul Hans Bernd Gisevius : « Canaris
avait le don inné de dérouter ses adversaires. […] Il
pouvait adopter le jargon brun avec tant de naturel que

---

* Lunding lui ayant ensuite demandé comment il allait, Canaris
avait répondu : « Nez cassé. » Les historiens ont attribué l'ensemble
de la citation aux Mémoires en danois du colonel Lunding, *Stemplet
Fortroligt*, sans en vérifier le contenu. En fait, la citation exacte provient des confidences faites en captivité par Lunding à Josef Müller,
qui les rapporte dans son ouvrage *Bis zur letzten Konsequenz*. Toutefois, les Mémoires du colonel Lunding ont un autre intérêt, car c'est
lui qui signalera aux Américains en 1962 les transports de fusées
soviétiques passant par la Baltique à destination de Cuba (p. 144)
– ce qui déclenchera la crise des fusées.

** Le professeur Heisenberg avait lui-même été attaqué férocement par les SS avant la guerre, mais Himmler s'était opposé à son
exécution, au motif qu'il était « indispensable au développement de
la science allemande ».

même les plus grands sceptiques n'osaient plus mettre en doute l'authenticité de ses convictions nazies[73]. » Voilà pourquoi un dirigeant de la Gestapo pourra s'écrier avec rage : « Il a jeté de la poudre aux yeux de tout le monde – Heydrich, Himmler, Keitel, Ribbentrop, et même le Führer[74] ! »

Si, du fait des particularités de son caractère et de l'enchaînement implacable des événements, Canaris n'a jamais été le grand ordonnateur de l'opposition à Hitler*, il en est resté pendant six ans le grand protecteur. Sans doute pourrait-on dire qu'il l'a été jusqu'à son dernier souffle, ainsi qu'en témoignera ce bel hommage du résistant Erich Kordt : « L'amiral Canaris et le général Oster, qui avaient été l'âme de l'opposition à Hitler au sein de l'armée, […] ont été soumis à de fréquentes tortures pour les obliger à parler. Le fait que nombre de leurs proches qui faisaient partie de la conjuration n'aient pas été inquiétés par la Gestapo prouve qu'ils ont su garder le silence sous la torture[75]. » Et si leur silence a sauvé bien des hommes, leur sacrifice a sauvé l'honneur de l'Allemagne**.

---

* La faiblesse fatale de cette opposition étant précisément qu'elle n'a jamais eu de grand ordonnateur.

** En 1996, l'amiral Canaris et le pasteur Bonhoeffer ont été officiellement réhabilités à titre posthume par la justice allemande – un événement ignoré en France à l'époque, et qui semble l'être resté jusqu'à l'actuelle frénésie de dénigrement.

8

Churchill, ennemi mortel

Le lecteur du chapitre 6 aura compris que le Führer est un anglophile impénitent, mais que dans son esprit, le rêve d'une alliance avec la Grande-Bretagne est subordonné à celui d'une expansion illimitée. On en trouvera une confirmation dans les paroles suivantes, qu'il prononce un an avant sa prise de pouvoir : « Aujourd'hui, l'Angleterre appartient à l'Europe, même si jusqu'à présent, elle n'a pas voulu le croire. C'est contre la Russie et l'Amérique qu'elle doit faire front. Ce combat a déjà commencé sur les champs de pétrole persans, il se poursuivra en Inde et en Extrême-Orient, et pour finir, il englobera tout l'Empire. […] En outre, l'Europe a besoin des céréales, de la viande, du bois, du charbon, du fer et du pétrole de la Russie pour pouvoir se maintenir dans le combat décisif contre l'Amérique. C'est dans l'intérêt de l'Angleterre comme dans le nôtre. L'Angleterre et l'Allemagne sont pareillement menacées[1]. »

Au nom de cette menace largement imaginaire, le très paranoïaque dirigeant du parti national-socialiste se promet donc de mener une guerre de conquête contre l'URSS et les États-Unis, avec l'aide de la Grande-Bretagne ! À cette époque, rien n'indique qu'il ait reçu le moindre encouragement de la part des cercles dirigeants britanniques, pour lesquels une confrontation avec l'URSS serait désastreuse et une guerre contre les États-Unis suicidaire. Du reste, le Führer n'a pas rencontré de politiciens anglais à ce stade, et il n'expose clairement ses projets de conquêtes que devant quelques proches acolytes*. Mais au printemps de cette même année 1932, le député Winston Churchill se rend en Bavière pour visiter les champs de bataille où s'est illustré son ancêtre le duc de Marlborough**. Le fils de Churchill, Randolph, jeune journaliste en quête d'un article sensationnel, avait pris contact de longue date avec le responsable de la presse étrangère du parti national-socialiste, Ernst Hanfstaengl, afin qu'il organise une rencontre entre son père et Hitler. Hanfstaengl racontera la suite en ces termes : « J'ai rejoint Hitler à la Maison Brune et je suis entré en trombe dans sa chambre. "*Herr Hitler*, lui ai-je dit, M. Churchill est à Munich et veut vous rencontrer. C'est une occasion fantastique. Ils veulent que je vous accompagne à l'hôtel Continental pour dîner ce soir." J'ai pratiquement vu tomber le rideau d'amiante : "*Um Gottes Willen****, Hanfstaengl, ils ne voient pas que je suis occupé ? Et de quoi veux-tu que je lui parle ?" J'ai protesté : "Mais, *Herr Hitler*, rien au monde n'est plus aisé que de converser avec cet homme-là – art, politique, architecture, tout ce que vous voudrez ! C'est un des personnages les plus influents d'Angleterre. Vous devez absolument le rencontrer." [...] Mais Hitler a trouvé un millier d'excuses, comme il le faisait toujours lorsqu'il craignait de rencontrer quelqu'un. [...] J'ai tenté une dernière approche : "*Herr Hitler*, j'irai dîner avec eux et vous arriverez après, comme si vous vouliez me parler, et vous resterez pour le café." Non, il verrait, nous devions partir tôt le lendemain matin – première nouvelle, je pensais que nous avions deux ou trois jours devant nous...

---

* Même si ces projets étaient déjà inscrits en filigrane dans *Mein Kampf*, où il évoquait une alliance avec la Grande-Bretagne, contre deux ennemis qui étaient la France et l'URSS.

** Dont il a entrepris d'écrire la biographie.

*** Pour l'amour de Dieu.

"De toute façon, a-t-il ajouté, on dit que votre Monsieur Churchill est un francophile enragé*. "

« J'ai rappelé Randolph en essayant de cacher ma déception, […] et j'ai laissé entendre, sans trop y croire, que Hitler pourrait se joindre à nous pour le café. Quant à moi, je me suis présenté à l'heure convenue. […] Nous étions dix à table, j'étais assis à la droite de madame Churchill et mon hôte était en vis-à-vis. Nous avons parlé de choses et d'autres, puis M. Churchill m'a attaqué au sujet de l'antisémitisme d'Hitler. […] À l'heure du café, du cognac et des cigares, il en est venu aux confidences : "Dites-moi, que pense votre chef d'une alliance entre votre pays, la France et l'Angleterre** ?" J'étais pétrifié. […] Maudit Hitler, pensai-je, voilà par excellence ce qui pourrait lui donner du prestige, et il n'a pas même le courage d'être là pour en parler ! En désespoir de cause, j'ai réussi à lui dire combien Hitler serait heureux de discuter d'un tel sujet […]. Je me suis dit qu'il fallait absolument que je contacte Hitler, et en me tournant vers madame Churchill, je lui ai demandé de m'excuser, en prétextant que j'avais oublié de téléphoner à la maison pour dire que je rentrerai tard. […] J'ai appelé la Maison Brune, mais Hitler était parti, puis j'ai appelé son appartement, mais *Frau* Winter ne l'avait pas vu. […] Au moment où je sortais de la cabine téléphonique pour regagner le hall, qui vois-je dans l'escalier – Hitler, avec son manteau blanc sale et son chapeau vert ; il était en train de prendre congé d'un Hollandais ami de Goering. […] J'étais hors de moi. "*Herr Hitler*, que faites-vous ici ? Vous vous rendez compte que les Churchill sont dans le restaurant ? Ils ont pu vous voir

---

* À défaut d'être courageux, le Führer est bien informé.

** Il faut se souvenir que cela se passe en 1932, alors que Churchill ne sait pratiquement rien d'Hitler. Les diatribes antisémites du Führer le mettent mal à l'aise, mais il admire la résolution dont il a fait preuve depuis la Grande Guerre. Une traduction anglaise abrégée de *Mein Kampf* ne paraîtra qu'en octobre 1933.

passer. Ils apprendront certainement par le personnel que vous étiez là. Ils vous attendent pour le café et prendront cela pour une insulte délibérée." Non, il m'a répondu qu'il ne s'était toujours pas rasé, ce qui était vrai. "Alors, pour l'amour de Dieu, rentrez chez vous, rasez-vous et revenez. Je leur jouerai du piano en attendant votre retour." "J'ai trop à faire, Hanfstaengl, il faut que je me lève de bonne heure demain." Il a fait un pas de côté pour m'éviter et il est sorti. Faisant contre mauvaise fortune bon cœur, je suis retourné auprès des convives, en pensant qu'il finirait peut-être par se montrer. [...] Mais il n'est jamais venu. Il s'était dégonflé[2]. » C'est un fait : Hitler, orateur hors pair devant les foules, est terriblement mal à l'aise lors d'entretiens en tête à tête – et bien plus encore lorsque l'interlocuteur potentiel est précédé d'une réputation mondiale de combattant, d'homme d'État, d'écrivain et de rhéteur...

Le vieux président Hindenburg, pressé par son entourage*, ayant finalement fait appel à Hitler le 30 janvier 1933, Churchill, comme beaucoup d'autres, peut escompter que le nouveau chancelier s'apaisera sous l'influence des responsabilités gouvernementales. Au cours des mois suivants, l'incendie du Reichstag, l'instauration d'un État policier, la mise au pas de l'opposition politique, des syndicats et des églises, les premières mesures de répression contre les juifs et le début du réarmement vont commencer à le détromper, mais c'est la Nuit des longs couteaux, avec son cortège d'arrestations et d'assassinats, qui achève de lui ouvrir les yeux : l'Allemagne est désormais sous la coupe d'un régime criminel, entièrement dépourvu de scrupules et terriblement dangereux pour la paix du monde. Dès lors, cette conviction ne cessera plus de se refléter dans les discours aux Communes et les articles de presse du député Churchill, qui invite le gouvernement à la fermeté

---

* Notamment son fils Oskar et l'ancien chancelier von Papen.

diplomatique, au resserrement des alliances sur le continent et à l'abandon du désarmement : « Nous ne pouvons nous permettre d'assister à la prédominance du système nazi, avec ses attributs actuels de cruauté et d'intolérance, avec ses rancœurs et ses armes étincelantes. »

De fait, entre 1935 et 1937, le réarmement terrestre et naval, la remilitarisation de la Rhénanie, les outrances de la propagande et la diplomatie d'intimidation en Europe centrale révèlent clairement les ressorts agressifs de la politique hitlérienne. Pourtant, le gouvernement conservateur de Stanley Baldwin est aussi insouciant que conciliant, et l'on voit durant toute cette période d'innombrables membres des cercles dirigeants britanniques se succéder à Berlin comme à Berchtesgaden : le propriétaire de l'*Observer* lord Astor, l'ancien Premier Ministre Lloyd George, le lord du Sceau Privé Charles Londonderry, le magnat de la presse lord Rothermere, le ministre des Affaires étrangères lord Halifax, le ministre de l'Intérieur John Simon, le leader fasciste Oswald Mosley, sa belle-sœur Unity Mitford, l'ancien secrétaire d'État aux Indes lord Lothian, le duc de Windsor et bien d'autres encore. Tous admirent l'étalage de puissance des nazis, la plupart voient en Hitler la meilleure garantie contre l'expansion du communisme, et beaucoup lui disent ce qu'il veut entendre : Churchill n'a plus la moindre influence dans son pays.

Pourtant, le Führer, réputé pour son sixième sens, ne se laisse pas rassurer aussi aisément ; à présent qu'il est fermement installé au pouvoir, il pense pouvoir subjuguer par sa puissance ce prodigieux tribun, dont les discours nuisent malgré tout à son image dans le monde. Après tout, Churchill ne s'était-il pas prononcé en faveur d'une réconciliation anglo-allemande ? N'est-il pas le plus vieil antibolchevique du Royaume ? Avec un tel homme, il doit être possible de s'entendre, et par deux fois, en 1936 et 1937, Churchill est invité à Berlin. Il ne donnera pas suite, mais en mai 1937, nullement découragé, Hitler le fait inviter à l'ambassade du Reich par son représentant Joachim von Ribbentrop, qui lui expose sans ambages les propositions du Führer : l'Allemagne doit conquérir un espace vital à l'Est, qui inclura entre autres la Pologne, la Biélorussie et l'Ukraine. Tout ce qui est demandé à la Grande-Bretagne, c'est qu'elle lui laisse les mains libres pour procéder à ces annexions, en échange de quoi Hitler est prêt à garantir et même à défendre l'intégrité du Commonwealth et de l'Empire britannique. Mais Churchill lui répond sans hésiter que son pays, même s'il est en mauvais termes avec l'URSS, ne pourra jamais permettre à l'Allemagne d'occuper l'Europe centrale et orientale. Ribbentrop lui ayant déclaré que dans ce cas, une guerre était inévitable, Churchill lui lance cet avertissement : « En parlant de guerre, vous ne devez pas sous-estimer l'Angleterre. C'est un curieux pays, dont peu d'étrangers comprennent la mentalité. Il ne faut pas la juger d'après l'attitude du régime actuel. Une fois confronté à un grand défi, ce même gouvernement et cette même nation sont capables de toutes sortes de réactions imprévues. Si vous nous plongez tous dans une nouvelle Grande Guerre, l'Angleterre lancera le monde entier contre vous, exactement comme la dernière fois[3]. »

C'est une mise en garde aussi explicite que prophétique, mais Hitler n'en tient aucun compte, et la politique d'apaisement du nouveau Premier Ministre Neville Chamberlain semble plutôt l'encourager dans la voie de l'expansion à outrance ; à l'Anschluss de mars 1938 succèdent les menaces contre la Tchécoslovaquie, dont Hitler va obtenir le démembrement à la suite de la conférence de Munich au mois de septembre. Contrairement à l'immense majorité de ses compatriotes, Churchill considère Munich comme une capitulation aussi honteuse que dangereuse de la part de Chamberlain, et le 5 octobre, il prononce aux Communes l'un de ses plus remarquables réquisitoires : « Nous avons subi une défaite totale et sans mélange. [...] Vous verrez que dans quelque temps, un temps qui se mesurera peut-être en années, mais peut-être aussi en mois, la Tchécoslovaquie sera entièrement engloutie par le régime nazi. [...] Notre peuple doit savoir que nous avons subi une défaite sans guerre, dont les conséquences nous accompagneront longtemps sur notre chemin. [...] Et ne croyez pas que c'est fini ; ce n'est que le début du règlement de comptes, la première gorgée, le premier avant-goût d'une coupe amère qui nous sera présentée, année après année, à moins que, dans un ultime sursaut de santé morale et de vigueur martiale, nous nous relevions pour défendre notre liberté, comme au temps jadis[4]. »

Cette majestueuse diatribe contre « l'homme qui a sauvé la paix » sera soutenue par quelques rares hommes politiques, comme l'ancien ministre des Affaires étrangères Anthony Eden et le Premier lord de l'Amirauté Duff Cooper*, mais elle fera aisément de Churchill l'homme le plus impopulaire du Royaume. Plus encore, elle va attirer sur lui les foudres du maître de l'Allemagne, déjà outré par les réactions négatives de la presse internationale à son endroit depuis la conférence de Munich. Le 6 novembre, dans son discours de Weimar, il s'en prend nommément à son antagoniste, en bafouillant littéralement de rage : « Si M. Churchill passait moins de temps dans les cercles d'immigrés, c'est-à-dire avec des traîtres à leur pays, et davantage de temps avec des Allemands, il se rendrait compte de la folie et de la stupidité de ses propos ineptes. [...] Tant que d'autres parlent de désarmement, alors qu'ils continuent à pousser à la guerre, nous devons en conclure qu'ils ne veulent rien d'autre que nous dépouiller de nos armes, afin de nous réserver à nouveau le sort de 1918-1919. Et dans ce cas, ma seule réponse à M. Churchill et à ses semblables sera celle-ci : c'est arrivé une fois, et cela ne se répétera jamais[5] ! »

---

* Qui démissionnera en guise de protestation contre les accords de Munich.

Churchill répond presque immédiatement dans un discours aux Communes, et c'est la première fois que les deux hommes dialoguent par tribunes interposées : « Je suis surpris que le dirigeant d'un grand État s'en prenne à des membres du Parlement britannique qui n'ont aucune responsabilité gouvernementale et ne sont pas même des chefs de partis. Une telle action de sa part ne peut que renforcer leur prestige, car leurs concitoyens ont eu tout loisir de se faire une opinion sur leur compte et n'ont vraiment pas besoin d'assistance étrangère à cet égard. *Herr Hitler* se trompe en supposant que MM. Eden, Duff Cooper, moi-même et les chefs des partis libéral et travailliste sont des bellicistes. Aucun d'eux n'a jamais songé à commettre un acte d'agression contre l'Allemagne. Il est vrai, par contre, que nous sommes soucieux de faire en sorte que notre pays soit convenablement défendu, afin que nous puissions demeurer libres et en sécurité, et aussi aider tous ceux envers qui nous avons des obligations[6]. »

Deux jours plus tard, dans un discours célébrant le quinzième anniversaire du putsch manqué de Munich, Hitler revient à son obsession : « En France et en Grande-Bretagne, les hommes qui veulent la paix sont au gouvernement ; mais demain, peut-être seront-ils remplacés par ceux qui veulent la guerre. M. Churchill pourrait être Premier Ministre demain[7] ! » Et puis, comme souvent, le Führer oublie ses craintes et toute prudence, pour se lancer à nouveau dans une politique d'agression effrénée : en mars 1939, ses troupes occupent ce qui reste de la Tchécoslovaquie, et les premières menaces pèsent sur Varsovie. L'entrée à Prague sans la moindre réaction de Londres ou de Paris achève de convaincre Hitler qu'il a « affaire à des nullités », et qu'il peut sans risque passer au plan *Weiss*, l'attaque de la Pologne. Les propos tenus devant ses officiers sont entièrement dépourvus d'ambiguïté à cet égard : « La situation ne nous a jamais été aussi favorable. Nous avons de l'avance en matière d'armements, tandis que l'Angleterre est à la traîne. J'ai rencontré à Munich Chamberlain, l'homme au parapluie, ainsi que *Herr* Daladier. Ils ne pourront pas m'empêcher de régler la question polonaise. Les commères des salons de thé londoniens et parisiens vont devoir se tenir tranquilles cette fois encore. Il faut poursuivre les préparatifs du plan *Weiss*. [...] S'il y a une guerre, elle restera limitée à la Pologne. Ce plan *Weiss* ne débouchera jamais, jamais, jamais sur une guerre mondiale. Si une confrontation avec l'Angleterre devenait inévitable, c'est moi qui en choisirais le moment, [...] mais pas avant 1943-1944. Nous n'avons rien à perdre, tout à gagner. Nos adversaires ont des dirigeants qui sont en dessous de la moyenne. Pas de personnalités, pas de maîtres, pas d'hommes d'action[8]. »

À l'évidence, Churchill a été entièrement oublié – ou bien Hitler pense qu'il est toujours aussi impopulaire dans son pays, et tenu éloigné du pouvoir par cet « homme au parapluie » prêt à toutes les bassesses pour préserver la paix. Ce n'est pas déraisonnable, mais le Führer a fatalement sous-estimé la pression de l'opinion publique, de la presse et du Parlement sur Neville Chamberlain depuis le dernier coup de force allemand sur Prague. Or, à la fin du mois d'août 1939, cette pression est telle que le Premier Ministre n'est plus vraiment maître de sa politique ; et lorsque la Wehrmacht pénètre en Pologne au début de septembre, il n'a d'autre choix que de faire ce qu'Hitler était persuadé qu'il ne ferait jamais : déclarer la guerre à l'Allemagne et inclure Churchill dans son gouvernement. Les deux mesures pratiquement simultanées vont causer au Führer un choc assez rude, et dans l'après-midi du 3 septembre, alors qu'Albert Speer attend d'être reçu à la chancellerie du Reich, il voit le maréchal Goering sortir du bureau d'Hitler en tenant à la main le communiqué de presse annonçant la nomination de Winston Churchill au poste de Premier lord de l'Amirauté : « Goering, notera Speer, s'est laissé tomber dans le fauteuil le plus proche, et il a dit d'une voix lasse : "Churchill dans le cabinet, cela veut dire que la guerre commence pour de bon[9]." » Comme toujours, Hermann Goering est la voix de son maître...

Pourtant, Hitler, dont la capacité d'autosuggestion est sans limites, a tôt fait de se persuader que la Grande-Bretagne et la France, ayant déclaré la guerre pour la forme, n'oseront jamais la mener. De fait, elles n'entre-prennent rien pour secourir la Pologne, qui est vaincue en moins de quinze jours avec la complicité active de l'URSS*. Même après cela, le conflit à l'Ouest va se limiter pendant tout l'hiver à quelques escarmouches sur mer et dans les airs, ainsi qu'à une guerre de propagande très active, qui sert surtout aux protagonistes à remonter le moral de leurs populations civiles.

À partir du printemps de 1940, lorsque la parole est aux armes, c'est Hitler qui triomphe : entre avril et juin, sa Wehrmacht et sa Luftwaffe se rendent maîtres succes-sivement de la Norvège, du Danemark, de la Belgique, des Pays-Bas et de la France. Mais c'est précisément son éclatante victoire en Norvège qui a entraîné ce qu'il redou-tait le plus : à Londres, le 10 mai, Churchill a remplacé Chamberlain au poste de Premier Ministre. Le Führer, qui ne doute de rien, pense que Churchill acceptera de négo-cier avec lui, plutôt que de subir une invasion devenue inévitable. Tel est le sens de son discours du 19 juillet au Reichstag, à l'occasion duquel il tend à son adversaire un rameau d'olivier au bout d'un sabre d'abordage : « Peut-être, pour une fois, M. Churchill devrait-il me croire lorsque je prédis qu'un grand empire sera détruit – et pourtant, je n'ai jamais voulu le détruire, ou même lui nuire. [...] Je considère comme mon devoir d'en appeler une fois de plus à la raison et au bon sens. Je crois pouvoir lancer cet appel, parce que je ne suis pas le vaincu qui quémande des

---

* En vertu des accords secrets du pacte de non-agression signé par Ribbentrop et Molotov le 23 août 1939.

faveurs, mais le vainqueur qui parle au nom de la raison. Je ne vois pas pourquoi cette guerre devrait se prolonger[10]. »

Churchill, lui, le voit parfaitement, et il laisse lord Halifax, l'ancien chantre de l'*appeasement*, rejeter cette offre de paix sommaire et condescendante. C'est que le nouveau Premier Ministre et ministre de la Défense a bien d'autres tâches : il organise, supervise, galvanise, tyrannise, arme les citoyens, encourage les alliés, exhorte les neutres, défie les adversaires : « Notre politique, c'est de faire la guerre, sur mer, sur terre et dans les airs, de toute notre puissance et avec toute la force que Dieu pourra nous donner ; de faire la guerre contre une monstrueuse tyrannie, sans égale dans tout le sombre et lamentable registre des crimes de l'humanité. Notre but, c'est la victoire ; la victoire à tout prix, la victoire en dépit de toutes les terreurs, la victoire, si long et difficile que puisse être le chemin[11]. »

Hitler enrage ; puisque décidément, cet infernal bonimenteur refuse d'entendre raison et que son peuple semble le suivre, il va falloir à nouveau faire parler les armes. À la mi-août 1940, la Luftwaffe s'attaque pour de bon aux îles Britanniques, afin d'ouvrir la voie à une invasion navale. Mais cet instrument perfectionné qu'est l'aviation allemande va bientôt s'enrayer : conçue pour la *Blitzkrieg*, elle n'est pas adaptée à une guerre d'attrition loin de ses bases, d'autant qu'elle se heurte à un ennemi courageux, bien équipé, guidé par radar et combattant sur son propre terrain. À l'approche de l'automne, lorsque les pertes de la Luftwaffe se font trop lourdes et l'opération navale trop incertaine, Hitler renonce à l'invasion.

C'est qu'il a commencé dès la fin de juillet à faire étudier l'attaque de l'URSS, afin, dit-il à ses généraux, « de retirer à l'Angleterre sa dernière base sur le continent [...] et toute possibilité d'alliance ». Bien sûr, son rêve, maintes fois exprimé depuis quinze ans, était d'enrôler les Anglais de sang aryen dans une croisade contre l'Union soviétique, alors qu'il prétend maintenant vaincre l'URSS pour mieux se retourner par la suite contre l'Angleterre. Mais qui a jamais compris l'esprit tourmenté du Führer ? Pour l'heure, en tout cas, il va devoir mener la guerre sur deux fronts – et même trois, car celui de Méditerranée, entre Grèce et Libye, n'est pas le moins animé...

Au printemps de 1941, Hitler peut encore espérer décourager les Britanniques, qui sont malmenés en Grèce, en Crète, en Cyrénaïque et en Tripolitaine – et peut-être même les décider à rejoindre sa croisade antibolchevique. Mais le 22 juin 1941, lorsque se déclenche l'opération *Barbarossa*, il va devoir déchanter : dans un discours radiodiffusé, Churchill annonce : « Tout homme, toute nation, qui poursuivra la lutte contre le nazisme aura notre appui. [...] Il s'ensuit que nous apporterons toute l'aide possible à la Russie et au peuple russe[12]. »

À travers toutes les péripéties de la guerre en URSS, en Méditerranée, dans l'Atlantique, en Libye, en Égypte, dans la Manche, en Sicile, en Italie, dans les Balkans, en Europe centrale, en France et au-delà, Hitler va continuer à écouter Churchill sur les ondes, à l'invectiver et à l'observer au travers des documents décryptés, des écoutes*, des rapports, des rumeurs, des publications et des indiscrétions. C'est Otto Dietrich, le chef des services de presse du Reich, qui décrira le mieux l'attitude du Führer face à son ennemi juré : « Churchill, ce bon vivant avec son goût immodéré du whisky et son inévitable cigare à la bouche, était une abomination aux yeux d'Hitler, l'abstinent et le non-fumeur. Lorsqu'il a appris que Churchill avait l'habitude de dicter le matin depuis sa salle de bains, et lorsqu'il a vu une photo de Churchill penché sur un évangile en train de prier pour

---

* Les techniciens allemands sont parvenus à poser une « bretelle » sur le câble transatlantique entre la Grande-Bretagne et les États-Unis. Au début de 1944, Hitler a ainsi pu prendre connaissance de certaines des conversations téléphoniques « secrètes » entre Churchill et Roosevelt... (Voir Walter Schellenberg, *Aufzeichnungen,* Moewig Verlag, Salzburg, 1981, p. 405.)

la victoire, il est devenu absolument fou de rage. Je lui donnais toujours le texte intégral ainsi que le résumé des discours exaltants de Churchill. Il les lisait avec soin, et d'après ses commentaires parfaitement superficiels et insignifiants, je pouvais conclure qu'il les admirait en secret. Mais il n'en discutait jamais sérieusement. Comme la plupart des hommes de son entourage ne cachaient pas que ces discours les impressionnaient, Hitler lui-même se cantonnait dans un silence glacé […]. Il était incapable d'admettre que Churchill avait les qualités d'un grand homme. Ce même Churchill, qui n'avait jamais cessé de s'en prendre au bolchevisme, s'était allié à Staline contre lui. Pour cela, Hitler le haïssait à tel point que tout jugement objectif s'en trouvait exclu[13]. »

C'est exact ; au soir du 18 octobre 1941, il déclare ainsi à ses invités : « C'est étonnant, la façon dont l'Angleterre a glissé dans la guerre. L'homme qui a combiné cela, c'est Churchill, cette marionnette de la juiverie qui tire les ficelles[14]. » Le 7 janvier 1942 : « Je n'ai jamais rencontré un Anglais qui n'exprimait pas sa désapprobation à l'endroit de Churchill. Je n'en ai jamais rencontré un qui ne disait pas qu'il était fou[15]. » Et six jours plus tard : « Churchill a une conception politique démodée – celle de l'équilibre des forces en Europe. Elle n'appartient plus au monde des réalités. Et pourtant, c'est à cause de cette superstition que Churchill a lancé l'Angleterre dans la guerre. Quand Singapour tombera, Churchill tombera aussi ; j'en suis convaincu[16]. » Le mois suivant, Hitler continue à prendre ses désirs pour des réalités : « Churchill est comme un animal aux abois. […] Il est dans la même situation que Robespierre à la veille de sa chute. Ce citoyen vertueux ne recevait que des louanges, quand soudainement, la situation s'est inversée. Plus personne ne soutient Churchill[17]. » Et le 18 février, au général Rommel : « Churchill est le type même du journaliste corrompu. Il n'y a pas de pire prostitué parmi les politiciens. C'est une créature parfaitement amorale et répugnante. Je suis persuadé qu'il s'est déjà ménagé un refuge de l'autre côté de l'Atlantique[18]. » Enfin, au soir du 31 août 1942 : "Churchill est un porc sans principes. Il suffit de parcourir ses mémoires pour s'en convaincre ; il s'y révèle tout entier devant le public. Que Dieu aide une nation qui accepte d'être dirigée par un machin pareil[19]." Pourtant, Hitler ne cessera jamais de guetter dans la presse anglaise et internationale la moindre information indiquant que ce "machin" serait sur le point d'être renversé par le Parlement, par l'armée, ou par un soulèvement populaire...

Comme il ne se produit rien de tel, le Führer décide de prendre les devants, et il ordonne tout bonnement l'assassinat de Churchill... Le premier à recevoir cet ordre est le chef de l'Abwehr II*, Erwin von Lahousen : « En ce qui concerne ma propre section, déclarera-t-il plus tard, je me souviens qu'après l'arrivée de Churchill à Casablanca [le 13 janvier 1943], Keitel m'a transmis l'ordre, venant sans doute du Führer, de faire assassiner Churchill par des nationalistes arabes. Hitler pensait probablement à certains de nos agents du Maroc espagnol. Mais en dehors même de l'impossibilité technique de monter à l'improviste une telle opération, l'amiral [Canaris] avait formellement interdit de telles activités[20]. » En l'occurrence, Canaris a dû donner son instruction habituelle dans de tels cas : « Bien entendu, nous ne ferons rien[21] ! » – et c'est à l'évidence ce qui s'est produit...

On sait que le Führer néglige souvent de contrôler la mise en œuvre de ses ordres, mais dans une affaire de cette importance, le laxisme n'est pas de mise ; au printemps de 1943, c'est donc le *Sicherheitsdienst* de la SS qui est chargé de l'exécution. Le 1er juin 1943, alors que Churchill rentre d'Alger, les agents de Himmler repèrent sur l'aéroport de Lisbonne, devant un avion de la BOAC en partance pour Londres, un homme chauve et replet qui fume un

---

* Section de l'Abwehr chargée des opérations de sabotage et de subversion.

cigare. Le résultat ne se fait pas attendre : l'avion est abattu par la Luftwaffe au-dessus de l'Atlantique, engloutissant à jamais son équipage et ses treize passagers – dont le célèbre acteur britannique Leslie Howard et l'expert financier Alfred Chenfalls, qui ressemblait vaguement à Churchill. Ce dernier évoquera l'affaire avec indignation dans ses Mémoires : « La cruauté des Allemands n'eut d'égale que la stupidité de leurs agents. Comment pouvait-on s'imaginer que, disposant de toutes les ressources de la Grande-Bretagne, je serais allé prendre place dans un avion désarmé et sans escorte, pour faire en plein jour le voyage de Lisbonne jusqu'à Londres[22] ? » De fait, si les hommes de main du SD sont redoutablement efficaces en Allemagne et dans les territoires occupés, ils paraissent assez maladroits en territoire neutre ou ennemi.

Verdammt* ! Encore manqué ! Cette tentative malheureuse semble avoir encore accru la véhémence d'Hitler à l'égard du Premier Ministre de Sa Majesté ; la secrétaire du Führer, Christa Schroeder, se souviendra ainsi que lorsque le Führer dictait le nom de Churchill, il l'accompagnait invariablement du qualificatif « alcoolique », et sa voix se faisait nettement plus aiguë. Il y a là de la haine, mais aussi du mépris : Hitler, oubliant que ses troupes ont été battues successivement à El-Alamein, Tunis, Messine, Rome, Caen, Toulon, Bastogne et Strasbourg, n'en considère pas moins que Churchill, « le chacal », « le poivrot », « le sac à vent », « le menteur congénital », « l'agent stipendié des Juifs », est en outre un très mauvais stratège** : « Lorsqu'on compare Churchill au Lloyd George de la dernière guerre, affirme-t-il, on ne peut nier que la qualité des dirigeants britanniques s'est effroyablement dégradée[23]. »

---

* *Damned !* (On notera la parenté étymologique entre les deux langues…)

** Curieusement, Hitler exprimera un tout autre respect pour les capacités stratégiques du maréchal Staline, sans rien connaître de son processus de prise de décision.

Le Führer parle là de ce qu'il ne connaît pas ; s'il est exact que Churchill est un stratège inquiétant, il n'en reste pas moins infiniment plus compétent que Lloyd George en tant que maître de guerre. Du reste, sans doute par effet de miroir, le Führer pense que Churchill détermine à lui seul la stratégie britannique. Or, il n'en est rien, car le Premier Ministre et ministre de la Défense de Sa Majesté est solidement encadré par de grands professionnels comme le maréchal Brooke, l'amiral Cunningham et le maréchal de l'air Portal*, qui reconnaissent son génie mais ne manquent jamais de le ramener à la raison lorsqu'il bat la campagne. C'est même ce qui fera la supériorité du lutteur Churchill sur cet autre stratège amateur qui préside aux destinées de l'Allemagne national-socialiste, où les généraux, les maréchaux et les amiraux sont réduits à l'état de simples courroies de transmissions, chargées d'appliquer les inspirations géniales du Führer. Voilà qui explique pour une large part que le grand Reich millénaire rétrécisse comme peau de chagrin dès la fin de 1944.

Le 30 avril 1945, Hitler, ayant épuisé toutes les ressources de sa stratégie, choisit de quitter le théâtre de ses tristes exploits. Auparavant, il rédige un testament politique dans lequel on peut lire : « La guerre a été voulue et provoquée uniquement par des hommes d'État d'origine juive ou travaillant pour les intérêts juifs[24] ». Dans l'esprit passablement perturbé du Führer, ce second terme désigne en tout premier lieu Winston Churchill**...

---

* Ces noms semblent inconnus du Führer, de même que ceux des chefs d'état-major américains Marshall, King et Arnold. Plus généralement, rien n'indique que Hitler ait reconnu le rôle déterminant du comité des chefs d'état-major, des *Joint Chiefs of Staff* et des *Combined Chiefs of Staff* dans l'élaboration de la stratégie alliée – ces organismes n'étant jamais mentionnés lors de ses conférences de situation ou de ses entretiens particuliers.

** Le premier terme désignant Franklin Roosevelt. Pour des raisons connues de lui seul, Hitler a toujours été persuadé que Roosevelt était juif.

9

La santé d'Hitler

« Je n'ai jamais été malade. »

Adolf HITLER

Adolf Hitler est un survivant : ses trois frères et sœurs sont décédés avant sa naissance, et son frère cadet Edmund mourra avant l'âge de six ans*. Il serait vain de s'indigner *a posteriori* devant cette malheureuse sélection opérée par le destin, et mieux vaudrait reconnaître qu'un garçonnet ayant survécu à l'environnement manifestement malsain des confins de la Haute-Autriche avait à coup sûr de bonnes capacités de résistance naturelle.

Si les premiers professeurs du jeune Adolf le trouvaient pâle et maigre, ses trois camarades de jeunesse Keplinger, Kubizek et Hagmüller ont certifié qu'il était solidement bâti, jouissait d'une santé robuste et « n'était jamais malade[1] ». Adolf Hitler fera bien état dans *Mein Kampf* d'une « grave maladie pulmonaire » contractée en 1905[2], mais personne n'ayant rien remarqué à l'époque, le plus vraisemblable est que ce menteur congénital devait trouver une justification acceptable à sa déscolarisation dès l'âge de seize ans. Il est vrai que par la suite, les sept années d'errance à Vienne et à Munich n'étaient pas de nature à en faire un jeune homme vigoureux : l'oisiveté

---

* Seule restera sa sœur Paula, née en 1896.

créatrice, la fréquentation de l'Opéra et les diatribes de café n'étaient guère propices à l'exercice physique, et le régime quotidien du dilettante de Braunau – lait, pain sec et un peu de beurre à l'occasion[3] – semblait peu favorable à un développement athlétique. Ce sera aussi l'avis des membres du conseil de révision de Salzbourg, qui inscriront sur la fiche du conscrit Adolf Hitler le 5 février 1914 : « Inapte au service combattant et auxiliaire. Trop faible[4]. »

Mais rien n'est rationnel chez cet artiste peintre désœuvré : six mois plus tard, enthousiasmé par l'annonce du déclenchement de la Grande Guerre, Hitler se porte volontaire pour rejoindre l'armée bavaroise. Versé au 16e régiment d'infanterie de réserve, dit « régiment List », il est soumis à deux mois d'entraînement au maniement des armes et engagé dès le mois d'octobre 1914 dans la fournaise de la bataille d'Ypres. Or, cet homme de vingt-cinq ans chétif et indolent résiste bien à l'épreuve, se plaint peu et apprécie l'ordinaire. Pendant quarante-huit mois, il va servir sur les divers fronts du sud de la Belgique et du nord de la France. Ses missions d'estafette sont particulièrement dangereuses, et il est atteint à la hanche par un éclat d'obus en octobre 1916 ; il tente bien d'éviter l'hospitalisation pour pouvoir rester avec son régiment[5], mais la blessure est assez sérieuse pour imposer deux mois de convalescence. Réaffecté au 16e régiment d'infanterie sur sa demande en mars 1917, il reprend le combat et se voit décorer de la croix de fer de 1re classe pour bravoure à l'été de 1918. Mais le 14 octobre 1918, sur les hauteurs de Wervik, son régiment subit une attaque à l'ypérite, et il est aveuglé par les gaz. Pour lui, la guerre est terminée ; moins d'un mois plus tard, elle le sera également pour tous ses compatriotes.

Si Hitler reste moins de cinq semaines à l'hôpital de Pasewalk et en ressort dès le 19 novembre 1918, c'est à l'évidence que ses yeux n'ont pas été gravement atteints par le gaz moutarde*. Ceci n'exclut nullement que les épreuves de la Grande Guerre aient pu laisser des séquelles sur son organisme. Mais une chose au moins est certaine : lors des tragiques événements de Munich au printemps de 1919, puis durant son ascension vertigineuse au sein du petit Parti des travailleurs allemands**, rien n'indique que le caporal-agitateur Hitler ait été le moins du monde diminué : les membres, les yeux et surtout la voix fonctionnaient parfaitement – trop parfaitement sans doute...

Mais l'ambition politique venant avec les succès oratoires, Hitler croit le pouvoir à portée de main, et le putsch manqué de novembre 1923 se termine par une fusillade au centre de Munich. Alors que certains compagnons y laissent la vie, Hitler n'a qu'une épaule déboîtée, consécutive à sa chute devant la Feldherrnhalle. Comme il refuse de se faire soigner immédiatement à l'hôpital – « de peur d'être liquidé », dira-t-il[6] –, son épaule gauche conservera longtemps une certaine raideur, aisément observable dans sa démarche et sa gestuelle. Mais cela ne diminue en rien l'énergie et la stupéfiante ardeur oratoire qu'il déploie après sa libération de Landsberg à la fin de 1924.

Pourtant, tout homme en bonne santé est un malade qui s'ignore, et en 1929 au plus tard, Hitler se plaint de violentes douleurs abdominales. C'est à cette époque que le leader étudiant Baldur von Schirach notera que « lorsque Hitler était assis, il balançait constamment le tronc. Je crus d'abord que c'était l'expression d'une tension nerveuse. Mais il me confia un jour qu'il avait continuellement des douleurs lancinantes dans la région du diaphragme et de l'estomac. Pendant longtemps,

---

* Sans doute en raison d'une trop grande dispersion du gaz lors de l'explosion. L'aveuglement temporaire résultait probablement d'un très fort gonflement des paupières, avec irritation oculaire due à une conjonctivite ou à une ulcération de la cornée.

** DAP, *Deutsche Arbeiter Partei*.

Elsa Bruckmann s'efforça en vain de l'amener à voir un médecin. Il avait une peur étrange de se faire examiner. Comme tous les hypocondriaques, il préférait rester dans l'incertitude sur ses douleurs réelles ou imaginaires[7] »*.

Certes, et il préfère aussi recourir à l'automédication – dans des conditions plutôt hasardeuses. Peut-être sur la recommandation de quelque ancien camarade de la Grande Guerre, il s'est mis à absorber du « néo-balestol », un bien étrange médicament à base d'huile de fusel – l'alcool isoamylique qui servait d'antirouille pour les culasses de fusils[8] ! Certains militaires aventureux ayant fait courir le bruit que ce distillat corrosif avait également la propriété de calmer les douleurs abdominales, l'industrie pharmaceutique allemande s'était empressée de le commercialiser, en dépit de ses déplorables effets secondaires : migraines, diplopie**, vertiges et acouphènes***.

Bien entendu, Hitler n'en a ressenti aucun soulagement. L'irritation chronique de sa muqueuse gastrique était-elle un effet à long terme de l'ypérite, ou plus simplement une conséquence de l'ingestion d'aliments et de boissons souillés durant les quatre années où il a barboté dans les tranchées ? En vérité, il y a bien d'autres explications possibles : Hitler mange n'importe quoi à n'importe quelle heure, et il le fait très vite, entièrement courbé sur son assiette – ce que beaucoup de ses convives décriront comme un spectacle assez répugnant[9] ; en outre, ses dents étant dans un état lamentable, il avale plutôt qu'il ne mâche. À tout cela, il faut ajouter l'extraordinaire énergie nerveuse dépensée lors de centaines de discours, qui peut difficilement rester sans effet sur ses fonctions

---

* Diagnostic assez peu médical de la part de von Schirach : l'hypocondriaque ordinaire multiplie au contraire les visites chez les médecins, afin de connaître l'origine de ses douleurs réelles ou imaginaires.

** Sensation de voir double.

*** Le néo-balestol est toujours vendu en Allemagne comme huile de massage, mais son ingestion n'est plus recommandée.

métaboliques. C'est également le cas de son psychisme passablement perturbé : en plus d'être hypocondriaque, notre homme est insomniaque, paranoïaque et hautement phobique ; il a peur des ascenseurs, de la nuit, de la solitude, de l'immobilité, de la trahison, du tabac, de l'alcool, de l'altitude, de la chaleur, des attentats, du sport, des microbes, de l'anesthésie, de la constipation, de l'obésité, des journalistes, du soleil, de la baignade, de la navigation, des chevaux – et bien sûr de l'empoisonnement, ainsi qu'en témoigne son acolyte Ernst Hanfstaengl, qui lui rend visite à l'occasion de son trente-quatrième anniversaire : « Je l'ai trouvé seul dans son petit appartement miteux, entouré de gâteaux empilés du sol au plafond. Il y en avait des quantités, décorés de svastikas et d'aigles en crème fouettée, le tout donnant l'impression d'un stand de pâtissier dans une foire de village. [...] Pourtant, Hitler n'avait touché à rien. Même moi, qui suis plutôt un amateur de bière et de saucisses, j'en avais l'eau à la bouche, et je lui dis : "Eh bien, *Herr Hitler*, maintenant, vous allez vraiment pouvoir vous régaler !" "Je ne suis pas du tout sûr qu'ils ne sont pas empoisonnés", répondit-il. "Mais ils ont tous été envoyés par vos amis et admirateurs !", protestai-je. À quoi il me répondit : "Oui, je sais, mais cette maison appartient à un Juif, et de nos jours on peut faire s'écouler du poison lentement le long des murs et tuer ses ennemis. En règle générale, je ne mange jamais ici[10]." »

Si l'on ajoute à tout cela qu'Adolf Hitler craint de mourir prématurément du cancer comme sa mère[11] – et qu'il menace périodiquement de se suicider* –, on comprend déjà mieux que son système neuro-végétatif

---

* À trois reprises en 1923, lors du putsch manqué de Munich ; en 1928, après la défaite électorale du parti nazi ; en 1930, devant son neveu William Patrick ; en 1931, après le décès de sa nièce Geli Raubal ; en 1932, lors de la menace d'éclatement du parti due à la confrontation avec Gregor Strasser, et naturellement, de nombreuses fois pendant la guerre.

puisse s'en trouver affecté. En tout cas, deux choses au moins sont certaines : avant comme après 1933, le Führer continue à souffrir de gastrites, d'œdèmes aux jambes et d'acouphènes, et il persiste à se soigner lui-même. Depuis 1931, il est devenu végétarien, ce qui ajoute à son régime alimentaire un fort déséquilibre, et à ses spasmes gastriques de redoutables flatulences*. Pour tenter de s'en débarrasser, Hitler s'administre constamment des cachets commercialisés sous le nom éloquent d'« *Antigaspillen* », qu'il prend pour des comprimés de charbon, mais qui contiennent en réalité de la strychnine et de l'atropine.

Avec la prise du pouvoir viennent de nouvelles contrariétés, ainsi que des contraintes que cet esprit bohème est mal préparé à supporter. Ses obligations de chancelier face au président Hindenburg, la Nuit des longs couteaux et la remilitarisation de la Rhénanie ont provoqué une aggravation du stress, qui n'a fait qu'accentuer ses spasmes abdominaux. L'architecte Albert Speer se souviendra qu'il « interrompait souvent une réunion en raison de ses douleurs gastriques, qui l'obligeaient à se retirer pour une demi-heure ou davantage, voire à ne pas revenir du tout. Il se plaignait aussi d'une production anormale de gaz, de douleurs cardiaques et d'insomnies. [...] Son médecin personnel, le docteur Brandt, un jeune chirurgien, tentait de le persuader de se laisser examiner par un éminent spécialiste en médecine interne. Nous soutenions tous cette proposition. Des noms de praticiens célèbres étaient avancés, et l'on échafaudait des plans pour faire procéder discrètement à l'examen, par exemple dans un hôpital militaire, où le secret pouvait être le plus aisément assuré. Mais pour finir, Hitler se dérobait à chaque fois, en disant qu'il ne pouvait se permettre d'être

---

* D'autant que ses trois plats préférés sont les haricots blancs, les petits pois et les lentilles... En outre, il absorbe d'énormes quantités de sucreries.

perçu comme malade ; cela ne pourrait qu'affecter son image politique, surtout à l'étranger. [...] Pour autant que je sache, il n'a jamais été sérieusement examiné à l'époque, mais il a traité ses symptômes conformément à ses propres théories – ce qui, du reste, s'accordait parfaitement avec son penchant inné pour l'amateurisme[12] ».

En 1936, le salut s'annonce en la personne du docteur Theodor Morell. Ce dermatologue prospère installé sur le Kurfürstendamm a soigné avec succès le photographe Heinrich Hoffmann d'une gonorrhée rebelle, et son patient reconnaissant l'a recommandé à Hitler. Il est vrai que Morell a plutôt mauvaise réputation dans le milieu médical, que ses traitements sont peu orthodoxes, qu'il est absurdement obèse et d'une saleté repoussante[13], mais il n'en obtient pas moins des résultats incontestables là où tous ses confrères ont échoué. En l'occurrence, son premier exploit va être de surmonter la méfiance du Führer, le deuxième étant de lui faire accepter une cure à base de ferments naturels, conçue pour renouveler sa flore intestinale « déprimée par une surcharge du système nerveux[14] ». Ce genre de traitement est resté purement expérimental depuis le début du siècle*, mais le fait est qu'après quelques mois d'absorption d'une préparation nommée « Mutaflor », couplée à d'innombrables injections de vitamines, d'hormones, de dextrose, d'extraits de foie de bœuf et de testicules de taureau, les spasmes du patient Hitler se calment notablement et ses œdèmes aux jambes disparaissent complètement[15] ! D'aucuns diront que Morell a traité les symptômes plutôt que les causes, mais le Führer, éperdument reconnaissant, l'engage comme *Leibarzt* – médecin personnel.

Ce n'est certes pas du goût de ses deux autres médecins, les docteurs Brandt et von Hasselbach, qui considèrent

---

* En 1909, Morell avait suivi à l'institut Pasteur les cours du grand bactériologiste Ilia Metchnikov, qui préconisait des traitements à base de ferments lactiques.

Morell comme un dangereux charlatan*. La suite des événements va leur donner quelques arguments, car dès 1937 les spasmes d'Hitler reprennent de plus belle, sans doute puissamment favorisés par son extravagante dépense d'énergie nerveuse, doublée d'un régime alimentaire fantaisiste, d'un mode de vie déréglé et d'une absence totale d'exercice physique. Mais il faut laisser à l'hypocondrie la place qui lui revient : deux ans plus tôt déjà, Hitler était persuadé d'avoir un cancer de la gorge ; ce n'était en réalité qu'un polype bénin sur une corde vocale, excisé sans complications par un chirurgien ORL de renom, le professeur von Eicken. Mais à présent, le retour des crampes d'estomac lui fait redouter un cancer gastro-duodénal et le confirme dans ses craintes initiales : il mourra jeune, tout comme sa mère, et le temps lui est compté pour réaliser son ambition suprême. Est-ce cela qui l'incite à se lancer dans une folle politique de conquêtes ? Nullement : c'est seulement ce qui le pousse à en accélérer l'échéance. Ses déclarations durant les deux années qui suivent vont en fournir des preuves surabondantes.

Dès la fin d'octobre 1937, lors d'une réunion des responsables de la propagande, il déclare tout net qu'il n'a probablement plus beaucoup de temps à vivre, et que par conséquent, « il est impératif de régler les problèmes [dont l'"espace vital"] qui doivent l'être dès que possible, de mon vivant. Les générations futures n'en seraient plus capables ; moi seul suis en mesure de le faire[16] ». Le 5 novembre,

---

* Ce qui est inexact pour ce qui concerne sa spécialité, la dermatologie : Morell obtiendra des guérisons complètes chez des patients comme la mère d'Eva Braun, plusieurs aides de camp d'Hitler, et même Josef Goebbels, qui avait été soigné auparavant sans aucun succès par *vingt-deux* médecins différents... Par contre, Morell a une tendance certaine à prendre ses patients pour des cobayes, il sort souvent de son domaine de compétence et ne paraît pas se soucier de l'interaction des médicaments. Par la suite, il s'enrichira colossalement en tant que profiteur de guerre.

Hitler réunit à la chancellerie du Reich von Blomberg, von Fritsch, Goering, Raeder et von Neurath, pour leur faire part des « buts de la politique étrangère allemande ». Ses propos, notés presque *in extenso* par l'aide de camp Hossbach, sont entièrement dépourvus d'ambiguïté : l'Allemagne ne pouvant atteindre qu'un degré d'autarcie limité, ne devant en aucun cas être dépendante du commerce international et n'ayant que faire de colonies très vulnérables au blocus, il ne lui reste qu'une seule planche de salut : l'agrandissement de son *Lebensraum** en Europe. Mais l'Angleterre et la France, deux puissances hostiles, y faisant obstacle, poursuit Hitler, « le problème de l'Allemagne ne peut être résolu que par la force, ce qui n'est jamais sans risque. […] Si l'on décide d'utiliser la force et d'en assumer les risques, alors il ne reste plus qu'à répondre à deux questions : "quand ?" et "comment ?". Premier cas : échéance 1943-1945. Passé ce délai, on ne pourra s'attendre qu'à un changement des conditions à notre détriment. Au cours de cette période 1943-1945, l'équipement de l'armée, de la marine et de l'aviation, de même que la formation du corps des officiers, seront à peu près achevés. […] D'une part, la nécessité d'entretenir une importante Wehrmacht et le vieillissement du mouvement *comme de son Führer***, d'autre part la perspective d'une baisse du niveau de vie et d'un déclin de la natalité ne laissent pas d'autre choix que l'action. Ma décision irrévocable est de résoudre le problème de l'espace vital allemand au plus tard entre 1943 et 1945, *au cas où je serais encore en vie à ce moment****[17] ».

Pourtant, à ce Führer qui se croit condamné et rédige son testament dès l'année suivante[18], l'échéance de 1943 va bientôt paraître trop lointaine : après l'Anschluss et

---

* « Espace vital ».
** Souligné par nous.
*** *Idem.*

l'invasion de la Tchécoslovaquie, il n'hésite plus à risquer le tout pour le tout, ainsi qu'il s'en explique devant tous les hauts responsables militaires le 22 août 1939 : « Pour l'essentiel, tout dépend de moi et de mon existence, du fait de mes dons politiques. [...] Il n'y aura probablement plus jamais à l'avenir un homme ayant davantage d'autorité que moi. Mon existence est donc un facteur de grande valeur. Mais je peux être éliminé à tout moment par un criminel ou par un détraqué. [...] Il nous est facile de prendre des décisions : nous n'avons rien à perdre, tout à gagner. » Et après avoir passé en revue l'ensemble des éléments qui jouent en faveur de l'Allemagne dans la conjoncture inter-nationale, il ajoute : « Toutes ces circonstances favorables auront disparu dans deux ou trois ans. *Personne ne sait combien il me reste de temps à vivre**. Par conséquent, mieux vaut déclencher un conflit maintenant[19]. »

Il devient donc très difficile d'en douter : la menace largement imaginaire d'un décès prématuré est à l'origine de l'accélération brutale des plans de conquête d'Hitler. À l'été de 1939, seule la Pologne est en ligne de mire, mais le Führer a clairement fait comprendre qu'il ne reculerait pas devant la perspective d'une guerre avec les puissances occidentales, car il juge leurs dirigeants inaptes à lui tenir tête : en Angleterre comme en France, « il n'y a aucune personnalité d'envergure. [...] Ils ont des dirigeants qui sont en dessous de la moyenne. [...] Nos adversaires ne sont que des vermisseaux ; je les ai vus à Munich[20] ». Ce jugement se trouve conforté par l'absence de réactions concrètes à l'invasion de la Pologne, et par l'immobilisme de Londres comme de Paris durant les sept mois qui vont suivre.

À l'ébahissement de tous – y compris de ses propres généraux –, la Wehrmacht va parvenir à s'imposer, même dans les conditions les plus improbables. Ainsi, le plan

---

* *Idem.*

Weserübung d'invasion de la Norvège, face à une marine britannique qui domine la mer du Nord, apparaît comme un défi à toutes les lois de la guerre ; Hitler en est parfaitement conscient, et le 1ᵉʳ avril 1940 le journal de guerre de la Kriegsmarine mentionne que « le Führer considère que l'opération *Weserübung* est particulièrement osée, et que c'est même l'une des opérations les plus culottées de l'histoire de la guerre moderne. [...] Il décrit l'anxiété qu'il va connaître jusqu'au succès de l'opération comme l'une des tensions nerveuses les plus fortes de son existence[21] ». De fait, lors de la campagne qui suit le succès initial de l'invasion, Hitler ne dort pratiquement plus, et le 16 avril, il cède même à la panique en ordonnant l'évacuation de Narvik par ses chasseurs de montagne, avant même qu'ils aient été sérieusement attaqués[22].

Les reports successifs de l'attaque à l'Ouest mettent également ses nerfs à rude épreuve, et après le 10 mai 1940, il tient à suivre les opérations militaires dans le nord de la France depuis des postes de commandement installés aux frontières. Même si le Führer n'intervient que rarement dans la conduite des opérations*, la tension accumulée pendant les six semaines de combats est considérable ; les préparations du docteur Morell sont donc administrées à hautes doses : « Vitamultin » incluant toutes les vitamines depuis A jusqu'à K, calcium, acides aminés, cola, caféine, extraits de cœur, de foie et de testicules de taureau, hormones, ferments, et bien sûr dextrose par centaines d'injections**[23]. Hitler trouve là de

---

* La principale intervention se situe à la fin du mois de mai, lorsqu'il ordonne l'arrêt de ses chars devant la poche de Dunkerque.

** Il est intéressant de noter que la plupart des dignitaires du IIIᵉ Reich, à commencer par Himmler, Goering, Ley, Ribbentrop et Rosenberg, sont dans un état physique lamentable – mais ils le cachent soigneusement, de peur que leurs ennemis en profitent pour les supplanter. Seul Heydrich semble jouir d'une santé de fer, mais le SOE britannique y remédiera radicalement en mai 1942.

puissants stimulants et en réclame sans cesse davantage, pour pouvoir maintenir un haut niveau d'activité.

Il faudrait plutôt parler de suractivité, car entre l'été de 1940 et le printemps de 1941, Hitler tient à s'occuper de tout : il suit au jour le jour les raids de sa Luftwaffe contre l'Angleterre, prononce des discours au Sportpalast et au Reichstag pour galvaniser la population allemande ou démoraliser les autorités britanniques, arbitre tant bien que mal les incessants conflits entre ses ministres, ses gauleiters et ses Reichsleiters, intervient de façon brusquée et souvent incohérente dans soixante-douze domaines administratifs différents[24], mène une diplomatie personnelle – généralement infructueuse – en rencontrant Molotov, Franco, Pétain et Mussolini, s'indigne furieusement des bombardements britanniques contre les villes allemandes et exige de Goering des contre-mesures sans cesse différées, se penche longuement sur des maquettes d'édifices pharaoniques destinés à transformer entièrement Berlin en moins de dix ans... et par-dessus tout, il fait mettre à l'étude dès l'été de 1940 un plan ultrasecret d'invasion de l'URSS, qui va l'absorber presque constamment pendant onze mois !

Tout cela ne peut que compromettre davantage la santé physique d'Hitler ; la question de sa santé psychique, elle, ne se pose pas vraiment : un homme qui envisage froidement la mort de millions d'individus, qui est incapable d'empathie, n'a pas d'amis, se méfie de tous, n'écoute personne et n'a pitié que de lui-même peut-il être parfaitement normal ? De fait, les chapitres précédents nous ont laissé entrevoir un esprit passablement perturbé, et pour l'heure, il est permis de se demander si un homme qui s'apprête à envahir l'Union soviétique « afin d'enlever à l'Angleterre son dernier espoir sur le continent[25] » jouit pleinement de ses facultés mentales.

Pourtant, quel meilleur tonique qu'une victoire totale ? Entre le 22 juin et le 10 juillet 1941, 176 divisions allemandes, couvertes par 2 500 avions, s'enfoncent profondément en territoire soviétique, anéantissant 89 divisions de l'Armée rouge, faisant des centaines de milliers de prisonniers, détruisant 3 800 avions et 4 600 chars. Hitler déborde d'enthousiasme, prédit la prise de Moscou dans quatre semaines et ne semble plus demander la moindre médication. Mais dès le début du mois d'août, tout va changer, car la résistance soviétique est plus acharnée que prévu, et la Wehrmacht ne peut maintenir son avance simultanément sur les fronts sud, nord et centre. Hitler a choisi une stratégie ambitieuse consistant à faire percer les groupes d'armées Nord et Sud, pour les réunir ensuite en une vaste pince à l'est de Moscou. Mais la plupart de ses généraux considèrent qu'une telle manœuvre ne tient pas compte des contraintes de temps et d'espace, de l'état des routes et des capacités opérationnelles de leurs divisions de panzers déjà très entamées ; ils recommandent plutôt une offensive immédiate par le groupe d'armées Centre en direction de la capitale soviétique, afin qu'elle puisse être prise avant l'hiver. Bien entendu, ce sont les généraux qui devront s'incliner à la fin du mois d'août, mais dans l'intervalle, il y a eu un long flottement, manifestement attribuable aux problèmes de santé du Führer.

Ils semblent avoir plusieurs origines : pour des raisons connues de lui seul, Hitler a décidé d'établir un QG de guerre permanent à Rastenburg, en Prusse-Orientale. Cet ensemble de bunkers construit au milieu de la forêt de Görlitz est certes parfaitement camouflé, mais il est tout sauf confortable : le terrain est marécageux, les bunkers sont humides et oppressants, la chaleur écrasante et la région infestée de moustiques*. Au début d'août, Hitler est victime d'une attaque de dysenterie qui va le diminuer pendant trois semaines, ponctuées d'injections d'iode, de vitamines et d'acides aminés, avec administration supplé-

---

* Par contraste, Goering, Himmler et Ribbentrop s'établiront beaucoup plus confortablement dans les environs.

mentaire de comprimés de Yatren contre la dysenterie*, de stimulants pour le tenir éveillé et de sédatifs pour le faire dormir[26]. Mais ce n'est pas encore le plus grave ; à la fin du mois de juillet, lors d'une entrevue orageuse avec le ministre des Affaires étrangères von Ribbentrop qui menace de démissionner**, Hitler, parvenu au paroxysme de la rage, agrippe brusquement sa poitrine et se laisse tomber sur une chaise. Après un moment, il dit : « J'ai bien cru que j'avais une attaque. Il ne faut plus jamais me contredire ainsi. Vous voulez donc ruiner l'Allemagne ? Je suis le seul à pouvoir la diriger au milieu des dangers. » Et Ribbentrop, horrifié, dira plus tard : « J'ai donc promis de ne plus jamais le contredire[27]. » De passage à Rastenburg le 18 août, Josef Goebbels trouve encore le Führer en assez mauvais état et « très irritable », ce qu'il attribue aux difficultés imprévues de la campagne militaire[28]. Mais entre-temps, le docteur Morell a fait faire un électrocardiogramme, et le diagnostic est formel : « Sclérose évolutive des artères coronaires[29]. » Morell semble avoir minimisé devant son patient la gravité de la maladie, qui doit naturellement rester absolument secrète – ainsi que le notera l'aide de camp von Below : « Nous avions reçu l'ordre de garder le silence le plus absolu sur son état[30]. »

Le traitement le plus indiqué serait certes une mise au repos complet – solution inconcevable dans le cas d'un Führer qui entend non seulement définir la stratégie générale, mais aussi intervenir désormais au niveau tactique : penché sur ses cartes pendant des heures entières, il règle jusqu'aux mouvements des divisions et des corps d'armée, quel que soit l'avis des commandants sur le terrain.

---

* Apparemment inutiles, ce produit n'étant actif que contre les dysenteries amibiennes, non contre les dysenteries bactériennes.

** Un cas très rare, du fait de la servilité du ministre. Mais Ribbentrop, qui considérait le traité germano-soviétique comme un couronnement de sa carrière, était opposé depuis le début à l'attaque de l'URSS.

Comme il se couche rarement avant 5 heures du matin, ne parvient pas à trouver le sommeil, supporte de plus en plus mal ses acouphènes et ressent de forts maux de tête en plus de ses crampes d'estomac, le docteur Morell est sollicité en permanence. Son cocktail de préparations, pilules, cachets et injections s'enrichit donc vertigineusement : Brom-Nervacit, Eukodal, Optalidon et Eupaverine pour les nerfs, Cardiazol, Diginalid et Coramine pour le cœur, Dolantin pour les spasmes, Euflat, huile de ricin et pilules de Koester pour le météorisme abdominal, Calomel et Mitilax pour la constipation, Eupaverine pour les coliques, Testoviron pour l'insuffisance hormonale, Ultraseptyl pour les refroidissements, Luminal pour les insomnies, en plus bien sûr des concentrés de vitamines Glyconorm et Vitamultin pour le tonus, des hormones et extraits de testicules de taureau Orchikrin et Prostakrin pour l'impuissance, du Mutaflor pour régénérer la flore intestinale, et même des sangsues pour les maux de tête ! Tout cela paraît avoir un effet stimulant sur le Führer, mais personne ne peut nier qu'il ressemble de plus en plus à une pharmacie ambulante*.

Si les résultats n'en sont qu'éphémères, c'est qu'Adolf Hitler continue à mener une vie hautement malsaine dans l'air confiné de son bunker, rivé à ses cartes, privé d'exercice et consommant à des heures fantaisistes ses menus végétariens déséquilibrés. Mais il apparaît rapidement que les spasmes les plus invalidants suivent d'assez près l'évolution des opérations militaires en Russie : l'échec

---

* Et passablement déjantée : le Luminal est un barbiturique, le Calomel contient du mercure, les pilules de Koester de la strychnine et de la belladone, l'Eukodal de la morphine, et l'Ultraseptyl un sulfonamide venu de Hongrie mais non autorisé en Allemagne du fait de ses effets secondaires (polynévrites et calculs rénaux). En essayant également de produire de la pénicilline dans ses propres laboratoires, Morell n'obtiendra qu'une souche inefficace et même toxique, qu'il administrera au moins une fois au Führer sous forme de poudre.

de la Wehrmacht devant Moscou entre novembre et décembre 1941, la guerre d'usure sur l'immense front entre Leningrad et la Crimée au printemps de 1942, la préparation de l'opération *Blau* pour une nouvelle offensive vers la Volga et le Caucase à l'été de 1942 – autant de péripéties dans lesquelles le Führer s'implique personnellement, en limogeant trente-cinq généraux, les commandants des trois groupes d'armées, et même le chef de l'armée de terre von Brauchitsch, dont il assume personnellement les fonctions ! Bien entendu, il est hors d'état de les exercer, et la confusion ainsi créée se révèle propice aux échecs militaires – qui provoquent à leur tour des dérèglements nerveux, des crises de gastralgie et des pics de tension chez le « plus grand chef de guerre de tous les temps* ».

C'est l'hiver 1942-1943 qui marque pour Hitler le tournant du destin. Assez curieusement, il semble aussi peu affecté par le débarquement allié en Afrique du Nord qu'il l'avait été un an auparavant par l'entrée en guerre des États-Unis. Mais c'est le sort de la 6e armée du général Paulus, prise au piège entre Don et Volga, qui fait planer sur Rastenburg pendant trois longs mois le double spectre de la discorde et de la défaite. Dans l'entourage d'Hitler, tous les militaires responsables recommandent dès la fin de novembre 1942 l'évacuation de Stalingrad, ainsi qu'un abandon des positions avancées du groupe d'armées A bloqué devant les monts du Caucase. Mais le Führer s'obstine à interdire toute retraite, après avoir limogé tour à tour le maréchal List et le chef d'état-major Halder**. Pourtant, même le remplaçant de ce dernier, Kurt Zeitzler, finit par

---

* « *Grösster Feldherr aller Zeiten.* » Ce titre utilisé par la propagande nazie sera tourné en dérision par les militaires allemands, sous sa forme contractée de « *Gröfaz* ».

** List était le commandant du groupe d'armées A, et il a été remplacé par... Hitler lui-même, devenu dès lors commandant de l'ensemble des forces armées, commandant de l'armée de terre et commandant d'un groupe d'armées au sein de cette armée de terre.

se prononcer en faveur d'un abandon des positions avancées sur la Volga à l'est et le Terek au sud. Pour Hitler, qui doit tenir tête à la fois aux Soviétiques et à ses propres subordonnés, la dépense d'énergie nerveuse sera encore prodigieuse – et finalement vaine, puisque les débris de la 6ᵉ armée devront capituler à Stalingrad au début de février 1943, tandis que le groupe d'armées A sera évacué précipitamment vers Rostov dès la fin de 1942. Après cela, Hitler devra encore mobiliser toute sa force mentale pour justifier sa stratégie et trouver des boucs émissaires*. « Le Führer, note son aide de camp Gerhard Engel, est profondément déprimé et cherche partout des fautes et des négligences[31]. » Mais il lui faut dépenser plus d'énergie encore pour s'adresser aux gauleiters, en dissimulant ses doutes et en leur annonçant une victoire prochaine. C'est également à la fin de 1942 que son valet Linge remarque un phénomène nouveau : « Sa main gauche a commencé à trembler. Il avait beaucoup de peine à la contrôler [...] et à dissimuler son état devant les étrangers[32]. » Bien sûr, les injections du docteur Morell lui en donnent encore la force, mais dès cette époque, la secrétaire Traudl Junge décrit son Führer de cinquante-trois ans comme « *ein müder alter Herr*[33] » – « un vieil homme fatigué ». C'est aussi un patient difficile : il refuse catégoriquement les massages, l'électrothérapie, les examens cliniques et même les radiographies de l'abdomen...

Himmler, lui, croit en connaître la raison ; le 12 décembre 1942, il fait lire à son masseur Kersten un document ultrasecret de vingt-six pages, qu'il lui présente comme le « rapport sur la maladie dont souffre le

---

Il remplit donc les fonctions de trois officiers généraux, sans en avoir le temps ni les capacités.

* Les alliés italiens et roumains qui ont plié devant l'assaut soviétique, le *Reichsmarschall* Goering qui s'est révélé incapable d'approvisionner Stalingrad par voie aérienne, et même le maréchal Paulus, coupable de s'être laissé capturer plutôt que de se suicider...

Führer ». Nous savons déjà que les dossiers méthodiquement accumulés par Himmler sur tous les personnages
du IIIᵉ Reich contiennent un mélange hétéroclite de
documents authentiques, de falsifications manifestes et
de ragots invérifiables. Celui-ci ne fait pas exception,
même s'il a été constitué, selon les dires du secrétaire
d'Himmler, « par un homme dont l'intégrité est au-dessus
de tout soupçon[34] ». Kersten y trouve des extraits du
dossier médical établi à l'hôpital de Pasewalk en 1918 ; il
apprend aussi que le Führer s'est fait exciser un polype
des cordes vocales*, qu'il y a eu des cas de tuberculose
et de cancer dans sa famille, qu'il souffre d'impuissance,
n'a jamais été homosexuel, est strictement végétarien, ne
boit pas, ne fume pas, et souffre de maux de tête, de vertiges et d'insomnie, ainsi que d'un léger tremblement du
bras gauche et d'une raideur peu accentuée de la jambe
gauche. « Depuis plusieurs mois, il n'a pu continuer à
travailler que grâce à des injections quotidiennes, contenant apparemment toutes sortes de produits à l'exception
de la morphine, qu'il refuse catégoriquement**[35]. »

Tout cela est rigoureusement exact, mais la suite du
dossier réserve une surprise de taille, qui fascine et
inquiète le *Reichsführer* Himmler : lors de son séjour à
l'hôpital en 1918, Hitler aurait « présenté certains symptômes associés à la syphilis. Il était sorti de Pasewalk
apparemment guéri***, mais en 1937, les symptômes avaient
refait leur apparition, montrant que la syphilis continuait
à exercer ses ravages, et au début de 1942, des signes

---

* Ce qui avait été tenu rigoureusement secret à l'époque.
** Probablement sans savoir que l'Eukodal en contient.
*** Dans la version initiale suédoise et norvégienne de son ouvrage,
Jeg var Himmlers Lege, pp. 156 et 157, Kersten semble mélanger
constamment les effets du gaz moutarde et ceux – supposés – de la
syphilis. La version anglaise, qui reproduit directement des extraits
de son journal, paraît plus fiable, même si les documents portés à la
connaissance de Kersten ne le sont pas toujours.

analogues ont montré sans l'ombre d'un doute qu'Hitler souffrait de paralysie progressive. Tous les symptômes étaient présents, à l'exception du regard fixe et de la confusion dans le discours[36] ».

Si Himmler fait lire ce dossier à Kersten, c'est qu'il se demande si le bon docteur ne pourrait pas guérir Hitler, ou du moins donner des indications sur un traitement possible. Kersten répond naturellement qu'il ne peut rien faire, à la fois parce qu'il n'a pas vu le patient et parce que le cas dépasse de beaucoup ses compétences ; toutefois, il demande à Himmler comment il peut rester au service d'un homme présentant des signes de paralysie et de dégénérescence mentale. À quoi le *Reichsführer* lui répond sans grande conviction qu'« on ne change pas de cheval au milieu du gué », puis que « les choses n'ont pas encore assez évolué. Je serai vigilant, et il sera toujours temps d'agir s'il apparaît que le rapport est exact »[37].

Tout cela pose plusieurs problèmes : la fin de l'entretien indique qu'Himmler n'est pas absolument sûr de ses propres informations, même si elles sont censées émaner d'un homme « dont l'intégrité est au-dessus de tout soupçon » ; du reste, Hitler ne se laissant examiner que par ses trois médecins personnels, l'homme intègre en question semble s'être contenté de collectionner quelques documents médicaux anciens et des bruits de couloir récents, pour en faire une synthèse très personnelle. D'autre part, on ne voit pas comment Hitler aurait contracté une maladie vénérienne, alors qu'il évitait soigneusement toute relation sexuelle avec les femmes – sans compter qu'un homme dont les résultats des tests de Wassermann, Kahn et Meinicke étaient tous négatifs en 1940 pouvait difficilement avoir de lourds antécédents syphilitiques[38]. En outre, les quelques symptômes mentionnés dans le rapport étaient aisément attribuables à d'autres causes, et personne parmi les médecins d'Hitler n'a jamais fait état d'une « paralysie progressive ». Enfin et surtout, on ne trouve absolument aucune allusion à la syphilis dans les notes détaillées du docteur Morell, qui est pourtant spécialisé dans la dermatologie et les maladies vénériennes*. Bref, comme c'est souvent le cas, Himmler s'est laissé abuser par un de ses informateurs, pour se retrouver ensuite très perplexe quant à l'usage à faire des renseignements ainsi obtenus.

Si la piste de la syphilis peut donc être abandonnée sans regrets, il n'en reste pas moins que le Führer est dans un état physique passablement délabré au printemps de 1943. Le souvenir de Stalingrad et de son effet sur le moral des populations allemandes continue de le hanter, Berlin n'offre guère de repos du fait des bombardements alliés qui se succèdent de jour comme de nuit, la « Tanière du loup » de Rastenburg, enveloppée de brouillard presque en permanence, est froide, humide et oppressante, tandis qu'au-dessus de Berchtesgaden, l'altitude de l'Obersalzberg ne convient pas davantage à un patient ayant des problèmes coronariens. Cela explique sans doute les déplacements incessants d'Hitler, du nord au sud de l'Allemagne, mais aussi vers l'est, dans son QG ukrainien de Vinnitsa, vers le sud-est, à Zaporojie, et vers le nord-est, à Smolensk. Le 17 février, lors de sa visite au maréchal von Manstein à Zaporojie, Alexandre Stahlberg, l'officier d'ordonnance du maréchal, aperçoit Hitler en pleine lumière dans la salle de conférences : « J'ai été effrayé par son apparence. Sa peau était jaunâtre et flasque ; il n'était pas rasé et les revers de sa jaquette d'uniforme grise étaient couverts de taches, visiblement des reliefs de repas. Son attitude corporelle m'a frappé : la tête semblait pendre en avant des épaules, tandis que le ventre ressortait énormément. Hitler paraissait épuisé, et même malade. [...] Les muscles de sa mâchoire étaient animés d'un perpétuel mouvement de

---

* Malgré tout, les tests effectués en 1940 prouvent que Morell avait au moins envisagé cette éventualité.

mastiquage, de plus en plus rapide, [...] et son regard restait fixé sur un seul endroit, bien que le maréchal indiquât de nombreux points sur la carte[39]. » Stahlberg est stupéfait de retrouver Hitler en pleine forme à la conférence stratégique du lendemain, et il suppose à juste titre que le docteur Morell s'est surpassé dans l'intervalle[40]. Mais le gros médecin, engoncé dans son uniforme de fantaisie, exerce une magie notoirement éphémère...

De fait, lorsque le Führer déjeune avec les officiers supérieurs du groupe d'armées Centre à Smolensk le 13 mars, tous remarquent qu'il a beaucoup vieilli en peu de temps, et ceux qui ne le connaissaient pas observent avec étonnement qu'il fait goûter tous ses plats par le docteur Morell – la peur de l'empoisonnement, toujours*. Mais en coulisse, le stakhanoviste de l'aiguille creuse a une tâche bien plus prenante, et son journal porte pratiquement chaque jour cette inscription monotone : « *Injektion wie immer* » – « injection comme toujours »**. On en comptera près de huit cents pour la seule période 1941-1945[41], effectuées dans des conditions d'hygiène très relatives, avec à l'occasion des aiguilles qui cassent ou se tordent, ainsi que des réactions allergiques aux extraits de foie et à certains calmants.

Pourtant, les calmants vont être de plus en plus nécessaires, car entre le printemps et l'été, Hitler prépare fiévreusement la grande bataille de Koursk – qu'il va perdre à

---

* Sans le savoir, Hitler échappe deux fois à la mort durant ce séjour à Smolensk : les conjurés autour du général von Tresckow avaient décidé de l'abattre durant le déjeuner, mais ils y avaient renoncé en apprenant qu'Hitler portait un gilet pare-balles et qu'Himmler ne serait pas avec lui ; ensuite, il y a eu le paquet d'explosifs déposé dans la soute de son avion lors du voyage de retour (voir chapitre 7 : « Canaris et la guerre des services secrets »).

** L'inflation de titres en vigueur à l'époque avait valu à Morell le sobriquet de *Reichsinjektionsmeister* (maître des injections du Reich). Hoffmann, lui, était affublé du titre de *Reichstrunkbold* (poivrot officiel du Reich).

la mi-juillet, au moment précis où les Alliés progressent en
Sicile. La conquête éclair de cette grande île provoque la
chute de Mussolini et la défection consécutive des armées
italiennes du camp de l'Axe, occasionnant au Führer de
nouveaux tracas, suivis de longues insomnies, de pics de
tension, de spasmes gastriques et intestinaux, de fortes
bronchites, d'une cystite et d'une accentuation des tremblements de la main gauche. La pharmacopée va donc
s'enrichir d'autant : Enterofagos pour les colopathies,
Tonophosphan pour l'anémie et l'épuisement, Pervitine
pour l'artériosclérose, Eupaverine pour les spasmes, Mitilax pour le météorisme, Septojod pour la désinfection
des voies aériennes supérieures, Digilanid, Prostophanta
et Sympatol comme cardiotoniques, Tempidorm pour les
insomnies, etc., *ad infinitum*[42]. Mais le seul remède efficace,
comme le notent tous les spécialistes consultés par le docteur Morell, ce serait un repos complet – exactement ce
qu'Hitler ne peut se permettre, au vu de la charge qu'il
a choisi d'assumer. « Voyez-vous, confie-t-il au docteur
Giesing pour expliquer ses insomnies, j'aperçois toujours
dans le noir les cartes d'état-major, et mon cerveau continue à travailler. [...] Lorsque j'allume la lumière, je peux
dessiner exactement les cartes de chaque groupe d'armées,
je sais précisément où se trouve chaque division, et cela
continue ainsi pendant des heures, jusqu'à ce que je finisse
par m'endormir vers 5 ou 6 heures du matin[43]. »
    C'est évidemment malsain, d'autant qu'en cette fin de
1943, les cartes en question montrent une situation stratégique pour le moins inquiétante : en Italie, les armées
alliées, après avoir pris Naples et franchi le Garigliano,
avancent lentement en direction de Rome. À l'Est, la
barrière du Dniepr n'a pas tenu et l'Armée rouge libère
Kiev le 6 novembre, tandis qu'au Nord, six armées soviétiques vont occuper Novgorod, avant de dégager Leningrad au début de 1944. Et pourtant, le plus grave n'est
pas indiqué sur les cartes : dans toute l'Europe occupée,

depuis la Norvège jusqu'à la Grèce, la Résistance s'est considérablement développée, alors que les sous-marins allemands ont pratiquement perdu la bataille de l'Atlantique, et que les bombardements anglo-américains contre les usines d'aviation, de roulements à billes et d'essence synthétique ralentissent considérablement la production industrielle allemande. Hitler exige des bombardements de représailles contre l'Angleterre et prend violemment à partie le *Reichsmarschall* Goering, mais cela ne fait qu'aggraver son épuisement nerveux, sans pour autant améliorer la situation stratégique.

Le 23 février 1944, Hitler se décide enfin à quitter la Prusse-Orientale pour aller se reposer à Berchtesgaden*. Mais lorsqu'il arrive au Berghof, Eva Braun est effrayée par son apparence : ses cheveux grisonnent, il a de grosses poches sous les yeux et il avance voûté, comme plié en deux. « Comment va le Führer ? s'enquiert-elle auprès de la secrétaire Traudl Junge ; je ne veux pas demander à Morell, car je n'ai pas confiance en lui[44]. » Pourtant, Eva Braun aurait pu apprendre de Morell que son Führer avait également un léger épanchement sanguin dans l'œil droit, qui voilait partiellement sa vision. Depuis des années, il utilisait (discrètement) des lunettes ; à présent, il lui faut une loupe. Mais il y a beaucoup plus sérieux : si Morell semble avoir sous-estimé la gravité de l'artériosclérose des coronaires, le professeur Weber, une sommité en matière de cardiologie, a examiné les électrocardiogrammes et n'a nullement exclu la possibilité d'une crise cardiaque soudaine[45]. Pourtant, il y a *encore* autre chose, qui semble avoir entièrement échappé au docteur Morell, mais a été diagnostiqué au plus tard en 1944 par un neurologue

---

* En fait, il n'a pas le choix : Berlin est quotidiennement bombardé, et son bunker de Rastenburg doit être constamment renforcé pour le rendre plus résistant aux bombes de plus en plus puissantes. Le toit du bunker finira par atteindre huit mètres d'épaisseur !

averti, le professeur de Crinis – et amplement confirmé par son collègue, le docteur Schenck. Tous deux n'ont fait que voir Hitler aux actualités, mais à leurs yeux exercés, sa démarche traînante, sa posture voûtée et ses tremblements ont montré sans l'ombre d'un doute qu'il était atteint de la maladie de Parkinson[46].

Morell n'en dit rien dans son journal et ne le soupçonne sans doute même pas. Hitler non plus, bien sûr, mais il est parfaitement conscient de la détérioration de son état. À Josef Goebbels, qui lui demande (vainement) de prononcer une allocution au peuple allemand à l'occasion du 1er mai, le Führer confie qu'il ne dort plus que trois heures par nuit[47] – et encore n'est-ce que grâce à de puissants somnifères[48]. Son repos est sans doute plus bref encore au cours des semaines qui suivent, lorsqu'il apprend successivement la prise de Rome, les préparatifs de la grande offensive soviétique contre le groupe d'armées Centre, et surtout le débarquement de Normandie – qui va l'obliger à sortir de son repaire le 16 juin pour aller conférer à Margival avec Rommel et von Rundstedt. Leur pessimisme le met hors de lui et fait monter vertigineusement sa tension*, mais naturellement, ce sont ses maréchaux qui ont raison : avec le peu de moyens disponibles, il n'est plus possible de rejeter les Alliés à la mer. Du reste, lorsque le 22 juin, les Soviétiques lancent enfin leur grande offensive d'été *Bagration* contre le groupe d'armées Centre, Hitler lui-même comprend que l'Allemagne va être prise dans un étau. Mais il n'en laisse rien paraître devant son entourage, interdit toute retraite, limoge les commandants des groupes d'armées Centre et Nord, puis prend rudement à partie le chef d'état-major Zeitzler, coupable d'avoir cherché à infléchir sa stratégie.

---

* Qui peut atteindre 180 mmHg. Assez curieusement pour un médecin, Morell néglige le plus souvent de relever le second chiffre, celui de la tension diastolique.

Lorsque le Führer réunit les responsables militaires à son QG de Rastenburg le 20 juillet 1944, les mauvaises nouvelles affluent de partout : en Normandie, Caen et Saint-Lô sont tombés, le Cotentin est isolé et les Britanniques progressent vers l'Orne ; en Italie, les Alliés ont pris Sienne, ils avancent sur Florence et approchent de la ligne Gothique, dernier barrage avant la plaine du Pô ; à l'Est, l'Armée rouge a repoussé les troupes allemandes en Estonie comme en Lituanie, et pénétré profondément en Pologne orientale – de sorte que le Reich est désormais menacé depuis le nord-est, l'est, le sud-est, le sud et le sud-ouest. C'est évidemment beaucoup, mais ce 20 juillet 1944, Hitler, négligeant sa santé chancelante, affiche un optimisme destiné à impressionner ses généraux et à encourager Mussolini, qui est attendu au *Wolfschantze* dans l'après-midi.

L'impression sera désastreuse ; car peu après 12 h 40, une bombe placée par le colonel von Stauffenberg explose dans le baraquement où se tient la conférence de situation, faisant trois morts et vingt blessés*. Hitler, lui, n'a que les deux tympans perforés, les cheveux roussis, un énorme hématome au coude droit, une centaine d'éclats de bois dans les jambes et un pantalon en lambeaux**. Sa chance a été insolente : les travaux de consolidation du bunker n'étant pas terminés, la réunion s'est tenue dans un baraquement provisoire, de construction très légère, toutes fenêtres ouvertes en raison de la chaleur d'été[49] ; le souffle de l'explosion a donc pu s'évacuer latéralement, au lieu d'être contenu dans les murs de béton du bunker – ce qui aurait tué à coup sûr toutes les personnes présentes. D'autre part, le colonel Brandt,

---

* Dont un, l'aide de camp militaire principal Schmundt, décédera de ses blessures deux mois plus tard.
** Mais le général SS Gottlob Berger assurera qu'il avait également subi un traumatisme crânien.

gêné par la sacoche contenant la bombe, l'avait écartée machinalement, en l'éloignant à deux mètres d'Hitler, derrière le pied de table. Ensuite, ce lourd socle d'un seul tenant a protégé le Führer de l'effet direct de la déflagration[50]. Enfin, un premier secouriste, voyant les oreilles d'Hitler saigner abondamment, s'apprêtait à y verser de l'eau sale – ce qui aurait sans doute déclenché une infection mortelle dans les tympans fissurés ; mais un officier plus avisé a retenu le geste *in extremis*. Hitler aura donc quelques raisons de répéter à l'envi qu'il a été préservé par la providence*.

De fait, sa santé ne semble même pas en être véritablement affectée ; au contraire, les tremblements convulsifs de sa main gauche disparaissent au cours des jours suivants, même si le Führer s'empresse de préciser qu'il « ne considère pas le traitement reçu comme étant le plus approprié[51] ». Il n'a pas tort, car les effets secondaires ne vont pas tarder à se manifester : désorientation, strabisme divergent, infection de l'oreille interne droite, surdité prononcée, vertiges, saignement continu des tympans, tremblement convulsif du bras droit. Les docteurs Brandt, Hasselbach, Giesing et von Eicken traitent en priorité les lésions ORL, mais ils doivent compter avec l'omniprésent Morell, qui poursuit ses injections de produits dont il refuse de leur communiquer la nature et la composition**. Voilà qui va bientôt déboucher sur un grand règlement de comptes, mais pour l'heure, le *Reichsmarschall* Goering pourra constater qu'« après l'attentat, Hitler avait beaucoup

---

* *Die Versehung*, qui semble lui tenir lieu de divinité, et qu'il évoquera maintes fois au cours de son existence.
** Ces produits, notamment le Vitamultin, l'Ultraseptyl, une variété de Mutaflor et la pénicilline, sont fabriqués artisanalement dans ses propres laboratoires d'Olmütz (Slovaquie) et de Hambourg – ce qui n'est pas exactement une garantie de qualité. Les médecins Brandt et Giesing conseillent vainement à Hitler de prendre des vitamines et des sulfonamides de marques plus fiables (Bayer, Sandoz, Knoll).

changé, il perdait l'équilibre, ses mains et ses pieds trem-
blaient, il n'arrivait plus à mettre de l'ordre dans ses idées.
À partir de cette époque, il ne sortait plus de son bunker
et ne prenait plus l'air frais, car la lumière de l'extérieur
lui blessait les yeux. Il prononçait sans hésiter des condam-
nations à mort et ne faisait confiance à personne[52] ».

Il est vrai que l'échec de l'attentat ayant compromis
fatalement le plan des conjurés, Hitler a exercé sur eux
une vengeance impitoyable*. En outre, sa méfiance, déjà
constamment en éveil, s'est accentuée au point de s'étendre
à l'ensemble de ses généraux, de ses subordonnés et même
de ses médecins – à l'exception du docteur Morell, naturellement. Mais au cours du mois d'août, alors qu'il passe
ses après-midi et ses soirées en conférences pour suivre
l'évolution de la situation à l'Ouest – où Paris a été libéré
et les Alliés ont débarqué en Provence –, le Führer voit
sa santé se dégrader chaque jour davantage : il maîtrise
mal ses tremblements, mange le moins possible pour éviter
les crampes d'estomac, éprouve de fortes sensations de
soif, ne dort presque plus, supporte mal la lumière du
jour, reste confiné dans son bunker glacial et contracte un
rhume qui provoque à son tour une inflammation aiguë
des sinus. Afin de calmer les douleurs insupportables qui
en résultent, le docteur Giesing lui administre par voie
nasale une solution de cocaïne à dix pour cent, avec un
tel succès que Hitler ne cesse d'en redemander[53]. Mais
Giesing, en médecin consciencieux, hésite à rendre son
patient dépendant de la cocaïne, et il commence à s'intéresser aux cachets d'Ultraseptyl régulièrement prescrits par
le docteur Morell. En fait, Giesing pousse la conscience
professionnelle jusqu'à en absorber lui-même, ce dont il
communique bientôt les résultats au Führer : « J'en ai
pris pendant cinq jours, et ils m'ont causé des crampes

---

* 7 000 personnes seront arrêtées et 200 exécutées, le plus souvent
par pendaison à des crochets de boucher.

d'estomac insupportables – alors que j'étais en bonne santé auparavant[54]. »

Mais Hitler, qui a une foi aveugle en Morell, choisit de n'en tenir aucun compte, et lors des conférences de situation, ses généraux sont embarrassés de le voir avaler constamment d'importantes quantités de comprimés ; encore ne voient-ils pas les séances quotidiennes d'injections... Et le vieux professeur von Eicken, qui croyait avoir tout connu en cinquante ans de pratique médicale, demande à ses collègues : « Où allons-nous, si cette orgie d'injections se poursuit[55] ? » Il obtient un début de réponse dès la fin du mois de septembre ; à ce moment, le docteur Giesing, qui rencontre Hitler à l'air libre*, remarque que son teint et le blanc de ses yeux ont viré au jaune. Giesing, qui soupçonne immédiatement une jaunisse, découvre simultanément les pilules noires « *Antigas* » dont Hitler semble consommer entre douze et seize par jour. Faisant immédiatement le rapprochement avec la jaunisse, il note subrepticement la composition des pilules telle qu'elle est indiquée sur la boîte : 0,5 gramme de strychnine, 0,5 gramme d'atropine, 1 gramme de gentiane. Mais dans sa hâte, Giesing n'a pas remarqué qu'il s'agissait de la composition totale des *120 pilules de la boîte*, non d'une seule[56]. Dans l'intervalle, Morell a aggravé son cas en niant qu'Hitler était atteint de jaunisse, pour être presque aussitôt contredit par les analyses sanguines et urinaires[57]. Par contre, le rapport avec les pilules semble difficile à établir : la jaunisse est endémique à l'époque, partout où des milliers d'hommes se trouvent concentrés durablement dans des conditions d'hygiène primitives – exactement comme à Rastenburg et à Vinnitsa.

---

* Les consultations avaient lieu d'ordinaire sous la lumière artificielle du bunker, qui donnait depuis quelque temps à Hitler un teint rougeâtre.

Peu importe : le 30 septembre 1944, Giesing, Hasselbach et Brandt passent à l'offensive contre Morell : Brandt
s'en ouvre à Hitler, tandis que Giesing informe Himmler,
et Hasselbach en fait part au Reichsleiter Bormann. Mais
ils vont se heurter à un mur : Hitler, qui consommait ces
pilules bien avant de connaître Morell, assure qu'il doit y
avoir un malentendu, Bormann prend l'affaire à la légère
et se contente de dire qu'il en parlera à Morell, tandis
qu'Himmler, qui aurait volontiers fait pendre Morell, sait
bien qu'il ne peut rien faire contre le gros docteur tant
qu'Hitler lui accorde ses faveurs. Pour qui connaît déjà les
pratiques en vigueur au sein du IIIᵉ Reich, il n'y a là rien
d'étonnant : Hitler récuse toutes les informations qui lui
déplaisent, Himmler tremble devant son Führer, et Bormann intrigue ferme contre l'homme fort du moment, qui
n'est autre que le ministre de l'Armement Albert Speer ;
or, le docteur Brandt, commissaire du Reich à la Santé, est
le subordonné direct de Speer, et si Morell est renvoyé,
Speer aura un dangereux allié dans l'entourage immédiat
du Führer. Cela, Bormann ne peut le permettre et, moyennant une alliance de circonstance avec Himmler, il obtient
le renvoi de Brandt, de Hasselbach et de Giesing ! Morell
restera donc maître du terrain, sous la surveillance du
docteur Stumpfegger, le chirurgien particulier d'Himmler.
C'est une solution fort peu médicale, mais typiquement
nationale-socialiste – et au début d'octobre, Hitler reste
cloué au lit par la jaunisse...

Il n'y reste pas inactif ; depuis plusieurs semaines
déjà, un plan l'occupe à l'exclusion de tous les autres :
c'est celui de l'opération *Herbstnebel*, une contre-attaque
majeure destinée à écraser les Alliés dans les Ardennes
et à reprendre le port d'Anvers. Le chef d'état-major
Guderian tente bien d'attirer son attention sur les
fortes concentrations de troupes soviétiques massées
aux confins de la Haute-Silésie, mais Hitler ne veut rien
entendre : lorsque ses 200 000 hommes et 600 panzers,

surgis de l'Eifel, auront balayé les 80 000 soldats alliés pour atteindre la Meuse et Bruxelles, la coalition anglo-américaine sera rompue et il pourra ensuite se retourner vers l'Est pour vaincre l'Armée rouge ! On ignore jusqu'à quel point les effets de la jaunisse et les surdoses de vitamines, sulfonamides, cocaïne, hormones et autres toniques ont stimulé l'optimisme débridé du Führer, mais il entend remettre en branle l'énorme machine offensive de la Wehrmacht, et personne ne pourra l'arrêter.

Il est frappant de constater les effets du psychisme sur l'état physique : entre octobre et la mi-décembre 1944, alors que le plan de contre-offensive dans les Ardennes s'élabore et que l'avance ennemie semble marquer le pas sur tous les fronts, la plupart des maux dont souffre Hitler s'apaisent notablement : crampes d'estomac, météorisme, tremblements, acouphènes, insomnies, hypertension, inappétence et même inflammation des sinus régressent comme par enchantement. Les injections de Glyconorm, de Vitamultin et de Septojod* n'en continuent pas moins, même si le docteur Morell lui-même doit s'aliter avec des troubles du rythme cardiaque**. Bien sûr, le quotidien du Führer reste tout aussi malsain : vie de troglodyte dans un bunker humide au milieu des marécages de la Prusse-Orientale, aucun exercice, et conférences de situation pouvant se prolonger jusqu'à 7 heures du matin[58] ! Malgré tout cela, on trouve de plus en plus souvent dans le journal du docteur Morell cette brève inscription : « *Keine Behandlung !* » – « aucun traitement ». Le 20 novembre 1944, au grand soulagement de son entourage, Hitler quitte définitivement Rastenburg pour Berlin***.

---

* Le docteur Morell estime que l'iode peut également constituer un traitement de la sclérose des coronaires.
** Grandement favorisés par un surpoids grotesque : 130 kilos pour 1,70 mètre.
*** Il doit y subir deux jours plus tard l'ablation d'un polype sur les cordes vocales, comme en 1935.

C'est finalement le 16 décembre qu'est déclenchée la grande offensive des 5e, 6e et 7e armées en direction de Stavelot, Spa, Dinant et Neufchâteau. Tout se déroule comme prévu : la surprise est totale, les premières lignes américaines sont enfoncées et le mauvais temps paralyse l'aviation alliée. Le 22 décembre, alors que la 5e armée blindée est déjà en vue de la Meuse, la plus grande confusion semble régner dans le camp allié. Hitler, qui a établi son QG au « nid d'aigle » de Ziegenberg, près de Bad Nauheim, savoure déjà son triomphe, et Morell note ce jour-là : « Le Führer est bien-portant. [...] pouls 72, tension 145, ne se plaint toujours de rien, sommeil satisfaisant sans somnifères, l'appétit reste bon[59]. » Décidément, le meilleur remède à tous les maux reste une écrasante victoire...

Mais Hitler s'est réjoui trop tôt : la rareté, l'exiguïté et le mauvais état des routes, la destruction des ponts et le manque de carburant entravent le mouvement des renforts et de l'approvisionnement, ce qui compromet fatalement l'offensive de ses armées du Nord et du Centre. Sur leurs arrières, Stavelot, Spa et l'important carrefour routier de Bastogne résistent toujours ; le 24 décembre, les panzers sont repoussés à l'est de la Meuse, tandis qu'une contre-offensive américaine qui se développe au sud menace leur flanc gauche. Entre le 24 et le 25 décembre, le ciel s'éclaircit brusquement et les colonnes blindées, les concentrations de troupes et les lignes d'approvisionnement allemandes sont harcelées sans interruption par 5 000 avions alliés. Le 26 décembre, lorsque la 3e armée du général Patton rompt l'encerclement de Bastogne, il est clair que l'offensive des Ardennes a échoué ; elle aura coûté à la Wehrmacht 100 000 soldats d'élite, 500 chars et 800 avions. Pourtant, Hitler lance une nouvelle opération en direction du nord-est de l'Alsace, dans l'espoir de prendre à revers les forces américaines engagées au sud des Ardennes. Déclenchée le jour de l'an 1945, elle sera arrêtée bien avant d'avoir atteint Strasbourg.

Malgré cela, le Führer refuse de reconnaître sa défaite ; pour superviser les quelques poches de résistance allemandes qui subsistent en Alsace et dans les Ardennes, il s'attarde au nid d'aigle – où les tremblements convulsifs le reprennent, en même temps que le météorisme et l'hypertension. Mais le 12 janvier 1945, tout cela passe au second plan, car on apprend que les Soviétiques ont lancé leur grande offensive d'hiver : sur 1 200 kilomètres, à partir de la Vistule et du Narew, 2,5 millions d'hommes et 7 000 blindés, couverts par 6 500 avions, s'élancent en direction de la Bohême-Moravie, de la Silésie, de la Poméranie et de la Prusse-Orientale. La Wehrmacht n'ayant plus qu'un minimum d'effectifs pour endiguer ce flot*, la progression de l'Armée rouge est foudroyante : au cœur du dispositif allemand va s'ouvrir une brèche de 320 kilomètres de large, par laquelle s'engouffrent plus de 200 divisions soviétiques.

Puisqu'il n'est plus possible de fuir les réalités stratégiques, Hitler rentre à Berlin le 16 janvier. Un pince-sans-rire de son entourage déclare au cours du voyage que le QG du Führer ne saurait être établi ailleurs qu'à Berlin, car c'est le seul endroit d'où l'on peut passer du front de l'Est au front de l'Ouest en prenant le métro ! Il anticipe, bien sûr, mais de très peu. En tout cas, les ordres donnés par Hitler à son retour manquent singulièrement de cohérence : aucune retraite n'est permise ; la 6ᵉ armée blindée de Sepp Dietrich, retirée du front de l'Ouest, ne sera pas dépêchée sur l'Oder, mais affectée à la défense de Budapest ; les 22 divisions allemandes immobilisées en Courlande doivent rester sur leurs positions, malgré le manque criant d'effectifs en Haute-Silésie,

---

* 500 000 hommes, 500 panzers et 1 875 avions, dont seulement 360 chasseurs dispersés entre la Lituanie et la Slovénie.

en Poméranie et en Prusse-Orientale. Hitler exige en outre la création immédiate d'une division de cyclistes armés de grenades et de *Panzerfaust** pour combattre les tanks soviétiques ! Enfin, les généraux coupables d'avoir ordonné des replis tactiques sont limogés, et le commandement du groupe d'armées Vistule est confié à Heinrich Himmler, un spécialiste de la répression policière sans la moindre expérience militaire**. La suite est prévisible : entre le 16 et le 31 janvier 1945, Varsovie, Cracovie et Radom sont perdus, Poznań est isolé, Königsberg est attaqué par le nord, et les avant-gardes des armées de Joukov et de Koniev atteignent les rives de l'Oder. À la fin de janvier, la plus grande partie de la Haute-Silésie est aux mains des Soviétiques, et l'on se bat désormais en territoire allemand. Pendant ce temps, les Anglo-Américains avancent lentement en direction du Rhin sur un large front allant de la Sarre aux Pays-Bas, et surtout ils bombardent en priorité la Ruhr et Berlin. Le 3 février, les avions américains effectuent même leur raid le plus dévastateur de la guerre sur la capitale allemande, et l'ancienne chancellerie est dévastée. Dès lors, Hitler transfère ses appartements privés dans le bunker enterré à près de huit mètres sous le parc de la Wilhelmstrasse, face au ministère des Affaires étrangères et à l'ancienne chancellerie ; il est naturellement suivi de ses aides de camp, de ses gardes SS, de Bormann… et de l'indispensable docteur Morell***, qui continue à lui prodiguer ses soins avec une régularité de métronome : injections de dextrose et de calcium, Betabion contre les névralgies, Gallestol pour le foie, Benerva (Fortis) pour compenser

---

* Sorte de bazooka rudimentaire.

** Ce chapitre sur la santé d'Hitler ne peut que mentionner incidemment les facteurs stratégiques. Pour plus de détails sur ce sujet, voir du même auteur : *Hitler*, Perrin, coll. « Maîtres de guerre », 2011.

*** Toujours assisté (et surveillé) par le médecin et *Obersturmbann-führer* SS Stumpfegger.

les carences du régime végétarien, Strophantin pour le cœur, Brom-Nervacit pour modérer les conséquences des crises de nerf, Profundol contre les insomnies, Homoseran contre les tremblements incontrôlés, Omnadin contre les rhumes et les grippes, gouttes à base de cocaïne pour traiter la conjonctivite, et même des saignées pour faire baisser sa tension[60] ! Les autres médicaments continuant à être administrés par intervalles – souvent à la demande du patient lui-même –, il est quasiment miraculeux que cet invraisemblable entassement pharmacologique n'ait pas produit d'interactions fatales.

Les conférences se déroulent encore pendant un temps dans la nouvelle chancellerie, moins atteinte par les bombes, et c'est là qu'Hitler reçoit ses gauleiters pour la dernière fois le 24 février 1945. « À l'entrée de la chancellerie, se souviendra le gauleiter de Vienne Baldur von Schirach, des officiers SS nous demandèrent nos ceinturons et nos pistolets. Depuis l'attentat du 20 juillet 1944, Hitler se méfiait même de ses plus anciens camarades du parti. Personne ne pouvait pénétrer armé dans son domaine. Nous attendîmes Hitler dans la salle des mosaïques. Nous étions une trentaine. Beaucoup de dirigeants, surtout des *Gaue* de l'Est, manquaient dans cette fantomatique et ultime réunion ; ils ne pouvaient plus arriver jusqu'à Berlin. L'une des immenses portes s'ouvrit, et Hitler entra dans la salle, accompagné de Bormann et de Goebbels. Un homme brisé. Avec peine, le dos voûté, il vint vers nous. Une jambe qui semblait être paralysée traînait sur le dallage de marbre. Son visage était d'un gris de cendre. D'une main tremblante, il serra la main de chacun d'entre nous. Dans l'intervalle, il tenait toujours la main droite avec la gauche pour cacher son tremblement. Nous n'avions plus devant nous celui qui avait été le Führer, avec son rayonnement magnétique, mais un spectre qui nous demandait un dernier effort pour prolonger un peu ses jours. Seule sa voix était

encore ferme et grave comme autrefois, lorsqu'il se diri-
gea vers une petite table et s'adressa à nous : "Camarades
du parti, ma main tremble, mais mon cœur ne tremble
pas. De même qu'il n'a pas tremblé il y a vingt-cinq ans
lorsque je me suis levé avec un petit groupe de fidèles
pour réparer l'injustice faite à l'Allemagne... Nous avons
été pendant douze ans au sommet du pouvoir. Si le
destin veut que nous sombrions, nous pourrons quand
même dire que nous avons tenté l'impossible pour notre
peuple..." Cela sonnait comme un chant funèbre avant
la chute finale. Mais Hitler sembla ne pas vouloir en
rester là. Il dit soudain : "Mais si nous nous montrons
tous, chacun à son poste, très braves, et si nous com-
battons jusqu'à la dernière limite, le destin peut encore
tourner[61]." » Et le Führer de citer pêle-mêle les avions à
réaction, les nouveaux sous-marins et les armes secrètes
terrifiantes capables d'inverser *in extremis* le cours de
la guerre[62]...

Certains membres de l'entourage ont affirmé que celui
qui parlait ainsi – pratiquement plié en deux, incapable
de retenir la bave qui lui coulait des lèvres, hors d'état
même de porter un verre d'eau à sa bouche sans le renverser[63] – n'était qu'une victime de la médication forcenée
d'un nouveau docteur Jekyll en la personne de Theodor
Morell. D'autres ont prétendu au contraire qu'un Führer aussi délabré par des années de surmenage nerveux,
physique et psychologique qui parvenait encore à prononcer un discours enflammé pendant une heure et demie
devait beaucoup aux vitamines, aux hormones et aux
stimulants divers du bon docteur Morell. À moins, tout
compte fait, que ce ne soit plutôt l'invraisemblable total
de *quatre-vingt-dix médicaments différents* administrés à
Hitler *huit années durant* qui lui ait donné les moyens
de forcer la nature, de renoncer à tout repos et à toute
existence saine, et en définitive d'endosser l'écrasante
responsabilité de diriger un pays à tous les niveaux, en

temps de paix comme en temps de guerre, sans déléguer ni partager son pouvoir ; dès lors, ce serait ce même arsenal pharmaceutique qui, en lui conférant artificiellement les moyens physiques d'accomplir une tâche écrasante avec un mode de vie aussi déréglé, aurait entraîné le vieillissement prématuré d'un corps déjà fragilisé et manifestement surmené*. Morell confortera lui-même cette thèse en déclarant fièrement à Hitler : « Mon Führer, si vous aviez été traité par un médecin ordinaire, il vous aurait soustrait si longtemps à votre tâche que le Reich s'en serait effondré[64]. » Certes...

Gerhard Boldt, premier officier d'ordonnance du chef d'état-major Guderian, est présenté à Hitler lors d'une conférence de situation : « Lentement, fortement voûté, à petits pas, le Führer s'avance au-devant de moi. [...] Sa poignée de main est molle, sans force. Sa tête vacille légèrement, son bras gauche pend, comme paralysé, et la main est agitée par un tremblement continuel. Ses yeux ont un éclat indescriptible, qui donne une impression d'angoisse quasi inhumaine. Son visage et les poches sous les yeux indiquent la fatigue, l'épuisement. Ses mouvements sont ceux d'un vieillard[65]. » Mais enfin, cette accumulation de symptômes – tremblements des mains, raideur d'une jambe, importants troubles digestifs, position constamment penchée en avant, piétinement, bras inerte à la marche, écoulements de bave, yeux vifs dans un visage figé, insomnies, intolérance à la chaleur, maux de tête et œdèmes des membres inférieurs (qui ont réapparu) –, n'est-ce pas le tableau presque complet de la maladie de Parkinson ? À l'évidence, le neurologue de Crinis avait vu juste, même à distance ! On sait aujourd'hui que cette maladie peut être déclenchée par

---

* On songe au dopage des athlètes de haut niveau qui s'usent prématurément, même avec une meilleure constitution physique et des cocktails pharmaceutiques beaucoup plus réduits.

une intoxication prolongée avec des produits frelatés ; or, le Führer n'en a pas manqué depuis huit ans, ce qui nous ramène insensiblement à certaines concoctions artisanales du docteur Morell*.

La détérioration continue de la santé d'Hitler durant les ultimes mois de mars et d'avril 1945, alors qu'il s'est définitivement enterré dans son étroit bunker souterrain en compagnie d'Eva Braun et de ses derniers fidèles, va-t-elle affecter son jugement politique et stratégique ? Pendant que l'étau des armées soviétiques et anglo-américaines se referme inexorablement sur les ruines du Reich millénaire, Hitler continue jusqu'aux derniers jours à tenir des conférences de situation nocturnes, en déplaçant sur les cartes des armées squelettiques, encerclées ou déjà anéanties – dont le « corps d'armée Steiner », la 9ᵉ armée de Busse à l'est et la 12ᵉ armée de Wenck au sud-ouest. Comme toujours depuis les cinq dernières années, les officiers supérieurs participant à ces réunions – à commencer par le général Jodl et le maréchal Keitel – lui présentent un tableau très optimiste de l'évolution des combats et s'abstiennent prudemment de le contredire. Comme toujours aussi, et quel que soit son véritable état d'esprit, Hitler ne cesse d'affirmer sa foi en la victoire finale – même lorsque l'Armée rouge est déjà aux portes de Berlin. Enfin, rien n'a changé non plus dans sa confiance absolue en son instinct et en son génie militaire, dans sa recherche permanente de boucs émissaires, ainsi que dans son jugement péremptoire sur ses généraux : tous des incapables, des lâches ou des traîtres... Et comme il ne cesse de le faire depuis 1941, Hitler sous-estime considérablement les capacités opéra-

---

* Bien entendu, la maladie de Parkinson peut avoir d'innombrables autres causes, et certains symptômes, comme les œdèmes, les insomnies et les troubles digestifs, étaient déjà présents bien avant l'arrivée du docteur Morell.

tionnelles des armées américaines et soviétiques, tout en se raccrochant à des chimères – telles que l'éventualité d'une confrontation américano-soviétique* en dépit des déclarations très explicites de Casablanca et de Yalta[66]. À tous ces égards, aucun changement n'est donc perceptible.

L'adjoint de l'amiral Dönitz, Walter Lüdde-Neurath, confirmera que physiquement, Hitler « donnait l'impression d'être brisé, bouffi, voûté, épuisé et nerveux », mais ajoutera qu'« il semblait avoir conservé toute son activité intellectuelle »[67]. De fait, la faculté de raisonnement et l'extraordinaire mémoire sont restées pratiquement intactes ; les seules évolutions mentales observables sont celles induites par la dégradation inexorable de la situation militaire et la désertion progressive de ses anciens acolytes. Hitler, apprenant que sa politique de la terre brûlée face à l'avance ennemie a été pratiquement sabotée par le ministre Albert Speer, ne prend aucune sanction et finit par s'en accommoder ; d'autre part, le Führer cède à deux reprises au découragement complet : une première fois le 22 avril, lorsqu'il comprend enfin que ses exercices de stratégie théorique devant les cartes sont devenus entièrement vains, et qu'il sera impossible d'arrêter 2,5 millions de soldats soviétiques avec moins de 200 000 hommes épuisés et sous-équipés** ; d'après l'aide de camp Schaub, « sa foi presque inimaginable en une providence qui, ayant permis son ascension, ne pouvait donc l'abandonner, s'écroula d'un seul coup. [...] "La guerre est perdue, dit-il... J'abandonne... Mes géné-

---

* D'où son invariable litanie au cours des dernières semaines : « Je veux gagner du temps ! »

** Et attaqués en outre sur leurs arrières par la puissante coalition anglo-américano-franco-canadienne commandée par le général Eisenhower. La cause immédiate de la prise de conscience d'Hitler a été la disparition du corps d'armée SS de Felix Steiner (en fait trois divisions de réserve), qui devait percer en direction de Berlin par le nord.

raux m'ont menti et m'ont trahi... Tout cela n'a plus de sens"[68] ». C'est à ce moment qu'il ordonne à Schaub de brûler tous ses papiers, à Berlin comme à Berchtesgaden.

Après une courte période d'accalmie dans la nuit, deuxième accès de rage le lendemain, lorsque Hitler reçoit un télégramme de Goering lui proposant très servilement d'assumer la succession en cas de vacance du pouvoir ; cette fois encore, la crise de nerfs finit par déboucher sur une prostration presque complète. Mais au fond, les réactions de fureur meurtrière d'Hitler, suivies d'abattement, d'autoaffliction et d'allusions au suicide, ne sont que des manifestations très amplifiées de tendances déjà perceptibles quinze ans plus tôt. Il y a aussi ces hésitations continuelles sur le transfert des centres de commandement : devant la menace de voir l'Allemagne coupée en deux par les offensives en provenance de l'Est et de l'Ouest, Hitler a confié l'autorité militaire suprême dans le nord de l'Allemagne à l'amiral Dönitz, mais il a longtemps donné l'impression qu'il commanderait lui-même dans le sud, sans doute à partir de l'Obersalzberg. Il changera plusieurs fois d'avis et donnera à ses subordonnés des indications contradictoires, avant de décider fermement le 22 avril de rester dans sa « forteresse », pour « diriger la défense de Berlin » et « mourir en combattant ». Ce n'est là encore que la continuation quelque peu dramatisée d'habitudes très anciennes : irrésolution, procrastination, lamentations, aspirations contradictoires, le tout suivi d'une décision aussi brusquée qu'irrévocable. Qu'y a-t-il de vraiment changé depuis la Nuit des longs couteaux une décennie auparavant ? Et lorsqu'à la fin du mois d'avril, Hitler dictera son testament politique, en quoi ce sinistre document différera-t-il des élucubrations de *Mein Kampf* rédigées vingt ans plus tôt ? À l'évidence, ni l'effondrement de son régime, ni l'anéantissement de ses forces armées, ni son propre délabrement physique, ni la pharmacopée du docteur Morell n'ont sensiblement transformé la mentalité d'Adolf Hitler...

Depuis sa pièce minuscule près de la sortie de secours, au milieu des poussières de béton, des effluves de sueur, de tabac*, de soufre, de diesel et de toilettes bouchées, au son des terribles explosions qui secouent sans cesse le bunker, Theodor Morell a continué à soigner un Führer de plus en plus diminué ; les médicaments sont devenus difficiles à obtenir, mais devant l'aggravation marquée des tremblements de son patient, le docteur a décidé le 15 avril d'en introduire un de plus : c'est l'anticholinergique Homburg 680**, ce qui semble indiquer que Morell a finalement admis la possibilité d'une maladie de Parkinson[69]. Pendant une semaine, il a porté progressivement les doses d'une à cinq gouttes, couplées à un somnifère et à une injection de Strophantin pour soigner l'insuffisance cardiaque***. Mais au soir du 21 avril, rien ne s'est passé comme prévu : « Je voulais lui faire une nouvelle injection, se souviendra le docteur, mais il m'a retenu, s'est mis en colère et m'a dit qu'il savait bien que je voulais lui administrer de la morphine. Il était bien conscient, m'a-t-il dit, du fait que ses généraux voulaient l'endormir pour l'amener de force jusqu'à Berchtesgaden. » Morell l'ayant assuré en tremblant qu'il ne savait rien d'un quelconque complot, Hitler s'est mis à crier : « Vous me prenez pour un idiot ? » et a menacé de le faire fusiller. Après quoi il l'a

---

* L'entourage s'est mis à fumer ouvertement dans le bunker, sans qu'Hitler y prête désormais la moindre attention.

** Le seul traitement connu à l'époque : il freine l'action de l'acétylcholine, afin de rétablir l'équilibre avec la dopamine, déficitaire chez les parkinsoniens. Ce remède a été largement abandonné depuis la mise au point dans les années soixante de la Levodopa, une dopamine de synthèse.

*** D'ailleurs inutile, car Hitler ne souffre pas d'insuffisance cardiaque, mais d'artériosclérose coronaire. À ce stade, Morell lui-même a des palpitations cardiaques et tremble en faisant les injections.

congédié définitivement par ces mots : « Faites comme si vous ne m'aviez jamais vu. Enlevez votre uniforme, mettez-vous en civil, et vous serez à nouveau le médecin du Kurfürstendamm[70] ! »

Le surlendemain, Morell, effondré, quitte définitivement le bunker et parvient à gagner Munich. Il laisse derrière lui un patient tour à tour dépressif, surexcité, menaçant et suicidaire, au gré des rares nouvelles qui parviennent encore jusqu'à son repaire souterrain. Le 25 avril, Berlin est entièrement encerclé par l'Armée rouge, tandis qu'Américains et Soviétiques ont fait leur jonction sur l'Elbe, à Torgau. Depuis des semaines, Hitler assure qu'il ne tombera jamais vivant aux mains des Soviétiques, et il a déjà prévu ce qu'il fera pour se soustraire à la capture le moment venu*. Le docteur Stumpfegger a pris le relais de Morell pour administrer le Homburg 680, porté à sept, neuf et enfin douze gouttes, sans effets notables sur les tremblements spasmodiques d'un Führer qui ne peut plus marcher que quelques minutes, le haut du corps poussé en avant, une jambe traînant en arrière, avec un équilibre instable qui l'oblige à s'asseoir tous les trente mètres. Goebbels s'est installé dans la petite pièce qu'occupait Morell, et il forme avec Bormann, Axmann et le chef d'état-major Krebs le dernier carré des fidèles du Führer : tous les autres hiérarques du Reich se sont dispersés – en service commandé comme Keitel, Jodl ou Dönitz, ou bien pour se mettre en sûreté, comme Rosenberg, Goering ou Himmler.

C'est la révélation des tentatives de négociations de ce dernier avec les Alliés le 28 avril** qui porte au Führer

---

* Il avait toujours parlé de mourir au front, mais comprenant qu'il est bien trop faible pour combattre, il veut surtout éviter d'être capturé vivant.

** Par l'intermédiaire du comte suédois Folke Bernadotte. La nouvelle, annoncée ce jour-là par la radio suédoise et reprise par la BBC, vient d'être captée dans le bunker. On apprend peu après que le

le coup de grâce : « C'est la plus honteuse trahison de l'histoire de l'humanité[71] ! » hurle-t-il, et sa paranoïa s'en trouve décuplée : si même le tout dévoué « Heini » s'est mis à trahir, tout le monde autour de lui devient suspect ; Hermann Fegelein, le représentant d'Himmler au QG d'Hitler, est fusillé dans les vingt-quatre heures*. Et ce docteur Stumpfegger lui-même, n'est-il pas *Obersturmbannführer* dans la SS ? Il va désormais être tenu soigneusement à l'écart. Himmler ne médite-t-il pas de prendre son Führer vivant pour le livrer à l'ennemi ? Les petites fioles de poison qu'il a lui-même fournies aux occupants du bunker pourraient alors ne contenir que de l'eau colorée[72]... Comment savoir ? Et Hitler, qui a craint toute sa vie d'être empoisonné, redoute à présent de ne pas l'être** ! De toute façon, il a déjà prévu une autre porte de sortie...

On sait à peu près tout des dernières quarante-huit heures d'existence souterraine du Führer, avec le mariage improvisé qui l'unit à Eva Braun, les ultimes dispositions testamentaires, le message qu'il adresse au soir du 29 avril à Jodl pour s'enquérir de la progression des 9e et 12e armées, la réponse de Keitel à 3 heures au matin du 30 avril, indiquant que plus aucune force de secours n'est en mesure d'avancer vers Berlin, et la dernière conférence de situation à midi, lorsque le général Weidling, responsable de la défense de Berlin, annonce que l'Armée rouge ayant déjà investi le Reichstag, la bataille pour la capitale sera sans doute terminée le soir même[73]. Hitler semble parfaitement calme, il ordonne la destruction de

---

général SS Karl Wolff a conclu un armistice avec les Américains sur le front italien.

    * Ce sinistre gredin (et époux de la sœur d'Eva Braun) avait tenté de fuir Berlin, et sa valise contenait des documents prouvant qu'il était au courant des tractations d'Himmler avec les Alliés.

    ** On fait donc avaler le contenu d'une ampoule à la chienne d'Hitler, Blondi, qui tombe foudroyée.

tous ses effets personnels, puis donne à son aide de camp Günsche les dernières instructions pour la disposition de sa dépouille et de celle de son épouse, qui doivent être brûlées pour éviter qu'elles « soient exposées dans un musée de cire à Moscou*[74] ».

Après un bref repas en compagnie des deux secrétaires Gerda Christian et Traudl Junge, il prend congé de son personnel et des derniers fidèles – Goebbels et son épouse, Bormann, Axmann, les aides de camp Burgdorf et Günsche, le chef d'état-major Krebs, « Gestapo » Müller, l'ambassadeur Hewel, le chef de la garde rapprochée Rattenhuber et les généraux Weidling et Mohnke**. Toujours penché en avant, le bras gauche dissimulé derrière le dos, le regard vide, il tend à tous une main molle, dévisage chacun mais ne voit plus personne[75]. À 15 h 30, alors que les tanks soviétiques ne sont plus qu'à cent mètres de la « forteresse », Hitler s'enferme dans son bureau en compagnie de son épouse. Celle-ci absorbe une des ampoules de cyanure***, tandis qu'Hitler porte un pistolet 7.65 à sa tempe – réglant ainsi définitivement ses lourds problèmes de santé****.

---

* La nouvelle de la désécration du corps de Mussolini, parvenue la veille, a dû renforcer la résolution d'Hitler à cet égard.

** Commandant la défense du bunker.

*** Apparemment une ultime préoccupation esthétique, puisqu'elle avait confié à la secrétaire Traudl Junge : « Je veux faire un beau cadavre, alors je prendrai du poison. [...] Je veux bien mourir héroïquement, mais il faut au moins que ce soit sans douleur. » (Junge, Traudl, *Bis zur letzten Stunde*, *op. cit.*, p. 196.) Les fioles contenaient une dilution d'acide cyanhydrique, ou bleu de prusse, dont les effets étaient pratiquement instantanés.

**** Le docteur Schenck, présent au même moment dans le bunker supérieur, affirmera qu'Hitler « avait absorbé simultanément une capsule de cyanure » – deux précautions valant mieux qu'une. Ce sera également la version de l'aide de camp Otto Günsche, mais la chose n'a jamais été confirmée.

Archives et recueils de documents

Allemagne

AA (Auswärtiges Amt), ministère des Affaires étrangères, Berlin.

BAK (Bundesarchiv, Koblenz), Archives fédérales, Coblence.

BA-MA (Bundesarchiv/Militärarchiv, Freiburg), Archives militaires, Fribourg.

IFZ (Institut für Zeitgeschichte, München), Institut d'histoire contemporaine, Munich.

États-Unis

LC (Library of Congress, Washington).

NARA (National Archives & Records Administration, Washington).

DNTC (Donovan Nuremberg Trial Collection, Cornell Law Library).

Grande-Bretagne

CCAC (Churchill College Archive Centre), Cambridge.

FO (Foreign Office), The National Archives, Kew.

IWM (Imperial War Museum), Londres.

PREM (Prime Minister's Papers), The National Archives, Kew.

WO (War Office), The National Archives, Kew.

Suède

SUA (Svenska Utrikesdepartementets Arkiv), ministère suédois des Affaires étrangères, Stockholm.

ADAP : *Akten zur deutschen auswärtigen Politik*, série C, 1933-1937, Göttingen, 1971 ; série D, 1937-1941, Baden-Baden/Göttingen, 1950 ; série E, Bd. I-II, Göttingen, 1969.

DBFP : *Documents on British Foreign Policy*, 2ⁿᵈ series, vol. 4-18 ; 1930-1937 ; 3ʳᵈ series, vol. 1-9, E.L. Woodward & R. Butler edit., HMSO, Londres, 1946-1982.

DDI : *Documenti Diplomatici Italiani*, Ser. 8-9, 1935-1943, Ministero degli Affari esteri, Rome, 1954.

DGFP : *Documents on German Foreign Policy*, 1918-1945, series C, vol. 1-6 ; series D, 1-13, HMSO, Londres, 1949-1964.

IMT : International Military Tribunal, American edition, « *Blue Set* », vol. I & II, Nuremberg, 1947.

KAG : *Keesings Archiv der Gegenwart*, 1931-1945, Vienne/Essen, 1932-1949.

Bibliographie sélective

Seuls sont répertoriés ici les ouvrages les plus utiles à ce récit ; les autres se trouvent dans les notes.

ABSHAGEN, Karl-Heinz, *Canaris, Patriot und Weltbürger*, UDV, Stuttgart, 1955.

BAUR, Hans, *Hitler's Pilot*, Frederick Muller, Londres, 1958.

BELOW, Nicolaus von, *At Hitler's Side*, Greenhill, Londres, 2001.

BENOIST-MÉCHIN, Jacques, *À l'épreuve du temps*, Perrin, Paris, 2011.

BIRD, Eugene K., *Prisoner # 7, Rudolf Hess*, Viking Press, New York, 1974.

BOESELAGER, Philipp Freiherr von, *Nous voulions tuer Hitler*, Perrin, coll. « Tempus », Paris, 2008.

BRISSAUD, André, *Canaris*, Perrin, Paris, 1970.

BROSS, Werner, *Gespräche mit Göring*, Arndt Verlag, Kiel, 2003.

BROSZAT, Martin, *L'État hitlérien*, Paris, Fayard, 1985.

BUCHHEIT, Gert, *Der Deutsche Geheimdienst*, Paul List Verlag, Munich, 1966.

BULLOCK, Alan, *Hitler, a Study in Tyranny*, Odhams, Londres, 1952.

BURDICK, Charles et JACOBSEN, Hans-Adolf (éd.), *The Halder War Diary*, Greenhill, Londres, 1988.

COLVIN, Ian, *Chief of Intelligence*, Victor Gollancz, Londres, 1954.

DIETRICH, Otto, *Hitler*, Regnery, Chicago, 1955.

DULLES, Allen W., *Germany's Underground*, Macmillan, New York, 1947.

ENGEL, Gerhard, *Heeresadjutant bei Hitler 1938-1943*, DVA, Stuttgart, 1974.

FRANK, Hans, *Im Angesicht des Galgens*, Beck Verlag, Munich, 1953.

FRÖHLICH, Elke (éd.), *Die Tagebücher von Joseph Goebbels*, t. II, Saur, Munich, 1993-1995.

FROMM, Bella, *Blood and Banquets*, Carol, New York, 1990.

GALLO, Max, *La Nuit des longs couteaux*, Paris, Tallandier, 2007.

GEHLEN, Reinhard, *Der Dienst*, Hase, Mayence, 1971.

GERSDORFF, Rudolf von, *Soldat im Untergang*, Ullstein, Berlin, 1977.

GILBERT, G. M., *Nuremberg Diary*, Da Capo, New York, 1995.

GISEVIUS, Hans Bernd, *Bis zum bittern Ende*, Fretz & Wasmuth Verlag, Zurich, 1946 (*Jusqu'à la lie*, t. I et t. II, Calmann-Lévy, Paris, 1948).

GUN, Nerin, *Eva Braun – Hitler, Leben und Schicksal*, Blick & Bild Verlag, 1968.

HAMILTON, James Douglas, *Motive for a Mission*, Londres, 1972.

HANFSTAENGL, Ernst, *Hitler, the Missing Years*, Arcade, New York, 1974.

HASSEL, Ulrich von, *Vom Andern Deutschland*, Atlantis Verlag, Zurich, 1946.

HEIDEN, Konrad, *Der Fuehrer*, Houghton Mifflin, Boston, 1944.

HESS, Ilse, *England – Nürnberg – Spandau, Ein Schicksal in Briefen*, Druffel Verlag, Leoni, 1967.

HITLER, Adolf, *Mein Kampf*, Eher Verlag, Munich, 1926 (*Mon Combat*, Nouvelles Éditions latines, Paris, 1934).

HÖHNE, Heinz, *The Order of the Death's Head*, Pan Books, Londres, 1972.

HÖHNE, Heinz, *Canaris, Patriot im Zwielicht*, Bertelsmann, Munich, 1976.

HÖHNE, Heinz, *Mordsache Röhm*, Reinbek, Hamburg, 1984.

HOLBORN, H. (éd.), *Republic to Reich*, Pantheon, New York, 1972.

HUSSON, Édouard, *Heydrich et la solution finale*, Perrin, Paris, 2008.

IRVING, David, *Hess, the Missing Years*, Macmillan, Londres, 1987.

IRVING, David, *The Rise and Fall of the Luftwaffe*, Little, Brown & Co, Boston, 1973.

IRVING, David, *Wie krank war Hitler wirklich ?*, Heyne, Munich, 1980.

IRVING, David (éd.), *Die geheimen Tagebücher des Dr. Morell*, Wilhelm Goldmann, Munich, 1983.

JETZINGER, Franz, *Hitlers Jugend*, Europa, Vienne, 1956.

JOACHIMSTHALER, Anton, *Korrektur einer Biographie*, Herbig, Munich, 1989.

JORDAN, Rudolf, *Erlebt und erlitten*, Druffel Verlag, Leoni, 1971.

JUNGE, Traudl, *Bis zur letzten Stunde*, List, Munich, 2003.

KERSHAW, Ian, *Hitler*, t. I et t. II, Penguin, Londres, 1998 et 2000 (*Hitler*, t. I et t. II, Flammarion, Paris, 1999 et 2000).

KERSTEN, Felix, *Jeg var Himmlers Lege*, Gyldendal, Oslo, 1947 ; *Klerk en Beul, Himmler van Nabij*, J. M. Meulenhof, Amsterdam, 1948 ; *Totenkopf und Treue*, R. Mölich, Hambourg, 1952 ; *The Kersten Memoirs*, Macmillan, New York, 1957 (les quatre versions sont différentes, mais complémentaires).

KÖHLER, Hansjürgen, *Inside the Gestapo*, Pallas, Londres, 1939.

KÖHLER, Hansjürgen, *Inside Information*, Pallas, Londres, 1940.

KORDT, Erich, *Wahn und Wirklichkeit*, UDV, Stuttgart, 1948.

KOTZE, Hildegard von, *Heeresadjutant bei Hitler 1938-1943*, DVA, Stuttgart, 1974.

KUBIZEK, August, *Adolf Hitler, mein Jugendfreund*, Leopold Stocker Verlag, Graz, 1995.

LANGER, Walter C., *The Mind of Adolf Hitler*, Basic Books, New York, 1972.

LAQUEUR, Walter, *The Terrible Secret*, Little, Brown & Co, Boston, 1980.

LEVERKUEHN, Paul, *German Military Intelligence*, Weidenfeld & Nicolson, Londres, 1954.

LINGE, Heinz, *Bis zum Untergang*, Herbig, Munich, 1980.

LONGERICH, Peter, *Himmler*, Héloïse d'Ormesson, Paris, 2010.

LORINGHOVEN, Bernd Freytag von, *Dans le bunker de Hitler*, Perrin, Paris, 2005.

LOSSBERG, Bernhard von, *Im Wehrmachtsführungsstab*, Nölke Verlag, Hambourg, 1950.

LÜDDE-NEURATH, Walter, *Les Derniers Jours du Troisième Reich*, Berger-Levrault, Paris, 1963.

LÜDECKE, Kurt, *I Knew Hitler*, Jarrolds, Londres, 1938.

MASTERMAN, J. C., *The Double-Cross System in the War*, Yale University Press, New Haven, 1972.

MISCH, Rochus, *Der letzte Zeuge*, Pendo, Zürich, 2008.

MUELLER, Michael, *Canaris, Hitlers Abwehrchef*, List Verlag, Berlin, 2007.

MÜLLER, Josef, *Bis zur letzten Konsequenz*, Süddeutscher Verlag, Munich, 1976.

PADFIELD, Peter, *Hess, Flight for the Führer*, Weidenfeld & Nicolson, Londres, 1991.

PAPEN, Franz von, *Der Wahrheit eine Gasse*, List, Munich, 1952

PAPEN, Franz von, *Memoirs*, Andre Deutsch, Londres, 1952.

PICKER, Henry (éd.), *Hitlers Tischgespräche im Führerhauptquartier*, Ullstein, Berlin, 1989.

POPOV, Duško, *Spy Counterspy*, Fawcett, London, 1975.

RAUSCHNING, Hermann, *Hitler m'a dit*, Somogy, Paris, 1979.

REILE, Oskar, *Der Deutsche Geheimdienst – Westfront*, Westbild, Augsbourg, 1990.

SCHACHT, Hjalmar, *My First Seventy-Six Years*, Allan Wingate, Londres, 1955.

SCHELLENBERG, Walter, *Aufzeichnungen des letzten Geheimdienstchefs unter Hitler*, Moewig Verlag, Rastatt, 1981 (*The Labyrinth*, Da Capo, Londres, 2000).

SCHENCK, Ernst Günther, *Patient Hitler, eine medizinische Biographie*, Bechtermüntz Verlag, Augsbourg, 2000.

SCHIRACH, Baldur von, *Ich glaubte an Hitler*, Mosaik, Munich, 1967 (*J'ai cru en Hitler*, Plon, Paris, 1968).

SCHLABRENDORFF, Fabian von, *The Secret War Against Hitler*, Hodder Stoughton, Londres, 1966.

SCHMIDT, Paul, *Statist auf diplomatischer Bühne*, Athenäum Verlag, Bonn, 1953.

SCHMIDT, Rainer F., *Rudolf Hess, « Botengang eines Toren » ?*, Econ Verlag, Düsseldorf, 1997.

SCHRAMM, Percy E., *Hitler, the Man and the Military Leader*, Quadrangle, Chicago, 1977.

SCHROEDER, Christa, *Er war mein Chef*, Herbig, Munich, 1985.

SCHWARZWÄLLER, Wulf, *Rudolf Hess, der Stellvertreter*, Delphin Verlag, Munich, 1987.

SCHWERIN VON KROSIGK, Lutz, *Es geschah in Deutschland*, Rainer Wunderlich, Tübingen, 1951.

SERAPHIM, Hans Günther (éd.), *Das politische Tagebuch Alfred Rosenbergs*, Musterschmidt, Göttingen, 1956.

SERENY, Gitta, *Albert Speer, his Battle with Truth*, Picador, Oxford, 1996.

SOMMERFELDT, Hans Martin, *Ich war dabei*, Drei Quellen Verlag, Darmstadt, 1949.

SPEER, Albert, *Erinnerungen*, Propyläen Verlag, Berlin, 1971 (*Au cœur du Troisième Reich*, Fayard/Pluriel, 2011).

SPITZY, Reinhard, *So haben wir das Reich verspielt*, Langen Müller, Munich, 1988.

STAHLBERG, Alexander, *Die verdammte Pflicht*, Ullstein, Berlin, 1990.

STRASSER, Otto, *Hitler et moi*, Grasset, Paris, 1940.

TOLAND, John, *Adolf Hitler*, Ballantine, New York, 1976 (*Hitler*, t. I et II, Pygmalion, Paris, 2011 ; t. I et II, Perrin, coll. « Tempus », Paris, 2012).

TREVOR-ROPER, Hugh R., *The Last Days of Hitler*, Macmillan, Londres, 1947.

WAITE, Robert G., *Adolf Hitler, the Psychopathic God*, Da Capo, New York, 1993.

WEIZSÄCKER, Ernst von, *Erinnerungen*, Paul List Verlag, Munich, 1950.

WIEDEMANN, Fritz, *Der Mann, der Feldherr werden wollte*, Blick & Bild Verlag, Dortmund, 1964.

WINTERBOTHAM, Frederick W., *The Ultra Spy*, Papermac, Londres, 1991.

LES DERNIERS SECRETS
DU IIIᵉ REICH

À la mémoire de Claus Schenk
Graf von Stauffenberg,
qui a donné sa vie pour sauver
l'honneur de l'Allemagne.

Introduction

En Union soviétique, les dissidents disaient naguère :
« Chez nous, l'avenir est bien connu, c'est le passé qui
change tout le temps ! » En Occident, quatre décennies
plus tard, cette boutade reste d'actualité, mais pour des
raisons plus commerciales que politiques ; les amateurs
du genre pourront donc trouver aujourd'hui encore une
bonne dizaine d'ouvrages à succès certifiant qu'Adolf
Hitler avait en France un fils caché, que le Führer s'était
réfugié en Argentine après la guerre, et que Himmler avait
pu compter parmi ses agents secrets le duc de Windsor et
l'amiral Canaris. Les Américains, grands pourvoyeurs de
ce genre littéraire, l'ont baptisé « *faction* » – une contraction de *fact* et *fiction*, traduisant le fait que l'imagination fertile de l'auteur peut avantageusement suppléer à
l'implacable sécheresse des faits comme à la déplorable
absence de nouveauté dans leur narration.

Le présent ouvrage, tout comme *Les Secrets du IIIe Reich*
paru en 2013, a des ambitions plus modestes : il cherche
à faire la lumière sur certains aspects méconnus de cette
sombre parenthèse dans l'histoire du monde qu'a été
l'Allemagne hitlérienne. Comment des médecins dévoués
et consciencieux ont-ils pu passer de l'eugénisme à l'administration des camps de la mort ? Quels chemins un
architecte manqué a-t-il parcourus pour réinventer sa
capitale au beau milieu d'une guerre mondiale ? Quelles

aberrations ont conduit Hitler à imaginer que douze amateurs débarqués d'un sous-marin pourraient détruire l'industrie américaine et mettre les États-Unis à genoux ? Comment la rumeur d'un baroud d'honneur des nazis dans les Alpes a-t-elle pu détourner les forces anglo-américaines de Berlin – avec tout ce qu'il en est résulté dans l'après-guerre ? Pourquoi un « ramassis de boy-scouts » s'est-il lancé dans le terrorisme en 1945, avec l'espoir de réussir là où la Wehrmacht avait échoué ? Où a disparu le Reichsleiter Martin Bormann dans la nuit du 1ᵉʳ au 2 mai 1945, et pourquoi l'« éminence brune » du Führer, condamnée à mort par contumace à Nuremberg, a-t-elle été aperçue 6 438 fois dans vingt-sept pays durant le quart de siècle qui a suivi ?

En lisant ces récits, on sera surpris de voir combien la réalité peut dépasser la fiction – et à quel point les douze années du IIIᵉ Reich ont profondément marqué le demi-siècle qui a suivi...

1

L'*Aktion* T4

Entre 1939 et 1941, c'est sans doute le plus lourd secret du IIIe Reich, mais ses racines sont profondément enfouies dans le XIXe siècle, et il sera éclipsé au XXe siècle par une tragédie plus monstrueuse encore...

Francis Galton, né à Birmingham en 1822, est le cousin d'un naturaliste dont la théorie sur l'évolution des espèces a révolutionné la biologie : Charles Darwin. Si le second se passionne très tôt pour ses thèmes de prédilection, le premier, lui, est beaucoup plus éclectique : statistiques, mathématiques, géographie, météorologie, tout est bon pour le jeune Galton, qui finit par s'intéresser également à la psychologie et à l'anthropologie. À partir des années 1860, ses recherches le mènent à la conclusion que les facteurs héréditaires jouent un rôle clé dans la détermination des différences individuelles ; en d'autres termes, ce sont ses gènes qui font l'Homme, et non son milieu familial et social. Une idée s'impose alors au chercheur britannique : si, génération après génération, on veut « améliorer » l'Homme pour bâtir une élite raciale, alors il convient d'en passer par une soigneuse sélection génétique. Une nouvelle science voit alors le jour – du moins est revendiquée comme telle –, c'est l'eugénisme*.

---

* Darwin ne trouvera aucun intérêt scientifique à la théorie de son cousin, exposée en 1905 dans son ouvrage *Eugenics, its Definition, Scope and Aims*.

À l'heure d'un racisme assumé et revendiqué par les Occidentaux, Galton ne peut que faire des émules ; si l'homme décède en 1911, l'eugénisme lui survit et prospère. En juillet 1912, un premier congrès d'eugénistes se tient à Londres, durant lequel sont posées les bases d'une collaboration internationale en vue d'accroître les avancées scientifiques sur les questions raciales. Un peu partout, certains médecins publient des études recommandant la stérilisation des éléments « indésirables », susceptibles d'« infester » et de « polluer » les éléments « sains ». D'autres vont plus loin encore, en suggérant de pratiquer l'euthanasie sur les « vies inutiles à la Vie ».

En France, on peut lire par exemple l'article suivant, publié en 1930 dans l'*Encyclopédie Larousse du XXe siècle* : « Le fait certain est que, dans tous les pays civilisés, des efforts énormes sont dépensés pour maintenir l'existence des individus les plus profondément tarés : alcooliques, tuberculeux, syphilitiques, névropathes, épileptiques, fous et criminels, dont la descendance est elle-même presque toujours atteinte, de telle sorte que le nombre des sujets incapables de remplir convenablement leur tâche familiale et sociale ne fait que croître, ainsi qu'en témoigne la diminution progressive du nombre d'hommes reconnus propres au service militaire actif. Ce fait est la conséquence de la loi de Delbeuf, qui a établi que tout caractère nouveau – et la tare héréditaire en est un – tend à se retrouver chez un nombre croissant d'individus ; il est aussi la conséquence de la loi de Galton, qui veut que s'établisse toujours une moyenne entre les bons et les mauvais, moyenne qui baisse d'autant plus que les bons deviennent moins nombreux. Par suite, la sauvegarde apportée des éléments inférieurs nuit aux éléments supérieurs, c'est-à-dire de l'élite qui, seule, par ses qualités et son nombre, fait la force et la grandeur des nations. [...] Pour parer à ce danger, deux moyens sont à notre disposition : d'une part éliminer les indésirables ;

de l'autre conserver et perfectionner les éléments sains et robustes[1]. »

Dans l'Allemagne de Weimar également, une partie de la communauté scientifique adhère aux thèses eugéniques et à la *Rassenhygiene*. Dès avant l'arrivée au pouvoir des nazis, les universités du pays dispensent des cours sur l'évolution de la race humaine, l'hérédité et les possibilités médico-sociales offertes par l'eugénisme. Dans les amphithéâtres, de futurs cadres du régime national-socialiste sont séduits par les discours tenus et les théories exposées, y retrouvant les fondements des positions idéologiques défendues par leur chef, Adolf Hitler. Parmi ces auditeurs se trouve un certain Josef Mengele*, qui obtient son doctorat d'anthropologie en 1935 à Munich, la « ville berceau » du nazisme ; passionné par les perspectives de la « science » eugénique, Mengele devient l'assistant du professeur Otmar von Verschuer à l'Institut de biologie de l'hérédité et d'hygiène raciale de Francfort. Tandis que le premier travaille sur la question de l'hérédité chez les jumeaux, tout en préparant son doctorat de médecine**, le second élabore, avec d'autres, une politique raciale que les nazis mettront en application dès leur arrivée au pouvoir.

Petit à petit, la société allemande, évoluée, cultivée et foisonnante de mouvements artistiques, fait sienne l'idée de la pureté raciale, alors même qu'elle avait été la première nation au monde à légiférer sur une éthique médicale. Pour sa part, Hitler érige ce thème en cheval de bataille politique. Pour lui, les choses sont limpides : l'eugénisme assurera sa supériorité innée au *Herrenvolk*, la « race des seigneurs ». Les gènes des « bons » Allemands doivent à tout prix être protégés afin de ne pas

---

* Futur médecin SS, « sélecteur » du camp d'Auschwitz et tristement célèbre « ange de la mort ».

** Qu'il obtiendra en 1938.

être souillés et abâtardis. Pour ce faire, « déficients » et
« dégénérés » seront mis hors d'état de nuire, c'est-à-dire
de se reproduire, sans oublier le « parasite suprême »,
l'ennemi juré qui doit impérativement être « neutralisé » :
le « Juif » – celui-là même que Julius Streicher, directeur
de l'hebdomadaire antisémite *Der Stürmer* et nazi de la
première heure, considère comme un « bacille devant
être exterminé ». On le voit, la phraséologie raciste nazie
s'inspire même de la terminologie médicale...

Pour préparer son « œuvre purificatrice », le Führer a
lu les principaux ouvrages sur la question, comme *Mise
en œuvre de la destruction des vies dépourvues de valeur*,
écrit par le psychiatre Alfred Hoche et le juriste Karl
Binding[2]. Paru en 1920, ce livre avait été à l'origine d'une
polémique entre les instances académiques et ses auteurs,
ceux-ci y affirmant qu'au nom de la dignité humaine,
« un médecin doit avoir le droit d'utiliser l'euthanasie
sur toute personne inconsciente et sans conséquences
légales », ou bien qu'« il existe des individus qui sont
sans aucune valeur pour la société. Parmi ceux-ci, on
peut classer les pensionnaires des "établissements pour
idiots", qui sont non seulement sans valeur, mais d'une
valeur absolument négative ». On y découvre aussi que
« les idiots incurables qui ne peuvent donner leur accord
ni pour survivre ni pour être tués devraient être tués[3] ».

Autre source d'inspiration pour Hitler, lue lors de sa
détention à la prison de Landsberg après son putsch
manqué à Munich : *La Science de l'hérédité humaine et
de l'hygiène raciale*[4], écrit en 1921 par Eugen Fischer,
Erwin Baur et Fritz Lenz. Ce pamphlet eugéniste aura
été fondamental dans l'élaboration de la politique raciale
nazie, car Fischer et Lenz, deux maîtres à penser de
l'eugénisme allemand, seront en contact avec Hitler pour
le conseiller et le guider. Dès 1924, en tout cas, Hitler
écrit dans *Mein Kampf* : « Celui qui n'est pas sain de
corps et d'esprit ne doit pas perpétuer son infortune

dans le corps de son enfant[5]. » Cela pourrait n'être qu'un argument en faveur de la stérilisation, mais en guise de clarification, Hitler ajoute un peu plus loin : « La conservation de la race est soumise à la loi de fer de la nécessité et du droit à la suprématie des meilleurs et des plus forts. Celui qui veut vivre doit donc lutter et celui qui ne prend pas part au combat dans ce monde de luttes éternelles ne mérite pas la vie[6]. » Voilà donc l'idée de la mort des plus faibles revendiquée par le chef nazi...

Mais une fois le Führer à la tête d'un Reich millénaire, les choses s'accélèrent. La nation allemande, qui baigne dans le pangermanisme, est prise d'une sorte de frénésie eugénique. Les recherches se multiplient, tandis que les experts inféodés au pouvoir se lancent dans la quête d'un nouveau Graal : la pureté raciale. On mesure les crânes, on étudie les traits des visages, on classe les hommes dans des fichiers anthropométriques, et on forme des spécialistes qui œuvreront ensuite au sein de la Gestapo ou dans les unités spéciales de la SS chargées de traquer et de débusquer les ennemis du Reich. L'eugénisme est un outil participant directement à la construction du mythe de la supériorité du peuple aryen. D'ailleurs, Heinrich Himmler, chef des SS et homme lige du Führer, ne s'y est pas trompé : lui qui fantasme sur une noblesse nationale-socialiste, un ordre chevaleresque obéissant à des rites païens mais paradoxalement inspiré du modèle des Jésuites, exige de ses futurs SS qu'ils prouvent la pureté de leur ascendance jusqu'en 1800, voire jusqu'en 1750 pour les officiers. Cette question obsède le *Reichsführer*, au point qu'il passera de longues heures à étudier lui-même les dossiers généalogiques et anthropométriques des candidats.

Les théories de Galton, amendées par les eugénistes allemands, sont ainsi élevées au rang de dogmes d'une science toute-puissante. Eugen Fischer, devenu entre-temps membre du parti nazi, est promu à la tête du Bureau des statistiques du Reich en hygiène raciale. Il cosigne avec son collègue Lenz un article intitulé « L'héritage de la honte noire », publié dans un quotidien en février 1934. Il s'agit d'un appel aux autorités pour que les enfants métis de la vallée du Rhin, nés d'unions entre des Allemandes et des tirailleurs sénégalais des troupes françaises d'occupation, soient stérilisés, car ils représenteraient une menace pour le sang aryen. C'est un premier pas vers la mise en application de la *Rassenhygiene* ; d'autres suivront bien vite.

À la même époque apparaît sur le devant de la scène un autre personnage d'importance : Ernst Rüdin. Né en Suisse alémanique, Rüdin est psychiatre ; acquis à l'eugénisme dont il est un des pionniers, l'homme est reconnu par ses pairs comme un éminent spécialiste. En 1933, Rüdin, déjà président de la Société d'hygiène raciale et de la Société des neurologues et psychiatres allemands, est nommé responsable des recherches sur l'hygiène raciale pour l'ensemble du Reich par le ministre de l'Intérieur Wilhelm Frick. C'est à ce poste et à la demande du Führer que le psychiatre imagine la loi sur la « prévention des désastres héréditaires » du 14 juillet 1933, qui sera mise en application en janvier 1934. Ce texte ouvre la possibilité à des instances étatiques d'ordonner – sans qu'appel puisse être interjeté – la stérilisation de sujets atteints de maladies ou de tares considérées par le législateur comme héréditaires ou congénitales : épilepsie, chorée de Huntington, schizophrénie, cécité, surdité, démence maniaco-dépressive et alcoolisme. Appelé l'« éclaireur des champs de l'hérédité raciale » par Hitler, Rüdin va ensuite travailler sur une série de dispositions légales qui se succéderont de 1933 à 1935, pour aboutir aux lois antisémites et xénophobes de Nuremberg. Celles-ci comprennent deux décrets d'État : la *Blutschutzgesetz*, ou « loi pour la protection du sang et de l'honneur allemands »

– qui interdit notamment les « mariages entre Juifs et citoyens allemands ou de sang voisin » et les « relations extraconjugales entre Juifs et citoyens allemands ou de sang voisin » –, ainsi que le *Reichsbürgergesetz*, une loi portant sur la « citoyenneté du Reich ».

Avec ces textes, on dépasse le stade de la stérilisation des incurables telle qu'elle se pratique déjà*, puisque d'une manière officielle, revendiquée et pleinement assumée, l'État national-socialiste et son chef partent en croisade contre la « pollution raciale » que constituent les Juifs. Le dessein hitlérien de « purification » se fait jour. Aux Juifs, les idéologues nazis ajouteront sans tarder les Tsiganes, les homosexuels, les francs-maçons, les témoins de Jéhovah, les criminels récidivistes, les « inaptes au travail »… À cette démarche de catégorisation des porteurs de péril pour le peuple allemand répondra une série de mesures coercitives, à commencer par l'enfermement dans les camps de concentration.

Mais dans le cas des personnes « déficientes », des handicapés et malades mentaux, enfants comme adultes, tous incapables de travailler et nécessitant des soins onéreux, quel serait en définitive l'intérêt pour la patrie et la race de les garder en vie ? À cette effroyable question, nombre d'eugénistes allemands, suivant Hoche et Binding, ont déjà répondu, en suggérant de pratiquer l'euthanasie sur les « vies inutiles à la Vie ». Ce point de vue, Hitler le partage, mais il estime que le peuple n'est pas encore prêt à accepter pareille mesure ; en 1935, il écrit au *Reichsärzteführer***, Gerhard Wagner qu'en temps de paix, il faudrait s'attendre à une résistance de la part des Églises, mais que « dans l'éventualité d'une guerre, il

---

* On estime qu'entre 1933 et 1939, 360 000 hommes et femmes ont été stérilisés de force par les nazis (dont plusieurs milliers sont décédés des suites de l'opération).
** Chef de la ligue des médecins.

apporterait une solution radicale au problème des asiles d'aliénés[7] ». En attendant, il va préparer le terrain pour faire accepter à tous l'idée que l'État puisse s'arroger un droit de vie et de mort sur les plus vulnérables de ses citoyens. À cet effet, tous les moyens seront bons pour manipuler l'opinion publique, et les talents des propagandistes du parti – à commencer par le plus doué d'entre eux, Joseph Goebbels – vont être employés dans une campagne d'endoctrinement jouant sur deux tableaux : le porte-monnaie et le cœur.

Les chiffres, d'abord : l'appareil d'État nazi peut s'appuyer sur une bureaucratie tentaculaire, produisant jour après jour des masses de statistiques. Parmi celles-ci, Hitler et ses hiérarques vont soigneusement choisir les plus « parlantes » ; on assène ainsi aux Allemands que les familles « d'inférieurs » comptent deux fois plus de membres que les foyers « normaux » et que, par un simple calcul arithmétique, les premiers finiront par l'emporter sur les seconds ; ou encore que le nombre de « tarés » aurait augmenté de 450 % entre 1928 et 1935. Dans le même temps, les journaux rapportent que Berlin dépense annuellement plus d'un milliard de reichsmarks pour des malades improductifs, alors que le budget de la police n'est que de 766 millions*. Des formules chocs et populistes enfoncent le clou ; celle-ci est signée Goebbels : « Terminé les palais pour les aliénés et les taudis pour les ouvriers[8] ! » Tout doit concourir à convaincre la population que les handicapés et aliénés représentent un fardeau économique pour la communauté nationale.

---

* En revanche, les propagandistes se gardent d'évoquer les coupes claires dans les budgets de l'assistance publique allemande décrétées par Hitler dès son arrivée au pouvoir. Ces dispositions entraîneront la fermeture d'instituts (3 987 établissements en 1931, 3 219 en 1935) et des réaffectations massives de personnels soignants (sur 111 700 infirmières en 1933, elles ne sont plus que 88 900 à prendre soin des internés en 1934).

Et afin d'être certain que le message sera bien délivré aux parents, on imagine insidieusement d'instrumentaliser leurs propres enfants... au travers de leurs devoirs ! C'est ainsi qu'en 1935, dans le manuel de mathématiques d'Adolf Dorner, des problèmes d'un genre nouveau apparaissent : « La construction d'un asile d'aliénés coûte 6 millions de reichsmarks à l'État. Combien de maisons à 15 000 reichsmarks peut-on construire avec l'argent dépensé pour bâtir cet asile[9] ? »

La compassion, ensuite : tandis que chaque occasion est bonne pour expliquer aux Allemands qu'ils n'ont pas à payer pour le malheur des autres et que, d'une manière ou d'une autre, leur descendance en pâtira, on attire aussi leur attention sur la souffrance des malades et la détresse de leurs proches. À l'instar d'un « goutte-à-goutte », l'idée de l'euthanasie est distillée dans la presse, à la radio et au cinéma. En 1936, un ophtalmologue du nom de Hellmuth Unger, convaincu du bien-fondé de la mise en place d'une politique étatique d'euthanasie, publie une nouvelle intitulée *Mission et conscience*[10]. C'est le récit d'un médecin qui euthanasie son épouse atteinte d'un mal incurable, à la demande de celle-ci. Le livre est lu par des milliers d'Allemands, au point que les services de propagande du Reich s'emparent de l'idée pour l'adapter au cinéma, sous la forme d'un dramatique long-métrage qui sera lui-même un succès populaire. L'euthanasie est sublimée ; elle devient un acte d'humanité, d'amour, une démarche miséricordieuse, une libération visant à mettre un terme à une existence malheureuse et pitoyable – bref, à une vie qui n'en est pas une et qui, par conséquent, ne vaut pas la peine d'être vécue...

Et la réalité rejoint bientôt la fiction ; en Thuringe, en 1937, un père tue son fils malade mental ; accusé de meurtre, l'homme risque la peine de mort. Au final, il ne sera condamné qu'à trois ans d'emprisonnement, grâce à l'intervention d'un praticien de la ligue nationale-socialiste des médecins venu argumenter en sa faveur. Un an plus tard, l'automne de 1938 offre à Hitler un prétexte idéal pour faire aboutir au sein de la population l'idée de « mort miséricordieuse » (*Gnadentod*). Un père, *Herr* Knauer, de Leipzig, lui adresse un émouvant courrier, sollicitant de sa haute bienveillance le droit de faire mettre un terme à la vie de son fils ; aveugle et retardé mental, l'enfant est aussi venu au monde malformé. Après avoir dépêché sur place son médecin favori, Karl Brandt*, Hitler accorde aux Knauer le droit de faire euthanasier leur nourrisson. Avec le décès de cet enfant naît un précédent qui va permettre au Führer de débarrasser le Reich de ses « bouches inutiles », malades incurables, handicapés et autres vieillards séniles...

Dès le mois de mai 1939, Hitler charge secrètement le docteur Brandt de former un « Comité de la mort miséricordieuse » réunissant pédiatres, psychiatres et consultants, dont Hellmuth Unger, le praticien qui s'était favorablement signalé au régime en écrivant *Mission et conscience*. Le groupe de Brandt doit recenser les petits Allemands âgés de zéro à trois ans, malformés, handicapés et trisomiques, afin de leur « offrir une mort douce ». L'opération, confidentielle, est placée sous la tutelle de la chancellerie du Führer, dirigée par le Reichsleiter Philipp Bouhler. Les experts se mettent au travail le 18 août 1939, à quelques jours du début de la guerre. Sages-femmes et médecins accoucheurs sont contactés par courrier, sous de fallacieux prétextes scientifiques et statistiques ; ils ont obligation de répondre et de déclarer les cas concernés. Une fois les petites victimes sélectionnées par le comité – selon un mode opératoire qui sera le même

---

* Karl Brandt est un jeune médecin spécialisé dans la chirurgie cérébrale et médullaire. Impressionné par la qualité de son intervention pour sauver l'aide de camp principal Brückner, victime d'un accident de la circulation en 1934, Hitler en fait cette année-là son « médecin accompagnateur » (*Begleitarzt*). Brandt n'a alors que trente ans.

pour l'euthanasie des adultes –, elles sont transférées dans l'une des vingt-huit institutions retenues pour la mise à mort. Les parents ne sont avertis qu'après le transfert de leur enfant dont, officiellement, l'état de santé se serait brutalement dégradé, au point de nécessiter une hospitalisation dans un service spécialisé où les visites sont proscrites. Là, les enfants sont tués par injection mortelle ou ingestion de cyanure*. Dans le premier cas, les doses de poison sont calculées pour être légères et espacées dans le temps ; il s'agit de provoquer une lente dégradation de l'état de santé de l'enfant, débouchant sur une mort apparemment naturelle, que les médecins attribueront par exemple à une pneumonie. Pour éviter l'autopsie des corps à l'initiative des familles, ils sont incinérés. Dans un même souci de discrétion, Hermann Pfannmüller, directeur de l'hôpital d'Eglfing-Haar, choisit de tester la mise à mort des enfants par privation de nourriture : à l'anémie succède le décès... Cinq mille enfants au moins disparaîtront dans l'opération au cours des deux années suivantes.

Le principe du meurtre de masse des « dégénérés », organisé et planifié par Hitler et ses séides, est donc acquis, et il ne faut que peu de temps pour qu'il s'étende aux adultes et entre dans une nouvelle phase, inaugurant des processus industrialisés de mise à mort par gazage. Hitler l'avait bien dit à son entourage : la guerre lui servira de paravent pour développer sa politique d'hygiène raciale. À la fin du mois de septembre 1939, la Pologne succombe. Tandis que les liquidations commencent sur le sol de la défunte nation, le Führer rédige au début du mois d'octobre un « document d'habilitation » secret, antidaté au 1ᵉʳ septembre** : « Le Reichsleiter Bouhler

---

* Ou de Luminal.
** La décision a certainement été prise plus tôt dans l'année 1939, puisque le 18 juillet, le Führer en avait déjà fait part à Bouhler.

et le docteur en médecine Brandt sont, sous leur responsabilité, chargés d'étendre les attributions de certains médecins à désigner nominativement. Ceux-ci pourront accorder une mort miséricordieuse aux malades qui auront été jugés incurables, selon une appréciation aussi rigoureuse que possible. Adolf Hitler[11]. »

Pourquoi Bouhler et Brandt ? Parce qu'Hitler peut compter sur l'efficacité et la discrétion de son chef de chancellerie et de son médecin personnel. Pourquoi un document d'habilitation, plutôt qu'un décret ou une loi ? Parce que l'opération doit rester absolument secrète. Pourquoi alors rédiger et signer un document aussi compromettant, ce que le Führer ne fait pratiquement jamais ? Parce qu'il s'attend à ce que Bouhler et Brandt rencontrent des résistances dans l'exécution de leur mission, et qu'ils doivent en cas de nécessité absolue pouvoir se réclamer de la plus haute autorité*. Pourquoi enfin antidater cet écrit au 1ᵉʳ septembre ? Très certainement pour couvrir les atrocités déjà commises depuis plus d'un mois…

En tout cas, cet ordre induit l'élargissement à de nouvelles victimes de la campagne d'euthanasie des enfants. Le Führer justifie de sa décision par l'état de guerre dans lequel le Reich a été plongé, du fait des puissances occidentales décadentes et de la « juiverie internationale ». Le dictateur considère que la liquidation des « tarés » libérera des lits d'hôpitaux – le chiffre de 300 000 est avancé – et du personnel médical, économisera des deniers publics et permettra de cesser de nourrir des improductifs. Sans compter, évidemment, l'effet « purifiant » de cette opération sur le « sang » aryen.

---

* Ce sera effectivement le cas du ministre de la Justice Gürtner, qui refusera toute coopération avant de se faire communiquer le document d'habilitation – presque un an après sa signature par Hitler.

Pour dissimuler au peuple la macabre machination, trois entités créées *ex-nihilo* travailleront de concert sur le « programme *T4* ». Les experts du *Reichsarbeitsgemeinschaft Heil-und Pflegeanstalten*, ou « groupe de travail du Reich sur les sanatoriums et les nurseries », emménagent au n° 4 de la Tiergartenstrasse, à Berlin, d'où le nom de code *T4*. Ils ont pour mission de recenser les patients à éliminer et de choisir des instituts de « désinfection », terme choisi à dessein par souci de discrétion. Pour y conduire les aliénés, une société de droit privé est constituée ; c'est la *Gekrat**, dont les véhicules et les conducteurs sont fournis par la SS. Enfin, la mise à mort par gazage au monoxyde de carbone, tout comme l'élimination des dépouilles, est de la responsabilité du GSA (*Gemeinnützige Stiftung für Anstaltspflege*). Cette structure est chargée de la construction des chambres à gaz et des fours crématoires, de la formation technique des personnels qui manipuleront les dispositifs de gazage, et des aspects financiers du programme *T4*. Là encore, les personnels, pour la plupart des gardes venant des camps de concentration, sont fournis par le chef du RSHA Reinhard Heydrich, à qui Himmler a demandé de collaborer pleinement à l'opération. Pour l'heure, il est chargé de déterminer la méthode de mise à mort la plus efficace.

Sont nommés à la tête de *T4 :* le Reichsleiter Philipp Boulher, chef de la chancellerie du Führer et responsable général du programme d'euthanasie auprès d'Hitler ; Karl Brandt, « médecin accompagnateur » d'Hitler** et

---

* *Gemeinnützige Krankentransportgesellschaft*, « société de transport des malades ».

** En tant que *Begleitarzt*, il est chargé d'accompagner Hitler durant ses déplacements, mais n'est sollicité que pour les cas d'urgence chirurgicale. Le véritable médecin personnel du Führer est le docteur Morell, qui éclipsera largement Brandt au cours des dernières années du Reich – exactement comme Bormann éclipsera Bouhler.

haut-commissaire du Reich à la santé ; Werner Heyde, psychiatre et responsable de l'organisation et de la mise en œuvre de *T4* ; Richard von Hegener, « gérant » de la *Gekrat* et coresponsable du programme « enfants » de *T4* ; August Becker, chimiste, toxicologue et expert en gazage ; Leonardo Conti, professeur en médecine, *Reichsgesundheitsführer** et secrétaire d'État à la Santé au ministère de l'Intérieur du Reich ; Max de Crinis, psychiatre et directeur de l'hôpital de la Charité à Berlin** ; Viktor Brack, responsable administratif des services de *T4* à la chancellerie du Führer et par ailleurs proche d'Himmler. Tous sont des dignitaires du régime, tous ont reçu des grades élevés dans la SS, tous sont convaincus du bien-fondé de l'*Aktion T4*… et tous ont été prévenus par Hitler : la chancellerie du Reich ne doit en aucun cas être associée publiquement à cette opération[12].

Au nᵒ 4 de la Tiergartenstrasse, les hommes du *Reichsarbeitsgemeinschaft*, une quinzaine de praticiens secondés par quarante assistants et encadrés par trois experts psychiatres, Herbert Linden, Hermann Paul Nitsche et Werner Heyde, entament sans délai leur sinistre besogne, amoncelant des piles de dossiers médicaux et contactant les chefs des établissements sanitaires de tout le pays. À la mi-octobre 1939, ceux-ci reçoivent des formulaires servant à recenser les cas « à traiter », avec obligation de signaler les patients inaptes au travail, appelés *Delinquenten* dans le jargon nazi. Malheureusement, la question de l'aptitude au labeur sera au cœur d'un quiproquo qui se révélera fatal à des milliers de patients, car de nombreux médecins déclareront leurs internés incapables de travail-

---

(Sur cette implacable lutte interne au plus haut niveau, voir *Les Secrets du IIIᵉ Reich*, chapitre 9 : « La santé d'Hitler ».)

* Chef des services de santé du Reich.

** Il refusera toutefois d'y être associé publiquement, préférant se cantonner au rôle de « conseiller ».

ler, pensant ainsi les protéger d'une sorte de Service du travail obligatoire mis en place par le régime. En réalité, ils les enverront à la mort sans le savoir...

Le questionnaire comprend trois catégories principales de patients à signaler : la première est constituée d'internés souffrant de schizophrénie, d'épilepsie, de troubles mentaux, de sénilité, de paralysie, d'encéphalite, etc. La deuxième, de patients enfermés depuis cinq ans sans discontinuité. La troisième, de « malades mentaux criminels » et d'étrangers « n'ayant pas de sang allemand ou assimilés » ; ces derniers sont à désigner par race et par nationalité, en signalant particulièrement les catégories suivantes : « Juifs, demi-Juifs, quarts de Juifs, Noirs, mulâtres, Gitans, etc.[13]. » On voit que dès l'automne de 1939, le but de l'opération s'étend bien au-delà des « malades incurables ». L'intention génocidaire est encore secrète, mais déjà apparente...

Les premières campagnes de « désinfection » commencent à l'hiver 1939-1940, en Poméranie et en Prusse-Orientale. Uniquement pour les dernières semaines de 1939, le bureau central de T4 annonce dans une note confidentielle adressée au Führer le « règlement définitif de 8 765 cas ».

Les infortunés sont sélectionnés sur la foi de leur dossier médical et des formulaires remplis par les instituts psychiatriques, les sanatoriums, les hôpitaux pédiatriques, les hospices et les institutions sociales. À de rares exceptions près, les experts de T4 ne voient ni n'auscultent les malades ; pis encore, pour tenir les cadences, on leur rappelle qu'ils ne peuvent consacrer que quelques minutes à chacun des cas étudiés. Ils se contentent alors, par groupes de trois, d'apposer sur les formulaires reçus de petits signes + et –, respectivement rouges et bleus ; deux + rouges signent l'arrêt de mort d'un patient. Une fois identifiés, les « sélectionnés » sont convoyés vers les « centres de traitement », pudiquement baptisés « instituts ». Ces établissements sont en réalité de véritables usines de mort, administrées par des médecins et des SS. Au début, les victimes sont tuées par injection létale, comme les enfants. Mais les doses nécessaires sont trop onéreuses, et dès le mois de janvier 1940, on recourt au gazage par monoxyde de carbone. Les premières chambres à gaz ont été conçues par le docteur Albert Widmann*, de l'Institut technique de criminologie (KTI), et construites sous la supervision du *Kriminal Kommissar* Christian Wirth ; le Reichsleiter Bouhler y a ajouté deux raffinements, en les faisant camoufler en salles de douches, auxquelles il a recommandé d'ajouter des « vestiaires[14] ».

Le docteur en chimie, toxicologue et officier SS August Becker a assisté à une des opérations : « Brack me donna l'ordre d'assister à la première séance d'euthanasie à l'asile de Brandenburg, près de Berlin. Je me rendis dans cet asile durant la première moitié de janvier 1940. On avait construit un bâtiment spécial à cet effet. Il y avait une pièce de trois mètres sur cinq environ et de trois mètres de haut, carrelée et semblable à une salle de douches. Autour de la pièce, des bancs ; à dix centimètres du sol courait, le long du mur, une canalisation d'environ trois centimètres de diamètre. Ce tuyau était percé de petits orifices, par lesquels se répandait le monoxyde de carbone. À l'extérieur étaient placées des bouteilles de gaz, reliées au tuyau. C'était le bureau central des bâtiments de la SS qui avait procédé à l'installation. Dans l'asile, il y avait déjà deux crématoires mobiles qui devaient servir à brûler les cadavres. Sur la porte d'entrée, construite comme une porte d'abri antiaérien, était fixé un judas rectangulaire permettant d'observer les délinquants.

---

* Subordonné au chef de la police criminelle Artur Nebe, dont la carrière, brutalement interrompue en mars 1945, mériterait un chapitre à lui tout seul...

C'est le docteur Widmann en personne qui effectua le premier gazage. Il ouvrit le tuyau d'admission et régla la quantité de gaz. Pour ce gazage, il amena dix-huit à vingt hommes dans cette "salle de douches", conduits par les infirmières de l'établissement. Ils se déshabillèrent entièrement dans une première salle. Une fois nus, ils se rendirent tranquillement dans la salle de douches, sans manifester le moindre signe d'inquiétude. On ferma les portes, puis le docteur Widmann actionna le gaz. Je pus voir à travers le judas qu'au bout d'une minute environ, tous s'étaient affaissés ou gisaient sur les bancs. Au bout de cinq minutes, l'air fut vidangé et la porte d'accès ouverte. Les infirmiers sortirent les cadavres et les placèrent sur des brancards spéciaux pour les porter aux crématoires[15]. »

Il arrive aussi que l'on élimine les patients par privations ou fusillades. Ce sera notamment le cas en Poméranie, dans le Gouvernement général et dans le Warthegau, territoire annexé par le Reich en Pologne, où des internés tomberont sous les balles des *Einsatzgruppen* et des « unités à tête de mort ». Mais ceux-là passeront pratiquement inaperçus au milieu de la grande cohorte des victimes de la « Shoah par balles ».

Les sites d'euthanasie de *T4* sont situés en Autriche et en Allemagne ; ils sont identifiés par de simples lettres, toujours par souci du secret absolu : Be pour Bernburg, en Saxe-Anhalt, B pour Brandenburg, C pour Hartheim, près de Linz, en Autriche, A pour Grafeneck, dans le Bade-Wurtemberg, D pour Pirna-Sonnenstein, en Saxe, et enfin E pour Hadamar, en Hesse. En avril 1940, les deux cents premiers patients juifs sont gazés au château de Grafeneck, et le mois suivant, Christian Wirth est nommé commandant du centre de Hartheim, près du camp de concentration de Mauthausen ; là aussi, les chambres à gaz vont fonctionner à plein régime. À l'automne, tous les patients juifs d'Allemagne commencent

CENTRES D'« EUTHANASIE » DANS LE REICH : 1940-1945

à être transférés en Pologne par trains entiers[16] ; leur destination finale est Lublin, où sont déjà concentrés les Juifs polonais*. Mais en Allemagne même, malgré les mesures de discrétion prises par les autorités autour des « instituts », leur activité intrigue les populations voisines ; trop de patients sont conduits vers ces lieux sans jamais réapparaître, tandis que les cheminées de ces étranges instituts dégagent en permanence des odeurs de chair brûlée. Progressivement, le secret est éventé ; près de Hadamar, les autobus gris des SS amenant les patients à l'« institut » sont surnommés par la population les « boîtes à viande froide ». Le personnel des instituts boit beaucoup et parle de ses activités dans les bars voisins[17], tout comme les fournisseurs en vivres et matériels ; la rumeur enfle. Elle est en outre alimentée par les témoignages de familles qui ont reçu des avis de décès comportant de curieuses anomalies**, ou même deux urnes funéraires à plusieurs jours d'intervalle…

Inquiet, Himmler exige de ses SS plus de discrétion, craignant que la nature réelle de *T4* ne soit dévoilée au public. Le 19 décembre 1940, le *Reichsführer* fait parvenir à Viktor Brack le courrier suivant : « J'apprends qu'une émotion considérable a été soulevée dans la région par l'établissement de Grafeneck. La population connaît l'auto grise de la SS et croit savoir ce qui se passe dans le crématoire qui fume sans arrêt. Ce qui se déroule là doit être secret et ne l'est plus. Le résultat est qu'un état d'esprit détestable s'est instauré, et à mon avis, il n'y a plus d'autre solution que de suspendre l'activité, tout en donnant des explications intelligentes et judicieuses qui pourraient s'accompagner

---

* À partir de là, on perd leur trace, mais il n'est pas difficile d'imaginer leur sort ultérieur.

** Comme « décès par appendicite » concernant un malade ayant subi une appendicectomie des années plus tôt.

de la projection dans cette région de films sur les maladies héréditaires et mentales. Je vous prie de me faire savoir comment ce difficile problème aura été résolu[18]. » Grafeneck est effectivement fermé, mais il est déjà trop tard, et la population allemande commence à montrer des signes d'indignation. Ceux-ci sont d'ailleurs relayés par le pape Pie XII qui, depuis le Vatican, condamne fermement le programme allemand d'euthanasie à la fin de 1940.

Au printemps et à l'été de 1941, le mouvement de refus ne cesse de gagner en ampleur. Les pasteurs Paul Gerhard Braune et Friedrich von Bodelschwingh interviennent directement auprès du ministre de la Justice Gürtner[19], tandis que les psychiatres Gottfried Ewald et Karl Bonhoeffer entreprennent d'intéresser à leur cause Matthias Goering, le propre cousin du *Reichsmarschall* *. Le clergé catholique s'engage à son tour, et le cardinal de Munich Michael von Faulhaber envoie une lettre de protestation au gouvernement. C'est bientôt au tour de Mgr Hilfrich, évêque de Limbourg, d'adresser un courrier aux ministres de la Justice et des Cultes :

« À huit kilomètres de Limbourg, dans la petite ville d'Hadamar, sur une colline dominant la ville, se trouve une institution qui fut affectée à différents services. En dernier lieu, elle fut utilisée comme asile. Elle a maintenant été restaurée et équipée afin qu'on puisse y pratiquer l'euthanasie.

« De l'opinion générale, celle-ci est systématiquement pratiquée depuis des mois, depuis février 1941 environ. Le fait est connu au-delà du district de Wiesbaden, car les certificats de décès sont envoyés par les bureaux de

---

* Matthias Goering est un nazi convaincu, mais comme la plus grande partie de sa famille, il est opposé aux excès du régime. Il a probablement fait passer le message à son cousin, mais le maréchal du Reich est bien trop lâche pour s'opposer à des pratiques ordonnées par Hitler.

l'état civil d'Hadamar-Mönchberg aux communes d'origine des victimes.

« Plusieurs fois par semaine, des autobus arrivent à Hadamar chargés de nombreuses victimes. Les enfants du voisinage connaissent bien les voitures et disent : "Voici encore des fous qu'on va brûler !" Après l'arrivée des autobus, les habitants d'Hadamar peuvent voir une fumée monter des cheminées et sont torturés par la pensée toujours présente des malheureuses victimes, surtout lorsque les odeurs pestilentielles apportées par le vent viennent les incommoder. Les enfants pour s'injurier disent : "Tu es fou, on va t'envoyer dans le four d'Hadamar." Ceux qui ne veulent pas se marier disent : "Se marier, jamais ! Avoir des enfants pour qu'ils finissent dans les fours !" On entend des vieillards dire : "Pour la grâce de Dieu, ne m'envoyez pas dans un hôpital de l'État. Après les fous, ce sera le tour des bouches inutiles que nous sommes !"

« La population ne peut comprendre qu'on poursuive des actes systématiques qui, selon les termes de l'article 211 du code pénal allemand, sont punissables de mort. Les fonctionnaires de la police secrète de l'État, dit-on, sont en train d'essayer de supprimer, par de sévères menaces, les bruits qui courent sur ces événements. On peut le faire dans une bonne intention, dans l'intérêt de la paix publique, mais cela n'empêchera pas la population de connaître ces faits, d'en être convaincue et révoltée[20]. [...] »

Bien sûr, les membres du gouvernement qui reçoivent de tels documents seraient bien en peine d'y donner suite : au sein du Reich, un ministre n'a pas le moindre pouvoir effectif... Dès lors, les évêques font lire dans toutes les églises une lettre pastorale rappelant le cinquième commandement, et l'évêque de Münster, Clemens August von Galen, prononce le 3 août un sermon extraordinairement courageux : « Si l'on établit et applique le principe qu'il est permis de tuer les "improductifs" parmi nos semblables, alors malheur à nous tous lorsque nous vieillirons et que nos facultés déclineront ! S'il est permis de tuer les improductifs, alors malheur aux invalides, qui ont engagé, sacrifié et perdu leurs forces et leur santé dans le processus de production ! S'il est permis d'éliminer par la violence les improductifs parmi nos semblables, alors malheur à nos braves soldats, qui regagnent la patrie grièvement blessés, paralysés ou invalides ! Dès lors, c'est l'existence de chacun d'entre nous qui est remise en question. Une commission quelconque peut l'inscrire sur la liste des "improductifs" devenus "indignes de vivre" ; et aucune police ne le protégera, aucun tribunal ne connaîtra de son meurtre et ne prononcera à l'encontre de son meurtrier la sentence qu'il aura méritée[21]. »

Puissantes paroles, qui sont recopiées et distribuées clandestinement dans toute l'Allemagne ; la Royal Air Force les reproduira même dans des tracts parachutés sur les concentrations de troupes allemandes dans les pays d'Europe occupée[22] ; certains réagissent même au sein des forces armées du Reich, à l'exemple de l'as de la Luftwaffe Werner Mölders, un héros de guerre très apprécié des Allemands. Au moment où Hitler vient d'engager une lutte à mort contre l'Union soviétique, un tel coup porté au moral des populations et des troupes est proprement insupportable – d'autant que l'évêque a poussé la témérité jusqu'à lui adresser par télégramme le texte de son sermon... Bien entendu, Martin Bormann veut le faire pendre, mais Goebbels et Goering en dissuadent Hitler : l'évêque est trop connu, et son meurtre ne pourrait que provoquer des émeutes dans tout le pays. Dès lors, il faut bien céder : le 23 août 1941, Hitler ordonne officiellement de mettre un terme aux opérations d'euthanasie, qui auront conduit en deux ans au meurtre de 70 273 personnes pour les seuls « instituts ».

Mais dans les faits, rien ne cesse ; la plupart des chambres à gaz sont démontées et assemblées à l'Est[23], tandis que dans certains « instituts » parmi les plus discrets, de nombreux médecins continuent à assassiner leurs patients par des injections mortelles de morphine, de scopolamine ou de phénol. D'autres privent les malades de soins et de nourriture, jusqu'à ce que mort s'ensuive. Ces médecins, pratiquant ce que l'on appellera plus tard l'« euthanasie sauvage », sont couverts et encouragés par leur administration de tutelle et le ministère de la Santé du Reich. Les responsables de l'*Aktion T4* conseillent toujours les liquidateurs et leur fournissent les drogues mortelles ; la partie du programme portant sur les enfants de moins de trois ans est également maintenue en secret, et les experts en blouse blanche du « département spécial de pédiatrie » continuent à sillonner le « Grand Reich », allant de clinique en asile pour y accomplir leur funeste besogne. De décembre 1939 à la fin de la guerre, le bilan de *T4*, y compris l'« euthanasie sauvage », s'élève à environ 250 000 patients assassinés par les gaz, les privations alimentaires, les injections mortelles, les fusillades, etc.

Ce n'est pas tout, car en avril 1941, c'est-à-dire avant l'arrêt « officiel » de *T4*, Himmler ordonne le déclenchement de l'opération *14f13*. Ce nom de code, inspiré de la terminologie administrative propre aux services médicaux des camps de concentration*, sert à camoufler la liquidation dans ces camps des prisonniers atteints de maux incurables, mais aussi des « agitateurs », des internés espagnols, des Tsiganes, des Juifs, puis des prisonniers de guerre soviétiques et de bien d'autres encore. Pour ce faire, le *Reichsführer* fait appel au savoir-faire acquis par les planificateurs et les exécutants de *T4*, car à cette époque, il n'a pas les techniques et les moyens matériels pour faire procéder lui-même à une liquidation de masse. Bouhler et Brandt mettent à sa disposition du personnel

---

* Par exemple, *14f1* signifiait la mort naturelle d'un détenu, tandis que *14f2* signalait un suicide ou un décès accidentel.

et des infrastructures, afin de « nettoyer » les camps de leurs internés constituant des « fardeaux ». Les commissions spéciales de praticiens et d'experts impliqués dans *T4* parcourent donc les camps de concentration, afin d'y sélectionner les détenus à liquider dans les « instituts ». Le château d'Hartheim, par exemple, sera surnommé le « sanatorium de Dachau ». Les examens y sont superficiels – lorsqu'il y en a –, et le commandant du camp a toute latitude pour ajouter aux listes les détenus dont il souhaite se débarrasser. Officiellement sélectionnés pour bénéficier d'un « congé sanitaire » – ce qui conduira des captifs à se présenter d'eux-mêmes devant les médecins –, les prisonniers sont en réalité conduits à la mort dans des chambres à gaz très semblables à des salles de douches communes ; l'affreux stratagème fonctionne d'ailleurs si efficacement qu'il sera bientôt employé dans les camps d'extermination ; de fait, à partir de 1942, les *SS Totenkopf* des camps de concentration maîtriseront parfaitement l'assassinat industrialisé de ceux qu'ils considèrent comme des *Untermenschen*, des « sous-hommes ». Nombreux sont les administrateurs ou cadres des sinistres « instituts » qui, ayant entamé leur « carrière » de meurtriers de masse avec *T4* et s'étant « perfectionnés » dans le cadre de *14f13*, ont ensuite rejoint, voire commandé, un camp d'extermination à Chełmno, Bełzec, Sobibór, Treblinka ou Auschwitz. C'est ainsi que des médecins comme Irmfried Eberl et Horst Schumann, respectivement en charge des gazages à Brandenburg et à Pirna-Sonnenstein, participeront avec zèle à la mise en œuvre de la Solution finale à Treblinka et à Auschwitz.

Les « précurseurs » de l'*Aktion T4*, et surtout leurs dirigeants, devront rendre des comptes à la fin de la guerre. Certains, comme Bouhler, Conti, Linden, de Crinis et Heyde, n'attendront pas la sentence des juges alliés, préférant se suicider par pendaison ou par absorption de cyanure ; d'autres, comme Brandt, Brack et Hoven, seront condamnés à mort par un tribunal militaire américain à l'issue du « procès des docteurs » et exécutés par pendaison à la prison de Landsberg le 2 juin 1948.

Si un homme comme Karl Brandt fera le grand saut sans avoir jamais compris ce qui lui était reproché, beaucoup verront dans la carrière de ce médecin dévoyé l'un des meilleurs plaidoyers en faveur de la peine capitale*. Mais s'il reste un élément mystérieux dans cette affaire, c'est sans doute l'indulgence dont feront preuve par la suite les tribunaux de l'Allemagne fédérale envers les « petites mains » de l'*Aktion T4* – ce chaînon trop méconnu entre l'eugénisme et les camps d'extermination**.

---

* Au même titre que la carrière de son confrère français, le docteur Petiot, guillotiné deux ans plus tôt...

** Après 1949, ces tribunaux ne prononceront pas une seule condamnation pour meurtre à l'encontre des participants à l'*Aktion T4*, et au début des années 60, quatorze infirmières ayant travaillé avec zèle dans les « institutions » seront acquittées. La justice est-allemande, elle, n'aura pas ces pudeurs, et prononcera des peines de mort contre plusieurs médecins exterminateurs, dont Hermann Paul Nitsche.

2

Germania,
la capitale d'empire du Führer

Quel que soit l'avis des doctes professeurs de l'Académie des beaux-arts de Vienne, Adolf Hitler n'a jamais cessé de se considérer comme un architecte*. En septembre 1917, au beau milieu de la Grande Guerre, cet Autrichien devenu Munichois demande à passer sa première permission à Berlin ; c'est qu'il veut absolument découvrir l'architecture de la capitale, dont il s'était fait une très haute idée. Il en reviendra plutôt déçu, et cette impression sera durable, si l'on en croit Otto Dietrich, un des membres de son proche entourage : « Avant de devenir maître du Reich en 1933, Hitler a sérieusement envisagé de faire de Munich la capitale du Reich, ou encore de construire un tout nouveau siège du gouvernement quelque part au cœur de l'Allemagne[1]. » Mais une fois au pouvoir, les problèmes politiques et économiques l'ont suffisamment accaparé pour qu'il renonce à ce projet... afin de se concentrer sur la transformation complète de Berlin, destinée à être rebâtie à la mesure de l'immense empire qu'il aura conquis : « Berlin, en

---

* Il y a là un mystère qui n'a jamais vraiment été éclairci : le recteur de cette académie lui avait bien dit qu'il n'avait pas d'avenir en tant que peintre, mais qu'il était doué pour l'architecture. Pourtant, Hitler n'a jamais fait le moindre effort pour se présenter à l'école d'architecture. Il restera donc un amateur éclairé – et parfois illuminé.

tant que capitale mondiale, ne pourra se comparer qu'à l'ancienne Égypte, à Babylone ou à Rome ; qu'est-ce que Londres, qu'est-ce que Paris, à côté de cela[2] ? »

De fait, l'ambition du Führer est d'offrir au Grand Reich germanique* une capitale digne de son prestige reconquis. Depuis le milieu des années 30, il y travaille constamment avec son architecte préféré, le jeune Albert Speer, auquel il confie : « Berlin est une grande ville, mais pas une métropole. Regardez Paris, la plus belle ville du monde, ou même Vienne. Voilà des villes qui ont une unité ! Mais Berlin n'est qu'un amas anarchique de maisons. Il faut que nous coiffions Paris et Vienne[3]. »

*Welthauptstadt Germania*** : c'est ainsi qu'Hitler veut appeler le Berlin de l'avenir. Ce sera l'occasion de donner une seconde naissance à cette ville, dont les habitants à l'humour volontiers impertinent n'épargnent pas le parti nazi et ses hiérarques : les Berlinois ne sont-ils pas à l'origine du sobriquet de « faisan doré », désignant les hauts fonctionnaires du NSDAP à l'uniforme brun paré de dorures ? N'ont-ils pas donné le surnom de « Meyer » à Goering, parce que celui-ci s'était bien imprudemment engagé à se nommer ainsi au cas où une seule bombe ennemie tomberait un jour sur la capitale*** ? Ainsi, raser Berlin pour construire *Welthauptstadt Germania* fournira également un prétexte idéal pour mettre au pas l'insolente population berlinoise – dont une partie devra d'ailleurs être déplacée, pour aller coloniser les territoires qu'il rêve de conquérir à l'est...

Ce fantasme mégalomaniaque s'inscrit d'ailleurs dans un plan d'urbanisme global, puisque quatre autres

---

* *Großgermanisches Reich*, dont les frontières doivent s'étendre de la Flandre à l'Oural et de la Crimée à la Norvège...

** Capitale mondiale Germania.

*** Après le départ de Rudolf Hess pour l'Écosse en mai 1941, ils diront même : « Le Reich de mille ans vient d'être ramené à cent ans. Pourquoi ? Parce qu'il vient de perdre un zéro ! »

villes d'Allemagne et d'Autriche doivent aussi être reconstruites, afin que chacune rayonne sur le monde : Hambourg sera la capitale commerciale et maritime du Reich, Munich celle du mouvement national-socialiste, Nuremberg la capitale du parti nazi, et Linz la capitale mondiale de la culture et des arts* – avec notamment un gigantesque *Führermuseum* consacré à l'art germanique.

À l'été de 1936, Adolf Hitler confie le projet de Germania à Albert Speer, promu au rang de « premier architecte du Reich ». Au cours de leurs nombreuses réunions de travail à la chancellerie, les deux hommes étudient le moindre détail de chaque rue et de chaque bâtiment ; ils tracent des plans et font construire des maquettes pour juger des perspectives. Amoureux des arts, le dictateur entend s'inspirer des merveilles du monde et des édifices les plus majestueux des capitales du globe. Un seul mot d'ordre : plus haut, plus gros, plus grand, plus beau. Les monuments de Germania doivent dépasser en splendeur et en taille tout ce que l'homme a été capable de bâtir jusque-là...

Il est vrai que le chantier est pharaonique. Obnubilé par les grandes cités antiques, Hitler exige que Germania soit érigée selon un axe nord-sud, alors que Berlin s'est construite sur un axe ouest-est en raison du cours de la Spree, la rivière qui traverse la ville. L'oukase hitlérien implique donc, outre le détournement de la Spree, de réaliser d'innombrables percées, de détruire des milliers de bâtiments et de revoir totalement la structure des réseaux ferroviaires, au besoin en déplaçant les gares ! Speer est donc officiellement chargé le 30 janvier 1937 de la plus grande « mission architecturale » jamais confiée par le Führer. Affublé du titre d'inspecteur général de la Construction, l'homme est investi par décret de

---

* C'est la ville où Hitler a passé une partie de sa jeunesse, et où il envisage de se retirer « après la guerre ».

pouvoirs étendus qui dépassent ceux du bourgmestre-gouverneur de Berlin, Ludwig Steeg, et même ceux du Gauleiter de Berlin, Joseph Goebbels ! Dans les faits, Speer n'a de comptes à rendre qu'à Hitler.

L'architecte s'installe avec son équipe dans le bâtiment de l'Académie des arts, sur la Pariser Platz ; l'immeuble est proche de la chancellerie, ce qui facilite les réunions de travail entre l'architecte et son maître d'ouvrage. Speer répartit ses collaborateurs en trois services : une agence de planification chargée de l'aménagement de Germania, un bureau central s'occupant des questions financières, juridiques et administratives, et enfin un office général de la construction responsable de la voirie, des travaux de démolition et de la coordination avec les entreprises sélectionnées pour travailler sur le chantier. L'exécution des monuments phares de la mégalopole est évidemment confiée aux meilleurs architectes de toute l'Allemagne, tels Wilhelm Kreis, Paul Bonatz, German Bestelmeyer, Peter Behrens, mais aussi les sculpteurs Arno Breker et Josef Thorak. Avant que la guerre n'éclate, Speer promet à son Führer une inauguration de Germania pour l'année 1950.

La SS est elle aussi sollicitée : des milliers de détenus seront sortis des camps de concentration de Flossenbürg et de Mauthausen pour extraire et tailler les blocs de granit nécessaires aux constructions. Dans le même temps, on ouvrira sur le canal Oder-Havel le camp « Klinkerwerk », une annexe de celui de Sachsenhausen, qui fera office de briqueterie au profit de Germania. Des moyens financiers et logistiques colossaux sont mobilisés pour faciliter les choses : une commande de plus de 30 millions de reichsmarks est ainsi passée par Speer auprès de fournisseurs de pierre de Norvège, de Finlande, de Suède, des Pays-Bas, de Belgique et d'Italie. Et pour transporter ces cargaisons, l'architecte en chef établira ses propres chantiers navals à Wismar et à Berlin, afin de construire une flotte de mille péniches de 500 tonnes de charge utile !

Le coût total de cette entreprise titanesque est évalué par Speer à environ 6 milliards de reichsmarks, ce qui semble optimiste en regard du prix de certains monuments. Pour alléger le poids des dépenses, l'architecte prévoit une dotation annuelle de 500 millions de reichsmarks, ce qui représente, selon ses dires, un vingt-cinquième du total des dépenses de construction en Allemagne à cette époque. Pour lui, l'effort n'est donc pas insurmontable – à un détail près : au moment où ces calculs savants sont réalisés, le Reich n'est pas en guerre. Hitler, lui, table sur un effort collectif ; chaque ministère et chaque service public allouera une partie de son budget annuel au projet Germania. Des appels aux dons lancés auprès du peuple et des industriels permettront de réunir quelques millions supplémentaires à chaque exercice, tandis que le parti financera sur ses propres fonds la *Volkshalle* et l'arc de triomphe. En outre, la *Deutsche Reichsbahn* et la municipalité de Berlin devront elles aussi affecter une part de leur budget annuel à la transformation du réseau de voies ferrées et à l'ouverture des nouvelles routes et lignes de métro. Quant à la main-d'œuvre exploitée par les SS pour construire Germania, il est évident qu'elle ne coûtera rien...

Du reste, qu'importent les dépenses, puisque les frais de construction seront rapidement amortis par les recettes des droits d'entrée payés par les visiteurs venus du monde entier admirer la nouvelle capitale du Reich ? Au ministre des Finances Lutz Schwerin von Krosigk qui s'inquiète des calculs optimistes de Speer et d'Hitler, le Führer rappelle l'exemple du roi Louis II de Bavière, connu pour ses dépenses fastueuses : « Que le ministre des Finances pense aux sources de revenus dont l'État disposera d'ici cinquante ans à peine grâce à mes constructions ! Que s'est-il passé avec Louis II : on a déclaré qu'il était fou à cause des dépenses qu'il faisait pour construire ses châteaux. Et aujourd'hui ? Beaucoup d'étrangers viennent en haute Bavière uniquement pour voir ces châteaux. Les droits d'entrée, à eux seuls, ont depuis longtemps amorti les frais de construction. Croyez-le bien ! Le monde entier viendra à Berlin pour voir nos édifices. Il nous suffira de dire aux Américains* combien a coûté le Grand Dôme [la *Volkshalle*]. Peut-être exagérerons-nous un peu, au lieu d'un milliard, nous dirons un milliard et demi ! Alors ils voudront absolument voir l'édifice le plus cher du monde[4]. »

Le 20 avril 1939, lors des célébrations de son cinquantième anniversaire, Hitler parcourt en limousine les sept kilomètres de l'« axe est-ouest », inauguré par son architecte et destiné à être le boulevard principal de sa future capitale rénovée[5]. La guerre qui éclate moins de six mois plus tard ne saurait constituer un obstacle à ses ambitions architecturales – bien au contraire. Lors des premières grandes conquêtes à l'Ouest, il garde bien ses projets à l'esprit, ainsi qu'en témoigne son passage matinal à Paris le 28 juin 1940. Après une visite à l'Opéra et une brève halte devant la tombe du soldat inconnu, le Führer fait arrêter sa voiture au beau milieu de l'avenue des Champs-Élysées, qu'il entreprend de traverser à grandes enjambées. En pleine chaussée, il croise un jeune homme employé à proximité, qui le voit passer la tête baissée, apparemment très concentré sur sa marche. Le jeune homme, stupéfait, ne comprendra ce curieux manège que trois décennies plus tard : Hitler, ne faisant pas confiance à ses ouvrages, voulait mesurer lui-même la largeur de l'avenue** ! Et

---

* Qu'Hitler tient pour un peuple de dégénérés, incapables de se battre. Voir le chapitre 3 : « Raser l'Amérique ! »

** L'employé et étudiant, aussitôt invité à circuler par un policier, se nommait Georges Kersaudy.

Otto Dietrich notera : « Dans l'avion du retour, Hitler a déclaré qu'il n'avait guère été impressionné par les Champs-Élysées, l'Arc de triomphe et la place de la Concorde ; il les aurait crus bien plus imposants [...]. Mais j'ai appris ensuite qu'il avait apporté aussitôt après des changements au plan général de la ville de Berlin, en élargissant le Grand Boulevard pour le porter de quarante à cent vingt mètres[6]. »

Et tout cela se produit au beau milieu d'une guerre mondiale, alors que le Führer n'a pas encore conquis l'Angleterre et médite déjà d'envahir l'Union soviétique ! Même après l'échec de la première entreprise et le déclenchement de la seconde, ses architectes sont invités à poursuivre leur travail, et rien n'indique que les précieuses matières premières nécessaires à leurs projets pourraient être désormais consacrées à l'effort de guerre... Les premiers revers devant Moscou à la fin de 1941 n'y changent rien, et en février 1942, les confidences d'Heinrich Himmler à son masseur Felix Kersten restent résolument optimistes : le *Reichsführer* SS estime que le Gau de Brandenburg, dont le sol est trop pauvre pour l'exploitation agricole intensive, doit impérativement être réaménagé une fois la victoire acquise. Dans un rayon de cent vingt-cinq kilomètres autour de Germania, il est prévu que l'État rachète les terres et les fermes ; expulsés, les propriétaires partiront s'installer dans les colonies orientales. Suivant à la lettre les consignes de son maître, Himmler a tout réglé dans les moindres détails : le déplacement devra se faire par villages et par communautés entières, afin de ne pas accroître le sentiment de déracinement et maintenir une solide cohésion entre les futurs colons lors de leur réimplantation. Autour de Germania, seules demeureront les bourgades et les grandes exploitations au rendement satisfaisant, les terres pauvres devant être reboisées par les paysans avant leur départ pour l'Est. Telle est la vision d'Hitler et d'Himmler : une capitale entourée d'épaisses forêts et d'un petit nombre de villages espacés de dix kilomètres les uns des autres[7] !

Si le maître de l'ordre noir lie la fondation de Germania à ses projets de peuplement et de colonisation des territoires de l'Est, Hitler, lui, se consacre à ceux relatifs à la symbolique, à la structure et à l'architecture de la mégapole – dont il espère que la population atteindra 8 millions d'habitants dans les dix ans suivant la fin de la guerre*. Cette capitale refondée sera un acte d'affirmation de la puissance aryenne ; Germania inaugurera une nouvelle ère, celle où le Führer, remisant au placard sa tenue de chef de guerre victorieux, laissera son empreinte comme bâtisseur de l'Empire germanique. Le 8 juin 1942, dans le sinistre QG forestier de Rastenburg, il développe encore ces pensées devant son entourage : « Comme Bismarck insuffla jadis l'idée "allemande" à la Bavière, à la Prusse, etc., nous devons conduire méthodiquement les peuples germaniques de l'Europe continentale à l'idée germanique. [...] Un changement du nom de "Berlin" en "Germania" donnerait de l'impulsion à ce mouvement, car ce nom donné à la capitale du Reich sous sa nouvelle représentation serait apte à créer un sentiment d'appartenance entre cette capitale et les membres de tous les rameaux germaniques, malgré la distance géographique[8]. » Ainsi, Allemands, *Volksdeutsche***

---

* Berlin compte 4,33 millions d'habitants en mai 1939.

** *Reichsdeutsche* désigne pour les nazis les Allemands de métropole, c'est-à-dire du IIIe Reich dans ses frontières de 1939. Les autres Allemands résidant à l'étranger, mais ayant fait partie du IIe Reich et de l'Empire austro-hongrois jusqu'en 1918, ainsi que les colons allemands des pays Baltes, de mer Noire et de la Volga, arrivés en Russie dans le sillage des chevaliers teutoniques ou de la tsarine Catherine II (d'origine prussienne), sont tous appelés *Volksdeutsche*. Leur attachement à l'Allemagne, leur fiabilité politique et leur degré de germanité sont soumis à l'examen de la SS, qui détermine au cas par cas si tel individu est apte à devenir colon ou nécessite une « regermanisation ».

des territoires de l'Est, Alsaciens, Lorrains, Suisses alémaniques, Liechtensteinois, Flamands, Néerlandais, Luxembourgeois et Scandinaves seront gouvernés depuis une même capitale, dont la consonance renforcera la cohésion nationale, en rappelant le fondement racial de l'État.

Cette nouvelle capitale du Reich que le Führer appelle de ses vœux, à quoi pourrait-elle ressembler au tout début des années 50 ? Si le visiteur descend du train sur les quais de la monumentale gare du Nord, située sur la Scharnhorststrasse, il découvrira des lieux qui n'ont plus grand-chose en commun avec l'ancienne gare de Lehrte. Avec un total de vingt grandes lignes, dix lignes régionales, neuf voies dédiées au fret, six lignes de trains de banlieue et quatre de métro, la nouvelle gare serait l'une des plus imposantes au monde. Ce gigantisme s'explique évidemment par les consignes hitlériennes, mais aussi par des raisons techniques, les nouveaux standards des voies de chemin de fer du Reich devant passer à l'écartement large prévu pour les trains à grande vitesse et le transport de fret lourd*. En arpentant les quais de plus de quatre cents mètres de long, le voyageur peut d'ailleurs admirer quelques-uns de ces trains propulsés à 250 km/h par de fabuleuses locomotives couplant des moteurs diesels et des génératrices électriques. Pouvant embarquer jusqu'à 1 500 passagers dans des wagons au confort exceptionnel, ces convois comportent une voiture-restaurant, mais aussi des voitures avec cinéma, piscine, sauna et salon de coiffure** ! Ces trains vont relier Germania à toute l'Europe, notamment aux colonies de l'Est, dans lesquelles se rendent les estivants appréciant le soleil

---

* Soit trois mètres, l'écartement standard européen étant à l'époque de 1,435 mètre.

** Pour plus de détails sur ces projets, voir l'ouvrage *Die Breitspurbahn : Das Projekt zur Erschliessung des gross-europäischen Raumes 1942-1945*, par Anton Joachimsthaler (Munich, Herbig, 1999).

de Crimée, les officiers des garnisons de l'Oural, ainsi que les ouvriers des exploitations agricoles de Tauride*, des cimenteries baltes et des champs pétrolifères du Caucase...

S'il parcourt le centre-ville du nord au sud, notre voyageur découvrira deux obélisques, derrière lesquels s'étend un lac artificiel. La nature marécageuse du terrain à cet endroit empêchant la construction de tout bâtiment, Speer a eu l'idée d'y aménager un plan d'eau dont les habitants de Germania peuvent profiter aux beaux jours. Des cabines-vestiaires, des restaurants et des hangars pour les canots entourent cet agréable bassin, à la surface duquel des jeunes gens portant l'uniforme de la *Hitlerjugend-Marine* font flotter les maquettes des légendaires cuirassés de la Kriegsmarine, sans oublier des terrasses ensoleillées sur lesquelles les « Germaniens » sirotent un Fanta**. Ce grand bassin est entouré par l'Académie de guerre (*Kriegsakademie*), l'hôtel de ville long de quatre cent cinquante mètres, l'immeuble de l'état-major de la Kriegsmarine et la préfecture de police.

En continuant vers le sud, le visiteur ne peut manquer le monument phare de Germania : la *Volkshalle* ou « Halle du peuple », qu'Hitler imaginait littéralement comme la huitième merveille du monde. C'est là que le dictateur s'adresse à la foule. Érigé au cœur de la capitale – et donc du Reich –, cet édifice presque sacré, car symbolisant à la fois la communauté du peuple allemand et son rassemblement autour de son Führer,

---

* Région du sud de l'Ukraine, considérée par les nazis comme l'*hinterland* de la Crimée. Berlin prévoit après la victoire de réunir ces deux contrées en un seul Gau : l'*Ostgotengau.*

** Ce soda est né en Allemagne en 1940, du fait du blocus touchant les ingrédients nécessaires à la confection du Coca-Cola. Il est élaboré à Essen par la filiale allemande de la célèbre marque américaine, à partir de pommes, d'agrumes italiens et de saccharine.

a naturellement été conçu par le cabinet d'architectes d'Albert Speer. Il s'est inspiré des croquis d'un bâtiment dessiné par Hitler en 1925, du panthéon de Rome et du capitole de Washington. Il s'agit d'un gigantesque quadrilatère de trois cent quinze mètres de côté et soixante-quatorze mètres de haut[9], dont les angles sont constitués d'un pilastre cannelé en granit clair venu de Suède et de Finlande. L'entrée principale est située à l'extrémité nord de l'Adolf Hitler Platz, l'ancienne Königsplatz ; époustouflante, impressionnante, étourdissante, elle consiste en un portique dont les trente-quatre colonnes s'élèvent à trente mètres du sol. L'escalier est encadré par deux statues de presque vingt mètres ; signées Arno Breker, l'une représente Atlas portant le ciel, l'autre Tellus soutenant le globe terrestre ; la Terre et la voûte céleste sont recouvertes d'émail, les contours des continents et les constellations incrustés d'or. Décidément, rien n'est trop beau pour la ville rêvée du Führer !

Mais la principale caractéristique de la *Volkshalle* est sa coupole. Ce carré colossal sert en effet de base à un non moins gigantesque dôme de deux cent cinquante mètres de diamètre – aux proportions seize fois plus importantes que celles de la basilique Saint-Pierre de Rome ! Au sommet, à deux cent quatre-vingt-dix mètres du sol, trône l'aigle du Reich enserrant non une croix gammée, mais la Terre, symbole du rayonnement du national-socialisme à travers le monde ; car, selon les propres mots du Führer : « Pour couronner le plus grand édifice du monde, il ne peut y avoir que l'aigle dominant le globe. » Invisibles à l'œil nu, les fondations du bâtiment consistent en un bloc de plus de 3 millions de mètres cubes de béton*.

---

* Soit une surface au sol de presque 100 000 mètres carrés, pour un volume total de 21 millions de mètres cubes !

La grande salle de la majestueuse *Volkshalle* peut accueillir jusqu'à 180 000 personnes, dans un décorum à couper le souffle : piliers en marbre, mosaïques, frises et bas-reliefs, sculptures monumentales néoantiques, tout a été conçu pour imposer le respect au visiteur. Pourtant, en dehors de ces richesses, l'architecture intérieure de la « Halle du peuple » demeure assez simple : des tribunes s'élevant sur trois rangs surplombent une fosse circulaire de cent quarante mètres de diamètre. Du côté opposé à l'entrée, se trouve la tribune du Führer, depuis laquelle il adresse ses messages au peuple du Reich. La luminosité des lieux est accentuée par une ouverture circulaire d'un diamètre de quarante-six mètres pratiquée dans le dôme.

La *Volkshalle* est bordée par la Spree faisant office de miroir d'eau, sur lequel sa silhouette se reflète, afin d'accentuer l'effet massif que produit le monument. Pour ne pas perturber le trafic fluvial, la rivière a dû être élargie aux abords du bâtiment, et un tunnel à deux voies a été creusé sous le parvis de l'édifice.

Notre visiteur est désormais parvenu jusqu'à la gigantesque Adolf Hitler Platz*. Bâtie sur l'ex-Königsplatz, elle est uniquement piétonne et accueille chaque année les manifestations du 1ᵉʳ mai, décrété jour de la *Volksgemeinschaft***. Précédée d'un tambour-major, une fanfare de la *Leibstandarte SS Adolf Hitler**** y défile au pas de

---

* Cinq cents mètres sur quatre cent cinquante, auxquels s'ajoute la superficie de l'esplanade de la *Volkshalle.*

** Communauté du peuple allemand.

*** Le régiment de gardes du corps SS d'Hitler. Pour l'intégrer, le candidat doit être âgé de dix-sept à vingt-deux ans, mesurer au minimum 1,80 mètre, avoir un casier judiciaire vierge, répondre aux critères raciaux correspondant à l'idéal aryen défini par les nazis (c'est-à-dire ne pas avoir de sang juif et pouvoir prouver ses racines allemandes jusqu'en 1800 – jusqu'en 1750 pour les officiers), et être dans une forme physique exemplaire ; le port de lunettes est éliminatoire, de même que, jusqu'en 1936, le moindre plombage dentaire.

l'oie, en jouant des marches militaires et des airs du parti. Parmi les milliers de touristes venus de toute l'Allemagne, des colonies ou de l'étranger qui arpentent la place avec leur appareil photo en main, se dissimulent des agents de la Gestapo, la police secrète d'État créée par Hermann Goering, qui se tiennent prêts à déjouer tout acte malveillant ou tentative d'attentat. Car le lieu est entouré des bâtiments les plus sensibles du Reich : l'ancien Reichstag, faisant office de modèle réduit à côté de la « Halle du peuple », l'immeuble du haut commandement de la Wehrmacht (OKW), le bâtiment administratif de la chancellerie du Reich et surtout le palais du Führer (*Führerbau*).

Conçu par Speer en personne selon les critères imposés par Hitler, le *Führerbau* se veut l'un des plus majestueux édifices de Germania, mais aussi l'un des plus étendus, car avec les jardins et la palmeraie, sa superficie atteindrait les 2 millions de mètres carrés. Démesure, encore et toujours ! Gardée par d'imposantes sentinelles de la *Leibstandarte SS Adolf Hitler*, la façade comprend au rez-de-chaussée des colonnes géminées, avec en arrière-plan des peintures murales et des mosaïques. Au centre du bâtiment, à quatorze mètres du sol, un balcon orné d'un aigle nazi permet à Hitler de se montrer à la foule. En passant le portail, le visiteur pénètre dans une cour d'honneur de cent dix mètres de long, donnant elle-même sur deux autres cours entourées de colonnes. « De la cour, explique Speer, on passait dans les salons qui conduisaient à une série de salles en enfilade. On aurait donc eu plusieurs enfilades de pièces d'un quart de kilomètre de long ; sur la face nord du palais, l'une d'elles aurait même eu trois cent quatre-vingts mètres. Puis on passait, après avoir traversé un vestibule, dans la grande salle à manger[10]. » Jusqu'à 2 000 invités peuvent festoyer en même temps dans cette pièce de quatre-vingt-douze mètres sur trente-deux.

Le palais est divisé en trois parties : le centre abrite le cabinet de travail du Führer ; l'aile nord, les appartements privés d'Hitler, depuis lesquels, en empruntant une suite de galeries, il peut accéder directement à la *Volkshalle* ; l'aile sud est occupée par les services administratifs indispensables aux tâches quotidiennes du dictateur. De vastes escaliers garnis de tableaux de maîtres et de longs couloirs richement décorés relient chacune des ailes. Et ce n'est pas tout, comme le précise Albert Speer : « Pour les réceptions de gala, huit salles gigantesques étaient prévues. La machinerie la plus moderne avait été conçue pour un théâtre de quatre cents places, imitation des théâtres princiers de l'époque baroque et rococo[11]. » Dans l'enceinte de ce splendide théâtre, les convives disposent de fauteuils confortables ; Hitler, lui, a sa propre loge.

Aussi sûrement que le faste des lieux, la voie d'accès des diplomates, longue de cinq cent quatre mètres, se doit d'impressionner durablement les plénipotentiaires envoyés par toutes les chancelleries du monde ; comme l'explique l'architecte : « On traversait un salon de trente-quatre mètres sur trente-six, une salle au plafond en berceau de cent quatre-vingt mètres sur soixante-sept, une salle carrée de vingt-huit mètres sur vingt-huit, une galerie de deux cent vingt mètres, un vestibule de vingt-huit mètres sur vingt-huit[12]. »

Bien plus qu'édifice de prestige, le *Führerbau* est en fait pensé par Adolf Hitler comme un legs à ses successeurs, dont il doute qu'ils aient sa trempe et son autorité : « Ceux qui me succéderont un jour, ceux-là auront bien besoin d'un tel apparat. Pour beaucoup d'entre eux, ce sera la seule façon de se maintenir. On ne saurait croire le pouvoir qu'acquiert sur ses contemporains un petit esprit quand il peut profiter d'une telle mise en scène.

De tels lieux, quand ils sont empreints d'un passé historique, élèvent même un successeur sans envergure à un rang historique. Voyez-vous, c'est la raison pour laquelle nous devons construire tout cela de mon vivant ; afin que j'aie vécu là et que mon esprit confère une tradition à cet édifice[13]. »

De l'autre côté de l'Adolf Hitler Platz se dresse le *Großdeutscher Reichstag*, le nouveau parlement adjacent à la Halle du peuple, où siègent les 1 200 députés, tous naturellement acquis à la cause du national-socialisme. À ses côtés, l'ancien Reichstag a été préservé par le Führer, contre l'avis de Speer qui souhaitait le détruire. Le maître du Reich, qui aime beaucoup ce bâtiment de Paul Wallot, l'a en revanche complété par de nouvelles ailes le reliant côté sud au siège de l'état-major de la Wehrmacht, et côté nord à la Halle du peuple. Ce Reichstag, dont l'incendie a servi de prétexte aux nazis pour interdire le parti communiste et mettre au pas l'opposition en 1933, abrite désormais des salles de lecture et de repos pour les députés, la salle des séances ayant été transformée en bibliothèque.

Enfin, au sud de la place, l'immeuble de l'OKW et l'aile d'entrée de la chancellerie du Reich sont parfaitement symétriques, la partie centrale de ces deux édifices étant en forme de tour, tandis que le toit est surmonté à chaque angle de somptueuses statues de lions sculptées par Arno Breker. Entre les deux bâtiments passe la Grande Avenue, qui débouche sur l'Adolf Hitler Platz. C'est le seul axe permettant d'accéder à la place, et cela n'a rien d'anodin, Hitler souhaitant protéger le cœur décisionnel de son empire d'éventuelles vindictes populaires : « Il n'est quand même pas exclu que je sois une fois obligé de prendre des mesures impopulaires. Peut-être y aura-t-il alors une révolte. Il faut se prémunir contre cette éventualité : toutes les fenêtres des bâtiments donnant sur cette place devront être munies de lourds volets blindés coulissants en acier, les portes elles aussi devront être en acier, et l'unique accès de la place doit être fermé par une lourde grille de fonte. Le centre du Reich doit pouvoir être défendu comme une forteresse[14]. » Outre ces dispositifs de sécurité, la caserne du régiment d'élite *Großdeutschland* est située à seulement huit cents mètres au nord de la *Volkshalle*, et l'unité peut donc intervenir rapidement. Celle de la *Leibstandarte SS Adolf Hitler** se trouve à sept kilomètres plus au sud, mais en cas de manifestation hostile, le Führer a pensé à tout : « S'ils [les SS] montent me rejoindre avec leurs véhicules blindés en roulant sur toute la largeur de cette [grande] avenue, il n'y aura pas de résistance possible[15]. »

Si le dictateur avait disparu quelques années seulement avant la venue de notre touriste, celui-ci aurait pu admirer un autre monument élevé sur l'Adolf Hitler Platz** par un Heinrich Himmler désireux d'apporter sa pierre à l'édifice berlinois – et de rendre hommage à son maître en lui bâtissant un temple funéraire digne de la pyramide de Khéops. Manifestement désireux de faire reposer la dépouille d'Hitler dans la capitale, le « fidèle Heinrich » confie la nature de son gigantesque projet de mausolée à son masseur Felix Kersten, qui rapporte ainsi ses propos : « Immédiatement après la guerre, nous avons l'intention d'ériger une construction qui sera la plus grande et la plus belle du monde. Ses plans ont été dessinés en 1938. Ce monument coûtera 50 milliards de reichsmarks [*sic*]. Il se dressera sur la Königsplatz à Berlin. En hauteur, il fera trois cent cinquante-cinq mètres,

---

* Rassemblant les meilleures recrues de l'armée de terre (parfaite condition physique, excellente vue, casier judiciaire vierge, taille d'au moins 1,70 mètre), le régiment de la Garde *Großdeutschland* est lié à Hitler, dont il est chargé de la protection personnelle, en sa qualité de chef de l'État, *a fortiori* lorsqu'il devient commandant en chef des forces armées.

** Du moins à ses abords, car on peine à imaginer l'endroit exact, compte tenu de la densité des constructions sur la place.

et sera d'un diamètre de 1 500 mètres. Les fondations coûteront à elles seules 3 milliards de reichsmarks. La crypte contiendra un tombeau plus grand et plus beau que tout ce que les pharaons ont jamais conçu. Cela est tout à fait approprié, car il contiendra le corps du plus grand chef de tous les temps, Adolf Hitler. Sa dépouille reposera dans un cercueil en or serti de pierres précieuses provenant des montagnes de l'Oural. Le monument sera également composé de grands couloirs et de grandes salles pour des célébrations pouvant accueillir de 200 000 à 300 000 personnes. Il y aura aussi un panthéon où seront placés les bustes et les noms de tous les hommes qui auront été les plus fidèles collaborateurs d'Hitler. Tous ceux qui, en ces jours justes et difficiles, l'auront aidé de manière désintéressée dans la tâche immense de faire revivre l'Allemagne seront immortels. [...] Dans les centaines d'années à venir, les habitants de toutes les régions d'Allemagne – et elle s'étendra des montagnes de l'Oural à la Manche, et de l'Arctique à la Méditerranée – viendront en pèlerinage sur la tombe du plus grand Allemand qui ait jamais vécu. Ce monument sera un édifice sacré et un lieu central de la véritable religion allemande[16]. »

De quoi renforcer la signification religieuse – celle d'un prophète ou d'un messie – qu'Hitler aura attribuée à sa personnalité tout au long de son existence. Du point de vue spirituel, d'ailleurs, notre voyageur n'aura jusqu'ici remarqué la présence d'aucun édifice religieux ; et il n'en trouvera pas... Bien entendu, pas la moindre synagogue, puisque la quasi-totalité a été incendiée par les SS et les SA durant la Nuit de cristal en novembre 1938, et que les 75 000 Juifs berlinois ont été déportés à Auschwitz durant la guerre. Malgré la signature du Concordat en 1933, l'Église catholique allemande, en raison de ses prises de position contre le régime – notamment au sujet du programme d'euthanasie des malades mentaux* –, n'est plus en odeur de sainteté auprès des nazis** ; tout comme l'Église protestante, du reste...

La fièvre néopaganiste qui s'est emparée très précocement de certains cercles nazis, influencés par le mouvement *Völkisch*, par le mysticisme de la société de Thulé et par les idées du théoricien du parti Alfred Rosenberg – antichrétien et favorable à la renaissance du culte de Wotan*** –, a suscité de nombreux cultes religieux occultes, à l'image des rituels adoptés par l'« ordre chevaleresque païen SS » pour ses baptêmes, ses mariages et ses enterrements. Ce contexte ne pouvait que conduire à l'éviction des Églises de Germania. En guise de dédommagement vis-à-vis de celles-ci, Speer s'était bien engagé à reconstruire ailleurs les édifices chrétiens détruits par les travaux, mais Martin Bormann, chef de la chancellerie du parti, lui avait rappelé qu'elles ne devaient obtenir aucun terrain à bâtir. Églises protestante et catholique, foyers d'opposition potentiels au nazisme, ne devaient surtout pas pouvoir prendre racine dans la nouvelle capitale du Reich ! La seule cathédrale de Germania devait être la *Volkshalle*, d'où retentiraient les paroles prophétiques du Führer.

Sorti de la place Adolf-Hitler, notre touriste pénètre sur la Prachtallee****, la plus grande avenue du monde : plus communément appelée Grande Avenue, elle mesure cent vingt mètres de large pour cinq kilomètres de long ! Conformément au vœu du Führer, elle dépasse en toutes proportions ce qu'il convenait d'appeler jusqu'alors « la plus belle avenue du monde » : « Les Champs-Élysées, a dit Hitler, ont cent mètres de

---

* Voir le chapitre 1 : « L'*Aktion T4*. »
** Si tant est qu'elle l'ait été un jour...
*** Wotan est le dieu principal de la mythologie germanique ; il est appelé Odin dans la mythologie nordique.
**** Littéralement « avenue des splendeurs ».

large. Notre avenue aura en tout cas vingt mètres de plus. Quand, au XVIIᵉ siècle, le grand prince Électeur fit construire l'avenue Unter den Linden*, et qu'avec une grande clairvoyance il décida qu'elle aurait soixante mètres de large, il pouvait tout aussi peu prévoir le trafic actuel qu'Haussmann quand il conçut les Champs-Élysées[17]. » Allée de prestige où se déroulent les défilés militaires, la Prachtallee est d'un trafic routier réglementé et limité. D'ailleurs, pour ne pas embouteiller les principaux axes de la capitale, il est prévu de creuser des tunnels routiers de six mètres de large, disposant d'un éclairage ultramoderne conçu pour ne pas éblouir les automobilistes.

S'il poursuit sur la Grande Avenue en direction du sud, le visiteur traverse le parc Großer Tiergarten, avant d'accéder à la nouvelle chancellerie du Reich, construite par Speer en 1938. D'un volume de 1,2 million de mètres cubes, elle est née du souhait d'Hitler de quitter l'hôtel particulier de la Wilhelmstrasse, qu'il considérait comme « tout juste bonne pour des fabricants de savon[18] », afin de s'installer dans un bâtiment digne de la gouvernance d'un empire.

S'il délaisse la nouvelle chancellerie pour continuer sur la Grande Avenue, notre touriste découvre bientôt l'imposante *Soldatenhalle*, le mémorial du soldat dessiné par Wilhelm Kreis. De part et d'autre du bâtiment principal, les ailes donnant côté rue sont ornées de bas-reliefs de Breker. Tout à la fois lieu de commémoration et salle des trophées, où est exposé un butin représentatif du matériel pris à l'ennemi durant la guerre, ce lieu recèle des pièces indissociables des triomphes des forces armées allemandes, comme le wagon de la clairière de Rethondes, dans lequel ont été signés la capitulation allemande du 11 novembre 1918, puis l'armistice avec

---

* « Sous les tilleuls. »

la France en juin 1940. Dans ce panthéon guerrier sont inhumés le roi de Prusse Frédéric II et les plus illustres généraux allemands*.

Juste derrière le mémorial du soldat, on trouve les bâtiments de l'état-major de l'armée de terre ; mesurant quatre cent cinquante mètres sur trois cents, ce complexe en forme de U comporte un gratte-ciel rappelant ceux de New York – qui est pour Hitler un objet de fascination autant que d'exécration.

De l'autre côté, toujours à l'extrémité nord de la Grande Avenue, face à la *Soldatenhalle*, se dresse le monumental palais du *Reichsmarschall* Goering, dont le coût de construction est estimé à 160 millions de reichsmarks. Dessiné par Speer, qui s'est apparemment inspiré du palais Pitti de Florence tout en conservant un style néoclassique, ce bâtiment regroupe l'ensemble des services dirigés par Hermann Goering. Et il y en a, puisque ce dignitaire ventripotent cumule les fonctions de chef de la Luftwaffe, président du Reichstag, ministre de l'Air, ministre des Eaux et Forêts, ministre-président de Prusse, *Reichsstatthalter* de Prusse et député de la 4e circonscription de Potsdam – sans oublier la charge de grand-veneur du Reich[19] !

L'entrée dans le palais – gardée par le *Wach-Bataillon Hermann Goering*** – se fait par un porche, depuis lequel on gagne un hall fastueux qui ouvre sur un escalier baroque large de quarante-huit mètres et haut de quarante-deux,

---

* Comme Helmuth von Moltke, Alfred von Schlieffen, Gerhard von Scharnhorst – la plupart transférés du cimetière des Invalides, rasé pour faire place au nouvel hôtel de ville.

** Autre garde prétorienne du régime, ce bataillon d'escorte de Goering a pour origine une police politiquement dévouée au NSDAP, formée par lui-même alors qu'il était ministre de l'Intérieur de Prusse : la *Landespolizeigruppe*, qui s'était très vite taillée une réputation de grande brutalité. Conformément à l'idéal du surhomme germanique, les unités militaires « Hermann Goering » recrutent sur des critères raciaux stricts, le certificat d'aryanité étant naturellement exigé.

soit quatre étages : « escalier d'apparat », s'empresse de préciser Speer, car chacun préfère évidemment emprunter l'ascenseur ! Dans ce hall, où Goering prononce chaque année son mot d'ordre aux officiers de la Luftwaffe, le *Reichsmarschall* a fait élever un monument en hommage à l'architecte : « Dans le hall de cet escalier, le plus grand du monde, Breker doit élever un monument à l'inspecteur général de la Construction. Il sera érigé ici même pour honorer l'homme qui a créé un édifice aussi grandiose[20] », avait-il annoncé en mai 1941. De part et d'autre du hall se trouvent des cours intérieures. Au niveau principal, seules les ailes sont véritablement occupées, le centre étant constitué de la longue galerie qui les relie entre elles : celle située au nord, de même dimension que la façade principale, comprend la grande salle des banquets, la salle des fêtes, les appartements privés et le cabinet de travail de Goering, pièces que l'on imagine parées de ses innombrables trophées de chasse et des œuvres d'art de sa gigantesque collection ; celle orientée au sud abrite les bureaux, la salle de conférence et la salle d'état-major. Au dernier étage sont situées les chambres à coucher. Speer a recouvert le palais du *Reichsmarschall* d'une couche de terre végétale de quatre mètres d'épaisseur, afin que de grands arbres puissent y prendre racine. Ce parc de 11 800 mètres carrés, situé à plus de quarante mètres au-dessus du jardin zoologique, est embelli de colonnades, de fontaines, de bassins et de pergolas ; il comprend même une piscine, un court de tennis et un théâtre d'été pouvant accueillir jusqu'à deux cent cinquante spectateurs... Bref, Goering dispose de ses propres jardins suspendus de Babylone ! Pensant aux fêtes qu'il donnerait sur cette somptueuse terrasse, l'as de l'aviation avait dit en découvrant les plans de Speer : « Je ferai illuminer le grand dôme [la *Volkshalle*] par des feux de Bengale, et j'y ferai tirer un grand feu d'artifice pour mes invités. » En plus de constituer un hommage symbolique à la fonction de ministre des

Forêts du *Reichsmarschall*, ce parc recouvert d'arbres sert à camoufler le palais des bombardiers ennemis ; c'est pourtant une précaution que le *Generalbauinspektor* s'était bien gardé de prendre lorsque le docteur Kurt Knipfer, directeur du département de la protection antiaérienne au ministère de l'Air, s'était alarmé des dimensions du dôme de la Halle du peuple, aisément repérable depuis le ciel... Dans le sous-sol du palais, le *Reichsmarschall* Hermann Goering dissimule une fosse pour ses lions préférés, ainsi qu'une cave à vin rassemblant les plus belles bouteilles de sa collection.

Un peu plus loin sur la Grande Avenue se trouve la place ronde (Runder Platz) avec sa grande fontaine, au centre de laquelle trône une gigantesque statue représentant Apollon. Le monument fait office de carrefour giratoire, autour duquel, outre le palais de Goering, ont été bâtis la *Soldatenhalle*, l'office de tourisme de Germania dont Hitler a posé la première pierre le 14 juin 1938, la Maison des artistes allemands, un luxueux cinéma et une caserne d'officiers.

Au sud de la Runder Platz, la Prachtallee est davantage inspirée du Ring, le plus beau boulevard de Vienne. Un soin particulier a également été apporté à l'homogénéité des bâtiments, avec leurs dimensions standardisées, leur architecture néoclassique, leurs façades symétriques et leurs cours intérieures. Hitler et Speer ont pris soin de ne pas transformer les lieux en quartier administratif, de façon à ce qu'ils restent animés de jour comme de nuit. Comme l'explique l'architecte : « Nous étions conscients du fait que construire sur la nouvelle avenue uniquement des bâtiments publics risquerait de donner l'impression d'une absence de vie, par conséquent nous avions réservé les deux tiers de sa longueur à des constructions privées[21]. » Ainsi, en descendant la Grande Avenue, notre visiteur découvrira que ces immeubles abritent des hôtels de luxe, des restaurants, des habitations de grand standing, des bureaux, des cinémas, des théâtres, des music-halls, des magasins et les sièges sociaux de prestigieuses sociétés allemandes, dont les firmes Agfa et AEF, ou encore l'agence de presse Trans-Ocean.

Un peu plus bas, le visiteur débouche sur le quartier ministériel, qui regroupe onze grands ministères séparés les uns des autres par de magnifiques jardins paysagés. Côté est, disposés sur deux rangées, les ministères de la Propagande, de la Justice, des Affaires étrangères, de l'Intérieur, de l'Éducation, des Finances, de l'Alimentation et du Travail ; côté ouest, ceux des Transports, des Colonies et de l'Économie. Quelques bâtiments viennent « briser » le caractère gouvernemental de ce quartier, comme la résidence de l'orchestre philharmonique de Germania et le nouvel opéra du Reich, placés entre les ministères des Affaires étrangères et de l'Intérieur, ainsi que les sièges de plusieurs firmes industrielles du secteur automobile. La Prachtallee se termine par deux immeubles parmi les plus surveillés de Germania, car particulièrement sensibles : le quartier général de la SS et de la Gestapo sur le trottoir ouest, et le siège du NSDAP sur le trottoir est.

Au-delà, on découvre la place de la gare du Midi qui, à l'exception notable du ministère des Postes, concentre l'essentiel des activités culturelles et de loisirs de Germania, avec un opéra-comique, des théâtres – dont un de 4 000 places –, un palais des congrès appelé « Maison des nations », un centre de divertissement administré par le Front allemand du travail, un cinéma de 6 000 places et une gigantesque piscine couverte inspirée des thermes romains.

Cette place de la gare du Midi est remarquable à plus d'un titre ; s'étendant sur une longueur de mille mètres et une largeur de trois cent trente mètres, elle est la plus grande place pavée du monde, avec ses 330 000 mètres carrés. Surtout, en s'en approchant depuis le nord, le visiteur distingue l'autre monument emblématique de Germania : l'arc de triomphe. Construit par Albert Speer d'après une esquisse tracée par Hitler en 1925, cet édifice de cent dix-sept mètres de haut, cent soixante-dix de long et cent dix-neuf de profondeur est quatre fois plus volumineux que l'arc de triomphe de Paris, qui pourrait aisément être contenu sous sa voûte s'élevant à quatre-vingt-dix mètres du sol ! Paré de vingt-quatre statues et bas-reliefs sculptés par Breker, ce monument colossal fait lui aussi office de mémorial, puisque les noms des 1,8 million de soldats allemands tombés au champ d'honneur durant la Première Guerre mondiale doivent y être gravés.

Autre symbole de la soumission des peuples vaincus par les armes de la Wehrmacht, il est prévu que la place de la gare du Midi soit décorée de pièces d'artillerie prises à l'ennemi. La présence de matériels de guerre exhibés en trophées est d'ailleurs récurrente dans Germania, puisque Hitler a aussi fait placer des canons et des chars capturés en d'autres points de la Grande Avenue – deux cents au total.

Au bout de la place se trouve évidemment la gigantesque gare du Midi (*Süd-Bahnhof*), qui constitue l'aboutissement visuel de la Grande Avenue. Également conçue par Albert Speer, elle répond en partie aux besoins induits par l'entière restructuration du réseau ferroviaire berlinois. C'est le seul édifice de Germania dont la construction fait principalement appel à des matériaux modernes, avec sa charpente métallique couverte de plaques de bronze et de cuivre. Ce bâtiment de plus de 200 000 mètres carrés se distingue par son hall carré de trois cents mètres de côté. Une allée centrale permet de gagner les quais, mais aussi les deux grands pavillons de réception de la gare, comprenant l'un et l'autre des salles d'attente, un cinéma, des galeries marchandes, des buffets, etc. C'est aussi là qu'est installé le siège de la toute-puissante *Deutsche Reichsbahn*, ainsi qu'un hôtel de 3 000 lits. Sous terre, quatre niveaux de circulation superposés, reliés entre eux par des escaliers roulants et des ascenseurs, forment un nœud de communication entre tous les transports publics de Germania. Avec ses vingt-deux voies ferrées, sa station de métro, sa gare routière et ses correspondances avec les aéroports internationaux de la capitale, la gare du Midi dépasse de loin les capacités de transport de l'immense Grand Central Terminal de New York !

En définitive, remplaçant les nombreuses têtes de ligne – gares de Lehrte, de Stettin, de Silésie, d'Anhalt et de Potsdam –, les nouvelles gares du Nord et du Midi absorbent la totalité du trafic ferroviaire urbain, régional, national et continental convergeant vers la capitale. Cette restructuration du réseau s'est traduite par la destruction de 50 000 logements*, mais la suppression des cinq gares et le déplacement des voies de garage, de dépôt et de triage en dehors de Germania auraient permis de créer une zone résidentielle capable d'accueillir près de 400 000 personnes**.

Si l'axe est-ouest est secondaire par rapport à la Grande Avenue, il n'en est pas pour autant dénué d'intérêt. En effet, si notre visiteur descend à la station de métro Alexanderplatz, puis marche vers l'est, il découvrira l'île aux musées. Au nord, trois d'entre eux sont nés sous le crayon de Wilhelm Kreis : le Musée germanique, le Musée égyptien et le musée du XIXᵉ siècle, tous d'un style très différent, mais dont l'ensemble architectural s'accorde parfaitement avec le Kaiser-Friedrich Museum situé à proximité. Au sud de la rivière se trouve le musée d'Ethnologie, puis celui de la Première Guerre mondiale, où la muséographie doit mettre en valeur le courage du Führer dans les tranchées.

Le quartier d'Unter den Linden a été préservé par Hitler et Speer. La célèbre porte de Brandebourg, cou-

---

* Notamment dans le quartier juif du *Scheunenviertel* (quartier des granges), dont les habitants ont été expulsés, puis déportés vers les camps de la mort.

** Un total de 650 000 appartements nouveaux est calculé pour Germania.

ronnée du quadrige de la déesse de la Victoire, autrefois monument emblématique de Berlin, est toujours là, mais elle est aujourd'hui reléguée au rang d'édifice anodin au milieu du gigantisme des nouvelles constructions de Germania. Juste à droite de la porte se dresse le siège du géant de l'industrie chimique IG Farben. Plus bas, sur la Wilhelmstrasse, à l'angle de la Prinz Albrechtstrasse, s'élève le ministère de l'Air, inauguré en mai 1936 : il s'agit d'un imposant complexe de plusieurs immeubles comprenant une cour d'honneur, dans laquelle Goering organisait de fastueuses soirées pour fêter les victoires de « sa » Luftwaffe.

Plus loin, le touriste pénètre dans le quartier de Charlottenburg, avant de rejoindre l'ancienne Adolf Hitler Platz, rebaptisée Mussolini Platz : « Je parais faire un grand honneur au Duce en lui cédant ma place. J'ai déjà dessiné moi-même l'ébauche d'un monument Mussolini[22] », avait dit Hitler à Speer lors des esquisses des plans de Germania. De là, on accède à la grande cité universitaire, ainsi qu'à l'hôpital de la ville, un gigantesque bâtiment de trente étages en forme de H.

Juste au nord se trouve toujours le complexe sportif*, où se sont déroulés les Jeux olympiques d'été de 1936. Au sud du campus, divers bâtiments ont été édifiés en bordure de la forêt de Grünewald, autour d'une grande place rectangulaire enjolivée de fontaines et de plantations : trois instituts de recherche militaire, un institut d'ergonomie et le Service des brevets du Reich, auquel Hitler accorde une importance toute particulière. Comme le notera son sténographe : « Il est stupide de commu-

---

* Comprenant, d'est en ouest, le stade olympique d'une capacité de 110 000 places, réservé aux épreuves d'athlétisme ; le Champ de mai conçu pour 60 000 spectateurs, où se déroulent les épreuves hippiques de polo et de dressage ; le théâtre de verdure de 22 000 sièges, prévu pour les compétitions de gymnastique ; et tout à fait au nord, la piscine olympique.

niquer à l'étranger nos procédés de fabrication par le système des licences. Même le Brésil, qui n'a à son crédit aucune invention notable, croit pouvoir profiter des circonstances pour suspendre la protection des brevets et utiliser les nôtres sans frais. Le Führer désire donc qu'à l'avenir, tous les brevets allemands demeurent secrets. Il a déjà remarqué depuis longtemps que divers peuples, par exemple les Russes et les Japonais, qui n'ont eux-mêmes réalisé aucune découverte importante, quand ils désirent fabriquer un article déterminé, disons une machine-outil, en font venir un modèle d'Amérique, un d'Angleterre et un d'Allemagne, s'en procurent les plans si possible, et, en se servant des trois, en construisent un qui est naturellement meilleur[23]. »

Juste à côté de ces bâtiments a été élevée une grande construction abritant le Service des forêts du Reich et un musée de la Chasse, le premier avec une architecture richement décorée, le second beaucoup plus sobre. Sur le modèle du bois de Boulogne parisien, le Grünewald est ouvert au public et propose aux habitants de Germania des sentiers de promenade, des aires de repos, des terrains de sport et des restaurants. Albert Speer y a d'ailleurs fait planter des dizaines de milliers d'arbres feuillus, afin de reconstituer l'ancienne forêt mixte déboisée par Frédéric II pour le financement de ses guerres.

Ces terrains sont directement bordés par l'autoroute périphérique, dont le tracé marque la limite effective de Germania. De l'autre côté des voies rapides, conformément aux projets de reforestation de la marche de Brandenburg imaginés par Himmler, des espaces verts ont été aménagés par un haut fonctionnaire des Eaux et Forêts doté des pleins pouvoirs. Celui-ci a transformé la forêt de conifères caractéristique de la région en une forêt d'arbres à feuilles caduques. Ces bois sont parsemés de terrains de sport et de jardins potagers ouverts à tous ; des chemins de randonnée, des pistes cyclables et des allées cavalières permettent de sillonner ces bois en tous sens.

S'il s'aventure à l'extérieur de la capitale, notre touriste découvrira de vastes quartiers résidentiels, à l'instar de la banlieue de *Südstadt* accueillant 210 000 habitants, ou d'*Oststadt*, faubourg dessiné pour pouvoir y loger 445 000 personnes avec le confort le plus moderne. Écoles, crèches et foyers des Jeunesses hitlériennes y sont systématiquement présents, tandis que des lignes de métro et d'omnibus relient ces cités au centre de la grande capitale.

Du fait de la guerre et de sa tournure défavorable pour l'Allemagne nazie, ces paysages urbains de carte postale ne connaîtront que des réalisations concrètes tout à fait mineures. Seuls seront effectivement construits le stade olympique, la nouvelle chancellerie, le ministère de l'Air et l'office du tourisme. Il y aura bien des travaux d'ingénierie portant sur l'arc de triomphe, ainsi que des études sur la *Volkshalle* – montrant que l'édifice aurait été si lourd qu'il se serait probablement enfoncé en quelques années dans le sol spongieux bordant la Spree*… Mais tout cela ne débouchera pas sur la moindre réalisation concrète. Les rares constructions de Germania témoignent encore aujourd'hui du projet fou d'Adolf Hitler ; mais il l'avait prédit en 1935 : « Dans dix ans, vous ne reconnaîtrez plus Berlin ! » L'avenir lui donnera raison ; en 1945, la capitale du grand Reich allemand sera absolument méconnaissable…

---

* Le *Schwerbelastungskörper*, un énorme cylindre de béton visant à tester les éventuels problèmes de structure de l'arc, est construit au nord-ouest de l'arrondissement de Berlin-Tempelhof entre 1941 et 1942. Il mesure dix-huit mètres de hauteur et pèse 12 650 tonnes. Il était convenu que si cette structure s'enfonçait d'environ six centimètres, le projet ne pourrait aboutir ; après quelques mois, elle s'était déjà enfoncée de quatorze centimètres.

GERMANIA

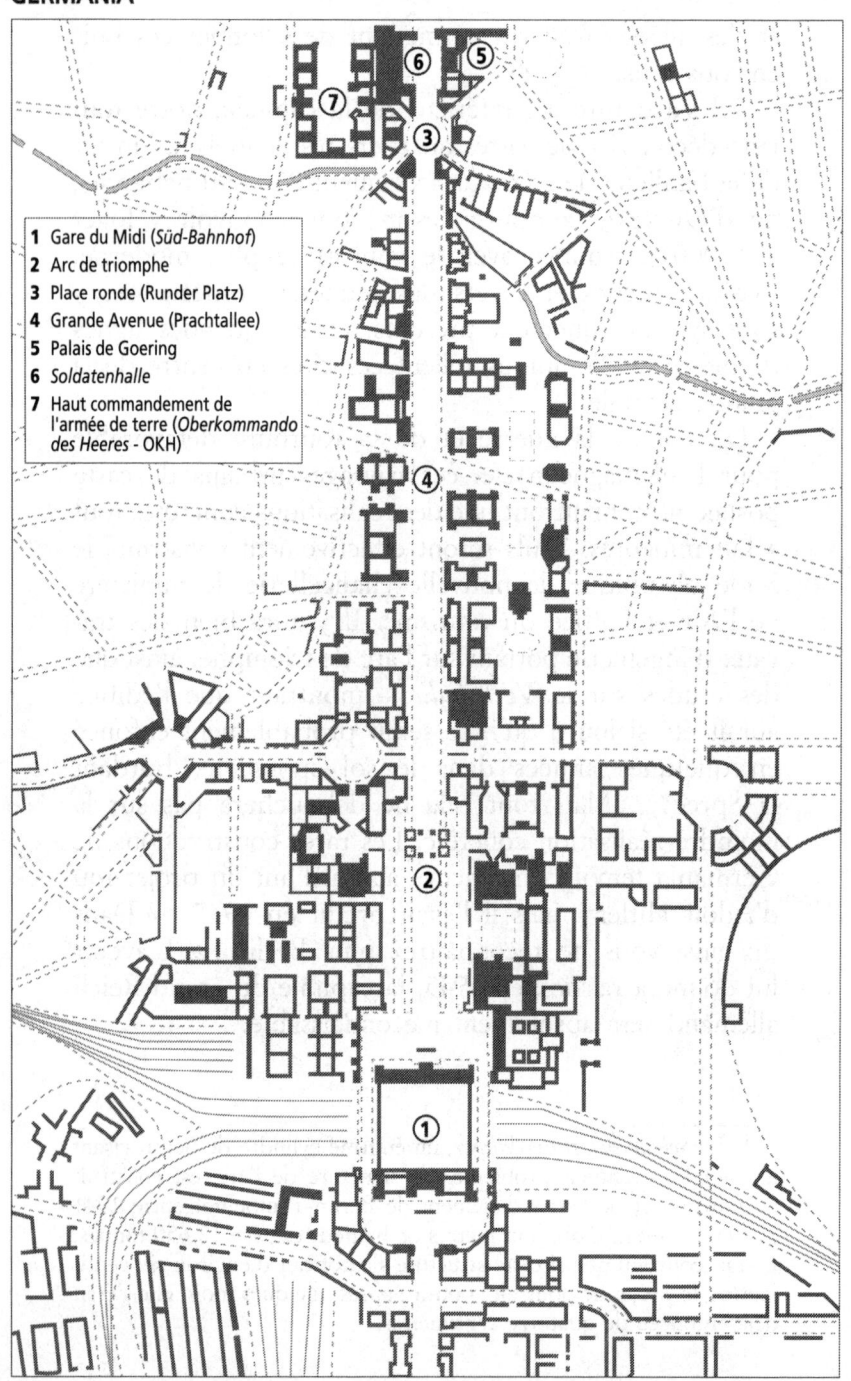

1 Gare du Midi (*Süd-Bahnhof*)
2 Arc de triomphe
3 Place ronde (Runder Platz)
4 Grande Avenue (Prachtallee)
5 Palais de Goering
6 *Soldatenhalle*
7 Haut commandement de l'armée de terre (*Oberkommando des Heeres* - OKH)

3

Raser l'Amérique !

Qui a jamais compris l'attitude d'Hitler envers les États-Unis ? C'est très malaisé, car elle n'a cessé d'osciller entre l'indifférence, le mépris, la haine et la peur – avec l'ignorance pour ciment, et des conséquences qui se feront sentir bien longtemps après la chute du IIIᵉ Reich...

Pourtant, le Führer n'a jamais manqué de conseillers dans ce domaine, à commencer par le germano-américain Ernst Hanfstaengl, le *Pressechef* Otto Dietrich et l'aide de camp Fritz Wiedemann*. Mais à l'évidence, les conseils les plus avisés n'ont jamais pesé bien lourd face aux préjugés tenaces d'Adolf Hitler : « Durant ma décennie de lutte pour éclairer l'esprit d'Hitler, se souviendra l'*Alter Kämpfer*** Hanfstaengl, je n'ai jamais vraiment réussi à lui faire prendre conscience de l'importance de l'Amérique en tant que facteur incontournable de la politique européenne. Les questions qu'il me posait montraient combien ses idées sur les États-Unis étaient superficielles. Il voulait tout savoir sur les gratte-ciel et était fasciné par les détails sur les progrès techniques, mais il était absolument hors d'état d'en tirer des conclusions logiques[1]. » C'est bien le même homme

---

* L'ancien capitaine du régiment d'Hitler, devenu son aide de camp personnel quinze ans après la Grande Guerre.

** Ancien combattant (des temps héroïques de la lutte pour le pouvoir).

qu'a connu Otto Dietrich : « Des victoires de voitures de course allemandes dans les compétitions internationales en temps de paix, [...] Hitler a tiré des conclusions erronées sur l'état de développement technologique et le potentiel industriel des États-Unis. Il a décidé que l'Allemagne était très en avance sur l'Amérique. Certaines personnes qui connaissaient l'état des choses tentaient de l'avertir, mais il répondait qu'il se refusait à croire "ces exagérations, propagandes et bluffs typiquement américains"[2]. » Et l'aide de camp Wiedemann de confirmer : « Sa méconnaissance de l'Amérique et des Américains était plus grande encore que son ignorance de l'Angleterre et des Anglais. Il semblait toujours confondre quelque peu les Américains et les Indiens, les considérant comme à demi sauvages. [...] Il était prêt à croire n'importe quelle ânerie qu'on lui rapportait sur l'Amérique. [...] Il m'a même assuré un jour que les États-Unis allaient connaître sous peu une révolution communiste[3]. ».

À la base de tout cela, on retrouve quelques éléments intangibles : Hitler a forgé ses conceptions géopolitiques à l'aube du XXe siècle, et beaucoup d'entre elles datent du siècle précédent* ; le Führer ne parle aucune langue étrangère, il n'a pratiquement jamais franchi les frontières de l'espace austro-allemand, mais il a une confiance absolue en ses certitudes et ses intuitions ; ses lectures, à base de vieilles encyclopédies, de romans policiers bon marché et de feuilletons sur le Far West imaginaire de Karl May,

---

* Notamment sa conception d'un monde eurocentré, ses ambitions d'expansion territoriale par les armes, son admiration pour les « samouraïs » japonais vainqueurs de la Russie en 1904, de même que son idée fixe sur l'existence d'un antagonisme fondamental entre Anglais et Américains, ainsi que son évocation permanente des doctrines militaires de Clausewitz et de Frédéric II... Son vocabulaire lui-même date du siècle précédent : il emploie presque toujours « Russie » pour URSS, « Angleterre » pour Royaume-Uni et « Amérique » pour États-Unis.

ne lui donnent guère plus de clés pour comprendre le Nouveau Monde que les films de gangsters et les comédies musicales dont il s'abreuve presque quotidiennement ; les journaux allemands n'y changent rien, car depuis 1933, ce ne sont plus que des instruments de propagande, et ses services de presse ne lui soumettent que les traductions d'articles étrangers favorables au Reich ; c'est également le cas des rapports de ses diplomates à Washington, soigneusement rédigés de façon à épouser ses préjugés chauvins, racistes et xénophobes* ; quant aux diplomates américains en poste à Berlin depuis 1933, ils ne peuvent que le renforcer dans ses convictions, car ainsi qu'il le dira lui-même, « ces représentants des États-Unis d'Amérique étaient complètement abrutis[4] ** ». Enfin et surtout, le Führer ne voit l'Amérique et ses gouvernants que sous le prisme étroit de son antisémitisme maladif : « Il n'était pas vraiment antiaméricain, se souviendra Ernst Hanfstaengl, mais il se contentait de considérer l'Amérique comme une partie du problème juif. Wall Street était contrôlée par les Juifs, l'Amérique était dirigée par les Juifs, et il ne pouvait donc pas les prendre en considération. Ils étaient hors de

---

* Toutefois, les ambassadeurs Dieckhoff et Thomsen, de même que l'attaché militaire Boetticher, rendent régulièrement compte de la montée en puissance du potentiel économique et militaire américain. Mais Hitler ne retient des rapports diplomatiques que ce qu'il veut y trouver.

** Ce en quoi on ne peut lui donner entièrement tort : William Dodd, un professeur d'université sexagénaire aspirant à une retraite tranquille, était arrivé à Berlin en 1933 sans aucune expérience diplomatique, mais avec une candeur illimitée. Quant à sa fille Martha, vingt-quatre ans, elle était devenue presque aussitôt la maîtresse du premier chef de la Gestapo, Rudolf Diels. Hugh Wilson, le successeur de William Dodd, était certes un diplomate professionnel, mais sa servilité envers les nazis et sa façon de trouver l'antisémitisme allemand « compréhensible » l'avaient fait passer pour un dangereux benêt – jusqu'à ce qu'il soit rappelé aux États-Unis en 1938, après la Nuit de cristal. Il n'y aura plus ensuite qu'un chargé d'affaires dans l'ambassade de la Pariser Platz.

sa portée, en quelque sorte, et pas vraiment un problème immédiat. Il ne pensait qu'en termes européens. [...] C'était exactement comme si l'homme qui avait infléchi le cours de la Grande Guerre, Pershing, et ses millions de soldats transportés à travers l'Atlantique [...] n'avaient jamais existé[5]. »

Tout cela peut sembler difficile à croire, mais pour s'en convaincre, il faut laisser la parole au Führer lui-même : « Quel rôle pourrait jouer l'Amérique ? Il suffirait de faire sauter le canal de Panama, et leur marine cesserait d'être un moyen de pression à l'est comme à l'ouest. [...] Qu'est-ce que l'Amérique, sinon des millionnaires, des reines de beauté, des disques stupides et Hollywood ? [...] De là où je suis, je vois l'Amérique bien plus clairement que vous ne l'avez jamais connue[6] *. » « La valeur des Américains en tant que combattants est négligeable. D'ailleurs, le peuple américain n'existe pas en tant qu'unité. Ce n'est rien d'autre qu'une masse d'immigrants issus de nations et de races hétéroclites[7]. » « L'Amérique est en permanence au bord de la révolution**, et il ne me sera pas difficile d'y fomenter des émeutes et des troubles, de façon que MM. les Américains soient suffisamment occupés par leurs propres affaires. Ces gens-là n'ont rien à voir en Europe. [...] Depuis la guerre de Sécession, les Américains sont entrés dans la phase de la décadence politique et

---

* Ceci assené à un germano-américain qui avait passé la moitié de sa vie aux États-Unis et avait étudié à Harvard en même temps que Franklin Roosevelt...

** On remarquera que ces paroles, rapportées par Hermann Rauschning, sont pratiquement mot à mot ce dont se souvient l'aide de camp Fritz Wiedemann. Or, Rauschning écrit en 1939 et Wiedemann en 1964. Il en est de même pour les propos méprisants d'Hitler sur la valeur des soldats américains durant la Grande Guerre, qu'Albert Speer rapporte trente-deux ans après Rauschning – et pratiquement dans les mêmes termes. Pour ceux qui doutent toujours, ce sont deux preuves supplémentaires de l'authenticité du récit d'Hermann Rauschning. (Voir également *Les Secrets du IIIᵉ Reich*, pp. 85 et 163.)

raciale. Sous l'apparence trompeuse de la puissance économique et politique, l'Amérique a été entraînée dans le tourbillon de l'autodestruction progressive. [...] La réaction contre les nègres, contre les gens de couleur en général et contre les Juifs, la loi de Lynch, la naïveté de l'Américain moyen, le scepticisme de certains milieux intellectuels et leurs doutes sur la "prospérité", tout cela me donne la certitude que les éléments encore sains des États-Unis se réveilleront un jour, comme ils se sont réveillés en Allemagne. Seule l'idéologie nationale-socialiste est capable de délivrer le peuple américain de la clique de ses oppresseurs et de restaurer là-bas les conditions de croissance d'une grande nation. [...] Cette tâche d'assainissement, je l'entreprendrai moi-même, en commençant par rétablir la suprématie de nos Germano-Américains. [...] Pour le moment, le peuple américain n'est pas encore une nation au sens où nous entendons ce mot ; c'est un conglomérat d'éléments disparates. D'ici très peu de temps, nous aurons une organisation de SA aux États-Unis. Nous dresserons nos jeunes gens et nous aurons alors des hommes auxquels la pourriture yankee n'aura personne à opposer. [...] Comparés aux Anglais et aux Français, les Américains se sont battus comme des gamins. L'Américain n'est pas un soldat*. Toute l'infériorité et la décadence de ce prétendu Nouveau Monde éclate dans son incapacité militaire. [...] Je vous garantis, Messieurs, qu'au moment voulu, je la façonnerai à ma guise, votre Amérique, et qu'elle sera notre meilleur soutien le jour où l'Allemagne bondira d'Europe vers les espaces d'outre-mer, [...] et dans tous les cas, il ne se trouvera plus un Wilson pour lancer l'Amérique contre l'Allemagne[8]. »

---

* Durant la Grande Guerre, Hitler a combattu dans les Flandres, contre les Britanniques. S'il s'était trouvé sur les fronts de la Marne, de la Meuse ou de la Meurthe, il aurait sans doute conçu un tout autre respect pour le combattant américain.

Il s'agira au contraire de lancer l'Allemagne contre l'Amérique... Mais en 1938, ce n'est que la dernière étape des plans de conquête du Führer : il lui faut d'abord constituer un noyau solide de 100 millions d'Allemands régnant sur tout le continent européen, depuis la Manche jusqu'à l'Oural ; après cela, avec ou sans l'alliance des Britanniques, on se rendra maître du Moyen-Orient, de l'Afrique centrale et des îles de l'Atlantique Sud ; enfin, à partir de ces tremplins, le Nouveau Monde sera soumis à l'Ancien, au moyen de l'intimidation, de la subversion ou de la conquête militaire[9]. Ainsi, la danse du globe, immortalisée par Charlie Chaplin deux ans plus tard, n'était pas qu'une simple fiction... Car le 29 octobre 1940, au moment même où l'on projette Le Dictateur en Occident, le commandant von Falkenstein, officier de liaison de la Luftwaffe à l'OKW, note depuis le quartier général d'Hitler : « Le Führer est absorbé par la question de l'occupation des îles de l'Atlantique, dans l'optique d'une guerre future contre l'Amérique[10]. »

Ce n'est naturellement à ce stade qu'un plan prévisionnel : même après l'occupation de la France, les deux premières étapes restent à franchir, et pour cela il faut éliminer ces deux adversaires de taille que sont la Grande-Bretagne et l'Union soviétique. Mais Hitler n'en reste pas moins obsédé par les États-Unis, et surtout par leur président, ainsi qu'en témoignera le général Walter Schellenberg, à l'époque chef du contre-espionnage de la SS* : « Hitler a dit entre autres [à Himmler] que le président Franklin D. Roosevelt était un homme malade, sans aucune conception politique personnelle ; ce n'était qu'un homme de paille de Tammany Hall, l'appareil du parti démocrate dirigé par les Juifs. Et ce Tammany Hall n'était qu'une machine de corruption de tout premier ordre, dans laquelle se mêlaient tous les milieux de la société, jusqu'au monde de la pègre.

---

* Le RSHA (Reichssicherheitshauptamt), Amt III (Inland).

[...] Hitler demandait au service secret d'infiltrer Tammany Hall à n'importe quel prix, car il était convaincu qu'en dépit de la guerre, cet appareil entretenait toujours des relations avec le milieu de la pègre internationale. Nous devions utiliser celle-ci pour entreprendre contre Roosevelt quelque chose allant du scandale de corruption jusqu'à l'attentat[11]. » Schellenberg devra donc recruter à cet effet dans toutes les prisons de l'Europe occupée des malfaiteurs de haut vol, « de préférence des escrocs, des trafiquants de drogue et des souteneurs ». Trente sont finalement sélectionnés, dont six femmes, et Schellenberg poursuit : « Je m'en suis fait présenter quelques-uns, et j'en suis arrivé à la conclusion que ces gibiers de potence s'empresseraient de trahir leur mission au service secret ennemi contre rémunération. J'ai fait part avec précaution de mon point de vue à Himmler, et après quelques hésitations celui-ci m'a demandé quel serait le meilleur moyen d'enterrer l'affaire[12]. » Ce sera bientôt chose faite, et Franklin Roosevelt sera triomphalement réélu contre Wendell Willkie le 5 novembre 1940...

Si le déclenchement d'un règlement de comptes final avec les États-Unis est manifestement prématuré, rien n'empêche de le préparer avec tous les moyens techniques disponibles. En fait, le vecteur le plus à même de frapper le moral des populations civiles américaines est encore le bombardier, comme l'ont montré les raids de terreur allemands sur Guernica, Rotterdam, Belgrade et Londres*. Mais comment bombarder New York, Boston ou Philadelphie avec des appareils Heinkel, Dornier et Junkers conçus pour la guerre éclair et ayant un rayon d'action de 2 000 kilomètres au maximum** ? Car même

---

* Ce dernier exemple n'est guère probant à l'automne de 1940, mais on sait que le Führer n'apprend pas de ses erreurs...

** Dans une optique de guerre éclair, des quadrimoteurs à long rayon d'action n'avaient *a priori* aucun intérêt. En outre, la construction de tels avions était coûteuse en matières premières et dépassait

en décollant depuis la Bretagne occupée, New York se trouve encore à plus de 5 500 kilomètres de distance. Il n'est donc pas question d'un vol sans retour : le vol aller est déjà irréalisable.

Pourtant, les ingénieurs de la firme aéronautique Messerschmitt avaient lancé en secret dès 1937 l'étude d'un quadrimoteur à long rayon d'action, prévu pour des missions de bombardement et de reconnaissance lointaine*. Ce « projet n° 1061 » étant financé sur fonds propres, sa progression avait été très lente, mais en décembre 1940, les ingénieurs de Messerschmitt, informés des ambitions d'Hitler concernant le Nouveau Monde, reprennent sérieusement les travaux sur le prototype – désormais baptisé « Messerschmitt Me 264 », ou « *Amerika Bomber* ». Il est prévu que l'appareil puisse décoller de Brest pour rejoindre New York, en faisant éventuellement escale sur les bases vichystes des Antilles et de Guyane. En mars 1941, le ministère de l'Air ordonne donc à l'avionneur de construire six prototypes de son appareil, prélude à la production d'une présérie de vingt-quatre exemplaires. Dans le même temps, le Führer considère à nouveau la possibilité de s'emparer de l'archipel des Açores, qui n'est situé qu'à 3 900 kilomètres de la côte est de l'Amérique du Nord, constituant ainsi une base idéale pour des bombardiers

---

les possibilités industrielles du Reich. En 1936, Hermann Goering avait profité de la mort accidentelle de l'influent général Walther Wever, chef d'état-major de la Luftwaffe et promoteur du bombardier stratégique, pour faire annuler les projets de quadrimoteurs imaginés par Dornier et Junkers – privant ainsi la Luftwaffe de cette capacité de frappe stratégique qui fera toute la puissance de la RAF et de l'US Air Force.

* La même année, le commandant Paul Deichmann, chef des opérations à l'état-major de la Luftwaffe, était parvenu à convaincre ses supérieurs de l'utilité d'études préliminaires sur un appareil doté d'une autonomie de 12 000 kilomètres et capable de larguer jusqu'à cinq tonnes de bombes sur New York – voire de mener des reconnaissances sur la côte ouest du pays.

stratégiques censés attaquer l'Amérique. Il reste que ces îles sont administrées par le Portugal, qui est un pays neutre ; mais depuis l'invasion du Danemark, de la Norvège, de la Belgique et des Pays-Bas, ce genre de considérations n'est pas de nature à dissuader Hitler.

Dans l'intervalle, en dépit de l'attitude de plus en plus provocante des États-Unis dans l'Atlantique et de leur aide massive à la Grande-Bretagne, le Führer fait tout son possible pour éviter un conflit prématuré. Bien sûr, il enrage, et le 24 mars 1941, après l'annonce du vote de la loi prêt-bail, il déclare à son entourage : « Les Américains ont enfin jeté le masque. Si l'on voulait, on pourrait déjà y voir un *casus belli*. Mais pour l'heure, cela ne ferait pas mon affaire. D'une façon ou d'une autre, on en viendra à une guerre contre les États-Unis. [...] Il est seulement regrettable que nous n'ayons pas encore d'avions capables de bombarder les villes américaines ; j'aurais bien aimé donner une bonne leçon aux Juifs américains[13]. »

Sans doute, mais pour l'heure, la clé du succès pour le Reich reste la guerre sous-marine, et la coopération étroite des navires britanniques et américains dans l'Atlantique rend inefficace le siège de la Grande-Bretagne – sans que l'on puisse y remédier, car « concernant la guerre sous-marine, je ne répéterai pas la faute que nous avons commise pendant la Première Guerre mondiale[14] * ». En d'autres termes, Hitler veut à tout prix éviter une guerre sur deux fronts – surtout après l'invasion de l'Union soviétique en juin 1941. Le 8 juillet, on peut encore lire dans le journal de guerre de l'état-major de la marine ce résumé des instructions d'Hitler : « Tout incident avec les États-Unis doit absolument être évité. [...] L'attitude de l'Allemagne reste donc comme auparavant : ne pas se laisser provoquer par les États-Unis[15]. »

---

* Celle qui avait entraîné l'entrée en guerre des États-Unis en 1917, à la suite du torpillage du *Lusitania*.

C'est l'entrée en guerre du Japon qui va changer d'un seul coup toutes ces bonnes résolutions : le 7 décembre 1941, alors que lui parvient la nouvelle de l'attaque japonaise contre la flotte américaine à Pearl Harbor, Adolf Hitler jubile : « Maintenant, nous ne pouvons plus perdre la guerre ! » Convaincu, sur la base d'impressions vieilles de quarante ans et de renseignements militaires très imprécis, que le Japon est une puissance considérable, Hitler en déduit que les États-Unis seront désormais neutralisés et ne représenteront plus une menace sérieuse pour l'Allemagne ; en outre, les sous-marins allemands vont désormais être libres de couper les lignes d'approvisionnement vitales du Royaume-Uni dans l'Atlantique : « Je préfère, exulte le Führer, qu'il soit désormais clair pour tous que le drapeau des États-Unis ne protège plus des torpillages[16]. » Ainsi s'explique l'effarante bévue de la déclaration de guerre aux États-Unis le 11 décembre 1941. Comme toujours lorsque les événements semblent le favoriser, le Führer oublie d'un seul coup tous les éléments de ses calculs précédents, pour en revenir à ses illusions premières : les États-Unis sont un colosse aux pieds d'argile, un ramassis hétérogène d'immigrants dégénérés, ils sont au bord de la révolution, leurs soldats sont incapables de se battre et leur capacité de production a été très exagérée. Pour provoquer l'effondrement de ce système si fragile, il suffit de désorganiser son industrie de guerre et de démoraliser sa population par quelques frappes judicieusement ciblées. Les sous-marins ne sont pas adaptés à cette tâche : il faut donc repenser aux bombardiers…

Bénéficiant de moyens importants, les techniciens de Messerschmitt ont effectivement réalisé de gros progrès, et à la fin de 1941, l'*Amerika Bomber* est déjà en cours de fabrication ; des contrats de sous-traitance pour produire ses ailes et ses empennages ont été signés avec l'usine Fokker d'Amsterdam, et le reste est déjà réparti entre les usines allemandes autour d'Augsburg. Pourtant, la débâcle allemande devant Moscou et le suicide d'Ernst Udet*, auquel succède le général Erhard Milch**, ennemi intime de Messerschmitt, portent un rude coup au programme. Au début de l'année 1942, Milch réduit le nombre de prototypes commandés de six à trois, puis annule la construction des vingt-quatre quadrimoteurs de série, écartant l'*Amerika Bomber* au profit de modèles concurrents inadaptés à des raids transatlantiques. Comme bien souvent dans les hautes sphères du Reich, les querelles de personnes et le clientélisme s'imposent au détriment de toute rationalité.

Willy Messerschmitt a cependant quelques amis fidèles et influents, dont le général Carl-August von Gablenz*** qui, en avril 1942, parvient à redonner vie au programme en envoyant à Augsbourg un groupe d'experts qui rédige un rapport extrêmement favorable à l'*Amerika Bomber*. Remis au *Reichsmarschall* Goering le 12 mai, ce document compare les capacités théoriques de l'avion avec celles de cinq de ses concurrents. Des missions types sont défi-nies, telles que des liaisons aériennes avec le Japon, mais

---

* Le général Ernst Udet était directeur général de l'équipement (*Generalluftzeugmeister*) au ministère de l'Air, sous les ordres de Hermann Goering. Passionné d'aviation, Udet était un excellent pilote de voltige et un as de la Grande Guerre. En revanche, c'était un piètre administrateur, ce qui lui valait de nombreuses inimitiés. Morphino-mane, alcoolique, sujet à des délires paranoïaques, joueur compulsif et dépressif, effaré par la décision d'attaquer l'Union soviétique et par la lâcheté de Goering, Udet s'est suicidé le 17 novembre 1941.
** Observateur aérien durant la Première Guerre mondiale, Erhard Milch, devenu inspecteur général de l'aviation, voue une haine tenace à Willy Messerschmitt depuis que Hans Hackman, l'un de ses proches amis, s'est tué aux commandes du prototype de l'avion de transport Messerschmitt M20.
*** Pilote militaire durant la Grande Guerre, pionnier de l'aviation, spécialiste du vol aux instruments, membre du comité directeur de la Lufthansa et de la firme Junkers, responsable d'un département technique au sein du ministère de l'Air, le général von Gablenz est un homme respecté – et qui sait se faire entendre...

aussi et surtout des raids de bombardement au-dessus
de l'Union soviétique et, naturellement, des États-Unis* :
Detroit, Pittsburgh, Indianapolis, Cincinnati, Brooklyn et
East Hartford sont sélectionnés, notamment parce qu'on
y produit de l'aluminium et des matériels militaires. Bien
sûr, conformément aux souhaits du Führer, New York
n'est pas oubliée. Quelques jours plus tard, l'état-major
de la Luftwaffe se réunit pour estimer les effets prévisibles
de tels raids sur la population américaine. Il en ressort
que ces attaques audacieuses auraient une portée psychologique et symbolique considérable sur les civils, même
en cas de dégâts limités. En outre, ils contraindraient les
Américains à mobiliser sur leur territoire de nombreuses
escadrilles et des unités d'artillerie antiaérienne, autant
de moyens militaires qui leur manqueraient sur d'autres
fronts. Le raisonnement des militaires allemands est cohé-
rent et ils parlent d'expérience, car depuis l'arrivée en
Grande-Bretagne des bombardiers quadrimoteurs de la
8th Air Force américaine, c'est justement leur Luftwaffe
qui doit conserver toujours plus d'avions et de pilotes dans
ses unités défensives, au détriment des autres secteurs !

Pour l'heure, en tout cas, ces bombardements transatlantiques relèvent du fantasme, aucun avion à long rayon
d'action n'étant prêt à entrer en service dans un avenir
prévisible**. Dès lors, le Führer s'impatiente et cherche
d'autres solutions. Toujours hypnotisé par sa propre propagande, il considère qu'un coup de main exécuté par une

---

* Le Canada n'est pas oublié, puisque la ville de Vancouver doit
aussi être frappée.
** Certains officiers allemands en viennent alors à imaginer des
missions spéciales et uniques, avec des appareils qui survoleraient
l'Atlantique, puis bombarderaient leur objectif aux États-Unis, avant
d'amerrir au large des côtes américaines ; là, des sous-marins pourraient récupérer les équipages, à condition bien sûr que les avions ne
se soient pas désintégrés en heurtant les flots et que la météo permette
leur sauvetage. Heureusement pour les aviateurs allemands, cette idée
loufoque restera dans les cartons...

poignée d'hommes décidés pourrait provoquer l'effondrement moral et matériel de ce pays si vulnérable, et obliger son président « malade* » à se retirer du conflit... Hitler convoque donc l'amiral Canaris, chef de l'Abwehr, et lui ordonne de lancer sans délai une vaste campagne de sabotage contre les centres vitaux de l'économie américaine. Canaris présente naturellement des objections : une entreprise de cette ampleur dépasserait les ressources du Reich, qui ne dispose même pas aux États-Unis d'un service de renseignements adéquat ; d'ailleurs, les agents allemands sur place sont étroitement surveillés par le FBI. Mais on ne discute pas les ordres du Führer, et il faut bien s'exécuter. Précisément, l'*Auslandsorganisation* du parti**, dirigée par le Gauleiter Ernst Bohle, est très désireuse de se mêler d'actions d'envergure à l'étranger, et elle vient proposer à l'Abwehr les services d'une dizaine de germano-américains, tous nazis convaincus et tous volontaires pour exécuter une mission dans leur ancienne patrie. Ces hommes n'ont pas la moindre expérience du sabotage, mais Canaris sait que Bohle a l'oreille du Führer, et qu'un refus de sa part serait très mal vu à la chancellerie du Reich. Les dix volontaires sont donc envoyés à l'école de sabotage de l'Abwehr II à Brandenburg, pour un stage de six semaines.

C'est déjà un délai bien court pour former des hommes capables de paralyser l'économie américaine... Car tel est bien le but de l'opération *Pastorius* : détruire les centrales électriques de la Tennessee Valley Authority ; saboter les usines d'aluminium d'Alcoa, East St. Louis et Massena ; faire sauter des écluses et des ponts de chemin de fer sur l'Ohio, des tunnels à New York et la Pennsylvania Station à Newark – pour commencer ! Mais les futurs saboteurs ayant été présentés par le parti, l'Abwehr n'a

---

* Et même « malade mental » (*Geisteskrank*), d'après les propos de table d'Hitler en date du 23 mars 1942.
** Organisation du parti national-socialiste à l'étranger.

pas cru devoir faire une enquête approfondie sur leurs antécédents ; or, ces nazis germano-américains rapatriés au début de la guerre n'ont pas exactement des profils de James Bond : certains, comme Heinrich Heink ou Richard Quirin, sont des petits truands sans envergure ; d'autres, comme Werner Thiel ou le germano-canadien Hans Schmidt, n'ont jamais exercé de profession définie ; Heinrich Wanner est un Allemand des Sudètes émotif... et objecteur de conscience ! Edward Kerling semble plus fanatique que compétent ; Herbert Haupt n'a que dix-neuf ans et agit en conséquence ; Hermann Otto Neu-bauer, ancien mécanicien et cuisinier, a un gros problème d'alcoolisme ; Hans Peter Burger est un colonel SS, entré dans le groupe sur ordre de la Gestapo – qui veut garder un œil sur l'opération ; enfin, George John Dasch, ancien plongeur d'hôtel à New York, a tant fréquenté les milieux de la gauche américaine que ses convictions nationales-socialistes s'en sont trouvées quelque peu affectées...

À la fin du mois de mai 1942, cette fine équipe, dûment formée à sa tâche par les experts de l'Abwehr, est dis-crètement acheminée vers Lorient, son port d'embarque-ment. Mais après cela, tout se complique : deux hommes découvrent au dernier moment qu'ils n'ont pas vraiment la vocation, et ils sont renvoyés à Berlin ; les autres font du scandale dans les hôtels et les bars de Lorient, parlent à tue-tête en anglais, et déclarent même après boire qu'ils partent pour l'Amérique ! Mais ils conservent assez de lucidité pour s'apercevoir que les 200 000 dollars qui leur ont été remis pour accomplir leur mission présentent quelques défauts : certains billets sont marqués de carac-tères rouges... en japonais, ce qui est assez peu discret six mois après Pearl Harbor ; d'autres coupures ont été démonétisées neuf ans plus tôt. Voilà qui semble indiquer que l'Abwehr ne prend pas au sérieux l'opération *Pastorius*, et la suite des événements lui donnera raison. La première équipe de quatre agents, déposée au soir du 13 juin 1942 avec six caisses d'explosifs sur la plage d'Amagansett, en Nouvelle-Angleterre, par le sous-marin *U-202*, connaît d'emblée quelques difficultés : elle est repérée par un policier, puis enterre son matériel au beau milieu d'une base de gardes-côtes, et laisse en évidence sur la plage un paquet de cigarettes allemandes et une bouteille de schnaps ! Après cette arrivée en fanfare, nos quatre saboteurs aussi maladroits que malchanceux disparaissent dans la nuit et parviennent sans encombre jusqu'à New York, tandis que la seconde équipe débarque – plus discrètement – près de Jacksonville, en Floride. Voilà donc l'ennemi dans la place, et l'Amérique directement menacée...

À partir de là, rien ne va plus : le chef de la première équipe, le national-socialiste germano-américain George John Dasch, s'aperçoit brusquement qu'il est plus socialiste que national-socialiste, plus américain qu'allemand, et plus désireux de vivre comme citoyen américain que de mourir comme saboteur allemand ; il s'en ouvre à son second, le colonel SS et agent de la Gestapo Hans Peter Burger, dont il connaît les convictions idéologiques vacillantes*. C'est avec son assentiment qu'il va prendre contact avec le FBI – qui pense avoir affaire à un fou, jusqu'à ce que Dasch exhibe un sac contenant 80 000 dollars... L'effet est magique : en se fondant sur ses indications, consignées dans 254 pages d'interrogatoire, les agents fédéraux arrêtent en douceur les sept autres équipiers. Pour le directeur du FBI Edgar Hoover, il s'agit de présenter l'affaire comme un succès attribuable uniquement à la sagacité de ses agents ; les huit saboteurs en puissance sont donc condamnés à mort, et au début d'août 1942, six d'entre eux seront exécutés sur la chaise électrique**.

---

* Burger avait protesté en 1940 contre les crimes nazis en Pologne, ce qui lui avait valu quelques ennuis.

** Mais aux États-Unis, on respecte le *fair-play* autant que le dollar : la peine de Dasch et Burger est commuée en trente ans de détention, et ils seront discrètement libérés en 1948...

Décidément, il faut en revenir au bombardier... Pressé par un *Reichsmarschall* mégalomane et harcelé par un Führer qui rêve toujours de « donner une leçon aux Juifs américains », Erhard Milch relance à contrecœur le programme de l'*Amerika Bomber*, et trente avions sont précommandés. Reprenant l'antienne hitlérienne à son compte, Milch considère que l'objectif est « de forcer les Américains à utiliser une part des armements qu'ils produisent pour leur propre défense. Nous n'avons nul besoin d'envoyer une flotte de bombardiers. Avec quelques appareils seulement, nous devons y parvenir. Le but n'est pas de détruire New York, mais d'obliger les Américains à installer des défenses antiaériennes. Par conséquent, New York ne devra pas être la seule ville visée et il faudra étendre les bombardements à d'autres zones ». L'heure étant à la prospective, pour ne pas dire à la science-fiction, Milch s'autorise à ajouter : « Peut-être pourrons-nous utiliser Petsamo, en Finlande, comme base de départ et atteindre San Francisco en survolant le pôle Nord. Ce ne devrait guère être plus éloigné. En incluant la réserve de 10 % [de carburant], cela fait 7 700 kilomètres[17]. »

La mise au point du Messerschmitt Me 264 avance donc à grands pas ; entièrement métallique, avec ses ailes hautes et sa double dérive, ce quadrimoteur de 45 tonnes au décollage a fort belle allure. Son nez vitré facilite la vision du pilote et du navigateur, tandis que sa cabine pressurisée est aménagée de façon à proposer un confort maximal aux huit membres d'équipage lors de ses missions lointaines : un compartiment de repos, situé à l'arrière de l'avion, comprend une cuisine, quatre couchettes et des toilettes. En emportant 26 000 litres d'essence, son rayon d'action est de 15 000 kilomètres. Le prototype effectue son vol inaugural à la fin décembre 1942, et deux modèles sont conçus pour menacer les États-Unis : celui de bombardement, le Me 264 B, doit pouvoir emporter une tonne de bombes en partant de Brest et en y reve-

nant ; quant au Me 264 A, modèle de reconnaissance lointaine, il pourra, grâce à des réservoirs supplémentaires,
effectuer des vols d'observation ou de bombardement
léger sur le New Jersey, la Pennsylvanie, l'Ohio et même
l'Indiana. Voilà qui devrait satisfaire le Führer !

Mais voici que de nouveaux problèmes techniques
surgissent, et que les ingénieurs d'Augsburg demandent
un délai supplémentaire pour parachever leur œuvre. La
nouvelle tombe comme un couperet : la mise en service
de l'avion serait repoussée à l'automne de 1944 ! En
mars 1943, Goering explose de colère lors d'une réunion : « Je me rappelle bien qu'à Augsburg, c'était il y a
exactement un an, on m'avait montré un *Amerika Bomber*
qui n'attendait plus que d'être produit en masse. Il devait
voler jusqu'à la côte est des États-Unis et jusqu'à la côte
ouest en partant des Açores, et également emporter beaucoup de bombes. C'est ce qu'on m'a dit sérieusement !
Mais à cette époque, je devais encore faire confiance à
tout le monde pour avoir pu croire à moitié que cela était
possible[18] ! » Le lendemain, le ministère de l'Air interdit
par décret aux constructeurs aéronautiques de poursuivre
le moindre travail sur des bombardiers lourds, mais l'injonction sera ignorée par les avionneurs. La mise au point
du prototype du Me 264 se poursuit donc à Augsburg,
d'autant qu'Hitler soutient toujours son protégé Willy
Messerschmitt – à la condition expresse que l'*Amerika
Bomber* puisse également être utilisé comme appareil de
reconnaissance maritime*... Comme pour tant d'autres
matériels militaires, y compris l'avion à réaction Me 262,
le Führer impose ses vues aux ingénieurs, au prix d'une
perte de temps et de ressources considérable !

---

* En l'occurrence, l'oukase hitlérien est parfaitement absurde,
car l'avion aurait été traqué et détruit par les appareils alliés à long
rayon d'action basés aux États-Unis, au Canada, en Islande et en
Écosse – sans oublier les chasseurs embarqués à bord des porte-avions
d'escorte qui quadrillent l'Atlantique.

Mais à l'été de 1943, l'irrationalité ne se limite pas au domaine technique ; six mois après le désastre de Stalingrad, trois mois après l'abandon définitif du littoral nord-africain, deux mois après la perte de la bataille de l'Atlantique, un mois après le débarquement allié en Sicile, une semaine après la tempête de feu qui a ravagé Hambourg*, le Führer songe encore à « punir l'Amérique » ! Pourtant, ses moyens à cet égard sont de plus en plus limités : comment attaquer la côte est des États-Unis en traversant l'Atlantique, alors que l'on n'a pas pu franchir la Manche ? Comment menacer la côte ouest des États-Unis, alors qu'il n'y a pratiquement aucune coordination stratégique avec le Japon ? Comment fomenter un soulèvement dans l'Amérique profonde, alors que tous les agents allemands sur place ont été neutralisés par le FBI[19] ? Comment forcer le président Roosevelt à sortir du conflit en bombardant quelques villes américaines, alors que l'entreprise a manifestement échoué en Grande-Bretagne comme en Russie ?

Il n'y aura jamais de réponses à toutes ces questions. Dans son évaluation des États-Unis – comme de l'URSS –, Hitler fait toujours preuve d'un minimum de réalisme et d'un maximum d'aveuglement. Pour lui, ces deux pays étant toujours au bord de l'effondrement, il suffit de vouloir et de tenir le temps nécessaire pour que le miracle s'accomplisse. Ni les défaites allemandes, ni les statistiques de la production industrielle américaine, ni les renseignements sur le renforcement permanent de l'Armée rouge ne résistent à cette propension dévorante à prendre ses désirs pour des réalités…

Le 18 mars 1944, une réalité au moins vient s'imposer à lui, sous la forme d'un raid destructeur de l'aviation américaine qui sonne le glas de l'*Amerika Bomber* : l'usine aéronautique d'Augsburg est ravagée, et le prototype

---

* Au cours de dix jours de bombardement par 1 000 avions alliés, qui font plus de 40 000 victimes.

du Me 264 fortement endommagé. Pis encore, 80 % des machines-outils et des installations nécessaires à la production du quadrimoteur sont perdues. Dès lors, Goering n'a d'autre choix que d'annuler définitivement le développement de l'avion. Une fois le quadrimoteur de Messerschmitt hors jeu, certains officiers de l'OKW préconisent des raids improvisés – à l'exemple du colonel von Lossberg, qui imagine de bombarder les États-Unis en utilisant des hydravions géants Wiking*, ravitaillés dans l'Atlantique par des sous-marins. Ce projet, jugé sans intérêt par l'état-major allemand, témoigne de l'impuissance de la Luftwaffe comme de son impréparation totale au bombardement stratégique.

Il est vrai que depuis le centre d'essais de Peenemünde, Wernher von Braun et son équipe se consacrent depuis la fin des années 30 à la conception de la fusée balistique A4 – le futur V2. Sa portée était limitée, mais ses concepteurs cherchaient depuis 1940 à la doubler par adjonction d'ailes en flèche : c'était le modèle A4b, bientôt abandonné sur ordre du colonel Walter Dornberger**, chef du département des fusées au bureau des armements, qui voulait concentrer l'ensemble des moyens sur le développement de la fusée A4, jugée plus prometteuse. Malgré cette interdiction, une petite équipe avait poursuivi ses recherches sur un missile intercontinental capable d'atteindre la côte est de l'Amérique. Ces ingénieurs traçaient des croquis et réalisaient des calculs portant sur un engin à deux étages : la fusée balistique « intercontinentale » (*Interglobalrakete*) A9/A10 venait de naître – sur le papier tout au moins. Le missile se présentait sous la forme d'un énorme V2 de 24 mètres de haut : l'étage supérieur, dénommé A9, et

---

* Le Blohm & Voss Bv 222 Wiking est un hydravion lourd construit à treize exemplaires seulement. Initialement conçu à des fins commerciales, il sera principalement utilisé par la Luftwaffe comme transport de troupes.
** Officier d'artillerie, Walter Dornberger dirige les programmes des fusées et des missiles allemands depuis les années 30.

comprenant une tonne de charge explosive était une sorte d'A4b à ailes delta, alors que l'étage inférieur, appelé A10, fournissait la poussée initiale au décollage. Propulsé par un moteur-fusée de 200 tonnes de poussée, l'A10 amenait l'A9 à 4 300 km/h dans la thermosphère. À cette altitude de 180 à 190 kilomètres, l'A10 cessait de fonctionner, et l'A9 s'en séparait pour parcourir les 5 500 kilomètres restants vers son objectif, après quoi, ayant brûlé tout son carburant, elle était programmée pour amorcer sa chute sur la cible à presque 8 000 km/h. Telle était la théorie, mais en 1943, il restait trois inconvénients majeurs : la difficulté de développer cette motorisation surpuissante de 200 tonnes pour la propulsion initiale ; le guidage de l'engin au-dessus de l'objectif, aucun moyen connu ne permettant alors de contrôler une fusée à 5 000 kilomètres de distance ; enfin et surtout, les délais, car les ingénieurs de Peenemünde ne pouvaient promettre un vol inaugural de l'A9/A10 que pour l'année 1946 – au plus tôt ! Dès lors, sur ordre du Führer, le programme A9/A10 est définitivement arrêté au printemps de 1944. Ainsi, aucune fusée élaborée par le Reich ne pourra servir en dehors du théâtre européen...

Mais Hitler persiste et signe ; en dépit de l'effondrement de son front à l'est et du débarquement des Alliés en Normandie, il exige toujours que l'on trouve un moyen de porter le fer et le feu outre-Atlantique. Les principaux constructeurs aéronautiques du Reich, réunis à Dessau en août 1944 sous la présidence de Goering, reçoivent pour consigne de se pencher sur la réalisation d'un bombardier *à réaction*, capable d'embarquer 4 tonnes de bombes sur 9 000 kilomètres de distance. Le but immédiat est de se doter d'un avion en mesure de frapper durement les aérodromes alliés, y compris les plus lointains, afin d'endiguer la campagne de bombardement menée par la RAF et l'US Air Force ; mais bien sûr, il doit avoir aussi la capacité de mener des raids de représailles contre des villes de la côte est des États-Unis – New York, Washington, Boston et Philadelphie. L'exigence de Goering est aussi limpide qu'irréaliste, au moment où le Reich est acculé à la défensive sur tous les fronts. D'ailleurs, aucun des industriels convoqués à Dessau ne sera en mesure de produire un projet conforme à l'appel d'offres impératif du *Reichsmarschall*.

C'est alors qu'un autre constructeur aéronautique reprend le flambeau de l'*Amerika Bomber*. En dépit de leur jeune âge – respectivement trente et un et vingt-neuf ans en 1944 –, les frères Walter et Reimar Horten sont certainement parmi les avionneurs les plus visionnaires du pays*, et ils viennent à peine de faire voler le prototype de leur fantastique chasseur Ho 229 : c'est une aile volante sans fuselage ni empennage, la cellule et les ailes ne formant qu'un élément unique et homogène. Quant à l'équipage, il est installé dans un cockpit intégré aux ailes, une sorte de cocon dans lequel les pilotes sont allongés sur le ventre. Or, en novembre 1944, les frères Horten reçoivent la visite du colonel Siegfried Knemeyer**, directeur de la division technique au ministère de l'Air ; Knemeyer est convaincu que leur concept éminemment novateur est le seul pouvant permettre à un bombardier d'atteindre les États-Unis. Étant spécialisés dans la conception de chasseurs plutôt que de bombardiers, les frères Horten n'avaient pas été conviés à la conférence de Dessau, mais Knemeyer les insère dans la compétition lancée pour le nouvel *Amerika Bomber*. Enthousiasmés, Walter et Reimar parviennent à dessiner les plans de leur Ho XVIII A en quelques jours ! Il s'agit d'une gigantesque aile volante, avec six turbines de réacteur logées dans le fuselage et un rayon d'action de 11 000 kilomètres – bref, un bombardier à long rayon d'action spécifiquement conçu pour attaquer les États-Unis. La structure

---

* Ce duo n'en est pas à son coup d'essai, puisqu'il a conçu son premier planeur en 1933 et son premier avion en 1935.

** Ingénieur en aéronautique et pilote spécialisé dans les vols de reconnaissance, Siegfried Knemeyer est notamment l'inventeur d'un calculateur permettant aux navigants d'établir leur route sans risque d'erreur.

de l'appareil est en bois, et les différents éléments sont assemblés au moyen d'une colle composée d'un mélange de charbon de bois et de sciure. L'intérêt est double : le bois est un matériau abondant, et l'absence de masse métallique importante réduira la signature radar de l'appareil – qui constitue de fait le tout premier modèle d'avion furtif...

Goering est impressionné par le rayon d'action et la capacité d'emport de l'aile volante ; surtout, le recours à des matériaux de construction économiques et abondants dans un Reich qui manque de matières premières intéresse grandement la Luftwaffe. Convoqués à Carinhall, Reimar et Walter Horten s'entendent confirmer la construction de leur appareil, mais l'homme lige du Führer ajoute que, pour réduire les délais, il leur faudra œuvrer de concert avec les ingénieurs de chez Junkers, la firme étant associée au développement comme à la production de l'appareil. Dès lors, plus rien ne se passera comme prévu : à la demande des ingénieurs de Junkers, passés maîtres dans la lutte d'influence, le ministère de l'Air impose d'importantes modifications à la silhouette du Ho XVIII A ; au lieu d'être intégrés dans le fuselage pour gagner en aérodynamisme, les six réacteurs Jumo sont désormais placés dans deux nacelles ventrales, contenant aussi le train d'atterrissage ; une dérive verticale intégrant le poste de pilotage fait son apparition, ce qui rompt totalement avec le principe de l'aile volante ! Ces ingérences, révélatrices des rivalités incessantes entre les avionneurs et des abus du clientélisme, retardent durablement le programme. Rendu furieux par les modifications imposées à son aéronef, Reimar Horten dessine en un temps record le Ho XVIII B, qui fait fi de la dérive verticale mais conserve les deux nacelles, l'équipage restant installé dans un habitacle à l'avant du fuselage[20]. Les nouveaux plans sont présentés à Goering, qui les valide et programme la mise en service du bombardier Horten pour... l'automne de 1945. Au milieu d'un pays en ruine, dont les usines sont méthodiquement dévastées et les centres industriels en passe d'être occupés par l'ennemi, le *Reichsmarschall* et son maître croient encore pouvoir disposer du temps nécessaire...

Pourtant, l'irréalisme ne saurait faire obstacle au fanatisme, et même à l'approche de l'effondrement final, l'attaque des États-Unis figure toujours parmi les priorités absolues. Le bombardier se révélant décevant et la fusée intercontinentale manifestement hors de portée, le dernier recours sera le sous-marin. C'est encore le moyen le plus discret de pénétrer dans les eaux territoriales américaines et d'y porter des attaques dévastatrices, d'autant que les nouveaux modèles de type XXI* avec schnorchel peuvent naviguer presque indéfiniment en plongée, à une vitesse de 17 nœuds. Dès 1943, Otto Lafferenz, un cadre de l'*Arbeitsfront*, a imaginé de tirer des fusées A4/V2 à partir de ces sous-marins**. Il a pensé à tout : comme le sous-marin ne peut embarquer à son bord le V2, il servira à remorquer le missile placé dans un silo étanche et tracté à l'horizontale durant la traversée ; parvenu sur sa zone de lancement, à moins de 300 kilomètres des côtes américaines, le silo sera repositionné à la verticale grâce à un système de ballasts, et le V2 mis à feu pourra délivrer sa cargaison mortelle sur les États-Unis. L'idée séduit quelques hiérarques nazis, dont le général Walter Dornberger, qui se déclare très favorable au concept.

Les travaux sur le projet, désigné *Apparat F*, débutent donc en novembre 1944 dans le plus grand secret à Peenemünde. Les ingénieurs prévoient qu'un sous-marin de type XXI, parti d'une base en France*** ou en Norvège,

---

* *Walter-Elektro-U-Boote*. Les modèles précédents, tous dérivés du modèle *Wilhelm Bauer*, pouvaient être considérés comme des navires de surface ayant la capacité de plonger...

** Le 4 juillet 1942, au large de Peenemünde, le sous-marin *U-511*, équipé de lance-roquettes de 300 mm fixés sur son pont, avait tiré en immersion une salve de vingt roquettes à une profondeur de 15 mètres. À défaut de connaître une suite, cette expérimentation avait servi de base aux travaux de Lafferenz.

*** Les sous-marins ont tous quitté leurs bases françaises pour gagner la Norvège en octobre 1944.

remorquera sous l'océan à une vitesse de 12 nœuds trois caissons de 500 tonnes, mesurant 37 mètres de long pour presque 6 mètres de diamètre, et contenant les V2 solidement arrimés sur une plateforme. Pour les amener au large des États-Unis, il faudra trente jours de mer. Après avoir eu la chance d'échapper aux destroyers, porte-avions d'escorte et autres hydravions ennemis, le submersible fera surface une fois parvenu à portée de tir de la cible, et les servants du missile rejoindront les conteneurs à bord de canots pneumatiques. Descendant dans les silos à l'aide d'échelles, ils retireront les cales de stabilisation et feront le plein de carburant*. Cette phase de préparation au tir devra durer moins d'une demi-heure, afin de minimiser les risques d'exposition à une attaque aérienne. Leur travail fini, les techniciens remonteront à bord du sous-marin, d'où sera effectuée la mise à feu grâce à une table de contrôle installée en kiosque. Les fusées seront ensuite guidées jusqu'à leur cible par des ondes radio depuis le sous-marin.

Tout ceci suppose naturellement que les conditions météorologiques soient clémentes, mais que les avions et navires ennemis n'en profitent pas pour patrouiller dans le secteur – d'autant qu'ils bénéficient désormais du radar centimétrique embarqué, permettant de repérer le kiosque d'un sous-marin à plusieurs kilomètres de distance, de jour comme de nuit et par n'importe quel temps. En outre, le code Triton de transmissions des sous-marins et de leurs ravitailleurs a été décrypté par les Alliés depuis le mois de mars 1943, ce qui accroît encore la vulnérabilité de l'*Apparat F*…

Mais rien de tout cela n'est clairement perçu par les responsables du bureau des armements, et le concept du silo sous-marin est validé ; vingt-quatre exemplaires

---

* Les réservoirs d'alcool et d'oxygène liquide étant stockés sous la plateforme de lancement.

en sont commandés le 9 décembre 1944. Il faudra non seulement construire les caissons, mais aussi transformer quelques sous-marins de type XXI pour leur permettre de les remorquer. Enfin, des tests supplémentaires seront nécessaires pour mettre au point l'ensemble du système, et tout comme les chantiers navals, les sites d'expérimentation de Peenemünde et Mittelwerk sont bombardés en permanence. C'est pourquoi un nouveau site pour les essais de plateformes, de caissons et de missiles est ouvert par la Kriegsmarine sur les rives du Toplitzsee, au cœur de la mythique forteresse alpine*. Mais dans les faits, plus aucune avancée sérieuse sur le programme *Apparat F*, comme sur tous les précédents, n'est réalisée avant la capitulation de l'Allemagne le 8 mai 1945.

L'obsession du Führer de vouloir frapper l'Amérique aura donc été à l'origine d'un grand nombre de programmes et d'un foisonnement d'idées. Au regard des capacités technologiques de l'époque, et compte tenu de la minceur des ressources disponibles comme de l'intensité des bombardements alliés, les espoirs placés dans ces inventions souvent géniales se sont révélés chimériques. Pourtant, le projet de fusée balistique intercontinentale A9/A10, l'*Apparat F*, l'aile volante des frères Horten et l'*Amerika Bomber* vont tous connaître de multiples descendants durant le demi-siècle suivant la fin du IIIᵉ Reich – à commencer par le missile Minuteman, le sous-marin Polaris lanceur d'engins, les bombardiers à réaction Tornado, Stratojet et B-52, et même l'avion furtif B-2. C'est ainsi qu'en définitive, les Américains auront été les premiers bénéficiaires des efforts d'Hitler pour les détruire...

---

* Ce qui explique que les Américains occupant cette base secrète à partir de mai 1945 n'y trouveront pas que des faux billets. (Voir chapitre 4 : « La forteresse alpine ».)

4

La forteresse alpine

Pour les généraux alliés comme pour la plupart de leurs homologues allemands, la « forteresse alpine » a été l'un des plus grands secrets de la guerre – et sans doute celui qui aura les plus lourdes conséquences dans l'après-guerre... Mais il faudra pour cela une extraordinaire réaction en chaîne, jointe à l'invraisemblable confusion consécutive aux derniers soubresauts d'un IIIᵉ Reich agonisant.

C'est une perspective encore lointaine à l'automne de 1944, même si la situation militaire de l'Allemagne est déjà très sombre à cette époque : après sa fulgurante offensive d'été, l'Armée rouge vient de libérer la Biélorussie et d'occuper la Lituanie et la Roumanie, tandis qu'en Italie, les armées anglaises et américaines ont atteint la ligne Gothique, dernier barrage avant la plaine du Pô ; en France, les Américains et les Français, venus de Normandie et de la vallée du Rhône, convergent sur la Bourgogne et l'Alsace ; en Belgique, les Britanniques libèrent Anvers et Bruxelles. Ainsi, Hitler se trouve désormais menacé depuis l'ouest, le nord-est, l'est, le sud-est, le sud et le sud-ouest...

Pourtant, ce que le Führer a nommé « la forteresse du Reich » est encore inviolé, si l'on excepte les incessants bombardements aériens anglo-américains sur l'ensemble du territoire. Mais ceux-ci ont largement épargné la Bavière, la Basse-Autriche et le Tyrol du Sud ; c'est le cas de la petite ville autrichienne de Bregenz, sur les rives du lac de

Constance, où est installée une antenne du *Sicherheitsdienst Amt VI (Ausland)*, le service de renseignements extérieurs de la SS*. Son rôle se borne généralement à relayer vers Berlin les interceptions radio, les documents et les renseignements d'agents en provenance de la Suisse voisine ; mais à la mi-septembre, son commandant, le *Sturmbannführer*** Hans Gonthard, reçoit copie d'une interception remarquable : il s'agit du texte d'une note ultrasecrète envoyée à Washington par un agent américain basé à Zurich***. « Ce rapport, expliquera Gonthard, laissait prévoir un effondrement du front allemand pour le milieu de 1945, mais évoquait avec inquiétude la possibilité de la constitution d'un "réduit alpin". Si les Allemands devaient réussir à étendre vers le nord leurs positions fortifiées au sud des Alpes, il existerait un danger de formation d'une "redoute alpine", dont la réduction demanderait six à huit mois de plus que pour les autres secteurs. [...] Dans le cas d'un approvisionnement suffisant en vivres et d'un stockage correspondant en matériel et armement [...], un tel "réduit alpin" bien fourni et entretenu pourrait se maintenir jusqu'à deux années[1]. »

Voilà qui laisse perplexe le *Sturmbannführer* Gonthard, un fin connaisseur de cette région montagneuse aux confins de la Suisse, de l'Allemagne, de l'Autriche et de l'Italie ; car pour autant qu'il le sache, rien ne semble justifier les mises en garde de l'agent américain. Un an plus tôt, à la suite de l'armistice italien et de l'occupation allemande de la péninsule****, des ingénieurs de la Wehrmacht et de

---

* Sous la direction du *Brigadeführer* SS Walter Schellenberg. C'est une des branches du RSHA, *Reichssicherheitshauptamt*, le service principal de sécurité de la SS dirigé par l'*Obergruppenführer* Ernst Kaltenbrunner, successeur de Reinhard Heydrich.
** Commandant.
*** Désigné sous le nom de Braker ou Barker – manifestement un agent de l'OSS, dirigé à Berne par Allen Dulles.
**** Le 3 septembre 1943, cinq semaines après la destitution de Mussolini, le gouvernement du maréchal Badoglio avait signé un

l'organisation Todt étaient certes venus inspecter les fortifications autrichiennes de la Grande Guerre au Tyrol du
Sud et au-delà de la frontière italienne ; quelques expertises
locales avaient également été effectuées depuis lors à partir
d'Innsbruck. Mais plus au nord, tout le long des Alpes
bavaroises entre les frontières suisse et tchèque, il n'existe
pas la moindre position fortifiée ; en cherchant bien, on
trouverait une ou deux cavernes où l'on construit des
pièces détachées pour les chasseurs Messerschmitt 109 et
Focke-Wulf 190, un centre expérimental de la marine sur
le Toplitzsee, et bien sûr un dédale d'abris antiaériens et
de réserves souterraines sur les hauteurs de l'Obersalzberg,
autour du Berghof d'Adolf Hitler. Malgré tout, c'est bien
peu pour alerter un agent du renseignement américain,
qui semble par ailleurs avoir fondé son rapport sur des
possibilités plutôt que sur des faits concrets. L'expression
même de « réduit alpin » a visiblement été empruntée aux
Suisses, qui ont construit à partir de 1940 un réseau de
fortifications de montagne très dissuasif entre Sargans, le
Saint-Gothard et Saint-Maurice*. Mais les Alpes suisses
se prêtent bien davantage à la défensive que les reliefs
bavarois et autrichiens, qui sont entaillés de larges vallées ;
par ailleurs, il a fallu deux ans et d'énormes ressources aux
Suisses pour constituer leurs fortifications, et le Reich ne
dispose manifestement plus de délais et de moyens com-
parables. C'est sans doute pourquoi l'officier SS Gonthard
considère ce rapport comme une curiosité plutôt diver-
tissante et, l'ayant fait suivre à Berlin, il en transmet une
copie au Gauleiter du Tyrol-Vorarlberg, Franz Hofer.

Le Gauleiter Hofer, lui, prend la chose très au sérieux
– à tel point même qu'au début de novembre 1944, il
envoie un long mémorandum au Reichsleiter Martin Bor-

---

armistice avec les Alliés, ce qui avait provoqué l'occupation éclair de
l'Italie par la Wehrmacht.
  * De fait, il dissuadera à deux reprises Hitler d'envahir la Suisse.

mann*, en le priant de faire suivre sans délai au Führer**. C'est qu'il voit son vaste domaine montagneux de plus en plus menacé par l'avance alliée en Italie et en Alsace, ce qui lui semble justifier des mesures de défense immédiates : « Je demande instamment que soient ordonnés au plus tôt la construction et l'approvisionnement par tous les moyens et dans les meilleurs délais d'une "forteresse alpine", dans le sens du rapport en provenance de Suisse concernant un "réduit alpin". » Suit une longue énumération des premières mesures préconisées : édification d'une « position fortifiée » au nord des Alpes, qui soit reliée aux places fortes déjà existantes dans le sud ; désignation du secteur alpin comme zone interdite, afin d'empêcher les réfugiés d'y accéder ; approvisionnement en vivres et matières premières essentielles sur une grande échelle et pour un temps prolongé ; constitution des plus grands stocks possibles d'armes et de munitions ; transfert dans la zone alpine de 30 000 prisonniers américains et anglais, « officiers de préférence », manifestement pour servir d'otages ; repositionnement de l'« armée du Sud » sur la partie méridionale de la forteresse alpine ; enfin, limogeage du ministre des Affaires étrangères von Ribbentrop, « comme préalable à l'ouverture rapide de négociations diplomatiques[2] ».

Les mesures proposées sont évidemment surprenantes, dans la mesure où le Gauleiter Hofer s'immisce à la fois dans la stratégie militaire, dans l'économie de guerre et dans la politique étrangère – trois domaines qui sortent très largement de ses attributions et sont exclusivement réservés à Hitler. Martin Bormann en est manifestement conscient, puisqu'il s'empresse de classer ce mémorandum impertinent – d'autant qu'il sait bien qu'aux yeux d'un Führer

---

* Qui est son supérieur direct en tant que chef de la chancellerie du parti.

** Il ne s'y est pas résolu sans hésitation, car il n'était pas censé avoir vu le rapport intercepté par le SD.

qui ne pense qu'en termes d'offensives, ces propositions de retranchement défensif apparaîtraient immédiatement comme « défaitistes » et coûteraient cher à leurs auteurs...

De fait, c'est justement à cette époque qu'Adolf Hitler prépare l'offensive dont il escompte son plus grand triomphe : l'opération *Wacht am Rhein* contre les armées alliées imprudemment dispersées dans les Ardennes. Elle est finalement déclenchée le 16 décembre 1944, avec trois armées comprenant 200 000 hommes et 600 chars, qui remportent de beaux succès initiaux ; les premières lignes américaines sont enfoncées, la Meuse est en vue dès le 22 décembre, et le Führer compte bien exploiter la percée jusqu'à Bruxelles et Anvers, provoquant ainsi une rupture de la coalition anglo-américaine. Mais à partir du 24 décembre, sa Wehrmacht, déjà entravée par l'exiguïté des routes et la pénurie d'essence, se trouve harcelée par l'intervention de 5 000 avions, qui vont enrayer l'offensive en moins de trois jours et ouvrir la voie à une vaste contre-attaque alliée. Dès lors, en laissant 100 000 hommes et 500 chars sur le terrain, le Reich perd son ultime capacité offensive.

Hitler est naturellement incapable de l'admettre, mais il y a dans son entourage un homme qui sait remédier à la faiblesse militaire par de puissantes offensives verbales : c'est Joseph Goebbels. Le ministre de la Propagande, qui scrute toujours avec attention la presse étrangère, n'a pas manqué de remarquer diverses informations dans les journaux alliés et neutres concernant le « réduit alpin » – à commencer par un long article du journaliste américain Harry Vosser, qui décrit dans le *New York Times* du 12 novembre 1944, sous le titre « Hitler's Hideaway* », les installations fortifiées des environs de Berchtesgaden ; il y est question d'immenses caves et tunnels remplis de provisions et de matériel militaire. Ce correspondant de presse imaginatif a pu découvrir

---

* « La cachette d'Hitler. »

depuis son bureau de la banlieue londonienne qu'« en guise de précaution supplémentaire, tout le district, sur une longueur de trente-trois kilomètres et une largeur de vingt-quatre, est miné et peut exploser moyennant une pression sur un seul bouton. On dit que ce bouton fatidique se trouve sur la table de travail d'Himmler, dont le bureau souterrain est enterré dans la falaise, sous le bungalow du Führer[3] ».

Le Berghof, un bungalow ? Et le bureau d'Himmler serait situé sous la résidence d'Hitler ? Pour Goebbels, ces Américains sont décidément impayables* ! Mais les rumeurs continuent à circuler dans la presse occidentale, et le mois suivant, le *Daily Worker* croit savoir – « de source digne de foi » – que « le réduit national sera défendu avec fanatisme, jusqu'à la dernière goutte de sang[4] ». Goebbels comprend bien le parti qu'il peut tirer de ces affabulations, et il constitue dans son ministère une section spéciale chargée d'accentuer la rumeur du « réduit alpin », en fournissant à la presse des pays neutres et alliés tous les éléments propres à attiser les peurs ; dès le mois de janvier 1945, avec la coopération des services secrets d'Himmler, les premiers éléments de désinformation fabriqués à Berlin apparaissent en Suisse, en Espagne et en Suède – d'où ils passent directement en Grande-Bretagne et aux États-Unis ; leur thème est toujours le même : des fortifications imprenables, des usines souterraines, des armements et des provisions profondément enterrés dans des caves à l'épreuve des bombes, et bien sûr d'innombrables divisions d'élite pour les défendre[5].

Pour les journalistes, particulièrement les Américains, il y a là matière à de nombreux articles sensationnels, comme celui de *Collier's Magazine* du 27 janvier 1945 ; intitulé

---

* Hitler se méfie d'Himmler et le tient à distance. De fait, le bureau du chef de la SS est situé dans les faubourgs de Salzbourg, à plus de vingt-sept kilomètres du Berghof…

« Hitler's final V-Weapon* », il révèle qu'aux environs de Bad Aussee, à quelque quatre-vingts kilomètres au sud-est de Berchtesgaden dans les montagnes du Salzkammergut, on entraîne la crème des SS et des Jeunesses hitlériennes à mener des opérations de guérilla sur une grande échelle après l'occupation du Reich ; baptisés *Werwölfe**, ils auraient des armes secrètes particulièrement sophistiquées et seraient menés par Ernst Kaltenbrunner, le successeur d'Heydrich à la tête du RSHA – le service de sécurité de la SS[6]. Les 4, 5 et 15 février 1945, Hanson Baldwin, le spécialiste des questions militaires du *New York Times*, assure également qu'après la chute de Berlin, les combats se déplaceront vers le secteur alpin[7]. À l'OSS du général Donovan comme au SHAEF d'Eisenhower, où l'on a appris que plusieurs ministères évacuaient déjà Berlin et que des travaux de fortification étaient menés dans la région de Bregenz, tout cela est pris très au sérieux – d'autant que la résistance acharnée des Allemands le long du Rhin et sur la ligne Gothique***, qui contrôle l'accès à la plaine du Pô, laisse prévoir un baroud d'honneur prolongé, même après la chute de la capitale.

C'est précisément dans la plaine du Pô – théoriquement sous l'administration de la « République sociale italienne » de Mussolini, mais en fait solidement tenue par 800 000 hommes aux ordres du maréchal Kesselring**** – que le monolithe commence à montrer des failles. Si les soldats

---

* « L'ultime arme de représailles d'Hitler. »

** « Loups-garous » ; c'est une invention d'Himmler – hautement improvisée, comme la plupart des initiatives militaires du *Reichsführer*...

*** Au nord de Florence et au sud de Bologne.

**** Formant le groupe d'armées C (Sud-Ouest), constitué des 10ᵉ et 14ᵉ armées – 23 divisions au total. S'y ajoutent les 4 divisions fascistes du général Graziani, récemment entraînées en Allemagne. Mais les formations allemandes sont très éprouvées par les combats des dix-sept derniers mois dans la péninsule, tandis que les divisions fascistes n'ont pas encore vu le feu – et ne sont pas très pressées de le voir.

de la Wehrmacht sont occupés à tenir la ligne de front au sud de Bologne, toute la plaine entre les Apennins et les Alpes – avec les villes de Turin, Gênes, Milan, Vérone et Venise – est contrôlée par les unités SS du *Höchster SS und Polizeiführer in Italien**, le général Karl Wolff. Sous ses ordres à Turin, Milan et Vérone, il a le lieutenant Zimmer, le colonel Dollmann, le colonel Rauff et le général Harster, tous membres du *Sicherheitsdienst*, le service de sécurité et de renseignements extérieurs de la SS**. C'est au nom des deux premiers que le baron Luigi Parrilli, un industriel italien, prend contact à Lucerne le 26 février 1945 avec le bras droit d'Allen Dulles, le principal agent de l'OSS à Berne***. Selon Parrilli, certains membres haut placés de la SS, peut-être même leur chef suprême, seraient disposés à venir négocier en Suisse, afin d'éviter la destruction complète des industries et des œuvres d'art de l'Italie du Nord. Les Américains, qui ont déjà été approchés par divers agents nazis, se méfient et demandent des gages****, mais dès le 8 mars, il apparaît que la proposition de négociation est sérieuse lorsque le général Wolff, accompagné de son aide de camp, le commandant Wenner, et de Luigi Parrilli, se rend à Zurich pour négocier personnellement avec Dulles une cessation des hostilités[8].

Pour les Américains, c'est une occasion providentielle : les SS contrôlent l'accès au col du Brenner, et si celui-ci devait tomber aux mains des Alliés, les chances de résister avec succès dans le « réduit alpin » se trouve-

---

* Commandant suprême des SS et de la police pour l'Italie.

** Il n'y a pas d'enfants de chœur parmi eux, même s'ils ont de bonnes relations parmi les cardinaux italiens. Wolff, Rauff, Zimmer et Harster se sont rendus par le passé coupables de crimes de masse contre les partisans soviétiques, les Juifs et les résistants italiens.

*** Par l'intermédiaire du major Waibel, des services de renseignements suisses.

**** Principalement la libération de deux grands résistants italiens, Ferruccio Parri et Antonio Usmiani, qui seront effectivement conduits en Suisse dix jours plus tard.

raient fortement compromises. Mais tout cela est loin
d'être acquis : d'une part, la reddition ne pourrait se faire
qu'avec l'accord du maréchal Kesselring, qui reste tout
dévoué à Hitler. D'autre part, le général Wolff est venu
en Suisse à l'insu de toute la hiérarchie SS – Himmler,
Kaltenbrunner, Schellenberg et « Gestapo » Müller. Que
cette amorce de négociation vienne à s'ébruiter, et Wolff
serait immédiatement relevé de ses fonctions. En outre,
Mussolini lui-même a été maintenu dans l'ignorance de ce
qui se trame ; s'il l'apprenait, il ne manquerait pas d'alerter Hitler – avec des effets tout aussi prévisibles. Enfin,
les marges de négociation sont terriblement étroites :
les émissaires allemands comptent sur une cessation des
hostilités au sud-ouest pour pouvoir tenir au nord-est les
fronts de Hongrie, d'Autriche, d'Istrie et de Bohême-
Moravie contre l'avance soviétique ; les Américains, eux,
s'en tiennent à la position alliée proclamée depuis la
conférence de Casablanca : capitulation sans conditions.
On voit qu'il y a encore loin de la coupe aux lèvres...

En Allemagne, dans l'intervalle, le front s'est à nouveau animé ; à l'est, les Soviétiques sont certes restés sur
l'Oder le temps de réduire les « citadelles* » et d'isoler
les grandes villes de Gdańsk, Gdynia et Königsberg, mais
elles ont pris Budapest et avancent vers Vienne. À l'ouest,
dès le 7 mars, la chute de Trèves et la capture du pont
de Remagen donnent une nouvelle impulsion aux opérations anglo-américaines, et depuis la mer du Nord jusqu'à
la frontière suisse, ce sont 85 divisions alliées qui vont
atteindre le Rhin avant la fin du mois. Pour le commandant
suprême Eisenhower, pour les chefs d'état-major anglais
et américains, pour Churchill et Roosevelt enfin, le but
ultime est fixé depuis longtemps ; le 15 septembre 1944,
Eisenhower écrivait encore au maréchal Montgomery : « Il
ne fait aucun doute à mes yeux que nous devons concen-

---

* Notamment Poznań, Stargard, Elbing et Graudenz.

trer toutes nos énergies et toutes nos ressources pour une avancée éclair en direction de Berlin. [...] J'ai l'intention de l'atteindre par la voie la plus directe et la plus rapide[9]. »

Mais aussi remarquable que cela puisse paraître, c'est la désinformation du docteur Goebbels et du *Reichsführer* Himmler qui va infléchir radicalement la stratégie du commandant suprême : à la suite de nouveaux articles dans les journaux suisses et américains au début de mars*, un rapport du 12e groupe d'armées du général Bradley mentionne le 21 mars que, selon ses services de renseignements (G-2), « tout indique que la direction politique et militaire de l'ennemi est en train de se déplacer vers la "redoute" en Basse-Bavière[10] ». Le G-2 précise que ses renseignements « proviennent d'agents et de prisonniers de guerre » – le vecteur d'intoxication favori du *Sicherheitsdienst*...

Le 25 mars, un rapport du service de renseignements de la 7e armée va encore plus loin : selon des « sources assez fiables », Himmler aurait ordonné de concentrer dans le réduit alpin des provisions pour 100 000 hommes, et « tout le secteur serait défendu par quatre-vingts unités d'élite, comprenant chacune entre 1 000 et 4 000 hommes ». Les meilleures armes que puisse produire l'Allemagne devaient être affectées au réduit, où arrivaient des trains scellés en provenance des usines Skoda. Beaucoup de ces trains emportaient « un nouveau modèle de canon », et une usine souterraine était capable de produire « un Messerschmitt complet ». Les défenseurs pourraient mettre à contribution « toutes les capacités de production des vallées du Pô et du Danube, de Bohême et des Balkans ». En conclusion, le réduit serait défendu par des combattants comprenant entre 200 000 et 300 000 vétérans de la SS et des troupes de montagne « totalement fanatisés par l'esprit nazi », et

---

* Dont le *Journal de Genève*, le *New York Times* et à nouveau le *Daily Worker* communiste, dans ses éditions des 14 et 24 mars.

qui risquaient de combattre jusqu'au dernier homme. Une carte des contours présumés de ce réduit alpin est même jointe en appendice[11].

Depuis le début de mars, le SHAEF est également en possession d'un rapport des services de renseignements de la 1re armée française du général de Lattre intitulé « Maquis allemand et réduit national ». Eux aussi estiment que la région alpine est en passe de devenir une base pour un mouvement de partisans allemands, et ils font également état de vastes cavernes pleines d'armes, d'essence synthétique et même d'avions. Enfin, ils croient savoir que l'on a commencé à diriger les civils non combattants vers d'autres secteurs, et que l'on s'apprête à concentrer dans ce réduit les otages étrangers les plus importants, dont le roi des Belges, le fils de Staline*, le maréchal Pétain, Léon Blum, Paul Reynaud, le général Weygand et Pierre Laval[12].

C'est ainsi que l'on trouve au QG d'Eisenhower une gigantesque carte, constamment remise à jour et intitulée « Le bastion national d'après les rapports d'agents ». On y voit une région couvrant environ 35 000 kilomètres carrés de territoire allemand, autrichien et italien, avec pour centre le secteur de l'Obersalzberg, près de Berchtesgaden. Des petits drapeaux rouges signalent les champs d'aviation, les secteurs fortifiés, les dépôts de munitions, de carburant et de gaz de combat, ainsi que les casernes, les réserves de vivres, les centrales électriques et les stations émettrices, sans oublier les points de concentration des unités allemandes au milieu des montagnes[13]. À cet égard, chaque jour apporte de nouvelles informations, dont pas une seule ne peut être confirmée...

Peu importe : le général Bedell Smith, qui traduit d'ordinaire la pensée d'Eisenhower, assure qu'« il y a

---

* En réalité, Yakov Staline a été tué deux ans plus tôt au camp de concentration de Sachsenhausen.

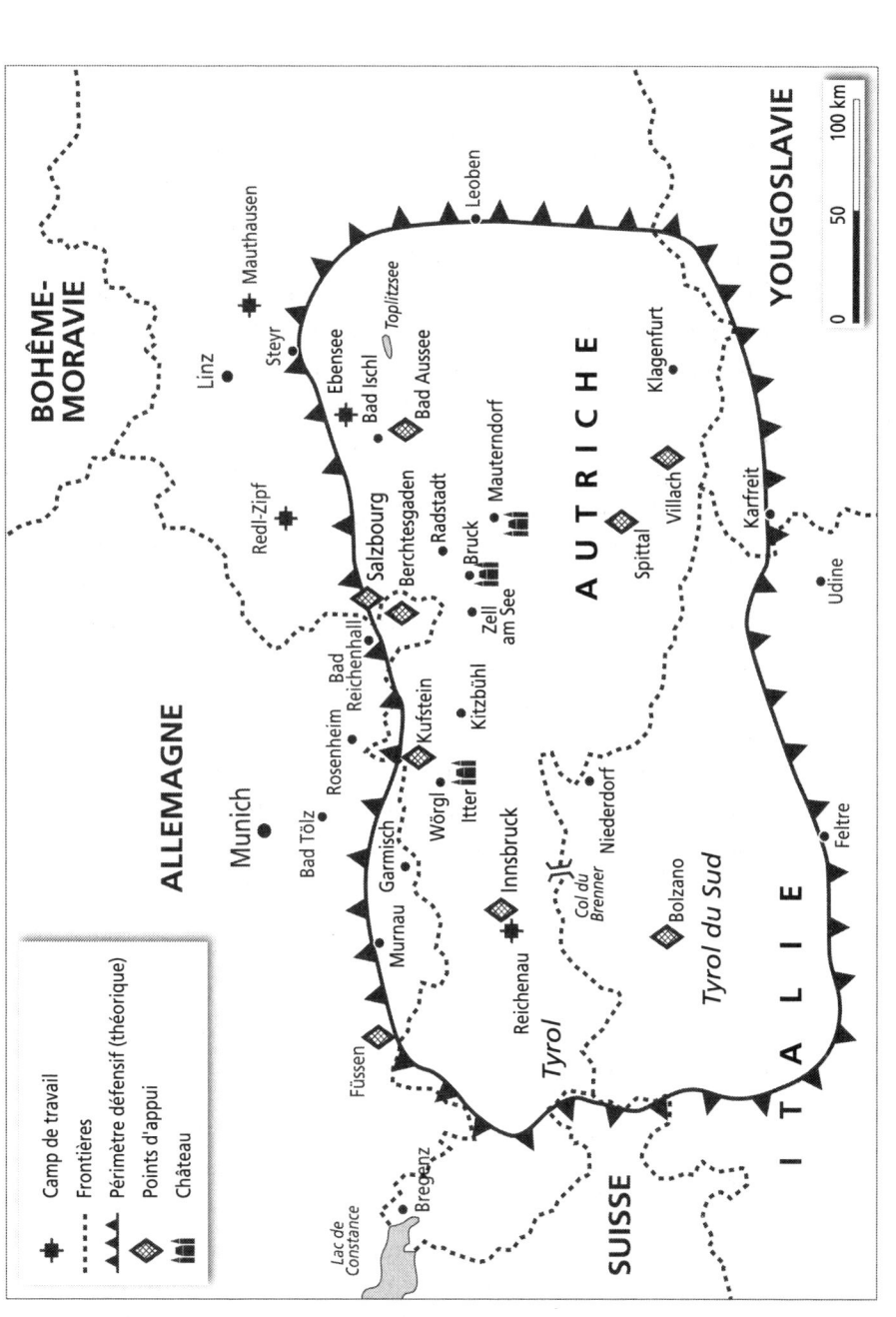

toutes raisons de penser que les nazis ont l'intention de se livrer à un baroud d'honneur au milieu des escarpements[14] ». C'est aussi l'opinion du général Bradley, qui estime qu'il faudrait réorienter la stratégie alliée pour l'en empêcher. Mais c'est un télégramme envoyé le 27 mars par le chef d'état-major américain Marshall au général Eisenhower qui va se révéler décisif : « Que diriez-vous d'une poussée rapide des forces américaines, disons sur les axes Nuremberg-Linz ou Karlsruhe-Munich ? À la base de cette idée, il y a le fait [...] qu'une action éclair pourrait empêcher la formation d'îlots de résistance organisée. Le terrain montagneux dans le Sud est considéré comme offrant une possibilité à cet égard[15]. »

Marshall est visiblement influencé par les rapports de Bradley, de Bedell Smith et des services de renseignements alliés, et il a l'habitude d'exprimer ses souhaits sous forme de suggestions. Eisenhower, qui le sait parfaitement, câble en réponse dès le lendemain qu'il est parfaitement conscient de l'importance de prévenir des regroupements ennemis dans le Sud, et qu'il va « initier un mouvement en direction de Linz et Munich dès que les circonstances le permettront[16] ». Sans mentionner cet échange de télégrammes, Ike écrira dans ses Mémoires : « Si nous laissions les Allemands constituer un réduit, ils pourraient nous obliger à mener une guerre de guérilla prolongée ou un siège coûteux. Ils pourraient ainsi entretenir l'espoir désespéré que, grâce à des désaccords entre les Alliés, il leur serait possible d'obtenir des termes de reddition plus favorables que ceux de la capitulation sans conditions. Il était manifeste qu'ils allaient essayer, et je décidai de les en empêcher par tous les moyens[17]. »

Le principal moyen n'est autre qu'un changement radical de stratégie : dès le 28 mars, Eisenhower informe Staline du fait qu'il a décidé d'arrêter le mouvement de ses troupes lorsqu'elles auront atteint l'Elbe, laissant ainsi Berlin à l'Armée rouge, tandis que les avant-gardes américaines se dérouteront vers le sud, en direction de Leipzig et de Dresde ; une seconde avance en direction de Linz par Ratisbonne lui permettra « d'empêcher la résistance allemande de se consolider dans le réduit de l'Allemagne du Sud ». C'est donc bien de cela qu'il s'agit… Naturellement, Staline répond avec ravissement qu'« une telle proposition coïncide entièrement avec les plans du haut commandement soviétique », et que de toute manière « Berlin a perdu toute l'importance stratégique qu'elle avait naguère[18] ». Les Britanniques, qu'Eisenhower n'informe que le lendemain, sont atterrés ; ils en appellent au général Marshall, sans savoir que c'est précisément lui qui est à l'origine de ce revirement. Toutes leurs démarches seront donc vaines*, mais ce sera une décision fatale pour le demi-siècle à venir…

La situation dans le secteur alpin a-t-elle vraiment changé au point de justifier un tel bouleversement dans la stratégie alliée ? On relève certes depuis janvier 1945 le début de travaux pour constituer une ligne de défense fortifiée le long de la frontière suisse, entre Bregenz et Feldkirch, mais l'organisation Todt n'emploie dans le secteur que 2 000 ouvriers assez peu motivés ; pour le reste, il y a les habituels travaux de creusement ordonnés par Bormann autour de l'Obersalzberg, qui est devenu depuis des années un véritable gruyère de caves et de souterrains. En outre, le chef du RSHA, Kaltenbrunner, est venu installer son nouveau QG à Bad Aussee, au sud-est de Berchtesgaden, et plusieurs usines d'armement allemandes et autrichiennes ont emménagé dans les cavernes de cette région du Salzkammergut pour échapper aux raids aériens**. Des ateliers de montage et d'expérimentation de fusées V2 ont également essaimé dans le secteur, mais

---

* Le président Roosevelt, auquel Churchill fait appel, répond – tout comme Marshall – qu'il faut laisser la décision finale au général Eisenhower.

** Notamment l'usine de véhicules Steyr-Daimler-Puch à Ebensee, près du lac de Traun.

l'aménagement et l'élargissement des cavernes nécessaires sont loin d'être terminés en mars 1945. Enfin, on relève bien des travaux de fortification menés avec une certaine énergie le long des frontières hongroises et yougoslaves, mais tout cela se déroule bien trop à l'est et au sud-est de l'Autriche pour être inclus dans le « réduit alpin »...

Peut-on au moins confirmer en mars 1945 un mouvement massif de troupes d'élite en direction des Alpes ? En vérité, l'essentiel des effectifs de la Wehrmacht est mobilisé à cette époque le long du Rhin, de l'Oder, du Danube et du Pô. On note certes un mouvement de la 8ᵉ division de cavalerie SS Florian Geyer en direction de Fishhorn, au sud de Salzbourg, mais il s'agit des débris d'une formation de 30 000 hommes sévèrement étrillée par l'Armée rouge devant Budapest*. Pour le reste, il n'y a pas de renforts significatifs des troupes encasernées dans la région, y compris dans l'école de formation des SS à Bad Tölz, entre Munich et la frontière autrichienne. En revanche, il y a bien un mouvement depuis la capitale en direction du secteur alpin : c'est d'abord celui des familles de dignitaires nazis, qui sont ainsi mises à l'abri des bombardements ; mais elles ne sont pas seules, car dès le 7 mars, Goebbels note avec dégoût dans son journal que « Keitel a ordonné que l'on prépare cent dix trains à Berlin pour évacuer le personnel de l'OKW et de l'OKH[19] ». Il y aurait également 50 000 hommes prêts à quitter au plus vite la capitale – principalement des ministres et des membres influents du parti...

Il y a aussi des trains de marchandises qui se dirigent vers le cœur de la présumée redoute alpine, mais ils ne transportent pas d'armes, ni même de vivres ; ce sont les

---

* Sous la direction du général SS Waldemar Fegelein, ils ne sont plus que 800 à l'arrivée en Autriche – et manifestement hors d'état de reprendre le combat. Du reste, il s'agissait à l'origine d'une troupe de police uniquement formée pour chasser les partisans et les Juifs derrière les lignes.

fruits de douze années de rapines que Kaltenbrunner, Ley, Ribbentrop, Bormann, Rosenberg et Goering veulent mettre en sûreté dans les cavernes et les souterrains du Salzkammergut. À cet égard, le champion toutes catégories est certainement le *Reichsmarschall* Hermann Goering, dont les deux trains spéciaux acheminent sans interruption les tableaux de maîtres, les gravures, les sculptures, les tapisseries, les statues, les meubles, les lingots et les diamants depuis son palais de Carinhall jusqu'aux vastes tunnels des environs de Berchtesgaden : il est déjà triste d'être vaincu, si en plus il fallait se priver...

Mais un autre convoi pénètre plus secrètement encore dans le réduit alpin ; il provient du camp de concentration de Sachsenhausen, et emporte dans ses douze wagons des machines, des outils, des quantités de billets de banque et cent trente-sept techniciens juifs* venus des quatre coins de l'Europe occupée : c'est le matériel d'imprimerie et le personnel de l'opération *Bernhard* **, la plus fantastique entreprise de contrefaçon jamais mise sur pied : depuis la fin de 1942, sous l'égide du *Sicherheitsdienst* de Schellenberg*** et la direction opérationnelle du *Sturmbannführer* Bernhard Krüger, elle a produit 9 millions de billets de banque britanniques, en dénominations de 5, 10, 20 et 50 livres sterling, pour une valeur totale de 134,6 millions de livres**** ! Destinée au départ à déstabiliser l'ensemble du système monétaire britannique, l'opération *Bernhard* s'est

---

* Ils étaient cent quarante-deux au départ, mais cinq ont été exécutés après avoir contracté des maladies : des patients hospitalisés risquaient de parler...

** Du nom de son directeur, le *Sturmbannführer* Bernhard Krüger.

*** Le SD *Amt VI*, section F4 « moyens techniques », qui produit également des faux papiers et tous équipements nécessaires aux opérations de renseignement.

**** Le chiffre est impressionnant, mais pour diverses raisons – dont le sabotage –, seuls 7,5 % des billets, d'une valeur totale de 10,3 millions de livres, ont été jugés d'assez bonne qualité pour être utilisés par le SD. (Voir Osuch, Florian, « *Blüten* » *aus dem KZ*, Hambourg,

finalement limitée à financer les opérations des services secrets allemands en Italie, en Suisse, en Suède, en Turquie et en Yougoslavie*. Mais le camp de Sachsenhausen, à trente-cinq kilomètres au nord de Berlin, est devenu très vulnérable devant l'avance soviétique au début de 1945, et pour peu que l'on souhaite poursuivre la guerre depuis le réduit alpin, l'opération *Bernhard* constituera une arme des plus précieuses. C'est pourquoi le convoi ultrasecret, passant de nuit par Leipzig et Prague, arrive le 16 mars au camp de concentration autrichien de Mauthausen, où les carrières de granit sont exploitées par des forçats dont l'espérance de vie ne dépasse pas neuf mois. C'est dans plusieurs profondes galeries de ces carrières que les « prisonniers spéciaux » sont censés reconstituer la *Bank of England* – et même commencer à produire de faux dollars, qui sont pratiquement prêts à l'impression... L'argent n'est-il pas le nerf de la guerre ?

C'est que l'*Obergruppenführer* Kaltenbrunner semble bien décidé à poursuivre la guerre depuis ce réduit alpin, ainsi qu'il le confie à son agent Walter Hagen à la fin du mois de mars. « Il croyait possible, se souviendra Hagen, de mettre au moins en état de défense la zone des hautes Alpes du Tyrol et du Vorarlberg en l'espace de quelques semaines. Le terrain se prêtait si bien à la défensive [...] que l'on pouvait, avec des moyens relativement limités, constituer une place forte en hérisson de grande ampleur. [...] Il croyait effectivement que dans cette région le der-

---

Karl Richter Verlag, t. 3, 2009, pp. 89 et 90, et Mader, Julius, *Der Banditenschatz*, Berlin, Verlag der Nation, 1973.)

* À Ankara, ces livres sterling parfaitement contrefaites ont servi à rétribuer les services du valet d'ambassade Elyeza Bazna, alias Cicéron. (Voir Kersaudy, François, *L'Affaire Cicéron, 1943*, Paris, Perrin, 2009, pp. 109-126.) En Yougoslavie, elles ont permis aux SS d'acheter des armes anglaises et américaines à certains partisans de Tito, qui étaient très friands de devises fortes en prévision de l'après-guerre. (Hagen, Walter, *Unternehmen Bernhard*, Wels & Starnberg, Welsermühl Verlag, 1955, pp. 175-183.)

nier combat pourrait être poursuivi très longtemps. [...]
Mais Kaltenbrunner laissait également entendre qu'il pourrait renoncer à cet atout maître, pourvu que les Alliés
lui offrent des compensations. Il s'attendait en premier
lieu à une permission, tacite ou explicite, de poursuivre
la guerre contre les Soviétiques. Sa forteresse alpine était
donc conçue d'abord pour servir d'objet de négociation,
pour lequel il pourrait réclamer un prix élevé ; mais à
cette époque au moins, il comptait aussi fermement sur la
possibilité de défendre véritablement la forteresse alpine,
au cas où les Alliés refuseraient un tel marchandage. [...]
Pendant le siège du massif alpin, il comptait sur des alpi-
nistes expérimentés pour maintenir ouverts les chemins de
contrebande avec l'étranger, en premier lieu la Suisse et
l'Italie. Mais les achats de vivres, de biens stratégiques et
de matières premières à l'extérieur devaient être financés, et
c'est pour cela qu'il comptait sur l'opération *Bernhard*[20]. »

Voilà qui est fort bien, mais enfin, la décision stratégique
appartient toujours en dernier ressort au Führer, qui n'a
pas encore manifesté le moindre intérêt pour ce projet de
réduit alpin. Le 27 mars, alors que les Américains voyaient
déjà Hitler livrer un baroud d'honneur prolongé au milieu
des impénétrables montagnes alpines, Goebbels notait dans
son journal que « le Führer est maintenant résolu à rester
à Berlin, même si la situation devient critique[21] ». C'est
effectivement ce qui est en train de se produire : à cette
époque, les troupes anglaises, américaines et françaises ont
franchi le Rhin sur l'ensemble du front et se déploient en
éventail vers la Ruhr, la Weser et le Danube, tandis qu'à
l'est, les « citadelles » cernées par l'Armée rouge tombent
les unes après les autres. Face à tout cela, la stratégie
du Führer est pour le moins incohérente : il n'autorise
aucune retraite, fait fusiller des officiers jugés responsables
des derniers échecs sur le terrain, veut faire évacuer et
détruire toutes les régions de l'ouest sur le point de tomber aux mains de l'ennemi, déplace une armée blindée

vers Budapest alors que la principale menace vient de l'Oder, limoge l'*Oberbefehlshaber West* von Rundstedt*, le chef d'état-major Guderian et le général Gehlen** sous des prétextes futiles, exige la création d'une division de cyclistes pour combattre les chars soviétiques, et immobilise 22 divisions en Courlande et 400 000 hommes en Norvège, malgré le manque criant d'effectifs en Prusse-Orientale, en Haute-Silésie et en Poméranie – tout cela après avoir confié le commandement du groupe d'armées Vistule à Heinrich Himmler, spécialiste de la répression policière sans la moindre expérience militaire***...

Sa diplomatie n'est guère plus cohérente : ayant refusé une fois pour toutes de négocier avec les Soviétiques ou les Anglo-Américains – au motif assez contestable que « Frédéric le Grand n'aurait jamais consenti à transiger » –, il n'en laisse pas moins son ministre des Affaires étrangères Ribbentrop établir des contacts discrets et infructueux avec un représentant des puissances occidentales à Stockholm, puis refuse l'offre du pape de servir d'intermédiaire pour de possibles pourparlers avec les Alliés, tout en envisageant un rapprochement avec Staline, avant de refuser toute négociation avec un haut représentant soviétique venu exprès à Stockholm, en alléguant que « le moment est mal choisi[22] »...

Si le Führer est capable de tels revirements brusqués dans sa stratégie comme dans sa diplomatie, peut-on s'attendre à ce qu'il reste inébranlable dans sa décision

---

* Commandant en chef pour l'Ouest, remplacé dans cette fonction par le maréchal Kesselring, jusqu'alors commandant du groupe d'armées C en Italie.

** Chef du FHO, *Fremde Heere Ost*, le service de renseignements militaires sur l'URSS. Gehlen s'est vu reprocher d'avoir prédit l'offensive soviétique pour la mi-avril – qui sera effectivement déclenchée à la date prévue...

*** S'étant révélé catastrophiquement incompétent, il sera remplacé le 21 mars par le général Heinrici.

de mener la lutte finale à Berlin, plutôt que de poursuivre la résistance depuis la « forteresse alpine » ? C'est loin d'être sûr, car le 9 avril, cinq longs mois après l'envoi de son mémorandum, le Gauleiter Hofer est convoqué à la chancellerie du Reich. À l'évidence, Hitler veut saisir toutes les planches de salut, et le 10 avril, il envoie des domestiques pour préparer ses quartiers sur l'Obersalzberg ; deux jours plus tard, il donne même l'ordre de constituer une « forteresse principale des Alpes* », dont les limites sont officiellement définies pour la première fois : « Bavière du Sud, Salzbourg, Tyrol, Vorarlberg, Tyrol du Sud et Carinthie[23] » – soit près de quatre cents kilomètres à vol d'oiseau d'ouest en est, et deux cents kilomètres du nord au sud, avec de profondes vallées et des massifs culminant à 2 200 mètres d'altitude ; les groupes d'armées E, Ostmark, C et Mitte** s'y concentreront en dernier ressort. Le Gauleiter Hofer regagne Innsbruck avec la satisfaction du devoir accompli : son domaine sera préservé, et lui-même échappera peut-être à l'agonie du Reich. C'est ainsi que le mythe du réduit alpin va devenir réalité – sur le papier tout au moins…

Il est pourtant bien tard : à la mi-avril, les Américains ont atteint l'Elbe et les Britanniques ont dépassé l'Ems, tandis que les Soviétiques entrent dans Vienne et s'apprêtent à lancer leur grande offensive au-delà de l'Oder. En Italie du Nord, la 5e armée américaine du général Truscott et la 8e armée britannique de McCreery*** ont fait irruption dans

---

* « *Kernfestung Alpen* ».

** Respectivement ceux du général Löhr en Croatie, de Rendulic en Autriche, de von Vietinghoff en Italie et du maréchal Schörner en Bohême.

*** Ces armées sont sous commandement anglais et américain, mais elles comprennent des divisions originaires de Pologne, d'Afrique du Sud, du Brésil, de Terre-Neuve, de Nouvelle-Zélande, d'Irlande, du Canada, d'Inde et d'Italie, ainsi qu'une brigade juive et une autre composée de Niseï (Japonais américains de deuxième génération).

la vallée du Pô en capturant Massa et Carrare à l'ouest du front, Bastia et Argenta à l'est, tandis que Bologne et Modène, au centre, sont sur le point de tomber. Dès lors, le général Wolff est retourné en Suisse pour négocier secrètement avec Dulles et deux représentants du commandant en chef Alexander, les généraux Airey et Lemnitzer. Plusieurs éléments jouent en faveur du général SS : le concours actif de Rudolf Rahn, ambassadeur plénipotentiaire du Reich auprès de Mussolini* ; l'action de la résistance italienne, qui crée un climat d'insécurité croissant sur les arrières de la Wehrmacht, depuis la plaine du Pô jusqu'aux Dolomites ; enfin et surtout, l'usure des troupes allemandes battant lentement en retraite vers le Pô et l'Adige, et encore démoralisées par les nouvelles en provenance des autres fronts. En revanche, un facteur est à même de contrer l'action des émissaires de la paix : au sein de la hiérarchie du parti et de la SS, Himmler, Schellenberg, Müller, Hofer et Kaltenbrunner jouent chacun leur partie** ; qu'ils cherchent à négocier pour leur propre compte ou entendent livrer un baroud d'honneur dans le « réduit alpin », leurs projets sont manifestement incompatibles avec l'initiative du général Wolff. Or, Kaltenbrunner vient justement d'en être informé par un de ses espions, et Karl Wolff est convoqué à Berlin le 17 avril.

Peu soucieux d'être limogé ou discrètement éliminé par Himmler et Kaltenbrunner, Wolff exige d'aller voir le Führer en leur compagnie. Himmler, toujours craintif, se récuse, et le 18 avril, c'est accompagné du seul Kaltenbrunner que Wolff est reçu dans le bunker sous la chancellerie du Reich. Devant Hitler, il ne nie pas ses contacts avec les Alliés, et fait même valoir qu'il a ouvert

---

* Il agit naturellement à l'insu de Ribbentrop – et de Mussolini...

** Les deux premiers veulent négocier avec les Anglo-Américains par l'intermédiaire de la Suède, le troisième est sans doute déjà en liaison avec Moscou, tandis que les deux derniers seraient plutôt en faveur d'une résistance prolongée dans les montagnes autrichiennes.

de sa propre initiative une voie de négociation « menant directement au président des États-Unis et au Premier ministre Churchill », que le Führer sera « libre d'utiliser à sa guise s'il le juge bon[24] ». Cette présentation aussi franche qu'audacieuse pourrait aisément lui coûter la vie, mais Wolff sait à qui il a affaire*, il a sans doute été informé des revirements successifs d'Hitler en matière de pourparlers, et il n'a pas manqué de noter l'état de délabrement physique avancé de son interlocuteur.

Quoi qu'il en soit, Hitler écoute patiemment Wolff et ne l'interrompt qu'une seule fois, pour lui demander ce que seraient selon lui les conditions posées par les Anglo-Américains pour une cessation des hostilités ; le général ayant répondu qu'une reddition sans conditions serait sans doute inévitable, le Führer se met à lui expliquer sa stratégie en ces termes : « Il y aura en Allemagne trois bastions : au centre, sous mon commandement, dans la capitale de Berlin ; au nord, dans le Schleswig-Holstein, au Danemark et en Norvège ; enfin, un au sud, comprenant la forteresse alpine. [...] Il ne fait pas de doute que les Russes et les Américains feront bientôt leur jonction quelque part entre ces bastions, et si je juge correctement les Russes, ils ne s'arrêteront jamais aux limites convenues à Yalta. Mais les Américains ne pourront en aucun cas tolérer cela, et ils seront obligés de les repousser par la force des armes. [...] Et c'est à ce stade que moi, Hitler, je prendrai part à la lutte finale d'un côté ou de l'autre. Je pourrai tenir à Berlin contre l'Est et l'Ouest pendant au moins six semaines, peut-être même huit, et c'est pour cette raison que vous devrez résister en Italie pendant tout ce temps. Dans l'intervalle, je m'attends à ce qu'un conflit éclate entre les alliés occidentaux et la

---

* En tant qu'aide de camp d'Himmler dans les années 30, Wolff a longtemps assuré la liaison entre son chef et Hitler – dont il était devenu l'un des généraux favoris.

Russie, après quoi je déciderai du camp que je rejoin-
drai. » Wolff, interloqué, demande : « Mon Führer, ce
choix entre les deux camps n'est-il pas évident ? » Mais
Hitler répond : « Je déciderai en faveur du plus offrant,
ou de celui des deux qui me contactera en premier[25]. »

Pour Wolff, il est clair qu'Hitler, qui vit dans un
monde largement imaginaire, n'est plus à un paradoxe
près, même si son discours garde bien des marques de
l'ancienne logorrhée : « Si cette bataille décisive du peuple
allemand sous ma direction devait échouer, le peuple
allemand aurait forfait à son droit à exister. La race plus
forte venue de l'Est se serait montrée biologiquement
supérieure, et il ne resterait plus qu'à périr héroïquement. » Après quoi le Führer revient à son obsession du
moment : « Retournez en Italie ; maintenez vos contacts
avec les Américains, mais faites en sorte d'obtenir de
meilleures conditions. Gagnez un peu de temps, car il
serait absurde de capituler sans conditions sur la base de
promesses aussi vagues. Avant de parvenir à un accord
avec les Américains, il nous faut obtenir de bien meilleures conditions. [...] Alors, faites ce que je vous dis,
reprenez l'avion et saluez Vietinghoff* de ma part[26]. »

Avant de quitter le bunker**, le général Wolff a l'occasion de s'entretenir avec le personnel de la chancellerie et de l'état-major particulier du Führer. Il en retire
l'impression qu'Hitler compte rester à Berlin, même si
bien des membres de son entourage espèrent encore
pouvoir gagner l'Allemagne du Sud : « On parlait peu
de la redoute en tant que telle, ou même d'un baroud
d'honneur dans les Alpes ; il n'était question que d'éviter

---

* Le général Heinrich von Vietinghoff, qui a remplacé Kesselring
à la tête du groupe d'armées C.

** « Surpris et ravi d'avoir encore la tête attachée aux épaules »,
dira plus tard Karl Wolff. À la sortie du bunker, Kaltenbrunner lui a
glissé : « Assurez-vous qu'aucun prisonnier civil important ne tombe
aux mains des Alliés. Liquidez-les à leur approche. »

le danger venu de l'Est – la capture par les Russes[27]. »
Mais il ne faut jurer de rien : dès le 19 avril, lors de la
conférence de situation, Hitler envisage bel et bien de
renoncer à défendre la capitale, pour aller se retrancher
dans le réduit alpin[28].

Il est vrai que Berlin est directement menacée : tout le
long de l'Oder et de la Neisse, vingt-deux armées soviétiques viennent de passer à l'offensive. Au nord, elles ont
enfoncé la première ligne de défense allemande près de
Stettin et menacent Prenzlau ; au centre, elles attaquent
Seelow et Prötzel, pour aborder la capitale par le nord ; au
sud, elles s'élancent vers Cottbus et Spremberg, avant de
remonter vers le nord-ouest en direction de Potsdam et de
Berlin. Mais au-delà de ces objectifs immédiats, les Soviétiques cherchent à atteindre l'Elbe au plus tôt, afin d'isoler
Berlin et de couper l'Allemagne en deux. Ils en ont les
moyens : 2 millions d'hommes, 6 250 chars, 42 000 canons
et 7 500 avions… Les groupes d'armées Vistule de Heinrici
et Centre de Schörner n'ont à leur opposer que des débris
de divisions et des volontaires du *Volkssturm*, pratiquement dépourvus d'artillerie et menacés sur leurs arrières
par les armées anglo-américaines parvenues à Magdebourg,
Halle et Leipzig. Dans l'ensemble, on pourrait difficilement
concevoir une situation plus désespérée.

Le lendemain 20 avril, c'est l'anniversaire d'Hitler. Eu
égard à la situation militaire, la traditionnelle procession
de dignitaires nazis et de diplomates étrangers n'est plus
de mise, et seuls sont présents dans le bunker cet après-
midi-là les habitués de la conférence de situation : Keitel,
Jodl, Goering, Himmler, Dönitz, Speer, Kaltenbrunner,
Ribbentrop, Krebs, Koller et von Below*. L'adjoint de
Dönitz, Walter Lüdde-Neurath, décrira un Führer « brisé,

---

* Krebs a remplacé Guderian comme chef d'état-major d'Hitler,
Koller est le chef d'état-major de l'aviation, et von Below est l'aide
de camp d'Hitler pour la Luftwaffe.

bouffi, voûté, épuisé et nerveux[29] » ; Albert Speer, lui, se souviendra que « personne ne savait vraiment que dire. Hitler a reçu nos vœux avec une certaine froideur et presque avec réticence, compte tenu des circonstances[30] ».

Celles-ci sont effectivement assez sombres : déjà soumise aux raids quotidiens des Mosquito et des B-17, la capitale est désormais sous le feu sporadique de l'artillerie soviétique à longue portée ; au nord, les Britanniques approchent de Brême et d'Emden ; au sud, les Américains viennent d'entrer dans Nuremberg, les Français campent dans les faubourgs de Stuttgart et les Russes ont dépassé Vienne ; au centre, l'armée du général Busse a été mise en déroute sur l'Oder entre Francfort et Küstrin, tandis qu'au sud-est de Berlin, les Soviétiques prennent Lübben et poursuivent leur avance en direction de Jüterbog à l'ouest et de Potsdam au nord-ouest. C'est précisément ce qui inquiète le chef d'état-major de l'aviation Karl Koller, qui notera dans son journal : « La dernière route vers le sud menace d'être coupée. C'est pourquoi, avant que ne commence la mise en scène des vœux d'anniversaire, je préviens Goering, Keitel et Jodl que c'est la toute dernière occasion de rejoindre le Sud par voie terrestre, et qu'en considération de la situation aérienne et de la pénurie de carburant, j'exclus toute possibilité d'évacuation ultérieure par la voie des airs. [...] Tous partagent mon avis, mais Hitler n'a pas encore tranché. Pour finir, Keitel m'informe peu avant la conférence de situation qu'Hitler a décidé de rester à Berlin jusqu'au bout[31]. »

Voilà qui paraît clair... « Un moment plus tard, rapportera Speer, nous nous tenions comme d'habitude autour de la carte de situation, dans l'espace confiné du bunker. [...] La discussion portait sur l'assaut imminent contre le centre de Berlin. La nuit précédente, il avait été question de renoncer à défendre la capitale, pour aller se retrancher dans le réduit alpin. Mais Hitler venait de décider qu'il mènerait la lutte pour la ville dans les rues de Berlin. Alors, tout le monde s'est mis à clamer qu'il fallait absolument transférer le QG vers l'Obersalzberg, et que c'était le dernier moment pour le faire [...]. Hitler a répondu avec indignation : "Comment puis-je demander aux troupes de livrer la bataille décisive pour Berlin, si je me mets moi-même en sûreté ?" Goering, assis en face de lui les yeux écarquillés, pâlissait et transpirait dans son nouvel uniforme, tandis qu'Hitler continuait à discourir, emporté par sa propre rhétorique : "C'est le destin qui décidera si je mourrai dans la capitale ou si je m'envolerai au dernier moment pour l'Obersalzberg." Une fois la conférence terminée et les généraux congédiés, Goering, en grande détresse, s'est tourné vers Hitler[32]. »

C'est pour remettre sur le tapis la question du transfert des autorités du Reich vers l'Obersalzberg. Le maréchal, manifestement pressé de retrouver son épouse et ses trésors à Berchtesgaden, fait valoir qu'il faut bien qu'un haut responsable de la Luftwaffe parte aussitôt pour le Sud, car la situation là-bas nécessite un commandement unifié de l'aviation. Hitler, dont la main gauche tremble violemment, lui répond : « Eh bien, allez-y. Koller restera ici[33] ! » Et Speer, qui observe la scène à quelque distance, de noter : « Hitler considérait Goering d'un air absent. J'avais l'impression qu'il était profondément ému par sa décision de rester à Berlin et d'y jouer sa vie[34]. »

Sans doute, mais l'incohérence règne toujours dans cet esprit tourmenté ; le soir même, vers 22 heures, il dit à ses deux secrétaires Johanna Wolf et Christa Schroeder : « La situation a tellement changé durant ces quatre derniers jours que je me vois obligé de disperser mes services. Puisque vous êtes les plus anciennes, vous serez les premières. Une voiture part pour Munich dans une heure, vous pouvez prendre deux valises. » Christa Schroeder ayant demandé à rester, Hitler lui répond : « Non, je veux constituer plus tard un mouvement de résistance, et j'aurai besoin de vous deux. [...] Nous nous reverrons bientôt, je vous suis dans quelques jours[35]. » Veut-il seulement rassurer ses secrétaires ? A-t-il encore changé d'avis ? Il est impossible de le dire...

En tout cas, ces « quelques jours », le Führer pense encore les employer à remporter une bataille décisive contre l'Armée rouge ! Ayant perdu tout sens de la mesure, il compte sur le « groupe opérationnel Steiner », stationné à l'ouest d'Eberswalde, pour lancer une grande contre-offensive en direction du sud-est et desserrer l'étau soviétique qui se referme inexorablement sur Berlin. Or, cette unité, majoritairement composée de troupes de garnison, de volontaires, d'éléments de la Luftwaffe et de jeunes gens sans expérience du combat, est en outre dépourvue d'armes lourdes, ses véhicules manquent d'essence, et elle ne reçoit pas les renforts attendus de la Wehrmacht et de la SS. Son offensive se fait donc attendre, et Hitler harcèle l'OKW, l'OKH et l'OKL pour faire accélérer le mouvement. Mais rien ne se produit, les Soviétiques pénètrent déjà dans les faubourgs de la capitale, et les nerfs d'Hitler finissent par craquer... Le 22 avril à 20 h 45, le général Eckhard Christian, officier de liaison de la Luftwaffe, vient informer Koller des derniers développements à l'intérieur du bunker : « Le Führer, lui dit-il, s'est effondré ; il considère maintenant le combat comme désespéré. Mais il ne veut pas quitter Berlin. [...] Quand les Russes arriveront, il en tirera les conséquences et se suicidera. [...] Il a fait brûler tous ses dossiers, papiers et documents dans le jardin. [...] Il reste sur place, mais les autres peuvent quitter Berlin et aller où ils veulent[36]. »

Le général Koller, incrédule, cherche à obtenir confirmation auprès de l'OKW ; il se rend donc peu après minuit à la caserne de Krampnitz, près de Potsdam, où le général Jodl lui explique la situation au petit matin du 23 avril : « Ce que vous a dit Christian est exact.

Hitler a jeté l'éponge, il a décidé de rester à Berlin, de diriger la défense de la ville et de se tirer une balle dans la tête au dernier moment. Il a dit qu'il ne pouvait combattre pour des raisons physiques, et aussi parce qu'il ne voulait pas risquer d'être blessé et de tomber entre les mains de l'ennemi. Nous avons tout fait pour le dissuader, et lui avons proposé de faire reporter l'effort des armées de l'Ouest vers le front de l'Est. Mais il a répondu que tout était en train de s'écrouler, qu'il ne pouvait rien faire, et que le *Reichsmarschall* n'avait qu'à s'en charger. Quelqu'un parmi nous ayant fait remarquer qu'aucun soldat n'accepterait de combattre sous les ordres du *Reichsmarschall*, Hitler a répondu : "Qui parle de combattre ? Il n'y a plus guère de combat à livrer, et s'il s'agit de négocier, le *Reichsmarschall* peut faire cela mieux que moi !" Les derniers développements de la situation militaire l'ont beaucoup affecté, et il ne cesse de parler de trahison, d'abandon et de corruption au sein du commandement et de la troupe. Même les SS le trompent, même Sepp Dietrich ; Steiner n'est pas intervenu, et cela lui a donné le coup de grâce[37]. » À 3 h 30 au matin du 23 avril, le général Koller s'envole donc pour Munich ; cet officier consciencieux et compassé ne se doute pas qu'il s'apprête à déclencher une redoutable réaction en chaîne...

Parvenu à Berchtesgaden peu après midi, Koller met le maréchal Goering au courant des derniers événements, et ajoute qu'Hitler ayant renoncé de lui-même à la conduite de l'État et à la direction suprême de la Wehrmacht, c'est à son dauphin qu'il revient désormais d'agir*. Goering hésite, consulte les anciens chefs de chancel-

---

* Un décret du 29 juin 1941 signé du Führer stipulait explicitement : « Au cas où je serais empêché d'agir ou incapacité pour toute autre raison, je désigne le *Reichsmarschall* Hermann Goering comme représentant ou successeur dans toutes mes fonctions à la tête de l'État, du parti et de la Wehrmacht. »

lerie Lammers et Bouhler*, puis décide d'envoyer au Führer le télégramme suivant : « *Mein Führer*, acceptez-vous qu'à la suite de votre décision de rester à Berlin et de défendre Berlin, j'assume désormais la direction du Reich, conformément au décret du 29 juin 1941, avec les pleins pouvoirs à l'intérieur comme à l'extérieur ? Si je ne reçois pas de réponse avant 22 heures, je présumerai que vous n'avez plus votre liberté d'action, je considérerai les conditions de votre décret comme réunies, et j'agirai pour le bien du peuple et de la patrie**. » Dans la foulée, il fait envoyer un radiogramme à Keitel et à Ribbentrop, rappelant les termes du décret du 29 juin 1941 et se terminant ainsi : « Au cas où, avant 24 heures le 23 avril, vous n'auriez reçu aucune instruction du Führer directement ou de moi-même, vous devrez me rejoindre directement par la voie des airs[38]. » Après cela, Goering et Koller se concertent sur les mesures à prendre en cas d'acceptation d'Hitler – ou de silence de sa part. « Dans les deux cas, note Koller, Goering est résolu à agir promptement et énergiquement. Il ne capitulera pas devant les Russes, mais le fera immédiatement devant les puissances occidentales ; c'est pourquoi il a l'intention de se rendre en avion dès demain (24 avril) auprès du général Eisenhower. Goering pense que lors d'un entretien d'homme à homme, il parviendra rapidement à un accord[39]. »

Ce même après-midi du 23 avril, le ministre de l'Armement Albert Speer atterrit en avion léger devant la porte de Brandebourg et se présente à la chancellerie, qui est

---

* Qui se sont également réfugiés sur l'Obersalzberg, principalement pour échapper à la vindicte de Bormann... (Voir chapitre 6 : « Le fantôme errant de Martin Bormann ».)

** Visiblement effrayé par sa propre hardiesse, Goering conclut par cette formule servile : « Que Dieu vous protège et vous permette malgré tout de sortir de Berlin pour venir ici le plus tôt possible. Votre fidèlement dévoué, Hermann Goering. »

déjà sous le feu sporadique de l'artillerie soviétique. Après avoir descendu les quelque cinquante marches conduisant au bunker, il est introduit par Bormann dans le bureau du Führer, qui le frappe par son expression apathique : « Il ne manifestait aucune émotion, il me semblait vide, épuisé, sans vie. [...] Ce jour-là, il ne m'a plus parlé d'un renversement de situation imminent, d'un espoir qui subsisterait. D'un air las, comme s'il s'agissait déjà d'une évidence, il s'est mis à me parler de sa mort : "J'ai décidé de rester ici. [...] Je n'irai pas moi-même participer au combat. Je risquerais d'être blessé et de tomber vivant aux mains des Russes. Je ne veux pas non plus que mes ennemis profanent mon corps, c'est pourquoi j'ai ordonné qu'il soit incinéré. Mlle Braun souhaite quitter la vie avec moi, et je tuerai Blondi* au préalable. Croyez-moi, Speer, il m'est facile de mettre fin à ma vie. Un bref instant et je serai libéré de tout, délivré de cette douloureuse existence."[40] »

Mais le haut commandement du Reich continue à fonctionner sous sa propre impulsion : le chef d'état-major Krebs se présente au rapport et la conférence de situation débute comme à l'accoutumée ; il est vrai que les principaux dignitaires et chefs militaires sont absents, qu'il ne reste plus que quelques officiers de liaison, qu'il n'y a sur la table qu'une carte de Berlin, et que les renseignements disponibles sur l'avance soviétique sont des plus fragmentaires, mais le rituel se poursuit immuablement, chacun joue son rôle, et le Führer exprime même un certain optimisme : la 9e armée de Busse va faire mouvement vers l'ouest et rejoindre la 12e armée de Wenck, qui déclenchera son offensive vers le nord pour briser le siège de Berlin. Pourtant, la conférence se termine plus tôt qu'à l'ordinaire, et Speer, interloqué par ce qu'il vient d'entendre, sort dans l'étroit couloir du bunker. Il y croise

---

* La chienne d'Hitler.

Goebbels, dont le fanatisme paraît intact, et il rend une dernière visite à son épouse Magda, qui est venue avec ses six enfants pour mourir « dans ce site historique ».

Alors qu'il prend congé de l'infortunée Frau Goebbels, Speer perçoit une grande agitation dans le corridor, et il en découvre bientôt l'origine : « Un télégramme de Goering venait d'arriver, et Bormann se précipitait pour l'apporter à Hitler. Je l'ai suivi discrètement, surtout par curiosité. Dans son télégramme, Goering se contentait de demander à Hitler si, conformément au décret de succession, il devrait assumer la direction de l'ensemble du Reich au cas où Hitler demeurerait dans la forteresse de Berlin. Mais Bormann a prétendu que Goering venait de lancer un coup d'État. [...] Au début, Hitler a réagi à la nouvelle avec la même apathie qu'il avait manifestée toute la journée. Mais la thèse de Bormann s'est trouvée renforcée lorsque est arrivé un second message radio de Goering. » C'est la copie du télégramme adressé ce même après-midi à Ribbentrop ; et Speer poursuit : « Bormann a pensé y trouver un nouvel argument : "Goering est en train de trahir !", s'est-il écrié au comble de l'excitation. "Voilà maintenant qu'il envoie des télégrammes aux membres du gouvernement, pour leur dire qu'aux termes de ses pleins pouvoirs, il assumera vos fonctions cette nuit à 24 heures, *Mein Führer*." Si Hitler était resté plutôt calme lors de l'arrivée du premier télégramme, Bormann a eu cette fois partie gagnée. Son vieux rival Goering allait être dépouillé de ses droits de succession par un télégramme rédigé de la main de Bormann lui-même[41]. »

De fait, cette première réponse, aussitôt signée par le Führer, est libellée ainsi : « Je déciderai moi-même du moment de l'entrée en vigueur du décret du 29 juin 1941. Ma liberté d'action demeure entière. J'interdis donc toute démarche dans le sens que vous indiquez. Signé : Adolf Hitler. » Mais les choses n'en resteront pas là : « Bormann, poursuit Speer, avait enfin réussi à tirer Hitler de sa léthargie. Une explosion de rage a suivi, où s'entremêlaient des expressions d'amertume, d'impuissance, de désespoir et d'autoapitoiement. Le visage écarlate et les yeux hagards, il semblait avoir oublié la présence de son entourage : "Je le sais depuis longtemps. Je sais que Goering est paresseux. Il a laissé la Luftwaffe aller à vau-l'eau. Il est corrompu. Son exemple a permis à la corruption de se répandre dans l'État. En plus, il est morphinomane depuis des années. Je l'ai toujours su."[42] »

Bormann fait naturellement écho aux paroles du Führer, et pousse même son avantage : « Il doit être fusillé ! » Mais la manipulation a ses limites : « Non, non, pas cela ! répond Hitler ; je lui retire toutes ses fonctions et il est déchu de ses droits de succession. » Bormann est donc chargé de rédiger sur-le-champ un second télégramme : « À Hermann Goering, Obersalzberg. Par votre action, vous vous êtes rendu coupable de haute trahison contre le Führer et le national-socialisme. La trahison est punie de mort. Toutefois, du fait des services rendus au parti, le Führer ne vous infligera pas le châtiment suprême, à condition que vous renonciez à toutes vos fonctions. Répondez par oui ou par non[43]. »

Le radiogramme part aussitôt, tandis que le psychodrame se poursuit dans le bureau du Führer. Mais Speer n'est pas au bout de ses surprises : « D'un seul coup, Hitler est retombé dans sa léthargie : "Après tout, pourquoi pas ? Goering n'a qu'à négocier la capitulation. Au fond, peu importe qui le fait, si la guerre est perdue." [...] Une fois la crise passée, Hitler était à bout de forces. Il a repris ce ton harassé qu'il avait un peu plus tôt dans la journée[44] *. »

---

* L'aide de camp von Below confirme que le Führer a décidé à ce moment de « faire consigner Goering à son domicile de l'Obersalzberg », et il ajoute : « Lorsque je me suis entretenu ce soir-là en privé

Le Führer, dont l'attitude est manifestement devenue incohérente, a certes changé d'avis quatre fois en vingt-quatre heures, mais pour Martin Bormann, l'essentiel est acquis : son ennemi mortel est enfin écarté du pouvoir. Pourtant, cela ne suffit pas encore au très malfaisant Reichsleiter, puisqu'il se sert de son propre émetteur dans le deuxième sous-sol de la nouvelle chancellerie pour envoyer un radiogramme à l'*Obersturmbannführer* Bernhard Frank ; ce commandant du détachement SS sur l'Obersalzberg reçoit l'ordre d'arrêter Goering pour haute trahison… L'état-major et les conseillers du *Reichsmarschall*, y compris Koller, doivent également être emprisonnés ou placés en résidence surveillée ; et le message se termine par cet avertissement menaçant : « Vous en répondrez sur votre tête[45]. »

Le soleil se couche sur l'Obersalzberg. Dans la villa du *Reichsmarschall*, la réception du premier télégramme d'Hitler annonçant que « sa liberté d'action demeure entière » fait l'effet d'une bombe ; Goering envoie immédiatement à Ribbentrop, Keitel et Himmler un nouveau message pour tenter de limiter les dégâts : « Le Führer m'informe qu'il a conservé son entière liberté d'action. J'annule donc mes radiogrammes d'aujourd'hui midi. *Heil Hitler !* » Bien entendu, il accepte également de renoncer à toutes ses fonctions. Mais la machine infernale est déjà lancée. Comme son époux, Emmy Goering a du mal à suivre l'implacable enchaînement des événements : « Que s'était-il passé à Berlin dans l'intervalle, pour qu'Hitler reprît tout en main ? Nous sommes restés ensemble pendant de longues heures, et soudain, un domestique a fait irruption dans la pièce en criant : "*Herr Reichsmarschall*,

---

avec Hitler au sujet de Goering, j'ai constaté qu'il montrait quelque compréhension pour sa conduite, mais qu'en tant que son adjoint, Goering avait le devoir d'agir selon les instructions d'Hitler. Il n'y avait aucune possibilité de négociation avec l'ennemi. »

les SS sont dehors et viennent vous arrêter !" Mon mari a souri avec incrédulité, s'est levé et est allé dans son bureau. Je l'ai suivi. [...] "Ne te fais pas de souci, m'a-t-il dit. Ce doit être un malentendu ! C'est forcément un malentendu !" Sur ce, des SS armés sont entrés et ils m'ont ordonné d'aller dans ma chambre[46]. »

De fait, à partir de 21 heures ce 23 avril 1945, le *Reichsmarschall*, sa famille, ses amis, ses quatre aides de camp et ses domestiques sont prisonniers d'une centaine d'hommes de la SS, commandés par l'*Obersturmbannführer* Frank – qui est nominalement aux ordres d'Himmler, mais reçoit en fait ses instructions de Martin Bormann. Ce n'est là que le début du désordre : à la suite du psychodrame qui s'est joué dans le bunker d'Hitler, des scènes de la plus extraordinaire confusion vont bientôt se dérouler au milieu du mythique « réduit alpin ». Mais pour l'heure, les années de forage et de constructions souterraines menées en son centre vont s'avérer rentables, car le 25 avril, deux vagues de bombardiers britanniques Lancaster dévastent pour la première fois le Berghof et ses environs. Or, grâce au grand abri antiaérien bétonné creusé dans la montagne à trente mètres sous terre, le *Reichsmarschall* et son entourage échappent à l'anéantissement – au moins temporairement, car c'est dans cet ouvrage inachevé, humide et mal ventilé que Goering se voit remettre deux radiogrammes de Berlin : le premier lui annonce qu'il est démis de toutes ses fonctions et exclu du parti ; le second, quelques heures plus tard, est ainsi libellé : « Tous les coupables de haute trahison sont à fusiller, de même que ceux qui les accompagnent. » Mais un ajout a de quoi faire réfléchir : « La sentence ne devra être exécutée qu'après la chute de Berlin[47]. » Pourquoi une telle précision ? Parce qu'à ce moment, le Führer aura disparu ! Ce n'est donc pas lui qui est à l'origine du message* ; c'est à l'évidence le très sinistre et très vindicatif Martin Bormann, qui poursuit ses intrigues au milieu des ruines de la capitale...

Une capitale qui est entièrement encerclée par l'Armée rouge dans la journée du 25 avril, alors que les troupes américaines et soviétiques effectuent leur jonction à Torgau, sur l'Elbe – divisant ainsi l'Allemagne en son centre**. Mais depuis la veille, Hitler, terré dans le bunker sous la chancellerie, a retrouvé tout son optimisme, et il a convoqué le maréchal Schörner – qui s'efforce de contenir les armées soviétiques en Bohême –, pour lui confier le « commandement tactique suprême de la forteresse alpine[48] ». Bien sûr, sa stratégie à cet égard reste très incohérente, ainsi qu'il ressort des minutes de la conférence de situation dans l'après-midi du lendemain : « Les Anglais et les Américains se tiennent tranquilles sur l'Elbe. Ils ont probablement décidé d'une sorte de ligne de démarcation. À Berlin, la situation n'est pas si grave qu'elle en a l'air. [...] La 12ᵉ armée de Wenck et la 9ᵉ armée de Busse, qui forment des fronts stables à l'ouest et à l'est, doivent être rapprochées de la capitale. [...] C'est ici seulement que je peux remporter une victoire. Si j'obtiens cette victoire, ne serait-ce que morale, cela nous permettra au moins de sauver la face et de gagner du temps. Je suis au moins sûr d'une chose : il est tout à fait inutile que j'aille m'installer dans le sud

---

* D'autant que le premier télégramme reçu quelques heures plus tôt commençait par cette phrase : « En considération des grands services rendus par le *Reichsmarschall*, le Führer a décidé de ne pas le condamner à mort. »

** Dès la mi-avril, l'OKW avait émis des instructions détaillées pour le cas où l'Allemagne serait coupée en deux par des offensives simultanées à partir de l'est et de l'ouest : il était prévu de constituer un QG Nord, sous la direction de l'amiral Dönitz, avec autorité sur l'Allemagne du Nord, le Danemark et la Norvège ; un QG Sud, commandé par le maréchal Kesselring, en charge de l'Allemagne du Sud, de la Bohême-Moravie, de la Hongrie et de l'Italie.

de l'Allemagne, car je n'ai là-bas ni armée ni influence. [...] Je ne pourrais tenir un front montagneux constitué de l'Allemagne du Sud et de l'Autriche que si l'Italie pouvait aussi être tenue en tant que théâtre de guerre. Mais il règne là-bas au niveau du commandement un défaitisme absolu, qui le ronge depuis le sommet[49] *. »

C'est assez bien vu : Hitler a de bonnes sources d'information, et il a gardé son flair légendaire... Car ce jour-même, le général Wolff est à Lucerne avec son aide de camp, le major Wenner, et le lieutenant-colonel von Schweinitz, de l'état-major du général von Vietinghoff **. La SS et la Wehrmacht en Italie sont donc représentées par des officiers supérieurs qui ont pleins pouvoirs depuis le 22 avril pour négocier la reddition en Italie du Nord. Mais c'est une entreprise extraordinairement délicate : Hitler, Himmler, Kaltenbrunner, Schellenberg et Mussolini doivent tout ignorer de ces tractations ; Staline, lui, en a été informé dès le 3 avril, et il a protesté énergiquement auprès de Roosevelt et de Churchill, en les accusant de « négocier derrière le dos du gouvernement soviétique *** ».

---

* La suite des propos montre clairement que le Führer compte toujours sur un affrontement entre les Anglo-Américains et les Soviétiques pour le sauver *in extremis* : « Si je combats ici avec succès, si je tiens la capitale, les Anglais et les Américains se mettront peut-être à espérer qu'avec une Allemagne nazie, on pourra éventuellement contrer ce grand danger soviétique. Et le seul homme qui en soit capable, c'est tout de même moi. »

** C'est également ce jour-là que Mussolini apprend par le maréchal Graziani, son ministre de la Guerre, que les Allemands négocient leur reddition en Suisse. Ayant confié à un officier allemand de son escorte : « Votre général Wolff nous a trahis », le Duce quitte Milan et se dirige en convoi vers le lac de Côme. Le maréchal Graziani demandera le lendemain au général SS Wolff de représenter également les forces fascistes italiennes aux négociations avec les Alliés.

*** Dans l'intervalle, il avait exigé que des représentants soviétiques soient présents lors des négociations de Lucerne, ce que les Alliés (et les Suisses) ne pouvaient accepter.

Les Anglais et les Américains ont refusé tout d'abord de se laisser impressionner, mais Roosevelt est décédé le 12 avril, et son successeur Harry Truman a fini par céder : Dulles a reçu pour instruction huit jours plus tard de rompre tout contact avec les Allemands, « afin d'éviter de nouvelles frictions avec les Russes[50] ». Pourtant, le représentant de l'OSS en a appelé à Washington et à l'état-major allié de Caserte : les Allemands sont venus offrir une capitulation sans conditions de toute la Wehrmacht en Italie, et un refus ne pourrait que prolonger la guerre, en faisant d'innombrables victimes inutiles. Et puis, il y a la situation stratégique, dont il faut tenir le plus grand compte : les Soviétiques avancent vers Linz et Graz, les Yougoslaves de Tito veulent s'emparer de Trieste, et seule une reddition allemande rapide en Italie permettra de les devancer. Enfin, bien sûr, il y a le fameux « réduit alpin » : si l'on refuse la reddition des 800 000 Allemands, ils quitteront le nord de l'Italie, passeront le Brenner et renforceront puissamment la forteresse des Alpes tant redoutée des Alliés...

Autant d'arguments qui finissent par porter. Le 27 avril, sur instructions de l'état-major combiné, le général Alexander envoie un télégramme urgent à Dulles : les représentants de Wolff et de Vietinghoff sont invités à se rendre au QG allié de Caserte pour signer la reddition ; un avion sera envoyé à Annecy pour les transporter dès le lendemain*. C'est ainsi que le 28 avril à midi, un C-47 américain emporte vers Naples les deux plénipotentiaires des SS et de la Wehrmacht, Wenner et von Schweinitz. À Caserte, dans l'après-midi du 29 avril, la capitulation est signée en présence des généraux britanniques, amé-

---

* C'est ce même 27 avril que Mussolini est capturé par les partisans à Dongo, près du lac de Côme ; il sera abattu le jour suivant.

ricains et soviétiques*. Elle n'entrera en vigueur que le 2 mai à 14 heures, heure locale ; dans l'intervalle, il est essentiel qu'elle reste absolument secrète.

La nécessité va en apparaître clairement lorsque le lendemain, les deux émissaires porteurs du document de reddition tenteront de rejoindre le QG de la Wehrmacht à Bolzano. Le général Wolff ayant fait savoir à Dulles que Kaltenbrunner et Hofer avaient donné l'ordre à la Gestapo de les arrêter lors de leur passage à Innsbruck**, ils prennent la route du sud-ouest, plus enneigée mais moins surveillée. À partir de ce jour du 30 avril, alors que la Gestapo s'est mise à poursuivre des officiers supérieurs de la SS et de la Wehrmacht, tandis que les soldats du Reich s'efforcent toujours de contenir les troupes angloaméricaines et les partisans italiens sans savoir ce qui se passe à Berlin, les choses vont prendre une tournure de plus en plus folle dans le quadrilatère montagneux entre la Bavière, l'Autriche et l'Italie du Nord. Les amateurs d'histoire aiment les récits ordonnés ; or, durant les trois semaines qui suivent, il va s'agir au contraire de décrire le désordre le plus absolu...

Au nord des Alpes, la menace du réduit alpin a continué d'orienter la stratégie alliée : le 24 avril, à Wiesbaden, le général Bradley, commandant le 12e groupe d'armées, confiait à des membres du Congrès qu'en raison d'« une extraordinaire machination ennemie visant à la consti-

---

* Après d'âpres négociations : le général von Schweinitz insistait notamment pour que ses troupes ne soient pas internées, mais démobilisées et renvoyées en Allemagne – ce que les Alliés ne pouvaient accepter. D'autres demandes seront en revanche acceptées, notamment la possibilité pour les officiers de conserver leurs armes jusqu'à la fin du processus de reddition.

** À ce stade, Kaltenbrunner et Hofer veulent livrer un baroud d'honneur dans les Alpes, ou bien négocier avec les Alliés une paix séparée pour « leur » Autriche. Le successeur de Heydrich paraît oublier qu'il figure sur la liste des criminels les plus recherchés par les Alliés...

tution d'une citadelle alpine », les combats pourraient encore durer entre un mois et un an. « De fait, avait ajouté le général, une concentration suspecte d'unités d'élite a été détectée sur les flancs sud de l'avance alliée[51]. » Eisenhower et Marshall partagent manifestement ces inquiétudes, puisque dès le lendemain, la 3ᵉ armée de Patton et la 7ᵉ armée de Patch reçoivent l'ordre de virer au sud-est et au sud-ouest respectivement, afin d'entamer la conquête de la redoutable forteresse alpine – et d'empêcher de nouvelles formations ennemies de la rejoindre.

Dans leur offensive éclair en direction de Passau et d'Innsbruck, les Américains vont surtout rencontrer des barrages routiers, quelques fossés antichars, de la neige et des cohortes de civils. C'est que le maréchal Schörner, durement accroché en Bohême, ne peut assumer le commandement de la forteresse alpine, dont la direction revient par défaut au général Ritter von Hengl, un spécialiste de la guerre de montagne. Mais celui-ci constate d'emblée que sa « citadelle » ressemble davantage à un moulin à vent : au sud-est, elle dépend du groupe d'armées C combattant en Italie pour barrer l'accès au col du Brenner ; au nord, il n'y a aucun ouvrage fortifié pour défendre la Bavière, le Vorarlberg et les approches d'Innsbruck et de Salzbourg ; il n'y a pas non plus d'armes lourdes, de munitions et de vivres pour organiser une résistance prolongée. Enfin et surtout, il manque les hommes : en dehors des faibles garnisons locales, des deux bataillons SS de Berchtesgaden, des officiers de l'école militaire de Bad Tölz et des nombreux « rampants » de la Luftwaffe désormais sans emploi, il ne reste que des débris de divisions étrillées à l'est par les Soviétiques et au nord-ouest par les Anglo-Américains. Certaines formations ont entendu les rumeurs sur la forteresse alpine et ont tenté d'y chercher refuge ; avec les dizaines de milliers de civils, de dignitaires du parti, de personnels des ministères et de travailleurs étrangers désœuvrés, ils encombrent les routes et gênent les opérations militaires...

Sur ces routes, il y a aussi les longues cohortes des prisonniers qui doivent être soustraits à l'avance alliée. Le Gauleiter Hofer a en effet confié à l'évêque de Bruxelles : « Nous pourrons tenir longtemps dans nos montagnes. Et si nous y sommes forcés en fin de compte, eh bien, nous aurons quelques têtes à jeter à la face des Alliés[52] ! » À cet égard, certains otages sont plus importants que d'autres, comme ce groupe de cent trente-six hommes et femmes de dix-sept nationalités, dont Léon Blum, l'évêque de Clermont-Ferrand Gabriel Piquet, l'ancien chancelier Schuschnigg, le président du conseil hongrois Kállay, le maréchal grec Papagos, le général soviétique Privalov, le ministre néerlandais Van Dyk, l'ancien bourgmestre de Vienne Richard Schmitz, le capitaine danois Hans Lunding, le commandant tchèque Jan Stanek, le général de partisans italien Sante Garibaldi, les officiers britanniques Best et Stevens, le prince Xavier de Bourbon-Parme, ainsi que de nombreuses personnalités allemandes, dont l'ancien ministre des Finances Hjalmar Schacht, l'avocat Josef Müller, le pasteur Niemöller, l'industriel Fritz Thyssen, le prince Philippe de Hesse, les généraux von Falkenhausen, Thoma, Halder, et le colonel von Bonin*. Venus des camps de concentration de Buchenwald, Flössenburg et Dachau**, tous ces otages ont été dirigés en autobus vers le quadrilatère de la forteresse alpine, en passant par Munich, Rosenheim, Kufstein et Innsbruck. Ils sont solidement encadrés par trente hommes de la SS et vingt

---

* Ce dernier, en tant que *Ehrenhäftling* (« prisonnier sur parole ») a été autorisé à garder son arme de service, ce qui lui sera fort utile peu après.

** Les familles de toutes ces personnalités les accompagnent, de même que celles de Gisevius, Goerdeler, von Hassell et von Stauffenberg.

reîtres du SD surarmés – qui ont ordre de les abattre à l'approche des Américains ou des Soviétiques[53]. Après une brève halte au camp de travail de Reichenau, ils poursuivent leur route le 27 avril vers le Tyrol du Sud, en passant par le col du Brenner, pour faire enfin halte deux jours plus tard dans le petit village de Niederdorf, à l'est de la Pustertal.

C'est là que le mécanisme de la répression commence à s'enrayer ; les villageois reconnaissent Schuschnigg* et commencent à s'attrouper, puis on voit paraître un général de la Wehrmacht en grand uniforme. Tous les militaires allemands prisonniers descendent du bus, et le général Thoma se jette dans les bras du nouveau venu : ils étaient cadets ensemble à l'académie de guerre... et le général Halder était leur instructeur ! Bien sûr, la garnison du village ne se compose que de quelques soldats, mais comme ils ont un téléphone et un poste émetteur, le colonel von Bonin reçoit sans difficulté la permission de contacter à Bolzano le général von Vietinghoff, dont il était autrefois l'aide de camp. C'est le chef d'état-major Roettiger qui répond, et une fois mis au courant de la situation, il promet de mettre en marche une compagnie de soldats bien armés, qui rouleront toute la nuit et arriveront à l'aube.

Il s'agit de survivre jusque-là... Les SS de l'*Obersturm-führer* SS Stiller sont âgés, majoritairement autrichiens et plutôt favorables aux otages, mais il y a les tueurs du SD menés par l'*Untersturmführer* Bader, qui menacent à tout moment de faire un carnage. Seulement, ils se retrouvent eux-mêmes dans une situation délicate : les trente SS de Stiller sont également armés, et la situation peut rapidement dégénérer. D'autre part, les hommes de Bader ont ordre d'abattre les otages uniquement à

---

* L'ancien chancelier est resté très populaire dans ce Haut-Adige italianisé, mais très majoritairement peuplé d'Autrichiens.

l'approche des Alliés, et il n'y en a pas encore dans le secteur. Enfin, la chaîne de commandement du SD paraît se déliter depuis que l'on a appris la veille qu'Himmler avait été destitué de toutes ses fonctions pour trahison ; il reste bien sûr Schellenberg, mais il est en Suède, tandis que Kaltenbrunner demeure injoignable... On tente malgré tout l'intimidation – voire des liquidations individuelles* –, mais c'est peine perdue, et au cours de la nuit, un groupe de résistants italiens appartenant à la « division de partisans Trento » investit discrètement le village. Enfin, au petit matin du dimanche 30 avril, la compagnie de la Wehrmacht occupe les lieux, désarme les hommes du SD, incorpore ceux de la SS et libère tous les otages[54].

Dans le réduit alpin, un autre otage plus galonné joue sa liberté – et sa vie : c'est le *Reichsmarschall* Hermann Goering. Sur l'Obersalzberg, une nouvelle unité SS a pris la relève, et l'*Obersturmbannführer* Frank a été remplacé par le *Standartenführer*** Brausse. A-t-il reçu des instructions particulières de ses supérieurs ? Est-il déjà gagné par le flottement qui s'installe dans beaucoup d'unités militaires allemandes depuis l'encerclement de Berlin et la jonction américano-soviétique sur l'Elbe ? Toujours est-il que Goering se voit demander s'il a une préférence quant à son nouveau lieu de détention... Il propose spontanément son propre château autrichien de Mauterndorf, et c'est là que la famille Goering est emmenée, en limousine mais sous bonne garde, le 28 avril à 22 heures[55].

Goering passe donc sans déplaisir de la vie de troglodyte condamné à mort à celle de châtelain assigné à

_____

* Un sous-officier des SD tente de faire sortir l'avocat Josef Müller pour l'abattre, mais le colonel von Bonin s'interpose et le met en joue avec son pistolet d'ordonnance : « Je compte jusqu'à trois... À deux, vous serez un cadavre ! » Le tueur s'éclipse avant le compte.

** Colonel.

résidence. Il est vrai que le château est glacial, mais sa cave est bien garnie, et le maître des lieux en fait largement profiter le *Standartenführer* Brausse. Celui-ci tombe rapidement sous le charme de ce grand seigneur, qui a repris toute son assurance au milieu de l'effondrement général et se fait fort de négocier avec les Américains dès qu'il sera autorisé à les contacter ; deux autres officiers SS chargés de la garde des prisonniers ne cachent pas non plus leur sympathie pour la famille Goering. Du reste, la nouvelle de la destitution du *Reichsführer* Himmler, parvenue en Autriche dès le 29 avril, a de quoi faire réfléchir ; il reste bien sûr son subordonné immédiat, Ernst Kaltenbrunner, mais celui-ci ne donne aucune instruction concernant Goering. En revanche, un radiogramme de Bormann est reçu le 30 avril à Salzbourg comme à l'Obersalzberg : « La situation à Berlin s'aggrave. Si Berlin tombe et si nous disparaissons, les traîtres du 23 avril doivent tous être liquidés sur-le-champ. Vous en répondrez sur votre honneur, sur votre vie et sur celle de vos proches. Soldats, faites votre devoir[56] ! »

L'*Obersturmbannführer* Frank se déplace en personne jusqu'à Mauterndorf pour apporter ce message au *Standartenführer* Brausse. Mais ce dernier, après avoir consulté ses deux lieutenants, semble résolu à n'en tenir aucun compte : « Pour moi, dira-t-il plus tard, c'était de la folie complète et du meurtre pur et simple. En plus, c'était politiquement insensé. Qui serait responsable du régime national-socialiste, si les hommes de Berlin et Hitler lui-même disparaissaient ? Lorsque nous avons ensuite discuté de cet ordre avec Goering, il s'est déclaré convaincu qu'il ne pouvait venir que de Bormann, et non d'Hitler[57]. »

C'est assez bien vu ; mais au moment où ce funeste message est reçu à Salzbourg, le Führer n'a plus que quelques heures à vivre. Les Soviétiques se sont emparés de l'Alexanderplatz, de la Potsdamerstrasse, de la

Wilhelmstrasse, et ne sont plus qu'à trois cents mètres du bunker. Ayant dicté la veille son testament politique, déchu et expulsé du parti ses anciens acolytes Goering et Himmler, puis choisi pour successeur le grand amiral Dönitz, Hitler se suicide au début de l'après-midi du 30 avril.

C'est seulement vingt-quatre heures plus tard que la nouvelle est relayée par l'antenne de l'OKW à Berchtesgaden, et elle ne parvient à Mauterndorf que le soir. « Je m'étais couchée de bonne heure, se souviendra Emmy Goering, [...] mais je ne m'étais pas encore endormie lorsque mon mari s'est approché de mon lit et a dit : "Adolf Hitler est mort." Un étrange silence s'est fait. [...] Après un long moment, mon époux s'est mis à gémir, en répétant sans cesse la même chose : "Maintenant, je ne pourrai plus me justifier. Je ne pourrai plus jamais lui dire en face qu'il a été injuste envers moi, et que je lui suis resté fidèle." Pendant un moment, j'ai cru qu'il avait perdu l'esprit[58]. » En fait, c'est son indépendance d'esprit qu'il a perdue, et depuis bien longtemps déjà ; ces paroles sont celles d'un homme resté sous influence...

Au même moment, à Berchtesgaden, le général Koller, chef d'état-major de Goering, téléphone au maréchal Kesselring pour le prier de faire libérer son encombrant supérieur. Kesselring, nommé deux jours plus tôt commandant en chef pour toute l'Allemagne du Sud, a certes l'autorité nécessaire pour le faire, mais la chape de plomb du national-socialisme étant loin d'être levée, il s'y refuse en l'absence d'un ordre des nouveaux dirigeants du Reich[59] *. Du reste, le maréchal Kesselring a des préoccupations bien plus pressantes, car depuis leur QG de Bolzano, les hautes autorités de la Wehrmacht et de la SS l'ont informé des négociations de Wolff en Suisse,

---

* Toutefois, il interdit au chef de la garde SS toute exécution de la sentence de mort contre Goering et sa famille.

sans mentionner l'acte de capitulation signé à Caserte le 29 avril. Mais le Gauleiter Hofer vient de le faire à leur place, et Kesselring s'en est indigné.

De fait, au matin de ce même 1er mai, les émissaires de la Wehrmacht et de la SS, ayant échappé à la Gestapo, sont parvenus à Bolzano pour apprendre que Kesselring venait d'ordonner l'arrestation du général Vietinghoff et de son chef d'état-major Roettiger, en tant que coresponsables de l'acte de capitulation signé le 29 avril ; leurs remplaçants, les généraux Schulz et Wenzel, sont déjà arrivés. Quant au général SS Wolff, Kesselring a annoncé qu'il « remettait son dossier entre les mains de Kaltenbrunner ». Ainsi, la tentative de reddition des troupes allemandes d'Italie du Nord semble avoir fait long feu ; Hofer, Kaltenbrunner et les autres jusqu'au-boutistes du réduit alpin voient leurs perspectives s'améliorer notablement...

En officier discipliné, le général von Vietinghoff va se constituer prisonnier dans un poste de commandement secret près du lac Carezza, dans les Dolomites. Mais il y a un grain de sable ; son chef d'état-major Roettiger refuse de partir avant d'avoir mis son successeur au courant des affaires, et il a deux solides alliés à Bolzano : le général Wolff et le général von Pohl, chef de la Luftwaffe en Italie ; les commandants des 10e et 14e armées, Herr et Lemelsen, très conscients de l'état de leurs troupes, sont également favorables à la capitulation, tout en restant soumis à l'autorité hiérarchique. Ce n'est pas le cas du général Roettiger : jugeant que le rapport de forces joue en sa faveur, il prend l'initiative de faire arrêter par la police militaire le général Schulz et son chef d'état-major Wenzel peu après 7 heures au matin du 1er mai, après quoi il prend lui-même le commandement du groupe d'armées C, fait couper toutes les communications avec l'Allemagne, et annonce aux généraux Herr et Lemelsen qu'il va appliquer les conditions de la capitulation comme prévu. Hélas !, les chefs des 10ᵉ et 14ᵉ armées sont légalistes, et ils refusent leur concours dans de telles conditions. Voyant qu'il a échoué, Roettiger se retire et s'apprête à se suicider.

Le général Wolff, prévenu, accourt pour l'en dissuader, et il lui propose un changement de tactique : il s'agit de libérer Schulz et Wenzel, de leur rendre leur commandement et de les persuader de coopérer, après avoir rétabli les communications avec Berlin et Munich. Tout cela est très dangereux, mais Wolff se montre persuasif, et les deux généraux finissent par accepter – sous réserve de l'accord de Kesselring. À 18 heures au soir du 1ᵉʳ mai, une conférence générale se tient dans le PC de l'armée, creusé à flanc de falaise au-dessus de Bolzano ; elle réunit les généraux Wolff, Roettiger, Schulz, Wenzel, Herr, Lemelsen, Pohl, ainsi que le vice-amiral Löwisch, représentant la Kriegsmarine*. Le temps presse désormais, car le maréchal Alexander a demandé confirmation de la date et de l'heure de reddition, afin de pouvoir annuler la nouvelle offensive alliée, qui est imminente. Tous les officiers présents penchent à des degrés divers pour la capitulation, mais Schulz n'en démord pas : il faut l'accord de Kesselring ; or, le maréchal est en tournée d'inspection...

Vers 21 heures, Wolff finit par joindre son chef d'état-major, le général Westphal, et lui demande de nommer un nouveau commandant du groupe d'armées C acceptant de procéder à la reddition : Roettiger, Herr, Lemelsen, Pohl ou lui-même. Westphal, très peu hitlérien, se montre compréhensif, mais il ne peut rien faire en l'absence de son chef, et il promet de rappeler dans la demi-heure. À 22 heures, il n'y a toujours pas d'appel, alors que le maréchal Alexander attend sa réponse pour 22 h 30. Au

---

* Sont également présents les colonels Dollmann, de la SS, et Moll, de l'état-major du général Roettiger.

QG de Bolzano, les discussions, qui durent depuis quatre heures, sont donc dans une impasse, le silence se fait autour de la table et la tension grandit. Mais peu avant 22 h 30, le général Herr, commandant de la 10ᵉ armée, se retourne vers son aide de camp et lui dit calmement : « Transmets à la 10ᵉ armée l'ordre de cesser le feu demain à 14 heures. » Les hésitations s'en trouvent balayées, et comme par réflexe, les généraux Wolff, Pohl et Lemelsen donnent le même ordre ; sans attendre la décision de Kesselring et de Schulz, Wolff fait également transmettre à 23 heures sa réponse au maréchal Alexander : reddition le lendemain à l'heure prévue. Il a la logique pour lui ; comment poursuivre le combat, si les deux armées composant le groupe ont décidé de cesser le feu ? Quelques minutes plus tard, du reste, on apprend par la radio le suicide d'Hitler ; tous les officiers sont donc déliés de leur serment d'allégeance personnelle au Führer.

C'est compter sans le fanatisme du maréchal Kesselring : à 1 h 15 au matin du 2 mai, il ordonne l'arrestation immédiate de Roettiger et de ses principaux officiers. Craignant que Schulz ne prenne l'initiative de faire exécuter l'ordre, et voyant que des soldats armés commencent à se regrouper dans les couloirs, Wolff fait sortir les généraux Herr et Lemelsen par un tunnel non gardé, et leur conseille de rejoindre leur PC pour faire respecter le cessez-le-feu, tandis qu'il fera de même depuis le palais du duc de Pistoia, qui sert de quartier général à la SS. Mais arrivé sur place, Wolff apprend qu'une unité de blindés de la Wehrmacht a reçu l'ordre de cerner son QG ; il ordonne aussitôt à sept tanks de la SS de prendre position dans le parc du palais, qu'il met rapidement en état de défense. Ainsi, vers 2 heures au matin du 2 mai, un affrontement se prépare entre Allemands – avec les SS fermement engagés en faveur de la reddition... Le comble est atteint quelques minutes plus tard, lorsque l'*Obergruppenführer* SS Wolff fait envoyer un message radio à Caserte, pour demander l'intervention immédiate de parachutistes alliés !

C'est à ce moment qu'un nouvel élément intervient : Kesselring appelle Wolff au téléphone et l'accable de reproches, l'accusant de promouvoir une « insurrection militaire ». Le général SS se défend de son mieux, fait valoir que la partie est perdue pour l'Allemagne, et supplie son interlocuteur d'approuver les mesures déjà prises. La conversation va durer deux longues heures, qui permettront à Kesselring de se rendre à l'évidence : d'une part, l'ordre ayant déjà été donné aux deux armées de cesser le feu, il est impossible de revenir en arrière sans risquer une mutinerie générale ; d'autre part, toute résistance prolongée au sud ne pourra que favoriser l'avance soviétique à l'est ; en outre, il a déjà appris que son nouveau supérieur, l'amiral Dönitz, cherchait lui-même à négocier avec les Anglais et les Américains ; enfin, il lui faut tout de même songer à son propre avenir, et il se doute bien que le fait de provoquer de nouvelles pertes inutiles serait très mal vu par les Alliés une fois la défaite consommée. À 4 heures du matin, le maréchal met fin à la conversation en annonçant qu'il fera connaître sa décision dans une demi-heure. De fait, à 4 h 30, le général Schulz téléphone à Wolff pour l'informer que Kesselring a approuvé la reddition et levé l'ordre d'arrestation de Vietinghoff, de Roettiger et de tous les autres. C'est ainsi qu'à 14 heures ce 2 mai 1945, les soldats allemands commencent à déposer les armes, et que la guerre en Italie est terminée. Les éléments avancés de la 5e armée américaine se portent aussitôt vers le col du Brenner, forçant ainsi l'entrée sud de la forteresse alpine…

Tous ces événements ont largement échappé au contrôle du grand amiral Dönitz*. Ayant déplacé son

---

* Ce qu'il confirmera lui-même dans ses Mémoires, en indiquant n'avoir reçu un message de Kesselring que le 3 mai – lorsque la capitulation du groupe d'armées C était déjà un fait accompli.

QG le 3 mai de Plön à Flensburg, près de la frontière danoise, le successeur d'Hitler est talonné par les forces britanniques ; sa nomination au pouvoir suprême l'a pris entièrement au dépourvu, sa légitimité est incertaine*, son pouvoir fragile** et sa marge de manœuvre terriblement limitée. Entouré de quelques hommes modérément compromis dans les exactions du régime, il espère effectivement pouvoir négocier une capitulation honorable avec les Anglais et les Américains, tout en gagnant du temps pour faire évacuer vers l'ouest les millions d'Allemands menacés par l'avancée de l'Armée rouge. C'est ainsi qu'il a dépêché l'amiral von Friedeburg à Hambourg pour négocier avec le maréchal Montgomery, et s'il a envoyé des ordres aux commandants des groupes d'armées qui combattent dans le Sud, personne ne semble les avoir reçus : après Vietinghoff en Italie, Schörner en Bohême, Rendulic en Hongrie et Löhr en Croatie paraissent agir de leur propre initiative pour contenir la poussée soviétique. Au Vorarlberg, au Tyrol, dans le Salzkammergut, la résistance aux armées de Patch et Patton venues du nord et à celles de Clark venues du sud à travers le col du Brenner est largement le fait de garnisons isolées, de restes d'unités SS et de cadets de l'école d'officiers. Les combats ne sont donc que sporadiques, et au milieu des obstacles naturels constitués par la neige et les reliefs, il se produit de bien étranges choses dans la forteresse alpine...

Par exemple au « camp d'extermination par le travail » de Mauthausen, dont une galerie secrète abrite depuis la mi-mars les cent trente-sept « prisonniers spéciaux » censés reconstituer la *Bank of England* du bloc 19 de

---

* Elle ne repose à l'époque que sur trois messages radio provenant du bunker d'Hitler, et le testament écrit ne parviendra jamais à Flensburg, Goebbels et Bormann ayant disparu.

** Les généraux de la Wehrmacht n'ont juré allégeance personnelle qu'à Hitler, et Dönitz n'a aucun contrôle sur les 40 divisions SS.

Sachsenhausen. Mais que ce soit parce que le camp de Mauthausen est inadapté à la reprise de la production ou parce que le *Sturmbannführer* Krüger est à Berlin pour négocier la suite de l'entreprise, les machines restent en caisses dans un entrepôt près de la gare, et pas un seul nouveau billet n'est produit pendant cinq semaines. Enfin, le 23 avril, les gardes SS annoncent aux faussaires réticents* que Linz et Mauthausen étant menacés par l'avance américaine au nord-ouest et la progression soviétique au sud-est, le matériel et les artisans de l'opération *Bernhard* doivent être à nouveau déplacés vers le cœur de la forteresse alpine. En l'occurrence, ce sera le village de Redl-Zipf, qui abrite l'un des soixante camps satellites de Mauthausen.

Ce camp, situé entre Linz et Salzbourg, est si secret qu'il n'est connu que par son nom de code (« *Schlier* ») ; c'est que l'on produit dans ses souterrains des moteurs et du carburant pour les fusées V2. Deux baraquements dans l'enceinte du camp doivent abriter les nouveaux venus et leurs presses, mais les tables de tri sont trop encombrantes et doivent être entreposées dans le tunnel numéro seize, près des galeries où des républicains espagnols** travaillent aux essais de moteurs pour V2. Cette fois encore, la production de fausse monnaie ne pourra redémarrer. À la fin d'avril, Krüger réapparaît et annonce à « son » équipe qu'avec l'approche des Alliés, l'opération *Bernhard* est à liquider dans le plus grand secret : tous les billets de deuxième et troisième catégorie devront être brûlés, tandis que ceux de première qualité seront dirigés sur Bad Aussee, au QG de Kaltenbrunner

---

* Les cent trente-sept hommes affrontent un terrible dilemme : en tant que Juifs, ils étaient promis à la chambre à gaz, et seule la production de fausse monnaie leur a permis d'y échapper. Un discret ralentissement de la production leur permet tout au plus de faire acte de résistance – et de prolonger leur temps de survie...

** Arrêtés par Vichy et livrés aux Allemands.

à cent quarante kilomètres plus au sud. Avant de s'éclipser en direction de la Suisse, Krüger reste très discret sur le sort réservé aux hommes du « *Sonderkommando Bernhard* », mais le commandant du camp principal de Mauthausen, le sinistre *Sturmbannführer* Frank Ziereis, y pourvoit à sa place : afin d'assurer le secret définitif de l'opération *Bernhard*, il donne à son subordonné de Redl-Zipf l'ordre de supprimer tous les faussaires, de préférence en les enfermant dans une galerie bourrée d'explosifs. Mais que ce soit par humanité ou par crainte d'avoir à rendre des comptes aux Alliés*, le *Hauptsturmführer*** Alfons Bentele répond à son supérieur : « *Nicht bei mir !* » – « Pas de ça chez moi[60] ! »

Naturellement, rien n'empêche de les liquider ailleurs, et à partir du 1er mai, ils vont être redirigés par groupes sur le camp satellite d'Ebensee, à mi-chemin de Bad Aussee. Simultanément, des camions contenant les machines, les dossiers de l'opération *Bernhard* et quarante-deux caisses de faux billets négocient péniblement les routes de montagne menant toujours plus loin vers le sud. Un des camions s'arrête dès la sortie de Redl-Zipf avec un essieu cassé, et il est remis contre reçu à un capitaine de la Wehrmacht*** ; le 3 mai, un deuxième camion quitte la route près d'Ebensee et s'enfonce partiellement dans la rivière Traun, qui est en crue du fait de la fonte des neiges. Faute de nouveau moyen de transport, le lieutenant SS responsable du convoi fait jeter à l'eau toutes les caisses, et repart avec le reste des camions en direction de Bad Aussee[61].

Il n'est pas au bout de ses peines, car une fois sur place, il trouve un Kaltenbrunner qui n'est plus si sûr de

---

* Les résistants autrichiens l'avaient averti qu'il paierait de sa vie toute exécution de dernière minute.

** Capitaine.

*** Qui n'est pas informé du contenu, et ne cherche pas à le connaître.

vouloir jouer les foudres de guerre : la capitulation de l'armée d'Italie la veille a beaucoup affaibli sa position, il n'est au fond qu'un policier viennois expert en répression plutôt qu'en stratégie, Hitler et Dönitz ne lui ont conféré aucune autorité sur la Wehrmacht, Himmler a envoyé le général Berger pour le surveiller[62], le Gauleiter Hofer a été capturé la veille par les Américains, et la population autrichienne, loin de songer à la résistance, accueille les Américains à bras ouverts ; d'un autre côté, ses efforts de négociation avec Dulles et Burckhardt* en Suisse n'ont pas abouti, personne ne semble s'intéresser à ses « prisonniers de marque », le périmètre de défense dans les monts du Tauern rétrécit de jour en jour, et dans l'intervalle, les Soviétiques avancent vers Linz le long du Danube. Il y aurait là de quoi décourager un homme plus hardi qu'Ernst Kaltenbrunner**...

Pour l'heure, il donne au lieutenant SS convoyant les billets de l'opération *Bernhard* l'ordre de poursuivre sa route vers le sud-ouest pour atteindre Radstadt. C'est là, encore plus haut dans la montagne, que le lieutenant colonel SS Skorzeny compte organiser le dernier centre de résistance. Mais à quelques kilomètres seulement de Bad Aussee, le convoi se retrouve bloqué au pied de la chaîne du Grimming par la neige, les encombrements et le triste état de ses camions ; atteindre un col situé à plus de 2 000 mètres étant devenu impossible et les ordres ne lui parvenant plus, le lieutenant SS fait obliquer ses camions vers le Toplitzsee, un lac au fond d'une petite vallée encaissée au nord-est de Bad Aussee. C'est là que se trouve un centre expérimental secret de la Kriegsmarine, et le lieutenant SS ayant expliqué aux officiers

---

* Le président de la Croix-Rouge internationale.

** Le fait qu'il ait ordonné ou autorisé la liquidation des hommes de l'opération *Bernhard* au début de mai indique également qu'il ne croit plus à la possibilité d'une résistance prolongée dans le réduit alpin.

responsables la nécessité absolue de mettre sa cargaison en sûreté avant l'arrivée des Américains, les caisses sont immergées dans le lac, qui est profond de quatre-vingt-deux mètres*. *Toutes* les caisses ? Pensait-on les récupérer plus tard ? Nul ne le sait...

Dans l'intervalle, les faussaires malgré eux, accompagnés des Espagnols de Redl-Zipf, ont été acheminés vers le camp d'Ebensee, où ils devaient être tués tous ensemble. Mais du fait de l'état des derniers camions et de l'encombrement des routes par les réfugiés et les soldats allemands en retraite, il a fallu faire marcher le dernier groupe, qui n'est arrivé à Ebensee qu'au soir du 4 mai. À ce moment, les gardes SS ont déjà pris la fuite, et les 15 000 prisonniers du camp se sont rendus maîtres des lieux. Avant même l'arrivée des Américains, les forçats de l'opération *Bernhard* sont des hommes libres...

La progression américaine a pourtant été foudroyante : dès le 3 mai, une partie de la 7ᵉ armée de Patch, fonçant vers le sud, a traversé Innsbruck** et fait sa jonction au col du Brenner avec la 5ᵉ armée du général Truscott venue d'Italie, tandis qu'entre le 3 et le 5 mai, ses autres divisions, renforcées de la 2ᵉ DB du général Leclerc, occupent Innsbruck, Bad Reichenhall, Salzbourg et Berchtesgaden. Parallèlement, la 3ᵉ armée de Patton se déploie en éventail le long du Danube, vers l'est et le nord-est : deux de ses corps d'armée franchissent la frontière tchèque en direction de Pilseň, un autre est en Bavière et un quatrième avance vers Linz à la rencontre des forces soviétiques venues de Vienne. Mais les blindés américains sont inadaptés aux routes de montagne, surtout lorsqu'elles sont enneigées, et en dehors des grands axes, les Allemands restent maîtres

---

* La marine y expérimente notamment des fusées pouvant être tirées depuis des plateformes immergées. (Voir chapitre 3 : « Raser l'Amérique ! ».)

** Libérée le matin même par la résistance autrichienne.

des reliefs d'ouest en est, entre les hauteurs dominant la vallée de l'Inn et le bas Tauern, et du nord au sud, entre les Préalpes bavaroises et le haut Tauern.

C'est précisément dans ce dernier secteur que se situe le château d'Itter*, où va se dérouler l'une des plus étranges péripéties de ces derniers jours de guerre. Ce magnifique château du XIIe siècle à l'imposante tour carrée avait été réquisitionné par la SS en 1943, et transformé en annexe du camp de Dachau pour les « prisonniers de marque » susceptibles d'être échangés. Il abrite depuis lors des détenus politiques tels que le président Albert Lebrun, Paul Reynaud, Édouard Daladier, Michel Clemenceau**, les généraux Weygand et Gamelin, le colonel de La Rocque, le syndicaliste Léon Jouhaux, l'ambassadeur François-Poncet, la sœur aînée du général de Gaulle Marie-Agnès Cailliau et l'ancien commissaire aux Sports de Vichy Jean Borotra, ainsi que plusieurs détenus originaires d'Europe de l'Est, détachés de Dachau pour assurer le service et la maintenance***. Ils n'ont pas vraiment vécu l'enfer, mais avec l'effondrement du nazisme et l'irruption dans la forteresse alpine de formations militaires incontrôlées, ils sont désormais à la merci d'une exécution sommaire.

Ce danger se rapproche encore lorsque le 4 mai, le commandant de la place Sebastian-Wimmer et les gardes du château choisissent de disparaître plutôt que de rendre des comptes aux Américains. Comme la région est encore tenue par des éléments de la 17e *Waffen-SS Panzerdivision*, les internés se mettent en devoir d'assurer leur

---

* À vingt kilomètres à l'ouest de Kitzbühl. Voir carte, p. 407.

** Fils de Georges Clemenceau.

*** Les prisonniers ont des chambres individuelles, ils sont correctement nourris, bénéficient de deux litres de vin par semaine et ont accès à la belle bibliothèque du château ; Daladier, Reynaud, Weygand, Gamelin, Jouhaux et le colonel de La Rocque peuvent aussi poursuivre leurs féroces querelles d'avant-guerre, et ils ne s'en privent pas.

propre sécurité en s'emparant des armes laissées sur place, et en demandant à l'*Obersturmführer* Schrader, un lieutenant SS en convalescence à Itter avec qui ils avaient sympathisé, d'organiser la défense de la place. Parallèlement, ils envoient leur cuisinier tchèque Andreas Krobot chercher du secours auprès des Américains. Parvenu jusqu'à la bourgade voisine de Wörgl, celui-ci ne trouve que des *Waffen-SS* fanatiques, qui abattent les déserteurs et tirent à la mitrailleuse sur toutes les maisons arborant des drapeaux blancs ou des bannières autrichiennes*. Par chance, il rencontre aussi un membre de la résistance locale, qui le conduit à son chef. Celui-ci n'est autre que le major (commandant) de la Wehrmacht Josef « Sepp » Gangl, un vétéran très décoré de cinq campagnes** devenu très hostile au régime nazi, qui a pris contact avec les résistants autrichiens dès son arrivée au Tyrol, et leur fournit depuis lors des armes, des vivres et des renseignements.

Mis au courant de la position précaire des occupants du château, le major Gangl, dont le bataillon ne compte plus que trente hommes, ne voit pas d'autre solution que de contacter l'unité américaine la plus proche. Franchissant plusieurs barrages des SS et de la Wehrmacht dans sa voiture de service, il parvient jusqu'à Kufstein, qui vient d'être occupée par une compagnie du 23ᵉ bataillon de la 12ᵉ division blindée US, commandée par le capitaine John « Jack » Lee. Celui-ci n'hésite pas : ayant demandé et obtenu la permission de son chef de bataillon, il rallie Wörgl en compagnie du major Gangl, et au soir du 4 mai, c'est un détachement hautement improvisé de quatorze GI, dix soldats allemands, deux résistants autrichiens et

---

* Le *Rot Weiss Rot* (rouge blanc rouge), drapeau autrichien d'avant l'Anschluss, était resté le signe de ralliement des indépendantistes autrichiens.

** La campagne de France, le front de l'Est, la Normandie, les Ardennes et le Rhin.

un unique char Sherman qui force un barrage SS et atteint le château d'Itter à la tombée de la nuit.

Durant les seize heures qui suivent, ce château va être soumis à un siège en règle de la part de cent cinquante *Waffen-SS*, décidés à s'en rendre maîtres et à liquider tous ses occupants ; ils ont deux canons antiaériens de 20 mm et surtout une redoutable pièce de 88, qui fait exploser le Sherman défendant le portail d'entrée. Mais la colline d'Itter est abrupte, les murs de l'antique château sont épais, et ses défenseurs américains, allemands, français et autrichiens sont suffisamment armés et résolus pour repousser les premiers assauts au pied des murailles – d'autant qu'ils bénéficient d'un commandement aussi compétent que surprenant : un capitaine de blindés américain, un major de la Wehrmacht et un lieutenant SS ! Le lecteur aura déjà remarqué qu'il se passe des choses bien étranges depuis six mois dans ce mythique « réduit alpin » ; mais des Américains et des Allemands combattant côte à côte – pour défendre un château médiéval de surcroît –, voilà une péripétie absolument unique durant la Seconde Guerre mondiale...

Elle menace de tourner très mal lorsque les canons SS commencent à ouvrir de larges brèches dans la muraille, tandis que les munitions des défenseurs s'épuisent – et que le major Gangl est tué par un sniper en tentant de mettre Paul Reynaud à l'abri*. Mais peu avant 16 heures dans l'après-midi du 5 mai, alors que les défenseurs se sont retirés dans le donjon et que les SS sont sur le point d'enfoncer le portail principal, quatre chars Sherman et deux compagnies du 142e régiment d'infanterie américain débouchent sur leurs arrières et les mettent en fuite. Cent SS sont capturés, et tous les otages délivrés sains et saufs[63].

---

* Gamelin, Clemenceau, La Rocque, Borotra et Reynaud (soixante-six ans) avaient insisté pour faire le coup de feu sur les remparts.

Il reste pourtant un autre « prisonnier de marque » des SS dans la région : c'est le maréchal du Reich Hermann Goering en personne, toujours enfermé dans son château de Mauterndorf... Au matin du 4 mai, le général Koller avait envoyé l'aide de camp Bernd von Brauchitsch demander une nouvelle fois sa libération à Kesselring ; celui-ci, ayant vainement tenté de joindre le nouveau gouvernement, avait promis qu'en l'absence de réponse dans les quarante-huit heures, il ferait libérer l'ancien commandant suprême de la Luftwaffe. Or, la réponse ne vient pas ; à Hambourg, les négociations de l'amiral von Friedeburg avec le maréchal Montgomery ont bien abouti au soir du 4 mai à la signature d'un acte de reddition partielle, englobant toutes les forces armées allemandes de terre, de l'air et de mer stationnées dans le nord-ouest de l'Allemagne, les Pays-Bas et le Danemark. Mais ensuite, von Friedeburg s'envole pour le quartier général d'Eisenhower à Reims, et là, les négociations achoppent dès l'après-midi du 5 mai ; c'est que le commandant suprême américain exige une capitulation immédiate et sans conditions sur tous les fronts, y compris celui de l'Est. Il va donc falloir envoyer à Reims le général Jodl, muni des pleins pouvoirs.

Au milieu de ces tractations particulièrement délicates eu égard aux circonstances*, la dernière chose dont le nouveau « président du Reich » a besoin, c'est de l'entrée en scène d'un personnage aussi compromettant que Hermann Goering. D'ailleurs, le *Reichsmarschall* lui a toujours témoigné un souverain mépris, et il persiste à se considérer comme le successeur légitime d'Adolf Hitler, seul habilité à négocier avec Eisenhower... Dès lors, la réponse de Flensburg se fait attendre et Goering continue à se morfondre dans

---

* L'essentiel du territoire allemand est occupé, la Wehrmacht n'a juré fidélité qu'à Hitler, et l'amiral Dönitz ne dispose à Flensburg d'aucune force armée, tandis qu'Himmler a une escorte de cent cinquante hommes et des régiments SS stationnés partout dans le Schleswig-Holstein.

son château, en brûlant du désir de jouer un rôle dans les événements décisifs qui se déroulent très loin des Alpes autrichiennes. Au matin du 6 mai, Kesselring et Dönitz n'ont toujours pris aucune décision quant à son sort, mais Goering est libre de fait, car ses gardes SS ont préféré s'évanouir dans la nature avant l'arrivée des Alliés...

Ce même jour, le chef d'état-major Koller note dans son journal : « Je dois faire sortir Goering de Mauterndorf, car rien ne dit qu'il ne sera pas capturé par les Soviétiques plutôt que par les Américains[64]. » Il lui propose de gagner le château de Fischhorn, sur la rive sud du Zeller See, mais Goering préfère rester sur place et se lancer dans une frénésie épistolaire de grande ampleur, en proposant ses services à Dönitz pour conduire les négociations de Reims, et au « maréchal » Eisenhower pour les mener à bonne fin[65] ! Une troisième lettre est adressée au général commandant la 36e division d'infanterie américaine à Kufstein*, pour le prier de transmettre la deuxième missive à Eisenhower, et solliciter sa protection au château de Fischhorn. C'est l'aide de camp von Brauchitsch qui est chargé d'aller porter le tout à Kufstein. Après quoi Goering s'attarde dans le château de Mauterndorf, au prétexte qu'il doit y attendre la réponse des Américains...

À Reims, le 7 mai 1945 à 2 h 41 du matin, la capitulation de toutes les forces allemandes est enfin signée : elle doit prendre effet le lendemain à 23 h 01**. À 8 heures au matin du 8 mai, le général de brigade Robert Stack, commandant en second de la 36e division d'infanterie américaine cantonnée à Kufstein, reçoit la visite d'un certain colonel von Brauchitsch, fils de l'ancien commandant en chef de l'armée allemande, qui prétend lui remettre en mains propres deux lettres, dont une destinée au général

---

* Au sud-ouest de Salzbourg, sur les bords de l'Inn.

** Pour les négociateurs allemands, c'est presque quarante-huit heures de gagnées.

Eisenhower. Robert Stack, un vieux baroudeur aussi grisonnant qu'imposant, s'est frayé un chemin avec sa division depuis le sud de l'Italie jusqu'au nord de l'Autriche*, et il n'est pas du genre à s'en laisser conter ; après avoir lu les lettres, il informe son supérieur, le général de division John E. Dahlquist, puis demande au jeune colonel allemand si Goering est disposé à se rendre. Von Brauchitsch ayant répondu par l'affirmative et indiqué où devait se trouver le maréchal du Reich, Stack mobilise un peloton d'éclaireurs, et vers 10 heures du matin, une dizaine de Jeep et de blindés légers de reconnaissance s'ébranlent à la suite de la limousine du général et du véhicule de von Brauchitsch, qui arbore un drapeau blanc.

L'expédition n'est pas sans danger, car à partir de Kitzbühl, il faut parcourir quelque trente kilomètres en territoire ennemi. Mais les troupes allemandes qui tiennent les barrages routiers et défendent le col de Thurn ne sont guère combatives, et la présence du colonel von Brauchitsch suffit à les pacifier. Vers midi, le convoi parvient donc sans encombre au château de Fischhorn, près du Zeller See. C'est à ce stade que les choses se compliquent : « Arrivés au manoir, notera le général Stack, nous avons été accueillis par deux officiers SS, un colonel et un commandant ; l'un ressemblait à un gangster et l'autre à un sadique. Le manoir était occupé par les débris de la division SS Florian Geyer, qui avait été durement étrillée en Russie. [...] Lorsque von Brauchitsch a demandé où se trouvait Goering, le colonel SS a répondu qu'il n'en avait pas la moindre idée, qu'il n'était pas au courant d'une affaire de reddition, et que pour ce qui était de sa division, elle n'avait aucune intention de se rendre[66]. »

---

* À cette époque, la 36ᵉ division d'infanterie a déjà capturé quelques célébrités comme le maréchal von Rundstedt, le général SS Sepp Dietrich, le régent Horthy, le maréchal de l'air Sperrle, le gouverneur général de Pologne Hans Frank et même Max Amann, l'éditeur de *Mein Kampf.*

Au même moment, le général Koller note dans son journal : « Le major Sandmann me téléphone de Fischhorn pour me dire qu'un commando américain de trente hommes en Jeep, avec à sa tête un certain général Stack, est arrivé pour prendre Goering sous sa protection. Le général s'indigne du fait que Goering soit encore à Mauterndorf, puisqu'il avait précisé dans sa lettre à la division américaine voisine qu'il se trouverait à Fischhorn. [...] J'appelle ensuite Mauterndorf, où on me dit que Goering a décidé de rester sur place. Je réponds que c'est hors de question, qu'il a donné rendez-vous aux Américains à Fischhorn et qu'il doit absolument s'y rendre[67]. »

En maugréant, Goering fait préparer ses bagages, revêt son uniforme gris perle avec cinq médailles seulement, et quitte Mauterndorf avec femme et enfant à bord de sa rutilante Mercedes blindée 12 cylindres ; une vingtaine de véhicules le suivent avec sa belle-sœur, ses neveux et nièces, les Reichsleiters Bouhler et Lammers accompagnés de leurs épouses, le Gauleiter de Bavière von Epp*, les aides de camp, la nurse, l'infirmière, le médecin, l'intendant, les domestiques, les cuisiniers et les gardes – soixante-quinze personnes en tout ! Deux camions remplis de bagages ferment la marche...

Au château de Fischhorn, le général Stack s'impatiente : « Vers 17 heures, exaspéré, j'ai demandé au colonel von Brauchitsch s'il savait où Goering pouvait se trouver, ou du moins quel itinéraire il chercherait à emprunter. Il a répondu par l'affirmative, et nous sommes donc partis à sa rencontre. J'ai laissé un demi-peloton au manoir et n'ai pris que la Jeep de mon aide de camp et ma limousine. Nous nous sommes dirigés vers le sud-est,

---

* Le général von Epp, arrêté par les SS le 28 avril et envoyé à Mauterndorf rejoindre les autres prisonniers. Il était soupçonné d'avoir trempé dans un complot séparatiste bavarois – dont il ignorait à peu près tout.

avons franchi un nouveau col et sommes descendus sur Radstadt. [...] Ayant dépassé la ville, nous avons encore roulé sur quelque huit kilomètres, au milieu des troupes allemandes qui bivouaquaient le long de la route[68]. »

Il est vrai que les derniers éléments constitués de la Wehrmacht, de la Luftwaffe et de la SS sont toujours en mouvement, mais loin de songer à défendre la forteresse alpine, ils fuient devant l'avancée de l'armée soviétique et veulent surtout rentrer chez eux. Après un parcours d'une heure en direction du nord-ouest sur une route escarpée et très enneigée, le convoi de Goering parvient à son tour aux abords de Radstadt, où il reste bloqué dans un gigantesque encombrement. Des officiers d'un régiment de la Luftwaffe reconnaissent leur maréchal et l'acclament longuement, après quoi le cortège reprend péniblement sa route en direction de Zell am See.

Il est déjà près de 17 h 30 lorsque la jonction s'effectue enfin ; le capitaine Harold Bond, aide de camp du général Stack, racontera la suite : « La porte de la Mercedes s'est ouverte, et le *Reichsmarschall* Hermann Goering a hissé sa grosse carcasse hors du véhicule. [...] Le général Stack a été présenté à Goering par l'aide de camp [von Brauchitsch], et il lui a demandé : *"Do you speak English ?"* À quoi Goering a répondu qu'il le comprenait mieux qu'il ne le parlait*. Puis, par l'intermédiaire de l'interprète, le potentat nazi a commencé à s'excuser de n'être pas revêtu d'un uniforme plus convenable ; il a expliqué que lorsque les bombardiers américains avaient rasé Berchtesgaden, il avait perdu la plupart de ses uniformes et de ses médailles. Le général et moi avons éclaté de rire devant cet accès de vanité. [...] Sur quoi le général a dit à Goering ce que nous allions faire de lui : il devait nous suivre jusqu'au

---

* Selon le général Stack, Goering aurait ajouté qu'il n'avait pas eu beaucoup l'occasion de le pratiquer au cours des cinq années précédentes – un humour typique du personnage.

château [de Fischhorn] où nous avions laissé nos hommes. Comme il était tard, nous allions y passer la nuit. [...] Goering voulait rencontrer Eisenhower, et il a demandé s'il serait conduit jusqu'à lui[69]. »

En tout cas, l'essentiel est acquis : Hermann Goering et les siens sont désormais sous protection américaine. Le long convoi repart pour Bruck, où il parvient finalement au soir du 8 mai ; une fois à Fischhorn, le général Stack et Goering sont témoins d'un spectacle irréel : à l'entrée du château, un soldat américain et un SS montent la garde côte à côte ! L'accueil des hommes du peloton de reconnaissance de la 36ᵉ division d'infanterie du Texas est plutôt bon enfant, le général Stack a réservé aux rescapés le deuxième étage du château, et les hostilités cessent à partir de 23 heures dans toute l'Allemagne. Mais décidément, rien n'est jamais parfait : en entrant dans le château, Goering a eu la désagréable surprise d'y croiser le *Standartenführer* SS Waldemar Fegelein*, qui ne compte pas précisément parmi ses amis, et il commence à craindre pour sa sécurité. Le général Stack, qui avait fait collecter tout l'arsenal embarqué dans le convoi du *Reichsmarschall*, consent donc à lui restituer quatre pistolets-mitrailleurs et à poster une sentinelle devant sa porte pour la nuit ; ce sera le lieutenant Jerome Shapiro[70]. Décidément, tout est rocambolesque dans ce réduit alpin : voici à présent que l'ancien dauphin d'Hitler, le deuxième homme du IIIᵉ Reich, est protégé des SS par un lieutenant américain... et juif !

Le lendemain matin 9 mai, Goering doit être conduit au QG de la 36ᵉ division d'infanterie américaine à Kitzbühl. Mais auparavant, il prend son petit déjeuner en compagnie du général Stack, qui déclarera plus tard : « Goering craignait d'être capturé par les Russes, les communistes

---

* Frère du *Gruppenführer* (général) Hermann Fegelein, agent de liaison d'Himmler auprès d'Hitler et époux de la sœur d'Eva Braun.

autrichiens et les SS, qui le tueraient probablement tous sans hésiter. Ce matin-là, je l'ai particulièrement questionné au sujet de la "forteresse alpine". Nos services de renseignements, y compris au SHAEF, étaient persuadés que les jusqu'au-boutistes nazis avaient construit des usines souterraines, des hangars, des arsenaux, etc., dans les Alpes autrichiennes, et qu'ils y livreraient un baroud d'honneur, pendant des années peut-être. Mais Goering a répondu que non, il avait bien été question d'un tel plan l'année précédente, mais absolument rien n'avait été fait pour le mettre en œuvre. Et c'était la vérité ; nos services de renseignements avaient été entièrement abusés par cette histoire[71]. » Et le général Bradley de reconnaître dans ses Mémoires : « Je suis étonné que nous ayons pu y croire aussi candidement[72]. »

De fait, c'est seulement au lendemain de la chute définitive du IIIᵉ Reich que les Américains découvrent l'ampleur de cette supercherie alpine. Il faudra encore la reddition du maréchal Kesselring ce même 9 mai, puis celle du féroce Kaltenbrunner quatre jours plus tard, pour achever de convaincre les militaires alliés que les montagnes de Carinthie, de Styrie, du Vorarlberg, du Tyrol et du Haut-Adige ne recèlent aucune citadelle imprenable. Bien sûr, elles renferment encore bien des secrets, qui ne se révéleront que pendant les semaines et les mois à venir : les fausses livres immergées dans le Toplitzsee – et sans doute dans quelques cavernes du Totes Gebirge* ; l'immense cartothèque sur l'organisation

---

* Le lac de Toplitz présente une particularité unique au monde : des milliers de troncs d'arbres immergés depuis des siècles y forment un double plancher mouvant entre deux eaux vers quarante mètres de fond, ce qui rend les recherches particulièrement dangereuses. Des explorations menées en 1959, 1963 et 2000 ont permis de remonter quelques caisses de billets et un peu de matériel d'impression. Toutefois, le décès très peu naturel de trois anciens ingénieurs du centre expérimental de Toplitz qui exploraient le Totes Gebirge en

militaire soviétique, enterrée en trois endroits des Préalpes bavaroises par le général Gehlen, ce chef du défunt service de renseignements sur l'URSS, qui jouera un rôle considérable dans la guerre froide à venir[73] ; les trésors de la Reichsbank – des lingots d'or et des devises pour une valeur de 15 millions de dollars*, enfouis dans le secteur de Mittenwald, à proximité de Garmisch-Partenkirchen** ; l'épouse et les enfants du Reichsleiter Martin Bormann, mystérieusement disparu à Berlin dans la nuit du 1er au 2 mai et activement recherché depuis lors*** ; les armes expérimentales dissimulées dans les cavernes, les galeries et les lacs de montagne, qui serviront de base à bien des innovations technologiques anglo-américaines à l'avenir ; et bien sûr les savants allemands eux-mêmes, qui sortiront progressivement du réduit alpin pour proposer leurs services aux États-Unis – à commencer par le spécialiste des fusées Werner von Braun, qui leur offrira littéralement la lune vingt-quatre ans plus tard...

1946 et 1950 permet de penser que certaines matrices et planches d'impression avaient été dissimulées dans des cavernes de montagne plutôt qu'au fond du lac. Le mystère demeure.

* Environ 3 milliards de dollars d'aujourd'hui... Voir Sayer, Ian, et Botting, Douglas, *Nazi Gold*, Londres, Panther Books, 1984, pp. 74-126.

** Près de la frontière austro-bavaroise, à mi-chemin entre Munich et Innsbruck.

*** Réfugiée près de Bolzano, Gerda Bormann est constamment surveillée par les Américains, qui espèrent que son époux cherchera à la contacter. (Voir chapitre 6 : « Le fantôme errant de Martin Bormann ».)

5

Werwolf,
les « loups-garous » d'Hitler

À l'automne de 1944, en dépit des incantations hitlériennes, la situation militaire allemande apparaît de plus en plus désespérée. Sur le front de l'Ouest, les Alliés campent aux frontières du pays, et une première grande ville, Aix-la-Chapelle, est sur le point de tomber aux mains des Américains. Dans le même temps, Britanniques et Canadiens ont pris pied aux Pays-Bas, alors que les Français marchent vers le sud de l'Alsace et les Vosges, où ils feront bientôt leur jonction avec Patton et ses GI. En Italie, la Wehrmacht est usée, Rome est tombée, et l'ensemble du front menace de s'effondrer. Sur le front de l'Est, ce sont 6 millions de soldats soviétiques, appuyés par 13 000 chars, 46 000 canons et 11 000 avions de combat, qui s'apprêtent à déferler sur les maigres défenses du Reich. En mer, les « loups gris* » de l'amiral Dönitz sont impitoyablement traqués et coulés par les marins et les aviateurs alliés. Dans les cieux, malgré les promesses du *Reichsmarschall* Goering, la Luftwaffe est surclassée et ses as disparaissent les uns après les autres. Sur le front diplomatique, Berlin a perdu ses derniers soutiens, la Finlande et la Roumanie ayant négocié un armistice avec Moscou, avant de se retourner contre l'allié d'hier**.

---

* Surnom donné aux sous-marins de la Kriegsmarine.
** Il reste la Hongrie, ou du moins les Croix fléchées, l'élément le plus fanatique du pays.

Sur le plan intérieur, la situation est tout aussi dramatique. Les grands centres urbains et industriels sont écrasés de jour comme de nuit par les bombes anglo-américaines ; des milliers de malheureux sont jetés sur les routes, tandis que les rares usines encore intactes tournent au ralenti, faute de matières premières et d'ouvriers qualifiés*. Poussés par un fanatisme sans limites, les hiérarques du parti ont suggéré à Hitler la mobilisation totale d'un peuple déjà saigné à blanc par six années de guerre ; la levée en masse est proclamée, et bientôt, des vieillards sans uniforme combattent aux côtés d'adolescents sans fusil, aux ordres de chefs sans expérience. Le *Volkssturm***, milice sans aucune valeur militaire, sera sacrifié partout où le front cédera, souvent pour gagner quelques jours avant que l'inéluctable ne finisse par s'imposer.

Le spectre de la défaite imminente plane donc sur le Reich, et même si les hauts dignitaires nazis tremblent à la simple idée de l'évoquer en présence de leur Führer, rares sont ceux qui doutent encore de l'issue de la guerre. Pour Heinrich Himmler, maître de la SS et fidèle parmi les fidèles, il reste cependant un ultime espoir : constituer un réseau de résistance qui entraverait la marche de l'ennemi vers le cœur du Reich, ou à défaut rendrait intenable l'occupation du pays ; il s'agirait de frapper les arrières adverses par des actions de sabotage, et de liquider les collaborateurs

---

* Appelés sous les drapeaux, les ouvriers allemands ont disparu depuis bien longtemps dans les grandes batailles d'attrition d'Afrique, du front de l'Est ou de Normandie. Les nazis ont bien capturé et déporté des millions de travailleurs, mais ceux-ci s'appliquent à entretenir une productivité aussi faible que possible...

** La publication du décret d'Hitler créant le *Volkssturm* date du 25 septembre 1944. Cette milice est placée sous la direction et la responsabilité des Gauleiters du parti, tout en étant encadrée et équipée par la Wehrmacht – à l'exception des bataillons spécialement rattachés à la SS, dans les « villes forteresses » par exemple... Où l'on comprend que la simplicité n'était pas vraiment l'apanage de l'administration nationale-socialiste !

et les déserteurs allemands. Cette guérilla à grande échelle – ironiquement inspirée par la politique de la terre brûlée conduite par les partisans soviétiques à partir de l'été de 1941 – devra non seulement saper le moral des soldats alliés, mais aussi regonfler celui des Allemands, au point de les amener à se soulever en masse contre l'occupant. Englué dans des opérations de police sans fin, harcelé sans répit, privé de sanctuaires, l'ennemi sera alors obligé de faire respecter l'ordre en multipliant les représailles sur les populations, avec pour effet de renforcer la détermination de celles-ci à résister. Selon le *Reichsführer*, ce processus conduira à terme les alliés occidentaux à se retirer des zones occupées*, laissant ensuite les mains libres aux Allemands pour se débarrasser des Soviétiques. Pour nourrir sa réflexion, Himmler s'appuie sur plusieurs exemples de soulèvements populaires allemands, dont la guérilla paysanne conduite contre les Suédois lors de la guerre de Trente Ans, ou encore les attentats menés en 1923 par l'activiste nationaliste Schlageter contre les Français dans la Ruhr.

Ayant recueilli l'accord du Führer pour mettre en œuvre son plan, Himmler a besoin d'une nouvelle organisation paramilitaire, dont les recrues devront avoir pour qualité essentielle le fanatisme. Outre les membres des Sections d'assaut et de la SS, c'est dans le creuset des *Hitlerjugend*, les Jeunesses hitlériennes, que seront recrutés les futurs maquisards.

En septembre 1944, les choses s'accélèrent. Bien que l'histoire n'en ait pas retenu la date précise, c'est à cette époque qu'une conférence réunit le *Reichsführer* Himmler, le chef des Jeunesses hitlériennes Artur Axmann, le général SS et chef du RSHA** Ernst Kaltenbrunner et le lieutenant-

---

* Himmler table aussi sur la pression exercée par les opinions publiques occidentales sur leurs chefs politiques et militaires.

** *Reichssicherheitshauptamt* ou service principal de sécurité du Reich.

colonel Otto Skorzeny, qui est à la tête des commandos et des opérations spéciales de la *Waffen-SS*. Peu de détails ont filtré de cette entrevue hautement confidentielle, si ce n'est que la naissance du *Werwolf** – loup-garou – y a été entérinée, et que son chef est désormais un nommé Hans-Adolf Prützmann, personnage aussi discret que dangereux, ainsi qu'en témoigne la balafre qui barre son visage – souvenir d'un différend estudiantin réglé à l'épée.

Né en Prusse-Orientale à l'aube du XXᵉ siècle, Prützmann a combattu au sein des *Freikorps***, notamment en Silésie, où il s'est distingué par sa haine absolue des Polonais. Membre du parti nazi en 1929, il a fait le coup de poing avec les SA. Mais dès 1930, estimant que les « chemises brunes » sont trop timorées et trop indisciplinées, il demande et obtient son transfert à la SS. Son ascension est alors fulgurante ; de simple lieutenant, il est promu général de brigade trois ans plus tard !

Il est vrai que l'homme a toutes les qualités du SS exemplaire : à sa loyauté sans faille, il ajoute un zèle remarquable et une absence totale de scrupules. Cultivé, austère et brutal, Prützmann est aussi un organisateur hors pair, doté d'un solide sens de l'improvisation. Le général SS Jürgen Stroop le décrit ainsi : « Prützmann est l'un des chefs et des pédagogues les plus remarquables de la SS. D'une adresse universelle sur les plans intellectuel et physique. Esprit créateur. Force de caractère. Détermination, assiduité, opiniâtreté et énergie. Gravité intérieure sous

---

* Ce nom est inspiré par la nouvelle *Der Wehrwolf* de l'écrivain Hermann Löns, qui évoque de manière très romancée la guérilla orchestrée contre les Suédois par un groupe de paysans du Lüneburg dirigé par Harm Wulf, un fermier dont la famille a été massacrée par l'envahisseur au début de la guerre de Trente Ans. Il semblerait que ce soit le chef de la chancellerie du parti Martin Bormann qui ait proposé de baptiser ainsi le mouvement des partisans nazis.

** Corps francs paramilitaires, qui ont contribué à réprimer les insurrections communistes en Allemagne après la Grande Guerre.

des dehors juvéniles et, par-là, spontanéité et modestie dans sa conduite. Sévère et exigeant (pour lui-même), mais compréhensif. Il se distingue aussi par une profonde intelligence des pensées visionnaires d'Adolf Hitler, et par sa passion de mettre en pratique les objectifs du NSDAP. [...] Il n'y a qu'une seule définition pouvant convenir à Prützmann : un homme du Reich germanique, à l'âme chevaleresque et à la plus haute moralité ; la moralité SS[1] ! » Un avis assurément autorisé de la part de Stroop, qui est lui-même l'un des pires bourreaux du régime nazi !

Mais plus que ses « qualités humaines et professionnelles » ou sa disponibilité, il semble que ce soit l'expérience de Prützmann qui ait emporté la décision d'Himmler ; car là encore, du point de vue d'un chef nazi, l'officier a de quoi convaincre, en particulier au regard de ses états de service en Russie. C'est en effet à l'occasion de l'invasion de l'Union soviétique qu'il est nommé haut responsable SS et commandant de la police pour le secteur *Rußland-Nord*, en l'occurrence les pays Baltes. La mission de Prützmann est ainsi résumée par Himmler : « Ce sera un combat racial d'une sévérité impitoyable, au cours duquel 20 à 30 millions de Slaves et de Juifs périront dans des actions militaires et des crises d'approvisionnement alimentaire[2]. »

La sinistre besogne de Prützmann commence dès l'été de 1941 : lutte antipartisans, maintien de l'ordre et liquidation des ennemis du Reich – dont bien sûr les Juifs, mais aussi les commissaires politiques et les fonctionnaires soviétiques ; les missions de Prützmann sont plus atroces les unes que les autres, ce qui ne le perturbe guère. Il a sous ses ordres des unités de la SS et des bataillons de police, mais aussi les sinistres commandos de l'*Einsatzgruppe A*, responsables à eux seuls de la mort de 250 000 Juifs en quelques mois à peine...

Après avoir « épuré » sauvagement les États baltes, Prützmann part pour l'Ukraine, où il est chargé par Himmler de combattre les partisans soviétiques. Mois après mois, ce technocrate du crime de masse devient un expert de la contre-guérilla, un spécialiste des opérations irrégulières ; passé maître dans la connaissance du mode opératoire des partisans russes, il ordonne depuis son quartier général des représailles massives et des ratissages sanglants, afin de démanteler les réseaux de résistance. Et là encore, c'est un cortège d'horreurs indicibles : pour le seul automne de 1942, Prützmann est responsable de la mort de plus de 350 000 civils et de la destruction de centaines de villages ! Devant de tels chiffres, Himmler ne peut que lui réaffirmer sa confiance et lui dire sa satisfaction : c'est à cette époque qu'il est décoré de la croix de fer de première classe, pour services rendus à la patrie allemande.

Après avoir combattu les maquisards russes trois années durant, ce SS exemplaire est naturellement à même d'employer son expérience pour mettre sur pied les réseaux de résistance nazis ; c'est en substance ce qu'Himmler lui explique le 19 septembre 1944, à l'occasion d'un entretien à Hohenlychen*. Prützmann est alors nommé inspecteur général des opérations spéciales, avec pour mission de recruter des agents parmi les forces armées et les *Hitlerjugend*, puis de les entraîner avec le concours des commandos d'Otto Skorzeny.

La première des tâches du « chef de meute » est de constituer un état-major pour le *Werwolf*. Erich von dem Bach-Zelewski est sollicité au titre de son inestimable expérience ; c'est que cet officier SS a dirigé un commando de chasse responsable du massacre de 35 000 civils à Riga, et de la mort de plus de 200 000 personnes en Biélorussie pour le seul mois de juin 1943... Contacté, Jürgen Stroop, qui vient d'écraser dans le sang la révolte des 50 000 derniers Juifs du ghetto de Varsovie, est lui aussi honoré d'œuvrer avec « un grand patriote

---

* Où se trouve le QG d'Himmler.

allemand aux capacités géniales et aux talents exception-
nels[3] ». Il devra former dans l'ouest de l'Allemagne des
groupes *Werwolf*, avec lesquels il conduira le moment
venu une résistance acharnée à l'envahisseur.

Au total, deux cents officiers sont recrutés pour former
l'ossature de la nouvelle organisation. Parmi ces hommes
gravitent de nombreux spécialistes du contre-espionnage,
des experts en contre-terrorisme, des instructeurs de la
Waffen-SS, ainsi que des sociologues et des psychologues chargés de conditionner les futures recrues. Rien
n'est laissé au hasard ; une cellule ultrasecrète composée
d'historiens et d'officiers de la Gestapo et de la SS a
pour mission d'étudier l'histoire des mouvements conspirationnistes européens et de s'en inspirer...

Prützmann choisit d'implanter le cœur du *Werwolf*
– « une organisation née de l'âme nationale-socialiste du
Grand Reich[4] », selon ses termes – à Steinebach, près du lac
de Wörth, dans le sud-est de la Bavière. Du point de vue
administratif, le maillage du *Werwolf* correspond à celui des
régions militaires de la Wehrmacht. Il est prévu que dans
chacun des districts, un officier SS soit chargé de superviser le recrutement, l'entraînement et le déploiement des
volontaires, en collaboration avec les responsables locaux
des Jeunesses hitlériennes et du parti. C'est que, conformément aux directives de Martin Bormann, le NSDAP est
appelé à jouer un rôle essentiel dans la levée des volontaires. Pour d'évidentes raisons de discrétion, aucun appel
public n'est lancé, aussi les recrues sont-elles contactées
par le bouche-à-oreille, sur la base de leur appartenance
à une famille comptant des membres du parti. Les adolescents acquis à la cause du régime, ceux étudiant dans une
Napola* ou ayant perdu des membres de leur famille sous

---

* Ces écoles étaient destinées à former la future élite des dirigeants politiques, militaires et administratifs de l'État nazi. Le premier critère de sélection des candidats aux Napola était la pureté

les bombes alliées, sont aussi des cibles de choix pour les recruteurs du *Werwolf*. Les candidats font ensuite l'objet d'une sélection rigoureuse : ne sont retenus que les plus solides physiquement et psychologiquement.

Ces jeunes volontaires, dont l'âge varie entre douze et dix-huit ans, sont ensuite dirigés vers l'un des six centres d'entraînement du *Werwolf**, où ils sont soumis à un entraînement éprouvant. Dès leur arrivée, ils doivent remettre leurs effets personnels aux instructeurs et couper tout contact avec leur famille. Chacun d'eux est pris en charge par un mentor expérimenté en matière de guérilla, le plus souvent un commando SS, un agent du SD ou de la Gestapo, et parfois un vétéran de la Wehrmacht ayant démontré son engagement total pour la victoire du nazisme. L'instruction porte sur le maniement des armes, la pose de mines, le combat à mains nues, la lecture d'une carte, l'orientation de jour comme de nuit, le camouflage, l'usage d'un émetteur-récepteur, le codage et le décodage de messages, l'utilisation d'explosifs, les techniques de démolition et de survie, le sabotage de voies ferrées et de lignes téléphoniques.

Les méthodes d'assassinat font l'objet d'une attention toute particulière, depuis le tir au fusil à lunette ou au pistolet avec silencieux jusqu'à l'étranglement, en passant par la liquidation à l'arme blanche et l'empoisonnement. Répandre des toxines dans les aliments et les breuvages des troupes d'occupation fait en effet partie des idées de Prützmann, qui fera mener des recherches au sein de

---

raciale, puis les aptitudes physiques, le sens de la camaraderie et le goût du commandement ; les aptitudes intellectuelles étaient de moindre importance...

* Le plus important est celui du Schloss Hülchrath, près d'Erkelenz, un château rhénan du XIVe siècle. Les autres centres sont établis à Neustrelitz (Poméranie), Quenzsee (Brandenburg), Lübbecke (Westphalie), Waidhofen an der Thaya (Autriche), et dans l'ancienne caserne de la division spéciale Brandenburg de l'Abwehr.

l'Institut technique criminel de Berlin pour trouver un produit adéquat et aisément fabricable. Un poison à base de salicylate de méthyle est ainsi produit et testé avec succès sur des déportés dans les camps de concentration, mais la guerre approchant de son terme, il ne sera produit qu'en faibles quantités et très peu employé.

Le futur franc-tireur est aussi formé à la conception de bombes artisanales. Les engins explosifs sont fabriqués avec du chlorate de potassium et du sucre, et les bombes incendiaires avec du nitrate d'ammonium, de la poussière d'aluminium et de la naphtaline. Les détonateurs sont réalisés à l'aide d'acide citrique, de peroxyde d'hydrogène et de méthénamine – un antibiotique utilisé dans le traitement des infections des voies urinaires. L'usage d'imperméables doublés de pains de nipolite, un explosif bon marché mais puissant, est également prôné, ce dispositif transformant l'enfant-soldat en bombe humaine. Ce sont d'ailleurs ces projets de missions suicides, nécessitant de soumettre les volontaires à un endoctrinement poussant au fanatisme, qui expliquent la présence de psychologues au sein de l'état-major de Prützmann. Décidément, le Reich ne reculera devant rien pour assurer sa survie ! Les techniques de séduction, elles, sont réservées aux nombreuses jeunes femmes recrutées par les séides de Prützmann, car outre le volet « action », le *Werwolf* a une fonction « renseignement » ; c'est ce que les instructeurs appellent la « terreur froide », parallèlement à la « terreur chaude » visant les installations et les personnels de l'ennemi[5].

Les conditions de vie des recrues sont précaires, pour ne pas dire déplorables, et la moindre erreur est impitoyablement réprimée, car les instructeurs font preuve d'une très grande brutalité en cas de faute. Cris, coups et punitions sadiques pleuvent sur les jeunes « loups-garous ». En outre, la fatigue et la maladie ne sont pas considérées comme des motifs suffisants pour suspendre, même momentanément, les longues marches forcées, les cours théoriques et les exercices pratiques. Bref, tout est fait pour formater ces adolescents et leur permettre d'endurer les douleurs et les privations liées à la clandestinité. Au total, on estime à 5 000 le nombre de jeunes Allemands entraînés à la guérilla entre novembre 1944 et avril 1945*.

Leur formation achevée, les partisans sont regroupés dans des équipes de trois à six membres, placées sous l'autorité d'un vétéran de la Wehrmacht ou de la SS ; disséminées parmi la population, ces cellules forment des réseaux clandestins très compartimentés. Dès lors, leur mission consiste à attendre patiemment l'arrivée des troupes ennemies, pour répandre la mort et la destruction sur leurs arrières. Or, afin de mener cette guérilla efficacement, il convient d'assurer un support logistique et matériel suffisant aux « loups-garous ». Pour ce faire, Prützmann ordonne que des dépôts secrets de nourriture, d'armes et de munitions soient constitués dans toute l'Allemagne, en ville comme à la campagne. Seulement, si ces installations sont aménagées rapidement et discrètement, elles demeurent vides dans leur immense majorité, les généraux de la Wehrmacht rechignant à céder le moindre matériel au *Werwolf*. Les maquisards devront donc se débrouiller seuls, sauf pour les faux papiers, qui sont livrés en temps et en heure par les faussaires de l'*Amt VI* RSHA**, ainsi que les doses d'arsenic et de cyanure à utiliser en cas de capture.

La première action retentissante du *Werwolf* a lieu à Aix-la-Chapelle en mars 1945. Cinq mois plus tôt, en octobre 1944, Franz Oppenhoff, un avocat antinazi de quarante-deux ans, a accepté le poste de maire qui lui était proposé par les Américains après la reddition de la ville. Depuis lors, il est considéré comme un traître par les nazis, et la propagande de Goebbels se déchaîne réguliè-

---

* Les nazis avaient prévu de former 12 000 à 15 000 volontaires.
** Voir chapitre 4 : « La forteresse alpine ».

rement contre lui. Sa conduite est jugée si infamante pour le Reich qu'Himmler finit par ordonner son assassinat ; la mission est confiée au *Werwolf*, et c'est Prützmann en personne qui se charge de planifier l'opération *Karneval*.

Un commando est formé à Schloss Hülchrath. Son chef, le SS Herbert Wenzel, est un ancien des forces spéciales de la Wehrmacht ; il est épaulé par un autre SS, Josef Leitgeb, ainsi que par deux jeunes « loups-garous », Ilse Hirsch, une jeune femme de vingt-deux ans, et Erich Morgenschweiss, un adolescent venant de fêter ses seize ans. À Aix-la-Chapelle, Wenzel et les siens pourront compter sur le concours de deux autres membres du *Werwolf*, Hennemann et Heidorn, l'un et l'autre en mission secrète dans le secteur depuis plusieurs semaines. Le 20 mars 1945, le commando est parachuté de nuit et à basse altitude au-dessus de la frontière germano-belge, à huit kilomètres de la ville. Un témoin gênant est éliminé, puis le groupe s'installe dans un bois aux abords de la ville. Ilse Hirsch gagne les ruines de la vieille capitale de Charlemagne, afin d'y prendre contact avec Hennemann et Heidorn, qui ont glané des renseignements fiables sur l'emploi du temps du bourgmestre. Les « loups-garous » apprennent notamment qu'Oppenhoff dînera chez des amis le soir du 25 mars. C'est donc à cette occasion que Wenzel décide de faire exécuter le « traître » ; un traquenard est tendu, et le maire est abattu d'une balle en pleine tête par Leitgeb. Mais l'exfiltration du commando est entravée par des patrouilles américaines mises en alerte, et seule une partie des « loups-garous » parvient à s'échapper ; Leitgeb est tué par une mine, et Ilse Hirsch est grièvement blessée.

Le retentissement de cet assassinat parmi les Alliés est considérable, et c'est à partir de ce moment que le *Werwolf* est pris beaucoup plus au sérieux dans les états-majors alliés. En fait, il se conjugue avec la crainte d'une « redoute alpine » pour détourner les armées américaines du chemin de Berlin.

C'est bien ce que reconnaît le général Eisenhower lorsqu'il écrit : « Un autre but des nazis, quelque peu apparenté à celui de constituer une forteresse montagneuse, était l'organisation d'une armée secrète, portant le nom significatif de *"Werwolf"* et composée exclusivement de loyaux partisans d'Hitler, avec pour mission le meurtre et le terrorisme. Au même titre que les adultes, des garçons et des filles devaient être enrôlés dans cette organisation secrète, avec l'espoir de terroriser les campagnes et de rendre l'occupation si difficile que les conquérants seraient sans doute heureux de se retirer. [...] La seule façon de faire échouer ce projet [...] était d'occuper l'ensemble du territoire national[6]. » En d'autres termes, de renoncer à la percée vers Berlin, comme Ike l'annonce à Churchill et Staline quatre jours plus tard...

Himmler, Goebbels et Bormann ne peuvent naturellement savoir tout cela, mais ils ne cachent pas leur satisfaction, car cette action d'éclat témoigne aux yeux du monde de l'existence d'un mouvement de résistance au sein du peuple allemand – et d'une organisation capable de frapper des cibles de première importance. Signal plus fort encore, adressé comme un avertissement aux Allemands eux-mêmes : un « collaborateur » de haut rang a été exécuté dans une ville pourtant occupée par l'ennemi depuis cinq mois ; personne n'est donc à l'abri du *Werwolf*, qui peut frapper où bon lui semble... Goebbels exploite à fond les retombées de l'attentat, et le 1er avril 1945, à l'occasion d'une émission radiodiffusée, il annonce officiellement l'existence du *Werwolf*, en appelant le peuple allemand à se dresser contre les envahisseurs. Son allocution est retransmise sur toutes les ondes du pays, et bientôt on crée une station de radio affiliée au *Werwolf*, le *Werwolfsender*, dont les studios sont installés à Nauen, dans la banlieue de Berlin. Les commentateurs s'y déchaînent quotidiennement, en égrenant une liste des traîtres à abattre et en rappelant à leurs auditeurs que la simple idée de capitulation est un crime puni de mort.

De fait, dans les campagnes comme dans les bourgs, au fur et à mesure de la progression des soldats américains, anglais, français et soviétiques, l'activité des « loups-garous » monte en puissance. C'est notamment le cas en Forêt-Noire, une région au relief et à la végétation propices à la guérilla ; en avril 1945, on y recense plusieurs meurtres de pasteurs ayant prononcé des sermons antinazis, ou simplement appelé leurs fidèles à retirer des lieux publics les portraits d'Adolf Hitler. Un capitaine de police est également assassiné pour s'être opposé à l'infiltration de sa brigade par le *Werwolf*.

La 1ʳᵉ armée française du maréchal de Lattre de Tassigny est elle-même confrontée à un regain d'activité sur ses arrières, au moment où elle aborde le lac de Constance pour pénétrer en Autriche. À Freudenstadt, les détachements de la 4ᵉ division marocaine de montagne sont pris à partie par des civils armés de fusils de chasse, d'armes de poing, de lance-roquettes antichars et de grenades. Dégénérant rapidement, les accrochages deviennent si violents que la ville doit quasiment être rasée par l'artillerie française ! Ce traitement de choc n'est toutefois pas suffisant pour réduire les ardeurs des « loups-garous », qui ont enrôlé à leurs côtés des SS en retraite et de jeunes garçons des *Hitlerjugend*. Ils sont environ deux cents à poursuivre la lutte dans les ruines fumantes de la ville, disparaissant le jour et réapparaissant la nuit. Exaspérés, les Français vont ratisser la localité et y arrêter tous les hommes âgés de quinze à soixante ans pour mettre un terme à la résistance.

Le 22 avril, à Degerschlacht, au sud de Stuttgart, des lycéens de seize et dix-sept ans armés de grenades décident de défendre leur village contre les troupes françaises. Chassés par des habitants soucieux d'éviter le siège de leur bourg, les adolescents du *Werwolf** déclenchent une série d'attaques nocturnes ; le lendemain, ces jeunes partisans

---

* Ou prétendant appartenir à cette organisation.

très mobiles lancent un raid contre une grange occupée par des Français : quatre soldats sont tués, et les maquisards s'égaillent dans la nature. Près de là, le village de Marbach am Neckar, occupé le 21 avril 1945 par les Français qui n'y avaient pas laissé de garnison, est repris quelques jours plus tard par des adolescents obéissant à un jeune instituteur formé par le *Werwolf*. Il faudra le retour en force des goumiers marocains, appuyés par des blindés légers, pour déloger les partisans allemands et capturer l'instituteur nazi, qui sera fusillé pour rébellion. Mais cette exécution pour l'exemple n'aura que peu d'impact sur ses jeunes disciples, qui attaqueront les convois alliés jusqu'à la fin de la guerre. Espérant juguler ces actes de résistance, les Français vont procéder à la mise à mort de vingt-cinq otages par soldat tué, notamment à Constance, Wannweil et Markdorf. Malgré cela, des embuscades seront encore tendues contre des patrouilles françaises jusqu'en 1947...

Dans le nord de l'Allemagne, les armées anglo-canadiennes du maréchal Montgomery sont elles aussi confrontées aux « loups-garous ». Au début d'avril, Heinz Wichmann, responsable local des *Hitlerjugend*, a mis sur pied dans la région d'Oldenburg le groupe de résistance *Adolf Hitler*, composé de jeunes fanatiques qui ont bénéficié d'un entraînement aux tactiques de guérilla du *Werwolf*. Opérant toujours en civil, ils ont pour consigne de laisser passer les troupes adverses, avant de les frapper dans le dos. Leur première action date du 14 avril, lorsqu'un malheureux fermier ayant hissé un drapeau blanc est abattu à Dötlingen. Le 25 avril, le commandant Poston, un des officiers de liaison de Montgomery, est tué alors qu'il circulait à bord de sa Jeep le long de la forêt de Lüneburg[7] – un attentat vraisemblablement monté par les partisans de Wichmann*. Quatre

---

* Poston a été achevé d'un coup de baïonnette dans le cœur, ce qui n'est pas la marque des soldats réguliers de la Wehrmacht – surtout à ce stade de la guerre.

jours auparavant, à Seedorf, entre Brême et Hambourg, des soldats britanniques étaient tombés dans une embuscade organisée par des « casseurs de chars » du *Werwolf*, ayant bénéficié de la complicité des villageois. Dans tous ces cas, les « loups-garous » resteront introuvables.

L'affaire fait grand bruit, et le SHAEF envoie immédiatement des instructions aux troupes en campagne pour les exhorter à la plus grande prudence dans leurs relations avec les civils allemands – y compris les femmes et les enfants –, en précisant : « Votre attitude envers les femmes est inadaptée en Allemagne. Savez-vous que les femmes allemandes ont été entraînées pour vous séduire ? Est-ce que cela vaut un coup de poignard dans le dos ? Les femmes peuvent dissimuler une arme sur leur poitrine, entre les seins, sur l'abdomen, le haut des cuisses, sous les fesses, dans un manchon, un sac à main, une capuche ou un manteau… Comment fait-on pour fouiller des femmes ? La réponse est que c'est difficile, mais votre vie est peut-être en jeu[8]. » Comme l'écrira peu après un général dans son rapport : « La lecture aux hommes de ce document éclairant a provoqué l'hilarité dans plus d'un bivouac[9]. » Sans doute, mais les dirigeants nazis estiment avoir atteint un de leurs principaux objectifs : semer la méfiance et la discorde entre les troupes alliées et la population allemande.

Au nord de Hambourg, à la fin du mois d'avril, un autre groupe d'adolescents du *Werwolf*, commandé par un officier SS, est cerné au sommet d'une colline boisée par deux bataillons britanniques. Un émissaire allemand est envoyé à leur rencontre le 1er mai 1945, afin de négocier une reddition honorable. Le plénipotentiaire n'obtenant aucun résultat, les Britanniques décident d'en terminer en montant à l'assaut ; cependant, peu soucieux de sacrifier leurs soldats dans une attaque contre de tels fanatiques, ils chargent une compagnie de parachutistes allemands de désarmer les « loups-garous » et de les prendre vivants… Sortis de leur camp de prisonniers et réarmés pour l'occasion, les « diables verts » passent à l'action. Mais en investissant les lieux, ils découvrent les corps de dizaines de francs-tireurs éparpillés dans leurs bunkers en bois ; certains avaient entre dix et douze ans, et tous s'étaient suicidés plutôt que de capituler.

Le 2 mai 1945, à Wilhelmshaven, alors que la guerre est en passe de s'achever, c'est au tour du commissaire de police Nussbaum et de deux civils de tomber sous les balles d'Helmut Führ et de Friedrich Lotto*. En Bavière, cette politique de représailles à l'encontre de ceux qui pactisent avec l'ennemi atteint son paroxysme avec le massacre de Penzberg : le 28 avril 1945, Hans Rummer, maire de la petite ville avant l'arrivée au pouvoir d'Hitler, dépose le bourgmestre nazi en poste. Ivre de vengeance, le Gauleiter local, Paul Giesler, confie le soir même à un commando du *Werwolf* la mission de le liquider. Ce sinistre détachement est commandé par Hans Zöberlein, un héros des tranchées, écrivain adulé du régime nazi et officier des « chemises brunes ». Zöberlein et ses hommes prennent d'assaut la petite mairie de Penzberg et arrêtent Rummer avec sept de ses compagnons ; tous sont emmenés sur la place publique et abattus. Le cortège d'atrocités du commando de Zöberlein ne s'arrête pas là, puisque dans les heures qui suivent, ses membres patrouillent dans les rues de la bourgade, où ils arrêtent huit autres suspects de trahison, parmi lesquels deux femmes** ; les malheureux passent devant une pseudo-cour martiale présidée par Zöberlein, qui les condamne à mort par pendaison, avant de déclarer : « La porcherie de Penzberg a été nettoyée. » Évanouis dans la campagne avoisinante, les assassins resteront eux aussi introuvables.

La Bavière est également le lieu d'une découverte intéressante réalisée par les Américains le 28 avril 1945,

---

* Arrêtés, les deux maquisards seront jugés par un tribunal allemand et condamnés à la prison à perpétuité en octobre 1948.
** Dont une est enceinte.

lorsqu'ils capturent six officiers et vingt-cinq soldats allemands cachés dans un réseau de tunnels et d'abris au milieu d'une vaste forêt. Ces hommes sont aux ordres d'un certain Paul Krüger, colonel de la Wehrmacht qui se prétend membre du *Werwolf*. Coopérant avec les officiers du renseignement américain, il affirme avoir été chargé d'éliminer les plus hautes autorités militaires alliées, dont le général Eisenhower. Mais cette assertion n'est étayée par aucune preuve, si ce n'est une liste de noms de généraux américains retrouvée dans une cantine militaire.

Malgré tout, le rapport du contre-espionnage américain donne des détails instructifs sur l'équipement et l'installation du commando de Krüger : « Les opérations auraient dû débuter trois à quatre semaines après le passage des troupes américaines. Des groupes de dix à vingt hommes devaient détruire des cibles, avant de se replier pour rejoindre leur "unité*". Aucune cible située à moins de quinze kilomètres de l'unité ne devait être désignée. La sécurité dépendait du secret et du camouflage, et tous les personnels avaient des ordres stricts, notamment celui de se cacher si des troupes américaines approchaient de leur secteur, et de n'ouvrir le feu en aucun cas à proximité du bivouac. [...] Les hommes portaient l'uniforme de la Wehrmacht, mais quelques-uns étaient déguisés en gardes forestiers. Ils étaient déployés dans des avant-postes, afin de signaler le moindre danger. Ils disposaient de mortiers, de mitrailleuses, de pistolets-mitrailleurs, de fusils de précision, ainsi que de nombreuses armes de poing. Chaque homme disposait aussi d'un pistolet Liliput** pouvant être

---

* L'« unité » désignait le complexe souterrain leur servant de quartier général.

** Produits par la *Waffenfabrik* August Menz dans les années 20, les Liliput sont de petits pistolets semi-automatiques très prisés par les agents secrets, car extrêmement discrets et faciles à camoufler. Tirant une balle de 4,25 mm, cette arme était suffisamment puissante pour tuer à dix mètres de distance.

aisément dissimulé. Les stocks de munitions pour chaque type d'arme correspondaient à quatre mois d'utilisation en situation normale. Ce groupe disposait d'une voiture civile et d'une motocyclette militaire parfaitement cachées dans les bois, ainsi que de cent vingt chevaux dispersés dans les fermes des environs. La nourriture, consistant en conserves de viande, biscuits, crackers, chocolat et légumes en bocaux, était suffisante pour tenir plus de quatre mois. Des vivres supplémentaires comme pain, pommes de terre, légumes frais et saucisses fumées étaient obtenus grâce à des sources locales. Le groupe puisait de l'eau dans un ruisseau passant à proximité de son abri[10]. »

Voilà qui peut impressionner, mais de tels commandos demeurent rares, et surtout, ils sont incapables de coordonner leurs actions. C'est que l'avance des armées alliées désorganise totalement l'appareil d'État nazi, tandis que la plupart des soldats cherchent à se rendre ou à rejoindre leur foyer ; dès lors, la politique de résistance collective prônée par les hautes sphères du Reich se délite, pour faire place aux intérêts personnels. Ainsi, dès la mi-avril, pour ne pas entraver les négociations avec les Alliés occidentaux qu'il veut ouvrir par l'intermédiaire de la Croix-Rouge suédoise, Himmler ordonne à Prützmann de limiter les opérations du *Werwolf* à de simples actions de propagande. Pour sa part, le maréchal Keitel, chef de l'OKW, va jusqu'à donner l'ordre d'interrompre purement et simplement toutes les opérations des « loups-garous ». Dans les locaux de l'organisation, depuis plusieurs semaines déjà, des fonctionnaires de la SS et de la Gestapo récupèrent les faux papiers fabriqués à l'intention des agents du *Werwolf*, pour se forger une nouvelle identité et disparaître. Le site de Schloss Hülchrath est évacué, et le 23 avril 1945, le *Werwolfsender* cesse d'émettre ; la fin est proche.

Elle débute avec la capitulation des armées d'Allemagne du Nord, des Pays-Bas et du Danemark, reçue par le maréchal Montgomery le 5 mai 1945. Le même jour, l'amiral

Dönitz, dernier *Führer* d'un Reich millénaire qui n'aura duré que douze ans, prononce un discours relayé par les émetteurs de Copenhague, Flensburg et Prague : « Le fait qu'un armistice soit actuellement en vigueur signifie que je dois demander à chaque Allemand et Allemande de mettre un terme à toute activité illégale dans le cadre du *Werwolf* ou de toute autre organisation similaire dans les territoires occupés par les Alliés occidentaux*, car cela ne peut que porter préjudice à notre peuple[11]. » Dès lors, partout en Allemagne, des groupes de « loups-garous », déjà fortement démoralisés par la mort d'Hitler, manquant d'armes et à court de ravitaillement, se rendent spontanément. Les plus fanatiques, les plus désespérés et ceux qui n'ont pas entendu le message de Dönitz prennent le maquis et poursuivent une lutte sans espoir.

Prützmann, lui, est capturé le 11 mai par les Britanniques à Hohenlied, près d'Eckernförde. Il est interrogé plusieurs jours durant au quartier général du maréchal Montgomery. Le 21 mai, se sachant sur la liste des criminels de guerre et redoutant d'être remis aux Soviétiques, il parvient à se suicider dans sa cellule de Lüneburg, en avalant une capsule de cyanure.

Sur le front de l'Est, l'action du *Werwolf* est nettement moins spectaculaire qu'à l'Ouest. Au début de 1945, en prévision de la conquête de l'Allemagne par les Soviétiques, les nazis ont bien prévu de former une myriade de commandos d'une soixantaine de « loups-garous » pour mener de vastes opérations de sabotage et de guérilla sur les arrières de l'Armée rouge. Mais là encore, les moyens ont manqué cruellement, au point que ces unités spéciales n'ont jamais vu le jour. En lieu et place émergent de petits réseaux de francs-tireurs, dont les actions ont de bien modestes résultats. C'est que les bataillons du

---

* On remarquera qu'il n'a pas mentionné les territoires occupés par les Soviétiques.

NKVD* qui quadrillent les territoires conquis y maintiennent l'ordre avec une violence telle qu'elle dissuade rapidement les Allemands de résister. Conformément aux ordres de Staline, toute ville où un partisan est capturé est incendiée et sa population déportée. Les opérations des « loups-garous » se limitent donc à des actes isolés, qui cessent rapidement face à l'ampleur des représailles soviétiques. En juin 1945, la mort dans un accident de motocyclette du général Nikolaï Berzarin, chef de la garnison de Berlin, est faussement attribuée par les Soviétiques aux « loups-garous », afin de justifier de nouvelles représailles sur les populations civiles ; c'est ainsi que plus de six cents « membres du *Werwolf* », âgés de quinze à dix-sept ans, seront arrêtés dans la seule région de Berlin[12], pour être déportés dans les camps du NKVD**.

Le *Werwolf* se développe de manière plus importante dans les territoires de l'Est peuplés de fortes minorités allemandes, surtout en Pologne et en Tchécoslovaquie, où les *Volksdeutsche*** sont victimes d'une véritable campagne de purification ethnique. Alors que la guerre en Europe est terminée, des détachements de soldats de la Wehrmacht continuent à se dresser contre ces massacres ; si certains de ces groupes sont parfaitement étrangers au *Werwolf*, d'autres gravitent dans la nébuleuse des réseaux de résistance nazis.

En Pologne, les « loups noirs de saint Hubert**** » se font rapidement connaître ; presque deux cents de ces

---

* *Narodnyi Komisariat Vnoutrenykh Diel'*, Commissariat du peuple aux Affaires intérieures. C'est la police politique de l'URSS, chargée de combattre le crime... et la dissidence.

** Au total, de 1945 à 1947, plus de 10 000 adolescents allemands seront arrêtés par les Soviétiques et déportés en URSS en raison de leur appartenance suspectée au *Werwolf*. Moins d'une moitié reviendra des goulags.

*** Populations ethniquement ou culturellement allemandes, vivant hors des frontières de l'Allemagne.

**** Patron des chasseurs.

maquisards combattent dans le secteur de Gliwice, tandis qu'une trentaine d'autres « loups » opèrent dans le triangle Opole-Strzelce-Olesno*. Un autre groupe *Freies Deutschland*, totalisant 1 700 combattants dont plusieurs cadres des « loups-garous », est déployé en Silésie, tandis qu'une troisième formation, le *Jungenbund der Freien Stadt Danzig*, harcèle les Polonais aux abords de Gdánsk, l'ancienne Dantzig**...

En Tchécoslovaquie, le 31 juillet 1945, l'explosion d'un dépôt de munitions à Ústí nad Labem, une ville germanophone du nord des Sudètes, fait vingt-six morts. Cet incident est officiellement imputé par le gouvernement tchécoslovaque au *Werwolf*, ce qui sert de prétexte au massacre de 2 700 Allemands, dont des femmes et des enfants, abattus ou noyés dans une rivière voisine ; quelques jours plus tard, les Allemands seront définitivement expulsés du pays.

Dans ces conditions, la volonté de résistance des partisans à l'Est comme à l'Ouest s'estompe progressivement – d'autant que leur combat semble inutile, dans la mesure où la population affiche globalement un mépris et une incompréhension absolus envers ces jusqu'au-boutistes. Du reste, certains citoyens allemands n'hésitent pas à dénoncer aux occupants les résistants venus leur réclamer de l'aide, ou à leur indiquer les caches d'armes qu'ils découvrent.

Pourtant, quelques cellules du *Werwolf* poursuivent implacablement la lutte ; certaines comprennent des combattants étrangers, notamment d'anciens *Waffen-SS* baltes et ukrainiens qui craignent d'être remis aux Soviétiques

---

* Résolus à se battre jusqu'au bout, ces Allemands sont actifs jusqu'en 1954, lorsque les derniers d'entre eux sont abattus par l'*Urząd Bezpieczeństwa*, la police secrète polonaise en charge des missions anti-insurrectionnelles – dont les fonctionnaires ont été formés par le NKVD.

** Ils seront démantelés par les Polonais en 1947 et 1949 respectivement.

en cas de capture, voire des Oustachis croates ayant réussi à échapper aux troupes titistes. Poussés par leur fanatisme, les activistes les plus motivés commettent des attentats contre les voies ferrées, les centrales électriques et les centres de distribution d'eau potable, tandis que d'autres, moins téméraires, se contentent d'envoyer des tracts et d'écrire nuitamment des slogans menaçants sur les portes des « collaborateurs »[13]. Pour le seul mois de décembre 1945, les Alliés recensent un millier d'infractions de ce type, principalement en Forêt-Noire, dans les montagnes de Bavière, du Harz et du Tyrol, ainsi que dans la région alpine du Chiemsee. Mais certaines actions sont nettement plus spectaculaires, comme la double explosion du 5 juin 1945 au quartier général de la police de Brême, qui fait quarante-quatre morts – un attentat qui pourrait bien être attribué au *Werwolf*. En mars 1946, un vaste complot est déjoué par les Alliés, qui interpellent quatre-vingts anciens officiers ; ces arrestations mènent à la découverte de caches d'armes et de munitions, ainsi qu'à la saisie d'une liste noire de quatre cents personnalités – parmi lesquelles le ministre-président de Bavière Wilhelm Hoegner, que ce groupuscule s'apprêtait à exécuter.

Dès lors, les dernières cellules d'irréductibles, décrites par les rapports alliés comme des « groupes itinérants » ou des « fanatiques vivant dans la forêt », n'inquiètent plus guère les autorités d'occupation alliées ; esseulés, les derniers « loups-garous » s'évanouissent sans laisser de traces. Au final, la propagande faite autour du *Werwolf* aura très largement dépassé ses actions, et le dernier mot revient au général Westphal, chef d'état-major des armées de l'Ouest en mai 1945 : « Comme si un ramassis de boy-scouts aurait pu réussir là où la Wehrmacht avait échoué[14] ! » Malgré tout, ces boy-scouts auront réussi à faire bien des dégâts durant le crépuscule du IIIe Reich...

6

Le fantôme errant de Martin Bormann

C'est sans doute l'affaire la plus mystérieuse de toutes – à tel point qu'elle ne sera vraiment éclaircie qu'à la fin du XXe siècle.

On le surnommait l'« éminence brune », car de tous les dignitaires nazis, Martin Bormann était de loin le plus discret, le moins connu et le plus puissant après Adolf Hitler. Pourtant, rien ne le prédisposait à atteindre des sommets aussi vertigineux. Né avec le XXe siècle près de Halberstadt*, il perd son père à l'âge de trois ans, est mis en pension au lycée de Weimar à dix ans, se révèle médiocrement doué pour les études, et est finalement incorporé dans l'artillerie de campagne en 1917. Mais lorsque survient l'armistice l'année suivante, ce jeune vétéran est démobilisé sans avoir jamais vu le front.

Dans l'Allemagne ruinée de l'immédiat après-guerre, la principale préoccupation du peuple est de se loger et de se nourrir. Martin Bormann, lui, trouve une solution à ces problèmes vitaux en se faisant engager comme apprenti dans l'exploitation agricole de Herzberg, au sud du Mecklemburg. Ce citadin à l'instruction limitée et au physique ingrat** s'adapte rapidement au monde rural, ne rechigne pas au travail et maîtrise parfaitement les questions d'in-

---

* Au milieu du Harz, dans l'actuel Land de Saxe-Anhalt.
** Il est court, trapu, avec une grosse tête ronde, un nez proéminent et un cou de taureau.

tendance – à tel point qu'après quelques mois, le maître des lieux, Hermann von Trauenfels, le nomme régisseur. Dur au labeur, Bormann est plus doué encore pour faire travailler les autres. Mais comme beaucoup de vétérans, il croit fermement au mythe du « coup de poignard dans le dos », et lorsque sept membres du corps franc de Rossbach s'installent dans la propriété, ils trouvent en Bormann une âme sœur. Hélas ! Il n'y a pas d'enfants de chœur dans ce groupe, et le 13 mai 1923, sans doute à l'instigation de Bormann, six d'entre eux tuent froidement Walter Kadow, un membre du corps franc soupçonné d'être au service des occupants français ou des révolutionnaires communistes. Ces « meurtres de la Sainte-Vehme » sont assez courants dans l'Allemagne de l'époque, mais les juges du tribunal de Leipzig n'y voient aucune circonstance atténuante : les six assassins sont condamnés à dix ans de prison, et Martin Bormann, dont le rôle exact n'a pu être clairement établi, devra tout de même passer un an sous les verrous.

Lorsqu'il sort de la prison de Leipzig en mars 1925, Bormann s'est considérablement radicalisé, tandis que le climat social dans l'Allemagne de Weimar s'est nettement apaisé : les Français ont évacué la Ruhr, l'introduction du rentenmark a mis un terme à l'inflation débridée, et l'accession au pouvoir du chancelier Stresemann inaugure une ère de stabilité politique très propice à la reprise économique comme à la détente diplomatique. Dès lors, le petit parti national-socialiste d'Hitler, déjà bien affaibli par le putsch manqué de novembre 1923, a sombré dans l'insignifiance. Et pourtant, Martin Bormann, ayant retrouvé son poste de régisseur au domaine de Herzberg, le quitte au bout d'un an pour s'établir à Weimar, où il rejoint les SA de Thuringe*, puis adhère au NSDAP le 17 février 1927**.

---

* Temporairement rebaptisés *Frontbann*, la SA étant interdite depuis le putsch de 1923.

** Avec la carte du parti n° 60508.

Le parti nazi de Weimar n'a guère les moyens d'employer un ancien repris de justice sans formation définie, mais le Gauleiter adjoint du parti pour la Thuringe, Hans Ziegler, dirige seul un journal hebdomadaire, *Der Nationalsozialist*, et il a bien besoin d'un collaborateur aussi dévoué à la cause que peu exigeant en matière de rémunération. De fait, il n'aura qu'à se louer des multiples services de ce nouvel employé, qu'il décrira après la guerre comme « fiable pour les questions d'argent, ayant l'autorité nécessaire pour s'imposer face aux mauvais payeurs et aux camarades du parti trop tièdes, d'un zèle inlassable en tant que comptable, encaisseur, démarcheur, emballeur et chauffeur, qui allait en voiture* distribuer lui-même les journaux dans les villages[1] ». Au sein du parti, cet homme zélé occupe également les fonctions de chef du service de presse et de gestionnaire pour le Gau, avec des succès inégaux. Personne ne semble l'avoir vu rédiger un communiqué de presse publiable, et chacun sait qu'il est absolument incapable de prononcer un discours en public : devant une assistance de plus d'une dizaine de personnes, il cherche ses mots, ne sait pas enchaîner ses phrases, se met à bégayer, puis se fâche et se réfugie dans un lourd mutisme. Derrière son bureau, en revanche, c'est un superbe organisateur, qui comprend d'emblée comment exploiter les rapports de forces, les rivalités, les faiblesses et les idéalismes, et submerge les instances locales du parti de circulaires, d'instructions, de rapports et de questionnaires. Pour le Gauleiter adjoint Ziegler, il est le bureaucrate idéal... La Thuringe étant à mi-chemin entre Munich et Berlin, Hitler s'y arrête souvent avec son fidèle second Rudolf Hess, et très vite, Ziegler leur présente Bormann comme un jeune homme plein d'initiative, avec un talent indéniable pour gérer les finances – et faire exécuter les ordres.

---

* Bormann s'était procuré une petite Opel verte, véritable exploit dans un pays comptant moins de trois cents voitures individuelles.

C'est à la fin d'octobre 1928 que Martin Bormann est appelé à Munich ; le capitaine Pfeffer von Salomon, chef suprême des SA*, a dû laisser son aide de camp, le lieutenant Hallermann, partir pour se faire soigner dans un sanatorium, et il ne lui reste que son chef d'état-major, Otto Wagener, pour administrer 25 000 SA sur l'ensemble du Reich. De toute évidence, il lui faut pour le seconder un secrétaire zélé et de préférence honnête**. Quinze jours plus tard, Bormann arrive à Munich et s'installe devant une table de cuisine, dans l'antichambre d'un studio d'artiste situé au dernier étage d'une dépendance du petit QG d'Hitler, au n° 50 de la Schellingstrasse***.

Dans cet environnement modeste, le nouveau venu va servir de dactylo, de planton, de rédacteur, d'archiviste, de manutentionnaire, d'intendant, de garçon de courses et de démarcheur. Le chef d'état-major Wagener, son supérieur direct, le décrit comme « insignifiant[2] **** », et la secrétaire de Wagener, Christa Schroeder*****, confirmera qu'il « n'attirait en rien l'attention[3] ». Mais les apparences sont trompeuses, car ce jeune homme prématurément replet est doté d'une faculté d'observation, d'une mémoire et d'une adaptabilité très peu communes, et il s'acquitte avec le plus grand zèle de toutes les missions qui lui sont confiées – même les plus ingrates. Parmi celles-ci figure le suivi d'une affaire délicate : l'assurance des SA. Ces solides gaillards, habitués à faire le coup de poing contre les socialistes et les communistes, n'en

---

* *Oberste SA Führer*, mieux connu sous le sigle OSAF.

** Selon le biographe Jochen von Lang, un employé du service aurait dérobé 2 000 marks, ce qui avait provoqué son licenciement. (*Der Sekretär*, Berlin, Ullstein, 1990, p. 52.)

*** C'est seulement en 1930 que le parti fait l'acquisition du palais Barlow, devenu la *Braunes Haus* – la Maison brune.

**** « *Unbedeutend.* »

***** Elle ne sera engagée dans les services de l'OSAF qu'au printemps de 1930.

revenaient pas indemnes et devaient souvent se faire raccommoder à leurs frais dans les hôpitaux. L'OSAF von Salomon avait donc décidé de signer un contrat avec une société d'assurances pour couvrir ce risque, chacun des militants payant une cotisation mensuelle de 15 pfennig. Malheureusement, l'expérience se révélait décevante, car la compagnie d'assurances refusait d'indemniser des préjudices subis par les membres d'une troupe de choc du fait d'agressions ou de provocations dont ils étaient eux-mêmes responsables ; c'était d'ailleurs conforme à la législation nationale en la matière, de sorte qu'il était vain de changer de compagnie.

Contrairement à ce que prétendra Bormann, c'est le chef d'état-major Wagener, en concertation avec Hitler, qui trouve la solution au début de 1930 : le parti remplacera la compagnie d'assurances, en créant sa propre *Hilfskasse* – la caisse d'entraide du NSDAP –, ce qui est triplement avantageux : la cotisation est portée à 30 pfennig, elle sera due par *chacun des 390 000 membres du parti*, et la caisse sera seule juge de l'opportunité de dédommager les cotisants. En d'autres termes, ce n'est plus une assurance à proprement parler, mais une source de revenus confortables pour le parti – à condition bien sûr que la caisse soit gérée par quelqu'un de compétent et d'honnête. Cet oiseau rare est tout trouvé, ainsi qu'en témoignera bien plus tard l'*Alter Kämpfer* Ernst Hanfstaengl* : « Lorsque Martin [Bormann] a été mis à la tête de la *Hilfskasse*, il l'a vraiment organisée. À cette époque, j'ai pensé que grâce à Dieu, nous avions enfin un homme qui savait s'occuper des finances de la Maison brune. Jusqu'alors, tout le monde se remplissait les poches sans la moindre vérification. Mille pour Goering, […] quinze cents pour Goebbels… *Pas de reçus ! Rien du*

---

* « Ancien combattant » (des temps héroïques du parti, entre 1919 et 1923). Le germano-américain Hanfstaengl était devenu membre du NSDAP en 1923, et avait beaucoup contribué à son financement.

tout ! Mais avec l'arrivée de Bormann, tout a changé. En trois mois, il avait mis de l'ordre dans la *Hilfskasse.* Au final, Martin Bormann, c'était la star des bureaucrates[4]. »

Le mot n'est pas trop fort : en moins de deux ans, il aura cent hommes sous ses ordres, il comptera parmi ses obligés des milliers de Gauleiters, Kreisleiters et autres hauts fonctionnaires du NSDAP ayant bénéficié de l'aide de la *Hilfskasse*, et surtout, il passera désormais pour un expert des questions financières dans un parti qui en compte fort peu ; car en dépit des apparences, Hitler, Hess, Goering, Goebbels, Ley et Rosenberg sont absolument allergiques aux questions d'organisation et de comptabilité... Un dernier élément va contribuer beaucoup à l'avancement de Martin Bormann : le 2 septembre 1929, il épouse Gerda Buch, militante nationale-socialiste convaincue et fille du capitaine Walter Buch, vieux membre du parti, juriste très respecté et président de l'Uschla*, « Comité pour l'investigation et la conciliation », l'instance suprême d'arbitrage des conflits au sein du parti**.

Une nouvelle ère commence en 1933, lorsque les nazis accèdent au pouvoir. Bormann demande à être relevé de ses fonctions d'administrateur de la *Hilfskasse* et propose ses services à Rudolf Hess, qui est directeur de la commission politique centrale, secrétaire particulier d'Hitler, chef du *Verbindungsstab**** et bientôt *Vertreter des Führers*****, Reichsleiter, ministre sans portefeuille, député du Reichstag et *Obergruppenführer* SS. Mais derrière ses titres ronflants, ce fidèle second du Führer est idéaliste, irrésolu, mystique, introverti, incorruptible, sensible, prudent, instable et beso-

---

* Contraction de *Untersuchung und Schlichtungs-Ausschuss.*

** Pour une fois, il ne s'agissait pas d'une manœuvre carriériste de la part de Bormann, car c'est Gerda Buch qui avait pris l'initiative de cette relation. Mais bien sûr, le fait qu'Hitler et Hess aient été témoins de mariage ne pouvait nuire à son avancement...

*** L'organisme de liaison entre le parti et le gouvernement.

**** Représentant du Führer.

gneux, et il est bien plus doué pour agrandir son empire que pour l'administrer*. Hess trouve donc en Bormann un homme doté de toutes les aptitudes qui lui manquent : la mémoire, l'assurance, la ruse, la détermination, la brutalité, l'esprit pratique, l'arrivisme, l'absence de scrupules, le sens des réalités, le génie de l'intrigue, la religion de la bureaucratie, l'ampleur de la capacité de travail et l'art de tisser rapidement des réseaux de relations utiles. C'est dit : Bormann entrera au service de Hess, avec le titre de *Stabsleiter* – gérant du personnel, en quelque sorte.

À ce poste, il aura une liberté d'action pratiquement illimitée, dont il va profiter largement – et discrètement. Mais à première vue, ses fonctions sont bien modestes, ainsi qu'en attestera son unique collègue de service, le juriste Heinrich Heim : « Au départ, nos fonctions n'avaient rien d'attrayant. Il s'agissait d'aider les membres du parti qui avaient besoin d'une assistance quelconque de la part des autorités. En d'autres termes, un emploi absolument apolitique[5]. » Voire… En fait, le *Verbindungsstab* est chargé de régler les conflits entre les différents services du parti, et de veiller à ce que ceux-ci interfèrent le moins possible avec la politique du gouvernement fixée par Hitler ; c'est que les Reichsleiters et les Gauleiters, le plus souvent des *Alte Kämpfer*, estiment que leurs services passés les autorisent à s'immiscer dans le gouvernement du pays – et à en tirer un maximum d'honneurs et de bénéfices. Bormann, lui, se désintéresse des honneurs et de l'argent, car seule lui importe la réalité du pouvoir ; il va donc s'employer à élargir démesurément les fonctions dévolues à son supérieur Rudolf Hess, en profitant du fait que celui-ci s'ingénie à les accumuler mais répugne à les exercer**.

---

* Voir sur ce sujet *Les Secrets du IIIᵉ Reich*, chapitre 6 : « L'affaire Rudolf Hess ».

** Outre sa timidité maladive, Hess s'absorbe de plus en plus dans le mysticisme et les cures naturopathiques pour ses nombreuses maladies, le plus souvent imaginaires.

Pour commencer, Bormann se sert de ses attributions pour faire des membres du parti ses obligés : en leur rendant service – ou en leur refusant toute aide –, il peut les influencer dans une large mesure, et en intriguant avec suffisamment de subtilité, il peut même assurer leur promotion... ou leur rétrogradation. En outre, le bureau du représentant du Führer doit donner son accord pour toutes les nominations de fonctionnaires ; alors que Hess s'en désintéressait largement, Bormann va s'en servir pour placer ses hommes aux postes clés*. Par ailleurs, le *Verbindungsstab* servant de « porte d'écluse » entre le parti et le gouvernement, Bormann en profite pour réglementer l'accès à la chancellerie d'Hitler au profit de ses alliés – et au détriment de ses adversaires. Enfin, ayant noté que Hess se tenait éloigné des conclaves où se prenaient les grandes décisions, il réussit à se faire admettre comme son représentant dans toutes les réunions importantes. Au passage, il intrigue avec succès pour être nommé Reichsleiter et député au Reichstag, mais son véritable coup de maître est de se rendre indispensable dans l'entourage immédiat du Führer...

Il y faut bien sûr une assiduité et une vigilance de tous les instants. Au prétexte de représenter Hess et le parti, Bormann devient omniprésent à la chancellerie de Berlin comme au chalet de Berchtesgaden. Il se tient informé de tous les désirs d'Hitler et les note soigneusement dans un petit carnet pour mieux les exaucer – ou même les devancer. Les organisateurs efficaces étant excessivement rares en haut lieu, Hitler ne peut qu'apprécier les services de ce courtisan exemplaire qui l'informe, le flatte, et surtout le débarrasse des problèmes lassants de la gestion du parti, en lui faisant des rapports synthétiques et en proposant toujours des solutions. Le contraste avec son supérieur hiérarchique est parfaitement résumé par Hitler

---

* Entrant ainsi en conflit avec le ministre de l'Intérieur Frick, qui était en principe compétent pour les nominations de fonctionnaires.

lui-même : « Avec Hess, toute conversation devient une épreuve insupportable ; il vient toujours me soumettre des questions désagréables et ne me lâche plus. [...] Les documents de Bormann, eux, sont conçus avec une telle précision que je n'ai plus qu'à dire oui ou non. Avec lui, je règle en dix minutes une quantité de questions qui me demanderaient des heures si elles étaient traitées par d'autres[6]. » C'est que Bormann, qui prépare toujours minutieusement son affaire, s'est en outre familiarisé avec la tournure d'esprit de son maître, ce qui évite à celui-ci de perdre du temps en explications. Pour un Führer qui déteste la paperasserie administrative, hésite longtemps avant de décider, donne des ordres très vagues*, fuit tout travail suivi** et n'utilise ses bureaux que pour s'asseoir dessus, il n'y a rien de plus appréciable...

Bien sûr, Martin Bormann agit théoriquement au nom du *Stellvertreter* – le représentant du représentant, en quelque sorte –, et Rudolf Hess y voit candidement une extension de son influence. C'est d'ailleurs en son nom que Bormann assume dès l'été de 1933 la direction du « Fonds Adolf Hitler de l'économie allemande*** », auquel vont contribuer tous les entrepreneurs du pays, à l'instigation du grand industriel Gustav Krupp. C'est une manne gigantesque, dont Hitler peut disposer comme il l'entend ; mais le Führer étant absolument incapable de gérer un budget – à commencer par le sien**** –, il est

---

* Cela correspond assez peu à l'image que l'on se fait ordinairement d'Hitler, mais c'est une réalité quotidienne pour son proche entourage. Voir par exemple Otto Wagener, *Hitler aus nächster Nähe*, Kiel, Arndt, 1987, pp. 299-302 ; Fritz Wiedemann, *Der Mann, der Feldherr werden wollte*, Dortmund, Blick & Bild, 1964, pp. 68-70, et Otto Dietrich, *Hitler*, Regnery, Chicago, 1955, p. 138-140.
** Excepté en matière d'architecture et de stratégie, deux domaines pour lesquels il se passionne – en amateur éclairé.
*** *Adolf-Hitler-Spende der Deutschen Wirtschaft.*
**** Le *Pressechef* Otto Dietrich écrira ainsi : « En matière financière, Hitler était ignorant mais généreux ; en tant que personne privée, il

tout disposé à confier ce fonds à l'ancien virtuose de la *Hilfskasse*. Or, en administrant discrétionnairement une tel pactole, Bormann voit sa puissance considérablement augmentée : il peut faire des prêts ou des dons à ses alliés, les refuser à ses ennemis, et lancer des travaux pharaoniques pour impressionner son Führer.

C'est exactement ce qu'il entreprend de faire dès 1935, en commençant par le haut plateau de l'Obersalzberg. En moins d'un an, le chalet d'Hitler voit sa superficie quadrupler, avec trente pièces réparties sur deux étages, une entrée avec des colonnes en marbre, un gigantesque salon avec une verrière panoramique, et l'adjonction de deux ailes reliées par une immense terrasse ; la modeste *Haus Wachenfeld* est devenue le Berghof, que Bormann va entourer de sept kilomètres carrés de forêts et de terres cultivables, acquis par achat, expropriation ou spoliation. Aux environs du Berghof, il fait construire un réseau de routes, des tunnels, des bunkers, un gigantesque garage, une ferme modèle*, des logements pour les employés, une caserne pour la garde personnelle du Führer et un bâtiment pour la chancellerie du parti – sans oublier un splendide chalet pour lui-même et sa famille. Parce qu'il est exigeant, autoritaire, menaçant, calculateur, vigilant et omniprésent, Bormann parvient à faire terminer les travaux dans des délais records, et tous les projets de construction ultérieurs sur l'Obersalzberg lui seront confiés**.

---

ne savait pas utiliser son propre argent, et en tant que chef d'État, il était incapable de gérer le budget du pays. » Otto Dietrich, *Hitler*, *op. cit.*, p. 196.

* Au bénéfice presque exclusif de Bormann, resté agriculteur dans l'âme. Malgré des dépenses pharaoniques, cette ferme ne sera jamais rentable, mais elle permettra d'impressionner un Führer résolument végétarien, en lui fournissant des légumes frais toute l'année.

** Y compris ceux qu'il conçoit lui-même, comme ce salon de thé au sommet du Kehlstein, accessible seulement par un ascenseur à l'intérieur de la montagne. Hitler ne s'y rendra pratiquement jamais, mais il s'en servira pour impressionner les visiteurs étrangers.

Ce n'est qu'un début : Bormann va également organiser en 1938 le congrès de Nuremberg, conçu comme
l'apothéose du national-socialisme triomphant ; et lorsque
cette même année, le Führer se rend à Vienne pour parachever l'Anschluss, il est suivi comme son ombre par un
petit homme râblé, servile et entreprenant que personne ne
connaît, mais qui lui sert de trésorier, de bâtisseur, de secrétaire, de commensal, de confident et de cerbère. La scène
se reproduit à l'identique l'année suivante, lorsque Hitler
entre dans Prague après avoir dépecé la Tchécoslovaquie.
Enfin, au début de septembre 1939, quand le Führer et
commandant suprême de la Wehrmacht suit en chemin de
fer les troupes qui progressent inexorablement en Pologne,
Bormann s'installe naturellement avec un secrétariat du
parti dans un des dix wagons de son train spécial.

Une fois la guerre déclarée, le civil Bormann doit bien
sûr s'effacer devant les militaires, dont les conclaves lui
sont inaccessibles ; d'un autre côté, Hitler s'absorbant
désormais dans les questions de haute stratégie, il se
désintéresse toujours davantage de l'administration intérieure du Reich, qui devient plus que jamais une chasse
gardée du parti – c'est-à-dire en théorie de son *Stellvertreter* Rudolf Hess, et en pratique de son Reichsleiter
Martin Bormann...

Chacun comprendra que dans ce bac d'alligators qu'est
la hiérarchie du IIIᵉ Reich, on n'atteint des sommets aussi
vertigineux qu'en se conciliant les puissants du moment,
et en éliminant impitoyablement les concurrents les plus
faibles. Bien sûr, Goebbels, Himmler, Heydrich, Keitel,
Frick, Schwarz, Frank, Ley*, Rosenberg et Goering étant
solidement retranchés dans leurs fiefs respectifs et ayant

---

* Wilhelm Frick est ministre de l'Intérieur, l'avocat Hans Frank
vient d'être nommé gouverneur général de la Pologne occupée, Franz
Xaver Schwarz est le trésorier du parti, et Robert Ley le chef du
Front du travail.

directement accès au Führer, il n'est pas question de les affronter dans l'immédiat. Mais Bormann conspire discrètement, adroitement et méthodiquement pour faire écarter ou éliminer tous les personnages de moindre envergure qui lui barrent la route du pouvoir : ses anciens supérieurs de la SA Pfeffer von Salomon et Otto Wagener, le vieux spadassin Ernst Roehm et tout son entourage*, le grand organisateur du parti Gregor Strasser et son frère Otto, le président du sénat de Dantzig Hermann Rauschning, les aides de camp personnels du Führer Wiedemann et Brückner**, le responsable de la presse étrangère Ernst Hanfstaengl, les chefs militaires von Fritsch et von Blomberg, le directeur du *Völkischer Beobachter* et éditeur de *Mein Kampf* Max Amann***, ainsi que le Gauleiter et éditeur du *Stürmer* Julius Streicher – pour ne rien dire de son propre beau-père, le juge Walter Buch.

Les méthodes varient, et sont parfois si subtiles que personne ne voit la main de Bormann dans les ostracismes, les rétrogradations, les limogeages, les déchéances et les éliminations qui frappent ses ennemis et concurrents – depuis la propagation de rumeurs jusqu'au complot en bande organisée… Bien sûr, il lui arrive d'échouer : le chauffeur d'Hitler, Erich Kempka, se maintiendra à son poste en dépit de toutes les intrigues, et le frère détesté, Albert Bormann, restera l'un des aides de camp personnels d'Hitler jusqu'au crépuscule du IIIᵉ Reich****. Mais ces

---

* Voir *Les Secrets du IIIᵉ Reich*, chapitre 4 : « La Nuit des longs couteaux ».

** Qui avaient eu la témérité de lui barrer initialement l'accès à Hitler.

*** L'ancien sergent du régiment d'Hitler pendant la Grande Guerre, devenu éditeur et gérant des revenus de *Mein Kampf* – que Bormann tenait à lui soustraire.

**** Même lorsqu'ils se trouvent dans la même pièce, les deux frères ne communiquent que par l'intermédiaire d'un aide de camp. Hitler, qui apprécie manifestement ce conflit familial, refusera toujours de se séparer du « petit frère » Albert.

*Schönheitsfehler** restent rares et n'affectent en rien le pouvoir maléfique qu'exerce l'éminence brune, derrière les apparences du discret subordonné de Hess et du servile factotum d'Hitler.

Les jugements portés sur Martin Bormann par l'entourage du Führer sont remarquablement concordants. Selon Albert Speer : « Il avait réussi à se faire passer pour insignifiant, tout en édifiant subrepticement ses bastions. Même parmi tous ces potentats sans scrupules, il se distinguait par sa brutalité et sa vulgarité. Il n'avait pas la moindre culture susceptible de le restreindre, et il exécutait infailliblement ce qu'Hitler avait ordonné, ou bien ce qu'il avait lui-même déduit des allusions d'Hitler. Subalterne par nature, il traitait ses propres subordonnés comme s'il s'agissait de vaches et de bœufs. C'était un paysan[7]. » Pour l'avocat Hans Frank : « Depuis 1937 au moins, il était littéralement "collé au Führer" – une figure servile, hypocrite, arriviste, capable de faire obstacle à tout ce qui était bon et de promouvoir délibérément tout ce qui était mauvais[8]. » Eva Braun, qui le méprisait, l'avait surnommé le « Méphisto du Führer », et l'ancien secrétaire de Ribbentrop, Reinhard Spitzy, se souviendra que « Bormann était détesté et redouté. Nous étions unanimes dans notre mauvaise opinion de cet arriviste[9] ** ». Le garde du corps d'Hitler, Rochus Misch, notera que « Martin Bormann était relativement supportable dans ses relations avec nous, mais personne ne pouvait vraiment le souffrir ; les intrigues et les jeux de pouvoir l'occupaient la plupart du temps, et ce n'était pas pour lui faire des amis[10] ». Le *Gruppenführer* SS Walter Schellenberg le voyait surtout comme « un sanglier agressif au milieu d'un champ de pommes de terre[11] »,

---

* Fautes de détail.

** Pas tout à fait : la secrétaire d'Hitler Christa Schroeder le considérait comme « un des rares nationaux-socialistes propres », qui avait « toujours servi de bouc émissaire ». (Christa Schroeder, *Er war mein Chef*, op. cit., p. 32.)

tandis que le général comte Bernd Freytag von Loringhoven le décrira ainsi dans ses Mémoires : « Trapu, cou de
taureau, les cheveux clairsemés, noirs et raides, Bormann
avait la manie de hausser les épaules et le regard fuyant.
[...] Rien n'échappait à l'"éminence brune", toujours tapie
dans l'ombre à proximité d'Hitler, comme une araignée
dans son nid. Travailleur infatigable, Bormann entendait
et surveillait tout ce qui se passait autour de lui[12]. »

C'est à partir de mai-juin 1941 que notre homme va
pouvoir jeter le masque, étendre son influence et élargir
démesurément son champ d'action ; car le 10 mai, son
supérieur Rudolf Hess s'envole vers l'Angleterre pour une
mission de paix chimérique, qui prend tout le monde
par surprise – à commencer par Hitler, qui est catastrophé*. Ce n'est pas le cas de Martin Bormann, qui
organise aussitôt dans son chalet de l'Obersalzberg une
petite réception intime : « Ce soir-là, se souviendra la
secrétaire d'Hitler Christa Schroeder, il apparut à tous
remarquablement détendu[13]. » C'est presque une litote ;
en réalité, il triomphe, car dans les faits, toutes les fonctions de Hess vont lui échoir. Hitler abolit certes le poste
de *Stellvertreter*, mais il annonce que tous ses pouvoirs,
compétences et prérogatives sont transférés à une « chancellerie du parti », dirigée par Martin Bormann.

Avec l'attaque de l'URSS le mois suivant, l'éminence
brune va encore étendre son pouvoir. C'est que le Führer
a décidé de jouer à fond le rôle du maître de guerre, en
quittant Berlin pour aller s'établir dans un QG de campagne, le *Wolfsschanze*, au beau milieu d'une épaisse forêt
de Prusse-Orientale. Dans ce camp entouré de trois réseaux
de fil de fer barbelé, qui tient à la fois « du monastère
et du camp de concentration », il sera plus facile encore
pour Bormann d'isoler son Führer des réalités du pays

---

* Voir *Les Secrets du IIIe Reich*, chapitre 6 : « L'affaire Rudolf
Hess », pp. 147-198.

– et des visiteurs indésirables. Bref, de remplir à fond son rôle de « porte d'écluse ». D'ailleurs, Hitler est parfaitement consentant, puisqu'il a dit à Bormann : « Rendez-moi un service : tenez les Gauleiters à distance ! » Depuis un bunker situé à proximité immédiate de celui d'Hitler, c'est exactement ce que va faire son fidèle serviteur – et bien sûr, il ne limitera pas l'exclusion aux Gauleiters. Pour le reste, il va continuer à faire ce qu'il sait faire le mieux : s'informer en permanence des vues et des vœux du Führer, les noter soigneusement et donner des ordres pour qu'ils soient mis en œuvre sans délai. Dès le mois de juillet 1941, il engage des subordonnés pour transcrire *in extenso* les propos de table d'Hitler*, et à l'automne de 1942, il fait de même pour les conférences de situation – ce qui lui donne accès aux délibérations militaires, dont il était exclu jusqu'alors.

À la faveur de la guerre, le Reichsleiter Bormann acquiert en avril 1943 le titre supplémentaire de « secrétaire du Führer », et il forme une sorte de directoire à trois avec le maréchal Keitel et le chef de la chancellerie du Reich Lammers**. Les titres, les prérogatives et la prétention de parler au nom du Führer lui permettent d'imposer discrètement sa politique aux autres hiérarques du Reich, et on en voit rapidement les effets : la persécution acharnée des Églises et des ecclésiastiques***, le renforcement des règlements pour l'élimination des Juifs et pour la répression des Polonais, l'organisation des pays Baltes et de l'Ukraine occupés par la Wehrmacht****, l'aggravation du traitement

---

* Les juristes Heinrich Heim et Henry Picker. Ce dernier fera paraître les transcriptions après la guerre sous le titre : *Hitlers Tischgespräche im Führerhauptquartier*, Stuttgart, Seewald Verlag, 1951.

** Un directoire qu'il contrôle en réalité, les deux autres membres étant à la fois timorés et incompétents.

*** À commencer par l'évêque de Münster von Galen, dont il demandera – en vain – la pendaison. (Voir chapitre 1 : « L'*Aktion T4* ».)

**** C'est Bormann qui impose à Rosenberg le choix des Gauleiters Lohse et Koch pour administrer ces régions.

des prisonniers de guerre, le refus d'une participation à la guerre contre Staline du général Vlassov et de sa ROA*, l'exploitation des 12 millions de travailleurs étrangers en Allemagne, le choix des livres et des réserves d'aliments diététiques pour le Führer, l'administration d'une justice d'exception dans tous les territoires conquis, les négociations diplomatiques secrètes avec des émissaires de Staline**, la construction d'abris antiaériens sur l'Obersalzberg et la mission de reconstruire la ville de Linz après la guerre, l'autorité sur les membres du service de sécurité et la garde personnelle d'Hitler, la promotion, le limogeage ou l'élimination discrète des Gauleiters et des Kreisleiters, la création au sein de la Wehrmacht d'un corps d'officiers politiques – les *Nationalsozialistische Führungsoffiziere* (NFSO) – dépendant en dernier ressort de la chancellerie du parti, la censure de tous les articles et discours publics (à commencer par ceux de Goebbels), la poursuite des responsables – réels ou imaginaires – de l'attentat du 20 juillet 1944***, la création du *Volkssturm*, qui lui permet enfin d'avoir un rôle militaire, l'interdiction de la chasse

---

* *Rouskaïa Osvoboditielnaïa Armia* – Armée de libération russe. Vlassov, l'un des meilleurs généraux de Staline, avait fait défection en 1942 et proposé de lever un million d'hommes parmi les prisonniers soviétiques pour abattre le régime communiste. Hitler, conquérant plutôt que libérateur, ne voudra pas en entendre parler jusqu'à l'automne de 1944.

** Un épisode très peu connu : en avril 1943, Staline avait envoyé un émissaire à Stockholm pour sonder les possibilités d'une paix séparée entre l'Allemagne et l'URSS. Bormann avait commencé par approuver cette proposition, transmise par le juriste Picker, mais Hitler ayant refusé avec indignation, Bormann s'était empressé d'enterrer l'affaire – et de faire verser Picker dans la Wehrmacht. (Voir Picker, Henry, *Hitlers Tischgespräche im Führerhauptquartier*, op. cit., pp. 32 et 33.) Par la suite, Bormann avait étouffé dans l'œuf toute proposition de négociations – à commencer par celle de Goebbels cette même année.

*** Qui dépend en principe d'Himmler, mais Bormann s'en mêle constamment.

à partir de septembre 1944, la surveillance des maisons d'Hitler à Munich et sur l'Obersalzberg, la création d'un corps de volontaires féminines de la Wehrmacht visant à libérer 150 000 hommes pour le front, et la création du *Werwolf* pour répandre la terreur sur les arrières de l'ennemi – tout cela résultant naturellement des instructions ou des vœux du Führer, tels qu'ils sont interprétés par son Reichsleiter et secrétaire particulier Martin Bormann...

Il va sans dire que celui-ci en profite pour améliorer discrètement son niveau de vie. Ainsi, on s'apercevra après la guerre que quatre-vingt-sept maisons sur l'Obersalzberg et toutes les terres environnantes, ainsi que les demeures autrichiennes où avait grandi ou séjourné Hitler, étaient enregistrées au seul nom de Martin Bormann – qui possédait par ailleurs un chalet à proximité immédiate du Berghof, une grande maison à Munich pour loger sa femme et ses neuf enfants, une grande exploitation agricole dans le Mecklembourg, une villa ayant appartenu à des Juifs au bord du Schluchsee en Forêt-Noire, ainsi que quelques pied-à-terre pour entretenir ses maîtresses* – Bormann pouvant aisément disputer à Goebbels le titre de « premier satyre du Reich ». Mais cette puissance pratiquement illimitée, le Méphisto du Führer s'en sert surtout pour régler ses comptes ; car s'il bénéficie du soutien inconditionnel de son seigneur et maître, Bormann a très peu d'amis et d'innombrables ennemis parmi les *Goldene Fasanen*, les « faisans dorés » du régime. Pour conforter sa position de fait en tant que second personnage du Reich, prévenir l'émergence de nouveaux concurrents, barrer l'accès au Führer ou se venger d'anciennes humiliations, il va s'allier temporairement aux uns pour écarter ou éliminer les autres, avant de se retourner contre les premiers en profitant de leurs faiblesses ou de la paranoïa d'Hitler – le tout avec un machiavélisme quasiment stalinien...

---

* Dont la plus célèbre, l'actrice berlinoise Manja Berens.

La liste de ses cibles, qui recoupe bien souvent celle de ses victimes, donne véritablement le vertige : Philipp Bouhler, chef de la chancellerie personnelle du Führer ; le Reichsleiter Alfred Rosenberg, rendu responsable de l'échec de l'occupation des territoires de l'Est ; l'ancien chef des Jeunesses hitlériennes et Gauleiter de Vienne Baldur von Schirach ; son successeur Artur Axmann ; l'*Obergruppenführer* SS Reinhard Heydrich, bras droit d'Himmler et *Reichsprotektor* de Bohême-Moravie* ; le ministre de l'Intérieur Wilhelm Frick** ; l'amiral Canaris, chef de l'Abwehr, qui figure sur sa liste des « gens à abattre » ; le président de la Reichsbank Walther Funk ; le *Pressechef* Otto Dietrich ; le Gauleiter de l'*Ostland* et du Schleswig-Holstein Hinrich Lohse ; le chef de la chancellerie du Reich Hans Lammers*** ; le docteur Brandt, un des médecins personnels du Führer, que Bormann fait congédier en octobre 1944****, ainsi que le photographe Heinrich Hoffmann*****, qui était venu se plaindre à son vieil ami Hitler des intrigues de Bormann, et s'était attiré la réponse suivante : « Mets-toi

---

* Sans doute le plus dangereux, car il était totalement dénué de scrupules et avait tout l'appareil de répression du RSHA à son service ; mais dès février 1942, Bormann avait réussi à le discréditer largement aux yeux d'Hitler, et le SOE britannique terminera le travail en le faisant exécuter à Prague trois mois plus tard.

** Qu'il acculera à la démission en août 1943, et fera envoyer en Bohême-Moravie comme *Reichsprotektor* – un poste peu convoité depuis l'assassinat de Heydrich…

*** Avec qui il commence par s'allier, avant de le faire congédier – exactement comme Philipp Bouhler. Tous deux se retrouveront sur l'Obersalzberg avec Goering en avril 1945 – et seront arrêtés par les SS en même temps que lui, sur ordre de Bormann. (Voir chapitre 4 : « La forteresse alpine ».)

**** Bormann le soupçonnait d'être un allié de son ennemi mortel Albert Speer.

***** La machination pour faire ostraciser cet intime du Führer est particulièrement diabolique : en octobre 1944, sachant qu'Hitler a une crainte maladive des microbes, Bormann fait courir le bruit que Hoffmann est atteint d'une maladie très contagieuse.

bien ça dans la tête, Hoffmann, [...] pour gagner cette guerre, j'ai besoin de Bormann. C'est parfaitement vrai qu'il est à la fois brutal et impitoyable, c'est un taureau, [...] mais le fait demeure que les uns après les autres, tous ont manqué à leur devoir d'obéissance inconditionnelle à mes ordres – mais Bormann, jamais ! Il faut que tout le monde sans exception comprenne bien ceci : quiconque est contre Bormann est aussi contre l'État. Je les ferai tous fusiller, même s'il y en a des dizaines de milliers[14]. »

Ainsi couvert, Bormann peut parfaitement poursuivre ses intrigues dans les couloirs de la chancellerie, et il rêve d'accrocher à son tableau de chasse du plus gros gibier, comme Speer, Ley, Goebbels, Goering, Ribbentrop et Himmler. Pourtant, à la fin de 1944, ceux-là sont encore trop puissants, trop importants pour l'effort de guerre ou trop proches du Führer pour que Bormann puisse faire autre chose que saper patiemment leurs positions. L'évolution de la guerre lui fournira certainement de nouvelles occasions de les discréditer...

Malheureusement pour Bormann, la guerre ne va pas exactement dans le sens désiré : l'offensive des Ardennes en décembre 1944 débute bien, mais tourne à la catastrophe ; les Soviétiques lancent leur grande offensive d'hiver en franchissant l'Oder le 12 janvier 1945 ; et à l'Ouest, les troupes anglo-américaines avancent en direction du Rhin sur un large front allant de la Sarre aux Pays-Bas. À la mi-janvier, Hitler a donc dû regagner Berlin, naturellement accompagné de Bormann, qui se réinstalle sans plaisir dans la chancellerie du parti à moitié dévastée, sans fenêtres, sans eau ni chauffage. Dans une lettre à son épouse Gerda le 28 janvier, il affiche toujours sa confiance, mais ne peut dissimuler son inquiétude : « Je crois fermement en la victoire ultime de l'Allemagne. [...] Mais toute la question est de savoir si *nous-mêmes* survivrons pour voir ce grand jour » ; et le 5 février : « Celui qui prétend que nous avons encore une chance doit être un grand optimiste ! Et c'est exactement ce que nous sommes ! Je ne peux croire que la Destinée aurait conduit notre peuple et notre Führer aussi loin sur ce magnifique chemin, pour ensuite nous abandonner et nous voir disparaître à jamais[15]. » Pour l'heure, en tout cas, les bombardements aériens se font plus intenses, et Bormann doit aller se réfugier à Zossen, au QG de la Wehrmacht. Mais pour ne pas perdre sa place auprès du Führer, il lui faut braver quotidiennement les bombes et les mitraillages pour retourner à la chancellerie du Reich...

C'est que la proximité d'Hitler reste l'unique fondement de son pouvoir – un fondement devenu largement souterrain, car à partir de la mi-février, Hitler, ses aides de camp, son médecin et ses gardes du corps ont dû s'installer pratiquement à demeure dans le bunker enterré à huit mètres sous le parc de la Wilhelmstrasse, derrière l'ancienne chancellerie*. Le 2 février, Bormann, lui, établit son QG dans le deuxième sous-sol de la nouvelle chancellerie, au coin de la Wilhelmstrasse et de la Vossstrasse. Il y fait installer des téléscripteurs et un émetteur-récepteur, ainsi que son immense cartothèque, un ameublement sommaire et un lit de camp. Bien entendu, l'essentiel de la journée – et une partie de la nuit – se passe dans le *Vorbunker*, où il a également un bureau, ainsi que dans le *Führerbunker*, où réside le maître dont il continue à noter les propos, pour envoyer ensuite des directives et circulaires comminatoires à tous les Gauleiters et Kreisleiters du Reich – comme il le fait depuis onze ans déjà : dès le 2 février, ce sont des instructions détaillées sur les modifications à apporter au

---

* Le *Vorbunker* ou avant-bunker, enterré à 5,2 mètres, est le plus grand ; il abrite les aides de camp, les gardes du corps, les infirmières et les secrétaires. Le *Führerbunker*, à 7,6 mètres sous terre, abrite en permanence Hitler, son médecin Morell, Eva Braun et – après le 22 avril – la famille Goebbels. Les deux bunkers communiquent par un étroit escalier en spirale, et sont reliés à la nouvelle chancellerie par un long couloir souterrain, le *Kannenberggang*.

système de rationnement ; le 15 février, une nouvelle circulaire donne aux Gauleiters le pouvoir de créer eux-mêmes des cours martiales et de veiller à ce qu'elles prononcent des peines de mort contre tous ceux qui se rendront coupables de « fléchissement, de lâcheté ou de défaitisme » ; deux jours plus tard, il rappelle à l'ordre les camarades du parti dont les épouses évacueraient leurs lieux de résidence avant d'en avoir reçu l'ordre ; le 19 février, ces mêmes camarades, ainsi que les hauts fonctionnaires du Reich et leurs familles, se voient interdire de chercher refuge dans le Gau de Salzbourg ou dans les districts de Berchtesgaden, Bad Reichenhall, Traunstein et Munich* ; le 24 février, bien à l'abri dans le deuxième sous-sol bétonné de la chancellerie du Reich, il émet cette proclamation aussi martiale qu'incongrue : « Il n'y a qu'une seule possibilité de rester en vie ; c'est d'être prêt à mourir en combattant, afin de remporter la victoire ! » Trois jours plus tard, Bormann fait savoir qu'il n'y aura pas jusqu'à nouvel ordre d'autres inscriptions au NSDAP, mais qu'il n'est pas trop tôt pour dresser des listes de candidats particulièrement méritants ; le 9 mars, il annonce que les cours martiales auront à faire fusiller tout soldat non blessé retrouvé isolé de son unité, sans motif ou ordre de mission valable ; le 10 mars, il envoie la circulaire sur l'« exécution de missions spéciales sur les arrières de l'ennemi », qui donne des directives détaillées aux membres du *Werwolf* créé six mois plus tôt ; le 23 mars, la chancellerie fait diffuser à tous les hauts responsables du parti l'ordre du Führer de détruire toutes les infrastructures, les sources d'approvisionnement en gaz, eau et électricité, ainsi que les réserves de vivres et de vêtements pouvant servir à l'ennemi. C'est la politique de la terre brûlée, sans le moindre souci du devenir des

---

* Le danger de bombardements est évoqué, mais il s'agit en fait d'éviter tout afflux de réfugiés vers ces localités, où les autorités du Reich pourraient se terrer très prochainement.

populations civiles concernées – excepté celui qui ressort de la directive du 26 mars, prévoyant la récolte de « plantes sauvages riches en protéines et en vitamines »… Mais beaucoup n'auront pas même le temps d'en bénéficier, car la circulaire du 7 avril stipule dans son paragraphe III que « lorsqu'un drapeau blanc est exhibé à la fenêtre d'une maison, tous ses habitants masculins devront être fusillés, sans la moindre hésitation[16] ».

La vie étant un éternel recommencement, Bormann profite de l'isolement presque complet du Führer pour régler ses comptes avec les derniers potentats qui lui font encore de l'ombre. Le docteur Brandt, déjà écarté de l'entourage d'Hitler, est à présent dénoncé pour avoir mis sa famille en sécurité dans l'ouest du pays, et condamné à mort par un des tribunaux d'exception de Bormann*. Celui-ci rapporte également au Führer que Speer a demandé aux Gauleiters et aux Kreisleiters de ne pas appliquer la directive du 23 mars sur les destructions d'infrastructures et de stocks de vivres pouvant servir à l'ennemi – ce qui est naturellement passible de la peine de mort. Si les résultats sont décevants en l'occurrence**, le processus de sape contre Himmler se révèle en revanche extrêmement efficace : dès le mois de janvier 1945, Bormann avait conseillé à Hitler de faire nommer le *Reichsführer* SS à la tête de l'armée de la Vistule, où il ne manquerait pas de se ridiculiser ; c'est exactement ce qui s'est produit, de sorte que lorsque ce commandement lui est retiré en mars, Hitler a perdu toute confiance en son « cher Heini » – et ce n'est encore qu'un

---

* Himmler, qui trouve cela excessif et sait que Brandt est très apprécié dans l'entourage d'Hitler, fait en sorte que la sentence ne soit pas exécutée. Ce sont donc les Américains qui feront pendre le docteur Brandt en 1948, pour le rôle qu'il a joué dans l'*Aktion T4*.

** Hitler est resté attaché à son architecte Speer, qui s'est imposé en outre comme un prodigieux ministre de l'Armement ; dans l'esprit tourmenté du Führer, s'en séparer définitivement nuirait à l'effort de guerre – ou à ce qu'il en reste.

début... Ribbentrop s'est discrédité lui-même, et Hitler ne tient pas à le voir ; Ley est encore reçu par le maître, mais cet alcoolique passablement dégénéré n'est plus pris au sérieux ; les chefs de l'OKW Keitel et Jodl, ayant quitté la chancellerie le 22 avril, n'auront plus d'influence sur Hitler ; mais il reste Goering, dont le prestige est certes très atteint par son incapacité à empêcher le bombardement des villes allemandes, mais que, pour diverses raisons, le Führer a maintenu dans ses fonctions*.

C'est justement cela qui est remis en question le 23 avril, lorsque le *Reichsmarschall* envoie depuis Berchtesgaden un télégramme pour demander s'il doit assumer la direction de l'ensemble du Reich, dès lors qu'Hitler aurait décidé de livrer un ultime baroud d'honneur à Berlin. On se souvient que Bormann en profite pour tenter de persuader Hitler que Goering vient ainsi de lancer un coup d'État, et brandit ensuite de nouveaux messages radio de Goering, en s'écriant : « Voilà maintenant qu'il envoie des télégrammes aux membres du gouvernement, pour leur dire qu'aux termes de ses pleins pouvoirs, il assumera vos fonctions cette nuit à 24 heures, *Mein Führer* **. » Cette fois, Hitler réagit violemment et fait envoyer la réponse suivante – naturellement rédigée par Bormann : « Ma liberté d'action demeure entière. J'interdis donc toute démarche dans le sens que vous indiquez. Signé : Adolf Hitler. » Mais les choses n'en resteront pas là, et si Bormann ne réussit pas à persuader Hitler de faire fusiller Goering, il obtient du moins sa signature au bas du télégramme suivant : « Par votre action, vous vous êtes rendu coupable de haute trahison contre le Führer et le national-socialisme. La trahison est punie de mort. Toutefois, du fait des services

---

* Le *Reichsmarschall* est très populaire dans le pays, et c'est un des plus anciens acolytes d'Hitler – qui ne lui a pas trouvé jusqu'alors de remplaçant adéquat.
** Voir chapitre 4 : « La forteresse alpine ».

rendus au parti, le Führer ne vous infligera pas le châtiment suprême, à condition que vous renonciez à toutes
vos fonctions[17]. » Naturellement, Goering s'incline, mais
pour Bormann, ce n'est pas encore assez : il ordonne le
même soir au détachement SS sur l'Obersalzberg de procéder à l'arrestation du *Reichsmarschall*, de sa famille et de
tout son entourage ; et le 25 avril, manifestement à l'insu
d'Hitler, il envoie ce nouvel ordre : « Tous les coupables
de haute trahison sont à fusiller, de même que ceux qui
les accompagnent. » En ajoutant toutefois : « La sentence
ne devra être exécutée qu'après la chute de Berlin[18] *. »

Pourtant, outre son fanatisme, son ambition effrénée
et sa soif de vengeance, Martin Bormann tient aussi à la
vie… Depuis près de deux mois, il tente de convaincre
son maître de quitter Berlin pour gagner l'Obersalzberg,
qui serait plus aisé à défendre – et permettrait surtout
aux plus rusés de gagner l'Italie ou l'Espagne en cas de
nécessité… On sait que le Führer lui-même a changé au
moins quatre fois d'avis à ce sujet, mais le 22 avril, il a
déclaré catégoriquement à son entourage qu'il ne quitte-
rait pas Berlin**. Bormann, qui vient d'envoyer une première équipe pour préparer les quartiers du Führer sur
l'Obersalzberg, est catastrophé*** et tente désespérément de
faire revenir Hitler sur sa décision. Tous les moyens lui
sont bons, ainsi que le constatera son vieil ennemi Albert
Speer, de retour à Berlin le 23 avril : « En descendant les
quelque cinquante marches conduisant au bunker, […] je

---

* Le télégramme du 23 avril stipulant que « le Führer ne vous
infligera pas le châtiment suprême », il s'agit donc bien d'une nouvelle
initiative personnelle de Bormann.
** Voir chapitre 4 : « La forteresse alpine ». Hitler est conforté en
permanence dans sa résolution par Goebbels, nommé responsable
suprême de la défense de Berlin, et qui n'envisage pas d'autre scénario
qu'un « crépuscule des dieux » dans la capitale.
*** Selon le valet Heinz Linge : « Pour Bormann, qui avait déjà
fait toutes sortes de préparatifs, ce fut comme un coup de marteau
sur la tête. »

me demandais surtout si j'aurais l'occasion de les remonter indemne. La première personne que je rencontrai en bas fut Bormann, qui vint à ma rencontre avec une politesse si inhabituelle que je commençai à me sentir rassuré. [...] Il me dit humblement : "Lorsque vous parlerez au Führer... il soulèvera certainement la question de savoir s'il doit rester à Berlin ou s'envoler pour Berchtesgaden. Mais il est grand temps qu'il assume le commandement en Allemagne du Sud. Ce sont les dernières heures où la chose est encore possible. Vous le persuaderez de partir en avion, n'est-ce pas* ?" S'il y en avait un dans le bunker qui tenait à sa peau, c'était manifestement Bormann[19]. »

À cette époque, il est dans un triste état, à en croire Bernd Freytag von Loringhoven, l'aide de camp du chef d'état-major : « Krebs, Burgdorf et Bormann avaient formé un triumvirat de buveurs, qui noyait chaque jour son anxiété dans l'alcool. [...] À la fin, le trio n'utilisait plus les chambres du *Vorbunker* et passait ses nuits affalé dans les fauteuils, à l'entrée des appartements du Führer[20]. » C'est certainement vrai pour la nuit, mais Bormann est terriblement sobre pendant le jour ; alors que les troupes soviétiques achèvent de cerner la capitale et que la « citadelle » de la chancellerie n'est plus défendue que par 2 000 SS de la *Leibstandarte Adolf Hitler* **, l'éminence brune s'acharne encore à faire place nette dans l'entourage du Führer... Au soir du 28 avril, il est en mesure de soumettre à Hitler le communiqué de Radio-Stockholm révélant les tentatives de négociation d'Himmler avec les Alliés, ce qui provoque immédiatement la destitution du *Reichsführer* SS, suivie de

---

* Speer fera exactement l'inverse. Mais de toute façon, Hitler avait déjà pris une décision irrévocable.

** Commandée par le *Gruppenführer* Wilhelm Mohnke. Trente hommes et dix officiers choisis dans cette division forment le *Führerbegleitkommando* (FBK), qui assure la protection rapprochée d'Hitler, conjointement avec une dizaine de policiers en civil du *Sicherheitsdienst*.

l'émission d'un ordre d'arrestation immédiate – et de l'exécution de son agent de liaison Hermann Fegelein*. Dès lors, il ne reste plus à Bormann qu'un seul rival dans l'entourage immédiat d'Hitler : c'est le maître de la propagande Joseph Goebbels, qui a emménagé dans le *Führerbunker* le 22 avril avec toute sa famille. Bormann n'a réussi que très partiellement à le déconsidérer aux yeux du Führer, qui le traite certes avec une certaine froideur, mais lui garde toute sa confiance. Pour Bormann, c'est encore trop, et le sergent Rochus Misch, de service au standard du bunker, racontera la suite en ces termes : « Mes ordres [...] étaient toujours de passer directement le docteur Goebbels au Führer lorsqu'il appelait. Mais vers le 27 avril, le Reichsleiter Bormann m'a donné la consigne impérative de faire passer ces appels par son poste, en ajoutant que ceci avait valeur de *Führerbefehl* **. Bien sûr, je devais obéir. Mais j'avais l'impression que Bormann voulait avoir la peau de Goebbels en interrompant ses communications directes avec le Führer[21]. »

L'impression est parfaitement fondée, mais lorsque au petit matin du 29 avril, Hitler épouse sa maîtresse Eva Braun, puis rédige son testament politique, les témoins sont à chaque fois Bormann *et* Goebbels. Quant au testament lui-même, il dispose que l'amiral Dönitz sera président, Goebbels chancelier et Bormann ministre du Parti. Pour ce dernier, qui est qualifié de « plus loyal camarade du parti » et désigné comme exécuteur testamentaire, ce n'est qu'une demi-victoire : si l'amiral Dönitz est dépourvu de tout sens politique et donc aisément manœuvrable, Goebbels, lui, est autrement redoutable – et un ministre du Parti est naturellement subordonné au chancelier. D'un autre côté, Goebbels a déjà annoncé à plusieurs proches

---

* Accusé par une cour martiale improvisée d'avoir tenté de déserter et d'être complice de la trahison d'Himmler.
** Ordre du Führer.

son intention de ne pas survivre au Führer, et il est à peu près certain que Bormann en a été informé. Bien sûr, le nouveau chancelier pourrait aussi changer d'avis, car enfin, personne ne se suicide de gaieté de cœur...

Vers 18 h 30 au soir du 29 avril, Hitler fait venir son pilote, Hans Baur, pour l'informer de son intention de mettre fin à ses jours et lui donner ses dernières instructions : « J'ai deux tâches à vous confier, Baur. Vous devrez brûler le corps de mon épouse et le mien. Et puis, j'ai nommé Dönitz pour me succéder, Bormann a des instructions importantes à lui communiquer de ma part, et je veux que vous lui fassiez quitter Berlin. Il est très important que Bormann puisse rejoindre Dönitz[22]. » Pour le Méphisto du Führer, c'est évidemment une promesse de salut – même si le plus proche aéroport encore praticable est Rechlin, à quatre-vingt-dix kilomètres du centre de Berlin... Deux heures plus tôt, Bormann a chargé son aide de camp Zander de rallier le QG de l'amiral Dönitz à Plön, pour lui remettre une copie du testament politique d'Hitler*.

Le 30 avril vers 15 h 30, alors que les Soviétiques sont à moins de trois cents mètres de son repaire souterrain**, Adolf Hitler se suicide en compagnie d'Eva Braun, et conformément à ses instructions, leurs corps sont brûlés dans le parc de la chancellerie. Cet après-midi-là, il ne reste plus parmi les personnalités présentes dans le *Führerbunker* que Goebbels et sa famille, Bormann, le chef d'état-major Krebs, le commandant de la « citadelle »

---

* Deux autres émissaires porteurs du même document, le commandant Johannmeier et le chef de presse intérimaire Lorenz, sont envoyés à Prague et Munich respectivement. Aucun des trois messagers ne pourra accomplir sa mission.

** Mais sans que les Allemands le sachent, l'armée soviétique ne s'intéresse qu'au Reichstag, où elle pense trouver l'ensemble du gouvernement d'Hitler. C'est pourquoi le bunker ne sera jamais pris d'assaut, mais uniquement occupé après son évacuation.

Mohnke, le docteur Stumpfegger*, le chef des Jeunesses hitlériennes Axmann, le pilote Baur, le secrétaire d'État à la Propagande Naumann, l'ambassadeur Hewel et le vice-amiral Voss**, ainsi que les aides de camp du Führer Wilhelm Burgdorf et Otto Günsche***. À 17 h 40, Bormann envoie à l'amiral Dönitz le télégramme suivant : « Le Führer vous désigne, *Herr Grossadmiral*, comme son successeur en remplacement de l'ancien *Reichsmarschall* Goering. Les pleins pouvoirs écrits suivent[23] ****. » Du décès d'Hitler deux heures plus tôt, il n'est fait aucune mention...

En fin d'après-midi, alors que les deux corps achèvent de se consumer à l'extérieur, une réunion se tient dans la « salle de situation » du bunker. Bormann lit le testament du Führer devant Krebs, Goebbels, Naumann, Burgdorf, Mohnke et Artur Axmann, qui rapportera la suite en ces termes : « Le docteur Goebbels a pris la direction des débats. [...] Bormann avait le visage empourpré***** ; la mort d'Hitler avait fait disparaître son pouvoir, qui dépendait de la proximité du Führer. Il n'émanait de lui aucun rayonnement. Goebbels était tout différent. [...] Jamais le contraste entre ces deux hommes ne m'était apparu aussi clairement qu'à ce moment. Goebbels et Bormann voulaient consulter le nouveau chef de l'État [Dönitz] au sujet des mesures à prendre. Mais afin de pouvoir parvenir jusqu'à lui, il fallait

---

* Médecin SS qui a remplacé le docteur Morell, expulsé par Hitler la semaine précédente. (Voir *Les Secrets du IIIe Reich*, chapitre 9 : « La santé d'Hitler ».)

** Respectivement agents de liaison avec le ministère des Affaires étrangères et la direction de la Kriegsmarine.

*** Sont également restés dans le bunker le chef du *Begleitkommando* Rattenhuber, deux des secrétaires d'Hitler, Gerda Christian et Gertrud Junge, ainsi que celle de Bormann, Else Krueger. Les autres secrétaires et aides de camp sont partis pour Berchtesgaden entre le 21 et le 22 avril.

**** Dönitz tombera des nues : il s'attendait à la désignation d'Himmler.

***** Probablement en raison de ses libations nocturnes.

que les Soviétiques acceptent un cessez-le-feu pour quelque temps. C'est le général Krebs qui a été désigné comme parlementaire, car il avait été attaché militaire à Moscou et parlait russe. Goebbels a demandé à Bormann s'il voulait accompagner le général au QG du commandant soviétique Tchouïkov ; Bormann a refusé, estimant qu'il ne convenait pas qu'un homme du parti se présente en ces lieux[24]. »

Le général Krebs se rend donc au quartier général de la 8ᵉ armée de la Garde peu avant 4 heures au matin du 1ᵉʳ mai, avec les pleins pouvoirs pour négocier un cessez-le-feu. Mais le général Tchouïkov, en liaison permanente avec le maréchal Joukov, répète inlassablement qu'il n'acceptera qu'une capitulation sans conditions, et après dix heures de négociations infructueuses, Krebs retourne dans le bunker peu avant 14 heures. Dans l'intervalle, Bormann a envoyé un nouveau télégramme à Dönitz : « Testament en vigueur. Je vous rejoins aussi vite que possible. Retarder publication jusqu'à mon arrivée[25]. » Il n'y a toujours pas la moindre mention du suicide d'Hitler, ce qui se comprend aisément : l'autorité de Bormann ne dépend-elle pas de la survie du Führer ? Mais à l'intérieur du bunker, personne ne s'y trompe, et Bormann s'en aperçoit rapidement : le général Mohnke, commandant de la « citadelle », lui rappelle sèchement qu'il n'a pas à intervenir dans les dispositions militaires, et le chancelier Goebbels, estimant que la comédie a assez duré, exige que l'on annonce la vérité au nouveau président du Reich ; à 14 h 16, un nouveau câble informe donc l'amiral Dönitz* que le Führer est décédé vingt-trois heures plus tôt, et que Goebbels et Bormann sont membres du nouveau gouvernement[26].

---

* À la réception de ce télégramme, l'amiral Dönitz, ayant consulté son entourage, donnera l'ordre d'arrêter les deux hommes au cas où ils viendraient à se présenter ; car pour négocier avec les Alliés, il lui faut des ministres aussi peu compromis que possible...

Au soir du 1er mai, les événements se précipitent ; à 20 h 30, Goebbels et son épouse se suicident, après avoir empoisonné leurs six enfants*. Une heure plus tard, depuis le garage souterrain de la nouvelle chancellerie, le général Mohnke donne le signal du départ au premier des dix groupes de civils et de militaires qui vont tenter de gagner le quartier nord de Wedding, d'où ils se dirigeront vers le nord-ouest pour atteindre Schwerin, dans le Mecklemburg**. Bormann, vêtu d'un uniforme gris de SS recouvert d'un manteau de cuir, choisit de se joindre au troisième groupe, dirigé par le secrétaire d'État Naumann et comprenant le pilote Baur, le docteur Stumpfegger et le capitaine Schwägermann, aide de camp de Goebbels. À 10 h 30, vingt minutes après le départ du deuxième groupe***, ils s'élancent à leur tour, et Hans Baur racontera la suite en ces termes : « Nous sommes sortis par le portail principal de la Vossstrasse, [...] et de là, nous avons couru vers la station de métro Kaiserhof. Elle avait été très endommagée, de sorte qu'il ne restait plus de marches ; nous avons donc dû descendre dans la station sur nos arrière-trains. En dehors des endroits où les bombes et les obus avaient percé le tunnel, il faisait très sombre, et nous n'avions pas de lampes torches[27]. »

Ils n'ont pas de plan du métro non plus ; marchant un peu au hasard le long des voies, ils manquent la bifurcation vers le nord et émergent au milieu du Gendarmenmarkt en feu. Restant en surface, ils se dirigent vers le nord-ouest

---

* La dernière recommandation de Goebbels au pilote Baur : « Tâchez de passer. Bormann a des questions importantes à traiter avec Dönitz. »

** À moins de quarante kilomètres de la côte baltique. Le premier groupe, dirigé par Mohnke lui-même, comprend Hewel, Günsche, Voss, les deux secrétaires d'Hitler, celle de Bormann, ainsi que la cuisinière Konstanze Manziarly – vingt hommes et quatre femmes en tout.

*** Dirigé par le général Rattenhuber.

et rejoignent la Friedrichstrasse, traversent Unter den Linden au milieu de tirs sporadiques, dépassent la station de métro Friedrichstrasse et aboutissent comme les groupes précédents au pont de Weidendamm*, dont l'accès est bloqué par un barrage antichar. C'est là que se tient le chauffeur Kempka, arrivé peu de temps auparavant : « Les hommes qui tenaient la barricade m'ont prévenu que les Russes étaient dissimulés dans les maisons et les ruines bordant la Friedrichstrasse. Avec leurs armes à tir rapide, ils fauchaient tous ceux qui s'approchaient. [...] Un coup d'œil au-delà de la barricade m'en a convaincu : les morts et les blessés dessinaient des silhouettes sombres tout le long de la rue. C'était un sinistre spectacle. [...] Il était environ 2 heures au matin du 2 mai lorsque j'ai vu approcher une petite troupe. J'ai reconnu Bormann à son uniforme d'*Obergruppenführer* SS, puis j'ai identifié Naumann, Schwägermann et Stumpfegger. [...] Lors d'un conciliabule avec Naumann et moi, Bormann a dit qu'il faudrait un tank pour percer. J'ai répondu qu'il n'en restait probablement aucun au centre de la ville. Mais peu de temps après, comme par miracle, un bruit de chenilles de tanks s'est fait entendre de plus en plus fort. [...] À notre grand soulagement, trois Panzer IV et trois semi-chenillés d'infanterie sont arrivés et ont fait halte devant la barricade. Je me suis adressé au commandant du panzer de tête, qui s'est identifié comme l'*Obersturmführer*** Hansen, commandant les restes d'une compagnie de blindés de la division SS Nord***. [...] Je lui ai expliqué notre plan

---

* Voir carte, p. 515.
** Lieutenant. Le chauffeur Kempka ayant le grade – largement fictif – d'*Obersturmbannführer* (lieutenant-colonel), il est son supérieur hiérarchique.
*** Très vraisemblablement la 11ᵉ SS *Panzergrenadierdivision* Nordland, composée essentiellement de Scandinaves, de Baltes et de Néerlandais. Ce sont les derniers défenseurs du centre de Berlin – avec les restes de la division Charlemagne.

et lui ai ordonné d'avancer lentement, afin que ses tanks puissent couvrir notre groupe jusqu'à la Ziegelstrasse[28]. »

Mais pour atteindre cette rue, il faut d'abord franchir le barrage à l'extrémité du pont, en évitant les tireurs soviétiques tapis dans les ruines et les maisons des deux côtés de la Friedrichstrasse. Et Kempka poursuit : « Nous avons formé des grappes le long et à l'arrière de chacun des blindés, qui ont commencé à avancer lentement. À demi courbés, nous les suivions comme des ombres. Bormann et Naumann étaient sur le côté gauche du panzer de tête, à la hauteur de la tourelle de tir, Stumpfegger et moi marchant immédiatement derrière. Mes cheveux se dressaient sur ma tête. Nous savions tous que c'était une question de vie ou de mort. Soudain, les Russes ont ouvert un feu nourri. Une seconde plus tard, une langue de flamme infernale a jailli à l'improviste du flanc du panzer. Juste devant moi, Bormann et Stumpfegger ont été projetés en l'air par le souffle de l'explosion. Au même moment, le corps de Stumpfegger a heurté violemment le mien, j'ai été balayé et j'ai perdu connaissance[29]. » Kempka reprend peu à peu ses esprits, mais aveuglé par la lueur de l'explosion, il ne peut que ramper à tâtons sur les quelque quarante mètres qui le séparent du barrage antichar. Ayant recouvré progressivement la vue et repris le chemin de la gare de Friedrichstrasse, il ne trouve plus trace de Bormann, de Stumpfegger, de Naumann et de ses autres compagnons.

Erich Kempka parviendra à quitter Berlin pour rejoindre sa famille à Berchtesgaden, où il sera arrêté par les Américains à la fin du mois de mai. Interrogé à de multiples reprises, notamment sur la mort d'Hitler, il est également cité comme témoin lors du procès de Nuremberg. C'est que Martin Bormann, resté introuvable, n'en compte pas moins parmi les accusés, et son avocat, maître Bergold, soutenant que le Tribunal international a entrepris de juger un mort, demande instamment que l'affaire soit classée. C'est dans ces conditions qu'Erich Kempka, appelé à déposer le 3 juillet 1946, relate à nouveau les faits tels que nous les connaissons. Vers la fin de la déposition, l'avocat Bergold lui demande :

« – Témoin, avez-vous vu Martin Bormann s'effondrer au milieu d'un éclair de feu ?

« – Effectivement, j'ai bien vu quelque chose comme un effondrement. On pourrait même appeler cela un envol*.

« – Selon vous, cette explosion était-elle suffisamment forte pour que Martin Bormann ait pu y perdre la vie ?

« – Oui, il m'apparaît certain que la force de l'explosion était telle qu'il a perdu la vie[30]. »

Ainsi, la satanique éminence brune du Führer se serait consumée dans l'enfer du pont de Weidendamm ? Si le juge britannique Lawrence n'en est pas persuadé, c'est qu'il a entre les mains la déposition écrite d'un autre dignitaire nazi : le chef des Jeunesses hitlériennes Artur Axmann, interrogé à maintes reprises depuis sa capture en novembre 1945. Il a assisté à la scène d'apocalypse devant le pont, et sa version n'a jamais varié : « Un *Sturmgeschütz*** a franchi en slalomant le barrage antichar et a été arrêté par le feu ennemi. Un panzer Tigre s'est ensuite annoncé, avec derrière lui une grappe d'hommes, dont Martin Bormann. Je suivais à quelque distance. Soudain, une explosion, un éclair aveuglant et une détonation assourdissante. Un fort souffle m'a jeté sur le côté, et j'ai repris conscience au milieu des morts et des blessés. Cherchant instinctivement à me mettre à couvert, j'ai sauté dans un trou de bombe. Il y avait là des hommes à nous : Martin

---

* « *Wegfliegen* ».
** Canon d'assaut autotracté, armé d'une pièce de 75 mm.

LA FUITE DE MARTIN BORMANN : 1er-2 mai 1945

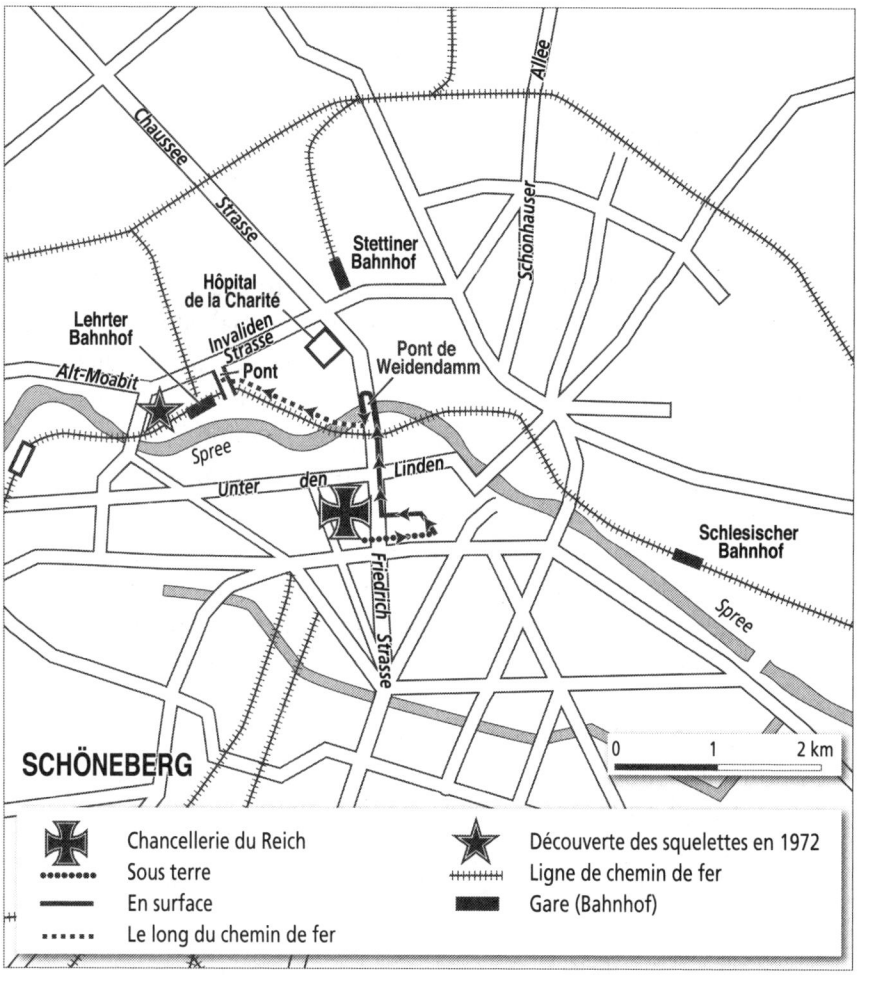

Bormann, le docteur Stumpfegger, le secrétaire d'État Naumann, l'aide de camp de Goebbels Schwägermann et Gerd Weltzin, mon propre aide de camp. Ils étaient indemnes. [...] Bormann voulait absolument aller à Plön, pour se présenter devant le grand amiral Dönitz. Nous sommes repartis en direction du nord-ouest. À la gare de Friedrichstrasse, nous sommes montés sur le remblai du chemin de fer. Bormann était en tête, et sa marche rapide pouvait éveiller les soupçons ; il ne se comportait pas comme un membre du *Volkssturm* harassé voulant rentrer chez lui. [...] Jusqu'aux abords de la gare de Lehrte, tout allait bien*. Mais ensuite, nous avons dû nous arrêter, car la gare était occupée par les Russes. Nous avons franchi une balustrade en fer et escaladé un mur, d'où nous sommes descendus juste au milieu d'un poste de garde russe. [...] Nous étions cernés. L'un des Russes a baragouiné : *"Gitler kaputt, Krieg aus** !"* Peu avant, nous avions arraché nos insignes de grade et jeté nos armes. Bormann lui-même n'avait qu'un simple uniforme *feldgrau*, sans pattes de col. Les Russes nous prenaient manifestement pour des membres du *Volkssturm* et nous ont offert des cigarettes. Ils regardaient avec curiosité ma prothèse de bras***. »

Les soldats soviétiques ayant fêté la veille le 1ᵉʳ mai *et* la victoire, ils ont manifestement poursuivi leurs libations au cours de la nuit, ce qui explique certainement leur attitude bon enfant. Mais Axmann poursuit : « Bormann, toujours pressé, s'est éclipsé avec le docteur Stumpfegger, en se dirigeant d'un pas rapide vers l'Invalidenstrasse.

---

* Lors d'un des interrogatoires, Axmann précise que les membres du groupe se sont arrêtés un moment pour arracher leurs insignes de grade et se débarrasser de leurs armes.

** « Hitler foutu, guerre finie ! »

*** Axmann avait perdu son bras droit sur le front russe en 1941 et portait une prothèse articulée.

Cela a éveillé les soupçons des Russes, qui ont gesticulé en les montrant du doigt. Les choses commençaient à se gâter. Nous avons haussé les épaules, et après un temps, nous nous sommes éloignés. J'avais la sensation terrifiante que nous allions prendre un pruneau dans le dos*, mais la chance était avec nous ; ils nous ont laissé courir. Jusqu'à l'Invalidenstrasse, nous sommes restés groupés, puis nos chemins ont divergé. Le docteur Naumann et Schwägermann sont partis à gauche, tandis que Weltzin et moi avons pris par la droite en direction d'Alt-Moabit. [...] En entendant des bruits de chars venant du Kriminalgericht**, nous avons fait demi-tour et essuyé quelques coups de feu en chemin. Nous sommes arrivés jusqu'au pont qui enjambe la voie de la gare de Lehrte. Nous l'avions presque dépassée, lorsque nous avons aperçu deux hommes gisant sur la chaussée. En nous agenouillant pour voir si nous pouvions les aider, nous avons reconnu Bormann et le docteur Stumpfegger. Leurs visages étaient aisément identifiables. Ils étaient allongés sur le dos, bras et jambes quelque peu écartés. J'ai saisi Bormann et je l'ai secoué. Pas de réaction. En me penchant sur lui, je n'ai perçu aucune respiration. Il n'y avait pas de blessures ou de traces de sang apparentes. S'étaient-ils empoisonnés ? Je n'ai senti aucune odeur de cyanure, mais l'air était saturé d'une forte odeur de poudre. [...] Pendant que nous nous affairions autour des deux hommes, quelques balles de fusil ont sifflé autour de nous ; il fallait partir. Nous nous sommes mis à couvert au coin de la Heidestrasse[31]. »

Voilà qui paraît convaincant. Bien sûr, les faits se déroulent dans l'obscurité, entre 1 h 30 et 2 h 30 du matin, mais les éclairs des explosions illuminent le ciel presque en permanence, et Axmann connaît bien les

---

* « *Eine blaue Bohne.* »
** Le secteur de la Cour pénale.

visages des deux hommes – qui ont en outre des silhouettes peu communes : le docteur Stumpfegger mesure
1,94 mètre, et Bormann, avec vingt-cinq centimètres
de moins, est exceptionnellement corpulent. Mais si
le juge sir Geoffrey Lawrence et le procureur adjoint
sir David Maxwell-Fyfe restent sceptiques, c'est d'une
part parce qu'ils disposent de deux témoignages faisant
mourir Bormann à des heures et à des endroits différents*, d'autre part parce que les témoins Kempka et
Axmann, à la fois proches d'Hitler et hauts gradés de
la SS, peuvent avoir tout intérêt à couvrir la fuite d'un
des leurs**. Ainsi que l'écrira plus tard l'officier du MI6
et historien Hugh Trevor-Roper : « Si [Axmann] voulait
protéger Bormann de toute recherche ultérieure, il était
naturellement amené à donner de faux indices de son
décès[32] ***. » La requête de l'avocat est donc rejetée, et
Martin Bormann, dûment jugé *in absentia*, est condamné
à mort par pendaison le 1ᵉʳ octobre 1946. Or, pour les
responsables politiques comme pour l'opinion publique,
si l'homme est condamné, c'est qu'il est encore vivant ;
il ne reste donc plus qu'à le retrouver. Ainsi que l'avait

---

* Le pilote Hans Baur, prisonnier des Soviétiques, donnera même
une troisième version du décès de Bormann, en décrivant un itinéraire de fuite par la Ziegelstrasse et la Chausseestrasse, qui laisserait
supposer que Bormann avait réussi à dépasser le pont de Weidendamm, pour se diriger plein nord face à une opposition résolue – ce
qui paraît très improbable. Le valet Linge et le policier Rattenhuber,
également détenus à Moscou, ont confirmé la mort de Bormann, mais
les procès-verbaux de leurs interrogatoires n'ont pas été communiqués
au tribunal.

** Les juges et les procureurs de Nuremberg, peu au courant des
rivalités mortelles entre dignitaires nazis, ne pouvaient savoir que
Kempka et Axmann haïssaient Martin Bormann.

*** Trevor-Roper avait été envoyé à Berlin en septembre 1945 pour
enquêter sur les circonstances de la mort d'Hitler, et il s'était intéressé
presque immédiatement au cas de Bormann. Dans le doute, il choisira
de croire la version d'Axmann, et restera sur cette position lors des
rééditions successives de son ouvrage *The Last Days of Hitler*.

dit au Parlement le ministre des Affaires étrangères britanniques : « La plus grande chasse à l'homme de l'histoire est en cours depuis la Norvège jusqu'aux Alpes bavaroises. » Mais sir Anthony Eden était loin de se douter que cette chasse s'étendrait bien au-delà – dans le temps comme dans l'espace...

De fait, la suite peut donner le vertige. Dans toutes les zones d'occupation d'Allemagne et d'Autriche, le secré-taire tout-puissant est activement recherché ; après tout, vu de Washington et de Londres, un Bormann en liberté pourrait provoquer une résurgence du nazisme. Gerda Bormann, réfugiée près de Bolzano, est surveillée par le CIC* dans l'espoir que son époux tentera de la contacter ; mais c'est en vain, et « *Frau Bergmann* » décède du cancer dans un hôpital de Merano le 22 mars 1946**. Un mois plus tard, certains renseignements parvenus à Nuremberg font état de la présence de Bormann dans un petit village de la province de Salamanque, Espirita Santu ; sur quoi le gouvernement espagnol fait savoir que les recherches dans cette région n'ont pas abouti, et que d'ailleurs il n'existe aucun village de ce nom dans la province de Salamanque... Dès l'année suivante, Bormann est égale-ment repéré en Égypte, où il serait arrivé à bord d'un *Liberty Ship* britannique, tandis qu'à la même époque, le dirigeant du syndicat des marins australiens Joseph Kleeman certifie l'avoir rencontré à Sydney[33]. Mais en 1948, lors du procès de la Wilhelmstrasse, l'ancien *Ober-gruppenführer* SS Gottlob Berger certifie que Bormann était depuis longtemps un agent soviétique, qu'il doit se trouver à Moscou, et qu'il ne manquera pas de réappa-raître comme dirigeant d'une Allemagne communiste[34].

---

* *Counter Intelligence Corps*, le service de renseignements mili-taires américain.

** À l'âge de trente-sept ans ; elle s'était convertie au catholicisme et avait confié ses neuf enfants au révérend Theodor Schmitz.

Pourtant, il ne peut être en URSS, car ce même mois de février 1948, un certain Paul Heisslein, ancien député du Zentrum catholique au Reichstag et réfugié au Chili depuis 1938, se rend en villégiature dans la région du lac Ranco, près de la frontière argentine. C'est là qu'au détour d'un sentier dans la forêt tropicale, il croise trois cavaliers, dont l'un n'est autre que Martin Bormann. Naturellement, Heisslein alerte les autorités chiliennes, qui promettent d'enquêter – et ne trouvent rien. Mais Heisslein étant journaliste, la presse allemande, autrichienne et française est en mesure d'annoncer en janvier 1951 que Bormann est établi au Chili sous le pseudonyme de Juan Gomez, qu'il est passé en Argentine, mais séjournerait depuis peu en Espagne[35]. Voilà qui ne peut que laisser sceptiques les lecteurs danois, car neuf mois plus tôt, en avril 1950, le correspondant du journal de Copenhague *Kristeligt Dagblad*, Björn Hallström, avait séjourné dans le Sud-Ouest africain*, et ayant trouvé de nombreux Bormann dans l'annuaire téléphonique de Windhoek, il en avait raisonnablement déduit que l'un d'eux devait être le bon[36]... Impossible, répondent en chœur les journaux allemands *Freiheit* et *Heilbronner Stimme* à l'été de 1951 : chacun sait que Bormann est en Argentine, où il a débarqué du sous-marin *U-29* trois mois après la capitulation de l'Allemagne, en compagnie de trois matelots et d'un civil ; la preuve en est que l'on a découvert sur la plage du débarquement une pochette de voyage portant les initiales M. B.[37] !

Un an plus tard exactement, tout cela est déjà dépassé, car les journaux allemands font état d'une nouvelle information sensationnelle : Eberhard Stern, un ancien fonctionnaire du ministère des Armements d'Albert Speer, a reconnu Martin Bormann dans le monastère franciscain de

---

* L'ancienne colonie allemande, devenue Namibie. Entre 1895 et 1900, son gouverneur était Heinrich Goering, le père du *Reichsmarschall* Hermann Goering.

San Antonio, à Rome ; il est devenu moine et a pris le nom de « frère Martini ». La chose est à prendre au sérieux, car Stern a bien connu Bormann, il l'a identifié grâce à sa verrue caractéristique sur le côté droit du nez, et une photo est même produite qui, bien que floue, présente des ressemblances troublantes avec l'ancien secrétaire du Führer. Hélas ! Après quelques mois d'agitation médiatique, le supérieur du monastère de San Antonio fait savoir que le « frère Martini » n'est autre que le père franciscain Romualdo Antonuzzi, soixante-douze ans et toute une vie passée au service du Seigneur[38]. *Damned !* Encore manqué... Les « initiés », eux, rient sous cape, car ils savent « de source sûre » qu'une lettre de Bormann vient de parvenir en Bavière – et elle a été envoyée du Brésil...

L'année 1953 démarre en fanfare : dans la nuit du 14 au 15 janvier, la police militaire britannique arrête à Düsseldorf l'ancien secrétaire d'État à la Propagande Werner Naumann, soupçonné d'être à la tête d'un vaste réseau de conspirateurs néonazis. L'affaire se dégonfle assez vite, car le tribunal de Karlsruhe, considérant qu'aucune conspiration contre l'État allemand ne peut être établie, ordonne la libération sans jugement de Naumann et des six autres prévenus*. Dans l'intervalle, toutefois, les enquêteurs allemands ont obtenu une confirmation de la part de l'homme qui avait conduit le troisième groupe d'évadés du bunker le 1er mai 1945 : avec son aide camp Weltzin, Axmann, Bormann, Stumpfegger et Schwägermann, il avait bien échappé à l'explosion du pont de Weidendamm, et le groupe s'était ensuite dirigé vers la gare de Lehrte en suivant le S-Bahn. Bormann n'était pas blessé, et il ne semblait ni épuisé ni découragé. Une fois à la gare, le groupe s'était scindé, lui et Schwägermann se dirigeant vers le nord. Pour le reste... il ignorait totalement ce qui était arrivé aux autres[39].

---

* Naumann se voit toutefois interdire d'exercer toute activité politique.

Dès le mois suivant, un autre témoin de poids se manifeste : c'est l'ancien commandant SS Joachim Tiburtius, chef d'état-major de la 11e *Panzergrenadierdivison* Nordland – celle-là même dont les derniers blindés se trouvaient sur le pont de Weidendamm dans la nuit du 1er mai 1945. Tiburtius déclare au *Hamburger Echo* qu'il a bien vu Bormann marcher à côté du tank lorsqu'il a été détruit, mais soutient que le Reichsleiter a survécu, car il l'a vu peu après à proximité de l'hôtel Atlas, habillé en civil. « Nous avons ensuite remonté le Schiffbauerdamm et l'Albrechtstrasse*, après quoi je l'ai perdu de vue. Mais il avait autant de chances que moi d'en réchapper[40]. »

Voilà qui relance la polémique – et les recherches. Pour commencer, le bureau berlinois de la CIA est chargé d'enquêter sur les possibles allées et venues de Martin Bormann. Il est vrai que durant les trois années suivant la guerre, le renseignement militaire américain n'y était pas parvenu, mais la CIA dispose de moyens financiers et humains autrement considérables... Elle va donc mener ses investigations dans trois directions différentes : d'une part, un psychologue va composer le profil psychologique du personnage, afin de déterminer ce qu'a pu être son parcours ultérieur ; d'autre part, les bureaux de la CIA en Amérique latine, au Moyen-Orient et en Europe sont invités à vérifier les renseignements concernant ses nombreuses apparitions dans le monde ; enfin, on sollicitera le « Bureau Gehlen », ce service secret ouest-allemand encore occulte, mais déjà dirigé par Reinhard Gehlen, l'ancien chef du *Fremde Heere*

---

* Cet itinéraire, au nord de la Spree, est sans doute celui de Tiburtius, mais peut difficilement être celui de Bormann, que plusieurs personnes ont accompagné vers le sud en direction de la gare de Friedrichstrasse. En outre, tous les témoignages concordent : Bormann n'était pas en civil, mais en uniforme *Feldgrau*.

Ost de l'OKH*, le haut commandement de l'armée de terre. L'homme chargé de coordonner les investigations est James McGovern, un ancien officier de l'*US Army* spécialisé dans la cryptoanalyse. Il racontera lui-même la suite : « Dès juin 1953, j'avais achevé mon rapport pour le docteur Broderick**. La première partie en était une synthèse du résultat des recherches des divers bureaux de la CIA en Amérique latine, dans les pays arabes et en Europe. Aucune de ces antennes n'avait été en mesure de localiser Bormann, et toutes doutaient de la véracité des récits de ceux qui prétendaient l'avoir vu après la guerre. Il y avait diverses hypothèses quant aux motivations de ces témoins : certains s'étaient trompés de bonne foi, d'autres étaient en mal de publicité, et puis il y avait le genre d'individus qui voient des soucoupes volantes[41]. »

Où l'on constate qu'il n'y a rien de nouveau sous le soleil ; mais McGovern poursuit : « Le Bureau Gehlen a rapporté que Bormann n'était ni en Allemagne de l'Est ni en Union soviétique, et qu'il n'avait pas été possible de découvrir ce qui lui était arrivé après son départ de la chancellerie. Toutefois, un fait précis avait pu être établi : le *Tagebuch* [agenda] de Bormann avait été découvert par des soldats russes à Berlin en mai 1945 et envoyé à Moscou. Les deux dernières inscriptions étaient les suivantes : "30 avril. Adolf Hitler X, Eva Braun X." "1er mai. *Ausbruchsversuch* [tentative d'évasion]."[42] »

Il est vrai que personne ne sait où ni dans quelles circonstances les Soviétiques sont entrés en possession de cet agenda, ni bien sûr ce qu'est devenu son propriétaire – qui aurait même pu l'abandonner pour faire croire à sa disparition… En tout cas, c'est grâce au décès de Staline que la

---

* *Oberkommando des Heeres*. La *Fremde Heere Ost* est son service de renseignement spécialisé dans l'étude du dispositif militaire soviétique.

** Probablement le nom d'emprunt du chef de l'antenne berlinoise.

chape de secret absolu a pu être levée, et c'est aussi grâce à sa disparition que les autorités ouest-allemandes vont pouvoir obtenir à partir de 1955 le retour de nombreux soldats allemands détenus en URSS. Parmi ceux-ci, le valet d'Hitler Heinz Linge, l'aide de camp Otto Günsche et le policier Johann Rattenhuber, qui s'accordent tous trois sur le fait que Bormann est mort à Berlin – même s'ils sont en désaccord complet sur les circonstances de ce décès.

Voilà qui ne satisfait personne, et les cinq années suivantes amènent de nouveaux témoignages de soldats anglais qui prétendent avoir abattu Bormann à la mitraillette en 1945, d'un médecin danois qui certifie l'avoir vu débarquer d'un sous-marin sur la côte baltique, d'informateurs qui assurent que l'homme est caché quelque part dans les montagnes d'Albanie, et d'agents secrets qui l'ont repéré en Syrie, en Égypte et en Irak. Pourtant, le bureau d'état civil de Berchtesgaden, puis celui de Berlin l'avaient déclaré décédé en 1954 sous le n° 29223, mais il s'agissait d'une simple formalité de régularisation administrative, permettant de disposer de ses biens au bénéfice de sa descendance. Au nombre de celle-ci, il y a le fils aîné de Bormann, qui est ordonné prêtre en 1958 ; avant qu'il ne parte comme missionnaire au Congo, un journaliste américain lui demande s'il a une idée de l'endroit où se trouve son père, à quoi le prêtre Martin Adolf* Bormann répond : « Je suis presque certain qu'il est mort. Je ne crois pas à ces histoires selon lesquelles il a vécu depuis sa disparition à Berlin. Il n'a jamais contacté ma mère ou tout autre membre de ma famille. Il est mort à Berlin, je crois[43]. »

Bien d'autres ne le croient pas, et ils voient leurs doutes confirmés lorsque le 11 mai 1960, des agents israéliens enlèvent Adolf Eichmann dans une banlieue tranquille de Buenos Aires. L'homme avait vécu en Allemagne sans être identifié, puis il avait gagné l'Argentine en passant par

---

* Son parrain était Adolf Hitler.

l'Italie. Or, si Eichmann, alias « Ricardo Klement », avait pu échapper à la justice pendant si longtemps, pourquoi Bormann n'aurait-il pu en faire autant ? Bien entendu, le premier embarrassé est le gouvernement argentin, qui avait tout de même donné asile pendant dix ans à un criminel de guerre. C'est sans doute pourquoi, en septembre 1960, l'agence de presse officielle Vitolo annonce la capture de Martin Bormann par la police argentine dans la ville de Zarate, à cent trente kilomètres au nord-ouest de Buenos Aires. De fait, la ressemblance est frappante, et ses empreintes digitales sont envoyées en toute hâte à Berlin. Hélas ! Il ne s'agit que d'un immigrant manchot du nom de Walter Flegel.

En fait, le gouvernement allemand est tout aussi embarrassé ; car enfin, voici un pays démocratique, connaissant une prospérité économique sans égale, devenu un membre puissant et respecté de l'Otan, mais qui serait incapable d'amener devant la justice le pire criminel nazi après Hitler et Himmler ? En 1960, la République fédérale crée donc, sous la direction de l'ancien procureur Erwin Schuele, un « Centre pour la préparation et la coordination des poursuites contre les crimes liés aux camps de concentration et à la guerre ». Mais l'année suivante, l'État de Hesse fonde une structure parallèle, la « section VI du bureau du ministère public de Francfort pour les poursuites contre les crimes du national-socialisme », avec à sa tête le procureur général Fritz Bauer, un homme particulièrement motivé : il avait lui-même été enfermé deux fois dans des camps de concentration en tant que Juif, mais s'était échappé en 1940 pour gagner la Suède. La section VI va faire rechercher divers criminels nazis, dont le tristement célèbre « Gestapo » Müller, mais elle s'intéresse avant tout à Martin Bormann, car ainsi qu'il est expliqué dans un rapport préliminaire, « elle a reçu de la République fédérale et de nombreuses parties du monde des indications selon lesquelles l'accusé se serait échappé de Berlin et aurait survécu. Il aurait ainsi été vu en plusieurs endroits du territoire allemand, ainsi qu'en Argentine, en Australie, en Bolivie, au Brésil, au Chili, en Colombie, au Danemark, en Équateur, au Guatemala, en Grande-Bretagne, en Italie, au Canada, à Cuba, au Mexique, en Autriche, au Paraguay, au Pérou, en Suisse, en URSS, en Espagne, en Afrique du Sud, au Suriname, au Venezuela et aux États-Unis ». Le rapport ajoute avec une pointe d'humour que « cette liste n'a pas la prétention d'être exhaustive[44] ».

Le procureur général Bauer, qui s'est déclaré publiquement « convaincu que Bormann est toujours vivant », et qu'« une organisation secrète nazie aurait pu le faire passer à l'étranger grâce à un réseau souterrain très élaboré », fait lancer le 6 juin 1961 un mandat d'arrêt contre lui, rassemble en six mois 1 300 documents et procède à l'audition d'innombrables témoins, à commencer par Axmann, Naumann, Linge, Günsche, Albert Bormann, et même le fils aîné d'Eichmann, Horst Adolf, qui lui fait part de ses nombreuses conversations avec Martin Bormann en Amérique du Sud. Mais Fritz Bauer, peu féru d'exotisme, préfère se concentrer sur Berlin, et il est aidé par un journaliste du magazine *Stern*, Jochen von Lang. Les recherches dans les cimetières de la capitale ne sont pas plus fructueuses que l'audition des témoins, mais une lettre de routine adressée au WASt, le « Service pour l'information des proches parents de membres décédés de l'ancienne Wehrmacht allemande* », donne un résultat inespéré ; car si ce service répond le 16 janvier 1963 qu'il n'a dans ses fichiers aucune trace de Martin Bormann, il communique en revanche une copie de la lettre adressée à l'épouse du docteur Stumpfegger le 14 août 1945 par le directeur du bureau de poste

---

* « *Deutsche Dienststelle für die Benachrichtigung der nächsten Angehörigen von Gefallenen der ehemaligen Deutschen Wehrmacht.* »

n° 40 de la gare de Lehrte. On peut y lire ceci : « *Sehr Geehrte Frau Stumpfegger* ! Le 8 mai dernier, les employés du bureau de poste ont trouvé sur le pont de chemin de fer donnant dans l'Invalidenstrasse un soldat tombé lors des combats de Berlin. D'après le livret trouvé sur le mort, il s'agit de Ludwig Stumpfegger. Comme on est amené à supposer que le défunt est votre époux, je vous communique cette si triste nouvelle, en vous exprimant en même temps mes plus sincères condoléances. Votre mari, ainsi qu'un autre soldat, a été enterré le 8 mai dans le terrain de l'Alpendorf [anciennement parc des expositions] à Berlin NW 40, au 63 de l'Invalidenstrasse. Je joins les photos trouvées sur le mort. Le livret a été détruit. Signé Berndt, chef de service[45]. »

Voilà enfin un renseignement concret, et la localisation sur le pont de la gare de Lehrte semble bien corroborer le récit d'Axmann. Les services du procureur se rendent donc sans retard au bureau de poste n° 40, mais les événements remontant à près de dix-huit ans, personne ne se souvient de rien – sinon du fait qu'à l'époque, quelques collègues avaient été réquisitionnés pour enterrer des cadavres de soldats. Or, l'un d'entre eux est toujours vivant ; il se nomme Albert Krumnow.

Auditionné par la police à partir du 24 avril 1963, Krumnow apporte un témoignage capital : « Vers le 8 mai 1945 – je ne me souviens plus de la date exacte –, les Russes nous ont ordonné d'enlever des cadavres du pont de chemin de fer de l'Invalidenstrasse et de les enterrer. Je me suis rendu en personne sur le pont, et j'y ai trouvé deux cadavres d'hommes. [...] L'un était de grande taille. D'après le livret militaire que nous avons trouvé sur sa personne, il s'agissait d'un certain docteur Stumpfegger, de Hohenlychen. Cette personne n'avait plus d'uniforme et était en sous-vêtements. Si je me souviens bien, le livret d'identité susmentionné se trouvait sous le cadavre. Le second cadavre était plus petit, vêtu d'un uniforme de l'armée, sans insignes de grade, pattes de col ou épaulettes. Nous n'avions aucune idée de qui il pouvait s'agir*. Les deux cadavres ne présentaient aucune blessure apparente, ni pansements ou quelconques signes de saignements. [...] À l'aide d'une civière obtenue au bureau de poste, nous avons porté les deux corps jusqu'au terrain où se trouve actuellement la société Weigman – je crois me souvenir qu'elle était déjà là à l'époque. [...] Le soldat russe nous a indiqué un endroit précis où creuser la fosse. Je me souviens que c'était au milieu d'un carré formé par quatre arbres. [...] Il me semble que la fosse a été creusée à une profondeur d'un demi à trois quarts de mètre[46] **. »

Bien sûr, tout cela ne prouve pas que le deuxième homme enterré soit Martin Bormann, et d'ailleurs, le procès-verbal des auditions de Krumnow n'est pas publié à l'époque. C'est pourquoi les habituels pourvoyeurs d'informations et les mythomanes en tous genres vont recommencer à découvrir Bormann aux quatre coins du monde – en même temps qu'un autre disparu célèbre, Heinrich « Gestapo » Müller. Ainsi, le procureur Bauer apprend « de source sûre » que Bormann est décédé le 17 février 1959 et a été enterré dans un petit village à quarante kilomètres au sud d'Asunción, au Paraguay. Une information précise – et sérieuse, puisqu'elle est relayée par l'AFP. Mais lorsque la tombe est ouverte, on s'aperçoit que les restes sont ceux d'un vieil indigène nommé Hormoncilla. D'ailleurs, Bormann ne peut être décédé, puisqu'il a été signalé dans la capitale péruvienne en

---

* Une confirmation supplémentaire du fait que, même après douze ans, l'homme le plus puissant du Reich après Hitler était resté complètement inconnu dans son pays. Goebbels, Himmler ou Goering auraient été reconnus instantanément.

** Krumnow apporte une autre précision qui se révélera cruciale neuf ans plus tard : comme les deux cadavres ne cessaient de tomber du brancard au cours du transport, ils ont finalement été placés tête-bêche, et c'est ainsi qu'ils ont été jetés dans la fosse.

octobre 1962, et qu'un journaliste du quotidien argentin *El Mundo* l'a rencontré en personne dans les montagnes argentines, à 1 500 kilomètres de Buenos Aires[47]. Mais un an après, il n'y est déjà plus, car dès le mois de mars 1964, un dénommé Richard Bormann se rend à la police de São Paulo ; affirmant qu'il est « las de vivre dans la clandestinité », il avoue que son frère Martin vit dans une partie inaccessible de la jungle du Mato Grosso, sous le pseudonyme de « docteur Engel ». Hélas ! Le véritable frère, Albert Bormann, déclare catégoriquement au procureur Bauer : « Je n'ai pas de frère prénommé Richard. Personne dans ma famille ne porte ce nom. Il doit s'agir d'un mythomane ou d'un escroc[48]. » Renseignements pris, ce faux frère est un ancien SS de cinquante-cinq ans, entré clandestinement au Brésil quelques années plus tôt et passablement perturbé.

Le procureur ne se décourage pas pour autant, et le 13 novembre 1964, le ministère de la Justice de Hesse promet une récompense de 100 000 deutsche marks « à toute personne pouvant fournir des indications conduisant à la découverte et à l'extradition de l'accusé ». Voilà qui va naturellement susciter de nouvelles vocations, d'autant que trois mois plus tard, dans son numéro de mars 1965, le *Reader's Digest* écrit en conclusion d'un article sur le « *World's most wanted criminal* » : « Si vous connaissez ou avez vu un homme que vous pensez être Martin Bormann, appelez l'ambassade d'Allemagne la plus proche[49] *. » Or, le *Reader's Digest* est traduit en vingt et une langues et diffusé dans soixante-dix pays...

Bien sûr, il ne l'est pas en République démocratique allemande ; c'est pourtant là qu'est parue au début de 1965 la traduction d'un ouvrage du journaliste soviétique Lev Besy-

---

* Toutes les ambassades allemandes dans le monde sont alertées et reçoivent une copie des empreintes digitales de Bormann.

menski*, intitulé *Auf den Spuren von Martin Bormann***. L'essentiel de ses 270 pages est consacré à une attaque virulente contre la République fédérale d'Allemagne, mais il en reste tout de même quelques-unes pour évoquer la carrière et le devenir de Martin Bormann. Ayant eu accès à plusieurs documents trouvés par les Soviétiques dans le bunker d'Hitler et la chancellerie du Reich, il fait état d'un télégramme de Bormann à son conseiller économique von Hummel en date du 22 avril 1945, comportant le message suivant : « *Bin mit vorgeschlagener Übersee Süd Verlagerung einverstanden* » (« Je donne mon accord pour la proposition de transfert outre-mer sud »). Et Besymenski d'affirmer : « Ce document a une signification extraordinaire. Il vient une nouvelle fois à l'appui de notre thèse d'une fuite vers l'Amérique du Sud[50]. » Mais le journaliste soviétique s'est laissé aveugler par sa propre propagande, car cet « outre-mer » n'était que le nom de code de l'annexe de la chancellerie du parti***, établie au château de Steinach, près de Straubing ; quant au « transfert sud », il s'agissait tout bonnement de l'évacuation des documents de la chancellerie vers le Tyrol du Sud – dans la célèbre « forteresse alpine ». En dehors de cela, Besymenski n'ayant d'autres preuves que ses propres soupçons, son ouvrage de propagande n'éclaire en rien le mystère Bormann…

Six mois plus tard, le procureur adjoint du parquet de Francfort, Joachim Richter, prend une mesure plus sérieuse pour tenter d'éclaircir l'affaire : il ordonne que des recherches soient effectuées sur le terrain de l'Alpendorf, à l'endroit désigné en 1963 par le témoin Albert Krumnow. Avec la participation financière du magazine

---

* Sans doute un pseudonyme, d'autant que *bez imenski* signifie en russe « sans nom ».

** « Sur les traces de Martin Bormann. » Traduction exacte du titre de la version originale russe parue à la fin de 1964 : *Po Sledam Martina Bormana.*

*** Désignation complète : « *Dienststelle Übersee/Hohensee.* »

Stern, les fouilles sont conduites entre le 20 et le 21 juillet 1965, sous la pluie et le regard attentif d'une quarantaine de journalistes*. Hélas ! Une partie seulement du périmètre peut être retournée, et les environs ont beaucoup changé depuis 1945 : les quatre peupliers ont été coupés peu après l'édification du mur de Berlin**, de nouvelles constructions sont apparues aux abords du terrain, et faute de points de repère, Krumnow ne reconnaît plus l'endroit exact. Rien n'est donc trouvé, et le rédacteur en chef du magazine *Stern* refuse d'engager de nouveaux frais pour louer une pelleteuse et mener des fouilles plus étendues. Voilà qui suffit à relancer toutes les rumeurs sur la survie de l'âme damnée du Führer.

Il y en aura effectivement un grand nombre durant les années suivantes ; on signalera même Bormann aux États-Unis – dans le Minnesota pour être précis –, et naturellement en Espagne, en Syrie, en Suède*** et au Chili. Mais le 31 décembre 1967, un journaliste sérieux, Antony Terry, écrivant dans le non moins sérieux *Sunday Times*, fait une révélation stupéfiante : Bormann vit paisiblement au Brésil ! Son informateur ? Erich Karl Wiedwald, un ancien caporal SS absolument digne de foi pour trois raisons au moins****, et qui « s'est à présent déclaré prêt à dire la vérité sur Martin Bormann ». Grâce à cette résolution aussi louable que tardive, le journaliste vedette du *Sunday Times* est en mesure de révéler que l'ancien Reichsleiter vit dans une petite colonie nazie à la frontière du Paraguay,

---

* Le lecteur nous pardonnera cette tournure zeugmatique.

** Qui passe à une centaine de mètres à l'est de l'Alpendorf.

*** Où un homme qui lui ressemble est arrêté dans le port de Gävle – et s'enfuit durant sa garde à vue...

**** Il n'a pas demandé de paiement pour ses informations, ne tient pas à ce que son nom soit mentionné, et... a un cancer de la gorge. Au cas où ce serait insuffisant pour convaincre, Terry ajoute que Wiedwald a déclaré vouloir se venger de Bormann, qui lui aurait refusé les subsides nécessaires pour ouvrir un bureau de tabac en Allemagne – une histoire fumeuse à tous égards...

connue des seuls initiés sous le nom de « Waldner 555 ». Elle se trouve au milieu d'« une des plus grandes forteresses naturelles du monde », et au cas où des journalistes curieux voudraient malgré tout s'y aventurer, ils doivent savoir que Bormann est gardé par « quarante à soixante Allemands, Polonais et Ukrainiens, qui sont même prêts à tuer pour protéger leur chef ». Dont acte... Passons à l'état des lieux : la colonie comprend huit huttes « groupées autour d'une cour de caserne », mais Bormann, lui, bénéficie d'un « bungalow massif à l'extrémité gauche de la cour ». Il est même situé à proximité d'un hangar abritant deux avions légers de type Piper Cub – c'est bien le moins –, et ce hangar est traversé en son milieu par une piste de bowling américain ultramoderne. Ne risquerait-elle pas de gêner le mouvement des avions ? Question oiseuse, car c'est surtout Bormann qui intéresse le lecteur. Il apprendra donc que l'éminence brune a beaucoup changé, en raison d'une opération de chirurgie esthétique bâclée effectuée à Buenos Aires en 1947 ; par ailleurs, il est atteint d'un cancer du poumon en phase terminale – exactement comme l'informateur Wiedwald –, ce qui ne l'empêche pas de fumer comme un sapeur et de boire beaucoup de whisky – invariablement du Vat 69. Bien entendu, il a toujours sa collection de bottes brunes, il a admis depuis peu des femmes dans sa colonie, et il voyage beaucoup – surtout au Chili, en Uruguay, en Argentine et en Espagne. Du reste, le lecteur ne doit avoir aucune inquiétude quant à ses ressources matérielles, puisqu'il dispose de 350 millions de marks prélevés sur la caisse privée d'Hitler et de 130 millions supplémentaires « empruntés » au magot des SS.

Ainsi donc, dans le Brésil des années 60, on pourrait encore écouler des centaines de milliers de reichsmarks dévalués, datant de l'époque héroïque d'Adolf Hitler ? Mais dans l'affirmative, ne serait-ce pas le meilleur moyen de se faire repérer ? Détails mesquins que tout cela !

D'ailleurs, on apprend au passage que le docteur Mengele vit non loin de la colonie Waldner 555, au Paraguay, tandis que Heinrich « Gestapo » Müller s'est établi avec une jeune italienne dans un faubourg de Natal, au nord-est du Brésil, où il a ouvert un commerce d'alimentation. Décidément, le grand reporter Antony Terry semble bien avoir cédé à l'attrait du sensationnel – et l'hebdomadaire allemand *Der Spiegel* avec lui, qui reproduit son article *in extenso* au début de février 1968[51] *.

Ils sont en bonne compagnie, car moins de trois mois plus tard, le *Neue Zürcher Zeitung* rend compte d'une interview donnée au journal danois *Dagens Nyheter* par le célèbre chasseur de nazis Simon Wiesenthal. Celui-ci assure que Bormann est toujours en vie, et qu'il réside même dans une certaine « colonie Waldner » au sud du Brésil, à la frontière de l'Uruguay[52] – ce qui laisse assez peu de doutes quant à ses sources**. Puisque les nouvelles

---

* Il est intéressant de noter combien les journalistes communiquent peu entre eux : quatre ans plus tôt, le même Wiedwald avait proposé son histoire au magazine *Stern*, et même promis de ménager à ses reporters une entrevue avec Bormann. Deux journalistes du magazine étaient donc partis pour le Brésil, avaient attendu en vain et en étaient revenus bredouille. Le 17 décembre 1969, le juge d'instruction Horst von Glasenapp, ayant longuement entendu Wiedwald, obtiendra finalement de lui l'aveu qu'il a tout inventé. En 1973, le procureur Richter le qualifiera même dans son rapport final de *Schwindler* – « escroc »... Ce qui n'empêchera pas Wiedwald de collaborer ultérieurement à un livre néerlandais sur Martin Bormann !

** Il faut considérer le contexte de l'époque : Wiesenthal venait d'obtenir l'extradition du bourreau de Treblinka Franz Stangl – qui menait une vie tranquille au Brésil depuis 1951 –, le boucher de Riga Herbert Cukurs avait été assassiné trois ans plus tôt à Montevideo, le docteur Mengele était toujours recherché entre l'Argentine, le Paraguay et le Brésil, Klaus Barbie prospérait en Bolivie sous le nom de Klaus Altmann, et Friedrich Schwend (l'ancien grossiste en fausses livres sterling de l'opération *Bernhard*) se prélassait encore au Pérou. En 1988, Wiesenthal changera d'avis et acceptera les conclusions du juge Richter sur les circonstances de la mort de Bormann.

sensationnelles sont rares et qu'il faut malgré tout vendre du papier, une nouvelle interview de Wiesenthal sur le même sujet est publiée le 14 juin 1970 par le journal italien *Epoca*, et reprise presque immédiatement par son confrère brésilien *O Cruzeiro*. On peut y lire cette fois que Bormann résidait encore l'année précédente dans l'État brésilien de Rio Grande do Sul, près de la frontière avec l'Uruguay, et plus exactement dans la localité de Dribura, dont – cerise sur le gâteau – le prêtre se nomme Himmler[53]... Mais tout cela est trop beau pour être vrai, car dès le 9 octobre 1970, l'ambassade d'Allemagne à Rio communique à Bonn et à Francfort que la bourgade en question ne s'appelle pas Dribura, mais Ibiruba, que son prêtre ne se nomme pas Himmler mais Hümmler, qu'il n'y a pas l'ombre d'un ancien nazi dans la petite colonie allemande locale, et que de toute façon, Ibiruba se trouve à la frontière argentine et non uruguayenne[54]... *Muito ruim !* diront les Brésiliens ; *Pech* !* ajouteront les Allemands.

Mais ceux-ci se consoleront aisément dès l'année suivante, car c'est au printemps de 1971 que paraît *Der Dienst*, une autobiographie de l'ancien chef des services de renseignements de l'OKH Reinhard Gehlen**. Lui au moins doit disposer d'informations sérieuses, et de fait, il est catégorique : « Depuis le tout début de la campagne contre la Russie, Bormann a travaillé pour l'ennemi, en étant le principal informateur et conseiller de Moscou***. Il n'y a rien de vrai dans les allégations occasionnelles selon lesquelles Bormann vivrait confortablement dans une jungle impénétrable entre le Paraguay et l'Argentine, entouré de gardes du corps armés jusqu'aux dents. En fait,

---

* « Manque de chance ! »

** Il a pris sa retraite du *Bundesnachrichtendienst* (BND) trois ans plus tôt, en 1968.

*** Gehlen ajoutera que c'était également l'avis de l'amiral Canaris, ce qui est très vraisemblable : l'amiral avait tendance à voir des agents communistes partout.

il est passé chez les Russes en mai 1945 et a été ramené en Union soviétique. […] Ce n'est qu'en 1946, quand j'ai pris la tête de mon propre service de renseignements*, que j'ai pu m'informer sur la mystérieuse évasion de Bormann du bunker de Berlin, et sur sa disparition ultérieure. Quelque temps après, j'ai reçu des preuves tangibles de ses allées et venues après la guerre. Durant les années 50, on m'a communiqué deux rapports distincts venus de derrière le rideau de fer, et permettant d'établir que Bormann avait été un agent soviétique, qui avait vécu en URSS sous une couverture parfaite en tant que conseiller de Moscou. Il était décédé dans l'intervalle. La nature de mes sources m'interdit de donner davantage de détails[55]. »

Après tout, durant les vingt-cinq années qui ont suivi la guerre, on a repéré Martin Bormann 6 438 fois dans tous les pays du monde, à l'exception du Groenland et de la Papouasie-Occidentale. Qu'il ait été à Moscou pendant tout ce temps et soit décédé dans l'intervalle, voilà qui mettrait enfin un terme à cette sombre histoire. Malheureusement, la version de l'ancien chef du BND pose plusieurs problèmes embarrassants : d'une part, Gehlen n'avait-il pas répondu aux Américains en 1953 que Bormann n'était ni en Allemagne de l'Est ni en URSS** ? Bien sûr, cela n'est pas probant, car des informations fiables ont bien pu lui parvenir ultérieurement. En revanche, les circonstances de la fuite du bunker rendent peu crédible la thèse de Gehlen ; car enfin, on se souvient que dans l'après-midi du 30 avril 1945, Goebbels avait proposé à Bormann de se joindre au général Krebs pour aller négocier un cessez-le-feu avec les militaires soviétiques, et que celui-ci avait catégoriquement refusé***. Or, s'il avait été

---

* Le « Bureau Gehlen » déjà mentionné, remplacé en 1956 par le BND.
** Voir ci-dessus, p. 523.
*** Voir ci-dessus, p. 509.

un agent de Moscou, quelle meilleure aubaine que cette possibilité de sortir du bunker pour rejoindre ses maîtres en toute sécurité ? Et puis, le lendemain même, pourquoi se joindre à un groupe qui va tenter de quitter Berlin sous le déluge de feu soviétique ? Il lui suffisait de rester en arrière, avec les blessés et le petit personnel dans le *Vorbunker* ou au deuxième sous-sol de la chancellerie, en attendant paisiblement l'arrivée des camarades de l'Armée rouge... Non, décidément, tout cela n'est pas convaincant*.

C'est également l'avis d'un certain Ladislas Farago. Ce journaliste américain d'origine hongroise, ancien membre des services de renseignements navals américains, est décrit par le quotidien britannique *Observer* comme « un poids lourd dans le domaine de la littérature d'espionnage** ». Entre la fin de novembre et le début de décembre 1972, il va livrer au *Chicago Tribune* américain et au *Daily Express* britannique une série de révélations sensationnelles ; qu'on en juge : grâce aux dossiers des services de renseignements argentins qui lui ont été aimablement communiqués, Farago est en mesure d'établir que Bormann avait préparé sa fuite dès 1944, en faisant passer discrètement 200 millions de dollars en Argentine à bord du sous-marin *U-235*, qu'il a pu quitter Berlin en mai 1945 grâce à l'aide de « Gestapo » Müller, de Kaltenbrunner et... d'Eichmann, d'où il est passé au Danemark, puis en Italie, grâce à la célèbre filière alpine des SS ; il y a séjourné avec la complicité du non moins célèbre évêque Hudal, et a rencontré en 1947 Eva Perón, l'épouse du dictateur argentin, qui lui a

---

* Auditionné le 21 septembre 1971 par le juge d'instruction de Francfort von Glasenapp, Gehlen s'est d'ailleurs montré beaucoup moins catégorique. L'une de ses preuves semblait être qu'un agent avait vu au cinéma un personnage ressemblant à Bormann parmi les spectateurs d'une épreuve sportive en Allemagne de l'Est.

** Il a écrit plusieurs livres faisant autorité sur le renseignement, la Palestine et le Japon pendant la guerre, ainsi qu'une biographie très remarquée du général Patton.

promis l'asile dans son pays en échange des trois quarts du trésor qu'il a fait entreposer dans des banques (allemandes) en Argentine. Le reste n'est plus qu'un jeu d'enfant : le 17 mai 1948, Bormann, déguisé en jésuite et muni d'un passeport polonais au nom d'Eliezer Goldstein, embarque sur le paquebot *Giovanni C* à destination de Buenos Aires. Une fois arrivé, il se lance dans le commerce du bois sous la protection du dictateur Juan Perón, prend la direction de l'organisation d'anciens nazis « *Die Spinne** » – qu'il convertit en un vaste empire financier –, quitte l'Argentine en 1955 pour aller au Brésil, et coule à présent des jours heureux au Chili sous le nom de Ricardo Bauer. Rien de tout cela ne peut être mis en doute, puisque le journaliste Farago est un « poids lourd de la littérature d'espionnage », qu'il tient ses renseignements des services secrets argentins** et de leur agent José Velasco – « une sorte de James Bond argentin » –, et qu'il se déclare même en mesure de produire des photos récentes de Martin Bormann, des lettres de sa main, et même le numéro de sa carte d'identité : 1361642[56]…

Les mauvais coucheurs – il y en a toujours – feront remarquer que le sous-marin *U-235* n'était sans doute pas le meilleur moyen de convoyer le magot de Bormann vers l'Argentine, puisqu'il avait été coulé à Kiel en octobre 1943*** ; d'autres ajouteront peut-être que Kaltenbrunner, Müller et Eichmann avaient d'autres préoccupations au début de mai 1945 que de s'occuper de la survie de Martin Bormann – qu'ils détestaient cordialement par ailleurs ; il s'en trouverait même pour faire remarquer qu'un jésuite nommé Eliezer Goldstein risquait fort d'attirer l'attention, que l'organisation nazie *Die Spinne* était pour longtemps

---

* « L'araignée ».
** Le SIDE, *Secretaria de Informaciones del Estado*.
*** Il avait certes été renfloué, mais était resté en cale sèche à Kiel jusqu'en avril 1945. L'abondance de précisions impressionne toujours, mais reste une arme à double tranchant…

encore le fief exclusif d'un certain Otto Skorzeny*, et que cet agent secret José Velasco, qui ne voyait pas d'inconvénients à être cité dans la presse internationale – comme source de documents confidentiels de surcroît –, avait tout de même quelque chose de suspect. Mais peu importe tout cela, puisque moins d'une semaine plus tard, un événement stupéfiant va tout remettre en question...

L'année précédente, la municipalité de Berlin avait décidé de faire bâtir un complexe d'instituts de recherches sur le site de l'Alpendorf, l'ancien parc des expositions de l'Invalidenstrasse, près de la gare de Lehrte. Pour diverses raisons techniques et juridiques, le début des travaux avait été sans cesse repoussé, mais à partir du 5 décembre 1972, les pelleteuses commencent à retourner le terrain, et la suite est consignée dans ce rapport concis du parquet de Francfort : « Les 7 et 8 décembre 1972, sur le terrain de l'Alpendorf, deux ouvriers procédant à des travaux préparatoires à la pose de câbles ont découvert deux squelettes à environ douze à quinze mètres de l'endroit des fouilles menées en 1965. [...] Lors de la découverte du premier crâne, la police criminelle a immédiatement été informée et a procédé sur place à des recherches systématiques, qui ont permis de mettre au jour deux squelettes incomplets, de tailles différentes et relativement bien conservés. Un crâne – désigné ci-après comme "numéro un" – a été endommagé au niveau de la voûte crânienne par le godet de la pelleteuse. Les squelettes ont été consignés à la morgue située à proximité immédiate**. [...] Dans la denture des deux crânes, il a été trouvé et préservé [...] des débris de verre[57]. »

---

* Jusqu'en 1975, lorsque ce spadassin et fumeur compulsif est décédé à Madrid d'un cancer du poumon.

** Par un heureux hasard, cette morgue se trouve à quelques dizaines de mètres du lieu de la découverte.

Quelques informations supplémentaires sont d'un incontestable intérêt : les débris de verre en question proviennent de petites fioles analogues aux ampoules de cyanure distribuées à 950 exemplaires aux occupants du bunker en avril 1945. Le squelette numéro un est celui d'un homme de 1,90 à 1,94 mètre, et le squelette numéro deux correspond à une taille d'1,68 à 1,72 mètre ; or, le docteur Stumpfegger mesurait 1,94 mètre, et Martin Bormann 1,70 mètre. Par ailleurs, le squelette numéro deux présente au niveau médian de la clavicule droite une trace de calcification imparfaite, alors que selon ses fils, Bormann s'est fracturé la clavicule lors d'une chute de cheval en 1939. D'après la denture du crâne numéro deux partiellement conservée et un bridge retrouvé à proximité peu après, les assistants du docteur Hugo Blaschke*, Echtmann et Heusermann, reconnaissent aisément leur travail de l'époque sur le patient Martin Bormann. Une dernière précision, qui rappelle immédiatement aux enquêteurs la déposition d'Albert Krumnow neuf ans plus tôt : lors de leur découverte, les deux squelettes étaient disposés tête-bêche**... Mais il y a plus convaincant encore : un cliché de la tête de Martin Bormann superposé au crâne numéro deux s'ajuste pratiquement au millimètre près, tandis qu'une reconstitution plastique du visage à partir de ce crâne présente une ressemblance plus qu'évidente avec celui de l'ancien Reichsleiter.

Dès lors, le parquet de Francfort, sous la signature du procureur Richter***, conclut le 4 avril 1973 que « bien que les possibilités d'identification humaines aient leurs limites, les deux squelettes trouvés les 7 et 8 décembre 1972 sur le terrain de l'Alpendorf sont identiques à

---

* Le dentiste d'Hitler, qui soignait la plupart des autres dignitaires nazis.

** Voir *supra*, p. 528, note **.

*** Le procureur général Fritz Bauer est décédé en 1968.

ceux des accusés Martin Bormann et Ludwig Stumpfegger ». En conséquence, « il est mis un terme définitif aux recherches entreprises pour retrouver Martin Bormann[58] ». Les squelettes pourront donc être rendus aux familles pour être enterrés, mais la crémation reste interdite, « afin que les ossements puissent demeurer à la disposition d'une recherche scientifique plus avancée à l'avenir » – une façon somme toute élégante de ménager une place au doute raisonnable...

Ainsi donc, la fin de ces deux sinistres individus a été triste et banale : s'étant heurtés à une patrouille soviétique à l'extrémité du pont de l'Invalidenstrasse, ils avaient avalé leur ampoule de cyanure pour échapper à la capture. Sans doute un excès de précipitation, car sur les quelque 600 000 officiers et soldats de Staline ayant investi Berlin entre le 1ᵉʳ et le 2 mai, il ne s'en trouvait probablement *pas un seul* susceptible de reconnaître – ou même de connaître – le Reichsleiter Martin Bormann. En outre, comme l'ont constaté Axmann, Schwägermann, Weltzin, Naumann et quelques autres, les soldats de l'Armée rouge ne tenaient pas particulièrement à arrêter des civils allemands cette nuit-là*. Mais Martin Bormann, la conscience chargée et l'égo démesuré, imaginait sans doute que le monde entier pouvait l'identifier ; tout comme le docteur Stumpfegger, autre truand au passé inavouable, il avait donc paniqué et mordu la petite fiole bleue. *Finis Historiae...*

Finis ? Allons donc ! Ladislas Farago, dont la série d'articles à succès se trouve dès lors fatalement compromise, prend immédiatement les armes et dénonce toute la procédure comme une vaste supercherie. Ce médecin légiste Hans Jürgen Spengler, qui a mené les expertises, n'est-il pas d'ordinaire « chargé des analyses de sang sur les conducteurs en état d'ébriété et de la

---

* Ou même des soldats âgés, assimilés au *Volkssturm*.

préparation d'examens sanguins pour les recherches en paternité[59] » ? Ce Fritz Echtmann, assistant du dentiste Blaschke, n'était-il pas à l'époque un simple prothésiste dentaire, n'ayant jamais vu Bormann ? (L'assistante Katrina Heusermann, plus embarrassante, est simplement évacuée.) Un professeur de dentisterie réputé, le docteur américain Sognnaes, ne s'est-il pas vu refuser l'autorisation d'examiner les crânes ? N'est-il pas exact qu'aucune trace de cyanure n'a été relevée sur les corps* ? Le chasseur de nazis Simon Wiesenthal a d'ailleurs exprimé sa conviction que Bormann était toujours vivant... En fait, ces squelettes semblent avoir été exhumés exprès pour discréditer la série d'articles de Ladislas Farago dans la presse internationale, et les journalistes néonazis de *Stern* pourraient bien être à l'origine d'une vaste conjuration visant à couvrir les traces de Martin Bormann. D'ailleurs, le procureur général Bauer n'est-il pas décédé « dans des circonstances quelque peu mystérieuses[60] »** ? En définitive, la meilleure preuve d'un complot est encore que ceux qui ont repris l'affaire, les juges Gauf, Richter et von Glasenapp, ont tous refusé d'examiner l'inestimable collection de documents confidentiels détenus par Ladislas Farago, et prouvant à l'évidence que Bormann est bien vivant en Amérique du Sud... Évidemment, il y a bien des réponses à tous ces arguments, dont certaines tombent sous le sens et d'autres sont plutôt divertissantes. Ainsi, le correspondant à Buenos Aires du magazine *Stern* s'est procuré, moyennant un modeste pot-de-vin de 50 dollars, des documents de la police secrète argentine – munis de tous les cachets officiels –, certifiant que Ladislas Farago n'est autre que Martin Bormann[61]...

---

* Le cyanure se dissolvant rapidement dans l'air et dans l'eau, des traces résiduelles après vingt-sept ans passés à moins d'un mètre sous terre auraient constitué un véritable miracle.

** Certes : il est mort dans son lit d'une bronchite aiguë.

Pour finir, l'affaire est portée devant le tribunal du Land de Hesse, qui la confie à la 1re chambre correctionnelle, laquelle se déclare incompétente et la renvoie devant les trois procureurs initiaux – après quoi la procédure échoue devant la 3e chambre de la cour de justice criminelle présidée par le juge Kiessling... qui refuse de prononcer le décès de Bormann, mais annule son mandat d'arrêt ! Au milieu de ce désastreux imbroglio juridique, la polémique finit par lasser les Allemands, les accusations et les contre-accusations sèment le doute dans les esprits, et les enfants de Bormann ne reconnaissant pas les restes comme étant ceux de leur père, le squelette numéro deux est remisé dans les archives du tribunal de Francfort. Dès lors, la voie est à nouveau libre dans le monde entier pour les amateurs d'histoires sensationnelles et de thèses du complot...

Ladislas Farago a naturellement une longueur d'avance : dès 1973, il travaille à un pavé de 480 pages intitulé *Aftermath – Martin Bormann and the Fourth Reich*. Ayant résolument évacué le squelette importun, Farago est à nouveau libre de jongler avec les faits et la fiction, les insinuations et les récriminations, les vrais documents inintéressants* et les faux documents sensationnels, les vastes panoramas

---

* Dans un cahier photo de trente pages, on trouve par exemple une lettre de juin 1948 provenant des archives du FBI, non traduite mais parfaitement déchiffrable, et qui comprend la révélation suivante : « L'information que Bormann est en Argentine m'est parvenue par l'intermédiaire de John F. Griffiths, [...] anciennement employé par les services culturels de l'ambassade américaine à Buenos Aires [...] et depuis lors expulsé du pays. Il est bien informé, mais le FBI fait savoir que, selon beaucoup de gens, il n'est pas particulièrement responsable. » En revanche, une autre lettre d'août de la même année, signée d'Edgar Hoover en personne et tout à fait confidentielle, signale que selon des sources britanniques dignes de foi, l'épouse de Bormann serait décédée et enterrée près de Bolzano, que Bormann aurait eu trois enfants (il en manque donc sept), et que selon un inspecteur de Scotland Yard, ledit Bormann pourrait bien être vivant et se cacher dans le Tyrol du Sud. La lettre se termine par cette dernière

et les raccourcis vertigineux. Il reproduit donc *in extenso* son récit coloré sur la fuite de Berlin avec la complicité de « Gestapo » Müller, le périple vers l'Italie, le magot SS, les tractations avec Eva Perón, l'émigration en Argentine, l'empire financier de Ricardo Bauer dans toute l'Amérique du Sud, son installation au Brésil, ses visites aux vieux acolytes Mengele et « Gestapo » Müller, etc. Et puisque le papier supporte tout, la mise à jour est plus vertigineuse encore : en juin 1968, Bormann, « se sentant encore plus vieux que son âge et redoutant la sénilité », s'installe au Chili, où il fait du cheval et du jardinage, tout en ayant une maîtresse prénommée Maria, qui lui donne quatre enfants[62]. Mais en février 1972, l'alerte septuagénaire retourne à Buenos Aires accompagné de son secrétaire mexicain Luis Jimenez, de son garde du corps chilien O'Higgins et de sa maîtresse Hannelore – une accorte quadragénaire germano-chilienne, qui aurait donc remplacé Maria... Cette fois, Bormann ne vient pas pour affaires, mais pour consulter le célèbre docteur Ciancaglini* au sujet de son impuissance, propre à justifier « une thérapie cellulaire** ». Le traitement semble salutaire, puisque l'on retrouve « *el gran fujitivo* » peu après à Apolo, au nord de La Paz, en invité d'honneur à un banquet du Rotary Club – sans doute le meilleur moyen de passer inaperçu, surtout lorsqu'on y est photographié[63]...

Mais à la fin de 1972, Bormann, alias Goldstein, alias Bauer, alias von Lange, ne se formalise-t-il pas de la prétendue découverte de son squelette sur le terrain berlinois de l'Alpendorf ? Nullement, nous dit l'auteur, mais son associé

---

révélation : « Toutefois, on nous signale que les autorités policières italiennes dans la région sont très corrompues et peu coopératives. »

* L'adresse de la polyclinique est gracieusement fournie, au bénéfice d'éventuels amateurs : 134-138, Calle Ituzaingo, à San Isidro.

** Foin du secret médical : des certificats émanant de la polyclinique du docteur Ciancaglini sont même reproduits, avec mention d'un spasme cérébral, de l'impuissance et de divers autres maux...

en affaires, le capitaine Hans von Gerstein, s'inquiète à sa place – et décide de le mettre à la retraite d'office. On peut le comprendre : un président-directeur général déjà septuagénaire et maintenant squelettique ne risque-t-il pas de nuire à l'image du conglomérat ? Les Allemands faisant toujours les choses dans les règles – *Ordnung muss sein* –, un conseil d'administration est convoqué en Uruguay, réunissant tous les actionnaires du vaste empire industriel de Bauer-Bormann. Ce dernier se rend donc à Montevideo le 22 décembre 1972, et là, en présence d'un certain Klaus Dobermann – probablement le chien de garde –, l'ancien Reichsleiter reconverti en parrain est forcé de passer la main et de vendre ses actifs. Tout sarcasme serait déplacé, car l'ensemble de l'épisode est attesté par des documents confidentiels obtenus à Santiago grâce à l'aimable collaboration de l'inspecteur principal Oswaldo Pascual Gonzales, chef de la police... secrète du Chili[64].

Mais pour l'infatigable « poids lourd de la littérature d'espionnage » Ladislas Farago, le meilleur est encore à venir, et il ne peut être mieux raconté que par l'auteur lui-même : « Le 3 février 1973, j'ai reçu des appels téléphoniques de Buenos Aires et de Lima, m'avisant que [Bormann] avait été localisé en Bolivie. De plus, on me disait que certains accords avaient été passés pour me permettre de le *voir* en personne*. [...] Douze jours plus tard, ayant traversé des frontières illégalement, violé des espaces aériens par des vols non autorisés à bord d'un avion de location et manifestement risqué ma vie dans une aventure insensée, j'ai été escorté jusqu'à son chevet. C'était ma dernière chance de le voir, et sa dernière chance de me recevoir. Il était dans une maison de retraite appartenant à l'ordre des Rédemptoristes quelque part

---

* Farago précise qu'il avait proposé aux intermédiaires de Bormann une avance de 500 000 dollars pour publier les Mémoires de l'ancien Reichsleiter.

au sud de la Bolivie, et il était mourant. [...] Lorsqu'on m'a amené jusqu'à sa chambre pour une visite de cinq minutes comme convenu (sans possibilité de poser des questions ni bien sûr d'obtenir des réponses), je me suis trouvé en face d'un petit vieillard dans un grand lit [...], qui posait sur moi un regard absent, marmonnait entre ses dents et n'a élevé la voix qu'une seule fois, pour nous enjoindre rudement de quitter la pièce : "Nom de Dieu", a-t-il dit avec quelque véhémence et une vigueur qui m'a stupéfié, "vous ne voyez pas que je suis un vieil homme ? Alors laissez-moi mourir en paix."[65] »

De la part de l'ancienne éminence brune du Führer, ce n'est pas à proprement parler une déclaration digne d'entrer dans l'histoire, mais elle suffira pour assurer la promotion du livre de Ladislas Farago*. À en croire ce dernier, du reste, Bormann se porte nettement mieux que son squelette, et il va même se rétablir complètement en apprenant la nouvelle du retour des péronistes en Argentine : « Un mois après le retour triomphal de Perón à la présidence, Bormann est revenu dans la capitale fédérale et il est installé dans une propriété isolée, sous la protection de ses amis, au moment où j'écris ces lignes. [...] Ma requête pour obtenir la permission d'enregistrer une brève interview a été rejetée, et il a catégoriquement refusé de poser pour des photographies – ce qui est compréhensible[66]. »

Parfaitement compréhensible, en effet... Mais l'ouvrage *Aftermath – Martin Bormann and the Fourth Reich*, paru en septembre 1974 aux éditions Simon & Schuster, n'en sera pas moins un *best-seller* mondial – ce que les Américains nomment *a blockbuster***. Les historiens sérieux pourront toujours hocher la tête et grincer des dents : devant un tel

---

* De fait, cette « entrevue » figurera en quatrième de couverture...

** En plus d'une bibliographie surabondante, Farago exprime sa reconnaissance à de nombreuses personnalités qui l'ont « inspiré », « aidé », « guidé », « encouragé », ou lui ont « montré la voie ». Beaucoup auraient sans doute été très surpris de se trouver dans la liste :

succès, Ladislas Farago ne va pas tarder à faire des disciples. L'un d'eux se nomme Paul Manning ; ce journaliste de la CBS a travaillé comme correspondant de guerre avec le célèbre Ed Murrow, et il est très respecté dans la profession. Depuis des années, Manning s'est mis en tête de retrouver la trace de Martin Bormann, et en 1981, il livre au public le résultat de son enquête*, sous la forme d'un ouvrage intitulé *Martin Bormann – Nazi in Exile*. Le titre est déjà éloquent, et l'auteur écrit dans son introduction qu'Allen Dulles l'a encouragé dans son entreprise, en lui disant qu'il était dans la bonne voie. L'ancien directeur de la CIA ne risque pas de démentir, étant décédé depuis douze ans... Mais pour pouvoir rendre compte de sa longue traque du Reichsleiter Bormann en Amérique du Sud, Manning doit au préalable se débarrasser de ce squelette controversé mais toujours encombrant qui dort depuis neuf ans dans les archives du tribunal de Francfort. L'explication sera donc quelque peu laborieuse : le prétendu squelette de Bormann serait celui d'un macabre substitut – un prisonnier du camp de concentration de Sachsenhausen « ressemblant beaucoup au Reichsleiter », dont le système dentaire aurait été modifié sur une longue période. Après cela, la doublure involontaire a été tuée « à l'aide d'un aérosol de cyanure », et « Gestapo » Müller l'a fait enterrer « le 30 avril, à proximité du pont de Weidendamm[67] ».

C'est évidemment diabolique, même si Manning, ayant lu un peu trop rapidement le rapport Richter, se trompe de site et fait enterrer près du pont de Weidendamm en 1945 un corps retrouvé vingt-sept ans plus tard près du pont de la gare de Lehrte, deux kilomètres plus loin**... Mais peu importe : le « vrai » Bormann est désormais libre

---

Hugh Trevor-Roper, Robert Kempner, le juge von Glasenapp, Louis de Jong, John Toland, Raoul Hilberg, et même Beate Klarsfeld...

* Financée en grande partie par la chaîne CBS.

** Et le docteur Stumpfegger ? Une doublure aussi, provenant du même camp ! Müller – et Manning – ne sont pas à un cadavre près...

de quitter Berlin et de gagner Gênes en passant par le Schleswig-Holstein et la Bavière, après quoi il embarque pour Buenos Aires, avant de faire la navette entre le Brésil, le Paraguay et l'Argentine – avec une affection particulière pour les sites touristiques comme Bariloche et Iguazú, ainsi que pour la colonie Waldner chère au caporal SS Erich Karl Wiedwald quatorze ans plus tôt[*]. Le reste du temps, Martin Bormann vit dans une luxueuse plantation brésilienne près du Paraná, gardée par des Indiens – féroces, naturellement –, et de là il gère un vaste complexe financier international[68]. Pour ceux qui s'inquiéteraient de sa santé au début des années 80 : elle est excellente, merci !

Comme tous les ouvrages du même genre, celui de Manning connaît un succès certain[**], et il va inspirer à son tour bien des imitateurs. Naturellement, il y a des sceptiques, à l'exemple de Hugo Manfred Beer, dont l'ouvrage *Moskaus As im Kampf der Geheimdienste*, paru en 1983[69], reprend à son compte la thèse du général Gehlen : Bormann s'est mis au service des Soviétiques dès 1945. Le journaliste et agent du KGB Boris Tartakovski lui fait même écho en 1992 dans son rocambolesque récit *Martin Bormann, Agent Sovietskoï Razviedki*[70] [***]. Et si c'était vrai ? Après tout, la thèse de l'ancienne éminence brune réfugiée en Amérique latine se trouve quelque peu malmenée la même année, lorsque l'agent secret argentin Velasco avoue au journaliste Jorge Camarasa que tous les documents fournis à Ladislas Farago dans les années 70 étaient des contrefaçons éhontées, mais hautement rentables[71]…

---

[*] Bormann fréquente également le *night-club* Ali-Baba d'Asunción, en compagnie du docteur Mengele.

[**] Et peut toujours être téléchargé gratuitement sur Internet (https://archive.org/details/Martin_Bormann_Nazi_in_Exile).

[***] « Martin Bormann, agent des services de renseignements soviétiques. » Dans ce livre, Tartakovski assure même avoir découvert la tombe de Martin Bormann (1900-1970) dans un cimetière de Moscou. Mais par la suite, il ne la retrouvera plus…

Certes, mais tout cela est remis en question quatre ans plus tard par les révélations de l'ancien officier de marine, agent secret, acteur, réalisateur, écrivain et musicien britannique John Ainsworth-Davis, *alias* Christopher Creighton. Dans un ouvrage intitulé *Op JB* et publié par la très sérieuse maison d'édition Simon & Schuster, Creighton peut enfin révéler la vérité : sur ordre de Churchill, Eisenhower et Mountbatten, transmis par Desmond Morton, le directeur de l'ultrasecrète « section M »*, Creighton a participé durant les derniers jours du Reich à une expédition anglo-américano-judéo-allemande menée par le *commander* de la Royal Navy Ian Fleming. Sa mission : enlever Martin Bormann, afin qu'il donne aux Alliés les numéros de comptes bancaires des fabuleux trésors du Reich entreposés en Suisse. On pouvait penser que les hauts responsables alliés avaient d'autres préoccupations à la fin d'avril 1945, mais c'était une erreur : à bord de six kayaks, les hardis commandos ultrasecrets**, basés à proximité du pont de Weidendamm – un pont décidément très populaire –, se glissent dans la chancellerie du Reich, abattent deux SS et repartent avec Bormann, à qui ils ont promis une nouvelle vie à l'Ouest en échange de ses renseignements financiers. Ayant remonté la rivière Havel jusqu'à l'Elbe, les vaillants kayakistes accomplissent leur mission, et Bormann est amené en Angleterre[72], où il donne toutes les indications voulues et rédige en prime un rapport de 800 pages sur ses activités passées au service du Reich***. Après cela,

---

* Si secrète que personne n'en a jamais entendu parler depuis lors... Il est vrai que Desmond Morton était le parrain de « Christopher Creighton », et que lord Mountbatten comme Churchill étaient des amis de son père, ce qui pouvait constituer une bonne base pour les affabulations qui suivent.

** Comprenant deux femmes, une Anglaise et une Russo-Américaine, naturellement très belles et très musclées.

*** Jamais déclassifié, ce qui est naturellement une preuve de la réalité du complot des services secrets britanniques...

il coule des jours heureux – et bien sûr ultrasecrets – au Royaume-Uni, mais il en est expulsé au début de 1956 et échoue à Asunción, au Paraguay, où il décède en 1959[73].

Tout cela peut prêter à sourire, mais enfin, la maison d'édition Simon & Schuster n'aurait pas engagé ainsi sa réputation sans prendre au préalable de sérieux renseignements ; en outre, l'auteur produit des attestations signées de Churchill, Ian Fleming et lord Mountbatten – tous décédés de longue date* –, et il offre même 30 000 dollars à toute personne pouvant apporter la preuve du caractère fictif de son récit. Personne ne relèvera le défi, l'ouvrage se vendra à un million d'exemplaires, et il sera traduit en douze langues...

Hélas ! Les meilleures choses ont une fin : cette même année 1996, maître Florian Besold, l'avocat de la famille Bormann, demande au procureur général de Francfort Hans Christopher Schaefer que soit pratiquée une analyse ADN sur les restes découverts en 1972. Après avoir longtemps hésité, le procureur fait droit à sa demande, et en février 1998, l'expertise est confiée à des médecins légistes de Francfort, Bern et Munich. Les deux premiers, chargés de procéder à une analyse de l'ADN ordinaire, ne peuvent en extraire suffisamment pour se prononcer. Mais à l'Institut de médecine légale de Munich, les services du professeur Wolfgang Eisenmenger ont recours à l'analyse de l'ADN mitochondrial, avec pour élément de comparaison deux petites ampoules de sang fournies par une dame

---

* En 2010, sur le blog du Centre de recherche sur le renseignement (CFR2), le professeur Herman Matthijs, de la Vrije Universiteit de Bruxelles, peut encore écrire au sujet de ce livre : « Il est impossible d'ignorer les lettres du Premier ministre Churchill, de lord Mountbatten et de Ian Fleming à propos de cette opération secrète [...]. Surtout, il apparaît que les pièces concernées ont été rendues illisibles dans les archives du service secret britannique. » L'idée que les lettres en question – tapées à la machine et montrées uniquement à l'état de photostats – aient pu être des faux grossiers ne semble pas être venue à l'esprit du professeur Matthijs.

de quatre-vingt-trois ans, qui est la petite-fille d'Amalie Vollborn, sœur d'Antonie, la mère de Martin Bormann[74]. Cette fois, la parenté est établie avec une marge d'erreur si infime que toute nouvelle contestation est exclue. Le permis d'incinérer est donc délivré, et Martin Adolf Bormann, le fils désormais défroqué mais toujours religieux*, va discrètement répandre les cendres de son père dans la Baltique. Le fantôme de Martin Bormann a enfin cessé d'errer...

Fin de l'histoire ? Allons donc ! En 2002 paraît en France, aux éditions Charles Lavauzelle, un ouvrage intitulé *Le Dossier Saragosse*, dont l'auteur n'est autre que l'ancien résistant, agent des services spéciaux et polygraphe Pierre de Villemarest. Son ouvrage est le quatrième d'une collection intitulée « Renseignement et guerre secrète ». On ne plaisante pas avec de tels sujets, d'autant que le comité scientifique de cette nouvelle collection comprend seize éminents spécialistes du renseignement, sous la présidence d'honneur de l'amiral Pierre Lacoste, « pour veiller à la qualité, à l'intérêt et à l'exactitude des textes publiés[75] ». Fort de cette impressionnante caution, Pierre de Villemarest est en mesure de nous faire les révélations suivantes : « Nous pensons que des arrangements avaient été prévus pour Bormann et Müller, entre eux et leurs correspondants soviétiques, afin que des trous existent dans le cercle de feu qui cernait progressivement la chancellerie et son bunker. [...] Tandis qu'à l'Ouest, les témoignages se multiplient de 1945 à 1948 pour accréditer la thèse de la mort de Bormann, donc qu'il est inutile de perdre du temps à le rechercher, les autorités soviétiques [...] jouent les innocentes. [...] Martin Bormann a négocié sa coopération à condition d'être libre de ses mouvements, et les services d'Abakoumov ont accepté. [...] Il est temps d'en finir avec les romans ou récits plus ou moins fantaisistes qui ont circulé depuis cinquante ans sur la mort

---

* Il a épousé une nonne.

ou la survie de Martin Bormann. C'est encore une fois le dossier Saragosse – dont nul ne peut nier l'authenticité – qui permet de le faire. [...] Par exemple, on apprend à la réunion du 15 avril 1946 du groupe Seegers que "Bormann a quitté la Bavière pour l'Argentine il y a près de deux mois, grâce à un document du consul d'Argentine à Barcelone, qui en a fait un de ses collaborateurs"[76]. »

Il est donc encore possible d'écrire tout cela en 2002 ? Apparemment oui, et puisque nul ne peut nier l'authenticité du dossier Saragosse, l'auteur en reproduit quelques documents choisis : « Notes de "Ric". <u>Le 12 janvier 1947</u> : Ils assurent que Martin BORMANN est passé par Saragosse le vendredi 10 janvier – Schuler, Schmidt et Segeers l'ont vu. [...] Il n'est resté que quelques heures ici et est reparti pour Barcelone où il doit s'embarquer vers l'Italie pour rejoindre la Bavière. Il se propose de réorganiser le mouvement de résistance contre la dénazification. <u>Le 14 septembre 1947</u> : Abd el-Krim aurait reçu la visite de Marocains marquants et au cours de leur conférence ils auraient décidé de demander la liberté complète du Maroc. [...] BORMANN leur a envoyé l'ordre d'appuyer par tous les moyens les revendications d'Abd el-Krim[77] *. » Et de Villemarest dans tout cela ? Il est bien sûr personnellement impliqué : « Voici un détail sur la façon dont, le 12 janvier 1947, Martin Bormann est revenu d'Amérique du Sud en Espagne, pour regagner la Bavière. [...] En Autriche, deux passeurs le conduisent à Füssen. En quarante-huit heures, Bormann aura ainsi gagné Regen, près de la frontière tchécoslovaque. Chez lui. C'est là que, par hasard, nos chemins se sont croisés**,

---

* Pourquoi diable Martin Bormann s'occupe-t-il du Maroc ? Peut-être parce que le lecteur français s'y intéresse.

** La rencontre est décrite en ces termes : « C'est là, au nord de Deggendorf, que j'ai pour la première fois et par hasard, manqué d'écraser Martin Bormann dans un tournant d'une route très étroite surplombant un ravin. Il marchait d'un bord à l'autre, entraîné par la

avant qu'une seconde rencontre ne nous remette face à face, en 1949, à Sankt Margrethen, à la frontière suisse[78]. »

Pierre Faillant de Villemarest a donc rencontré lui aussi Martin Bormann – à deux reprises même… Le squelette ? Jamais entendu parler ! Nous sommes en présence d'un auteur sérieux, qui a eu accès aux archives soviétiques, à celles de la Stasi et des services secrets tchèques – grâce auxquelles il a pu nous apporter les révélations ci-dessus, et découvrir ensuite que « lorsque le blocus de Berlin prend fin le 23 mai 1949, Martin Bormann comprend qu'il ne peut plus spéculer sur une nouvelle guerre pour jouer de son potentiel humain et financier entre les deux camps. C'est la raison pour laquelle il décide de quitter définitivement l'Europe et de s'installer en Amérique du Sud[79] ». Voilà donc l'auteur libéré d'un dilemme : il n'y a plus à choisir entre Martin Bormann agent soviétique en Europe et Bormann Martin capitaliste repu aux Amériques : il a été successivement l'un et l'autre…

Mais à partir de là, Pierre de Villemarest, ne bénéficiant apparemment plus des sources soviétiques, tchèques et est-allemandes, semble surtout s'appuyer sur ses illustres devanciers Wiedwald, Creighton, Farago et Manning – avec une légère préférence pour le quatrième, qui est mis à contribution une bonne dizaine de fois : « Brillant reporter auprès des autorités américaines, Manning a bénéficié de sources autorisées et vérifiées » ; « Cité par Paul Manning, dans *Martin Bormann – Nazi in Exile* » ; « Tous les documents relatifs à ces exposés dorment depuis 1945 dans les archives du Trésor américain. Seul Paul Manning, déjà cité, les a utilisés » ; « Selon Manning, ce même 7 mai, Martin Bormann venait de passer la nuit dans une maison de Berlin-Dahlem » ; « Le journaliste américain Paul Manning

---

pente, et ne dut qu'aux bons freins de mon Audi et à la montée de la route que je puisse m'arrêter à vingt centimètres de lui. […] Il avait alors salué de la tête, et s'était empressé de poursuivre son chemin. »

a pu témoigner de la multiplication de ces arrangements, une fois Bormann débarrassé par de mystérieux assassins d'un certain nombre de ses anciens protagonistes[80] », etc. Pourtant, Pierre de Villemarest n'a qu'une reconnaissance limitée envers ses inspirateurs : « Quelques auteurs, tels Ladislas Farago ou Paul Manning aux États-Unis, ont multiplié leurs enquêtes et déductions sur le sort du Reichsleiter et du chef de la Gestapo. Mais ils se sont égarés sur des pistes dont ils n'ont pas perçu qu'elles leur étaient proposées par des intermédiaires douteux, issus d'une immigration allemande au sein de laquelle aussi bien Müller que Bormann avaient leurs agents, et que, au-dessus, Moscou tirait les ficelles. [...] Mais croit-on tromper les véritables spécialistes du renseignement[81] ? » Il ferait beau voir : « Une contre-enquête en Amérique du Sud, certifie le spécialiste, m'a permis d'apprendre qu'entre 1954 et 1959, Martin Bormann avait ordonné à ses divers fondés de pouvoir – si cela pouvait protéger leurs activités – d'agréer dans leurs conseils, "à égalité de responsabilités et de traitement", un certain nombre de Juifs de la haute société[82]. »

Et pas après 1959 ? Hélas non ! Car le 15 février 1959, Bormann « avait succombé à un cancer de l'estomac à Asunción, au Paraguay. On l'avait enterré dans le cimetière allemand d'Ita, à trente-cinq kilomètres de la capitale[83] ». Voilà donc Villemarest en accord sur la date et le lieu avec l'ineffable agent secret devenu cinéaste John Ainsworth-Davis, *alias* Christopher Creighton, ainsi qu'avec la dépêche de l'AFP tombée trente-huit ans plus tôt. Il est vrai que cette dernière mentionnait plutôt la date du 17 février 1959, tout en situant le cimetière d'Ita à quarante kilomètres d'Asunción, mais Bormann a bien pu agoniser deux jours, et il fallait sans doute comprendre que sa dernière demeure était éloignée d'Asunción de trente-cinq kilomètres *à vol d'oiseau*... Du reste, Pierre de Villemarest cite longuement à l'appui de ses dires une source irréfutable : le périodique russe *Sovierchenno*

Sekretno (« Ultrasecret ») n° 4 de l'année 2000, qui confirme la date du décès, ajoute qu'il a eu lieu « dans la maison de Werner Jung, consul général du Paraguay auprès de la République fédérale d'Allemagne* », et assure même que Bormann « a été soigné durant des années par le docteur Josef Mengele[84] ». Voilà qui semblerait confirmer la sage sentence de Joseph Staline : « On n'est jamais trop prudent dans le choix de son médecin ! »

Mais en 2002, le dernier mot revient naturellement à l'ancien agent des services spéciaux français Pierre de Villemarest : « Artur Axmann, sorti avec Bormann du bunker de la chancellerie, racontait qu'il l'avait perdu de vue un moment, puis retrouvé gisant à jamais. Cependant, quinze ans plus tard, Axmann devait admettre qu'il avait inventé toute cette histoire**. Avec d'autres "témoins", il voulait alors faire courir le bruit de la mort de Martin Bormann, afin de protéger sa fuite. [...] À Bonn, il n'était pas question de remuer ciel et terre pour retrouver Martin Bormann. [...] En fait, certains milieux politico-industriels de Bonn... cherchaient à convaincre Naumann qu'il était temps pour ses amis réfugiés en Amérique du Sud, notamment en Argentine, de "rapatrier" ou de réintégrer dans l'économie de la RFA un certain nombre de firmes industrielles et commerciales créées là-bas par Bormann et ses amis***. [...] Il ne restait plus à Martin Bormann qu'à négocier avec les "vieux messieurs" de Bonn pour

---

* Une façon transparente pour la propagande russe de mouiller le gouvernement allemand dans un vaste complot visant à protéger les anciens nazis.

** Étonnant : Artur Axmann était justement le seul témoin de cette affaire à n'avoir *jamais* varié dans ses déclarations ; c'est même pourquoi l'enquêteur du MI6 Hugh Trevor-Roper avait fini par le croire.

*** Où l'on retrouve le motif crapuleux évoqué par le metteur en scène Christopher Creighton : une fois de plus, les Occidentaux voulaient mettre la main sur le magot des nazis ! Pierre de Villemarest est décidément un homme de synthèse...

s'en sortir indemne. [...] Donc à la trappe tous les faits, tous les documents, tous les témoignages qui raconteraient l'irréfutable. Telle n'est pas ma conception de l'historien. Ce n'est pas non plus celle de l'éditeur de cet ouvrage[85]. »

Ainsi donc, en quatre longues années, ni Pierre de Villemarest ni les seize éminents experts du conseil scientifique de la collection « Renseignement et guerre secrète » n'ont lu les journaux annonçant au monde la disparition définitive du fantôme de Martin Bormann ? Cette nouvelle déjà ancienne balayait pourtant cinquante-trois ans de sornettes en tous genres ! *Dinge gibt's, die gibt's ja gar nicht* * – Il y a tout de même des choses qui dépassent l'entendement...

„Pst! — Was habe ich euch gesagt, der Bormann muß hier irgendwo sein!"

« Psitt ! Qu'est-ce que je vous disais ?
Bormann doit être quelque part dans les parages ! »
© *Stern*, octobre 1968.

---

* La traduction littérale de cette expression courante en patois bavarois serait plutôt : « Y'a quand même des trucs qui vous laissent tout chose ! »

Bibliographie sélective

Seuls sont répertoriés ici les ouvrages les plus utiles à ce récit ; les autres se trouvent dans les notes. Nous présentons en premier les éditions dans la langue originale, les traductions étant souvent inexistantes, abrégées ou approximatives.

Axmann, Artur, *Hitlerjugend*, Coblence, Bublies Verlag, 1995.

Aziz, Philippe, *Les Médecins de la mort*, vol. I et IV, Paris, Famot, 1975.

Baur, Erwin, Fischer, Eugen, et Lenz, Fritz, *Grundriss der Menschlichen Erblichkeitslehre und Rassenhygiene*, Munich, Lehmans Verlag, 1923.

Baur, Hans, *Hitler's Pilot*, Londres, Frederick Muller, 1958.

Beer, Hugo Manfred, *Moskaus As im Kampf der Geheimdienste*, Hohe Warte, Franz von Belenburg Verlag, 1983.

Below, Nicolaus von, *At Hitler's Side*, Londres, Greenhill, 2001.

Besymenski, Lew, *Auf den Spuren von Martin Bormann*, Berlin, Dietz Verlag, 1965.

Biddiscombe, Perry, *The Last Nazis*, Stroud, Tempus, 2004.

Binding, Karl, et Hoche, Alfred, *Die Freigabe der Vernichtung Lebensunwerten Lebens*, Berlin, BWV, 1920.

Bled, Jean-Paul, *Les Hommes d'Hitler*, Paris, Perrin, 2015.

Blum, Léon, *La Prison, le procès, la déportation*, Paris, Albin Michel, 1955.

Bormann, Martin, *The Bormann Letters*, Londres, Weidenfeld & Nicolson, 1954.

BRADLEY, Omar N., *A Soldier's Story*, Londres, Holt, Rinehart & Winston, 1951.

BROWNING, Christopher, *Les Origines de la Solution finale*, Paris, Les Belles Lettres/Le Seuil, 2009.

BULLOCK, Alan, *Hitler, a Study in Tyranny*, Londres, Odhams, 1952.

BURDICK, Charles, et JACOBSEN, Hans-Adolf (éd.), *The Halder War Diary*, Londres, Greenhill, 1988.

CALIC, Édouard, *Himmler et son empire*, Paris, Stock, 1965.

CHURCHILL, Winston S., *The Second World War*, vol. VI, Londres, Cassell, 1953.

CREIGHTON, Christopher, *Op JB*, Londres, Simon & Schuster, 1996.

DIETRICH, Otto, *Hitler*, Chicago, Regnery, 1955.

DULLES, Allen W., *Germany's Underground*, New York, Macmillan, 1947.

—, *The Secret Surrender*, Londres, Weidenfeld & Nicolson, 1966.

EISENHOWER, Dwight D., *Crusade in Europe*, Londres, Heinemann, 1948.

FARAGO, Ladislas, *Aftermath – Bormann and the Fourth Reich*, Londres, Hodder & Stoughton, 1975.

FORD, Roger, *Germany's Secret Weapons of World War II*, New York, Charwell, 2013.

FRANK, Hans, *Im Angesicht des Galgens*, Munich, Beck Verlag, 1953.

FRIEDLANDER, Saul, *Hitler et les États-Unis*, Paris, Le Seuil, 1966.

FRISCHAUER, Willi, *The Rise and Fall of Hermann Goering*, Boston, Houghton-Mifflin, 1951.

GEHLEN, Reinhard, *Der Dienst*, Mayence, Hase & Köhler, 1971.

GIORDANO, Ralph, *Wenn Hitler den Krieg gewonnen hätte*, Hambourg, Rasch & Röhring, 1989.

GISEVIUS, Hans Bernd, *Bis zum bittern Ende*, Zurich, Fretz & Wasmuth Verlag, 1946 (*Jusqu'à la lie*, t. I et II, Paris, Calmann-Lévy, 1948).

GOERING, Emmy, *An der Seite meines Mannes*, Göttingen, K. W. Schültz, 1967.

HAGEN, Walter, *Unternehmen Bernhard*, Wels und Starnberg, Welsermühl Verlag, 1955.

HANFSTAENGL, Ernst, *Hitler, the Missing Years*, New York, Arcade, 1974.

HARDING, Stephen, *The Last Battle*, Boston, Da Capo, 2014.

HITLER, Adolf, *Mein Kampf*, Munich, Eher Verlag, 1926 (*Mon combat*, Paris, Nouvelles Éditions latines, 1934).

JUNGE, Traudl, *Bis zur letzten Stunde*, Munich, List, 2003.

KALTENEGGER, Roland, *Operation Alpenfestung*, Munich, Herbig, 2000.

KEMPKA, Erich, *I Was Hitler's Chauffeur*, Londres, Frontline, 2012.

KERSAUDY, François, *Hermann Goering*, Paris, Perrin, 2009.

KERSHAW, Ian, *Hitler*, vol. I et II, Londres, Penguin, 1998 et 2000 (*Hitler*, t. I et II, Paris, Flammarion, 1999 et 2000).

KERSTEN, Felix, *Jeg var Himmlers Lege*, Oslo, Gyldendal, 1947 ; *Klerk en Beul, Himmler van Nabij*, Amsterdam, J.-M. Meulenhof, 1948 ; *Totenkopf und Treue*, Hambourg, R. Mölich, 1952 ; *The Kersten Memoirs*, New York, Macmillan, 1957 (les quatre versions sont différentes, mais complémentaires).

KLEE, Ernst, *« Euthanasie » im NS-Staat. Die « Vernichtung lebensunwerten Lebens »*, Francfort, Fischer Verlag, 1986.

KOGON, Eugen, LANGBEIN, Hermann, et RÜCKERL, Adalbert, *Les Chambres à gaz, secret d'État*, Paris, Éditions de Minuit, 1984.

KOLLER, Karl, *Der Letzte Monat*, Mannheim, Norbert Wohlgemuth Verlag, 1949.

KOTZE, Hildegard von (éd.), ENGEL, Gerhard, *Heeresadjutant bei Hitler 1938-1943*, Stuttgart, DVA, 1974.

LANG, Jochen von, *Der Sekretär*, Berlin, Ullstein, 1990.

LIFTON, Robert J., *The Nazi Doctors*, Londres, Papermac, 1987.

LINGE, Heinz, *Bis zum Untergang*, Munich, Herbig, 1980.

LORINGHOVEN, Bernd Freytag von, *Dans le bunker de Hitler*, Paris, Perrin, 2005.

LÜDDE-NEURATH, Walter, *Les Derniers Jours du Troisième Reich*, Paris, Berger-Levrault, 1963.

LÜDECKE, Kurt, *I Knew Hitler*, Londres, Jarrolds, 1938.

MANNING, Paul, *Martin Bormann – Nazi in Exile*, Secaucus (New Jersey), Lyle-Stuart, 1981.

McGovern, James, *Martin Bormann*, New York, William Morrow, 1968.

Minott, Rodney G., *The Fortress that Never Was*, New York, Holt, Rinehart & Winston, 1964.

Moczarski, Kazimierz, *Entretiens avec le bourreau*, Paris, Gallimard, 1979.

Moltmann, Günter, « Weltherrschaftsideen Hitlers », dans Brunner, Otto, et Gerhard, Dietrich (dir.), *Europa und Übersee, Festschrift für Egmont Zechlin*, Hambourg, Hans Bredow-Institut, 1961.

Montgomery, Bernard L., *Memoirs*, Londres, Collins, 1958.

Müller, Josef, *Bis zur Letzten Konsequenz*, Munich, Süddeutscher Verlag, 1976.

Padfield, Peter, *Himmler, Reichsführer SS*, Londres, Macmillan, 1990.

Papen, Franz von, *Der Wahrheit eine Gasse*, Munich, Paul List Verlag, 1952.

—, *Memoirs*, Londres, Andre Deutsch, 1952.

Picker, Henry (éd.), *Hitlers Tischgespräche im Führerhauptquartier*, Berlin, Ullstein, 1989.

Rauschning, Hermann, *Hitler m'a dit*, Paris, Somogy, 1979.

Ricciardi von Platen, Alice, *L'Extermination des malades mentaux dans l'Allemagne nazie*, Paris, Érès, 2001.

Schellenberg, Walter, *Aufzeichnungen des letzten Geheimdienstchefs unter Hitler*, Rastatt, Moewig Verlag, 1981 (*The Labyrinth*, Londres, Da Capo, 2000).

Schirach, Baldur von, *Ich glaubte an Hitler*, Munich, Mosaik, 1967 (*J'ai cru en Hitler*, Paris, Plon, 1968).

Schmidt, Paul, *Statist auf diplomatischer Bühne*, Bonn, Athenäum Verlag, 1953.

Schröder, Christa, *Er war mein Chef*, Munich, Herbig, 1985.

Seidler, Franz, *Phantom Alpenfestung ?*, Selent, Pour le Mérite Verlag, 2000.

Speer, Albert, *Erinnerungen*, Berlin, Propyläen Verlag, 1971 (*Au cœur du IIIe Reich*, Paris, Fayard/Pluriel, 2011).

Spitzy, Reinhard, *So haben wir das Reich verspielt*, Munich, Langen Müller Verlag, 1988.

Tartakovski, Boris, *Martin Bormann, Agent Sovietskoï Razviedki*, Moscou, Otetchestvo, 1992.

TOLAND, John, *Adolf Hitler*, New York, Ballantine, 1976 (*Hitler*, t. I, Paris, Pygmalion, 2011, t. II, Paris, Perrin, coll. « Tempus », 2012).

TREVOR-ROPER, Hugh, *The Last Days of Hitler*, Londres, Macmillan, 1947.

TRUMAN, Harry, *Years of Decision*, New York, Doubleday, 1958.

UNGER, Hellmuth, *Sendung und Gewissen*, Berlin, Gerhard Stalling, 1941.

VILLEMAREST, Pierre de, *Le Dossier Saragosse*, Panazol, Lavauzelle, 2002.

WAGENER, Otto, *Hitler aus nächster Nähe*, Kiel, Arndt, 1987.

WEIZSÄCKER, Ernst von, *Erinnerungen*, Munich, Paul List Verlag, 1950.

WHITING, Charles, *The Hunt for Martin Bormann*, Londres, Leo Cooper, 1973.

—, *Werewolf*, Londres, Leo Cooper, 1972.

WIEDEMANN, Fritz, *Der Mann, der Feldherr werden wollte*, Dortmund, Blick & Bild Verlag, 1964.

WULF, Josef, *Martin Bormann, Hitlers Schatten*, Gütersloh, Sigbert Mohn Verlag, 1962.

Notes

LES SECRETS DU IIIᵉ REICH

1. Le mystère des origines

1. Hitler, Adolf, *Mein Kampf*, Eher Verlag, Munich, 1942, p. 2.
2. Jetzinger, Franz, *Hitlers Jugend*, Europa, Vienne, 1956, pp. 22 et 23.
3. Langer, William C., *The Mind of Adolf Hitler*, Basic Books, New York, p. 107.
4. « Mon Oncle Adolf », *Paris Soir*, 5 août 1939, pp. 4 et 5.
5. Hitler, Bridget, *The Memoirs of Bridget Hitler*, Duckworth, Londres, 1979, p. 82. Ce curieux ouvrage est issu d'un document de 225 pages non daté et inachevé, qui a été découvert au début des années soixante-dix dans la section des manuscrits de la New York Public Library. Il comporte nombre d'informations que seuls des membres de la famille comme Bridget Hitler et son fils pouvaient connaître, mais aussi bien des allégations fantaisistes, telles que celles concernant le séjour d'Hitler à Londres en 1912 ou les déclarations belliqueuses de Paula Hitler contre son frère. Tout cela a pu être ajouté par un nègre ou par un journaliste, afin de rendre le manuscrit plus aisément publiable. L'autre hypothèse est que Bridget Hitler – ou son fils – aurait fait quelques confidences à un romancier en mal de sensationnel.
6. Frank, Hans, *Im Angesicht des Galgens*, Beck Verlag, Munich, 1953, p. 330.
7. *Idem*, p. 331.
8. Hitler, Adolf, *Mein Kampf*, *op. cit.*, p. 54.
9. Dietrich, Otto, *Hitler*, Regnery, Chicago, 1955, p. 221 ; Schroeder, Christa, *Er war mein Chef*, Herbig, Munich, 1985, p. 65.
10. Schroeder, Christa, *Er war mein Chef*, *op. cit.*, pp. 63 et 64.

11. Hitler, Bridget, *The Memoirs of Bridget Hitler*, *op. cit.*, pp. 117 et 118.

12. Köhler, Hansjürgen, *Inside the Gestapo*, Pallas, Londres, 1940, pp. 142 et 143.

13. *Idem*, pp. 144-148.

14. *Idem*, p. 149.

15. *Idem*, pp. 161-164.

16. Boeselager, Philipp Freiherr von, *Nous voulions tuer Hitler*, Perrin, coll. « Tempus », Paris, 2008, p. 31.

17. Papen, Franz von, *Memoirs*, Andre Deutsch, Londres, 1952, p. 407.

18. Jetzinger, Franz, *Hitlers Jugend*, *op. cit.*, p. 287.

19. Weinberg, Gerhard, *Hitlers Zweites Buch*, IFZ, Munich/Stuttgart, 1961, chapitre VIII, p. 81.

20. Waite, Robert G., *Adolf Hitler, the Psychopathic God*, Da Capo, New York, 1993, p. 128.

21. Speer, Albert, *Erinnerungen*, Propyläen Verlag, Berlin, 1969, pp. 111 et 112.

22. Jetzinger, Franz, *Hitlers Jugend*, *op. cit.*, p. 291.

2. L'éloquence conquérante

1. Kubizek, August, *Adolf Hitler, mein Jugendfreund*, Leopold Stocker Verlag, Graz, 1995, p. 22.

2. Waite, Robert G., *Adolf Hitler, the Psychopathic God*, Da Capo, New York, 1993, p. 190.

3. Toland, John, *Adolf Hitler*, Ballantine, New York, 1976, p. 60.

4. Joachimsthaler, Anton, *Korrektur einer Biographie*, Herbig, Munich, 1989, p. 158.

5. Wiedemann, Fritz, *Der Mann, der Feldherr werden wollte*, Blick & Bild Verlag., Dortmund, 1964, pp. 27 et 29.

6. *Current History*, novembre 1941, vol. 1, p. 193. « *I was Hitler's Boss.* » Karl Mayr y est seulement présenté comme « *a former officer of the Reichswehr* ».

7. Waite, Robert G., *Adolf Hitler, the Psychopathic God*, *op. cit.*, p. 207.

8. Hitler, Adolf, *Mein Kampf*, *op. cit.*, p. 235.

9. *Ibid.*

10. *Idem*, p. 237.

11. Lüdecke, Kurt, *I Knew Hitler*, *op. cit.*, pp. 22, 344.

12. Strasser, Otto, *Hitler et moi*, Grasset, Paris, 1940, p. 19.

13. Schirach, Baldur von, *J'ai cru en Hitler*, Plon, Paris, 1968, pp. 38-40.

14. Hanfstaengl, Ernst, *Hitler, the Missing Years*, Arcade, New York, 1974, pp. 34-45, 68.

15. Langer, Walter C., *The Mind of Adolf Hitler*, Basic Books, New York, 1972, p. 129.

16. Hanfstaengl, Ernst, *Hitler, the Missing Years, op. cit.*, p. 70.

17. Linge, Heinz, *Bis zum Untergang*, Herbig, Munich, 1980, p. 113.

18. Wiedemann, Fritz, *Der Mann, der Feldherr werden wollte, op. cit.*, p. 55.

19. Lüdecke, Kurt, *I Knew Hitler, op. cit.*, p. 78.

20. Bullock, Alan, *Hitler, a Study in Tyranny*, Odhams, Londres, 1952, pp. 115-117.

21. Lüdecke, Kurt, *I Knew Hitler, op. cit.*, pp. 216 et 217 ; Hanfstaengl, Ernst, *Hitler, the Missing Years, op. cit.*, pp. 114 et 115.

22. Strasser, Otto, *Hitler et moi, op. cit.*, p. 64.

23. Frank, Hans, *Im Angesicht des Galgens, op. cit.*, p. 45.

24. Hanfstaengl, Ernst, *Hitler, the Missing Years, op. cit.*, pp. 176, 177, 181.

25. Lüdecke, Kurt, *I Knew Hitler, op. cit.*, p. 94.

26. Schramm, Percy E., *Hitler, the Man and the Military Leader*, Quadrangle, Chicago, 1971, p. 71.

27. Linge, Heinz, *Bis zum Untergang, op. cit.*, p. 112.

28. Schirach, Baldur von, *J'ai cru en Hitler, op. cit.*, pp. 37 et 38.

29. Picker, Henry, *Hitlers Tischgespräche, op. cit.*, p. 432.

30. Schirach, Baldur von, *J'ai cru en Hitler, op. cit.*, pp. 37 et 38.

31. Strasser, Otto, *Hitler et moi, op. cit.*, pp. 78 et 79.

32. Hanfstaengl, Ernst, *Hitler, the Missing Years, op. cit.*, pp. 265-267.

33. Rauschning, Hermann, *Hitler m'a dit*, Somogy, Paris, 1979, p. 237.

34. *Idem*, pp. 286 et 287.

35. Schramm, Percy Ernst, *Hitler, the Man and the Military Leader, op. cit.*, p. 35.

36. Rauschning, Hermann, *Hitler m'a dit, op. cit.*, pp. 286 et 287.

37. Strasser, Otto, *Hitler et moi, op. cit.*, p. 78.

38. Schirach, Baldur von, *J'ai cru en Hitler, op. cit.*, p. 40.

3. Une boîte de scorpions

1. Schmidt, Paul, *Statist auf diplomatischer Bühne*, Athenäum Verlag, Bonn, 1953, p. 478.

2. Voir en particulier : Schirach, Baldur von, *J'ai cru en Hitler, op. cit.*, pp. 136-143.

3. BA-MA, Lw 104, *Bericht über die Befragung des Generalfeldmarschalls Milch*, 13 septembre 1955, pp. 1 et 2.

4. Wiedemann, Fritz, *Der Mann, der Feldherr werden wollte,* Blick & Bild Verlag, Dortmund, 1964, p. 196.

5. Frank, Hans, *Im Angesicht des Galgens, op. cit.,* p. 165.

6. Schacht, Hjalmar, *My First Seventy-Six Years,* Allan Wingate, Londres, 1955, p. 457.

7. Schirach, Baldur von, *J'ai cru en Hitler, op. cit.,* p. 213.

8. A. Bullock *in* Schellenberg, Walter, *The Labyrinth,* Da Capo, Londres, 2000, p. VIII.

9. Lüdecke, Kurt, *I Knew Hitler, op. cit.,* p. 211.

10. *Idem,* p. 474.

11. Rauschning, Hermann, *Hitler m'a dit, op. cit.,* pp. 112 et 113.

12. Köhler, Hansjürgen, *Inside Information,* Pallas, Londres, 1940, pp. 75 et 76.

13. *Idem,* pp. 218-220.

14. *Idem,* p. 206.

15. *Idem,* p. 207.

16. Schirach, Baldur von, *J'ai cru en Hitler, op. cit.,* p. 238.

17. Fest, Joachim C., *Les Maîtres du IIIᵉ Reich,* Grasset, Paris, 1965, pp. 69 et 70.

18. Speer, Albert, *Erinnerungen,* Propyläen Verlag, Berlin, 1971, pp. 342 et 343.

19. Müllern-Schönhausen, Johannes von, *Die Lösung des Rätsels Adolf Hitler,* VFWF, Vienne, non daté, p. 174. Voir également Gordon, Mel, *Hitler's Jewish Clairvoyant,* Feral House, Los Angeles, 2001.

20. Köhler, Hansjürgen, *Inside Information, op. cit.,* pp. 209, 221.

21. Hanfstaengl, Ernst, *Hitler, the Missing Years, op. cit.,* pp. 247 et 248.

22. Wiedemann, Fritz, *Der Mann, der Feldherr werden wollte, op. cit.,* p. 196.

23. Hanfstaengl, Ernst, *Hitler, the Missing Years, op. cit.,* p. 216.

24. Lüdecke, Kurt, *I Knew Hitler, op. cit.,* p. 265.

25. Wiedemann, Fritz, *Der Mann, der Feldherr werden wollte, op. cit.,* p. 79.

26. Hanfstaengl, Ernst, *Hitler, the Missing Years, op. cit.,* p. 222.

27. Heiden, Konrad, *Der Fuehrer,* Houghton Mifflin, Boston, 1944, p. 325.

28. Wiedemann, Fritz, *Der Mann, der Feldherr werden wollte, op. cit.,* p. 174.

29. Hanfstaengl, Ernst, *Hitler, the Missing Years, op. cit.,* p. 222.

30. Weizsäcker, Ernst von, *Erinnerungen,* Paul List Verlag, Munich, 1950, p. 199.

31. Rauschning, Hermann, *Hitler m'a dit, op. cit.,* p. 153.

32. Kersten, Felix, *The Kersten Memoirs*, Macmillan, New York, 1957, p. 132.

33. Schmidt, Paul, *Statist auf diplomatischer Bühne*, *op. cit.*, p. 585. Constatation identique dans Dietrich, Otto, *Hitler, H.* Regnery, Chicago, 1955, p. 126.

34. Strasser, Otto, *Hitler et moi*, *op. cit.*, p. 19.

35. Rauschning, Hermann, *Hitler m'a dit*, *op. cit.*, p. 99.

36. Dietrich, Otto, *Hitler*, *op. cit.*, pp. 16 et 17.

37. Schacht, Hjalmar, *My First Seventy-Six Years*, *op. cit.*, p. 368.

38. Interview du contre-amiral Karl Jesko von Puttkamer par l'auteur, Munich, 4 juin 1974.

39. Lüdecke, Kurt, *I Knew Hitler*, *op. cit.*, pp. 603-605.

40. Spitzy, Reinhard, *So haben wir das Reich verspielt*, Langen Müller, Munich, 1988, p. 479.

4. La Nuit des longs couteaux

1. Hanfstaengl, Ernst, *Hitler, the Missing Years*, *op. cit.*, p. 246.

2. Irving, David, *Hess, the Missing Years*, Macmillan, Londres, 1987, p. 22.

3. Lüdecke, Kurt, *I Knew Hitler*, *op. cit.*, p. 597.

4. Rauschning, Hermann, *Hitler m'a dit*, *op. cit.*, pp. 174 et 175.

5. *Idem*, p. 178.

6. Lüdecke, Kurt, *I Knew Hitler*, *op. cit.*, pp. 428 et 429.

7. *Völkischer Beobachter*, 4 janvier 1934.

8. Rauschning, Hermann, *Hitler m'a dit*, *op. cit.*, p. 179.

9. *Idem*, p. 115.

10. Toland, John, *Adolf Hitler*, *op. cit.*, p. 452 ; Kershaw, Ian, *Hitler*, *op. cit.*, vol. I, p. 505.

11. Höhne, Heinz, *Mordsache Röhm*, Reinbek, Hambourg, 1984, p. 206.

12. Schirach, Baldur von, *J'ai cru en Hitler*, *op. cit.*, pp. 150 et 151.

13. Strasser, Otto, *Hitler et moi*, *op. cit.*, p. 197.

14. *Völkischer Beobachter*, 26 juin 1934.

15. Kershaw, Ian, *Hitler*, *op. cit.*, vol. I, pp. 511 et 512.

16. Köhler, Hansjürgen, *Inside the Gestapo*, *op. cit.*, p. 115.

17. *Frankfurter Rundschau*, 14 mai 1957.

18. Holborn, H. (éd.), *Republic to Reich*, Pantheon, New York, 1972, p. 235.

19. Gisevius, Hans Bernd, *Bis zum bittern Ende*, Fretz & Wasmuth Verlag, Zurich, 1946, pp. 184 et 185.

20. Baur, Hans, *Hitler's Pilot*, Frederick Muller, Londres, 1958, p. 62.

21. Toland, John, *Adolf Hitler*, *op. cit.*, p. 462.

22. Baur, Hans, *Hitler's Pilot*, *op. cit.*, p. 64.

23. *Frankfurter Rundschau*, 14 mai 1957.

24. Strasser, Otto, *Hitler et moi*, *op. cit.*, p. 209.

25. Höhne, Heinz, *The Order of the Death's Head*, Pan Books, Londres, 1972, p. 105 ; Gallo, Max, *La Nuit des longs couteaux*, Paris, Tallandier, 2007, p. 295.

26. Papen, Franz von, *Memoirs*, *op. cit.*, p. 315.

27. *Idem*, p. 316.

28. Bross, Werner, *Gespräche mit Göring*, Arndt Verlag, Kiel, 2003, p. 18.

29. Heiden, Konrad, *Der Führer*, Houghton Mifflin, Boston, 1944, pp. 766 et 767.

30. Gisevius, Hans Bernd, *Bis zum bittern Ende*, *op. cit.*, pp. 142-144.

31. Irving, David, *The Rise and Fall of the Luftwaffe*, Little, Brown, Boston, 1973, p. 41.

32. Gisevius, Hans Bernd, *Bis zum bittern Ende*, *op. cit.*, p. 145.

33. Sommerfeldt, Hans Martin, *Ich war dabei*, Drei Quellen Verlag, Darmstadt, 1949, p. 76.

34. Gisevius, Hans Bernd, *Bis zum bittern Ende*, *op. cit.*, pp. 149 et 150.

35. *Idem*, p. 154.

36. Seraphim, Hans Günther (éd.), *Das Politische Tagebuch Alfred Rosenbergs*, Musterschmidt, Göttingen, 1956, p. 46 (7 juillet 1934).

37. Köhler, Hansjürgen, *Inside the Gestapo*, *op. cit.*, p. 121.

38. Seraphim, Hans Günther (éd.), *Das Politische Tagebuch Alfred Rosenbergs*, *op. cit.*, p. 46.

39. Toland, John, *Adolf Hitler*, *op. cit.*, p. 469.

40. Gisevius, Hans Bernd, *Bis zum bittern Ende*, *op. cit.*, pp. 152-154.

41. *Idem*, pp. 155 et 156.

42. *Idem*, pp. 156 et 157.

43. Gallo, Max, *La Nuit des longs couteaux*, *op. cit.*, p. 373 ; Kershaw, Ian, *Hitler*, *op. cit.*, vol. I, p. 516.

44. Fromm, Bella, *Blood and Banquets*, Carol, New York, 1990, p. 175.

45. Speer, Albert, *Erinnerungen*, Propyläen, Berlin, 1971, p. 65.

46. Rauschning, Hermann, *Hitler m'a dit*, *op. cit.*, pp. 191 et 192.

47. *Idem*, pp. 193-195.

5. L'homme à femmes

1. Jetzinger, Franz, *Hitler's Youth*, Hutchinson, Londres, 1958, p. 71.

2. *Idem*, p. 107.

3. *Idem*, p. 121, interview d'August Kubizek.

4. Kubizek, August, *Adolf Hitler, mein Jugendfreund*, Leopold Stocker Verlag, Graz, 1995, p. 229.

5. *Idem*, p. 239.

6. Hitler, Adolf, *Mein Kampf*, *op. cit.*, pp. 269 et 270.

7. Waite, Robert G., *Adolf Hitler, the Psychopathic God*, Da Capo, New York, 1993, p. 233.

8. Schroeder, Christa, *Er war mein Chef*, Herbig, Munich, 1985, p. 40.

9. Kubizek, August, *Adolf Hitler, mein Jugendfreund*, *op. cit.*, p. 230.

10. Joachimsthaler, Anton, *Korrektur einer Biographie*, Herbig, Munich, 1989, p. 162.

11. *Der Spiegel*, n° 46, 1977, p. 127 ; Maser, Werner, *Adolf Hitler, Legende, Mythos, Wirklichkeit*, Bechtle, Munich, 1974, p. 528.

12. Hanfstaengl, Ernst, *Hitler, the Missing Years*, Arcade, New York, 1974, pp. 34-45, 68.

13. Lüdecke, Kurt, *I Knew Hitler*, *op. cit.*, p. 99

14. Strasser, Otto, *Hitler et moi*, *op. cit.*, pp. 83 et 84.

15. Picker, Henry, *Hitlers Tischgespräche im Führerhauptquartier*, Ullstein, Berlin, 1989, p. 124.

16. *Ibid.*

17. Hanfstaengl, Ernst, *Hitler, the Missing Years*, *op. cit.*, p. 137.

18. Hoffmann, Heinrich, *Hitler was my Friend*, Frontline Books, Londres, 2011, p. 145.

19. Picker, Henry, *Hitlers Tischgespräche im Führerhauptquartier*, *op. cit.*, p. 89.

20. Schroeder, Christa, *Er war mein Chef*, Herbig, Munich, 1985, p. 157.

21. Knopp, Guido (éd.), *Geheimnisse des Dritten Reichs*, Bertelsmann, Munich, 2011, pp. 286-289.

22. Strasser, Otto, *Hitler et moi*, *op. cit.*, pp. 84 et 85.

23. Köhler, Hansjürgen, *Inside Information*, Pallas, Londres, 1940, pp. 13, 23.

24. Hanfstaengl, Ernst, *Hitler, the Missing Years*, *op. cit.*, p. 162.

25. Strasser, Otto, *Hitler et moi*, *op. cit.*, p. 85.

26. Heiden, Konrad, *Der Fuehrer*, *op. cit.*, pp. 384 et 385.

27. Hanfstaengl, Ernst, *Hitler, the Missing Years*, *op. cit.*, p. 163.

28. Baur, Hans, *Hitler's Pilot*, Frederick Muller, Londres, 1958, pp. 36 et 37.

29. Gun, Nerin, *Eva Braun – Hitler, Leben und Schicksal*, Blick & Bild Verlag, 1968, p. 54.

30. Schirach, Baldur von, *J'ai cru en Hitler*, *op. cit.*, p. 107.

31. Hoffmann, Heinrich, *Hitler Was My Friend*, *op. cit.*, p. 162.

32. Schroeder, Christa, *Er war mein Chef, op. cit.*, p. 156.

33. Gun, Nerin, *Eva Braun – Hitler, Leben und Schicksal, op. cit.*, p. 75.

34. Schroeder, Christa, *Er war mein Chef, op. cit.,* p. 129.

35. Interview de Rochus Misch par A. Dauer et F. Delpla, Berlin, 28 octobre 2006, p. 3. Misch, Rochus, *Der letzte Zeuge*, Pendo, Zürich, 2008, p. 111.

36. Speer, Albert, *Erinnerungen, op. cit.*, p. 60.

37. *Idem*, p. 106.

38. Hanfstaengl, Ernst, *Hitler, the Missing Years, op. cit.*, p. 273.

39. Kersten, Felix, *Jeg var Himmlers Lege*, Gyldendal, Oslo, 1947, p. 158.

40. *Ibid.* Voir également du même auteur : *Klerk en Beul, Himmler van Nabij*, J. M. Meulenhoff, Amsterdam, 1948, p. 42. D'après les deux versions, ce rapport affirmait catégoriquement qu'Hitler n'était pas homosexuel.

41. Schroeder, Christa, *Er war mein Chef, op. cit.*, p. 167.

42. Hoffmann, Heinrich, *Hitler Was My Friend, op. cit.*, p. 165.

43. Rauschning, Hermann, *Hitler m'a dit, op. cit.*, p. 291.

44. Hanfstaengl, Ernst, *Hitler, the Missing Years, op. cit.*, p. 169.

45. Schirach, Baldur von, *J'ai cru en Hitler, op. cit.*, p. 85.

46. Wagener, Otto, *Hitler aus nächster Nähe, op. cit.*, p. 358.

47. Pour une description plus détaillée, voir par exemple Schroeder, Christa, *Er war mein Chef, op. cit.*, p. 160 ; Wagener, Otto, *Hitler aus nächster Nähe, op. cit.*, p. 196 ; Hanfstaengl, Ernst, *Hitler, the Missing Years, op. cit.*, p. 194 ; Knopp, Guido (éd.), *Geheimnisse des Dritten Reichs, op. cit.*, pp. 292 et 293 ; Gun, Nerin, *Eva Braun – Hitler, Leben und Schicksal, op. cit.*, pp. 65, 152.

48. Dietrich, Otto, *Hitler, op. cit.*, pp. 218 et 219.

49. Hanfstaengl, Ernst, *Hitler, the Missing Years, op. cit.*, p. 241.

50. Köhler, Hansjürgen, *Inside Information, op. cit.*, p. 25.

51. Schellenberg, Walter, *The Labyrinth*, Da Capo, Londres, 2000, p. 94.

52. Langer, Walter C., *The Mind of Adolf Hitler*, Basic Books, New York, 1972, p. 171. (Interview de A. Zeissler, 24 juin 1943.)

53. Dans le cas de Gretl Slezak, voir Gun, Nerin, *Eva Braun – Hitler, Leben und Schicksal, op. cit.*, p. 151.

6. L'affaire Rudolf Hess

1. Hess, Ilse, *England – Nürnberg – Spandau, Ein Schicksal in Briefen*, Druffel Verlag, Leoni, 1967, p. 45.

2. Frank, Hans, *Im Angesicht des Galgens, op. cit.*, pp. 46 et 47.

3. Sereny, Gitta, *Albert Speer, his Battle with Truth*, Picador, Oxford, 1996, p. 623.

4. Irving, David, *Hess, the Missing Years*, Macmillan, Londres, 1987, pp. 16 et 17.

5. Padfield, Peter, *Hess, Flight for the Führer*, Weidenfeld & Nicolson, Londres, 1991, p. 61.

6. Schwerin von Krosigk, Lutz, *Es geschah in Deutschland*, Rainer Wunderlich, Tübingen, 1951, p. 240.

7. Frank, Hans, *Im Angesicht des Galgens, op. cit.*, p. 165.

8. Padfield, Peter, *Hess, Flight for the Führer, op. cit.*, pp. 74 et 75.

9. Irving, David, *Hess, the Missing Years, op. cit.*, p. 31.

10. Padfield, Peter, *Hess, Flight for the Führer, op. cit.*, pp. 34, 82 et 83.

11. Schirach, Baldur von, *J'ai cru en Hitler, op. cit.*, p. 205.

12. Hanfstaengl, Ernst, *Hitler, the Missing Years, op. cit.*, p. 71.

13. Speer, Albert, *Erinnerungen, op. cit.*, p. 190.

14. IWM, GHS 2, Shakespeare Papers, *Secret Memo to secretary of State*, 14 mai 1941.

15. Weizsäcker, Ernst von, *Erinnerungen*, Paul List, Munich, 1948, p. 171.

16. Schwerin von Krosigk, Lutz, *Es geschah in Deutschland, op. cit.*, p. 240.

17. Müllern-Schönhausen, J. von, *Die Lösung des Rätsels Adolf Hitler*, VFWF, Vienne, 1959, p. 165.

18. Schmidt, Rainer F., *Rudolf Hess, « Botengang eines Toren » ?*, Econ Verlag, Düsseldorf, 1997, p. 62.

19. Wiedemann, Fritz, *Der Mann der Feldherr werden wollte, op. cit.*, pp. 191 et 192.

20. Irving, David, *Hess, the Missing Years, op. cit.*, p. 43.

21. Padfield, Peter, *Hess, Flight for the Führer, op. cit.*, p. 70.

22. Speer, Albert, *Erinnerungen, op. cit.*, p. 190.

23. Dietrich, Otto, *Hitler, op. cit.*, p. 31.

24. *Idem*, p. 148.

25. Speer, Albert, *Erinnerungen, op. cit.*, p. 152.

26. Schroeder, Christa, *Er war mein Chef*, Herbig, Munich, 1985, p. 33.

27. Irving, David, *Hess, the Missing Years, op. cit.*, p. 25.

28. Hitler, Adolf, *Mein Kampf, op. cit.*, p. 755.

29. Lüdecke, Ernst, *I Knew Hitler, op. cit.*, p. 267.

30. Schroeder, Christa, *Er war mein Chef, op. cit.*, p. 192.

31. Hitler, Adolf, *Hitler's Second Book*, Enigma, New York, 2003, p. 173.

32. Rauschning, Hermann, *Hitler m'a dit*, *op. cit.*, pp. 137 et 138.

33. Frank, Hans, *Im Angesicht des Galgens*, *op. cit.*, p. 216.

34. Padfield, Peter, *Hess, Flight for the Führer*, *op. cit.*, p. 89.

35. CCAC, Christie Papers, CHRS 1/5, *Notes from a conversation with Goering*, 3 février 1937, et *Report of a meeting with Goering*, 28 juillet 1937.

36. Winterbotham, Frederick W., *The Ultra Spy*, Papermac, Londres, 1991, pp. 137-139.

37. *Idem*, pp. 127 et 128.

38. Bird, Eugene K., *Prisoner # 7, Rudolf Hess*, Viking Press, New York, 1974, p. 217. Mais ils ont sans doute assisté à la même réception ; voir : James, R. R. (éd.), *The Diaries of Sir Henry Channon*, Weidenfeld & Nicolson, Londres, 1967, p. 304.

39. IMT, vol. XXV, doc. 386-PS ; DGFP, Series D, vol. 1, pp. 29-39, doc. 19, Hossbach Minutes, 5 novembre 1937.

40. Lossberg, Bernhard von, *Im Wehrmachtsführungsstab*, Nölke Verlag, Hambourg, 1950, pp. 31 et 32.

41. Hamilton, James Douglas, *Motive for a Mission*, Londres, 1972, pp. 91 et 92.

42. Irving, David, *Hess, the Missing Years*, *op. cit.*, p. 45.

43. *Idem*, p. 49.

44. Seraphim, Hans Günther, *Tagebuch Alfred Rosenbergs*, *op. cit.*, p. 67.

45. FRUS 1940, Bd. 1, p. 50, 3 mars 1940.

46. Kersten, Felix, *The Kersten Memoirs*, Macmillan, New York, 1957, p. 89.

47. Baur, Hans, *Hitler's Pilot*, Frederick Muller, Londres, 1958, p. 114.

48. Kersten, Felix, *The Kersten Memoirs*, *op. cit.*, p. 88.

49. BA-MA, HC 832, *Streng Geheim, Albrecht Haushofer Memorandum*, 15 septembre 1940.

50. Schmidt, Rainer F., *Rudolf Hess, « Botengang eines Toren » ?*, *op. cit.*, pp. 121-123.

51. *Idem*, p. 121.

52. Padfield, Peter, *Hess, Flight for the Führer*, *op. cit.*, p. 140.

53. Hess, Ilse, *England – Nürnberg – Spandau*, Druffel Verlag, Leoni, 1967, p. 42.

54. *Idem*, p. 14.

55. Schmidt, Rainer F., *Rudolf Hess, « Botengang eines Toren » ?*, *op. cit.*, p. 157.

56. Baur, Hans, *Hitler's Pilot*, *op. cit.*, pp. 125 et 126.

57. Kempner, Robert, *Das Dritte Reich im Kreuzverhör*, Bechtle, Munich, 1969, p. 104.

58. Hassel, Ulrich von, *Vom Andern Deutschland*, Atlantis Verlag, Zurich, 1946, p. 204.

59. Masterman, J. C., *The Double-Cross System*, Yale University Press, New Haven, 1972, p. 85 ; Popov, Dusko, *Spy Counterspy*, Fawcett, London, 1975, pp. 75, 76 et 117.

60. Schmidt, Rainer F., *Rudolf Hess, « Botengang eines Toren » ?*, *op. cit.*, p. 170.

61. Irving, David, *Hess, the Missing Years*, *op. cit.*, pp. 60 et 61.

62. Kersten, Felix, *The Kersten Memoirs*, *op. cit.*, p. 89.

63. Schwerin von Krosigk, Lutz, *Es geschah in Deutschland*, *op. cit.*, p. 241.

64. Irving, David, *Hess, the Missing Years*, *op. cit.*, p. 60.

65. NA, RG 238, Jackson papers, Box 180, « *Hess* », Wolfgang Bechtold statement, 30 avril 1946.

66. Hess, Ilse, *England – Nürnberg – Spandau*, *op. cit.*, pp. 19 et 128.

67. *Idem*, p. 31.

68. *Idem*, p. 32.

69. *Idem*, p. 35.

70. Speer, Albert, *Erinnerungen*, *op. cit.*, p. 189.

71. Schmidt, Rainer F., *Rudolf Hess, « Botengang eines Toren » ?*, *op. cit.*, p. 189.

72. Dietrich, Otto, *Hitler*, *op. cit.*, p. 62.

73. Speer, Albert, *Erinnerungen*, *op. cit.*, p. 189.

74. Engel, Gerhard, *Heeresadjutant bei Hitler 1938-1943*, DVA, Stuttgart, 1974, p. 103.

75. Below, Nicolaus von, *At Hitler's Side*, Greenhill, Londres, 2001, p. 98.

76. Schmidt, Paul, *Statist auf Diplomatischer Bühne*, Athenäum Verlag, Bonn, 1953, p. 549.

77. Gilbert, G. M., *Nuremberg Diary*, Da Capo, New York, 1995, p. 146.

78. Schellenberg, Walter, *The Labyrinth*, *op. cit.*, p. 184.

79. Spitzy, Reinhard, *So haben wir das Reich verspielt*, Langen Müller, Munich, 1988, p. 420.

80. Dietrich, Otto, *Hitler*, *op. cit.*, pp. 62 et 63.

81. Hess, Ilse, *England – Nürnberg – Spandau*, *op. cit.*, p. 27.

82. Speer, Albert, *Erinnerungen*, *op. cit.*, p. 189.

83. Schaub, Julius, *In Hitlers Schatten*, *op. cit.*, p. 219.

84. Benoist-Méchin, Jacques, *À l'épreuve du temps*, Perrin, Paris, 2011, p. 377.

85. *Idem*, p. 388.

86. Engel, Gerhard, *Heeresadjutant bei Hitler 1938-1943*, op. cit., p. 105.

87. Benoist-Méchin, Jacques, *À l'épreuve du temps*, op. cit., p. 397.

88. Engel, Gerhard, *Heeresadjutant bei Hitler 1938-1943*, op. cit., p. 105.

89. Dietrich, Otto, *Hitler*, op. cit., p. 63.

90. Fröhlich, Elke (éd.), *Die Tagebücher von Joseph Goebbels*, Teil II Bd. 4, p. 640, Munich, 1993.

91. Schirach, Baldur von, *J'ai cru en Hitler*, op. cit., p. 208.

92. Frank, Hans, *Im Angesicht des Galgens*, op. cit., p. 411.

93. Longerich, Peter, *Himmler*, Héloïse d'Ormesson, Paris, 2010, p. 505.

94. Engel, Gerhard, *Heeresadjutant bei Hitler 1938-1943*, op. cit., p. 105.

95. Baur, Hans, *Hitler's Pilot*, op. cit., p. 126.

96. Picker, Henry (éd.), *Hitlers Tischgespräche im Führerhauptquartier*, Ullstein Verlag, Hambourg, 1989, p. 228.

97. Interview du contre-amiral Karl Jesco von Puttkamer par l'auteur, 4 août 1974.

98. Speer, Albert, *Erinnerungen*, op. cit., p. 191.

99. Schellenberg, Walter, *The Labyrinth*, op. cit., p. 187.

100. Kempner, Robert M. (éd.), *Das Dritte Reich im Kreuzverhör*, Munich, 1969, p. 103.

101. Linge, Heinz, *Bis zum Untergang*, Herbig, Munich, 1980, p. 142.

102. Schwarzwäller, Wulf, *Rudolf Hess, der Stellvertreter*, Delphin Verlag, Munich, 1987, p. 184.

103. *Der Spiegel*, 30 mai 2011.

104. Patzöld, Kurt, *et al*, *Rudolf Hess, der Mann an Hitlers Seite*, op. cit., p. 276 ; Irving, David, *Hess, the Missing Years*, op. cit., p. 92, 133, 135 ; Kelley, Douglas M., *22 Cells in Nuremberg*, W. H. Allen, Londres, 1947, p. 21 ; Hess, Wolf Rüdiger, *My Father Rudolf Hess*, Star, Londres, 1987, p. 113 ; Padfield, Peter, *Hess, Flight for the Führer*, op. cit., p. 226 ; Hess, Ilse, *England – Nürnberg – Spandau*, op. cit., pp. 25 et 128 ; etc.

105. Bird, Eugene K., *Prisoner # 7, Rudolf Hess*, op. cit., p. 210.

7. Canaris et la guerre des services secrets

1. Brissaud, André, *Canaris*, Perrin, Paris, 1970, p. 59.

2. Mueller, Michael, *Canaris, Hitlers Abwehrchef*, List Verlag, Berlin, 2007, pp. 56-58.

3. Leverkuehn, Paul, *German Military Intelligence*, Weidenfeld & Nicolson, Londres, 1954, p. 196.

4. Gehlen, Reinhard, *Der Dienst*, Hase, Mayence, 1971, p. 46.

5. Höhne, Heinz, *Canaris, Patriot im Zwielicht*, Bertelsmann, Munich, 1976, pp. 152-158.

6. Abshagen, Karl-Heinz, *Canaris, Patriot und Weltburger*, UDV, Stuttgart, 1955, pp. 110 et 230.

7. *Idem*, p. 147.

8. *Idem*, p. 148.

9. Schellenberg, Walter, *The Labyrinth*, Da Capo, Londres, 2000, p. 193 (dans l'édition anglaise seulement, voir note 51) ; Brissaud, André, *Canaris, op. cit.*, p. 511.

10. Höhne, Heinz, *Canaris, Patriot im Zwielicht, op. cit.*, p. 243.

11. NA, Kv 2/173, Lahousen interrogation, 7 août 1945.

12. IMT, vol. II, p. 444, 30 novembre 1945 ; Abshagen, Karl-Heinz, *Canaris, Patriot und Weltburger, op. cit.*, p. 182.

13. DDI, *Documenti Diplomatici Italiani*, vol. VIII, p. 46, Magistrati au ministre des Affaires étrangères Ciano, Berlin, 16 août 1939.

14. Gisevius, Hans Bernd, *Bis zum bittern Ende*, Fretz & Wasmuth, Zurich, 1946, p. 408.

15. Müller, Josef, *Bis zur letzten Konsequenz*, Süddeutscher Verlag, Munich, 1976, p. 17.

16. SHAT Vincennes, Source MAD, Mémoires de Madeleine Bihet-Richou, p. 7-90.

17. Spitzy, Reinhard, *So haben wir das Reich verspielt, op. cit.*, pp. 388-389.

18. IFZ, Nuremberg, doc. PS-3047, Serie II, Blatt 2 ; Müller, Josef, *Bis zur letzten Konsequenz, op. cit.*, p. 103.

19. IMT, vol. II, p. 446, 30 novembre 1945.

20. Brissaud, André, *Canaris, op. cit.*, p. 312.

21. Müller, Josef, *Bis zur letzten Konsequenz, op. cit.*, pp. 110 et 111.

22. Brissaud, André, *Canaris, op. cit.*, pp. 525-527 ; Dulles, Allen W., *Germany's Underground*, Macmillan, New York, 1947, pp. 90-92.

23. SHAT Vincennes, Source MAD, Mémoires de Madeleine Bihet-Richou, p. 78.

24. Höhne, Heinz, *Canaris, Patriot im Zwielicht, op. cit.*, p. 343.

25. Gisevius, Hans Bernd, *Bis zum bittern Ende, op. cit.*, p. 470.

26. Weizsäcker, Ernst von, *Erinnerungen*, Paul List Verlag, Munich, 1950, p. 297 ; Gisevius, Hans Bernd, *Bis zum bittern Ende, op. cit.*, p. 470.

27. Müller, Josef, *Bis zur letzten Konsequenz, op. cit.*, p. 16.

28. *Idem*, pp. 14, 15 et 99.

29. Mueller, Michael, *Canaris, Hitlers Abwehrchef*, *op. cit.*, pp. 323 et 324.

30. Popov, Dusko, *Spy Counter-Spy*, Fawcett, Greewich, 1974, pp. 67 et 68.

31. Mueller, Michael, *Canaris, Hitlers Abwehrchef*, *op. cit.*, p. 381.

32. Höhne, Heinz, *Canaris, Patriot im Zwielicht*, *op. cit.*, pp. 463 et 464.

33. Colvin, Ian, *Chief of Intelligence*, Victor Gollancz, Londres, 1954, p. 163.

34. Brissaud, André, *Canaris*, *op. cit.*, p. 570.

35. Spitzy, Reinhard, *So haben wir das Reich verspielt*, *op. cit.*, p. 413.

36. Dulles, Allen W., *Germany's Underground*, Macmillan, New York, 1947, p. 157.

37. Abshagen, Karl-Heinz, *Canaris, Patriot und Weltburger*, *op. cit.*, p. 312.

38. IFZ, FD 47, *Auszug aus Tagebuch Canaris*, 7 mars 1943, pp. 128-130.

39. Schlabrendorff, Fabian von, *The Secret War Against Hitler*, Hodder Stoughton, Londres, 1966, p. 235.

40. Gersdorff, Rudolf von, *Soldat im Untergang*, Ullstein, Berlin, 1977 ; Boeselager, Philipp von, *Nous voulions tuer Hitler*, Perrin, coll. « Tempus », Paris, 2008 ; Schlabrendorff, Fabian von, *The Secret War Against Hitler*, *op. cit.*

41. Buchheit, Gert, *Der Deutsche Geheimdienst*, *op. cit.*, p. 245.

42. Charles Wighton, *Les Espions de Hitler*, Fayard, Paris, 1965, p. 16 ; André Brissaud, *Canaris*, Perrin, Paris, 1970, pp. 588-591.

43. DNTC, Office of US chief of Counsel for Prosecution of Axis crimes, IDS, vol. IX, 18 septembre 1945 et 10 novembre 1945 ; Höhne, Heinz, *Canaris, Patriot im Zwielicht*, *op. cit.*, pp. 453 et 471.

44. Gisevius, Hans Bernd, *Bis zum bittern Ende*, *op. cit.*, p. 470.

45. Stahlberg, Alexander, *Die verdammte Pflicht*, Ullstein, Berlin, 1990, pp. 314 et 315.

46. Laqueur, Walter, *The Terrible Secret*, Little, Brown, Boston, 1980, pp. 209 et 210. Brissaud, André, *Canaris*, *op. cit.*, p. 645.

47. Gisevius, Hans Bernd, *Bis zum bittern Ende*, *op. cit.*, p. 467.

48. Masterman, J. C., *The Double-Cross System in the War*, Yale University Press, 1972, pp. 36-59, 164-185.

49. Höhne, Heinz, *Canaris, Patriot im Zwielicht*, *op. cit.*, p. 493.

50. *Idem*, pp. 492-494.

51. *Idem*, p. 485.

52. *Ibid.*

53. Schlabrendorff, Fabian von, *The Secret War Against Hitler*, *op. cit.*, p. 273.

54. Mueller, Michael, *Canaris, Hitlers Abwehrchef*, op. cit., p. 399.

55. Brissaud, André, *Canaris*, op. cit., p. 630.

56. Schellenberg, Walter, *Aufzeichnungen des letzten Geheimdienst-chefs unter Hitler*, Moewig Verlag, Rastatt, 1981, p. 396.

57. Schellenberg, Walter, *The Labyrinth*, Da Capo, Londres, 2000, pp. 355-356. Ce passage n'apparaît pas dans l'édition allemande. Schellenberg avait laissé des éléments de Mémoires en désordre, et les divers éditeurs y avaient opéré leur propre sélection.

58. Schellenberg, Walter, *Aufzeichnungen*, op. cit., pp. 334-339.

59. Hassel, Ulrich von, *Vom Andern Deutschland*, Atlantis Verlag, Zurich, 1946, p. 290 ; 332. Spitzy, Reinhard, *So haben wir das Reich verspielt*, Langen Müller, Munich, 1988, pp. 440-444 ; Kersten, Felix, *The Kersten Memoirs*, Macmillan, New York, 1957, pp. 192-197 ; Schellenberg, Walter, *Aufzeichnungen*, op. cit., p. 352.

60. Spitzy, Reinhard, *So haben wir das Reich verspielt*, op. cit., pp. 455 et 456.

61. Schlabrendorff, Fabian von, *The Secret War Against Hitler*, op. cit., p. 273.

62. Brissaud, André, *Canaris*, op. cit., p. 639.

63. Reile, Oskar, *Der Deutsche Geheimdienst – Westfront*, Westbild, Augsbourg, 1990, p. 351.

64. Colvin, Ian, *Chief of Intelligence*, op. cit., p. 195.

65. Kersten, Felix, *The Kersten Memoirs*, Macmillan, New York, 1957, p. 202.

66. Mueller, Michael, *Canaris, Hitlers Abwehrchef*, op. cit., pp. 14-18.

67. Müller, Josef, *Bis zur letzten Konsequenz*, op. cit., pp. 213 et 220.

68. SUA, HP 39 F, *Trosamemorandum Schellenberg* ; HP 1 An, Kersten – Günther, 24-25 avril 1945.

69. Buchheit, Gert, *Der Deutsche Geheimdienst*, op. cit., p. 445.

70. *Idem*, p. 444.

71. Müller, Josef, *Bis zur letzten Konsequenz*, op. cit., p. 256.

72. Brissaud, André, *Canaris*, op. cit., p. 326.

73. Gisevius, Hans Bernd, *Bis zum bittern Ende*, op. cit., p. 471.

74. *Ibid.*

75. Kordt, Erich, *Wahn und Wirklichkeit*, UDV, Stuttgart, 1948, p. 392.

8. Churchill, ennemi mortel

1. Wagener, Otto, *Hitler aus nächster Nähe,* Arndt Verlag, Kiel, 1987, p. 296-297.

2. Hanfstaengl, Ernst, *Hitler, the Missing Years,* Arcade, New York, 1957, p. 185-187.

3. Churchill, W. S., *The Second World War,* vol. 1, Cassell, Londres, 1948, p. 174-175.

4. Churchill, W. S., *Complete Speeches,* vol. VI, Chelsea House, Londres, 1974, p. 6013.

5. Domarus, Max, *Hitler – Reden und Proklamationen 1932-1945,* Wiesbaden : R. Löwit, 1973, p. 189-190.

6. Churchill, W. S., *Complete Speeches,* vol. VI, *op. cit.,* p. 6018.

7. Domarus, Max, *Hitler – Reden und Proklamationen 1932-1945, op. cit.,* p. 203.

8. ADAP, D, VII, n° 192, p. 170, *Aufzeichnung der ersten Hitler-Ansprache am 22 Aug. 39.*

9. Speer, Albert, *Erinnerungen,* Propyläen Verlag, Berlin, 1969, p. 180.

10. Domarus, Max, *Hitler – Reden und Proklamationen 1932-1945, op. cit.,* p. 210-211.

11. Churchill, W. S., *Complete Speeches,* vol. VI, *op. cit.,* p. 6220.

12. *Ibid.,* p. 6430.

13. Dietrich, Otto, *Hitler,* Regnery, Chicago, 1955, p. 247.

14. *Hitler's Table Talk, 1941-1944,* Phoenix Press, Londres, 2000, p. 72.

15. *Ibid.,* p. 186.

16. *Ibid.,* p. 202.

17. *Ibid.,* p. 274.

18. *Ibid.,* p. 318.

19. *Ibid.,* p. 678-679.

20. Cité dans Colvin, Ian, *Chief of Intelligence,* Victor Gollancz, Londres, 1951, p. 166.

21. Voir également chap. 7 ci-dessus, p. 217 et 232.

22. Churchill, Winston S., *Mémoires de Guerre,* vol. II, Tallandier, Paris, 2010, p. 317.

23. Picker, Henry, *Hitlers Tischgespräche,* Ullstein, Berlin, 1989, p. 320.

24. Toland, John, *Adolf Hitler,* Ballantine Books, New York, 1976, p. 1211.

9. La santé d'Hitler

1. Jetzinger, Franz, *Hitler's Youth, op. cit.,* pp. 86, 90 et 95.

2. Hitler, Adolf, *Mein Kampf, op. cit.,* p. 16.

3. Picker, Henry, *Hitlers Tischgespräche,* Ullstein, Berlin, 1989, p. 126 ; Kubizek, August, *Adolf Hitler, mein Jugendfreund, op. cit.,* p. 161.

4. Joachimsthaler, Anton, *Korrektur einer Biographie*, *op. cit.*, p. 29.

5. Wiedemann, Fritz, *Der Mann, der Feldherr werden wollte*, *op. cit.*, p. 29.

6. Schroeder, Christa, *Er war Mein Chef*, Herbig, Munich, 1985, p. 70.

7. Schirach, Baldur von, *J'ai cru en Hitler*, *op. cit.*, p. 88.

8. Irving, David (éd.), *Die geheimen Tagebücher des Dr. Morell*, Wilhelm Goldmann, Munich, 1983, p. 33.

9. Schlabrendorff, Fabian von, *The Secret War Against Hitler*, Hodder & Stoughton, Londres, 1966, p. 234.

10. Hanfstaengl, Ernst, *Hitler, the Missing Years*, *op. cit.*, p. 66.

11. Schaub, Julius, *In Hitlers Schatten*, Druffel & Vowinckel, Stegen-Ammersee, 2010, p. 115 ; Schirach, Baldur von, *J'ai cru en Hitler*, *op. cit.*, p. 88.

12. Speer, Albert, *Erinnerungen*, *op. cit.*, p. 118.

13. Irving, David, *Wie krank war Hitler wirklich ?*, Heyne, Munich, 1980, p. 31.

14. Irving, David (éd.), *Die geheimen Tagebücher des Dr. Morell*, *op. cit.*, pp. 27-29.

15. *Idem*, p. 29.

16. Kershaw, Ian, *Hitler*, vol. II, Penguin, Londres, 2001, p. 37.

17. IMT, t. XXV, doc. 386-PS ; DGFP, Series D, vol. I, pp. 29-39, doc. 19, *Hossbach minutes*, 5 novembre 1937.

18. Gun, Nerin, *Eva Braun – Hitler, Leben und Schicksal*, Blick & Bild, Baden, 1968, p. 138.

19. DGFP, Series D, vol. VII, p. 204 ; ADAP, D, VII n° 192, p. 170, *Aufzeichnung der ersten Hitler-Ansprache am 22 Aug. 1939*.

20. *Idem*.

21. MGFA, KTB der SKL, Teil B, 1005/2, 1er avril 1940.

22. Kersaudy, François, *1940 – La Guerre du Fer*, Tallandier, Paris, 1987, pp. 212-214.

23. Irving, David, *Wie krank war Hitler wirklich ?*, *op. cit.*, pp. 35 et 36.

24. Loringhoven, Bernd Freytag von, *Dans le bunker de Hitler*, Perrin, Paris, 2005, p. 88.

25. Burdick, Charles et Jacobsen, Hans-Adolf (éd.), *The Halder War Diary*, Londres, 1988, pp. 241-245.

26. Schaub, Julius, *In Hitlers Schatten*, *op. cit.*, p. 230.

27. Gilbert, G. M., *Nuremberg Diary*, Da Capo, New York, 1995, p. 130 ; Irving, David, *Wie krank war Hitler wirklich ?*, *op. cit.*, p. 37.

28. Fröhlich, Elke (éd.), *Die Tagebücher von Josef Goebbels* (TJG), Saur, Munich, 1995, Teil II, bd.1, p. 258, 19 août 1941.

29. Irving, David, *Wie krank war Hitler wirklich ?*, *op. cit.*, p. 39.

30. Below, Nicolaus von, *At Hitler's Side*, *op. cit.*, p. 109.

31. Kotze, Hildegard von, *Heeresadjutant bei Hitler 1938-1943*, DVA, Stuttgart, 1974, p. 143.

32. Linge, Heinz, *Bis zum Untergang*, Herbig, Munich, 1980, p. 160.

33. IFZ, ED 100, Irving Sammlung, *Traudl Junge, Erinnerungen*, fol. 79.

34. Kersten, Felix, *The Kersten Diaries*, *op. cit.*, p. 167.

35. Kersten, Felix, *Jeg var Himmlers Lege*, Gyldendal, Oslo, 1947, p. 157 ; du même auteur : *Klerk en Beul*, Meulenhoff, Amsterdam, 1948, p. 42.

36. Kersten, Felix, *The Kersten Diaries*, *op. cit.*, pp. 165 et 166.

37. *Idem*, pp. 168 et 170.

38. Irving, David (éd.), *Die geheimen Tagebücher des Dr. Morell*, *op. cit.*, p. 41.

39. Stahlberg, Alexander, *Die verdammte Pflicht*, Ullstein, Berlin, 1990, pp. 296 et 297.

40. *Idem*, p. 302.

41. Schenck, Ernst Günther, *Patient Hitler, eine medizinische Biographie*, Bechtermüntz Verlag, Augsbourg, 2000, p. 183.

42. *Idem*, p. 203.

43. Irving, David, *Wie krank war Hitler wirklich ?*, *op. cit.*, p. 49.

44. Irving, David (éd.), *Die geheimen Tagebücher des Dr. Morell*, *op. cit.*, p. 158.

45. Schenck, Ernst Günther, *Patient Hitler, eine medizinische Biographie*, *op. cit.*, pp. 334, 335 et 456.

46. *Idem*, p. 414-415 ; également Schellenberg, Walter, *Aufzeichnungen*, *op. cit.*, p. 120, qui affirme que Crinis avait déjà établi ce diagnostic entre 1942 et 1943.

47. TJG, *op. cit.*, Teil II, bd. 12, pp. 129-132, 18 avril 1944.

48. Schaub, Julius, *In Hitlers Schatten*, *op. cit.*, p. 240.

49. *Idem*, p. 252.

50. *Idem*, p. 266.

51. Irving, David, *Wie krank war Hitler wirklich ?*, *op. cit.*, p. 66.

52. *Voïenno Istoritcheskii Journal*, 1963/9, p. 87. (Audition du maréchal Goering par une commission soviétique, 17 juin 1945.)

53. Schenck, Ernst Günther, *Patient Hitler, eine medizinische Biographie*, *op. cit.*, p. 202.

54. Irving, David, *Wie krank war Hitler wirklich ?*, *op. cit.*, p. 83.

55. *Idem*, p. 85.

56. Schenck, Ernst Günther, *Patient Hitler, eine medizinische Biographie*, *op. cit.*, p. 200.

57. Irving, David (éd.), *Die geheimen Tagebücher des Dr. Morell*, *op. cit.*, p. 193.

58. *Idem*, p. 257.

59. *Idem*, p. 262.

60. *Idem*, p. 270.

61. Schirach, Baldur von, *J'ai cru en Hitler*, *op. cit.*, pp. 228 et 229.

62. Jordan, Rudolf, *Erlebt und erlitten*, Druffel Verlag, Leoni, 1971, pp. 251-258.

63. Kershaw, Ian, *Hitler*, *op. cit.*, vol. II, p. 780.

64. Schenck, Ernst Günther, *Patient Hitler, eine medizinische Biographie*, *op. cit.*, p. 193.

65. Boldt, Gerhard, *La Fin de Hitler*, Correa, Paris, 1949, pp. 20 et 21.

66. Dulles, Allen W., *Germany's Underground*, *op. cit.*, p. 166.

67. Lüdde-Neurath, Walter, *Les Derniers Jours du Troisième Reich*, Berger-Levrault, Paris, 1963, p. 24.

68. Schaub, Julius, *In Hitlers Schatten*, *op. cit.*, p. 291.

69. Irving, David (éd.), *Die geheimen Tagebücher des Dr. Morell*, *op. cit.*, p. 281.

70. *Idem*, pp. 276 et 277.

71. IFZ, ED 100, Irving Sammlung, *Traudl Junge Erinnerungen*, fol. 152 et 153.

72. Junge, Traudl, *Bis zur letzten Stunde*, *op. cit.*, p. 200.

73. Kershaw, Ian, *Hitler*, *op. cit.*, vol. II, p. 827.

74. *Ibid.*

75. Junge, Traudl, *Bis zur letzten Stunde*, *op. cit.*, p. 198.

LES DERNIERS SECRETS DU IIIᵉ REICH

1. L'*Aktion T4*

1. Collectif, *Encyclopédie Larousse du XXᵉ siècle*, vol. III « E-H », Paris, 1930, p. 335.

2. Binding, Karl, et Hoche, Alfred, *Die Freigabe der Vernichtung Lebensunwerten Lebens*, Berlin, BWV, 1920.

3. *Id.*

4. Baur, Erwin, Fischer, Eugen, et Lenz, Fritz, *Grundriss der Menschlichen Erblichkeitslehre und Rassenhygiene*, Munich, Lehmans Verlag, 1923.

5. Hitler, Adolf, *Mein Kampf*, Munich, Franz Eher Verlag, 1942, p. 447.

6. Cité dans Ricciardi von Platen, Alice, *L'Extermination des malades mentaux dans l'Allemagne nazie*, Paris, Érès, 2001, p. 41.

7. Kershaw, Ian, *Hitler*, vol. II, Londres, Penguin, 2001, p. 256.

8. Aziz, Philippe, *Les Médecins de la mort*, vol. I, Paris, Famot, 1975, p. 68.

9. Dorner, Adolf, « Lehrbuch der Mathematik für höhere Schulen 1935-36 », devoir n° 95, cité dans Kogon, Eugen, Langbein, Hermann, et Rückerl, Adalbert, *Les Chambres à gaz, secret d'État*, Paris, Éditions de Minuit, 1984.

10. Unger, Hellmuth, *Sendung und Gewissen*, Berlin, Gerhard Stalling, 1941.

11. Kogon, Eugen, Langbein, Hermann, et Rückerl, Adalbert, *Les Chambres à gaz, secret d'État*, *op. cit.*, p. 28.

12. Padfield, Peter, *Himmler, Reichsführer SS*, Londres, Macmillan, 1990, p. 261.

13. *Id.*

14. *Ibid.*, p. 303.

15. Klee, Ernst, « *Euthanasie* » *im NS-Staat. Die* « *Vernichtung lebensunwerten Lebens* », Francfort, Fischer Verlag, 1986, pp. 110 et 111.

16. Lifton, Robert J., *The Nazi Doctors : Medical Killing and the Psychology of Genocide*, Washington, Library of Congress, 1987, p. 77.

17. *Ibid.*, p. 75.

18. Aziz, Philippe, *Les Médecins de la mort*, vol. IV, *op. cit.*, p. 101.

19. Lifton, Robert J., *The Nazi Doctors*, *op. cit.*, p. 90 et 91.

20. *Ibid.*, p. 90.

21. Cité dans l'article d'Ingo Loose, « Aktion T4 » (http://www.gedenkort-t4.eu/de/vergangenheit/aktion-t4).

22. Lifton, Robert J., *The Nazi Doctors*, *op. cit.*, p. 94.

23. *Ibid.*, p. 96.

2. Germania, la capitale d'empire du Führer

1. Dietrich, Otto, *Hitler*, Chicago, Regnery, 1955, p. 228.

2. Picker, Henry, *Hitler, cet inconnu*, Paris, Presses de la Cité, 1969, p. 218.

3. Speer, Albert, *Au cœur du IIIe Reich*, Paris, Fayard/Pluriel, 2010, p. 108.

4. *Ibid.*, pp. 201 et 202.

5. Kershaw, Ian, *Hitler*, vol. II, Londres, Penguin, 2000, p. 183.

6. Dietrich, Otto, *Hitler, op. cit.*, p. 229.

7. Kersten, Felix, *The Kersten Memoirs*, New York, Macmillan, 1957, pp. 124 et 125.

8. Picker, Henry, *Hitler, cet inconnu, op. cit.*, p. 449.

9. Speer, Albert, *Au cœur du IIIe Reich, op. cit.*, p. 229.

10. *Ibid.*, p. 728.

11. *Ibid.*, p. 223.

12. *Ibid.*, p. 728.

13. *Ibid.*, p. 224.

14. *Ibid.*, p. 226.

15. *Id.*

16. Kersten, Felix, *The Kersten Memoirs, op. cit.*, pp. 260 et 261.

17. Speer, Albert, *Au cœur du IIIe Reich, op. cit.*, p. 110.

18. *Ibid.*, p. 146.

19. Kersaudy, François, *Hermann Goering*, Paris, Perrin, 2009, pp. 176-195.

20. Speer, Albert, *Au cœur du IIIe Reich, op. cit.*, p. 163.

21. *Ibid.*, p. 191.

22. *Ibid.*, p. 158.

23. Picker, Henry, *Hitler, cet inconnu, op. cit.*, pp. 279 et 280.

3. Raser l'Amérique !

1. Hanfstaengl, Ernst, *Hitler, the Missing Years*, New York, Arcade, 1994, pp. 40 et 41.

2. Dietrich, Otto, *Hitler*, Chicago, Regnery, 1955, pp. 166 et 167.

3. Wiedemann, Fritz, *Der Mann, der Feldherr werden wollte*, Dortmund, Blick und Bild, 1964, pp. 213-215.

4. Picker, Henry, *Hitlers Tischgespräche im Führerhauptquartier*, Francfort, Ullstein, 1989, p. 307.

5. Hanfstaengl, Ernst, *Hitler, the Missing Years, op. cit.*, pp. 121 et 122.

6. *Ibid.*, pp. 135 et 222.

7. Speer, Albert, *Erinnerungen*, Berlin, Propyläen, 1971, p. 135.

8. Rauschning, Hermann, *Hitler m'a dit*, Paris, Somogy, 1979, pp. 13, 82-85.

9. Giordano, Ralph, *Wenn Hitler den Krieg gewonnen hätte*, Hambourg, Rasch und Röhring, 1989, pp. 48, 49, 52, 60-63.

10. Moltmann, Günter, « Weltherrschaftsideen Hitlers », dans Brunner, Otto, et Gerhard, Dietrich (dir.), *Europa und Übersee, Festschrift für Egmont Zechlin*, Hambourg, Hans Bredow-Institut, 1961, p. 199.

11. Schellenberg, Walter, *Aufzeichnungen des letzten Geheimdienstchefs unter Hitler*, Salzbourg, Moewig, 1981, p. 317.

12. *Ibid.*, p. 318.

13. Kotze, Hildegard von (éd.), *Heeresadjutant bei Hitler*, Stuttgart, DVA, 1974, p. 99.

14. *Id.*

15. Friedlander, Saul, *Hitler et les États-Unis*, Paris, Seuil, 1966, p. 251.

16. Frank, Hans, *Im Angesicht des Galgens*, Munich, Beck Verlag, 1953, p. 407.

17. Forsyth, Robert, Creek, Eddie, *Aéro-Journal*, n° 3, Aix-en-Provence, Caraktère, 2008, p. 23.

18. *Ibid.*, p. 26.

19. Schellenberg, Walter, *Aufzeichnungen des letzten Geheimdienstchefs unter Hitler*, *op. cit.*, p. 284.

20. Ford, Roger, *Germany's Secret Weapons of World War II*, New York, Charwell, 2013, p. 43.

4. La forteresse alpine

1. Kaltenegger, Roland, *Operation Alpenfestung*, Munich, Herbig, 2000, pp. 18-20 ; Minott, Rodney G., *The Fortress that Never Was*, New York, Holt, Rinehart & Winston, 1964, pp. 18 et 19.

2. *Ibid.*, pp. 20-22.

3. *New York Times*, 12 novembre 1944.

4. *Daily Worker*, 15 décembre 1944.

5. Hagen, Walter, *Unternehmen Bernhard*, Wels und Starnberg, Welsermühl Verlag, 1955, pp. 231 et 232.

6. *Collier's Magazine*, 27 janvier 1945, p. 14.

7. *New York Times*, 4, 5 et 15 février 1945.

8. Dulles, Allen, *The Secret Surrender*, Londres, Weidenfeld & Nicolson, 1966, pp. 67-100.

9. Montgomery, Bernard L., *Memoirs*, Londres, Collins, 1958, pp. 277 et 278.

10. OCMH Files, HQ 12th Army Group, Reorientation of Strategy, 21/5/45, Appendix A, G-2 Report, dans Minott, Rodney G., *The Fortress that Never Was*, *op. cit.*, p. 51.

11. OCMH Files, 7th Army, Study, German national Redoubt, 25/3/45, dans Minott, Rodney G., *The Fortress that Never Was*, *op. cit.*, p. 55.

12. Schweizerisches Bundesarchiv E 27/9932, dans Seidler, Franz, *Phantom Alpenfestung ?*, Selent, Pour le Mérite Verlag, 2000, p. 22.

13. *Ibid.*, p. 19.

14. Whiting, Charles, *Werewolf*, Londres, Leo Cooper, 1972, p. 153.

15. *Ibid.*, p. 156.

16. *Ibid.*, p. 163.

17. Eisenhower, Dwight D., *Crusade in Europe*, Londres, Heinemann, 1948, p. 434.

18. Churchill, Winston S., *The Second World War*, vol. VI, Londres, Cassell, 1953, p. 402.

19. Trevor-Roper, Hugh (éd.), *Final Entries 1945, The Goebbels Diaries*, New York, Putnam, 1978, p. 70.

20. Hagen, Walter, *Unternehmen Bernhard*, *op. cit.*, pp. 250, 251, 256.

21. *Ibid.*, p. 245.

22. *Ibid.*, pp. 193, 260.

23. Kaltenegger, Roland, *Operation Alpenfestung*, *op. cit.*, pp. 29 et 30.

24. Dulles, Allen, *The Secret Surrender*, *op. cit.*, p. 173.

25. *Ibid.*, pp. 173-178.

26. *Id.*

27. *Ibid.*, p. 175.

28. Speer, Albert, *Erinnerungen*, Berlin, Propyläen Verlag, 1969, p. 477.

29. Lüdde-Neurath, Walter, *Les Derniers Jours du Troisième Reich*, Paris, Berger-Levrault, 1963, p. 24.

30. Speer, Albert, *Erinnerungen*, *op. cit.*, p. 477.

31. Koller, Karl, *Der Letzte Monat*, Mannheim, Norbert Wohlgemuth Verlag, 1949, p. 16.

32. Speer, Albert, *Erinnerungen*, *op. cit.*, p. 477.

33. Koller, Karl, *Der Letzte Monat*, *op. cit.*, p. 18.

34. Speer, Albert, *Erinnerungen*, *op. cit.*, p. 478.

35. Schroeder, Christa, *Er war mein Chef*, Munich, Herbig, 1985, pp. 200 et 201.

36. Koller, Karl, *Der Letzte Monat*, *op. cit.*, pp. 28 et 29.

37. *Ibid.*, p. 31.

38. Sur les sources et l'ensemble des péripéties de cette journée, voir Kersaudy, François, *Hermann Goering*, Perrin, Paris, 2009, pp. 607-610.

39. Koller, Karl, *Der Letzte Monat*, *op. cit.*, p. 40.

40. Speer, Albert, *Erinnerungen*, *op. cit.*, p. 483.

41. *Ibid.*, p. 485.

42. *Ibid.*, pp. 485 et 486.

43. Frischauer, Willi, *The Rise and Fall of Hermann Goering*, Boston, Houghton-Mifflin, 1951, p. 257.

44. *Ibid.*, p. 486.

45. Trevor-Roper, Hugh, *The Last Days of Hitler*, Londres, Macmillan, 1947, pp. 152 et 153.

46. Goering, Emmy, *An der Seite meines Mannes*, Göttingen, K. W. Schültz, 1967, p. 243.

47. *Ibid.*, p. 251.

48. Minott, Rodney G., *The Fortress that Never Was, op. cit.*, pp. 101 et 102.

49. *Der Spiegel*, 3/66, 10 janvier 1966, pp. 30-41. (Les procès-verbaux des conférences de situation des 23, 25 et 27 avril avaient été emportés par le chef des services de presse Heinz Lorenz, qui les avait cachés dans la doublure de son manteau en quittant le bunker. Confisqués par les services secrets britanniques lors de son arrestation, ils seront transmis au *Spiegel* vingt ans plus tard.)

50. Truman, Harry, *Years of Decision*, New York, Doubleday, 1958, pp. 200 et 201.

51. Bradley, Omar N., *A Soldier's Story*, Londres, Holt, Rinehart & Winston, 1951, pp. 462, 536, 537.

52. Blum, Léon, *La Prison, le procès, la déportation*, Paris, Albin Michel, 1955, p. 541.

53. Müller, Josef, *Bis zur Letzten Konsequenz*, Munich, Süddeutscher Verlag, 1976, p. 270.

54. *Ibid.*, pp. 272-274.

55. Docteur Brausse, « Ich sollte Hermann Göring erschiessen », *Revue*, n° 8, 16 octobre 1951.

56. Koller, Karl, *Der Letzte Monat, op. cit.*, p. 79.

57. « Ich sollte Hermann Göring erschiessen », art. cit.

58. Goering, Emmy, *An der Seite meines Mannes, op. cit.*, p. 255.

59. BA-MA, Lw. 104, Bericht von General der Flieger a.D. Paul Deichmann, 30/9/55.

60. Malkin, Lawrence, *Krueger's Men*, Boston, Little, Brown & Co, 2006, p. 184.

61. Hagen, Walter, *Unternehmen Bernhard, op. cit.*, p. 8.

62. Calic, Édouard, *Himmler et son empire*, Paris, Stock, 1965, p. 650.

63. Voir Harding, Stephen, *The Last Battle*, Boston, Da Capo, 2014, ainsi que « Als Wehrmacht und Amerikaner gemeinsam gegen die SS kämpften », *Der Spiegel online*, 24 février 2015 (http://www.spiegel.de/einestages/schlacht-von-itter-1945-amerikaner-und-wehrmacht-gegen-ss-a-1018702.html).

64. Koller, Karl, *Der Letzte Monat, op. cit.*, p. 90.

65. Irving, David, *Goering,* vol. 1, *op. cit.,* pp. 20 et 21.
66. R. I. Stack, « Capture of Goering », *The T-Patcher,* février 1977, p. 5.
67. Koller, Karl, *Der Letzte Monat, op. cit.,* p. 98.
68. Stack, R. I., « Capture of Goering », art. cit., p. 5.
69. Bond, H. L., « We captured Hermann Goering », *Saturday Evening Post,* 5 janvier 1946.
70. *T-Patch, 36th Division News,* vol. 4, édition spéciale, 8 mai 1945.
71. Stack, R. I, « Capture of Goering », art. cit., p. 7.
72. Bradley, Omar, *A Soldier's Story, op. cit.,* pp. 536 et 537.
73. Gehlen, Reinhard, *Der Dienst,* Mayence, Hase & Köhler, 1971.

5. *Werwolf,* les « loups-garous » d'Hitler

1. Moczarski, Kazimierz, *Entretiens avec le bourreau,* Paris, Gallimard, 1979, p. 316.
2. Browning, Christopher, *Les Origines de la Solution finale,* Paris, Les Belles Lettres/Le Seuil, 2009.
3. Moczarski, Kazimierz, *Entretiens avec le bourreau, op. cit.,* p. 326.
4. *Ibid.,* p. 315.
5. « Dansk Politi » (blog de la police danoise), *Varulvene – et uhyggeligt netværk under Anden Verdenskrig,* p. 1. Où l'on apprend que les *Werwölfe* avaient constitué cent trente dépôts d'armes disséminés dans l'ensemble du Danemark, ainsi qu'un service de transmissions radio destiné à maintenir la liaison entre l'Allemagne, le Danemark et la Norvège.
6. Eisenhower, Dwight D., *Crusade in Europe,* Londres, Heinemann, 1948, p. 434.
7. Hamilton, Nigel, *Monty,* Londres, Hodder & Stoughton, 1994, pp. 603-605.
8. Whiting, Charles, *Werewolf,* Londres, Leo Cooper, 1972, p. 182.
9. *Ibid.,* p. 183.
10. G-2 Periodic Report No. 262, 3 May 1945, XII Corps HQ, document reproduit dans Melchior, Jørgen, *Order of Battle : Hitler's Werewolves,* New York, Backinprint, 2000, pp. 900-917.
11. Whiting, Charles, *Werewolf, op. cit.,* p. 190.
12. Voir le reportage de Fruth, Pia, « Die Lüge vom Werwolf », Südwestrundfunk SWR2, 7 mai 2010 (http://www.swr.de/swr2/programm/sendungen/wissen/die-luege-vom-werwolf/-/id=660374/did=6332150/nid=660374/un1pfg/index.html).
13. Biddiscombe, Perry, *The Last Nazis,* Stroud, Tempus, 2004, p. 163.
14. Whiting, Charles, *Werewolf, op. cit.,* p. 208.

6. Le fantôme errant de Martin Bormann

1. Lang, Jochen von, *Der Sekretär*, Berlin, Ullstein, 1990, p. 49.
2. Wagener, Otto, *Hitler aus nächster Nähe*, Kiel, Arndt, 1987, p. 303.
3. Schroeder, Christa, *Er war mein Chef*, Munich, Herbig, 1985, p. 30.
4. Whiting, Charles, *The Hunt for Martin Bormann*, Londres, Leo Cooper, 1973, p. 53.
5. *Ibid.*, p. 54.
6. Speer, Albert, *Erinnerungen*, Berlin, Propyläen Verlag, 1971, p. 190 ; Schroeder, Christa, *Er war mein Chef*, *op. cit.*, p. 31.
7. Speer, Albert, *Erinnerungen*, *op. cit.*, p. 101.
8. Frank, Hans, *Im Angesicht des Galgens*, Munich, Beck Verlag, 1953, p. 167.
9. Spitzy, Reinhard, *So haben wir das Reich verspielt*, Munich, Langen Müller Verlag, 1988, pp. 298, 470.
10. Misch, Rochus, *Der letzte Zeuge*, Zurich, Pendo, 2008, pp. 124 et 125.
11. Schellenberg, Walter, *Aufzeichnungen des letzten Geheimdienstchefs unter Hitler*, Munich, Moewig, 1981, p. 340.
12. Loringhoven, Bernd Freytag von, *Dans le bunker de Hitler*, Paris, Perrin, 2005, pp. 106 et 107.
13. Schroeder, Christa, *Er war mein Chef*, *op. cit.*, p. 33.
14. Hoffmann, Heinrich, *Hitler Was my Friend*, Londres, Frontline Books, 2011, p. 216.
15. Bormann, Martin, *The Bormann Letters*, Londres, Weidenfeld & Nicolson, 1954, pp. 163 et 173.
16. Wulf, Josef, *Martin Bormann, Hitlers Schatten*, Gütersloh, Sigbert Mohn Verlag, 1962, pp. 208-222.
17. Frischauer, Willi, *The Rise and Fall of Hermann Goering*, Boston, Houghton Mifflin, 1951, p. 257 ; Trevor-Roper, Hugh, *The Last Days of Hitler*, Londres, Papermac, 1995, p. 124.
18. Goering, Emmy, *An der Seite meines Mannes*, Göttingen, K. W. Schultz, 1967, p. 251.
19. Speer, Albert, *Erinnerungen*, *op. cit.*, p. 482.
20. Loringhoven, Bernd Freytag von, *Dans le bunker de Hitler*, *op. cit.*, pp. 166 et 167.
21. O'Donnell, James P., *The Berlin Bunker*, Londres, Dent & Sons, 1979, p. 204.
22. Baur, Hans, *Hitler's Pilot*, Londres, F. Muller, 1958, p. 190.
23. Trevor-Roper, Hugh, *The Last Days of Hitler*, *op. cit.*, p. 184.
24. Axmann, Artur, *Hitlerjugend*, Coblence, Bublies Verlag, 1995, p. 448.

25. Trevor-Roper, Hugh, *The Last Days of Hitler*, *op. cit.*, p. 187.

26. *Id.*

27. Baur, Hans, *Hitler's Pilot*, *op. cit.*, p. 195.

28. Kempka, Erich, *I Was Hitler's Chauffeur*, Londres, Frontline, 2012, pp. 94 et 95.

29. *Ibid.*, p. 95 et 96.

30. Cité dans McGovern, James, *Martin Bormann*, New York, William Morrow, 1968, p. 175.

31. Axmann, Artur, *Hitlerjugend*, *op. cit.*, p. 450 et 451.

32. Trevor-Roper, Hugh, *The Last Days of Hitler*, *op. cit.*, p. XXXIII.

33. Wulf, Josef, *Martin Bormann, Hitlers Schatten*, *op. cit.*, p. 234.

34. *Id.*

35. Besymenski, Lev, *Auf den Spuren von Martin Bormann*, Berlin, Dietz Verlag, 1965, p. 131.

36. *Kristeligt Dagblad*, 24 avril 1950.

37. *Freiheit*, 25 juillet 1951 ; *Heilbronner Stimme*, 8 septembre 1951.

38. Wulf, Josef, *Martin Bormann, Hitlers Schatten*, *op. cit.*, p. 237.

39. McGovern, James, *Martin Bormann*, *op. cit.*, p. 187.

40. *Hamburger Echo*, 17 février 1953.

41. McGovern, James, *Martin Bormann*, *op. cit.*, p. 212.

42. *Id.*

43. *Ibid.*, p. 190.

44. *Schlussbericht der Frankfurter Staatsanwaltschaft [...] vom 4 April 1973, Teil III*, en annexe A de : Lang, Jochen von, *Der Sekretär*, *op. cit.*, p. 390.

45. *Ibid.*, p. 427.

46. *Ibid.*, pp. 393 et 394.

47. *El Mundo*, 18 janvier 1963.

48. McGovern, James, *Martin Bormann*, *op. cit.*, p. 196.

49. *Reader's Digest*, mars 1965, pp. 74-77.

50. Besymenski, Lev, *Auf den Spuren von Martin Bormann*, *op. cit.*, p. 254.

51. *Der Spiegel*, février 1968.

52. *Neue Zürcher Zeitung*, 15 mars 1968.

53. *Epoca* nº 1029, 14 juin 1970.

54. *Schlussbericht der Frankfurter Staatsanwaltschaft [...] vom 4 April 1973, Teil IV*, en annexe A de : Lang, Jochen von, *Der Sekretär*, *op. cit.*, p. 397.

55. Gehlen, Reinhard, *Der Dienst*, Mayence, Hase & Köhler, 1971. Mais l'éditeur affirme que la version anglaise de l'année suivante est plus complète ; voir donc : *The Gehlen Memoirs*, Londres, Collins, 1972, pp. 87 et 88.

56. *Chicago Tribune* et *Daily Express*, 28 novembre et 1ᵉʳ décembre 1972.

57. *Schlussbericht der Frankfurter Staatsanwaltschaft [...] vom 4 April 1973, Teil IX*, en annexe A de : Lang, Jochen von, *Der Sekretär, op. cit.*, p. 402.

58. *Ibid., Teil X bis XII*, pp. 408 et 409.

59. Farago, Ladislas, *Aftermath – Bormann and the Fourth Reich*, Londres, Hodder & Stoughton, 1975, p. 27.

60. *Ibid.*, p. 24.

61. Lang, Jochen von, *Der Sekretär, op. cit.*, p. 349.

62. Farago, Ladislas, *Aftermath – Bormann and the Fourth Reich, op. cit.*, pp. 403-406.

63. *Ibid.*, pp. 412-417.

64. *Ibid.*, pp. 423-427.

65. *Ibid.*, pp. 428 et 431.

66. *Ibid.*, pp. 432 et 433.

67. Manning, Paul, *Martin Bormann – Nazi in Exile*, Secaucus (New Jersey), Lyle-Stuart, 1981, pp. 181 et 182.

68. *Ibid.*, pp. 197-213.

69. Beer, Hugo Manfred, *Moskaus As im Kampf der Geheimdienste*, Hohe Warte, Franz von Belenburg Verlag, 1983.

70. Tartakovski, Boris, *Martin Bormann, Agent Sovietskoï Razviedki*, Moscou, Otetchestvo, 1992.

71. « La leyenda sobre Martín Bormann en Chile », *Diario W5*, 17 juillet 2013 (http://w5.cl/2013/07/17/la-leyenda-sobre-martin-bormann-en-chile/).

72. Creighton, Christopher, *Op JB*, Londres, Simon & Schuster, 1996, pp. 157-205.

73. *Ibid.*, p. 238.

74. *Der Spiegel*, 19/98, 4 mai 1998.

75. Villemarest, Pierre de, *Le Dossier Saragosse*, Panazol, Lavauzelle, 2002, p. 264.

76. *Ibid.*, pp. 151, 163, 164 et 181.

77. *Ibid.*, p. 144.

78. *Ibid.*, p. 184.

79. *Ibid.*, p. 190.

80. *Ibid.*, pp. 144, 145, 162 et 241.

81. *Ibid.*, p. 195.

82. *Ibid.*, p. 241.

83. *Ibid.*, p. 182.

84. *Ibid.*, p. 183.

85. *Ibid.*, pp. 11, 147, 155, 192 et 243.

Index

Le nom d'Adolf Hitler apparaissant presque à chaque page,
il n'est pas répertorié dans l'index.

Table

Composition et mise en pages
Nord Compo à Villeneuve-d'Ascq

Achevé d'imprimer en avril 2017
par Normandie Roto Impression s.a.s.
61250 Lonrai
N° d'imprimeur : 1701062
Dépôt légal : avril 2017

Imprimé en France